# Entscheidungen des
# Bundesarbeitsgerichts

Herausgegeben

**von den Mitgliedern des Gerichtshofes**

**Berlin 1962**

Walter de Gruyter & Co.

**vorm. G. J. Göschen'sche Verlagshandlung / J. Guttentag, Verlags-buchhandlung / Georg Reimer / Karl J. Trübner / Veit & Comp.**

# Entscheidungen des
# Bundesarbeitsgerichts

10. Band

Berlin 1962

Walter de Gruyter & Co.
vorm. G. J. Göschen'sche Verlagshandlung / J. Guttentag, Verlags-
buchhandlung / Georg Reimer / Karl J. Trübner / Veit & Comp.

ZITIERWEISE

Für die Zitierung dieser Sammlung wird die Abkürzung BAG empfohlen, z. B. BAG 1,70 (= Band 1 Seite 70).

Archiv-Nr. 2 819 62 5

Satz und Druck: Berliner Buchdruckerei Union G. m. b. H., Berlin SW 61

INHALT

## Berichtigung

**Band 10:** S. 202 Zeile 19 von oben lies: „5 AZR 545/59" statt: „5 ARZ 545/59".

## 1

**Die Ausschlußfrist einer noch fortgeltenden Tarifordnung greift gegenüber Ansprüchen auf Mehrarbeitsvergütung durch, auch wenn diese auf zwingender gesetzlicher Vorschrift beruhen.**

Niedersächsisches Arbeitsschutzgesetz für Jugendliche §§ 16, 29; TVG § 4 (Ausschlußfristen), § 9; Reichstarifordnung für das Holz-, Säge- und Schnitzstoffgewerbe usw. vom 14. März 1944 (RABl. IV S. 65) § 10; AZO § 15; JSchG v. 30. April 1938 § 13; JASchG v. 9. August 1960 § 12; AOG § 32.

I. Senat. Urteil vom 26. 8. 1960 i. S. W. (Bekl.) w. M. u. Sch. (Kl.) 1 AZR 425/58.

I. Arbeitsgericht Celle. — II. Landesarbeitsgericht Hannover.

Die beiden Kläger haben in der Zeit vom 1. April 1953 bis zum 31. März 1956 bei dem Beklagten, dessen Betrieb im Lande Niedersachsen liegt, das Tischlerhandwerk erlernt. Sie waren damals noch keine 18 Jahre alt. Sie haben unter Einrechnung des Berufsschulunterrichts regelmäßig 45 Stunden in der Woche gearbeitet. Das Gewerbeaufsichtsamt hatte für die Kläger gemäß § 34 des Niedersächsischen Arbeitsschutzgesetzes für Jugendliche (JASchG Nds.) durch Ausnahmegenehmigung abweichend von § 10 JASchG Nds. eine Arbeitszeit von 7½ Stunden täglich und 45 Stunden wöchentlich zugelassen.

Mit den am 14. April 1956 erhobenen Klagen haben die Kläger zum ersten Mal den Beklagten auf „Überstundenvergütung" nach § 16 JASchG Nds. für die über 40 Wochenstunden hinaus geleistete Arbeit in Anspruch genommen. Im Streit befinden sich noch die Forderungen des Klägers zu 1 in Höhe von 423,65 DM (für die Zeit vom 1. Januar 1954 bis 29. Dezember 1955) und die des Klägers zu 2 in Höhe von 359,85 DM (für die Zeit vom 1. Januar 1954 bis 28. September 1955).

Beide Vorinstanzen haben den Klagen stattgegeben. Die Revision der Beklagten, die vor allem auf die Verfallklausel des § 10 der Reichstarifordnung für das Holz-, Säge- und Schnitzstoffgewerbe, die Holz-, Musikinstrumenten- und Holz-Spielwaren-Industrie (RTO Holz) vom 14. März 1944 (RABl. IV S. 65) gestützt ist, führte zur Abweisung der Klagen.

## Aus den Gründen:

Die Ansprüche der Kläger sind erloschen, weil sie sie nicht rechtzeitig innerhalb der Ausschlußfrist des § 10 Nr. 2 RTO Holz geltend gemacht haben.

I. Dem angefochtenen Urteil ist darin beizutreten, daß den Klägern bereits von der 41. Wochenstunde an neben dem Grundlohn der Mehrarbeitszuschlag nach § 16 JASchG Nds. zusteht. Es befindet sich insoweit im Einklang mit der Rechtsprechung des Bundesarbeitsgerichts (BAG 5, 279), die allgemeine Zustimmung gefunden hat (vgl. Dersch in Anm. zu AP Nr. 1 zu § 16 JugSchG Niedersachsen, Frey in ArbuR 1959, 123 und Rewolle-Lückehe, Arbeitsschutzrecht Niedersachsen, 1958, JASchG § 16 Anm. I 1 S. 212). Es besteht kein Anlaß, von dieser Rechtsprechung abzugehen.

II. Der Beklagte beruft sich gegenüber den Klageforderungen zu Recht auf die Verfallklausel des § 10 RTO Holz. Hiernach sind u. a. „Ansprüche aus Mehrarbeit" innerhalb einer Ausschlußfrist von zwei Monaten nach Fälligkeit geltend zu machen. Die Kläger haben diese Frist für die noch im Streit befindlichen Ansprüche auf Mehrarbeitslohn nicht eingehalten.

1. Die genannte Tarifbestimmung ist auf den vorliegenden Fall als Tarifordnungsregelung und daher ohne Rücksicht auf die Frage der Tarifgebundenheit (§ 3 TVG) anwendbar. Sie ist für den hier in Betracht kommenden Geltungsbereich weder gemäß § 9 Abs. 2 TVG durch den Bundesminister für Arbeit und Sozialordnung aufgehoben noch gemäß § 9 Abs. 1 TVG durch einen Tarifvertrag verdrängt worden. Die von den Tarifpartnern des Holzgewerbes im Lande Niedersachsen im Laufe der Jahre nach 1945 abgeschlossenen Tarifverträge enthalten keine entsprechende Regelung, sie befassen sich nur mit Fragen der Löhne, der Ortsklasseneinteilung, der Arbeitszeit und des Urlaubs. Daher sind auch diese Tarifparteien, wie sie in den einzelnen Tarifverträgen immer wieder ausdrücklich erklärt haben, stets davon ausgegangen, daß „für die allgemeinen Arbeitsbedingungen bis zum Abschluß eines neu zu vereinbarenden Manteltarifvertrages die noch in Kraft befindliche Reichstarifordnung gelte", ohne daß damit die Tarifordnung in einen Tarifvertrag umgestaltet worden ist. Soweit dabei von der Reichstarifordnung „in der bereinigten Fassung vom 1. Oktober 1946" gesprochen wird, kommt dem keine Bedeutung zu, weil jedenfalls hinsichtlich des § 10 die ursprüngliche Fassung vom 14. März 1944

(RABl. IV S. 65) sich nicht von der „bereinigten Fassung" vom 1. Oktober 1946 (vgl. die Ausgabe des Landesinnungsverbandes des Tischlerhandwerks Niedersachsen vom März 1958) unterscheidet. Die nach 1945 abgeschlossenen Tarifverträge können aber auch deshalb den § 10 RTO Holz für den vorliegenden Fall nicht verdrängt haben, weil sie nicht die Verhältnisse der Lehrlinge, sondern nur die der Facharbeiter, der Angelernten, der Ungelernten und der Hilfsarbeiter regeln.

2. Gegen die Anwendung des § 10 RTO Holz spricht nicht, daß sie in einer zumindest insoweit noch fortgeltenden Tarifordnung enthalten ist. Derartige Klauseln sind weiterhin gültig (BAG 2, 315). Im übrigen erfaßt § 10 RTO Holz nach seinem Geltungsbereich (§ 1 RTO Holz) räumlich, fachlich und persönlich die Lehrverhältnisse der Parteien. Die Lehrlinge sind ausdrücklich in den Geltungsbereich einbezogen.

3. Die Ausschlußfrist des § 10 RTO Holz erfaßt „Ansprüche aus Mehrarbeit". Um solche handelt es sich hier. Dabei kann es keine Rolle spielen, ob sich die Klageforderungen unmittelbar aus dem Gesetz (hier § 16 JASchG Nds.) oder aus den Einzelarbeits- bzw. Lehrverträgen ergeben.

a) Das Landesarbeitsgericht will die Verfallklausel deshalb nicht zum Zuge kommen lassen, weil die „Überstundenvergütung" des § 16 JASchG Nds. kraft Gesetzes unabdingbar sei, ja sogar unter Strafschutz stehe und deshalb zumindest einem auf Tarifvertrag beruhenden Anspruch in ihrem rechtlichen Gewicht gleichkomme. Für solche Ansprüche aus Tarifvertrag sei aber anerkannt, daß ihnen gegenüber Ausschlußfristen in einer noch fortgeltenden Tarifordnung nicht durchgreifen könnten (BAG 5, 68). Dann müsse dies aber auch für auf zwingendem Gesetz beruhende Ansprüche gelten.

b) An diesen Ausführungen ist richtig, daß § 16 JASchG Nds. eine zugunsten des Jugendlichen unabdingbare Gesetzesvorschrift darstellt; dies ergibt sich für den Grund des Anspruchs aus dem rechtlichen Gehalt der Regelung, für die Höhe daraus, daß die Mindesthöhe sowohl des Grundlohns als auch des Zuschlags in § 16 JASchG Nds. zwingend bestimmt ist.

Dagegen trifft es nicht zu, daß die Nichtzahlung der „Überstundenvergütung" nach § 29 JASchG Nds. unter Strafe gestellt sei. Diese Vorschrift nennt zwar nicht bestimmte Einzeltatbestände, die unter Strafe gestellt werden, sondern droht (ähnlich wie § 25 AZO) Strafe allgemein bei Zuwiderhandlungen gegen das Gesetz an. Das bezieht sich jedoch entsprechend dem Wesen des Arbeitsschutzrechts nur auf die

Zuwiderhandlungen gegen die öffentlich-rechtlichen Pflichten. Soweit das Gesetz wie z. B. in § 16 bürgerlich-rechtliche Ansprüche regelt, werden diese von der Strafandrohung nicht erfaßt; für ihre Durchsetzung steht allein der Zivilrechtsweg offen (vgl. RGSt. 64, 401; BayerObLG AP Nr. 3 zu § 15 AZO; Denecke, AZO, 4. Aufl., § 15 Anm. 1; Rohmer, Arbeitszeitordnung und Jugendschutzgesetz, 5. Aufl., 1939, JSchG § 13 Anm. 1 a; Neitzel, JSchG 1938, § 13 Anm. 1; Rewolle-Lückehe, Arbeitsschutzrecht Niedersachsen, 1958, JASchG § 29 Anm. I S. 246). Dementsprechend ist auch im Jugendarbeitsschutzgesetz vom 9. August 1960 (BGBl. I S. 665), das in den §§ 66 bis 68 die mit Strafe oder Bußgeld bedrohten Zuwiderhandlungen im einzelnen aufführt, eine Straf- oder Bußgeldvorschrift bei Verstößen gegen den die Vergütung von Mehrarbeit regelnden § 12 nicht enthalten.

c) Damit entfällt eine wesentliche Voraussetzung für die Rechtsansicht des Landesarbeitsgerichts. Das niedersächsische Recht unterscheidet sich insofern nicht von den gleichartigen Bestimmungen in § 15 AZO, § 13 des Jugendschutzgesetzes vom 30. April 1938 und § 12 des Jugendarbeitsschutzgesetzes vom 9. August 1960. § 16 JASchG Nds. gibt dem Jugendlichen einen bürgerlich-rechtlichen Anspruch auf Mehrarbeitsvergütung, der nicht abgedungen werden kann.

Allein daraus läßt sich aber nicht entnehmen, daß dieser Anspruch im Sinne der Entscheidung des Senats vom 29. November 1957 (BAG 5, 68) einem auf Tarifvertrag beruhenden Anspruch gleich zu achten sei und deshalb von der Ausschlußfrist in einer noch fortgeltenden Tarifordnung nicht erfaßt werde. Die frühere Entscheidung des Senats beruht auf Erwägungen, die sich aus dem grundsätzlichen Unterschied zwischen dem alten Tarifordnungsrecht und dem heutigen Tarifvertragsrecht ergeben. Derartige Überlegungen scheiden für den vorliegenden Rechtsstreit aus, so daß dahingestellt bleiben kann, ob die gegen die frühere Entscheidung erhobenen Bedenken (vgl. dazu Nikisch in Anm. SAE 1958 Nr. 35 S. 116, Leser in BB 1958, 700 sowie Diekhoff in BB 1958, 592, 771) gerechtfertigt sind.

4. Damit bleibt die Frage zu entscheiden, ob auf Gesetz beruhende unabdingbare Ansprüche, die nicht innerhalb einer tariflichen Ausschlußfrist geltend gemacht werden, mit Ablauf der Frist erlöschen. Die Frage ist für den hier gegebenen Fall von Ansprüchen auf Mehrarbeitsvergütung zu bejahen.

a) Entgegen der Ansicht des Landesarbeitsgerichts haben die Treuhänder der Arbeit auf Grund der ihnen in § 32 Abs. 2 AOG erteilten Ermächtigung in einer Tarifordnung Ausschlußfristen auch für solche Ansprüche bestimmen können, die auf Gesetz beruhen. Wohl sind die Treuhänder, ebenso wie heute die Tarifvertragsparteien, an die Vorschriften des zwingenden staatlichen Rechts gebunden gewesen. Sie hätten also nicht rechtswirksam verordnen können, daß ein unabdingbares gesetzliches Recht gemindert oder aufgehoben wird. Eine Ausschlußfrist bezieht sich aber nicht auf das Recht als solches, sondern auf seine Geltendmachung. Das zur Entstehung gelangende und zunächst bestehende Recht soll erst nach Ablauf der Frist erlöschen. Das Recht wird also in seiner Dauer begrenzt (Hueck-Nipperdey, Lehrb. d. ArbR, 6. Aufl., Bd. 2 S. 450).

Eine solche Beschränkung verstößt ihrem Wesen nach jedenfalls nicht grundsätzlich gegen zwingendes Gesetzesrecht, da es den gesetzlichen Anspruch stets für die Dauer der Ausschlußfrist unberührt bestehen läßt. Der Gedankengang des Landesarbeitsgerichts, daß die Tarifordnung als Rechtsverordnung sich nicht selbst die Kraft beilegen könne, Ausschlußfristen für Ansprüche zu bestimmen, die auf einer ranghöheren Norm, nämlich dem Gesetz, beruhen, kann deshalb überhaupt nur für den Fall Bedeutung haben, daß schon das Gesetz eine zeitliche Begrenzung des Anspruches einführt (vgl. z.B. § 12 des Berliner Urlaubsgesetzes vom 24. April/ 22. Dezember 1952 [GVBl. 1952 S. 297, 1953 S. 1] und § 6 Abs. 2 Satz 2 des Schleswig-Holsteinischen Urlaubsgesetzes vom 29. November 1949 [GVBl. 1950 S. 1]). In einem solchen Falle würde allerdings eine kürzere tarifliche Ausschlußfrist wegen des Vorrangs der stärkeren vor der schwächeren Rechtsquelle ohne Bedeutung sein.

b) Auch das Wesen des in § 16 JASchG Nds. (und in den entsprechenden, oben zu II 3 c genannten Bestimmungen) geregelten Anspruchs verbietet nicht die Anwendung der Verfallklausel des § 10 RTO Holz.

aa) Das Bundesarbeitsgericht hat diese Frage bisher nicht entschieden, sondern im Falle eines Urlaubsanspruchs (vgl. BAG 7, 160) und eines Anspruchs auf Krankengeldzuschuß nach dem Arbeiterkrankheitsgesetz (vgl. Urt. vom 7. Juli 1960 — 2 AZR 580/58 — AP Nr. 29 zu § 1 ArbKrankhG = BB 1960, 940, 941 = Betr. 1960, 984) offengelassen.

bb) Für tarifliche Rechte hat das Reichsarbeitsgericht stets die Auffassung vertreten, daß die Vereinbarung einer Ausschlußfrist nicht gegen die Unabdingbarkeit verstoße (RAG in ARS 17, 3; 28, 261; 32, 199; 34, 33; 37, 19). Die gegenteilige Ansicht von Herschel (Deutsches Arbeitsrecht 1937, 277) ist vom Reichsarbeitsgericht ausdrücklich abgelehnt worden (ARS 28, 264 m. zust. Anm. v. Nipperdey).

cc) In der Nachkriegszeit hat sich in der Rechtsprechung der Arbeits- und Landesarbeitsgerichte allgemein die Ansicht gehalten, daß die Unabdingbarkeit eines auf zwingendem Gesetz beruhenden Anspruches mit einer tariflichen Verfallklausel zu vereinbaren sei, ein solcher Anspruch also verfallen könne. Vgl. für den Urlaubsanspruch: LAG Hamburg v. 14. 10. 1953 in ARSt. XI Nr. 598; ArbG Bremen v. 4. 11. 1954 in BB 1955, 348 = SAE 1955 Nr. 51 (m. zust. Anm. v. Dissinger); LAG Stuttgart v. 31. 3. 1955 in Betr. 1955, 484; LAG Mannheim v. 16. 12. 1958 in WA 1959 Nr. 102; für den Anspruch auf den Feiertagslohn: LAG Kiel v. 23. 11. 1954 in AP Nr. 1 zu § 4 TVG Ausschlußfristen (m. ausf. zust. Anm. v. Tophoven); LAG Mainz v. 15. 10. 1957 in WA 1958 Nr. 18; für den Anspruch auf den Hausarbeitstag: LAG Hamm v. 5. 2. 1959 in BB 1960, 93; LAG Düsseldorf v. 30. 4. 1959 in Betr. 1959, 795; für den Anspruch auf Krankengeldzuschuß nach dem ArbKrankhG: ArbG Gelsenkirchen v. 25. 2. 1958 in BB 1958, 775; LAG Hannover v. 10. 6. 1958 — 1 Sa 190/58 — in WA 1958 Nr. 188. Demgegenüber hat lediglich das Oberste Arbeitsgericht des Landes Rheinland-Pfalz im Urteil vom 1. 12. 1950 (AP 52 Nr. 76 m. abl. Anm. v. Nikisch) einen gegenteiligen Standpunkt eingenommen.

dd) Schließlich wird auch im Schrifttum weit überwiegend die Auffassung vertreten, daß eine tarifliche Ausschlußklausel sich auf alle Ansprüche, also auch auf gesetzliche, insbesondere auf Urlaubsansprüche, beziehen kann (Hueck-Nipperdey, Lehrb. d. ArbR, 6. Aufl., Bd. 2 S. 453 nebst Anm. 29—31 daselbst mit weiteren Hinweisen; Nikisch, ArbR, 2. Aufl., Bd. 2 S. 475 f. nebst Anm. 44 und 45 mit weiteren Hinweisen; a. A. Dersch, Urlaubsgesetze, 1954, Anm. 140a und b; Borrmann in Betr. 1955, 509).

ee) Ob dieser durchaus als herrschend zu bezeichnenden Auffassung allgemein, insbesondere für Ansprüche aus den Urlaubsgesetzen und aus dem Arbeiterkrankheitsgesetz, die entscheidend die Lebensgrundlage des Arbeitnehmers berühren, zu folgen ist, braucht hier nicht entschieden zu werden. Für die in diesem Rechtsstreit erhobenen Ansprüche auf Mehrarbeitslohn nebst Zuschlag, die immer nur einen verhältnismäßig unbedeutenden Teil des Arbeitseinkommens ausmachen können, mögen diese sich auch aus einem Arbeitsschutzgesetz ergeben, kann die Anwendung einer tariflichen Verfallklausel nicht an dem Wesen des Anspruchs scheitern. In BAG 2, 315 (317) hat der Senat bereits darauf hingewiesen, daß für Ansprüche wegen Mehrarbeit eine tarifliche Verfallklausel geradezu eine Notwendigkeit ist. Hier sei es erforderlich, daß die Ansprüche in angemessener Frist geltend gemacht würden, weil die Nachprüfung mit dem Fortschreiten der Zeit immer schwieriger würde. Die Ausschlußfrist des §10 RTO Holz entspricht deshalb, soweit sie Ansprüche aus

Mehrarbeit behandelt, einem Bedürfnis des Arbeitslebens, insbesondere der betrieblichen Praxis. Diesem gegenüber hat das Schutzbedürfnis des Arbeitnehmers zurückzutreten.

5. Die Kläger können der tariflichen Ausschlußfrist nicht mit dem Gegeneinwand der Arglist begegnen (vgl. dazu BAG 5, 68 [74]; 7, 160 [164]). Dieser Einwand greift hier ebenso wie gegenüber tariflichen Ansprüchen nur in besonders krassen Fällen durch (vgl. BAG 4, 59), so z. B., wenn der Arbeitgeber offensichtlich böswillig darauf ausgeht, seine Arbeitnehmer untertariflich zu entlohnen (LAG Frankfurt a. M. vom 11. 10. 1950 in AP 51 Nr. 285; LAG Düsseldorf vom 18. 3. 1955 in Betr. 1955, 511 = SAE 1955 Nr. 125), oder wenn er dem Arbeitnehmer Zusicherungen gemacht hatte, daß er bestimmte Ansprüche anerkennen werde (LAG Düsseldorf vom 24. 4. 1953 in Betr. 1953, 847).

Aus den Vorakten ergibt sich, daß die in BAG 5, 279 entschiedene Frage (Mehrarbeitsvergütung für Jugendliche in Niedersachsen von der 41. Wochenstunde an auch bei vom Gewerbeaufsichtsamt genehmigter Arbeitszeitverlängerung) seit Jahren in Niedersachsen streitig gewesen ist, wenn sie auch das Berufungsgericht ständig im Sinne des bundesarbeitsgerichtlichen Urteils entschieden hat. Unter diesen Umständen kann es nicht als grob unanständig oder böswillig bezeichnet werden, wenn der Beklagte, der als Tischlermeister kaum einen Überblick über diese Rechtsfrage gehabt haben dürfte, davon ausgegangen ist, daß er für die vom Gewerbeaufsichtsamt zugelassene Arbeitszeit von 45 Wochenstunden an Lehrlinge über die Erziehungsbeihilfe hinaus nichts zu zahlen habe. Eine bewußte Verletzung des § 16 JASchG Nds. kann dem Beklagten sicher nicht unterstellt werden. Es ist deshalb auch nicht zu beanstanden, wenn er es darauf hat ankommen lassen, daß die Kläger von sich aus an ihn herantraten, wenn sie glaubten, Ansprüche gegen ihn zu haben. Da auch nichts dafür dargetan ist, daß der Beklagte in Kenntnis solcher Ansprüche die Kläger von deren rechtzeitigen Geltendmachung abgehalten habe, ist ein arglistiges Verhalten des Beklagten, das das nach der Verfallklausel ipso iure eintretende Erlöschen der Ansprüche ausschließen würde, nicht ersichtlich.

## 2

**1. Die Sechs-Wochenfrist, während der der Arbeitgeber nach § 63 HGB das Gehalt weiterzuzahlen hat, beginnt in der Regel am Tage nach dem Eintritt des „unverschuldeten Unglücks", das den Angestellten an der Dienstleistung verhindert. Dabei ist vorausgesetzt, daß der Ange-**

**stellte ohne die Arbeitsverhinderung in dem Sechs-Wochenzeitraum seine Dienste hätte leisten können und auch Anspruch auf Zahlung des Gehalts gehabt hätte.**

**2. Wenn dagegen der Angestellte aus anderen Gründen weder zur Arbeit verpflichtet ist noch einen Anspruch auf Gehaltszahlung gegen den Arbeitgeber hat, dann besteht für den Zeitraum, in dem diese Voraussetzungen vorliegen, kein Anspruch aus § 63 HGB. Dieser entsteht erst in dem Zeitpunkt, in dem das Arbeitsverhältnis mit den beiderseitigen Hauptpflichten (Arbeitsleistung und Gehaltszahlung) voll in Kraft tritt. Entsprechendes gilt für das (vorzeitige) Ende der Zahlungspflicht aus § 63 HGB, wenn trotz fortbestehender Arbeitsverhinderung die genannten beiden Hauptpflichten wegfallen.**

**3. Der vorstehende Grundsatz gilt insbesondere für die Dauer der für Frauen vor und nach der Niederkunft geltenden Schutzfristen auf Grund der allgemeinen Beschäftigungsverbote des § 3 Abs. 2 und des § 6 Abs. 1 Satz 1 und 2 MuSchG. Innerhalb dieser Zeiträume ist die Arbeitnehmerin weder zur Arbeit verpflichtet, noch hat sie unter den Voraussetzungen des § 13 Abs. 1 MuSchG (Pflichtversicherung in der gesetzlichen Krankenversicherung) gegen ihren Arbeitgeber einen Entgeltfortzahlungsanspruch nach den allgemeinen Vorschriften des § 616 BGB, § 63 HGB oder § 133 c Abs. 2 GewO; vielmehr ist in dieser Zeit allein die Krankenkasse leistungspflichtig (Bestätigung von BAG 1, 140). Daher läuft die Sechs-Wochenfrist des § 63 HGB nur außerhalb der genannten Schutzfristen, auch wenn die Angestellte während dieser Fristen durch „unverschuldetes Unglück", z. B. durch eine über die normalen Beschwerden der Schwangerschaft oder des Wochenbettes hinausgehende Erkrankung an der Arbeit verhindert ist.**

HGB § 63; BGB §§ 187, 323, 616; GewO § 133 c; MuSchG §§ 3, 6, 10, 12, 13, 14; GG Art. 6.

I. Senat. Urteil vom 26. 8. 1960 i. S. B. & Sch. KG (Bekl.) w. E. (Kl.) 1 AZR 202/59.

I. Arbeisgericht Stuttgart. — II. Landesarbeitsgericht Baden-Württemberg (Stuttgart).

Die Klägerin, die bis zum 31. Dezember 1958 gegen ein Monatsgehalt von 386,— DM als Kontoristin bei der Beklagten angestellt war, hat am 24. Juni 1958 entbunden und bis zum 16. September 1958 ihr Kind gestillt. Von der Krankenkasse hat sie für insgesamt 8 Wochen bis zum 19. August 1958 das nach § 13 Abs. 1 MuSchG vorgeschriebene Wochengeld erhalten. Schon bald nach der Entbindung ist die Klägerin an Nierenbecken- und Brustentzündung arbeitsunfähig erkrankt. Dies hat sie der Beklagten am 6. August 1958, einen Tag nach Ablauf von sechs Wochen seit der Entbindung, mitgeteilt in der Meinung, daß sie an diesem Tag die Arbeit wieder aufnehmen müsse. Die Krankheit hat bis zum 29. Dezember 1958 angedauert.

Die Beklagte hat der Klägerin für insgesamt vier Wochen, beginnend mit dem 21. August 1958, das Gehalt weitergezahlt. Dabei ist sie davon ausgegangen, daß die Sechs-Wochenfrist, für die sie zur Gehaltsfortzahlung im Krankheitsfalle verpflichtet sei, vom Tage der Krankmeldung der Klägerin an zu berechnen sei. Da in diesem Zeitraum aber die Krankenkasse noch für zwei Wochen Wochengeld gewährt habe und die Klägerin keine doppelte Zahlung verlangen könne, beschränke sich ihre Zahlungspflicht auf die restlichen vier Wochen (21. August bis 17. September 1958).

Mit der Klage fordert die Klägerin die Gehaltsfortzahlung für weitere zwei Wochen, beginnend mit dem 18. September 1958, in der unstreitigen Höhe von 190,— DM. Sie meint, daß die Zahlungspflicht der Beklagten erst mit dem Ende des Zeitraums einsetze, für den die Krankenkasse das Wochengeld zu leisten habe.

Alle Instanzen haben der Klage stattgegeben.

### Aus den Gründen:

I. ... II. Nach § 63 HGB behält der Angestellte seinen Gehaltsanspruch bis zur Dauer von sechs Wochen, wenn er durch unverschuldetes Unglück an der Leistung der Dienste verhindert wird.

1. Diese Voraussetzungen sind jedenfalls insoweit erfüllt, als die Klägerin wegen einer mit Arbeitsunfähigkeit verbundenen Erkrankung bis zum 29. Dezember 1958 keine Arbeit hat leisten können. Die bei der Klägerin festgestellten Krankheiten, mögen sie auch mit der Entbindung zusammenhängen, gehen über den Rahmen eines normal verlaufenden Wochenbettes hinaus. Sie stellen sich deshalb als unverschuldetes Unglück dar (vgl. Bulla, Mutterschutzgesetz und Frauenarbeitsrecht, 1954, vor § 3 MuSchG Anm. 37).

2. Es kommt somit entscheidend darauf an, von welchem Zeitpunkt an die Sechs-Wochenfrist, während der der Arbeitgeber nach § 63 HGB das Gehalt weiterzuzahlen hat, zu berechnen ist. Im Regelfall beginnt die Frist nach § 187 Abs. 1 BGB am Tage nach dem Eintritt des „Unglücks". Dagegen kann nicht auf den Zeitpunkt der Mitteilung der Arbeitsverhinderung abgestellt werden, da es sonst der oder die Angestellte in der Hand hätte, für die Krankheitszeit beispielsweise eine bereits

feststehende, jedoch erst in der Zukunft eintretende Gehaltserhöhung auszunutzen.

Andererseits läßt sich aus dem Wortlaut des § 63 HGB (wie auch der entsprechenden Vorschriften des § 616 BGB, § 133 c Abs. 2 GewO und § 1 Abs. 1 ArbKrankhG) nicht entnehmen, daß die Leistungspflicht des Arbeitgebers stets auf die ersten sechs Wochen einer Erkrankung beschränkt wäre. Alle diese Vorschriften befristen ihrer Fassung nach die Arbeitgeberleistung auf eine Dauer von sechs Wochen, ohne jedoch den Beginn der Leistung auch an den Beginn der Erkrankung oder der sonstigen Verhinderung zu knüpfen (so für das ArbKrankhG BAG 9, 197 [204]).

III. Welcher Zeitpunkt für den Beginn der Sechs-Wochenfrist des § 63 HGB maßgebend ist, ergibt sich aus dem Sinn und Zweck der gesetzlichen Regelung.

1. Die Vorschrift soll — ebenso wie § 616 Abs. 2 BGB und § 133 c Abs. 2 GewO — abweichend von dem Grundsatz des § 323 BGB und in Ausgestaltung der Fürsorgepflicht des Arbeitgebers sicherstellen, daß der Angestellte im Falle unverschuldeter Arbeitsverhinderung, insbesondere bei Krankheit, für eine gewisse Zeit insoweit in seiner Lebensgrundlage nicht beeinträchtigt wird, als diese auf seinem Arbeitseinkommen beruht. Er soll seinen Gehaltsanspruch nicht im Hinblick auf die durch das unverschuldete Unglück herbeigeführte Arbeitsverhinderung verlieren. Diese muß die Ursache dafür bilden, daß die Arbeit nicht geleistet wird; es muß hinzukommen, daß der Gehaltsanspruch nicht aus anderen Gründen ausgeschlossen ist.

2. Daher kann der Anspruch auf Gehaltsfortzahlung nur für die Zeit bestehen, in der der Angestellte ohne die Arbeitsverhinderung seine Dienste hätte leisten können und müssen und auch den Gehaltsanspruch gehabt hätte. Wenn demgegenüber der Angestellte aus anderen Gründen weder zur Arbeit verpflichtet ist noch einen Anspruch auf Gehaltszahlung hat, weil z. B. die Gehaltszahlungspflicht wegen Auflösung des Arbeitsverhältnisses vor dem Ablauf der Sechs-Wochenfrist geendet hat (Schlegelberger-Schröder, HGB, 3. Aufl., § 63 Anm. 5) oder aber das Arbeitsverhältnis wegen der Einberufung zum Wehrdienst (RAG ARS 46, 268) oder im Falle der Beurlaubung ohne Bezüge ruht, dann ist seine Arbeitsverhinderung infolge des unverschuldeten Unglücks für die Frage des Gehaltsfortzahlungsanspruches und den Zeitraum, in dem dieser zu erfüllen ist, ohne Bedeutung. Während einer solchen Zeit, in der weder der Angestellte zur Arbeit noch der Arbeitgeber zur Zahlung des Gehalts

verpflichtet ist, kann ein Gehaltsfortzahlungsanspruch nicht deshalb zur Entstehung gelangen, weil auch oder für sich allein eine auf einem unverschuldeten Unglück beruhende Arbeitsverhinderung besteht.

Daraus folgt, daß der Anspruch aus § 63 HGB unter den besonderen Voraussetzungen, daß der Grund der Arbeitsverhinderung, insbesondere die Krankheit, zu einer Zeit eintritt, in der der Angestellte z. B. auf Grund eines gesetzlichen Beschäftigungsverbots ohnehin nicht zu arbeiten braucht und auch keinen Gehaltszahlungsanspruch hat, erst in dem Zeitpunkt entsteht, in dem das Arbeitsverhältnis mit den beiderseitigen Hauptpflichten (Arbeitsleistung und Gehaltszahlung) wieder voll in Kraft tritt. Erst in diesem Zeitpunkt wird die Arbeitsverhinderung in dem Sinn rechtlich erheblich, daß nun der Arbeitgeber bis zur Dauer von sechs Wochen durch die Zahlung des Gehalts für den Angestellten zu sorgen hat. Entsprechendes gilt für das (vorzeitige) Ende der Zahlungspflicht, wenn trotz fortbestehender Krankheit die genannten beiden Hauptpflichten wegfallen.

IV. Die Anwendung dieser Grundsätze auf den vorliegenden Fall rechtfertigt den Anspruch der Klägerin.

1. Sie war als stillende Mutter auf die Dauer von acht Wochen nach der Niederkunft dem allgemeinen Beschäftigungsverbot des § 6 Abs. 1 Satz 2 MuSchG unterworfen. Innerhalb dieser ganzen Zeit war sie zur Arbeit nicht nur nicht verpflichtet, sondern sie hätte auch selbst dann nicht arbeiten dürfen, wenn sie dazu gesundheitlich in der Lage und bereit gewesen wäre. Bei diesem absoluten Charakter des Beschäftigungsverbots ist es — entgegen der Ansicht der Beklagten — unerheblich, in wessen Interesse die Schutzfrist eingeführt ist, insbesondere ob zwischen den ersten sechs allgemein für Wöchnerinnen geltenden und den weiteren zwei nur für stillende Mütter vorgeschriebenen Wochen des Beschäftigungsverbots ein Unterschied zu machen ist. Eine Unterscheidung kann nur für die Motive des Gesetzgebers bedeutsam sein; angesichts der rechtlichen Gleichbehandlung aller drei in § 6 Abs. 1 Satz 1 und 2 MuSchG genannten Schutzfristen (sechs bzw. acht bzw. zwölf Wochen) kommt es für die Anwendung der Vorschrift darauf nicht an. (Nur in diesem Sinn kann auch der Hinweis von Bulla aaO, MuSchG § 6 Anm. 3, verstanden werden).

2. Innerhalb der Schutzfrist von acht Wochen nach der Entbindung war die Beklagte zur Gehaltszahlung an die Klägerin nicht verpflichtet. Diese hatte vielmehr nur Ansprüche gegen die Krankenkasse auf Zahlung des Wochengeldes gemäß § 13 Abs. 1 MuSchG. Der Senat folgt damit dem Urteil des Zweiten Senats vom 14. Oktober 1954 (BAG 1, 140 = AP

Nr. 1 zu § 13 MuSchG m. zust. Anm. v. Hueck = AR-Blattei D „Mutterschutz" Entsch. 5 m. teilw. abl. Anm. v. Bulla = BABl. 1955, 258 m. krit. Anm. v. Arning = JZ 1955, 180 m. im Ergebnis zust. Anm. v. Sieg). Dort ist ausgesprochen, daß während der in § 13 Abs. 1 MuSchG genannten Fristen, in denen die allgemeinen Beschäftigungsverbote des § 3 Abs. 2 MuSchG (sechs Wochen vor der Niederkunft) und des § 6 Abs. 1 Satz 1 und 2 MuSchG (sechs bis zwölf Wochen nach der Niederkunft) gelten, für Frauen, die, wie die Klägerin, in der gesetzlichen Krankenversicherung pflichtversichert sind, die Krankenkasse allein die Lasten aus der Gewährung des Wochengeldes gemäß § 13 Abs. 1 MuSchG zu tragen hat. Eine Leistungspflicht des Arbeitgebers innerhalb der Schutzfristen wird hauptsächlich mit der Begründung verneint, daß sie sich weder aus der Fürsorgepflicht des Arbeitgebers noch aus § 616 BGB, § 63 HGB oder § 133 c GewO herleiten lasse.

Der Senat hat keine Veranlassung, von dem Ergebnis dieser Entscheidung abzugehen, zumal sie überwiegend Zustimmung gefunden hat und auch die Praxis ihr folgt (vgl. Herschel, Die Krankheit im Arbeitsrecht, NWB Fach 26 S. 371 zu A V 4; Hessel, Krankheit im Arbeitsrecht, 2. Aufl. S. 66 f.; Hueck in Anm. zu AP Nr. 1 zu § 13 MuSchG; Hueck-Nipperdey, Lehrb. d. ArbR, 6. Aufl., Bd. 1 S. 664, insbesondere Fußnote 47; Köst, MuSchG, vor § 3 Anm. 17, § 13 Anm. 26; Rappenecker in Betr. 1955, 873; im Ergebnis auch Sieg in JZ 1955, 181; ferner Bescheid des Bundesministers für Arbeit vom 17. März 1955, abgedruckt bei Eisel, MuSchG, Anhang A 67).

Soweit die Entscheidung des Zweiten Senats in ihrem Ergebnis auf Ablehnung gestoßen ist und die Ansicht vertreten wird, daß beim Vorliegen der Voraussetzungen des § 616 BGB, § 63 HGB oder § 133 c GewO der Arbeitgeber vor der Krankenkasse zur Gehaltszahlung verpflichtet sei und diese den Arbeitgeber auf Erstattung des von ihr gezahlten Wochengeldes in Anspruch nehmen könne (vgl. Arning in BABl. 1955, 259; Bulla in Betr. 1953, 761; ders. in Anm. AR-Blattei D „Mutterschutz" Entsch. 5 sowie MuSchG § 13 Anm. 51; Eisel, MuSchG, 4. Aufl., 1960, § 13 Anm. E [nicht ganz eindeutig]; Herschel in BABl. 1952, 103; Hueck in Anm. RdA 1950, 32 [zum Mutterschutzgesetz von 1942]; Schelp-Trieschmann, Das Arbeitsverhältnis im Krankheitsfalle, 1958, S. 286 ff.; Schulte Langforth in BABl. 1953, 405; Theuerkauf in Anm. AP Nr. 2 zu § 13 MuSchG; Bescheid des Bundesministers für Arbeit vom 26. Mai 1952, abgedruckt bei Eisel, MuSchG, Anhang A 5 = BB 1952, 748; LAG Hannover vom 27. Februar 1953 in Betr. 1953, 736 und LAG Berlin vom 29. November 1956 in AP Nr. 2 zu § 13 MuSchG), kann dem nicht gefolgt werden, und zwar zusätzlich aus folgenden Gründen:

a) Aus dem Wortlaut des § 13 Abs. 1 MuSchG allein läßt sich die Streitfrage nicht lösen. Er hat nur die Leistungspflicht der Krankenkasse zum Gegenstand. Als Ausgangspunkt für die weiteren Erörterungen ist aber dem § 13 Abs. 2 und 4 MuSchG zu entnehmen, daß die Frau während der Schutzfristen in keinem Fall doppelte Zahlungen erhalten soll. Doch besagt das nichts darüber, welche der möglicherweise bestehenden mehreren Leistungspflichten vor der anderen den Vorrang hat.

b) Die Systematik des Gesetzes gibt einen gewissen Anhaltspunkt dafür, daß unter den in § 13 Abs. 1 MuSchG genannten Voraussetzungen, also während der Schutzfristen vor und nach der Niederkunft, nur der Anspruch auf Wochengeld gegen die Krankenkasse, nicht aber auch ein Anspruch gegen den Arbeitgeber auf Grund anderer gesetzlicher Bestimmungen bestehen soll. Das Gesetz sichert das Arbeitseinkommen für berufstätige Frauen vor und nach der Niederkunft nur in den Fällen, in denen sich diese Sicherung nicht schon aus anderen Vorschriften ergibt. So wird die Pflicht des Arbeitgebers zur Lohn- oder Gehaltsfortzahlung gemäß § 10 Abs. 1 Buchst. a MuSchG nur in den Fällen geregelt, in denen der Arbeitgeber nach allgemeinen Bestimmungen (§ 616 BGB, § 63 HGB, § 133 c GewO) nicht verpflichtet wäre, nämlich wenn die individuellen Beschäftigungsverbote des §3 Abs. 1 und des § 6 Abs. 2 MuSchG (außerhalb der Schutzfristen des § 3 Abs. 2 und des § 6 Abs. 1 Satz 1 und 2 MuSchG) nicht zum völligen Aussetzen mit der Arbeit, sondern nur zu einem Wechsel der Beschäftigung oder zur Verkürzung der Arbeitszeit und damit zur Entgeltminderung führen. In den Fällen, in denen bei einem individuellen Beschäftigungsverbot volle Arbeitsunfähigkeit besteht, läßt der Gesetzgeber die Frage der Entgeltfortzahlung ungeregelt, weil er davon ausgehen kann und offenbar auch davon ausgegangen ist, daß hier die allgemeinen Vorschriften eingreifen. Daraus folgt für den Fall des § 13 Abs. 1 MuSchG, in dem das Gesetz einen Anspruch gegen die Krankenkasse gewährt, daß es davon ausgeht, daß in diesem Fall ein Anspruch nach den allgemeinen Vorschriften nicht besteht.

c) Unabhängig hiervon kommt dem bereits im Urteil des Zweiten Senats angeführten Umstand entscheidende Bedeutung zu, daß es sich bei der in § 13 Abs. 1 MuSchG geregelten Fürsorge aus Anlaß der Mutterschaft lastenverteilungsmäßig um eine Aufgabe der Gemeinschaft und nicht um eine solche des einzelnen Arbeitgebers handelt. § 13 Abs. 1 ist überhaupt die einzige Vorschrift des Mutterschutzgesetzes, durch die eine aus den gesetzlichen Beschäftigungsverboten entstehende finanzielle

Last der Krankenkasse auferlegt wird, die ihrerseits gemäß § 14 MuSchG durch den Bund entlastet wird; im Ergebnis hat also die Allgemeinheit die Last zu tragen. Demgegenüber muß bei den sonstigen Beschäftigungsverboten in weitem Umfang der Arbeitgeber die finanzielle Fürsorge auf sich nehmen. Es ist deshalb innerlich gerechtfertigt, die einzige Leistungsverpflichtung der Gemeinschaft, wie sie in Art. 6 Abs. 4 GG als Grundsatz aufgestellt ist, nicht noch dadurch abzuschwächen, daß selbst für die Dauer der Schutzfristen vor und nach der Niederkunft eine Leistungspflicht des Arbeitgebers anerkannt wird.

d) Während der Schutzfristen vor und nach der Niederkunft besteht keine Arbeitspflicht der weiblichen Arbeitnehmerin. Dies gilt auch für den Fall des § 3 Abs. 2 MuSchG. Soweit dort zugelassen ist, daß die werdende Mutter in den letzten sechs Wochen vor der Niederkunft sich zur Arbeitsleistung ausdrücklich bereit erklärt, liegt keine dem Arbeitgeber gegenüber bindende Verpflichtung vor, weil die Frau ihre Erklärung jederzeit widerrufen kann. Besteht aber keine Arbeitspflicht, dann entfällt auch im Grundsatz die dieser entsprechende Fürsorgepflicht des Arbeitgebers, wie sie gerade in den Vorschriften des § 616 BGB, § 63 HGB und § 133 c Abs. 2 GewO ihren Niederschlag gefunden hat. Insbesondere aus § 10 MuSchG ergibt sich, daß der Gesetzgeber es für erforderlich gehalten hat, die auf die Fürsorgepflicht gegründete Entgeltfortzahlungspflicht des Arbeitgebers für bestimmte Fälle, in denen eine Arbeitspflicht nicht oder nicht in vollem Umfang besteht, ausdrücklich im Gesetz festzulegen. Für die Fälle des § 13 Abs. 1 MuSchG ist dies nicht, zumindest nicht genügend deutlich, geschehen. Auch deshalb ist anzunehmen, daß im Rahmen des § 13 Abs. 1 MuSchG Entgeltfortzahlungspflichten des Arbeitgebers auf Grund der allgemeinen Vorschriften ausgeschlossen sind.

e) Darüber hinaus entspricht es einem allgemeinen Grundzug der gesetzlichen Regelungen über die Sicherstellung des Arbeitnehmers im Krankheitsfall, daß der Arbeitgeber nur für eine beschränkte Zeit die Versorgungslast tragen und damit die Krankenversicherung entlasten soll, obwohl diese nach dem sie tragenden Grundgedanken eine möglichst vollständige Sicherung des Arbeitnehmers in Krankheits- und diesen vergleichbaren Fällen gewährleisten will. Wenn nun § 13 Abs. 1 MuSchG für die dort geregelten Fälle in Kenntnis dieser allgemeinen Grundsätze die alleinige Leistungspflicht der Krankenversicherung (unterstützt durch Mittel der Allgemeinheit gemäß § 14 MuSchG) festlegt, so ist daraus der Schluß zu ziehen, daß diese Leistungspflicht stets und vor allen anderen bestehen soll. § 13 Abs. 1 MuSchG besagt deshalb mit anderen

Worten, daß in dem für ihn geltenden zeitlichen Rahmen die individuelle Arbeitsunfähigkeit der weiblichen Arbeitnehmerin, die auch ohne Arbeitsunfähigkeit nicht zur Arbeit verpflichtet wäre, in den generellen Beschäftigungsverboten des Mutterschutzgesetzes aufgeht. Damit hat § 13 Abs. 1 MuSchG als lex specialis den Vorrang vor den allgemeinen gesetzlichen Bestimmungen über die Entgeltfortzahlung bei Arbeitsunfähigkeit.

f) Die hier vertretene Auffassung wird auch am besten den Interessen der Beteiligten gerecht. Die dem Arbeitgeber durch das Mutterschutzgesetz auferlegten sehr weitgehenden Verpflichtungen aus den §§ 10 und 12 MuSchG, die über die Belastung aus den allgemeinen gesetzlichen Bestimmungen erheblich hinausgehen, werden in einem gewissen Umfang ausgeglichen. Andererseits kommt die berufstätige Mutter, wie gerade der vorliegende Fall zeigt, in den vollen Genuß der ihr zugedachten Leistungen. Wäre die gegenteilige Ansicht richtig, dann würde die Frau, die im zeitlichen Zusammenhang mit den Schutzfristen vor und nach der Niederkunft längere Zeit erkrankt, um die Zeit in ihren Ansprüchen gegen die Krankenversicherung verkürzt, die in die Schutzfristen fällt und für die sie Ansprüche gegen den Arbeitgeber hätte. Dieses Ergebnis widerspricht dem Gedanken, daß die auf längere Zeit erkrankte Frau besonders schutzbedürftig ist. Sie wäre gegenüber einer Frau, bei der während der Schutzfristen keine Arbeitsunfähigkeit besteht, eindeutig benachteiligt.

Außerdem läßt sich das hier gefundene Ergebnis am einfachsten verwirklichen. Es kommt nicht zur Austragung der Zweifelsfragen aus den allgemeinen Vorschriften, ob z. B. eine mit Arbeitsunfähigkeit verbundene Krankheit vorliegt oder es sich um normale anläßlich der Schwangerschaft oder der Niederkunft eingetretene Beschwerden handelt. Den anspruchsberechtigten Frauen wird hinsichtlich ihrer wirtschaftlichen Sicherstellung innerhalb der Schutzfristen jede Unruhe erspart, die sich auch daraus ergeben kann, daß die Krankenkasse Feststellungen über ihren Gesundheitszustand treffen will. Die Frauen haben nichts anderes zu tun, als ihren Anspruch auf Wochengeld bei der Krankenkasse zu erheben, die in jedem Falle leistungspflichtig ist. Es wird damit zugleich vermieden, daß eine Frau im gegebenen Fall sich veranlaßt sieht, eine etwa bestehende Erkrankung zu verheimlichen, um ihre Ansprüche nicht zu schmälern.

g) Die Vertreter der gegenteiligen Ansicht stützen sich vor allem auf § 13 Abs. 2 MuSchG, wonach das Wochengeld auch dann zu gewähren ist, wenn der Frau, ohne daß sie arbeitet, zwar ein Anspruch auf Fortzahlung des Arbeitsentgelts zusteht, der Arbeitgeber aber bei Fälligkeit das

Entgelt nicht zahlt, und darauf, daß insoweit der Anspruch gegen den Arbeitgeber auf die Krankenkasse übergeht. Diese Vorschrift wäre nach jener Meinung unverständlich, wenn die Leistungspflicht der Krankenkasse aus § 13 Abs. 1 MuSchG den Vorrang hätte: die Vorschrift des § 13 Abs. 2 MuSchG beziehe sich nur auf diese Leistungspflicht und setze damit voraus, daß sie hinter eine etwaige Verpflichtung des Arbeitgebers zur Entgeltfortzahlung zurücktrete.

An dieser Ansicht ist richtig, daß § 13 Abs. 2 MuSchG gedanklich voraussetzt, daß gegen den Arbeitgeber ein Anspruch auf Entgeltfortzahlung auch während der Schutzfristen bestehen und durchgesetzt werden kann. Aus § 13 Abs. 2 MuSchG ist aber nicht zu entnehmen, daß es sich dabei allein oder neben anderem um Ansprüche aus den allgemeinen Vorschriften des § 616 BGB, § 63 HGB und § 133 c Abs. 2 GewO handeln muß. Darüber gibt das Mutterschutzgesetz keine Auskunft. Es ist jedenfalls nicht ausgeschlossen, den § 13 Abs. 2 MuSchG nur auf die Fälle zu beziehen, daß Ansprüche gegen den Arbeitgeber aus anderen als den allgemeinen gesetzlichen Bestimmungen, nämlich auf der Grundlage tariflicher oder einzelvertraglicher Regelung bestehen (so Sieg in JZ 1955, 182; Nikisch, ArbR, 2. Aufl., Bd. 1 S. 515).

Entscheidend sind aber folgende Erwägungen, für die es auf die Unterscheidung zwischen den allgemeinen gesetzlichen und den auf Tarif- oder Einzelvertrag beruhenden Ansprüchen gegen den Arbeitgeber nicht ankommt: § 13 Abs. 2 MuSchG sagt nichts darüber aus, welcher der beiden Ansprüche (gegen die Krankenkasse oder gegen den Arbeitgeber) den Vorrang haben soll. Gleiches gilt für den von einzelnen Autoren in diesem Zusammenhang angeführten § 13 Abs. 4 Buchst. b MuSchG, weil dort die tatsächliche Zahlung durch den Arbeitgeber ohne Rücksicht auf die Rechtsgrundlage vorausgesetzt wird, also auch an eine freiwillige Zahlung gedacht sein kann (Nikisch aaO S. 516). Die Bestimmung des § 13 Abs. 2 MuSchG über den Forderungsübergang bringt lediglich zum Ausdruck, daß in den in § 13 Abs. 2 MuSchG genannten Fällen die Zahlungspflicht der Krankenkasse subsidiär sein soll, der Anspruch somit nicht bei beiden Stellen geltend gemacht werden kann.

§ 13 Abs. 2 MuSchG, der sich nur mit dem Wochengeld und nicht etwa mit den Bezügen im Krankheitsfall befaßt, hat seine eigentliche Bedeutung nur für solche Frauen, die keinen Anspruch auf Wochengeld gegen die Krankenkasse haben. Das sind in erster Linie die in § 13 Absatz 1 MuSchG ausgenommenen, dafür aber in § 12 Abs. 1 MuSchG erfaßten Frauen, die nicht in der gesetzlichen Krankenversicherung pflichtversichert sind. Diese haben nach § 12 Abs. 1 MuSchG für die Schutzfristen vor und nach der Niederkunft einen Anspruch gegen den Arbeitgeber auf Weiterzahlung des regelmäßigen Arbeitsentgelts. Durch § 13 Abs. 2 MuSchG wird zur wirtschaftlichen Sicherstellung dieser Frauen eine vorläufige Leistungspflicht der Krankenkasse festgelegt (so Gröninger, MuSchG, § 12 Anm. 2; Köst, MuSchG, § 12 Anm. 4, § 13 Anm. 28; Peters, MuSchG, § 12 Anm. 2, § 13 Anm. 4 c).

Die hiergegen erhobenen Bedenken, daß wegen der Verweisung des § 13 Abs. 2 MuSchG auf den Abs. 1 nur pflichtversicherte Frauen in Abs. 2 gemeint sein könnten (so Bulla MuSchG, § 12 Anm. 67, § 13 Anm. 52 und 54), sind nicht berechtigt. Nach dem Gesetzeswortlaut ist die Bezugnahme in Abs. 2 auf den Abs. 1 in Verbindung mit dem „Wochengeld" gebracht. Dessen Höhe und Bezugsdauer, wie sie in Abs. 1 bestimmt ist, soll auch für die Fälle des Abs. 2 gelten, in denen an sich die Pflicht des Arbeitgebers (aus § 12 Abs. 1 MuSchG, möglicherweise auch aus Tarif- oder Einzelvertrag) zur Leistung wochengeldartiger Bezüge besteht. Dagegen ist nicht ersichtlich, daß durch § 13 Abs. 2 der gleiche anspruchsberechtigte Personenkreis wie in Abs. 1 erfaßt werden soll.

h) Wenn schließlich in diesem Zusammenhang auf die Entstehungsgeschichte des Mutterschutzgesetzes, insbesondere auf die mündlichen Erläuterungen der Berichterstatterin des zuständigen Bundestagsausschusses in der Sitzung des Bundestages vom 12. Dezember 1951, hingewiesen wird (vgl. Arning in BABl. 1955, 259 f.), so vermag auch dies an der Entscheidung des Senats nichts zu ändern. Zwar sind die einschlägigen Gesetzesmaterialien nicht von vornherein unerheblich. Sie haben aber keine selbständige Bedeutung; insbesondere geben sie gerade im vorliegenden Fall noch keine volle Gewißheit, daß alle an der Gesetzgebung beteiligten Stellen, insbesondere der Bundesrat, diese Erwägungen angestellt und gebilligt haben. Es kommt hinzu, daß, wie oben ausgeführt, überwiegende Gründe des Gesetzeswortlauts, des Zusammenhangs mit dem übrigen Gesetzesinhalt, der Zweckmäßigkeit und Billigkeit es rechtfertigen, der im Zuge der Gesetgebungsarbeiten vertretenen Ansicht über die Zusammenhänge zwischen § 13 MuSchG und den allgemeinen Vorschriften über die Entgeltfortzahlung bei unverschuldeter Arbeitsverhinderung nicht zu folgen. In einem solchen Fall muß ein etwa festzustellender gegenteiliger „Wille des Gesetzgebers" unberücksichtigt bleiben (Enneccerus-Nipperdey, Bürgerl. Recht, Allg. Teil, 15. Aufl., § 55 I S. 330).

3. Damit steht fest, daß die Klägerin in den ersten acht Wochen nach der Entbindung, für die sie die Wochengeldleistungen der Krankenkasse erhalten hat, weder Arbeit zu leisten noch von der Beklagten Gehalt zu beanspruchen hatte. Dann kann aber auch, wie sich aus den Ausführungen

oben zu II ergibt, in diesem Zeitraum die Sechs-Wochenfrist des § 63 HGB noch nicht zu laufen begonnen haben. Die Pflicht der Beklagten aus § 63 HGB hat vielmehr erst mit dem Ende des allgemeinen Beschäftigungsverbots des § 6 Abs. 1 Satz 1 und 2 MuSchG eingesetzt. Erst von dieser Zeit an wirkt sich die Verhinderung an der Dienstleistung infolge unverschuldeten Unglücks rechtserheblich aus (ebenso Staudinger-Nipperdey-Mohnen, BGB, 11. Aufl., § 616 Anm. 100 Abs. 1 a. E.).

Die Beklagte hat, da die Klägerin in dem folgenden Zeitraum weit länger als sechs Wochen arbeitsunfähig erkrankt gewesen ist, für volle sechs Wochen das Gehalt zu zahlen. Diese Verpflichtung hat die Beklagte nur teilweise erfüllt. Sie ist deshalb von den Vorinstanzen zu Recht zur Zahlung des fehlenden Betrages verurteilt worden.

## 3

**Die vierwöchige Kündigungsfrist des § 15 SchwBeschG gilt nicht für Probearbeitsverhältnisse bis zur Dauer von drei Monaten.**

SchwBeschG §§ 15, 19 Abs. 4.

II. Senat. Urteil vom 22. 9. 1960 i. S. O. (Bekl.) w. L. (Kl.)
2. AZR 46/59.

I. Arbeitsgericht Berlin. — II. Landesarbeitsgericht Berlin.

Der Kläger ist als Schwerbeschädigter anerkannt. Die Beklagte stellte ihn am 1. April 1958 mit einem Stundenlohn von 1,90 DM für eine Probezeit bis zum 30. Juni 1958 als Glasbläser ein. Der Kläger bestätigte mit seiner Unterschrift, daß ihm § 2 Nr. 5 der Arbeitsordnung der Beklagten bekannt sei, wonach das Probearbeitsverhältnis eines Arbeiters täglich, nach vier Wochen wöchentlich zum Wochenende gekündigt werden kann. Am 9. April 1958 kündigte die Beklagte dem Kläger zum Ende der Schicht. Am gleichen Tage unterzeichnete der Kläger folgende Erklärung:

„Auf die Bedeutung und Rechtsfolgen des Nachstehenden hingewiesen, erkläre ich bei meinem heutigen Ausscheiden, daß ich nach Aushändigung meines Lohnes, meiner Steuer- und Versicherungskarte, der Arbeitsbescheinigung sowie sonstiger Papiere Forderungen irgendwelcher Art nicht mehr geltend zu machen habe."

Der Kläger ist der Ansicht, die Beklagte habe ihm nicht täglich kündigen dürfen, sondern die in § 15 SchwBeschG zwingend vorgeschriebene Vierwochenfrist einhalten müssen. Er hat auf Zahlung von

191,43 DM geklagt. Das ist sein Arbeitslohn für die Zeit vom Entlassungstag bis zum 4. Mai 1958, von wann an er eine neue Beschäftigung gefunden habe, vermindert um die von ihm nach seiner Entlassung bezogene Arbeitslosenunterstützung. Die Beklagte meint, die Vierwochenfrist des § 15 SchwBeschG gelte nicht für Probezeiten, und außerdem habe der Kläger durch seine Ausgleichsquittung wirksam auf etwaige weitere Ansprüche verzichtet.

Das Arbeitsgericht hat der Klage stattgegeben, das Landesarbeitsgericht die Berufung der Beklagten zurückgewiesen. Die Revision der Beklagten führte zur Klageabweisung.

Aus den Gründen:

Das der Klage stattgebende Urteil des Berufungsgerichts beruht auf der Ansicht, daß die Beklagte dem Kläger während seiner Probezeit nur mit der in § 15 SchwBeschG vorgeschriebenen Frist von vier Wochen kündigen durfte. Dieser Ansicht vermag der Senat nicht zu folgen.

Zwar sieht es auf den ersten Blick so aus, als ob der § 15 auch für befristete Probearbeitsverhältnisse gelte. Denn er läßt für sich allein betrachtet nicht ohne weiteres eine Einschränkung seines Geltungsbereichs erkennen und gestattet auch keine Ausnahme von der vierwöchigen Kündigungsfrist für die Arbeitsverhältnisse Schwerbeschädigter. §19 Absatz 4 SchwBeschG sagt nur, daß bei nicht mehr als dreimonatiger Beschäftigung eines Schwerbeschädigten auf Probe (oder zur vorübergehenden Aushilfe oder für einen vorübergehenden Zweck) die Zustimmung der Hauptfürsorgestelle zur Kündigung nicht erforderlich sei, nicht aber, daß in diesen Fällen auch eine Kündigungsfrist vereinbart werden könne, die kürzer ist als vier Wochen.

Bei näherem Zusehen ergeben sich jedoch Zweifel daran, ob eine so einfache Betrachtungsweise richtig ist. Dem § 15 geht nämlich als erste und grundlegende Vorschrift des mit der Überschrift „Kündigungsschutz" versehenen 4. Abschnitts des Schwerbeschädigtengesetzes der § 14 voraus, der besagt, daß der Arbeitgeber einem Schwerbeschädigten nur mit Zustimmung der Hauptfürsorgestelle kündigen darf. Wenn dann § 15 in unmittelbarem Anschluß daran bestimmt:

> Die Kündigungsfrist beträgt mindestens vier Wochen; sie läuft erst am Tage des Eingangs des Antrags bei der Hauptfürsorgestelle (§ 16 Abs. 1) ab,

so könnte das dahin zu verstehen sein, daß die vierwöchige Kündigungsfrist nur in den Regelfällen eingehalten zu werden braucht, in denen die Kündigung an das Erfordernis der Zustimmung der Hauptfürsorgestelle gebunden ist. Dafür spricht besonders der zweite Halbsatz des § 15, der von dem ersten nicht durch einen Punkt, sondern nur durch ein Semikolon getrennt ist und der besagt, daß die Kündigungsfrist erst mit dem Antrag bei der Hauptfürsorgestelle zu laufen beginnt, aber nichts darüber enthält, wann die Kündigungsfrist beginnen soll, wenn ein Antrag an die Hauptfürsorgestelle gar nicht notwendig ist. Eine solche Verkoppelung der Kündigungsfrist von vier Wochen mit dem Zustimmungserfordernis findet auch in § 17 Abs. 1 des Gesetzes eine Stütze, wo es heißt, daß die Hauptfürsorgestelle ihre Entscheidung innerhalb von vier Wochen vom Tage des Antrags an treffen soll und daß sie ihre Zustimmung zur Kündigung mit der Maßgabe erteilen soll, daß die Kündigung frühestens vier Wochen nach dem Zeitpunkt der Entscheidung wirksam wird. Hiernach verlöre die Schlußfolgerung aus § 19 Abs. 4 ihre Überzeugungskraft, daß diese Vorschrift anders als § 19 Abs. 1 und 2 nur die Zustimmung der Hauptfürsorgestelle entbehrlich macht, nicht aber auch die vierwöchige Kündigungsfrist beseitigt. Denn wenn in den Fällen des § 19 Abs. 4 ein besonderer Ausschluß der Kündigungsfrist von vornherein gar nicht notwendig war, dann brauchte ein solcher Ausschluß auch nicht mehr ausdrücklich erklärt zu werden.

Angesichts dieser Zweifel, die sich aus dem Wortlaut der einschlägigen Vorschriften, ihrer Stellung innerhalb des 4. Abschnitts des Kündigungsschutzgesetzes und aus ihrem Verhältnis zueinander ergeben, kann die richtige Antwort auf die entscheidende Frage nur gefunden werden, wenn man auch den Zweck berücksichtigt, den der Gesetzgeber mit der Vorschrift des § 19 Abs. 4 SchwBeschG verfolgt hat. In dem alten Schwerbeschädigtengesetz von 1923 gewährte § 17 einem Arbeitgeber, der einen Schwerbeschädigten ausdrücklich nur zur vorübergehenden Aushilfe, für einen vorübergehenden Zweck oder „versuchsweise", d. h. zur Probe eingestellt hatte, das Recht zur Kündigung ohne Anrufen der Hauptfürsorgestelle nur dann, wenn der Arbeitgeber seiner Pflicht zur Einstellung einer Mindestzahl von Schwerbeschädigten bereits genügt hatte. Diese Einschränkung ist in § 19 Abs. 4 des jetzt geltenden Schwerbeschädigtengesetzes von 1953, der sonst dem früheren § 17 entspricht, weggefallen. Jetzt braucht ein Arbeitgeber, der einem Schwerbeschädigten während der Probezeit kündigt, die Hauptfürsorgestelle auch dann nicht anzurufen, wenn er noch nicht die Pflichtzahl an Schwerbeschädigten (vgl. §§ 3 ff. des Gesetzes) beschäftigt. Diese Neuerung ist aus dem Regierungsentwurf zum Schwerbeschädigtengesetz von 1953 unverändert in das Gesetz übernommen worden. Sie verfolgt nach der amtlichen Begründung zu § 19 Abs. 4 des Regierungsentwurfs den Zweck, den Arbeitgebern die vorübergehende Einstellung von Schwerbeschädigten, insbesondere auch zur Probe, zu erleichtern, indem sie sie für diese Fälle noch mehr als bisher von den Kündigungsbeschränkungen befreit. In der amtlichen Begründung heißt es nämlich zu § 19 Abs. 4:

„Die Vorschrift will die Hemmungen möglichst beseitigen, die manche Arbeitgeber gegenüber der Einstellung von Schwerbeschädigten deshalb haben, weil sie vom Tage der Einstellung an an die Kündigungsfrist und auch an den besonderen Kündigungsschutz für Schwerbeschädigte gebunden sind, ohne die Eignung des Schwerbeschädigten vorher prüfen zu können."

Hiernach soll sich die Erleichterung nicht auf den Wegfall des Zustimmungserfordernisses beschränken, sondern ausdrücklich auch auf den Wegfall der vierwöchigen Kündigungsfrist erstrecken. Nur wenn beide Erleichterungen zusammenkommen, also der ganze besondere Kündigungsschutz für Schwerbeschädigte entfällt, braucht der Arbeitgeber nicht mehr zu befürchten, daß er sich von einem zur Probe eingestellten Schwerbeschädigten, der sich während der Probezeit als ungeeignet erweist, nicht kurzfristig trennen kann. Dem kann nicht entgegengehalten werden, daß es dem Arbeitgeber ohnehin unbenommen sei, mit Schwerbeschädigten nur eine kurze Probezeit wirksam zu vereinbaren. Denn mit einer zu knapp bemessenen Probezeit ist weder dem Arbeitgeber noch dem Schwerbeschädigten gedient, und ein neuer Vertrag mit einer zweiten Probezeit wäre für den Arbeitgeber mit dem Risiko eines Prozesses belastet, in dem über die Zulässigkeit von Kettenverträgen gestritten werden könnte. Aus ähnlichen Überlegungen geht es auch nicht an, den Arbeitgeber allein auf die Möglichkeit einer fristlosen Kündigung des Probearbeitsverhältnisses auch wichtigem Grunde zu verweisen. Der Zweck des Gesetzes, die Hemmungen der Arbeitgeber gegenüber der Einstellung von Schwerbeschädigten zur Probe zu beseitigen, kann vielmehr nur dadurch erreicht werden, daß die Arbeitgeber für die Probezeit von allen besonderen Kündigungsbeschränkungen des Schwerbeschädigtengesetzes befreit sind. Das liegt übrigens nicht nur im Interesse der Arbeitgeber, sondern auch der Schwerbeschädigten in ihrer Gesamtheit, insofern ihnen dadurch größere Möglichkeiten eröffnet werden, ihre Eignung für bestimmte Tätigkeiten durch eine angemessene Probezeit zu erweisen.

Es muß nämlich beachtet werden, daß das Schwerbeschädigtengesetz als Ganzes nicht in erster Linie den Schutz des einzelnen Schwerbeschädigten, sondern die Eingliederung der Schwerbeschädigten als Gesamtheit in den Arbeitsprozeß bezweckt. Das Gesetz will, indem es den Arbeitgebern die Pflicht zur Beschäftigung einer gewissen Zahl von Schwerbeschädigten auferlegt (§§ 3—10) und die Arbeitgeber zur Zusammenarbeit mit den Arbeitsämtern verpflichtet (§§ 11—13), nach Möglichkeit von den Schwerbeschädigten das Los der Arbeitslosigkeit fernhalten. Das spricht dafür, das Erfordernis der Zustimmung der Hauptfürsorgestelle als das Kernstück des Kündigungsschutzes für Schwerbeschädigte anzusehen, weil die Hauptfürsorgestellen durch Zusammenarbeit mit den Arbeitsämtern (§ 20) die anderweitige Unterbringung des Schwerbeschädigten auf geeigneten Arbeitsplätzen (§ 20 Abs. 3) in die Wege zu leiten haben, sobald sie durch Ingangsetzen des Antragsverfahrens (§ 16) von der bevorstehenden oder beabsichtigten Entlassung eines Schwerbeschädigten unterrichtet werden. Die Verlängerung der Kündigungsfrist in § 15 hat danach nicht zuletzt den Zweck, der Hauptfürsorgestelle und dem von ihr eingeschalteten Arbeitsamt die notwendige Zeit für den Unterbringungsversuch zu gewähren. Hierfür spricht die Parallelität der Vierwochenfristen in § 15 und in § 17 Abs. 1, ferner auch die Bestimmung des § 18 Abs. 2 Buchtst. a) und b). Danach stellt sich die in § 15 normierte Kündigungsfrist als eine Modalität des auf eine anderweitige Unterbringung des Schwerbeschädigten gerichteten Zustimmungsverfahrens dar. Dieses Sinnes würde § 15 entkleidet, wenn ihm — trotz fehlenden Zustimmungserfordernisses — isolierte Bedeutung beigemessen würde. Wollte man § 15 erster Halbsatz nur als eine dem Schutz des einzelnen Schwerbeschädigten dienende Vorschrift ansehen, so wäre sie angesichts der Gesamtstruktur des Gesetzes ein Fremdkörper in diesem Gesetz.

Nach dem so zu verstehenden Zweck des Gesetzes ist der Senat abweichend vom angefochtenen Urteil zu dem Ergebnis gekommen, daß §§ 15, 19 Abs. 4 SchwBeschG im Sinne der Beklagten dahin auszulegen sind, daß die vierwöchige Kündigungsfrist für Probearbeitsverhältnisse Schwerbeschädigter nicht gilt, sondern es den Vertragsteilen freisteht, wie hier geschehen, eine kürzere Kündigungsfrist zu vereinbaren. Der Ansicht des angefochtenen Urteils, die amtliche Begründung dürfe bei der Auslegung des Gesetzes nicht herangezogen werden, weil das aus ihr ersichtliche Motiv des Gesetzgebers, Hemmungen der Arbeitgeber gegen Einstellung von Schwerbeschädigten zu beseitigen, in dem Gesetz selbst nicht zum Ausdruck gekommen sei, kann nicht beigetreten werden. Es ist zwar richtig, daß die „Motive" eines Gesetzes bei seiner Auslegung nur soweit zu verwenden sind, als sie Eingang in das Gesetz gefunden haben. Das ist aber hier schon dadurch der Fall, daß § 19 Abs. 4 des Schwerbeschädigtengesetzes von 1953 gegenüber § 17 des Gesetzes von 1923 den Kreis der vom Kündigungsschutz ausgenommenen Arbeitsverhältnisse erweitert. Außerdem bergen auch die eingangs erörterten Zweifel, die sich schon aus dem Wortlaut des Gesetzes ergeben und nicht ohne weiteres lösen lassen, einen Ausdruck des Gesetzeszweckes in sich.

Mit dieser Entscheidung weicht der Senat von der bisher im Schrifttum herrschenden Ansicht ab. Die Schriftsteller, die die zwingende Vorschrift der vierwöchigen Kündigungsfrist unter anderem auch für Probearbeitsverhältnisse gelten lassen wollen (Hueck-Nipperdey, Lehrbuch des Arbeitsrechts, 6. Auflage, § 77 I d am Ende; Nikisch, Arbeitsrecht, 2. Auflage, § 52 III 6 b; Becker, Schwerbeschädigtengesetz, Anm. 11 zu § 19; Monjau, Schwerbeschädigtengesetz, Anm. 5 zu § 19; Rohwer-Mann, Schwerbeschädigtengesetz, Anm. 45 zu § 19 mit Fußnote 87; Sellmann, Schwerbeschädigtengesetz, Anm. 27 zu § 19; Wilrodt-Gotzen, Schwerbeschädigtengesetz, Anm. 16 zu § 19), stützen diese Ansicht aber, soweit sie sie überhaupt begründen, nur darauf, daß der Wortlaut des Gesetzes in diesem Sinne eindeutig sei, was wie dargelegt nicht der Fall ist. Darauf hat bereits das Landesarbeitsgericht Frankfurt am Main in seiner Entscheidung vom 7. Dezember 1956 (SAE 1957 Nr. 95 S. 200, mit zustimmender Anmerkung von Neumann) hingewiesen. Auch Zigan, Schwerbeschädigtengesetz, Anm. 35 zu § 19, Schwartz in seiner Erläuterung Nr. 4 zu § 19 SchwBeschG in der Sammlung „Das Deutsche Bundesrecht" sowie mit einer eingehenden, im wesentlichen den Gründen dieses Urteils entsprechenden Begründung Schnorr von Carolsfeld in seiner Anmerkung zu LAG Berlin in AP Nr. 2 zu § 19 SchwBeschG vertreten mit Recht die Meinung, die vierwöchige Kündigungsfrist gelte in den Fällen des § 19 Abs. 4 nicht.

Nach alledem ist die Klage abzuweisen, ohne daß es noch darauf ankommt, ob der Kläger mit seiner Erklärung vom 9. April 1958 auf die Klageforderung verzichtet hat.

## 4

**1. Der Anspruch aus § 616 BGB auf Fortgewährung der Vergütung im Krankheitsfall umfaßt bei solchen Angestellten, die gegen Gehalt und freie Verpflegung arbeiten, grundsätzlich auch die Gewährung einer Barabgeltung für die Kost, wenn der Angestellte infolge seiner Erkrankung gehindert ist, die Verpflegung entgegenzunehmen.**

**2. Das gilt aber nicht, wenn die gesetzliche Krankenversicherung Krankenhauspflege im Sinne des § 184 RVO und damit als Regelleistung auch Verpflegung gewährt.**

BGB § 616.

II. Senat. Urteil vom 22. 9. 1960 i. S. P. (Kl.) w. K. K. (Bekl.)
2 AZR 507/59.

I. Arbeitsgericht Köln. — II. Landesarbeitsgericht Düsseldorf (Köln).

Die Klägerin ist im Krankenhaus der Beklagten als Röntgengehilfin beschäftigt. Ihr Arbeitsverhältnis regelt sich nach den „Richtlinien und der Vergütungsordnung für Arbeitsverträge in den Anstalten des Deutschen Caritasverbandes" in der jeweils gültigen Fassung.

Die Klägerin, die der gesetzlichen Angestelltenversicherung unterliegt und krankenversicherungspflichtig ist, erhält neben einer Barvergütung von 200,— DM netto monatlich freie Wohnung und freie Beköstigung.

Vom 25. November bis 31. Dezember 1958 war die Klägerin ohne ihr Verschulden arbeitsunfähig krank und auf Kosten der gesetzlichen Krankenversicherung zur stationären Behandlung in ein anderes Krankenhaus eingewiesen. Für diese Zeit hat sie ihre Barvergütung weiter erhalten; eine Vergütung für die nicht in Anspruch genommene Kost und Wohnung hat ihr die Beklagte nicht gewährt.

Mit ihrer Klage begehrt die Klägerin die Abgeltung der von ihr nicht in Anspruch genommenen Verpflegung. Zwischen den Parteien besteht kein Streit darüber, daß hinsichtlich der Höhe des Abgeltungsbetrages von einem Monats-Satz von 81,60 DM auszugehen ist. Die Klägerin hat für die 37 Kalendertage ihrer Krankheit einen Betrag von 95,92 DM errechnet. Zur Zahlung dieses Betrages, so meint die Klägerin, sei die Beklagte verpflichtet, weil ihr während ihrer Krankheit die vollen Bezüge, somit auch die Sachbezüge zu gewähren seien. Da sie ohne ihr Verschulden die Kost nicht habe in Anspruch nehmen können, sei die Beklagte zur Abgeltung in Geld verpflichtet.

Das Arbeitsgericht hat der Klage stattgegeben. Das Landesarbeitsgericht hat die Klage abgewiesen. Die Revision der Klägerin blieb erfolglos.

Aus den Gründen:

I. Die Antwort auf die entscheidende Frage, ob ein Arbeitnehmer, der auf Grund seines Arbeitsvertrages einen Anspruch auf Naturallohn (Verpflegung, Unterbringung) hat, dann die Barabgeltung für die Nichtinanspruchnahme der Verpflegung fordern kann, wenn er während der Zeit, für die er diese Abgeltung verlangt, gemäß § 184 RVO in ein Krankenhaus aufgenommen und ihm dort Verpflegung und Unterkunft gewährt worden ist, hängt zunächst davon ab, ob ein anwendbarer Tarifvertrag, eine Betriebsvereinbarung oder der Arbeitsvertrag selbst eine ersatzweise Abgeltung für nicht genommene Kost oder Wohnung ausdrücklich vorsieht.

Das Landesarbeitsgericht geht in seinem Urteil davon aus, daß dies hier nicht der Fall sei. Die den Arbeitsvertrag der Klägerin ausgestaltenden Richtlinien nebst Vergütungsordnung für Anstalten des Deutschen Caritasverbandes regelten die Abgeltung des Anspruchs auf Naturalverpflegung nur für den Fall des Urlaubes, nicht aber im Krankheitsfalle.

Insoweit rügt die Revision die Verletzung materiellen Rechts. Der Senat hatte daher zunächst zu prüfen, ob das Berufungsgericht allgemeine Auslegungsregeln, insbesondere die der §§ 133, 157 BGB verletzt hat, insbesondere ob die Auslegung mit dem Wortlaut vereinbar war oder gegen die Denkgesetze oder Erfahrungssätze verstieß oder wesentliche Umstände unbeachtet gelassen hat. Unter diesen Gesichtspunkten ist die Auslegung jeder Willenserklärung in der Revisionsinstanz überprüfbar (RAG ARS 16, 469; BAG 4, 360 = AP Nr. 15 zu § 242 BGB Ruhegehalt mit zust. Anm. von Dersch), ohne daß es dabei auf die Frage ankommt, ob es sich bei den genannten „Richtlinien" und den ihnen folgenden Arbeitsverträgen um sogenannte typische Verträge handelt. Unter den genannten Gesichtspunkten bestehen jedoch keine Bedenken gegen die Auslegung, die das Landesarbeitsgericht dem Arbeitsvertrag der Klägerin bzw. den Richtlinien hat angedeihen lassen.

Die „Richtlinien" nehmen in § 9 unter der Überschrift „Fürsorge bei Krankheit" und darüber hinaus in § 8 hinsichtlich aller Vergütungsfragen die „Vergütungsordnung" in Bezug. Da die Anstellung der Klägerin unstreitig nach den „Richtlinien" erfolgte, ist damit auch die „Vergütungsordnung" zum Inhalt ihres Anstellungvertrages geworden. Gemäß § 2 Abs. 2 der Vergütungsordnung bestand das Arbeitsentgelt der Klägerin aus der Bruttovergütung und der freien Station, die ihrerseits gemäß § 3 VergO Wohnung und Gesamtbeköstigung umfaßt.

Gemäß § 8 Abs. 1 VergO standen der Klägerin im Falle der Dienstverhinderung durch Krankheit „ihre bisherigen regelmäßigen Bezüge" für die Dauer von sechs Wochen weiterhin zu. Dabei wird das Wort „Bezüge" als Oberbegriff für Barleistungen und Sachbezüge verwendet. Zwar heißt es in § 8 Abs. 1 VergO, die Bezüge würden „weiter g e z a h l t". Das Wort „zahlen" wird allerdings im allgemeinen Sprachgebrauch nur für Leistungen in Geld und anderen Zahlungsmitteln verwendet. Daraus kann jedoch nicht entnommen werden, daß der Klägerin im Falle ihrer Erkrankung nur noch der Barlohn, nicht aber mehr die bis dahin gewährte freie Station zustehen sollte. Das wird deutlich, wenn man die in § 8

Abs. 2 enthaltene Regelung der Krankenbezüge für invalidenversicherungspflichtige Mitarbeiter zur Auslegung des § 8 Abs. 1 mit heranzieht. Dieser Personenkreis erhält ebenfalls im Falle der Dienstverhinderung durch Krankheit seine „bisherigen regelmäßigen Bezüge ... weitergezahlt" (§ 8 Abs. 2 Satz 1). Insoweit ist die Regelung wortgleich mit der in § 8 Abs. 1. Der einzige Unterschied besteht in der Dauer der Fortgewährung der „regelmäßigen Bezüge", die bei Angestellten sechs Wochen, bei Arbeitern 15 Tage beträgt. Der Arbeiter wird dann vom 16. Krankheitstage ab (bis einschließlich zum 42. Krankheitstag) auf einen Krankengeldzuschuß nach Maßgabe des ArbKrankhG angewiesen. Nur während dieser zweiten Periode seiner Erkrankung werden (§ 8 Abs. 2 Satz 5) gewährte Sachbezüge mit dem Anrechnungssatz der Sozialversicherung vorweg vom Krankengeldzuschuß abgesetzt. Diese letztere Bestimmung rechtfertigt den Schluß, daß während der ersten Periode seiner Erkrankung gewährte Sachbezüge nicht abgesetzt werden, mit anderen Worten: der Arbeiter in dieser Zeit Barlohn und Sachbezüge erhält. Da dieser Zustand als Weiterzahlung der „bisherigen regelmäßigen Bezüge" bezeichnet wird, muß angenommen werden, daß es auch bei Angestellten so sein soll.

Hatte somit die Klägerin, wie sich durch einfache Wortauslegung der Vergütungsordnung ergibt, während ihrer Erkrankung den Anspruch gegen die Beklagte auf Fortgewährung auch der Sachbezüge, so war zu prüfen, welchen Einfluß es hat, daß die Klägerin wegen ihrer Unterbringung in einem anderen Krankenhaus die Kost nicht entgegennehmen konnte. Das angefochtene Urteil ist davon ausgegangen, daß die „Richtlinien" insoweit für die Entscheidung nichts hergeben. Es führt aus, eine Abgeltungsregelung finde sich in den Richtlinien nur für den Fall des Urlaubes, nicht aber für den Fall der Erkrankung.

Diese Auslegung ist mit den allgemeinen Auslegungsregeln vereinbar und verstößt auch nicht gegen die Denkgesetze oder Erfahrungssätze. Die Existenz einer Abgeltungsregelung für den Urlaubsfall rechtfertigt für sich betrachtet nicht den Schluß, daß die Parteien bei Abschluß des Anstellungsvertrages den Willen hatten, in Krankheitsfällen in gleicher Weise zu verfahren. Die Interessenlage ist in beiden Fällen grundverschieden. Der beurlaubte Arbeitnehmer wird in aller Regel seinen Urlaub außerhalb der Anstalten der Beklagten verbringen wollen. In diesen Fällen muß er für seine Verpflegung selbst aufkommen. Beim erkrankten Arbeitnehmer ist das dagegen zumindest in den beiden Fällen nicht der Fall, in denen er entweder seine Krankenpflege im Hause der Beklagten selbst oder in einem Krankenhause der Krankenkasse entgegennimmt. Irgendwelche Umstände, die das Landesarbeitsgericht zu der Auslegung hätten veranlassen müssen, die Parteien hätten trotz dieser unterschiedlichen Interessenlage die Verpflegungsabgeltung im Urlaubsfalle als eine auch in jedem Krankheitsfalle eingreifende Regelung gelten lassen wollen, sind nicht ersichtlich. Die Parteien haben vielmehr die Abgeltung im Krankheitsfalle ungeregelt gelassen.

II. Die Revision rügt weiter, das Landesarbeitsgericht habe in eine ergänzende Vertragsauslegung eintreten sollen. Indes findet eine ergänzende Vertragsauslegung dann nicht statt, wenn an und für sich bestehende Vertragslücken durch gesetzliche Vorschriften geschlossen werden, weil in solchem Fall die Lücken nicht ausfüllungsbedürftig sind (BGH in LM Nr. 5 zu § 133 (A) BGB). Ein solches Bedürfnis besteht auch im vorliegenden Falle nicht.

Zwar findet sich nirgends eine ausdrückliche gesetzliche Regelung der Frage, ob und unter welchen Umständen eine infolge Krankheit nicht in Anspruch genommene Kost bar abzugelten ist. Eine solche Regelung war in den Arbeitsvertrags-Gesetzentwürfen 1923 und 1938 geplant (vgl. Hueck-Nipperdey, Lehrbuch des Arbeitsrechts, 6. Aufl., Bd. I, S. 309 Fußnote 61), ist aber nicht erfolgt. Jedoch erscheint sie auch entbehrlich, weil § 616 BGB richtig gesehen die Antwort auf die scheinbar offene Frage nicht schuldig bleibt.

Nach allgemeiner Meinung (vgl. insbesondere den Beschluß des Großen Senats BAG 8, 285 [297]) verwirklicht § 616 BGB den Gedanken der personalen Fürsorgeplicht des Arbeitgebers für den Fall der Arbeitsverhinderung des Arbeitnehmers infolge schuldloser Erkrankung. Indem diese Vorschrift formuliert, der Arbeitnehmer werde in solchen Fällen „des Anspruchs auf die Vergütung nicht verlustig", er müsse sich jedoch „den Betrag anrechnen lassen, welcher ihm für die Zeit der Verhinderung aus einer auf Grund gesetzlicher Verpflichtung bestehenden Kranken- oder Unfallversicherung zukommt", bringt sie zum Ausdruck, daß das Arbeitseinkommen und damit der Lebensstandard der Arbeitnehmer bei Krankheit nicht geschmälert, aber auch nicht gesteigert werden soll. Aus diesem Grundgedanken der Vorschrift muß zweierlei gefolgert werden:

a) Wurde in gesunden Tagen die Existenz des Arbeitnehmers zu einem Teil auch durch den Bezug von Naturallohn bestimmt, und ist er infolge seiner Erkrankung nicht in der Lage, geschuldete Kost entgegenzunehmen, so gebietet es die Fürsorgepflicht des Arbeitgebers, ihm solche Barleistungen zu gewähren, daß er in die Lage versetzt wird, die ausgefallenen Sachbezüge anderweitig zu beschaffen. Die Heranziehung der

Regeln über den Annahmeverzug und über Unmöglichkeit, wie dies in der älteren Rechtsprechung vielfach geschah (vgl. RAG ARS 18, 214; 22, 31), kommt nicht in Betracht, weil § 616 BGB die speziellere Regelung ist. Auch gebietet der in § 616 BGB zum Ausdruck gelangte Grundgedanke, daß der Arbeitnehmer in kranken Tagen keine Schmälerung der Existenz erleiden soll, soweit diese Existenz durch den Bezug von Arbeitsentgelt (Barlohn und Sachbezüge) geprägt wurde, den Arbeitnehmer nicht auf den Betrag zu beschränken, den der Arbeitgeber infolge der Nichtgewährung von Kost erspart hat (so noch LAG Hamburg, JW 1936, 1259; Hueck-Nipperdey, Lehrbuch aaO).

b) Anders liegt es jedoch dann, wenn der erkrankte Arbeitnehmer aus Mitteln der Sozialversicherung Krankenhauspflege und demzufolge auch als Regelleistung die freie Verpflegung erhält. In diesem Fall ist seine Existenz insoweit gesichert. Es bedarf keiner Arbeitgeberleistung, um vom erkrankten Arbeitnehmer hinsichtlich der Verpflegung eine Schmälerung seiner Existenz fernzuhalten. Vielmehr würde eine Barabgeltung der nicht genommenen Kost zu einer Bevorteilung des erkrankten Arbeitnehmers führen. Eine Barabgeltung der nicht genommenen Kost entfällt dann (so auch Staudinger-Nipperdey-Mohnen § 616 Anm. 34; Schlegelberger-Schröder, HGB, 3. Aufl., § 63 Anm. 7 b; Schelp-Trieschmann, Das Arbeitsverhältnis im Krankheitsfalle, 1958, S. 93, 94).

Dieser oben unter b) gekennzeichneten Auslegung widerspricht auch nicht der Umstand, daß § 616 Abs. 1 Satz 2 BGB von einem „Betrag" spricht, den der zur Dienstleistung Verpflichtete sich anrechnen lassen müsse. Denn wenn § 616 Abs. 1 Satz 1 BGB von der Vergütung schlechthin spricht, damit aber zweifelsfrei auch den Sachlohn meint, so ist kein Grund ersichtlich, warum § 616 Abs. 1 Satz 2 BGB nur eine Anrechnung von Barleistungen, nicht dagegen eine Anrechnung von Naturalleistungen im Auge haben sollte.

Dabei brauchte der Fall, daß der Arbeitnehmer nur Barlohn verlangen kann, hier nicht entschieden zu werden. Im vorliegenden Fall wurde der Klägerin von vornherein getrennt voneinander Barlohn und Verpflegung geschuldet. Die Abrede, es werde Verpflegung geschuldet, hat den Inhalt, daß der Arbeitnehmer eine den Umständen des jeweiligen Falles angemessene Beköstigung verlangen kann. Eine solche den Umständen des gegebenen Falles angemessene Beköstigung erhält aber auch der Versicherte, wenn die gesetzliche Krankenversicherung Krankenhauspflege im Sinne des § 184 RVO gewährt. Es ist nicht zu verkennen, daß die Vereinbarung freier Beköstigung in die Anstellungsbedingungen ein dem Alimentationsprinzip angenähertes Element hineinträgt. Wäre die Klägerin bei ihrer Erkrankung im Krankenhause der Beklagten verblieben, und hätte die Beklagte ihr in dieser Zeit eine auf die besondere Lage ihrer Erkrankung Rücksicht nehmende Verpflegung gewährt, so hätte zweifelsfrei die Klägerin nicht mit dem Argument gehört werden können, die Krankenkost entspreche nicht dem, was sie in gesunden Tagen zu verzehren pflegte. Aus diesem Grunde kann die Klägerin auch jetzt nicht damit gehört werden, sie habe während der Krankenhauspflege aus Mitteln der Sozialversicherung nicht dieselbe Verpflegung wie in gesunden Tagen erhalten. Abgesehen hiervon handelt es sich insoweit auch um eine auf tatsächlichem Gebiet liegende Einwendung, die die Klägerin in der Tatsacheninstanz hätte anbringen müssen.

## 5

**Der Bauarbeiter, der im Akkord beschäftigt wird, hat für die durch Feiertage oder Betriebsversammlungen ausfallende Arbeitszeit den Anspruch auch auf Bezahlung des Akkordlohnes. Der Arbeitgeber kann dem nicht entgegenhalten, daß ein solcher Arbeitnehmer nur nach der tatsächlich geleisteten Arbeit zu bezahlen sei. Das Gesetz zur Regelung der Lohnzahlung an Feiertagen verpflichtet den Arbeitgeber gerade zur Bezahlung nichtgeleisteter Arbeit mit dem Lohn, der für geleistete Arbeit zu zahlen gewesen wäre.**

Gesetz zur Regelung der Lohnzahlung an Feiertagen § 1; BetrVG § 43.

I. Senat. Urteil vom 23. 9. 1960 i. S. K. u. a. (Kl.) w. H. & H. (Bekl.)
1 AZR 508/59.

I. Arbeitsgericht Hamburg. — II. Landesarbeitsgericht Hamburg.

Die Kläger waren 1959 bei der Beklagten als Bauarbeiter (Maurer) beschäftigt. Sie arbeiteten im Akkord in einer sogenannten Akkordkolonne. Der tarifliche Stundenlohn der Kläger betrug 2,58 DM. Während der von den Klägern geleisteten Akkordarbeiten hat ihnen die Beklagte neben diesem tariflichen Stundenlohn einen sogenannten Akkordvorschuß von 2,— DM pro Stunde ausgezahlt.

Die mit den Klägern getroffene Akkordvereinbarung hatte zum Inhalt, daß die Kläger als im Akkord arbeitende Arbeitnehmer nach Beendigung der Akkordarbeiten n e b e n dem tariflichen Stundenlohn für die in der Akkordvereinbarung aufgeführten Arbeiten zusätzliche Beträge erhielten, die für die einzelnen von den Akkordarbeitern übernommenen Arbeiten festgelegt und nach Stückzahl oder Aufmaß nach

Fertigstellung der Arbeiten abgerechnet wurden. Auf diesen sich so ergebenden sogenannten „Akkord über schuß" werden bereits während der Arbeiten „Akkord vor schüsse" gezahlt. Bei der Akkordabrechnung am Schluß der Arbeiten werden dann die gezahlten Akkord vorschüsse und der Tariflohn von dem ermittelten Akkord über schuß abgezogen; ein dann noch verbleibender Spitzenbetrag wird an die Akkordarbeiter nachgezahlt. Im Fall der Kläger betrug der während der Arbeiten gezahlte Akkordvorschuß pro Stunde 2,— DM.

Für die Wochenfeiertage Karfreitag, Ostermontag, 1. Mai, Himmelfahrtstag und 2. Pfingstfeiertag, an denen wegen der Feiertagsruhe die Arbeit auch der Kläger ausfiel, hat die Beklagte den Klägern Akkordvorschüsse nicht gezahlt, sondern ihnen als Feiertagsbezahlung den tariflichen Stundenlohn von 2,58 DM zuzüglich eines Zuschlages von 25 % gewährt. Insgesamt handelt es sich bei der durch die genannten Wochenfeiertage ausgefallenen Arbeitszeit für jeden der Kläger um 45 Stunden.

Auch für die Abhaltung einer Betriebsversammlung, die vier Stunden dauerte, hat die Beklagte Akkordvorschüsse nicht entrichtet. Sie hat auch für diese Stunden nur den Tariflohn zuzüglich 25 % gezahlt.

Die Kläger sind der Ansicht, diese von der Beklagten angewandte Handhabung einer Feiertagsbezahlung und Bezahlung der Stunden der Betriebsversammlung widerspreche dem Gesetz über die Lohnzahlung an Feiertagen vom 2. August 1951 sowie dem § 43 Abs. 1 Satz 2 BetrVG. Die Beklagte müsse sie sowohl für die Wochenfeiertage wie für die Stunden der Betriebsversammlung auch hinsichtlich des Verdienstes aus der von ihnen übernommenen Akkordarbeit so stellen, als hätten sie tatsächlich gearbeitet. Die Beklagte müsse daher für die so ausgefallenen Arbeitsstunden den tariflichen Stundenlohn zuzüglich des Akkordvorschusses von 2,— DM entrichten. Unter Berücksichtigung des gezahlten Tariflohnes zuzüglich 25 % Zuschlag schulde ihnen die Beklagte je 1,36 DM für 49 Stunden, insgesamt also 66,64 DM. Auch sei die Beklagte gehalten, für diese Beträge Urlaubsmarken und SV-Marken mit 3,30 DM bzw. 0,70 DM zu zahlen.

Die Beklagte ist der Ansicht, die Kläger seien mit den gewährten Leistungen ordnungsgemäß für die Feiertage und den Tag der Betriebsversammlung entlohnt worden.

Die Kläger haben beantragt, die Beklagte zu verurteilen, an jeden der Kläger 70,64 DM zu zahlen.

Das Arbeitsgericht hat die Beklagte verurteilt, an jeden der Kläger 66,64 DM brutto zu zahlen und 3,30 DM Urlaubsmarken und 0,70 DM SV-Marken zu gewähren. Auf die Berufung hat das Landesarbeitsgericht die Klage abgewiesen. Die Revision der Kläger führte zur Aufhebung und Zurückverweisung.

Aus den Gründen:

I. Die Kläger, die miteinander in einer sogenannten Akkordkolonne zu gemeinsamer Akkordarbeit vereinigt sind, sind nach dem insoweit unstreitigen Sachverhalt Arbeitnehmer der Beklagten. Sie sind nicht etwa selbst Unternehmer, die mit der Beklagten einen Werkvertrag über die Ausführung bestimmter Maurer- und Putzerarbeiten abgeschlossen haben und sich dafür einen festen Werklohn haben versprechen lassen. Zwischen den Parteien ist vielmehr unstreitig, daß die Kläger als unselbständige Arbeitnehmer bei der Beklagten gegen Tariflohn zuzüglich eines Akkordüberschusses beschäftigt werden.

Die Beklagte hat sonach zunächst an jeden der Kläger für seine Arbeit den tariflichen Stundenlohn zu bezahlen, der in der Zeit, in die die hier streitigen Wochenfeiertage und die Betriebsversammlung fielen, 2,58 DM betrug. Daneben hat auf Grund des Akkordvertrages die Beklagte aber auch an die Kläger für die von diesen geleistete, im Akkord vergebene Arbeit den sogenannten Akkord**über**schuß bei Beendigung der Arbeiten und während der Arbeiten auf diesen Akkordüberschuß bereits Akkord**vor**schüsse zu entrichten. Im vorliegenden Falle sind an die Kläger während der Arbeiten als Akkord**vor**schuß Beträge von je 2,— DM für jede Arbeitsstunde, die sie tatsächlich geleistet haben, entrichtet worden. Aus den Feststellungen des Landesarbeitsgerichts ist aber nicht einwandfrei ersichtlich, welcher Akkord**über**schuß pro Stunde sich bei der Endabrechnung der Akkordarbeiten nach deren Fertigstellung ergeben hat.

Der Rechtsstreit geht um die Frage, ob den Klägern die 2,— DM, die als Akkord**vor**schuß bereits während der Arbeiten gezahlt sind, auch für die Stunden gebühren, während derer sie wegen der gesetzlichen Wochenfeiertage und wegen der Betriebsversammlung tatsächlich nicht gearbeitet haben.

Der Ansicht der Kläger ist beizutreten.

1. Nach dem Gesetz zur Regelung der Lohnzahlung an Feiertagen ist für die Arbeitszeit, die infolge eines gesetzlichen Feiertages ausfällt, vom Arbeitgeber den Arbeitnehmern der Arbeitsverdienst zu zahlen, den sie ohne den Arbeitsausfall erhalten hätten. Dieses Gesetz findet auf die Kläger Anwendung, da sie, wie bereits hervorgehoben, als Arbeitnehmer bei der Beklagten beschäftigt sind. Einen Unterschied zwischen Zeitlohnarbeitern und Akkordarbeitern macht das Gesetz nicht. Hätten die Kläger an den Feiertagen gearbeitet, so hätte ihnen der Beklagte für

diese Feiertage den Tariflohn und auch den Akkord v o r schuß gezahlt. Durch die Feiertage und die damit verbundene Feiertagsruhe ist also den Klägern diese aus Tariflohn u n d Akkord v o r schuß bestehende Lohneinnahme jedenfalls für die Feiertage entgangen.

Die Beklagte macht nun geltend, in Wahrheit sei den Klägern infolge der Feiertage überhaupt kein Ausfall an Akkordlohn entstanden. Mit dem Akkord sei nur die tatsächlich geleistete Arbeit nach Aufmaß bei der nach Abschluß der Arbeiten vorzunehmenden Akkordabrechnung zu bezahlen. Der Umfang dieser Arbeit und der Preis für sie würden durch die Feiertage überhaupt nicht berührt. Denn durch die Feiertage sei nicht mehr oder weniger nach dem Akkord zu bezahlende Arbeit angefallen.

Die Beklagte will offenbar mit diesen Ausführungen zunächst geltend machen, die Kläger hätten durch schnelleres Arbeiten an den verbleibenden Arbeitstagen die durch die Feiertage ausgefallene Arbeitszeit wettmachen können und deshalb sei ihnen infolge der Feiertage kein Lohnausfall entstanden. Diese Ansicht geht fehl, denn der Arbeitgeber kann den Eintritt eines durch den Feiertag selbst entstandenen Lohnausfalls nicht mit der Begründung bestreiten, der Arbeitnehmer habe Gelegenheit gehabt, die ausgefallene Arbeit durch Arbeit an anderen Tagen auszugleichen und so auf den Verdienst zu kommen, den er am Wochenfeiertage erzielt hätte. Das widerspricht, wie auch der Senat in AP Nr. 4 zu § 1 Feiertagslohnzahlungsgesetz bereits ausgeführt hat, dem Wesen der Feiertagsbezahlung. Das Gesetz über die Lohnzahlung an Feiertagen will den Arbeitnehmer, der infolge des Feiertages nicht gearbeitet hat, in seinem Lohn so stellen, als hätte er an dem Feiertage gearbeitet. Das Gesetz verpflichtet damit trotz Nichtleistung von Arbeit am Feiertag den Arbeitgeber zur Erstattung des Lohnes, den der Arbeitnehmer am Feiertage bei geleisteter Arbeit verdient hätte, ohne den Arbeitnehmer zur Nachleistung der ausgefallenen Arbeit in irgendeiner Form zu verpflichten. Wird die am Feiertag ausgefallene Arbeit nachgeholt, so ist sowohl diese Arbeit wie die am Feiertag ausgefallene Arbeit zu bezahlen. Der Arbeitgeber muß den Lohn für den Feiertag also entrichten, obwohl er keine Gegenleistung für den Lohn erhält. Dieser allgemeine Grundsatz gilt für Akkordarbeit ebenso wie für Zeitlohnarbeit.

Die Beklagte will nun offenbar weiter vortragen, daß dann, wenn die Kläger für den Feiertag auch den Akkordvorschuß erhielten, der nach dem Gesamtaufmaß sich ergebende Gesamtakkordbetrag, der bei der Endabrechnung nach Fertigstellung der Arbeiten sowohl um den Tariflohn wie den ausgezahlten Akkordlohn (Akkordvorschuß) zu kürzen sei, also der Akkordüberschuß, auch um den für die Feiertage gezahlten Akkordvorschuß gekürzt werden müsse. Der dann bei der Abrechnung verbleibende und noch zu verteilende Überschuß werde also bei Zahlung des Akkordvorschusses auch für die Feiertage niedriger, und deshalb stehe den Arbeitnehmern für die Feiertage ein Anspruch auf den Akkordvorschuß nicht zu. Die Arbeitnehmer bekämen also die entsprechenden Beträge entweder als Akkordvorschuß bei der laufenden Lohnzahlung oder aber als Akkordendzahlung (Akkordüberschuß) bei der Akkordabschlußberechnung. Sie könnten diese Beträge aber nicht zweimal verlangen.

Damit will die Beklagte vortragen, sie müsse bei Akkordarbeit den Lohn (Akkordlohn) nach Maßgabe der geleisteten Arbeit und nur nach dieser Maßgabe bezahlen. Für nichtgeleistete Arbeit brauche sie Akkordlohn nicht zu entrichten, und zwar auch dann nicht, wenn die Akkordarbeit wegen eines Wochenfeiertages oder einer Betriebsversammlung ausgefallen sei.

Auch diese Rechtsansicht der Beklagten ist jedoch fehlsam. Das Wesen der Feiertagsbezahlung besteht gerade darin, daß auch für nichtgeleistete Arbeit Lohn zu zahlen ist. Auch dieser ganz allgemeine Grundsatz des Feiertagslohnzahlungsgesetzes gilt nicht nur für Zeitlohnarbeit, sondern für jede Arbeit eines Arbeitnehmers, damit also auch für Akkordarbeit. Auch der Akkordarbeiter soll nach dem Gesetz über die Lohnzahlung an Feiertagen am Feiertag den Lohn unverkürzt erhalten, den er ohne den Feiertag an diesem Tage verdient hätte. Auch der Akkordarbeiter ist nicht zur Nacharbeit der ausgefallenen Arbeit oder zu zeitlich längerer Arbeit verpflichtet. Der Arbeitgeber, der seine Arbeitnehmer im Akkord arbeiten läßt, muß also für Wochenfeiertage Akkordlohn zahlen, ohne andererseits an den lohnzahlungspflichtigen Feiertagen Akkordarbeit zu erhalten. Daraus folgt, daß bei der Endabrechnung der Akkordarbeit, die sich auf die geleistete Akkordarbeit erstreckt, die Beträge nicht abzusetzen sind, die nach der gesetzlichen Vorschrift des Feiertagslohnzahlungsgesetzes für nichtgeleistete Arbeit zu zahlen sind. Wirtschaftlich gesehen bedeutet das, daß der Arbeitgeber nicht damit rechnen kann, ihn koste die im Akkord vergebene Arbeit immer nur den sich aus der geleisteten Arbeit (nach deren Aufmaß) bei der Fertigstellung der Arbeit ergebenden Betrag; er muß vielmehr auch in Rechnung stellen, und zwar ebenso wie bei der Zeitlohnarbeit, daß er im Hinblick auf die soziale Schutzbestimmung des Feiertagslohnzahlungsgesetzes nichtgeleistete Arbeit mit dem Lohn für geleistete Arbeit bezahlen muß, also nichtgeleistete Akkordarbeit mit dem Lohn für geleistete Akkordarbeit. Wirtschaftlich gesehen bedeutet das, daß der Arbeitgeber mehr Akkordarbeit bezahlen muß, als insgesamt tatsächlich geleistet worden ist.

Das führt dazu, daß die Beklagte hier den Klägern für die Feiertage den Akkordüberschuß so zu bezahlen hat, als hätten sie auch an diesem Tage gearbeitet. Diese Zahlungen für nichtgeleistete Akkordarbeit treten also zu den nach dem Aufmaß sich ergebenden Akkordbeträgen für geleistete Akkordarbeit hinzu. Sie sind auf die Zahlungen, die auf Grund des Aufmaßes für die geleistete Arbeit zu entrichten sind, nicht anzurechnen.

Diese sich aus dem Feiertagslohnzahlungsgesetz bei dessen sinngerechter Auslegung ergebende Folge kann auch nicht unter Berufung auf eine entgegenstehende Üblichkeit oder auf ein bei früherer Gelegenheit von den beteiligten Arbeitnehmern durch Nichtgeltendmachung von Ansprüchen erklärtes stillschweigendes Einverständnis ausgeräumt werden. Das Gesetz über die Lohnzahlung an Feiertagen ist insoweit zwingend, wie sich aus dem Sinngehalt dieses Gesetzes ergibt.

2. Die gleichen Grundsätze sind anzuwenden für die Arbeitsstunden, die die Kläger durch die Betriebsversammlung versäumt haben. Nach § 43 Abs. 1 Satz 2 BetrVG entsteht den Arbeitnehmern durch die Teilnahme an der Betriebsversammlung kein Lohnausfall. Diese Vorschrift ist dahin auszulegen, daß der Arbeitgeber den Arbeitnehmer, der an einer Betriebsversammlung teilgenommen hat, vergütungsmäßig so zu stellen hat, als hätte der Arbeitnehmer während der Stunden der Betriebsversammlung gearbeitet.

II. Wenn sonach grundsätzlich davon auszugehen ist, daß die Kläger für die durch die Wochenfeiertage und durch die Betriebsversammlung ausgefallenen Arbeitsstunden neben dem Tariflohn den vollen Akkordlohn verlangen können, so konnte doch in der Sache selbst noch nicht abschließend entschieden werden.

Aus den tatsächlichen Feststellungen des Landesarbeitsgerichts ergibt sich nicht mit hinreichender Deutlichkeit, daß der von der Beklagten den Klägern während des Laufs der Akkordarbeiten gezahlte Akkordvorschuß von 2,— DM pro Stunde identisch ist mit dem sich bei der Endabrechnung ergebenden Akkordüberschuß. Da davon auszugehen ist, daß inzwischen die von den Klägern im Akkord übernommenen Arbeiten beendet sind und auch die Akkordendabrechnung erstellt ist, wird das Landesarbeitsgericht festzustellen haben, welcher Akkordüberschuß pro Stunde sich bei Ende der Arbeiten aus der Akkordabrechnung ergeben hat. Sollte dieser Überschuß ebenso wie der gezahlte Akkordvorschuß 2,— DM für jede Arbeitsstunde betragen, so ist die Klage in vollem Umfange gerechtfertigt. Sollte aber der sich aus der Endabrechnung ergebende Akkordüberschuß niedriger sein als der während der Arbeiten gezahlte Akkordvorschuß, so wäre die Klage nur in Höhe des niedrigeren Betrages gerechtfertigt. Denn ebenso, wie der Akkordarbeiter den ihm für geleistete Arbeit gewährten Akkord v o r schuß ganz oder teilweise zurückzahlen muß, wenn sich bei der Endabrechnung herausstellt, daß der Akkord ü b e r schuß niedriger als der Akkordvorschuß liegt, können die Kläger nach Abschluß der Arbeiten für den Feiertag nur den aus der Akkordabrechnung nach Schluß der Arbeiten zu ermittelnden Betrag verlangen, der sich als Akkordüberschuß ergibt. Wäre ihre Forderung (die Bezahlung des Feiertages mit Tariflohn zuzüglich Akkordvorschuß) bereits während der Arbeiten erfüllt worden, so müßten die Kläger von dem für die Feiertage gewährten Akkordvorschuß den Teil zurückzahlen, der über dem Akkordüberschuß liegt. Da das endgültige Zahlenwerk, der endgültige Akkordüberschuß, sich aus den tatsächlichen Feststellungen des Landesarbeitsgerichts nicht mit hinreichender Klarheit ergibt, muß sonach das angefochtene Urteil aufgehoben und der Rechtsstreit zur erneuten Verhandlung und Entscheidung zurückverwiesen werden, damit das Landesarbeitsgericht die erforderlichen Feststellungen über die Höhe des Akkordüberschusses treffen kann. Es ist jedenfalls dem Senat nicht möglich, den Klägern den Klageanspruch bereits jetzt in vollem Umfange zuzusprechen, da es nicht ausgeschlossen ist, daß der Akkord ü b e r schuß niedriger als der Akkord v o r schuß ist.

## 6

**Wird vorübergehend in Wochen, in die Wochenfeiertage fallen, ausschließlich zum Ausgleich für die wegen der Feiertage ausfallende Arbeitszeit die sonst im Betrieb übliche Arbeitszeit durch bezahlte Mehrarbeit verlängert, so sind die Feiertage mit dem Lohn für die sonst übliche Arbeitszeit, nicht mit dem für die verlängerte Arbeitszeit zu bezahlen.**

Gesetz betr. die Lohnzahlung an Feiertagen § 1; ZPO § 313.

I. Senat. Urteil vom 23. 9. 1960 i. S. O. (Kl.) w. Z. R. (Bekl.)
1 AZR 561/59.

I. Arbeitsgericht Radolfzell. — II. Landesarbeitsgericht Baden-Württemberg (Freiburg).

Der Kläger arbeitete im Jahre 1959 bei der Beklagten als Steinguttöpfer gegen einen Stundenlohn von 2,40 DM. Im Betrieb der Beklagten wird nach dort eingeführter 5-Tage-Woche nur vom Montag bis zum Freitag je 9 Stunden täglich gearbeitet, der Sonnabend bleibt arbeitsfrei.

Seit 1947 ließ aber die Beklagte in solchen Wochen, in die Wochenfeiertage fielen, jeweils an dem sonst arbeitsfreien Sonnabend 5 Stunden zusätzlich arbeiten. Für diese Stunden erhielten die Arbeitnehmer den Stundenlohn und den Mehrarbeitszuschlag. Daneben wurde ihnen die wegen des Feiertages ausfallende Arbeitszeit mit dem Arbeitsverdienst bezahlt, den sie erzielt hätten, wenn sie an diesen Wochenfeiertagen gearbeitet hätten.

Am 27. April 1959 vereinbarte die Beklagte mit ihrem Betriebsrat, in den drei Wochen vom 11. bis 30. Mai 1959 solle die durch die Wochenfeiertage Pfingstmontag (18. Mai 1959) und Fronleichnam (28. Mai 1959) ausfallende Arbeitszeit dadurch eingeholt werden, daß in diesen Wochen an den verbleibenden Arbeitstagen statt 9 Stunden 10 Stunden täglich gearbeitet werde; die Sonnabende aber sollten, wie auch sonst im Betriebe der Beklagten üblich, arbeitsfrei bleiben. Die Beklagte hat ihren Arbeitnehmern die für die verbleibenden Arbeitstage eingeführte zusätzliche 10. Arbeitsstunde mit dem Tariflohn und dem Zuschlag bezahlt. Für den Pfingstmontag und den Fronleichnamstag, an denen wegen der Wochenfeiertage die Arbeit ausfiel, hat sie nur je 9 Stunden bezahlt.

Der Kläger ist der Ansicht, ihm hätten für diese Feiertage ebenfalls je **10** Stunden bezahlt werden müssen. Denn auf Grund der Betriebsvereinbarung vom 27. April 1959 sei für die Wochen, in die die Wochenfeiertage gefallen seien, eine Arbeitszeit von täglich 10 Stunden eingeführt worden. Der Kläger hätte daher auch an den beiden Feiertagen je 10 Stunden gearbeitet, wenn an diesen Tagen die Arbeit nicht wegen der Feiertagsruhe ausgefallen wäre.

Der Kläger hat beantragt, die Beklagte zur Zahlung von 4,80 DM brutto zu verurteilen.

Während das Arbeitsgericht nach dem Klageantrag erkannt hat, hat das Landesarbeitsgericht die Klage abgewiesen. Die Revision des Klägers blieb erfolglos.

### Aus den Gründen:

I. Der Kläger rügt zunächst, das angefochtene Urteil verletze verfahrensrechtliche Vorschriften. Das Landesarbeitsgericht habe den Vortrag des Klägers in der Berufungsinstanz im Tatbestand nicht ausreichend wiedergegeben. Diese Rüge ist jedoch unbegründet.

Nach § 313 ZPO muß das Urteil eine gedrängte Darstellung des Sach- und Streitstandes auf Grund der mündlichen Vorträge der Parteien unter Hervorhebung der gestellten Anträge enthalten. Diesem Erfordernis wird das angefochtene Urteil, obwohl es auf die in der Berufungsinstanz gewechselten Schriftsätze nicht verweist, gerecht. Aus dem Tatbestand des Urteils ergibt sich eindeutig der Sach- und Streitstand. Bereits bei der Wiedergabe des erstinstanzlichen Vorbringens hat das Landesarbeitsgericht die Ausführungen beider Parteien ausreichend hervorgehoben. Das Vorbringen des Klägers und Berufungsbeklagten in der Berufungsinstanz ist zwar nicht ausdrücklich besonders wiedergegeben worden. Daraus aber, daß erwähnt worden ist, die Beklagte verfolge die von ihr in erster Instanz vorgetragene Auffassung weiter, ist gleichzeitig ersichtlich, daß der Kläger, der in der ersten Instanz obgesiegt und Zurückweisung der Berufung beantragt hatte, ebenfalls seine Ansicht aufrechterhalten hatte. Unter diesen Umständen liegt ein für die Beurteilung der zur Entscheidung stehenden Rechtsfrage durch das Revisionsgericht ausreichender Tatbestand vor. Wenn der Kläger der Ansicht war, seine Ausführungen in der Berufungsinstanz, die zudem im wesentlichen reine Rechtsausführungen waren, hätten in dem Tatbestand des Urteils des Landesarbeitsgerichts näher wiedergegeben werden müssen, so hätte er nach § 320 ZPO Berichtigung des Tatbestands innerhalb der dort vorgesehenen Fristen beantragen müssen.

II. Auch in der Sache selbst ist der Rechtsansicht des Landesarbeitsgerichts beizutreten.

1. Nach § 1 des Gesetzes zur Regelung der Lohnzahlung an Feiertagen vom 2. August 1951 ist die Arbeitszeit, die infolge eines gesetzlichen Feiertages ausfällt, mit d e m Arbeitsverdienst zu bezahlen, den der Arbeitnehmer ohne den Arbeitsausfall erhalten hätte. Es kommt also darauf an, welchen Lohn der Arbeitgeber hätte zahlen müssen, wenn an dem Tage, an dem wegen der Feiertagsruhe die Arbeit ruhte, gearbeitet worden wäre. Zu bezahlen ist aber nur die Arbeitszeit, für deren Ausfall der Feiertag der alleinige Grund ist (vgl. BAG 1, 241 [244]; BAG AP Nr. 2 zu § 56 BetrVG; BAG 8, 80 [81]). Sind an den Tagen vor oder nach dem Feiertag regelmäßig Überstunden geleistet worden, so sind auch für die Feiertage die Überstunden, die ohne die Feiertagsruhe auch an dem wegen dieser Feiertagsruhe ausfallenden Wochenarbeitstag geleistet worden wären, zu bezahlen. All das ist rechtlich unzweifelhaft.

2. Das Besondere des hier zur Entscheidung stehenden Falles liegt aber darin, daß zwar an den verbleibenden Arbeitstagen vor oder nach den Wochenfeiertagen während einer Zeitspanne von drei Wochen regelmäßig täglich statt der üblichen 9 Stunden 10 Stunden gearbeitet wurde, daß aber diese tägliche eine Überstunde nach der Betriebsvereinbarung an den verbleibenden Arbeitstagen a u s s c h l i e ß l i c h deshalb geleistet

wurde, weil sonst durch die Feiertage ein Produktionsausfall eingetreten wäre. Die Arbeitszeit ist also von 9 auf 10 Stunden nur wegen der Feiertage verlängert worden. Wären die Feiertage nicht angefallen, so wäre es bei der im Betrieb üblichen Arbeitszeit von je 9 Stunden an den fünf im Betrieb der Beklagten eingeführten Arbeitstagen verblieben. Es trifft zwar zu, daß der Arbeitgeber die am Feiertag ausfallende Arbeitszeit nicht auf einen anderen Tag verlegen und dann mit der Begründung, der Arbeitnehmer habe überhaupt keinen Lohnausfall infolge des Feiertages gehabt, die Feiertagsbezahlung ablehnen kann. Das gilt insbesondere auch bei der 5-Tage-Woche, wenn der Arbeitgeber an dem arbeitsfreien 6. Werktage arbeiten läßt (vgl. BAG AP Nr. 4 zu § 1 Feiertagslohnzahlungs G und BAG 8, 76). Um einen solchen Fall handelt es sich hier aber nicht. Die Beklagte hat zwar zusätzliche Arbeit, die Mehrarbeit von einer Stunde täglich, wegen der Feiertage verlangt und entgegengenommen. Sie hat aber gleichwohl für den Feiertag 9 Stunden bezahlt und auch die Mehrarbeit an den anderen Tagen ordnungsgemäß vergütet. Sie hat also ihre Arbeitnehmer nicht auf unbezahlte Vor- oder Nacharbeit an anderen Tagen verwiesen, um einen Lohnausfall zu vermeiden.

3. Hier muß davon ausgegangen werden, daß dann, wenn die beiden Wochentage Pfingstmontag und Fronleichnam, an denen wegen der gesetzlichen Feiertagsruhe die Arbeit ausfiel, keine gesetzlichen Feiertage gewesen wären, sowohl an diesen beiden Tagen wie aber auch an den voraufgehenden und folgenden Tagen nur 9 Stunden gearbeitet worden wäre. Wenn der Kläger die Bezahlung von 10 Stunden für diese beiden Tage verlangt, so verkennt er, daß an den diesen Tagen vorhergehenden und an den ihnen folgenden Tagen nur deshalb 10 Stunden gearbeitet worden ist, weil an den Feiertagen nicht die ohne die Feiertage regelmäßige Arbeitszeit von 9 Stunden erbracht wurde. Infolge der Feiertage sind also nicht 10 Stunden, sondern nur je 9 Stunden an jedem der beiden Feiertage ausgefallen. Würde der Kläger trotz Nichtleistung von Arbeit an den Feiertagen diese 10 Stunden bezahlt bekommen, so würde er einen Vorteil erhalten, der von der gesetzlichen Regelung des Feiertagslohnzahlungsgesetzes nicht gedeckt wäre. Der Sinn dieses Gesetzes geht nur dahin, den Arbeitnehmer so zu stellen, wie er stände, wenn die Arbeit nicht wegen des Feiertages geruht hätte. In diesem Falle wäre es aber bei der Arbeitszeit von täglich 9 Stunden verblieben, die Arbeitszeitverlängerung wäre nicht vereinbart worden.

## 7

**1. Die Gerichte für Arbeitssachen sind ausschließlich sachlich zuständig, wenn aus dem Gesichtspunkt des Schadensersatzes Prozeßkosten geltend gemacht werden, die aus Anlaß einer Lohnpfändung dem Pfändungsgläubiger vom Drittschuldner verursacht werden.**

**2. Soweit Prozeßkosten aus materiellrechtlichen Gründen geltend gemacht werden können, sind nur solche Kosten zu ersetzen, die zur zweckentsprechenden Prozeßführung notwendig waren.**

**3. Auch aus materiellrechtlichen Gründen können Entschädigung wegen Zeitversäumnis und Kosten für die Zuziehung eines Prozeßbevollmächtigten aus Anlaß eines erstinstanzlichen Rechtsstreits vor dem Arbeitsgericht nicht verlangt werden. Ob das auch dann gilt, wenn diese Unkosten vom Prozeßgegner nach § 826 BGB zu vertreten sind, bleibt dahingestellt.**

ArbGG § 61 Abs. 1 Satz 2, § 2 Abs. 1 Ziffer 2, Abs. 4 Satz 1, § 3, § 64 Abs. 2 Satz 1; ZPO § 840 Abs. 2 Satz 2, § 91, §§ 104 ff., § 271 Abs. 3 Satz 2, § 528 Satz 2, § 566; BGB §§ 242, 254 Abs. 2 Satz 1, § 286, § 823 Abs. 2, § 826.

V. Senat. Urteil vom 23. 9. 1960 i. S. C. & Cie. (Kl.) w. S. (Bekl.) 5 AZR 258/59.

I. Arbeitsgericht Aachen. — II. Landesarbeitsgericht Düsseldorf (Köln).

Die Klägerin hat aus einem vollstreckbaren Titel wegen der Titelsumme von 1500,— DM und 10 % Zinsen seit dem 1. Januar 1958 nebst Kosten die angeblichen Lohnforderungen ihres bei dem Beklagten als Koch tätigen Titelschuldners H. pfänden und sich zur Einziehung überweisen lassen. Nach der Zustellung des Pfändungs- und Überweisungsbeschlusses verschwieg der Beklagte in Beantwortung der an ihn gemäß § 840 Abs. 1 ZPO gestellten Fragen, daß bereits der Klägerin vorgehende Pfändungen anderer Gläubiger des H. vorlagen; er gab fälschlich an, beim Amtsgericht Düren sei ein Verteilungsverfahren anhängig. Zahlungen an die Klägerin leistete er nicht.

Die durch ihre jetzigen Prozeßbevollmächtigten vertretene Klägerin hat daraufhin unter Berufung auf die von ihr ausgebrachte Pfändung vom Beklagten im Wege der Klage Zahlung eines Teilbetrages von 300,— DM nebst 10 % Zinsen ab dem 1. Januar 1958 verlangt. Das Arbeitsgericht hat den Beklagten durch Aufrechterhaltung eines gegen ihn ergangenen Versäumnisurteils antragsgemäß verurteilt mit der Begründung, er habe die zu seiner Verteidigung geltend gemachte Behauptung nicht beweisen können, daß der Klägerin vorgehende Pfändungen anderer Gläubiger ihn berechtigt hätten, nichts an die Klägerin zu zahlen. Als der Beklagte dann in der mündlichen Verhandlung vor dem Landesarbeitsgericht nachwies, daß der von der Klägerin ausgebrachten Pfändung solche anderer Gläubiger des H. im Betrag von insgesamt 2109,52 DM im Range vorgingen, hat die Klägerin erklärt, daß sie aus dem erstinstanzlichen Urteil keine Rechte herleiten wolle. Im Wege der Klageänderung hat sie unter Berufung auf § 840 Abs. 2 Satz 2 ZPO von dem Beklagten Zahlung der ihr in erster Instanz unstreitig entstandenen Unkosten, nämlich 41,24 DM Anwaltsgebühren, ferner 6,— DM Fahrtkosten zum Zwecke der Information ihres Prozeßbevollmächtigten sowie schließlich 15,— DM für Zeitversäumnis, insgesamt somit 62,24 DM verlangt. Der Beklagte hat ausdrücklich erklärt, er widerspreche der Klageänderung nicht; er hat beantragt, unter Aufhebung des erstinstanzlichen Urteils auch die geänderte Klage abzuweisen. Beide Parteien haben sich dann mit einer Entscheidung im schriftlichen Verfahren einverstanden erklärt. In einem fristgerecht nachgereichten Schriftsatz hat der Beklagte gerügt, für den von der Klägerin jetzt verfolgten Klageantrag seien die ordentlichen Gerichte und nicht die Gerichte für Arbeitssachen zuständig.

Das Landesarbeitsgericht hat unter Aufhebung des erstinstanzlichen Urteils einschließlich des Versäumnisurteils die Klage abgewiesen.

Die Revision der Klägerin blieb überwiegend erfolglos.

Aus den Gründen:

1. Das Landesarbeitsgericht hat sich mit der vom Beklagten erhobenen prozeßhindernden Einrede, für den von der Klägerin jetzt geltend gemachten Anspruch seien die ordentlichen Gerichte und nicht die Gerichte für Arbeitssachen sachlich zuständig, nicht auseinandergesetzt.

§ 64 Abs. 2 Satz 1 ArbGG in Verbindung mit § 528 Satz 2 ZPO entband das Landesarbeitsgericht und § 566 ZPO entbindet das Revisionsgericht nicht, die Berechtigung dieser Einrede zu prüfen. Wie das Bundesarbeitsgericht mehrfach entschieden hat, schließen § 528 Satz 2 und § 566 ZPO nur dann eine Nachprüfung der sachlichen Zuständigkeit im Rechtsmittelverfahren aus, wenn die sachliche Zuständigkeit in erster Instanz für den geltend gemachten Anspruch nicht gerügt worden ist und das Arbeitsgericht seine Zuständigkeit bejaht hat (vgl. BAG 7, 223 [233, 234]; BAG AP Nr. 5 zu § 528 ZPO; BAG AP Nr. 13 zu § 276 ZPO mit zustimmender Anmerkung von Pohle). Wenn ein Prozeß in erster Instanz nicht durch Zuständigkeitsstreitigkeiten der Parteien belastet war und auch das erstinstanzliche Gericht gegen seine sachliche Zuständigkeit keine Bedenken von Amts wegen erhoben, sondern seine Zuständigkeit angenommen hat, soll nach der Sinngebung der §§ 528 Satz 2, 566 ZPO im Interesse der Prozeßbeschleunigung und zur Vermeidung einer Belastung der Parteien ein Zuständigkeitsstreit in zweiter und dritter Instanz von Amts wegen überhaupt nicht und auf Parteirüge hin in zweiter Instanz nur unter den in § 528 Satz 1 ZPO näher beschriebenen erschwerten Voraussetzungen ausgelöst werden können. Diese Sinngebung trifft aber nur zu, wenn in erster Instanz eine Partei die Einrede der sachlichen Unzuständigkeit überhaupt hätte erheben können. Ist, wie im vorliegenden Verfahren, in erster Instanz ein Anspruch streitig gewesen, bei dem die sachliche Zuständigkeit der Gerichte für Arbeitssachen völlig unproblematisch war (§ 2 Abs. 1 Ziffer 2, Abs. 4 Satz 1 ArbGG), und wird in der zweiten Instanz im Wege der Klageänderung ein anderer, neuer Anspruch verfolgt, so besteht kein sachlicher Grund, in einem solchen Fall die Amtsprüfung bzw. die Zulässigkeit der Einrede der sachlichen Zuständigkeit nach näherer Maßgabe der §§ 528 Satz 2, 566 ZPO auszuschalten bzw. zu erschweren. Wollte man derartiges in Betracht ziehen, so könnten Parteien im Wege der einverständlichen Klageänderung in der Berufungsinstanz die Zuständigkeit der Gerichte für Arbeitssachen für Streitigkeiten in Anspruch nehmen, für die diese nicht zuständig sind; ein solches Ergebnis wäre mit § 3 ArbGG unvereinbar, weil die sachliche Zuständigkeit der Gerichte für Arbeitssachen nur in den in § 3 ArbGG genannten Ausnahmefällen durch Parteivereinbarung erweitert werden kann. Hinzukommt, daß dann, wenn eine Partei im Wege der Klageänderung in der Berufungsinstanz einen neuen und völlig anderen als den bisherigen Klageanspruch geltend macht, sie der Sache nach mit Recht hinnehmen muß, wenn sich der Prozeßablauf durch Zuständigkeitserörterungen verzögert und darüber gestritten wird und sie dabei u. U. unterliegt. § 528 Satz 2 ZPO entband das Landesarbeitsgericht und § 566 ZPO entbindet den erkennenden Senat also nicht von der Pflicht, die sachliche Zuständigkeit der Gerichte für Arbeitssachen für den allein jetzt noch von der Klägerin verfolgten Anspruch von Amts wegen zu prüfen. Auch die Rüge des Beklagten zwingt dazu. Wie der Dritte Senat des Bundesarbeitsgerichts (vgl. BAG 8, 260 [264] = AP Nr. 18 zu § 2 ArbGG 1953 Zuständigkeitsprüfung mit zustimmender Anmerkung von Pohle) ausgeführt hat, genügt es, wenn die Rüge der sachlichen Zuständigkeit im Laufe der Instanz überhaupt erhoben wird. Sie brauchte nicht vor der Verhandlung zur Hauptsache erhoben werden. Nachdem sich im Berufungsverfahren die Parteien nach der am 9. April 1959 geschehenen ersten und einzigen mündlichen Verhandlung mit einer Entscheidung im schriftlichen Verfahren einverstanden erklärt hatten und ihnen vom Gericht nachgelassen worden war, bis zum 25. April 1959 noch Schriftsätze einzureichen, war der vom Beklagten beim Landesarbeitsgericht am 20. April 1959 eingereichte und auch der Klägerin zugegangene Schriftsatz bei der Rechtsfindung gemäß § 128 Abs. 2 ZPO zu berücksichtigen, wozu auch die darin vom Beklagten erhobene Rüge der sachlichen Unzuständigkeit der Gerichte für Arbeitssachen gehört (vgl. in etwa auch Stein-Jonas, ZPO, 18. Aufl., § 128 Anm. X 4).

2. Die Zuständigkeit der Gerichte für Arbeitssachen ist indessen zu bejahen.

a) Anerkanntermaßen kann der Anspruch auf Erstattung von Prozeßkosten unabhängig vom Prozeß den Inhalt eines materiellrechtlichen privatrechtlichen Anspruches auf Schadenersatz bilden (vgl. Stein-Jonas, ZPO, 18. Aufl., Vorbem. III vor § 91; Rosenberg, Lehrbuch des DZPR, 8. Aufl., 1960, § 79 IV 3, S. 368, 369). Als Anspruchsgrundlagen kommen dann, neben anderem, häufig die Gesichtspunkte des Verzugsschadens (§ 286 Abs. 1 BGB), der unerlaubten Handlung (§§ 823 Abs. 2, 826 BGB) oder, wie hier, die Vorschrift des § 840 Abs. 2 Satz 2 ZPO in Betracht (vgl. Stein-Jonas, aaO, Vorbem. III vor § 91 ZPO).

b) Zum Hauptanspruch eines besonderen Rechtsstreits können solche auf materiellrechtlicher Grundlage beruhenden Kostenerstattungsansprüche jedenfalls erhoben werden, wenn es, wie hier, an einem richterlichen Kostenausspruch nach § 91 ZPO fehlt oder wenn lediglich eine Klagerücknahme und die damit verbundene gesetzliche Kostentragungspflicht nach § 271 Abs. 3 Satz 2 ZPO vorliegt (zu letzterem vgl. Stein-Jonas, aaO, Vorbem. III 1 zu N. 36 vor § 91). In einem solchen Fall ist das Rechtsschutzinteresse für eine Klage auf Kostenerstattung insbesondere deshalb nicht fraglich, weil es an einer einfacheren Möglichkeit, kraft richterlicher Kostenentscheidung im Wege des besonderen Kostenfestsetzungsverfahrens (§§ 104 ff. ZPO) zu den Kosten zu kommen, fehlt (Stein-Jonas, aaO, Vorbem. III 4 vor § 91).

c) Würde eine Partei aus ihrer Position als Pfändungsgläubigerin des Lohnanspruchs des Arbeitnehmers gegen den Arbeitgeber als dessen Drittschuldner Kostenerstattungsansprüche aus dem Gesichtspunkt dessen Schuldnerverzugs und damit aus § 286 Abs. 1 BGB verfolgen können, so würde ein solcher Kostenstreit gemäß § 2 Abs. 1 Ziffer 2 und Abs. 4 ArbGG zur sachlichen Zuständigkeit der Gerichte für Arbeitssachen gehören, weil dann die Klägerin als Pfändungsgläubigerin befugterweise

(§ 2 Abs. 4 Satz 1 Halbsatz 2 ArbGG) Ansprüche im Sinne des § 2 Abs. 1 Ziffer 2 ArbGG geltend machen würde. Wenn nun, wie hier, Verzugsgesichtspunkte als Anspruchsgrundlage für das Klagebegehren der Klägerin deshalb ausscheiden, weil die Pfändung der Klägerin in das Arbeitseinkommen ihres Schuldners wegen vorrangiger Pfändungen anderer Gläubiger ins Leere ging und der Beklagte gegenüber der Klägerin deshalb mit seinen Lohnzahlungspflichten auch nicht in Verzug geriet, so ist dem Landesarbeitsgericht Frankfurt (NJW 1956, 1334 Nr. 25 [1335]), das die Zuständigkeit der Gerichte für Arbeitssachen in solchen Fällen verneint, zuzugeben, daß die dann noch als Anspruchsgrundlagen für das Klagebegehren in Betracht kommenden Gesichtspunkte der §§ 823, 826 BGB, § 840 Abs. 2 Satz 2 ZPO sich in den vom Gesetz abschließend geregelten Zuständigkeitsbereich der §§ 2, 3 ArbGG ohne weiteres nicht einordnen lassen. Das führt indessen für den vorliegenden Rechtsstreit nicht zu der Annahme der Zuständigkeit der ordentlichen Gerichte. Es müßte schon als ein befremdliches Ergebnis erscheinen, wenn der Pfändungsgläubiger, der wirksam Arbeitseinkommen gepfändet hat, im Wege der Verzugsfolgen u. U. Prozeßkosten vor den Arbeitsgerichten verfolgen könnte, während das nicht der Fall wäre, wenn seine Pfändung fehl geht und er Prozeßkosten nur aus dem Gesichtspunkt der §§ 823, 826 BGB und des § 840 Abs. 2 Satz 2 ZPO verlangen kann. Solchen Gedankengängen zu folgen hieße, ohne sachlichen Grund juristische und dem Laien kaum oder nur schwer verständliche Anspruchsqualifikationen über vernünftige und praktische Erwägungen siegen zu lassen. Wenn, wie hier, eine Partei zunächst einen zur sachlichen Zuständigkeit der Gerichte für Arbeitssachen gehörigen Anspruch geltend macht und dann im Verlaufe des Rechtsstreites im Wege der Klageänderung nur noch die Kosten verfolgt, die aus dem bisherigen Arbeitsrechtsstreit entstanden sind, müßte es ausgesprochen unpraktisch erscheinen, wenn der Kläger dieserhalb nur die ordentlichen Gerichte im Wege einer neuen Klage oder Verweisung angehen dürfte und es ihm verwehrt wäre, bei den Arbeitsgerichten zu verbleiben und deren aus dem bis dahin gediehenen Prozeß gegebene Sachkunde sowie deren verbilligtes und beschleunigtes Verfahren für etwas in Anspruch zu nehmen, was bei richtiger Gesamtbetrachtung nur ein Anhängsel aus einem untergegangenen Arbeitsrechtsstreit ist. Es kann bei dem Gesamtkomplex daher nicht übersehen werden, daß in solchen Fällen ein der Regelung des § 3 ArbGG verwandter Gesichtspunkt des Sachzusammenhanges und der Sachnähe gegeben ist, der dazu führen muß, im Wege der ergänzenden Rechtsfindung (vgl. Enneccerus-Nipperdey, Allgemeiner Teil des Bürgerlichen Rechts, 15. Aufl.,

Bd. I, 1959, § 58 S. 337) die Zuständigkeit der Gerichte für Arbeitssachen anzunehmen. Ob ein Verhalten des Drittschuldners von gepfändetem Arbeitseinkommen die Merkmale des Schuldnerverzuges, der unerlaubten Handlung oder des § 840 Abs. 2 Satz 2 ZPO erfüllt und welche Folgerungen sich daraus für ein als Hauptanspruch geltend gemachtes Kostenerstattungsbegehren ergeben, hängt bei richtiger Gesamtbetrachtung meist von Fragen des materiellen Arbeitsrechts und, wie unten noch näher zu zeigen sein wird, im Hinblick auf § 61 Abs. 1 Satz 2 ArbGG von einer richtigen Anwendung des Arbeitsgerichtsgesetzes und damit vom Arbeitsprozeßrecht ab. Es muß als hypothetischer Gesetzeswillen (vgl. Enneccerus-Nipperdey, aaO, § 58 III[42] S. 344) angenommen werden, daß dieser Komplex zur ausschließlichen Zuständigkeit der Arbeitsgerichte gehört (so auch, wenn auch ohne weitere Begründung, Stein-Jonas, ZPO, 18. Aufl., § 841 Anm. IV).

3. a) Materiellrechtlich hat das Landesarbeitsgericht angenommen, der Umfang einer aus einer Verletzung des § 840 Abs. 2 Satz 2 ZPO sich ergebenden Schadenersatzpflicht decke sich mit den Kosten, die im Falle einer Kostenentscheidung nach § 91 ZPO erstattungspflichtig sein würden. Dieser Auffassung des Landesarbeitsgerichts ist im Ergebnis beizutreten. Wenn § 91 Abs. 1 ZPO den Umfang der zu erstattenden Kosten auf diejenigen Kosten beschränkt, die zur zweckentsprechenden Prozeßführung notwendig waren, so ist das nur der Ausdruck eines allgemeinen Prinzips, das nicht nur für die prozessuale Kostenerstattungspflicht kraft Verurteilung zur Kostentragung in einem richterlichen Erkenntnis, sondern ganz allgemein für materielles Schadenersatzrecht gilt. Das ergibt sich aus der durch § 254 Abs. 2 Satz 1 BGB erfolgten Konkretisierung des § 242 BGB, wonach ein Geschädigter von sich aus das ihm Zumutbare tun muß, um den ihm zugefügten oder drohenden Schaden klein zu halten. Auch wer infolge unrechtmäßiger Maßnahmen eines anderen zur Prozeßführung gezwungen wird, muß sich aus diesem Gesichtspunkt heraus daher darum bemühen, nur die Kosten entstehen zu lassen, die zur zweckentsprechenden Prozeßführung notwendig waren. Tut er das nicht, so verschuldet er die darüber hinausgehenden Kosten selbst und muß er sie selbst tragen (so im Ergebnis auch Stein-Jonas, aaO, Vorbemerk. III 2 zu N. 39 zu § 91; vgl. auch RG JW 1926, 1542 Nr. 5; a. A.: Rosenberg, aaO, § 79 IV 3 S. 368 und OLG Hamburg JW 1931, 1822 Nr. 1).

b) Das Landesarbeitsgericht hat weiter ausgeführt, der Annahme, daß vorliegend die von der Klägerin verfolgten Kosten notwendige Kosten in diesem Sinne gewesen seien, stehe § 61 Abs. 1 Satz 2 ArbGG entgegen, wonach in erster Instanz vor den Arbeitsgerichten Entschädigung für Zeitversäumnis und Erstattung der Kosten für die Zuziehung eines Prozeßbevollmächtigten nicht verlangt werden können. Auch diese Auffassung des Landesarbeitsgerichts ist im Grundsatz nicht zu beanstanden. Die Vorschrift des § 61 Abs. 1 Satz 2 ArbGG will, wenn sie überhaupt einen Sinn haben soll, aus wohl überlegten Gründen den Arbeitsgerichtsprozeß verbilligen. Abhängige Arbeitnehmer sollen — eben wegen ihrer oft gegebenen wirtschaftlichen Schwäche — auch dann, wenn sie im Arbeitsgerichtsprozeß unterliegen, nicht mit den in § 61 Abs. 1 Satz 2 ArbGG genannten Kosten überzogen werden können. Damit wird vermieden, daß sie in künftigen Fällen, bei denen berechtigte und lebensnotwendige Ansprüche auf dem Spiel stehen, den Prozeß scheuen. Aus Gründen der durch das Wesen einer jeden Gerichtsbarkeit gebotenen Gleichbehandlung gilt diese Vorschrift auch für den Arbeitgeber oder eine sonstige Partei, die vor den Arbeitsgerichten unterliegt. Wenn man sich von den in der Vergangenheit gehegten Abneigungen des Arbeitsgerichtsgesetzes gegen Vertretungen einer Partei durch Rechtsanwälte in erster Instanz einmal löst, muß die heutige Regelung des § 61 Abs. 1 Satz 2 ArbGG daher als eine Sonderregelung betrachtet werden, die für einen typischen sozialen Sachverhalt, das Prozessieren vor einem Arbeitsgericht erster Instanz, von jedem Rechtsgenossen das soziale Opfer verlangt, den damit verbundenen Zeitaufwand und die damit etwa verbundenen Kosten für einen Prozeßbevollmächtigten selbst zu tragen. Diese Sozialpflichtigkeit aus einem bestimmten sozialen und im Interesse des sozialen Friedens und der sozialen Sicherheit und Gerechtigkeit geschaffenen Sachverhalt kann zumutbarerweise in vielen Fällen jeder tragen. Er kann seinen Zeitaufwand, den die Prozeßführung notwendig macht, häufig ausgleichen oder ohne weiteres zusätzlich übernehmen und oftmals — freilich nicht immer — ohne Prozeßbevollmächtigten oder Beistand auskommen. Was darüber hinaus für ihn an Opfern bleibt, muß er aus Gründen der durch die Institution der Arbeitsgerichtsbarkeit gebotenen wechselseitigen sozialen Rücksichtnahme als Opfer hinnehmen. Letzten Endes ist das dann aber nichts anderes als eine durch soziale Gesichtspunkte und durch soziale Rücksichtnahme gebotene Pflicht, die wie die erörterte aus §§ 242, 254 Abs. 2 Satz 1 BGB, nicht nur für den prozessualen Erstattungsanspruch kraft richterlichen Kostenspruchs, sondern auch für den materiellrechtlichen Kostenerstattungsanspruch deshalb gelten muß, weil sozialwidriges Verhalten mit § 242 BGB unvereinbar ist (vgl. so im Ergebnis auch Pohle, Anm. AP Nr. 15 zu § 61 ArbGG 1953;

Dietz-Nikisch, ArbGG, 1954, § 61 Anm. 9 und Anm. 11; RAG ARS 9, 408 [412]).

c) Ob dieser Sozialschutz weichen muß, wenn arglistiges Verhalten im Sinne des § 826 BGB des Schadenersatzpflichtigen in Rede steht, braucht nicht entschieden zu werden. Es sind vom Landesarbeitsgericht keine Umstände festgestellt, daß der — kriegsblinde — Beklagte die falschen Auskünfte arglistig erteilt hat. Aus dem bei den Akten befindlichen und vom angefochtenen Urteil in Bezug genommenen Schriftwerk läßt sich nur der Schluß ziehen, daß er sich — wenn auch fahrlässig und daher schuldhaft — angesichts der Vielzahl der gegen H. ausgebrachten Zwangsvollstreckungsmaßnahmen geirrt hat. Prozessuale Rügen gegen das Fehlen weiterer tatsächlicher Feststellungen hat die Revision nicht erhoben.

d) Ergibt sich somit, daß eine Verletzung des § 840 Abs. 2 Satz 2 ZPO durch den Beklagten diesen nur zum Ersatz der Kosten der Klägerin verpflichtet, die zur Prozeßführung „notwendig" i. S. des § 91 ZPO waren, und daß auch diese nur dann zu erstatten sind, wenn es sich dabei nicht um Unkosten im Sinne des § 61 Abs. 1 Satz 2 ArbGG handelt, so kann die Klägerin vom Beklagten die Erstattung von 41,24 DM Anwaltsgebühren und 25,— DM für Zeitversäumnis nicht verlangen. Insoweit ist die Revision der Klägerin als unbegründet zurückzuweisen.

e) Anders verhält es sich jedoch mit dem von der Klägerin verfolgten Betrag von 6,— DM an Kosten für die Fahrten zum Zwecke der Information ihres Prozeßbevollmächtigten.

Sie gehören eindeutig nicht zu den Unkosten, deren Erstattung § 61 Abs. 1 Satz 2 ArbGG ausschließt (vgl. Dietz-Nikisch, ArbGG, § 61 Anm. 11; Dersch-Volkmar, ArbGG, 6. Aufl., § 61 Anm. 18; Wieczorek, ZPO, § 91 Anm. F II b 1; Stein-Jonas, aaO, § 91, Anm. X 1 b, jeweils mit weiteren Hinweisen). Für sie haftet der Beklagte bei Verletzung des § 840 Abs. 2 ZPO dann, wenn es sich dabei um „notwendige" Kosten im Sinne des § 91 Abs. 1 ZPO handelt. Ob dabei § 840 Abs. 2 ZPO ein Verschulden des Beklagten voraussetzt (so RGZ 149, 251 [255]; RG HRR 1932 Nr. 1794; LAG Frankfurt NJW 1956, 1334 Nr. 25 [1335]; OLG Hamm DR 1939, 1920 Nr. 10; Rosenberg, Lehrbuch, § 193 II 5 b S. 1026; Wieczorek, ZPO, § 840 Anm. E) oder nicht (so Stein-Jonas, aaO, § 840 IV 1 zu N. 9 a; Baumbach, ZPO, 25. Aufl., § 840 Anm. 3), kann hier dahinstehen, weil eine Fahrlässigkeit des Beklagten ohne weiteres anzunehmen ist. Ob es sich bei dem hier noch in Rede stehenden Reisekostenbetrag aber um „notwendige" Kosten im Sinne des § 91 Abs. 1 ZPO handelt, ist den Feststellungen des Landesarbeitsgerichts nicht zu entnehmen. Da die Klägerin in W. bei Düren und ihr Prozeßbevollmächtigter in Düren wohnt, ist das auch nicht ohne weiteres ersichtlich. Das macht, da das Revisionsgericht die entsprechenden Feststellungen nicht treffen kann, gemäß §§ 549 Abs. 1, 550, 564 Abs. 1, 565 Abs. 1, Abs. 3 Ziffer 1 ZPO die teilweise Aufhebung des angefochtenen Urteils und die Zurückverweisung der Sache an das Landesarbeitsgericht zur anderweiten Verhandlung und Entscheidung insoweit notwendig, als es um die Reisekosten in Höhe von 6,— DM geht.

## 8

**Die Kündigung gegenüber einem Arbeitnehmer der Bundeswehr wegen Sicherheitsbedenken kann nicht allein auf die Erklärung einer Dienststelle gestützt werden, daß Sicherheitsbedenken bestünden. Es müssen tatsächliche Umstände vorgebracht werden, aus denen sich die Sicherheitsbedenken ergeben. Die Gerichte müssen selbst entscheiden, ob wegen des vorgetragenen Sachverhalts und eines sich daraus ergebenden Sicherheitsbedenkens die Kündigung sozial gerechtfertigt ist.**

KSchG § 1.

III. Senat. Urteil vom 27. 9. 1960 i. S. V. (Kl.) w. B. (Bekl.)
3 AZR 171/58.

I. Arbeitsgericht Landau/Pfalz. — II. Landesarbeitsgericht Mainz.

Der Kläger war seit Juni 1956 bei einer Standortverwaltung der Bundeswehr als Lagerarbeiter beschäftigt. Ihm wurde auf Veranlassung des militärischen Sicherheitsdienstes mit Schreiben vom 25. Juni 1957 zum 23. Juli 1957 gekündigt. In dem Kündigungsschreiben sind keine Umstände angegeben worden, auf denen die Sicherheitsbedenken beruhen.

Die Beklagte meint, für eine Tätigkeit im Dienste der Bundeswehr sei die sicherheitsmäßige Unbedenklichkeit eines jeden Beschäftigten erforderlich. Beständen in dieser Beziehung Zweifel, so müsse die Bundeswehr sich von der betreffenden Person trennen können. Für die Berechtigung einer Kündigung müsse es genügen, wenn von der eigens hierzu eingerichteten Dienststelle nach ihrem pflichtmäßigen Ermessen auf Grund einer Untersuchung Sicherheitsbedenken festgestellt worden seien. Es könne nicht verlangt werden, daß die Bundeswehr die einzelnen Tatsachen angebe, aus denen sie ihre Wertung ableite.

Der Kläger hat beantragt, festzustellen, daß sein Dienstverhältnis durch die Kündigung vom 25. Juni 1957 nicht aufgelöst wurde.

Das Arbeitsgericht hat nach dem Klageantrag entschieden. Das Landesarbeitsgericht hat auf die Berufung der Beklagten die Klage abgewiesen. Die Revision des Klägers hatte Erfolg.

Aus den Gründen:

Auf das Arbeitsverhältnis des Klägers mit der Beklagten findet das Kündigungsschutzgesetz Anwendung, wie sich aus dessen Regelung seines Geltungsbereichs für die Betriebe und Verwaltungen des öffentlichen Rechts in § 21 ergibt. Abweichende gesetzliche Bestimmungen, wie früher unter der Geltung des Betriebsrätegesetzes vom 4. Februar 1920 (§§ 85, 67), bestehen nicht. In dem Soldatengesetz vom 19. März 1956 (GBl. I S. 114) finden sich nur Regelungen über die Arbeitszeitordnung und die Personalvertretung für die Zivilbediensteten (§§ 69, 70). Die Bestimmungen des Artikel 44 des Truppenvertrages, die eine Sonderregelung für Kündigungen aus Sicherheitsgründen enthalten, gelten nur für die bei ausländischen Streitkräften beschäftigten Arbeitnehmer.

Auch wenn im allgemeinen davon ausgegangen werden mag, daß gegen die bei der Bundeswehr beschäftigten Arbeitnehmer keine sicherheitsmäßigen Bedenken bestehen dürfen und deshalb eine Kündigung gerechtfertigt erscheinen kann, so muß doch im Streitfalle die Entscheidung hierüber in einem ordnungsgemäßen, seine Verfahrensgrundsätze beachtenden Gerichtsverfahren getroffen werden. Nach dem Kündigungsschutzgesetz müssen die Arbeitsgerichte nachprüfen, ob tatsächlich Sicherheitsbedenken gegen einzelne Arbeitnehmer bestehen und ob diese Bedenken die Kündigung als sozial gerechtfertigt erscheinen lassen (§ 1). Eine Entscheidung der Arbeitsgerichte ist aber nur dann möglich, wenn tatsächliche Umstände von der Bundeswehr vorgetragen werden, aus denen sich die Sicherheitsbedenken ergeben, die die Kündigung rechtfertigen sollen. Die Arbeitsgerichte können nicht auf Erklärungen irgendwelcher Dienststellen verwiesen werden, die ohne Anführung von Tatsachen besagen, daß Sicherheitsbedenken gegeben seien. Andernfalls würde dies dazu führen, die Ansicht dieser Dienststellen als maßgebend für die Entscheidung des Gerichts zu übernehmen. Hierin würde eine Ausschließung der Arbeitsgerichte auf dem ihm allein zustehenden Gebiet der tatsächlichen Feststellung und der rechtlichen Wertung liegen. Der in dieser Hinsicht abweichenden Meinung des Landesarbeitsgerichts kann daher nicht gefolgt werden.

Mangels eines Sachvortrages der Beklagten, aus dem sich Sicherheitsbedenken gegenüber dem Kläger ergeben könnten, kann daher die Kündigung des Klägers nicht als sozial gerechtfertigt im Sinne des § 1 KSchG angesehen werden. Sie ist mithin rechtsunwirksam.

## 9

**Der erkrankte Bauarbeiter hat einen Anspruch auf einen Krankengeldzuschuß gemäß § 1 ArbKrankhG auch für solche Tage, an denen er mit der Arbeit wegen schlechten Wetters auch hätte aussetzen müssen, wenn er nicht krank geworden wäre.**

ArbKrankhG §§ 1, 3; RVO § 182 Abs. 1; Bundesrahmentarif für das Baugewerbe i. d. F. vom 6. 7. 1956/28. 10. 1957 §§ 2, 4.

II. Senat. Urteil vom 29. 9. 1960 i. S. R. (Bekl.) w. P. (Kl.)
2 AZR 435/58.

I. Arbeitsgericht Essen. — II. Landesarbeitsgericht Düsseldorf.

Der Kläger ist bei der Beklagten als Putzer in einer Kolonne im Akkord beschäftigt. Er war in der Zeit vom 30. November 1957 bis zum 1. Januar 1958 (33 Kalendertage) arbeitsunfähig krank und erhielt in dieser Zeit von der Krankenkasse Krankengeld in Höhe von 15,18 DM kalendertäglich.

Im Betriebe der Beklagten besteht monatliche Lohnabrechnung. In dem seiner Krankheit vorausgehenden Lohn-Monat Oktober hatte der Kläger einen Nettolohn von 609,23 DM erzielt.

Die Beklagte hat dem Kläger als Krankengeldzuschuß (KGZ) für die genannte Zeit einen Betrag von 70,50 DM gewährt. Einen höheren Betrag als KGZ zu zahlen hat sich die Beklagte geweigert mit der Begründung, die Putzerkolonne, welcher der Kläger angehörte, habe in der Zeit von Samstag, dem 14. Dezember bis Freitag, dem 20. Dezember 1957 wegen Schlechtwetters nicht arbeiten können. Die übrigen Kolonnenmitglieder seien während dieser Zeit gemäß § 2 Ziffer 5 des Bundesrahmentarifvertrages für das Baugewerbe in der damals insoweit noch gültigen Fassung vom 6. Juli 1956 (BRTV-Bau 56) entlassen gewesen. Dem Kläger wäre somit in dieser Zeit auch ohne die Erkrankung ein Lohnausfall entstanden.

Diese Auffassung hält der Kläger für unrichtig; er hat beantragt, die Beklagte zur Zahlung von 11,61 DM zu verurteilen.

Das Arbeitsgericht hat der Klage entsprochen; das Landesarbeitsgericht hat die Berufung der Beklagten zurückgewiesen. Die Revision der Beklagten ist zurückgewiesen worden.

### Aus den Gründen:

Dem Kläger steht mindestens der geltend gemachte Betrag als Krankengeldzuschuß (KGZ) zu.

I. Als Anspruchsgrundlage kam hier lediglich § 1 ArbKrankhG in Betracht. Der nach seinem räumlichen, persönlichen und fachlichen Geltungsbereich einschlägige Bundesrahmentarifvertrag für das Baugewerbe in der Fassung vom 6. Juli 1956 (BRTV-Bau 56) enthielt in § 4 Abschnitt I Ziffern 1 und 2 eine Krankengeldzuschußregelung, die mit dem Inkrafttreten des ArbKrankhG außer Kraft trat (vgl. Beschluß des Großen Senats BAG 8, 285 ff.). Die hierdurch entstandene Lücke wurde sodann mit dem Tarifvertrag zur Änderung des BRTV-Bau vom 28. Oktober 1957 geschlossen. Im Abschnitt III dieses Tarifvertrages erhalten die Bestimmungen des § 4 BRTV-Bau 56 über Arbeitsversäumnis und Arbeitsausfall eine neue Fassung. Gemäß Abschnitt VI trat dieser Tarifvertrag hinsichtlich seines Abschnittes III am 1. November 1957, somit vor Beginn der hier streitigen Krankheitsperiode, in Kraft. § 4 Ziffer 1 BRTV-Bau 56 in der Fassung des Tarifvertrages vom 1. November 1957 begnügt sich in seinem ersten Absatz mit einer Verweisung auf die Regelung des KGZ durch das ArbKrankhG. Diese Tarifvorschrift ist insoweit eine neutrale Regel, keine echte Tarifnorm (vgl. Hueck-Nipperdey, Lehrbuch des Arbeitsrechts, 6. Aufl., Band II § 15 II 5 e, S. 201 nebst Nachweisen in Fußnote 83 und § 19 I 3, S. 279). Sie scheidet daher als Anspruchsgrundlage aus. Soweit die Ziffer 1 in ihrem zweiten Absatz eine gegenüber dem Gesetz günstigere Regelung gewährt, beschränkt sich diese auf die Fälle, in denen der Arbeiter nicht die in § 1 Abs. 2 ArbKrankhG geforderte Zeit von vier Wochen zurückgelegt hat. Diese Vorschrift ist hier nicht einschlägig, weil sich allein aus der Tatsache, daß der Kläger unstreitig im Oktober 1957 bei der Beklagten überhaupt einen Verdienst erzielt hat, ergibt, daß er die Merkmale des § 1 Abs. 2 ArbKrankhG erfüllt hatte, bevor er am 30. November 1957 erkrankte. Auch § 4 Abschnitt I Ziffer 2 scheidet von vornherein aus, weil die Krankheit des Klägers nicht auf einem Betriebsunfall beruhte.

II. Darüber, daß der Kläger, wenn man zunächst von der genannten Schlechtwetterperiode absieht, die Regelvoraussetzungen des § 1 ArbKrankhG erfüllt hat (Arbeiter, unverschuldete Krankheit, Anspruch auf Krankengeld), besteht zwischen den Parteien kein Streit.

Entgegen der Auffassung der Beklagten erfüllt der Kläger diese Voraussetzungen aber auch während der genannten Schlechtwetterperiode.

1. Gemäß § 1 Abs. 1 Satz 1 ArbKrankhG hat der Arbeiter einen Anspruch auf Zahlung eines Zuschusses zu den Leistungen aus der gesetzlichen Krankenversicherung, wenn er „infolge Krankheit an seiner Arbeitsleistung verhindert" ist. Dieser Wortlaut erweckt zunächst den

Anschein, als wolle das Gesetz eine kausale Beziehung zwischen der Krankheit einerseits und der Verhinderung an der Arbeitsleistung fordern. Dementsprechend wird auch im Schrifttum überwiegend die Ansicht vertreten, daß der erkrankte Arbeiter keinen Anspruch auf Zuschuß habe, wenn er während einer Schlechtwetterperiode keinen Lohnanspruch habe. Diese letztgenannte Voraussetzung ist hier gegeben, denn gemäß § 4 Abschnitt I Satz 1 BRTV-Bau wird in Abweichung von § 616 BGB der Lohn nur für die wirklich geleistete Arbeitszeit gezahlt. Auf eine Kündigung wäre es insoweit nicht angekommen. Vielmehr kann gemäß § 2 Ziffer 5 BRTV-Bau 56 die Lösung des Arbeitsverhältnisses „mit Rücksicht darauf, daß Lohn nicht weitergezahlt wird", beiderseits ohne Einhaltung einer Kündigungsfrist erfolgen, wenn die Fortsetzung der Arbeit infolge ungünstiger Witterung in der Zeit vom 15. Oktober bis 31. März unmöglich wird. Zur Begründung der Ansicht, daß in einem solchen Falle ein Anspruch auf den Krankengeldzuschuß (KGZ) nicht besteht, berufen sich Schmatz-Fischwasser (Kommentar zum ArbKrankhG, 3. Aufl., § 1 Anm. III 1 a, S. 35) auf den Sinn des Gesetzes, welches darauf schließen lasse, daß nur die Krankheit für die Arbeitsverhinderung ursächlich sein dürfe. Die gleiche Auffassung vertreten Schelp-Trieschmann (Das Arbeitsverhältnis im Krankheitsfalle, 1958, S. 120), die meinen, der Fall, daß die Arbeiter des Betriebes, dem der Erkrankte angehört infolge ungünstiger Witterungsverhältnisse nicht arbeiten können, müsse nach den Grundsätzen über die Werksbeurlaubung (beiderseitiges Ruhen der Hauptrechte und Hauptpflichten, also auch der Lohnzahlungspflicht und der Zuschußpflicht) behandelt werden. Auch Höhne (Betrieblicher Krankengeldzuschuß für Arbeiter, 1958, S. 21 und 34) ist im Ergebnis der gleichen Meinung, leitet sie allerdings von dem seiner Ansicht nach im ArbKrankhG verwirklichten Lohnausfallprinzip ab. Schließlich vertreten auch Gellberg-Spix (Erläuterungen zum ArbKrankhG, 2. Aufl., S. 19) und Hessel (Krankheit im Arbeitsrecht, 2. Aufl., S. 43) diese Auffassung. Auch in der Rechtsprechung der Landesarbeitsgerichte wird überwiegend eine unmittelbare und ausschließliche Kausalität zwischen Krankheit und Arbeitsverhinderung gefordert, wobei zum Beispiel das Landesarbeitsgericht Kiel in seinem Urteil vom 20. Mai 1960 — 2 Sa 64/60 — die Auffassung vertritt, bei der Anwendung des ArbKrankhG müßten die zu § 616 BGB entwickelten Grundsätze beachtet werden. (Ähnlich auch LAG Saarbrücken im Urteil vom 3. Februar 1960 — Sa 76/59 — und LAG Hamm im Urteil vom 12. Juli 1960 — 1 Sa 297/60 —). Keiner dieser Gründe vermag jedoch zu überzeugen. Vielmehr sprechen Wortlaut, Systematik, Sinn und Entstehungsgeschichte des Gesetzes für die Auffassung des Klägers und beider Vorinstanzen.

2. Soweit die genannten Erkenntnisse auf der reinen Wortanwendung des § 1 Abs. 1 Satz 1 ArbKrankhG beruhen, übersehen sie, daß der Gesetzgeber in § 1 Abs. 1 Satz 1 den Begriff „Arbeitsunfähigkeit" in Klammern hinzugefügt hat. Damit hat das Gesetz deutlich gemacht, daß es entscheidend auf den Zustand der Arbeitsunfähigkeit abstellen will. Die Worte „infolge Krankheit an seiner Arbeitsleistung verhindert" münden in das Wort „Arbeitsunfähigkeit" ein und finden mit ihm eine für die Anwendung des Gesetzes verbindliche Bestimmung ihres Begriffsinhaltes. Das Gesetz stellt damit als Anspruchsvoraussetzung das Merkmal auf, daß der Arbeiter sich in einem regelwidrigen Körper- oder Geisteszustand befunden haben muß, welcher die Folge auslöste, daß er nicht mehr in der Lage war, seiner Pflicht zur Leistung der bis dahin geschuldeten vertraglichen Arbeit nachzukommen. Die Verhinderung an der Arbeitsleistung dient hierbei nur als Gradmesser für die Schwere der Krankheit. Nicht jeder regelwidrige Körper- oder Geisteszustand, wie etwa derjenige, welcher lediglich in der Notwendigkeit von Krankenpflege zutage tritt, soll den Anspruch auf einen Zuschuß auslösen, sondern erst der vom Regelzustand noch weiter abweichende Zustand. Dabei darf nicht übersehen werden, daß es durchaus Fälle gibt, in denen ein Arbeitnehmer zwar infolge Krankheit an seiner Arbeitsleistung verhindert, jedoch nicht arbeitsunfähig im Sinne der allgemeinen Terminologie ist, so zum Beispiel in den Fällen, in denen der Arbeiter sich eine geringfügige Verletzung zugefügt hat, die der sofortigen Behandlung (Anlegen eines Verbandes) bedarf, ihn jedoch nicht daran hindert, seiner vertragsmäßigen Arbeit nachzukommen. Während sich der Arbeiter der notwendig werdenden Behandlung unterzieht, ist er zweifelsfrei auch infolge Krankheit an seiner Arbeit verhindert. Eine derartige Verhinderung soll aber nicht einen Zuschuß auslösen, sondern nur eine solche, die generell die Arbeitsunfähigkeit zur Folge hat. Die Einfügung des Wortes „Arbeitsunfähigkeit" in das Gesetz ist somit in jeder Hinsicht sinnvoll und keineswegs überflüssig. Das Wort „Arbeitsunfähigkeit" darf daher bei der Anwendung des Gesetzes auch nicht beiseite geschoben werden.

Dafür, daß § 1 Abs. 1 Satz 1 ArbKrankhG mit den Worten „infolge Krankheit an seiner Arbeitsleistung verhindert (Arbeitsunfähigkeit)" lediglich einen Zustand charakterisieren, nicht aber zwischen „Krankheit" einerseits und „Arbeitsverhinderung" andererseits eine ausschließliche Kausalbeziehung fordern will, spricht vor allen Dingen, daß diese Vorschrift eine Pflicht zur Zuschußleistung zu den Leistungen aus der gesetzlichen Kranken- oder Unfallversicherung normiert, somit schon an dieser Stelle und später wiederholt an die Vorschriften der Reichsversicherungsordnung anknüpft und den Anspruch auf einen KGZ von der Voraussetzung abhängig macht, daß der Arbeiter einen Anspruch auf Krankengeld hat. Damit ist der Arbeitsunfähigkeitsbegriff des § 182 Abs. 1 Nr. 2 RVO in Bezug genommen, wie der Senat bereits in BAG 7, 142 ausgesprochen hat (vgl. auch BAG 9, 121 ff.; BAG AP Nr. 15 und 17 zu § 1 ArbKrankhG). Die Vorschrift des § 182 Abs. 1 Nr. 2 RVO erhält aber ihr — im Hinblick auf die hier zu entscheidende Rechtsfrage aufschlußreiches und besonderes — Gepräge dadurch, daß dort der Krankheitszustand, der Barleistungen der Krankenkasse auslösen soll, abgegrenzt wird von dem Körper- oder Geisteszustand, wie er in § 182 Abs. 1 Nr. 1 RVO umschrieben wird. Die Reichsversicherungsordnung knüpft aber die Barleistungen nicht an eine ausschließliche Kausalität zwischen dem Versicherungsfall einerseits und der Verhinderung an der Arbeitsleistung andererseits. Sie verlangt nur, daß „die Krankheit den Versicherten arbeitsunfähig macht". Der Anspruch eines Arbeitsunfähigen auf Krankengeld wird nicht durch den Nachweis ausgeschlossen, daß er auch sonst keine Erwerbsgelegenheit gehabt haben würde (vgl. Peters, Handbuch der Krankenversicherung, 16. Aufl., § 182 Anm. 6 c unter Bezugnahme auf RVA 2684 in AN 1922, 181, 182).

Damit verlangt auch § 1 ArbKrankhG lediglich, daß die Krankheit die Arbeitsunfähigkeit hervorgerufen hat, nicht aber darüber hinaus, daß sie die ausschließliche Ursache eines Arbeitsausfalles war. Die Bestimmung erschöpft sich schon nach ihrer Wortinterpretation unter Berücksichtigung des engen Zusammenhanges mit dem Krankenversicherungsrecht in der Benennung eines Z u s t a n d e s , so daß die vom angefochtenen Urteil herangezogenen Erörterungen zur Kausalitätsfrage, insbesondere zur Frage der sogenannten überholenden Kausalität, nicht einschlägig sind. Denn jene Kausalitätsfragen entstehen, wie auch die Revision ausführt, im Hinblick auf die haftungsbegründende und haftungsausfüllende Beziehung zwischen einer Handlung (oder Unterlassung) — vorzugsweise deliktischer Natur — und dem Eintritt eines — vorzugsweise in einen Schaden ausmündenden — Erfolges.

3. Diese Wortinterpretation des § 1 Abs. 1 Satz 1 ArbKrankhG wird bestätigt durch die systematische Verbindung zu anderen Vorschriften des ArbKrankhG. In § 1 Abs. 1 Satz 4 ArbKrankhG wird zwischen dem Kranken- oder Hausgeld einerseits und dem KGZ andererseits eine enge Verbindung geknüpft. Wie der Senat bereits in BAG 5, 291 ausführlich dargelegt hat, ist der Zuschuß einerseits nur für Krankengeldtage,

andererseits aber auch für jeden Krankengeldtag zu geben. Tage, an denen zwar Krankengeld, nicht aber Zuschuß gewährt wird, sind nach dem Gesetz nur ausnahmsweise denkbar. Ein solcher Ausnahmefall tritt ein, wenn zum Beispiel 90 vom Hundert des normalerweise durch Arbeitsverdienst geprägten Lebens-Standards des Arbeiters bereits durch das Krankengeld gedeckt sind (vgl. auch BAG 9, 276 ff.). Weitere Fälle kennt das Gesetz (§ 1 Abs. 2 ArbKrankhG), wenn die Zuschußpflicht noch nicht eingesetzt hat (vgl. BAG AP Nr. 25 zu § 1 ArbKrankhG) oder wenn (§ 1 Abs. 1 Satz 4) die Höchstbezugsdauer erschöpft ist (vgl. BAG 9, 197 ff.). Keiner dieser Fälle liegt hier vor.

Sodann kann der Tatbestand des § 3 Abs. 2 ArbKrankhG gegeben sein. Gerade diese Vorschrift spricht für die Ansicht des Senates. Wenn nämlich § 3 Abs. 2 ArbKrankhG den Zuschuß enden läßt, wenn auch das Arbeitsverhältnis endet, so spricht das dafür, daß der Zuschuß nicht enden und auch nicht beeinträchtigt werden soll, wenn, wie hier, das Arbeitsverhältnis nicht endet, sondern während der Dauer einer Schlechtwetterperiode fortgesetzt wird. Die Vorschrift des § 3 Abs. 2 wäre geradezu als überflüssig anzusehen, wenn es für die Versagung des Zuschusses bereits ausreichen würde, daß kein Lohn zu zahlen gewesen wäre, wenn der Arbeiter nicht erkrankt wäre.

Schließlich sind auch noch Krankengeldtage ohne Zuschußpflicht denkbar, wenn der Arbeiter einen Zuschuß rechtsmißbräuchlich fordern würde (vgl. BAG AP Nr. 13 zu § 1 ArbKrankhG). Auch ein solcher Fall ist aber hier nicht gegeben. Insbesondere kann nicht von einem rechtsmißbräuchlichen Ausnutzen einer formalen Rechtsstellung gesprochen werden, die dadurch entstanden wäre, daß die Beklagte dem Kläger gegenüber — im Gegensatz zu den anderen Mitgliedern der Putzerkolonne — von ihrem Recht auf sofortige Entlassung gemäß § 2 Ziff. 5 BRTV-Bau 56 nicht Gebrauch gemacht hat. Von der insoweit darlegungspflichtigen Beklagten ist nämlich nichts vorgetragen worden, was den Fortbestand des Arbeitsverhältnisses des Klägers als lediglich formal erscheinen läßt. Die Beklagte kann — dem Kläger erkennbar — sehr wohl aus Gründen der Fürsorge für ihren erkrankten Arbeiter oder um ihn — bei dem schon damals bestehenden Mangel an Fachkräften — nicht zu verlieren, von ihrem Kündigungsrecht Abstand genommen haben. Jedenfalls kann es nicht dem Kläger zum Nachteil gereichen, daß die Beklagte ihm gegenüber keine Kündigung ausgesprochen hat.

Die Revision will nun gerade aus § 1 Abs. 1 Satz 4 ArbKrankhG eine Stütze für ihre Auffassung ableiten, indem sie argumentiert, diese Vorschrift gebiete es, die Anspruchsvoraussetzungen für jeden Tag erneut zu prüfen. Dem kann unbedenklich zugestimmt werden. Der KGZ kann nur für solche Tage gefordert werden, an denen alle Anspruchsvoraussetzungen gegeben sind. Zu den Anspruchsvoraussetzungen gehört aber lediglich, daß der Kläger sich an jedem einzelnen Tag in einem solchen regelwidrigen Gesundheitszustand befand, daß dieser Zustand es ihm nicht erlaubte, Verputzerarbeit zu verrichten, ferner, daß er für jeden Tag Krankengeld beanspruchen konnte. Beides ist aber der Fall.

4. Die Auffassung des Senats wird ferner durch den Sinn und Zweck des Gesetzes gestützt, welcher darin besteht, dem Arbeiter in Tagen unverschuldeter Krankheit einen Lebens-Standard zu sichern, der in einem festen prozentualen Verhältnis zu demjenigen Lebens-Standard steht, den er sich in der Zeit vor seiner Erkrankung durch Erzielung von Arbeitsentgelt gesichert hatte. Auf diese Weise soll der Arbeiter wirtschaftlich in die Lage versetzt werden, eine Krankheit wirklich ausheilen zu können und seine Gesundheit und Arbeitskraft wieder herzustellen.

Das Gesetz will damit zur Beseitigung eines regelwidrigen Zustandes beitragen. Es erscheint sinnlos, Art und Umfang dieses Beitrages von dem Zufall abhängig zu machen, ob bei Nichterkrankung ein Lohnanspruch infolge des Eintrittes von schlechtem Wetter entfallen wäre oder nicht.

5. Vor allem aber richtet sich die Höhe des Beitrages, den der Arbeitgeber zur Beseitigung eines regelwidrigen Zustandes leisten muß, nicht nach dem Lohn, den der Arbeiter normalerweise — ohne die Krankheit — verdient hätte, sondern allein nach dem v o r der Krankheit erzielten Entgelt. Damit bringt das Gesetz deutlich zum Ausdruck, daß es nicht auf dem Lohnausfallprinzip beruht. Das hat der Senat immer wieder ausgeführt und eingehend, auch unter Heranziehung der Entstehungsgeschichte des Gesetzes begründet (vgl. BAG 5, 291; 7, 136; 9, 226 ff.; 9, 276 ff.). Das verkennt Höhne aaO; aber auch die Auffassung von Schmatz-Fischwasser aaO basiert erkennbar — obgleich dieselben Verfasser an anderer Stelle (§ 2 Anm. III 6, S. 88) zugeben, daß es bei der Berechnung des Zuschusses nicht auf das Verhältnis von Krankengeld und Arbeitgeberzuschuß zu dem Arbeitsentgelt ankommt, das der Arbeiter verdient haben würde, wenn er im Krankheitszeitraum gearbeitet hätte — auf dem Gedanken, der KGZ sei Ersatz für ausgefallenen Lohn. Richtig ist zwar, daß der KGZ seinem Wesen und seiner Substanz nach eine der Lohnfortzahlung im Sinne des § 616 BGB vergleichbare Größe ist (vgl. Großer Senat in BAG 8, 287 ff.); beide Leistungen beruhen auf der Fürsorgepflicht des Arbeitgebers. Aber der wesentliche Unterschied liegt darin, daß in den Fällen der §§ 616 BGB, 63 HGB, 133 c GewO der

Lohn so weiterfließen soll, als ob keine Krankheit eingetreten wäre, die Krankheit also gewissermaßen eliminiert wird, § 1 ArbKrankhG dagegen die Krankheit gerade zum Anlaß einer Beitragspflicht des Arbeitgebers macht, und zwar eben deshalb, weil die Lohnzahlung aufhört, der Arbeiter also der Hilfe bedarf, um des Zustandes Herr zu werden.

Da sich der Umfang der Arbeitgeberhilfe nicht nach einer (in Wirklichkeit außer jeder Diskussion stehenden) Lohnfortzahlung während der Krankheitsperiode, sondern nach anderen, in der Vergangenheit liegenden Größen richtet, wird bewußt die Frage des Lohnanspruchs während der Krankheitsperiode unberücksichtigt gelassen.

Aus diesem Grunde geht auch die Bezugnahme der Revision auf § 1 des Feiertagslohnzahlungsgesetzes fehl. Zwar findet sich auch dort das Wort „infolge ...", aber der Leitsatz des Urteils vom 21. Dezember 1954 (BAG 1, 241) spricht nicht aus, das Wort „infolge" habe die Bedeutung „... allein der Grund für den Ausfall der Arbeit...", sondern er spricht aus, diese Bedeutung ergebe sich aus dem Sinn der Regelung des § 1 Abs. 1 des Gesetzes zur Regelung der Lohnzahlung an Feiertagen. Bei jenem Gesetz läßt aber schon der klare Wortlaut keinen Zweifel daran entstehen, daß es sich um eine auf dem Lohnausfallprinzip beruhende Regelung handelt, die den Feiertag in der gleichen Weise behandelt wie § 616 BGB die Krankheit.

Damit verbietet es sich gleichzeitig, die zu § 616 BGB entwickelten Grundsätze bedenkenlos auf das ArbKrankhG zu übertragen.

6. Was schließlich die von Schelp-Trieschmann aaO erfolgte Gleichstellung von Schlechtwetterperiode und Werksbeurlaubung angeht, so ist der Kritik, die das angefochtene Urteil an dieser Auffassung übt, voll beizutreten.

7. Für die Auffassung des Senats spricht auch, daß die Praktikabilität des Gesetzes erheblich beeinträchtigt werden würde, wollte man die Zahlung des Zuschusses für jeden Tag oder gar für jede Stunde der Krankheitsperiode von der Beurteilung von Kausalitätsfragen abhängig machen, die ihrerseits — insbesondere beim Lauf mehrerer Kausalketten — in Schrifttum und Rechtsprechung noch keineswegs eindeutige Antworten gefunden haben.

8. Zu Unrecht leitet schließlich die Revision aus der „Sonderstruktur des Baugewerbes", die sie darin sieht, daß auch der gesunde Bauarbeiter in der ungünstigen Jahreszeit immer unter dem Risiko eines schwankenden Einkommens stehe, etwas für ihre Auffassung ab. Denn in Wahrheit nimmt auch der kranke Arbeiter in gewissem Umfang an dem Risiko schlechten Wetters teil. Das schwankende Einkommen eines Bauarbeiters

kann nämlich unter Umständen dazu führen, daß er weniger Krankengeldzuschuß bekommt, wenn im Berechnungszeitraum eine Schlechtwetterperiode lag. Daß er aber bei der vom Senat vertretenen Auffassung immer besser fährt als ein gesunder Bauarbeiter, ist unrichtig. Denn der gesunde Bauarbeiter konnte — nach dem damaligen Tarifzustand — im Falle einer Schlechtwetterperiode an anderer Stelle eine witterungsunabhängige Arbeit aufnehmen; der kranke Bauarbeiter dagegen muß damit rechnen, daß ihm im Falle einer arbeitgeberseitigen Kündigung lediglich das Krankengeld bleibt.

III. Waren danach an allen 33 Kalendertagen die Merkmale des Anspruchs aus § 1 ArbKrankhG erfüllt, so ergab sich folgende Berechnung:

| | |
|---|---|
| Nettoverdienst im Oktober | 609,23 DM |
| somit (609,23 : 30) kalendertäglich | 20,31 DM |
| 90 % hiervon | 18,28 DM |
| abzüglich Krankengeld | 15,18 DM |
| Differenz | 3,10 DM |
| KGZ (3,10 × 33) | 102,30 DM |
| bereits gezahlt | 70,50 DM |
| noch zu zahlen | 31,80 DM. |

Da der Kläger nur weniger beantragt hat, konnte ihm auch nur weniger zugesprochen werden.

## 10

**1. Die Tätigkeit eines Zählerablesers und Gelderhebers einer Gemeinde ist invalidenversicherungspflichtig.**

**2. Invalidenversicherungspflichtige Arbeitsverhältnisse von Arbeitnehmern der Gemeinden fallen unter den BMT-G; das gilt auch dann, wenn die Tätigkeit eines solchen Arbeitnehmers im Sinne des § 1 Abs. 1 zweite Alternative TO.A in deren Anlage 1 aufgeführt ist.**

TO.A § 1 Abs. 1; Bundesmanteltarifvertrag für Arbeiter gemeindlicher Verwaltungen und Betriebe (BMT-G) §§ 1, 62 Ziff. 4.

IV. Senat. Urteil vom 5. 10. 1960 i. S. P. (Kl.) w. St. B. O. (Bekl.) 4 AZR 566/59.

I. Arbeitsgericht Bad Oldesloe. — II. Landesarbeitsgericht Kiel.

Der Kläger wird seit Frühjahr 1957 bei den Stadtwerken der Beklagten als Ableser und Kassierer beschäftigt. Hierbei hat er auf den bei den Beziehern von Gas, Wasser und elektrischem Strom befindlichen Zählern den Verbrauch abzulesen und später die zu zahlenden Rechnungsbeträge nach ihrer Ermittlung durch die Stadtwerke einzuziehen. Mit Wirkung vom 1. Mai 1958 wurde der Kläger, der zunächst einen Stundenlohn nach dem Bundesmanteltarifvertrag für Arbeiter gemeindlicher Verwaltungen und Betriebe (BMT-G) vom 22. Mai 1953 erhielt, in das Angestelltenverhältnis übernommen und in die VergGr. VIII TO.A eingereiht.

Der Kläger ist der Ansicht, ihm stehe bereits seit dem 1. April 1957 Anspruch auf Vergütung nach VergGr. IX TO.A zu, auch wenn seine Tätigkeit nicht angestelltenversicherungspflichtig sein sollte. Denn in dieser Vergütungsgruppe seien die Abrechnungskassierer aufgeführt, zu denen er gezählt werden müsse. Daß die Berechnung der zu zahlenden Gebühren nicht von ihm selbst, sondern von den Stadtwerken vorgenommen würde, sei dabei ohne Bedeutung. Der Kläger hat beantragt, die Beklagte zu verurteilen, an ihn für die Zeit vom 1. April 1957 bis 30. April 1958 den Unterschiedsbetrag zwischen dem erhaltenen Lohn und der Vergütung nach VergGr. IX TO.A in Höhe von 450,35 DM zu zahlen.

Die Beklagte macht geltend, die Tätigkeit des Klägers sei nicht die eines Angestellten. Die TO.A könne daher auf den Kläger keine Anwendung finden, selbst wenn man ihn als Abrechnungskassierer betrachte. Im übrigen erfülle er aber auch nicht dessen Tätigkeitsmerkmale, weil er nur ablese und in einem gesonderten Arbeitsgang kassiere.

Das Arbeitsgericht hat der Klage stattgegeben, das Landesarbeitsgericht hat sie abgewiesen. Die Revision des Klägers blieb erfolglos.

Aus den Gründen:

Wenn das Berufungsgericht zu der Auffassung gelangt, daß das Arbeitsverhältnis des Klägers der TO.A nicht unterliegt, so ist dem im Ergebnis zuzustimmen. Nach ihrem persönlichen Geltungsbereich erfaßt die TO.A diejenigen Arbeitnehmer der in § 1 Abs. 1 aaO genannten Verwaltungen und Betriebe, die entweder in einer ihre Arbeitskraft überwiegend beanspruchenden, nach § 1 (jetzt § 3 in der Fassung des AnVNG vom 23. Februar 1957, BGBl. I, S. 88) des Reichsangestelltenversicherungsgesetzes (AVG) versicherungspflichtigen Beschäftigung tätig oder in der Anlage 1 zur TO.A aufgeführt sind. Dabei handelt es sich, wie der Senat entschieden hat, um zwei selbständige Voraussetzungen, von denen jede für sich die Geltung der TO.A für ein Arbeitsverhältnis begründet (vgl. BAG 8, 33 ff.).

Das Landesarbeitsgericht prüft nicht, ob die Anwendbarkeit der TO.A auf den Kläger auf Grund der ersten Alternative ihres § 1 Abs. 1

gegeben sein kann. Nun ergibt sich aber aus den tatsächlichen Feststellungen des angefochtenen Urteils, daß es Aufgabe des Klägers ist, in einem Arbeitsgang den Stand der Zähler für Gas, Wasser und elektrischen Strom bei den Verbrauchern abzulesen und in vorbereitete Listen einzutragen sowie in einem weiteren Arbeitsgang die von der Verwaltung der Versorgungsbetriebe der Beklagten ermittelten Rechnungsbeträge bei den Verbrauchern einzuziehen. Danach ist der Kläger also nicht Abrechnungskassierer. Denn zu dessen Obliegenheiten gehört es, neben der Feststellung des Verbrauchs den jeweils geschuldeten und von ihm zu erhebenden Betrag selbst zu errechnen. Das ist dem Kläger gerade entzogen, so daß es keiner Erörterung bedarf, ob die Tätigkeit eines Abrechnungskassierers der Angestellten- oder Invalidenversicherung unterliegt.

Dafür aber, daß die Aufgaben eines Zählerablesers und Gelderhebers, wie sie der Kläger versieht, sozialversicherungsrechtlich als solche eines Angestellten zu bewerten sind, läßt sich aus dem für die Beurteilung zunächst in Betracht kommenden § 1 (3) AVG und auch aus dem diese Vorschrift ergänzenden Berufsgruppenkatalog vom 8. März 1924 (RGBl. I, S. 274) in der Fassung vom 4. Februar und 15. Juli 1927 (RGBl. I, S. 58, 222) nichts entnehmen.

Eine solche Beschäftigung wird in diesen Bestimmungen gar nicht genannt. Sie ist aber auch den dort aufgeführten Tätigkeiten nicht gleichzustellen. Denn nach der Rechtsprechung des Bundessozialgerichts handelt es sich bei der Arbeit eines Zählerablesers und Gelderhebers nicht um eine büromäßige, erst recht nicht um eine kaufmännische und auch sonst nicht um eine gehobene, sondern um eine Tätigkeit, die ihr sozialversicherungsrechtliches Gepräge durch den mechanischen Charakter der Verrichtungen des Zählerablesens und des Einzugs feststehender Inkassobeträge gemäß den von der Abrechnungsstelle der Stadtwerke gefertigten Rechnungen erhält und deshalb der Invalidenversicherung unterliegt (vgl. BSG AP Nr. 2 zu § 1 AVG mit zustimmender Anmerkung von Dersch). Dieser Ansicht schließt sich der Senat an.

Ist aber die Tätigkeit des Klägers invalidenversicherungspflichtig, so kann es im vorliegenden Fall dahingestellt bleiben, ob sie etwa im Sinne der zweiten Alternative des § 1 Abs. 1 TO.A in deren Anlage 1 aufgeführt ist, wie die Revision meint. Selbst wenn man das annimmt, bleibt die TO.A für den Kläger unanwendbar. Denn es darf nicht übersehen werden, daß der Kläger in einem Arbeitsverhältnis zu einem kommunalen Arbeitgeber steht. Zwar kann an sich einerseits ein invalidenversicherungspflichtiger Arbeitnehmer auf Grund des § 1 Abs. 1 zweite Alternative TO.A unter die TO.A und andererseits ein angestelltenversicherungspflichtiger Arbeitnehmer gemäß § 1 Abs. 1 S. 1 zweite Alternative TO.B unter diese Tarifordnung fallen, also Arbeiter im Sinne der TO.B sein (vgl. dazu auch BAG 8, 33 ff.). Abweichend hiervon bestimmt aber der BMT-G in § 1 in Verbindung mit § 62 Ziff. 4 u. a. für den Bereich der Gemeinden, daß alle, aber auch nur diejenigen männlichen und weiblichen Personen, die auf Grund einer privatrechtlichen Verpflichtung ein invalidenversicherungspflichtiges Arbeitsverhältnis eingegangen sind, Arbeiter sind und daß für diese der BMT-G gilt. Durch diese Regelung hat der BMT-G alle entgegenstehenden tariflichen Bestimmungen und mithin auch den § 1 Abs. 1 TO.A u. a. für den Bereich der Gemeinden insoweit verdrängt, als nach dessen zweiter Alternative invalidenversicherungspflichtige Arbeitnehmer Angestellte im Sinne der TO.A sein konnten. Infolgedessen könnte der Kläger auch dann nicht von dem persönlichen Geltungsbereich der TO.A erfaßt werden, wenn er in deren Anlage 1 aufgeführt wäre.

Will man aber dieser Rechtsansicht nicht folgen, so ist das Ergebnis gleichwohl kein anderes. Ist die Tätigkeit des in den Diensten einer Gemeinde stehenden Klägers in der Anlage 1 zur TO.A aufgeführt, so fällt nämlich sein Arbeitsverhältnis, weil es der Invalidenversicherung unterliegt, zugleich unter den räumlichen, betrieblichen, persönlichen und zeitlichen Geltungsbereich sowohl der TO.A als auch des BMT-G. Denn räumlich betreffen beide tariflichen Regelungen denselben Bereich, nämlich das Bundesgebiet; betrieblich erfassen beide die Verwaltungen und Betriebe der Gemeinden und Gemeindeverbände. Hinsichtlich des persönlichen Geltungsbereichs gilt die TO.A gemäß § 1 Abs. 1 zweite Alternative, weil der Kläger in ihrer Anlage 1 aufgeführt ist, und der BMT-G nach seinem § 1 in Verbindung mit § 62 Ziff. 4, weil sich der Kläger in einem invalidenversicherungspflichtigen Arbeitsverhältnis zu einer Gemeinde befindet. Beide Tarife sind auch (zeitlich) in Kraft. Es handelt sich also um einen Fall der Tarifkonkurrenz, die nach dem sogenannten Spezialitätsprinzip zu lösen ist; d. h. es ist derjenige Tarif anzuwenden, der dem Betrieb in seinem persönlichen, betrieblichen und räumlichen Geltungsbereich am nächsten steht (vgl. Hueck-Nipperdey, Lehrbuch des Arbeitsrechts, 6. Aufl., Bd. II, § 33 II, III). Das trifft im vorliegenden Fall für den BMT-G zu. Denn dieser wendet sich persönlich nur an die in einem invalidenversicherungspflichtigen Arbeitsverhältnis tätigen Arbeitnehmer und betrieblich ausschließlich an die Verwaltungen und Betriebe der kommunalen Arbeigeber. Demnach findet kraft Normenwirkung der BMT-G und nicht die TO.A auf das Arbeitsverhältnis des

Klägers Anwendung. Daß die Beklagte den Kläger in das Angestelltenverhältnis übernommen hat und ihm — übertariflich — Bezahlung nach der TO.A gewährt, ist auf die Entscheidung ohne Einfluß.

## 11

**1. In der Anzeige einer beabsichtigten Massenentlassung braucht nicht gesagt zu werden, ob nur Arbeiter oder nur Angestellte oder beide Arten von Arbeitnehmern entlassen werden sollen.**

**2. Erstreckt sich die Anzeige aber nur auf eine Art von Arbeitnehmern, so darf der Arbeitgeber die andere Art nicht in die Massenentlassung einbeziehen.**

KSchG § 15 Abs. 1.

II. Senat. Urteil vom 6. 10. 1960 i. S. B. (Kl.) w. 1. W. F. T. (Bekl.), 2. B. f. A. u. A. (Streitgeh.) 2 AZR 47/59.

I. Arbeitsgericht Köln. — II. Landesarbeitsgericht Düsseldorf (Köln).

Die 1898 geborene Klägerin war seit März 1956 als Putzfrau bei der Beklagten beschäftigt.

Nachdem der Beklagten mit ihrem Fußball-Wettbetrieb durch die Einrichtung des von einer anderen Firma betriebenen Zahlenlottos eine Konkurrenz entstanden war, gingen die Geschäfte der Beklagten stark zurück. Um ihren Betrieb entsprechend einzuschränken, wollte sie eine große Zahl von Arbeitnehmern entlassen. Deswegen zeigte sie mit Schreiben vom 13. Mai 1957 dem Arbeitsamt gemäß § 15 KSchG an, sie sei gezwungen, von ihren 129 Arbeitnehmern (108 Angestellten und 21 Arbeitern) am 30. Juni 1957 siebzehn Angestellte und am 30. September 1957 weitere 64 Angestellte zu entlassen. Darauf teilte der Präsident des Landesarbeitsamt der Beklagten mit Schreiben vom 29. Mai 1957 mit, der nach § 18 KSchG zuständige Ausschuß habe für die am 30. Juni 1957 zu entlassenden 17 Angestellten von einer nach § 16 Abs. 2 KSchG möglichen Verlängerung der Sperrfrist abgesehen; für die weiteren 64 Angestellten, die am 30. September 1957 entlassen werden sollten, sei eine neue Anzeige nötig, da der 30. September außerhalb der Freifrist des § 16 Abs. 3 KSchG liege. Demgemäß zeigte die Beklagte dem Arbeitsamt und dem Landesarbeitsamt mit Schreiben vom 13. August 1957 folgendes an: Die 17 Angestellten seien am 30. Juni 1957 entlassen worden. Zwei davon seien vom Lottobetrieb der Konkurrenz übernommen worden. Von den am 30. September 1957 zu entlassenden weiteren 64 Angestellten seien 35 von dem betreffenden Lottobetrieb übernommen worden, so daß nur noch 29 Angestellte zur Entlassung am 30. September 1957 anstünden. Von diesen könnten vielleicht noch 14 Angestellte in Bezirksstellen untergebracht werden. Das gesamte Wettgeschäft sei inzwischen auf Grund eines Geschäftsbesorgungs-Vertrags auf das Lottounternehmen übergegangen. Zu dieser Anzeige ging dem Landesarbeitsamt kurz danach eine namentliche Liste der am 30. September zu entlassenden Angestellten und dem Arbeitsamt am 20. August 1957 ein Schreiben des Betriebsrats der Beklagten vom 19. August 1957 zu, in dem sich der Betriebsrat seine endgültige Stellungnahme zur Entlassung der 29 Angestellten vorbehielt.

Mit Schreiben vom 3. September 1957 kündigte die Beklagte der Klägerin ebenso wie zehn anderen Putzfrauen zum 21. September 1957. Als Grund gab sie an, nachdem sie den größten Teil ihres Verwaltungsgebäudes an das Lottounternehmen vermietet habe, sei es notwendig, die Hausreinigung einem Reinigungsinstitut zu übertragen. Dieses Institut sei bereit, die Putzfrauen der Beklagten weiter zu beschäftigen. Die Klägerin lehnte es ab, in den Dienst des Reinigungsinstituts zu treten und schied am 21. September 1957 bei der Beklagten aus.

Sie hat am gleichen Tage auf Feststellung geklagt, daß die Kündigung unwirksam sei und das Arbeitsverhältnis nicht beendet habe. Das Arbeitsgericht hat der Klage stattgegeben, das Landesarbeitsgericht hat die Klage abgewiesen.

Die Revision der Klägerin hatte Erfolg.

Aus den Gründen:

Die Klägerin hält die Kündigung aus drei Gründen für unwirksam. Erstens fehle es für den vorliegenden Fall einer Massenentlassung an einer Anzeige gemäß § 15 KSchG an das Arbeitsamt, die sich auch auf die im Arbeiterverhältnis stehenden Putzfrauen erstrecke. Zweitens sei der Betriebsrat hinsichtlich der Kündigung gegenüber den Putzfrauen weder nach Art des § 66 Abs. 2 BetrVG zu Rate gezogen noch auch nur gemäß § 66 Abs. 1 zu den einzelnen Kündigungen gehört worden. Und drittens sei die Kündigung auch nicht durch dringende betriebliche Erfordernisse bedingt (§ 1 Abs. 2 KSchG). Das Berufungsgericht hat keinen dieser drei Gründe für durchschlagend gehalten. Demgegenüber ist der Senat der Ansicht, daß bereits der erste Grund die Kündigung unwirksam macht, weil eine die Entlassung der Klägerin deckende Anzeige an das Arbeitsamt nicht vorhanden ist.

Unstreitig waren nach den Entlassungen vom 30. Juni 1957 noch 112 Arbeitnehmer regelmäßig bei der Beklagten beschäftigt. Sollen in einem Betrieb von dieser Größe innerhalb von vier Wochen mehr als ein Zehntel, also hier mehr als 11 Arbeitnehmer entlassen werden, so ist der Arbeitgeber verpflichtet, dem Arbeitsamt unter Beifügung einer Stellungnahme des Betriebsrats vorher Anzeige zu erstatten (§ 15 Abs. 1 KSchG). Eine solche Anzeige hat die Beklagte mit ihrem Schreiben vom 13. August 1957 an das Arbeitsamt erstattet, in dem sie die Entlassung von 29 Angestellten am 30. September 1957 ankündigte. Dem angefochtenen Urteil ist darin zuzustimmen, daß eine Angabe darüber, ob und inwieweit es sich bei den zu entlassenden Arbeitnehmern um Angestellte oder um Arbeiter handelte, in der Anzeige nicht enthalten zu sein brauchte. Ebenso wenig war es für die Wirksamkeit der Anzeige notwendig, dem Arbeitsamt die Namen der zu Entlassenden mitzuteilen. Aus § 15 Abs. 1 KSchG ist zu entnehmen, daß in der Anzeige insoweit nur die Zahl der Arbeitnehmer enthalten sein muß, deren Entlassung beabsichtigt ist. Weitere Angaben wie etwa die Zahl der im Betrieb regelmäßig beschäftigten Arbeitnehmer, deren Gliederung in Arbeiter und Angestellte, die Unterteilung der zu Entlassenden in Arbeiter und Angestellte, deren namentliche Benennung und die in Aussicht genommenen Entlassungsdaten mögen zweckmäßig sein. Notwendig für das Wirksamwerden der Anzeige sind solche Angaben jedoch nicht. Auch der arbeitsmarktpolitische Zweck der Vorschrift, das Arbeitsamt frühzeitig über bevorstehende Veränderungen, die je nach der Konjunktur eine Belastung oder eine Entlastung des Arbeitsmarktes sein können, macht es nicht unbedingt notwendig, dem Arbeitgeber von vornherein solche zusätzlichen Angaben aufzuerlegen. Vielmehr muß dem zu einer frühzeitigen Anzeige verpflichteten Arbeitgeber möglichst viel Bewegungsfreiheit gelassen werden, in welcher Weise er die von ihm beabsichtigte und angekündigte Massenentlassung im einzelnen durchführen will.

Eine andere Frage ist es jedoch, ob und inwieweit ein Arbeitgeber, der seiner Anzeige von vornherein durch solche zusätzlichen Angaben zwar einen größeren Inhalt gibt, aber damit zugleich ihren Umfang einschränkt, an diese Einschränkung gebunden ist. Man könnte zwar denken, daß es unbillig wäre, einen Arbeitgeber, der dem Arbeitsamt von sich aus freiwillig mit zweckmäßigen weiteren Angaben dient, in seiner Entscheidungsfreiheit mehr einzuschränken als einen anderen Arbeitgeber, der solche sachdienlichen Angaben unterläßt. Vor dieser Unbilligkeit kann sich aber der Arbeitgeber schützen, indem er seinen zusätzlichen Angaben hinzufügt, daß er durch sie nicht gebunden sein wolle, weil sich der vorläufige Plan für die Entlassungen noch ändern könne. Eine solche Billigkeitserwägung darf auch nicht von den möglichen Folgen ablenken. Zeigt etwa, wie hier, der Arbeitgeber dem Arbeitsamt an, daß er nur Angestellte entlassen will, dann lenkt er die Aufmerksamkeit und die Vorkehrungen des Arbeitsamt nur in diese Richtung und verhindert, daß sich das Arbeitsamt auch auf die Entlassungen von Arbeitern einstellt. Wollte man dem Arbeitgeber gestatten, die Massenentlassung abweichend von der Anzeige auch auf Arbeiter auszudehnen, dann könnte durch eine solche Manipulation auch der in § 66 Abs. 2 BetrVG enthaltene Schutz der davon betroffenen Arbeiter gefährdet sein, der darin liegt, daß der Arbeitgeber gehalten ist, frühzeitig vor einer Massenentlassung mit dem Betriebsrat über Art und Umfang der erforderlichen Entlassung sowie über die Vermeidung von Härten zu beraten. Denn diese Beratung verlöre ihre Grundlage, wenn es dem Arbeitgeber erlaubt wäre, die Massenentlassung nachträglich auf eine Gruppe von Arbeitnehmern, z. B. auf Arbeiter auszudehnen, die nach der Anzeige verschont bleiben sollte.

Aus diesen Gründen ist der Senat im Gegensatz zum angefochtenen Urteil der Ansicht, daß die Beklagte bei der Massenentlassung an die in ihrer Anzeige vom 13. August 1957 enthaltene bedingungslose Einschränkung gebunden war, daß sie nur Angestellte entlassen wollte. Daß die Anzeige in diesem Sinne aufzufassen war, hat das Berufungsgericht mit Recht angenommen. Dafür spricht auch, daß bereits in der Anzeige vom 13. Mai 1957 nur von Angestellten die Rede war, daß die zufolge der Anzeige vom 13. August 1957 zu entlassenden 29 Angestellten namentlich benannt worden sind und daß als Entlassungstag der 30. September 1957 angegeben worden ist, also ein Zeitpunkt, der in erster Linie als Kündigungstermin für Angestellte, aber weniger als solcher für Arbeiter in Betracht kommt.

Hiernach wird die gegenüber den im Arbeiterverhältnis stehenden Putzfrauen am 3. September 1957 erklärte Kündigung zum 21. Septembei 1957 durch die Anzeige vom 13. August 1957 nicht gedeckt. Eine auch die Putzfrauen umfassende Anzeige wäre aber notwendig gewesen, weil es sich im ganzen um eine Massenentlassung handelte. Denn die Entlassung von Putzfrauen am 21. September 1957 und die Entlassung von Angestellten am 30. September 1957 ist innerhalb von vier Wochen geschehen und überschreitet der Zahl nach zusammengenommen bei weitem die in § 15 Abs. 1 b KSchG gezogene Grenze. Die Beklagte bestreitet auch gar nicht, daß die Entlassung der Putzfrauen ein Teil einer Massenentlassung war, sondern beruft sich darauf. Das Fehlen einer Anzeige, die sich auch auf die Putzfrauen erstreckte, macht die Kündigung gegenüber der Klägerin unwirksam. Die Kündigung ist auch bis zum tatsächlichen Ausscheiden der Klägerin unwirksam geblieben. Ob in der Entlassung der Klägerin am 21. September 1957 eine wirksame neue Kündigung liegt, ist nicht Gegenstand des gegenwärtigen Prozesses und braucht daher nicht entschieden zu werden.

Auch auf alle weiteren Streitpunkte, insbesondere darauf, ob der Betriebsrat in einer der Vorschrift des § 66 Abs. 2 BetrVG genügenden Weise zu Rate gezogen worden ist und welche Folgen sich daraus ergeben, wenn das nicht der Fall ist, braucht nicht mehr eingegangen zu werden.

## 12

**I. 1. Die Befristung eines Arbeitsvertrages ist rechtswirksam, es sei denn, daß bei Abschluß des Vertrages für die Befristung keine sachlichen Gründe vorgelegen haben.**

**2. In diesem Fall kann sich der Arbeitgeber dem Arbeitnehmer gegenüber nicht auf die Befristung berufen, wenn diese dem Arbeitnehmer den Schutz von zwingenden Kündigungsschutzbedingungen entzieht.**

**II. Ist ein Arbeitsvertrag im Sinne von I. rechtswirksam befristet, so hindert eine während des Arbeitsverhältnisses eingetretene Schwangerschaft den Arbeitgeber nicht, sich auf die durch den Fristablauf gegebene Beendigung des Arbeitsverhältnisses zu berufen.**

BGB § 620 Befristeter Arbeitsvertrag; MuSchG § 9.
Großer Senat. Beschluß vom 12. 10. 1960 i. S. L. H. (Bekl.) w. B. (Kl.)
GS 1/59 (3 AZR 65/56).

I. Arbeitsgericht Wiesbaden. — II. Landesarbeitsgericht Frankfurt a. M.

### Aus den Gründen:

### A.

I. Die Klägerin war bei dem Beklagten in der Zentralkanzlei beim Regierungspräsidenten in W. vom 1. Oktober 1954 bis zum 31. März 1955 als Schreibkraft gegen eine Entlohnung nach der VergGr. VIII der Anlage 1 zur TO.A beschäftigt. Nach dem Anstellungsvertrag vom 9. Oktober 1954 war das Arbeitsverhältnis für die Zeit vom 1. Oktober 1954 bis zum 31. März 1955 befristet; bei der Einstellung stand noch nicht fest, ob im Haushaltsplan 1955/56 für die Bezahlung des Gehalts ausreichende Mittel vorhanden sein würden.

Am 15. Januar 1955 teilte die Klägerin dem Beklagten mit, daß sie sich in anderen Umständen befinde. Dieser lehnte mit Schreiben vom

18. Januar 1955 eine Weiterbeschäftigung über den 31. März 1955 ab, weil das Arbeitsverhältnis bis zu diesem Tage befristet sei und ausreichende Haushaltsmittel für eine Weiterbeschäftigung nicht vorhanden seien.

Zwei mit der Klägerin gleichfalls zum 1. Oktober 1954 auf ein halbes Jahr befristet und ebenfalls nach der VergGr. VIII eingestellte Stenotypistinnen sind über den 31. März 1955 hinaus weiterbeschäftigt und auf freigewordene Planstellen nach der VergGr. VIII übernommen worden. Ferner hat der Beklagte für die gleiche Beschäftigung, wie sie die Klägerin ausübte, zum 1. April 1955 fünf neue Kräfte nach der VergGr. IX eingestellt.

Zur Begründung ihres Klageantrags, festzustellen, daß das Vertragsverhältnis über den 31. März 1955 hinaus fortbestehe, führt die Klägerin aus, die Befristung ihres Arbeitsverhältnisses wegen fehlender Haushaltsmittel sei nicht sachgemäß gewesen; außerdem sei der Beklagte auch angesichts des vorhandenen Personalbedarfs und ihrer Schwangerschaft verpflichtet gewesen, sie weiterzubeschäftigen. Demgegenüber meint der Beklagte, er habe nur im Rahmen der Vertragsfreiheit von seinen Rechten Gebrauch gemacht. Er habe die Klägerin auch nicht weiter beschäftigen können, weil in dem neuen Haushaltsplan keine Stelle der VergGr. VIII freigewesen sei.

Das Arbeitsgericht hat die Klage abgewiesen. Das Landesarbeitsgericht hat zu Gunsten der Klägerin entschieden.

Mit der Revision verfolgt der Beklagte den Antrag auf Abweisung der Klage weiter.

Im Revisionsverfahren hat der Dritte Senat des Bundesarbeitsgerichts beschlossen:

Die Sache wird gemäß § 45 Abs. 2 Satz 2 ArbGG dem Großen Senat zur Entscheidung folgender Rechtsfragen vorgelegt:

I. Ist ein befristeter Arbeitsvertrag rechtsunwirksam, wenn keine besonderen Gründe für die Befristung sprechen?

II. Besteht bei einem befristeten Arbeitsvertrag mit einer Arbeitnehmerin, die während der Befristung schwanger wird, eine Verpflichtung des Arbeitgebers, das Dienstverhältnis nach Ablauf des Arbeitsvertrages fortzusetzen, wenn den Umständen nach die Weiterbeschäftigung möglich und zumutbar ist?

II. Gegen die Zulässigkeit der Anrufung des Großen Senats zu den vom Dritten Senat gestellten Fragen bestehen keine Bedenken.

Der Dritte Senat hält die Vorlage für geboten, weil die Fragen der Zulässigkeit befristeter Arbeitsverträge und der Voraussetzungen sowie des Umfanges einer Fürsorgepflicht für eine während der Befristung eines Arbeitsvertrages schwanger werdende Arbeitnehmerin grundsätzliche Bedeutung hätten und hierfür die Sicherung einer einheitlichen Rechtsprechung erforderlich sei.

Der Große Senat, der über das Vorliegen einer Frage von grundsätzlicher Bedeutung im Sinne des § 45 Abs. 2 Satz 2 ArbGG selbst zu entscheiden hat, schließt sich der Auffassung des Dritten Senats an. Es kann nicht zweifelhaft sein, daß eine Einschränkung der Vertragsfreiheit beim Abschluß eines befristeten Arbeitsvertrages ein Rechtsproblem von grundsätzlicher Bedeutung ist. Ebenso ist die Frage einer Verpflichtung eines Arbeitgebers, einen befristeten Arbeitsvertrag mit einer Arbeitnehmerin, die während der Befristung schwanger wird, fortzusetzen, schon wegen ihrer praktischen Tragweite im Arbeitsleben, aber auch wegen einer Klärung der Voraussetzungen und des Umfanges einer etwaigen Verpflichtung des Arbeitgebers von grundsätzlicher Bedeutung.

Dagegen ist es nicht Sache des Großen Senats nachzuprüfen, ob die Anrufung des Großen Senats zur Sicherung einer einheitlichen Rechtsprechung erforderlich ist, da es hierfür nach § 45 Abs. 2 Satz 2 ArbGG auf die Auffassung des vorlegenden Senats allein ankommt (BAG 6, 149 [150]).

Ebenso hat der Große Senat nicht darüber zu entscheiden, ob die vorgelegten Fragen für die Entscheidung des Rechtsstreits wirklich von tragender Bedeutung sind, weil dies allein der Beurteilung durch den entscheidenden Senat unterliegt (BAG 6, 149 [150, 151]).

## B.

Das Problem der Rechtswirksamkeit der Befristung eines Arbeitsvertrages ist in der Rechtsprechung und in der Literatur vorwiegend im Zusammenhang mit Kettenarbeitsverträgen gesehen worden. Das Reichsarbeitsgericht hat Kettenverträge für unzulässig erklärt, wenn der Arbeitgeber die gesetzlichen Vorschriften über einen Kündigungsschutz der Arbeitnehmer zu umgehen suchte (vgl. RAG ARS Band 32, S. 174. In dieser Entscheidung sind frühere Entscheidungen des RAG zusammengestellt). Es kam nach der Rechtsprechung des Reichsarbeitsgerichts also darauf an, die Absicht einer Umgehung zwingender Kündigungsvorschriften festzustellen. Das Reichsarbeitsgericht hat dagegen die Gültigkeit eines Kettenvertrages bejaht, wenn er nicht nur in der Absicht geschlossen worden ist, dem Arbeitnehmer den Kündigungsschutz zu nehmen (ARS Band 16, S. 66). Nach dem Kriege ist in der Rechtsprechung einzelner Landesarbeitsgerichte die Ansicht vertreten worden, daß es auf die Absicht der Umgehung nicht ankomme (so LAG Kiel in AP 52 Nr. 119). Auch ohne entsprechende Absicht liege eine unzulässige Umgehung vor, wenn sie objektiv gegeben sei. Hierzu hat Hueck (RdA 53, 85) gemeint, daß eine nur objektive Umgehung nicht anzuerkennen sei. Andererseits könne die bloße Absicht, die ordentliche Kündigung überflüssig zu machen, also Kündigungsfristen und Kündigungsschutz auszuschalten, nicht genügen, um eine unzulässige Gesetzesumgehung anzunehmen. Es müsse somit ein anderer Gesichtspunkt, nämlich die Fürsorgepflicht, maßgebend sein. Der Arbeitgeber nehme durch einen befristeten Arbeitsvertrag dem Arbeitnehmer einen für den Regelfall zugebilligten Schutz. Die Ausschaltung der Kündigungsfristen und des Kündigungsschutzes durch Kettenverträge bedeute deshalb eine Verletzung der Fürsorgepflicht des Arbeitgebers, wenn dafür keine ausreichenden Gründe in den sozialen und wirtschaftlichen Verhältnissen der Parteien vorhanden seien. Eine Verletzung der Fürsorgepflicht aber bedeute eine positive Vertragsverletzung und mache den Arbeitgeber schadenersatzpflichtig. Daher müsse sich der Arbeitgeber so behandeln lassen, wie wenn der Arbeitsvertrag auf unbestimmte Zeit abgeschlossen sei. Der Auffassung von Hueck entspricht auch die Stellungnahme von Nikisch (Arbeitsrecht, 2. Aufl., 1955, I S. 552 ff.).

Das Bundesarbeitsgericht hat in seinem Urteil vom 21. Oktober 1954 (BAG 1, 128) erstmals zur Wirksamkeit von Kettenverträgen Stellung genommen. Es verweist darauf, daß befristete Arbeitsverträge im Arbeitsrecht zulässig seien. Gleichwohl gehe es nicht an, im Falle der Kettenverträge den aus dem Kündigungsschutzgesetz zu entnehmenden Gedanken eines Bestandsschutzes grundsätzlich außer acht zu lassen und nur im Falle der Umgehungsabsicht oder bei einer Verletzung der Fürsorgepflicht Schutz zu gewähren. Der Bestandsschutz nach dem Kündigungsschutzgesetz verwirkliche in seinem Bereich den Verfassungsgrundsatz des sozialen Rechtsstaats, wie er sich aus Art. 20 Abs. 1, Art. 28 Abs. 1 Satz 1, Art. 79 Abs. 3 GG ergebe.

An demselben Tage, an dem das Urteil BAG 1, 128 erlassen worden ist, hat der Zweite Senat des Bundesarbeitsgerichts sich mit dem Problem der befristeten Arbeitsverträge nochmals zu befassen gehabt (BAG 1, 136). In dem dieser Entscheidung zugrunde liegenden Fall hat der Zweite Senat des Bundesarbeitsgerichts auch eine einmalige Befristung des Vertrags als rechtsunwirksam erachtet. Er hat ausgeführt, daß auch dann, wenn Kettenverträge nicht vorlägen, die Befristung unwirksam sei, wenn keine besonderen Gründe dafür sprächen, von der regelmäßigen

Einstellung der Arbeitnehmer auf unbestimmte Zeit abzusehen. Er beruft sich dabei wiederum auf den Grundsatz des sozialen Staates und den Bestandsschutz. Die Befristung dürfe nicht dazu mißbraucht werden, das Unternehmerrisiko auf den Arbeitnehmer abzuwälzen. Das müsse auch hinsichtlich des mit dem Mutterschutzgesetz gewährten Kündigungsschutzes gelten. Eine vereinbarte Begrenzung der Beschäftigung müsse dem Grundgedanken und dem Zweck dieser Schutzbestimmung weichen.

In der Literatur wendet sich Hueck in seinen Anmerkungen zu den beiden vorerwähnten Urteilen (AP Nr. 7 zu § 1 KSchG und Nr. 1 zu § 620 BGB Befristeter Arbeitsvertrag) insbesondere gegen die Verwendung des Begriffs der Sozialstaatlichkeit. Der Begriff des sozialen Staats führt nach seiner Ansicht nicht notwendig zu einem Kündigungsschutz. Hueck vertritt die Auffassung, daß man mit seiner Theorie der Verletzung der Fürsorgepflicht leichter zum Ziele komme (vgl. auch Hueck in Hueck-Nipperdey, Lehrbuch des Arbeitsrechts, 6. Aufl., Bd. I S. 483 ff.; Hueck, Der Sozialstaatsgedanke in der Rechtsprechung des Bundesarbeitsgerichts, Festschrift für Apelt, 1958 S. 57 ff.).

Nikisch (BB 55, 197) vertritt im wesentlichen dieselbe Ansicht wie Hueck. Er verweist darauf, daß das Mieterschutzgesetz die befristeten Mietverhältnisse den auf unbestimmte Zeit eingegangenen Mietverhältnissen gleichstelle (§ 1 Abs. 2 Mieterschutzgesetz). Bei den Arbeitsverhältnissen sei der Gesetzgeber, dem diese mietrechtliche Regelung bekannt gewesen sein müsse, offenbar mit Vorbedacht nicht soweit gegangen. Deshalb könne das Bundesarbeitsgericht für seine Entscheidung nicht auf den Verfassungsgrundsatz der Sozialstaatlichkeit in seiner durch das Kündigungsschutzgesetz ausgeprägten Gestalt verweisen.

Bötticher (BB 55, 673) meint, daß sich aus dem Kündigungsschutzgesetz eine Unverzichtbarkeit des Bestandsschutzes ableiten lasse und daß mit der Annahme einer solchen Unverzichtbarkeit die Entscheidungen des Zweiten Senats besser zu begründen gewesen seien. Er billigt jedoch wohl im Ergebnis diese Entscheidungen.

Molitor (Kritisches zum Problem der Kettenverträge, BB 54, 504; ArbR-Blattei, Die Kettenarbeitsverträge I, Allgemeines; D Kettenarbeitsverträge, Entscheidungen 1; D Mutterschutz, Entscheidungen 4; Anmerkung in AP Nr. 3 zu § 620 BGB Befristeter Arbeitsvertrag) ist der Ansicht, Kettenarbeitsverträge seien allgemein wie auf bestimmte Zeit abgeschlossene Arbeitsverträge zu behandeln. Sie liefen aber trotz des vereinbarten Endtermins auf unbestimmte Zeit, wenn der Arbeitnehmer auf Grund früherer mehrfacher Verlängerungen mit weiteren Verlängerungen des Arbeitsverhältnisses rechnen konnte. In diesem letzteren Falle bedürfe es einer Kündigung, für die die allgemeinen Kündigungsschutzbestimmungen gälten. Er wendet sich besonders gegen das zweite Urteil des Zweiten Senats und seine Begründung. Über weitere Literatur vgl. Hueck-Nipperdey, Lehrbuch, 6. Aufl., Bd. II S. 394 Anm. 20.

## C.

Der Große Senat hält für die Beurteilung und Lösung des Problems die Anwendung des Rechtsbegriffs der Gesetzesumgehung für geboten, denn es handelt sich nach der Sachlage im Grunde und in erster Linie darum, ob die Vertragspartner die Rechtsform des befristeten Arbeitsvertrages, die auf dem Grundsatz der Vertragsfreiheit (Art. 2 Abs. 1 GG; § 105 GewO; § 620 Abs. 1 BGB) beruht, anwenden dürfen, wenn sie dadurch zwingende Bestimmungen des Kündigungsrechtes umgehen.

1. Eine Gesetzesumgehung liegt dann vor, wenn der Zweck einer zwingenden Rechtsnorm dadurch vereitelt wird, daß andere rechtliche Gestaltungsmöglichkeiten mißbräuchlich verwendet werden. Der Sinn und Zweck der zwingenden Rechtsnormen des Kündigungsschutzes erfordert es, daß befristete Arbeitsverträge daraufhin geprüft werden, ob sie eine Umgehung dieses Schutzes bedeuten. Dabei kommt es entgegen der früher viel vertretenen Ansicht (vgl. unter B.) nicht auf eine Umgehungsabsicht oder eine bewußte Mißachtung des zwingenden Rechtssatzes an. Entscheidend ist die objektive Funktionswidrigkeit des Rechtsgeschäfts. Der Große Senat folgt in dieser Rechtsfrage der objektiven Theorie (vgl. Enneccerus-Nipperdey, Allg. Teil des Bürgerlichen Rechts, 15. Aufl. 1960, S. 1162). Die Durchsetzung von Sinn und Zweck einer unabdingbar gestalteten Rechtsnorm gebietet es, ihre Umgehung auch dort zu vereiteln, wo es an einer Umgehungsabsicht oder einem Bewußtsein der Umgehung fehlt. Mit der Autorität der Rechtsordnung ist es nicht zu vereinbaren, daß zwingenden Regeln durch sie umgehende Vereinbarungen auch nur objektiv zuwider gehandelt wird, selbst wenn diese den Schein des Rechtes wahren.

Der Große Senat hält daher auch den Gedanken, das Problem unter dem Gesichtspunkt der Verletzung der Fürsorgepflicht, die vielfach etwas strapaziert wird, zu lösen, nicht für zutreffend. Es ist schon zweifelhaft, ob in dem Abschluß des Vertrages eine solche Verletzung zu sehen ist. Jedenfalls würde es aber auf ein Verschulden des Arbeitgebers ankommen.

2. Bei der Prüfung, ob eine Gesetzesumgehung vorliegt, sind die unverzichtbaren Bestimmungen des Kündigungsrechts auf ihren Zweck-

gehalt zu prüfen. Es handelt sich in erster Linie um die besonders wichtige Regelung des Kündigungsschutzes nach dem Kündigungsschutzgesetz, durch die eine neue Stufe der Entwicklung des Kündigungsrechtes erreicht ist. Die Kündigung ist im Bereich des Kündigungsschutzgesetzes nur dann wirksam, wenn sie einen sozial gerechtfertigten Grund hat. Daneben besteht ein gesetzlicher Kündigungsschutz besonderer Personengruppen, der Schwerbeschädigten, der werdenden Mütter, der Heimkehrer, der Betriebsratsmitglieder, der Mitglieder des Personalrats usw. Schließlich gehören hierhin auch die zwingenden gesetzlichen Bestimmungen über Mindestkündigungsfristen. Aber auch die durch Tarifvertrag oder Betriebsvereinbarung geregelten unabdingbaren Bestimmungen eines Kündigungsschutzes, wie z. B. über Mindestkündigungsfristen und Ausschluß der Kündigung nach einer bestimmten Dauer der Betriebszugehörigkeit, die den allgemeinen gesetzlichen Kündigungsschutz ergänzen und anpassen, sind hierbei zu beachten. Dem Bilde der gesetzlichen Entwicklung des Kündigungsrechts und seiner Gestaltung durch Tarifverträge und Betriebsvereinbarungen im Arbeitsleben läßt sich der grundsätzliche Zweck der Rechtsordnung entnehmen, dem Arbeitnehmer seinen Arbeitsplatz zu erhalten, das freie Kündigungsrecht des Arbeitgebers zu begrenzen und zwingend in bestimmten Formen zu regeln.

Aber das deutsche Kündigungsschutzrecht gewährt den Arbeitnehmern nur einen Schutz gegen K ü n d i g u n g e n des Arbeitgebers. Es ist nicht möglich, den bestehenden Kündigungsschutz schlechthin auf befristete Arbeitsverhältnisse auszudehnen. Das BGB erkennt befristete Arbeitsverträge an, wie sich aus § 620 Abs. 1 BGB ergibt. Diese Bestimmung war dem Gesetzgeber des späteren Kündigungsschutzgesetzes bekannt. Er hat aber keinen Anlaß genommen, den arbeitsrechtlichen Kündigungsschutz etwa ausdrücklich auf diese Verträge auszudehnen. Während das Mieterschutzrecht dem Mieter einen Kündigungsschutz auch bei zeitlich befristeten Mietverträgen gibt (§ 1 MietSchG), fehlen im Arbeitsrecht und insbesondere im Kündigungsschutzgesetz entsprechende Bestimmungen für zeitlich befristete Arbeitsverträge.

Jedoch müssen sich die Regel des § 620 Abs. 1 BGB und der Grundsatz der Vertragsfreiheit hier im Hinblick auf die Entwicklung des Bestandsschutzes des Arbeitsverhältnisses Einschränkungen gefallen lassen. Befristete Arbeitsverträge sollen keineswegs unzulässig sein. Aber sie müssen im Gefüge der Grundprinzipien des deutschen Arbeitsrechts einen verständigen sachlich gerechtfertigten Grund haben. Die wirtschaftlichen oder sozialen Verhältnisse der Parteien oder jedenfalls einer Partei müssen für die Verträge sprechen. Die Verträge müssen ihre sachliche Rechtfertigung in sich tragen, so daß sie mit Recht und aus gutem Grund von den Kündigungsschutzvorschriften nicht betroffen werden.

Fehlt es dagegen an sachlichen Gründen für die Befristung oder sind solche nur vorgeschoben, so fehlt ein schutzwertes Interesse für den Abschluß dieser Verträge. Dann tritt die objektive Funktionswidrigkeit des Vertrages zu Tage, weil er den Arbeitnehmer des Bestandsschutzes für sein Arbeitsverhältndis beraubt. Der Tatbestand der Umgehung des Gesetzes ist gegeben. Der befristete Arbeitsvertrag ist dann als ein Mißbrauch der rechtlichen Gestaltungsmöglichkeiten anzusehen. Das formelle Recht, einen Arbeitsvertrag befristen zu können, muß seine innere Schranke darin finden, von ihm nur einen vernünftigen, sachlichen, den allgemeinen Zwecken der Rechtsordnung entsprechenden Gebrauch zu machen. Fehlt es daran, so kann sich der Arbeitgeber dem Arbeitnehmer gegenüber nicht auf die Befristung berufen, wenn sie dem Arbeitnehmer den Schutz von zwingenden Kündigungsschutzbestimmungen entzieht.

Es ist bedeutsam, daß die hier vertretene Grundauffassung des Großen Senats jedenfalls im Ergebnis — ungeachtet der juristischen Konstruktion — vom bisherigen Schrifttum und von der Rechtsprechung im wesentlichen geteilt wird.

3. Bei den sachlichen Gründen, die eine Befristung rechtfertigen, ist etwa zu denken an Arbeitsverträge zur Probe, an Aushilfsarbeitsverträge, an die zahlreichen Arbeitsverträge im Saisongewerbe, die nur für die bestimmte Saison abgeschlossen werden, an befristete Verträge im Baugewerbe, an die Verträge mit Künstlern, Musikern, Schauspielern, Sängern usw., aber auch an die Fälle, in denen auf besonderen Wunsch des Arbeitnehmers nur ein zeitlich befristeter Vertrag geschlossen wird. Das ist z. B der Fall, wenn eine Angestellte sich noch einige Monate vor ihrer Verheiratung Geld verdienen, während sie sich dann ganz ihrem Haushalt widmen will. In allen diesen und ähnlich liegenden Fällen ist die Befristung des Arbeitsvertrages aus sachlichen, wirtschaftlichen und sozialen Gründen gerechtfertigt. Auf die Frage der Üblichkeit im Arbeitsleben und darauf, was verständige und verantwortungsbewußte Parteien zu vereinbaren pflegen, ist Gewicht zu legen. Das gilt beispielweise auch dann, wenn der Arbeitgeber dem Arbeitnehmer, dem wirksam gekündigt worden ist, zur Überwindung der Übergangsschwierigkeiten aus sozialen Gründen einen zeitlich befristeten Arbeitsvertrag anbietet und der Arbeitnehmer darauf eingeht. Bei Befristungen dieser Art bestehen gegen ihre Rechtswirksamkeit keine Bedenken, und in diesen Fällen müssen die Arbeitnehmer es hinnehmen, daß die Kündigungsschutzbestimmungen keine Anwendung finden.

Ergibt sich dagegen, daß keine verständigen sachlichen Gründe für die Befristung des Arbeitsvertrages gegeben sind, dann liegt objektiv eine Umgehung zwingender Kündigungsschutzbestimmungen vor, falls solche für das vereinbarte Arbeitsverhältnis in Betracht kommen. Diese Gesetzesumgehung führt grundsätzlich nicht zur Nichtigkeit des abgeschlossenen befristeten Arbeitsvertrages überhaupt. Es handelt sich bei den umgangenen Kündigungsbestimmungen um Schutzvorschriften zu Gunsten der Arbeitnehmer. Ihr Zweck und damit die Vereitelung der Umgehung wird dadurch erreicht, daß die umgangene Norm auf den Arbeitsvertrag Anwendung findet, d. h., daß anstelle des befristeten Arbeitsverhältnisses ein Arbeitsverhältnis auf unbestimmte Dauer tritt, auf das die (umgangenen) Kündigungsschutzbestimmungen zur Anwendung gelangen (Soergel-Siebert, BGB, 9. Aufl., § 134 Anm. 40, § 139 Anm. 25). Der Arbeitgeber kann sich daher in diesem Falle dem Arbeitnehmer gegenüber nicht auf die Befristung berufen, wenn diese Befristung dem Arbeitnehmer den Schutz von zwingenden Kündigungsbestimmungen entzieht.

4. Der Große Senat ist der Auffassung, daß grundsätzlich der Arbeitnehmer dafür darlegungs- und beweispflichtig ist, daß für den Abschluß des befristeten Arbeitsvertrages keine sachlichen vernünftigen Gründe vorgelegen haben oder daß solche Gründe nur vorgeschoben sind. Die Gesetzesumgehung ist zwar von den Gerichten ohne weiteres zu beachten, wenn sie sich aus dem gegebenen Sachverhalt ergibt. Nach dem vom Großen Senat aufgestellten Rechtsprinzip spricht aber zunächst eine Vermutung für die Rechtswirksamkeit von befristeten Arbeitsverträgen. Diese ist nur dann in Frage gestellt, wenn keine sachlichen Gründe für die Befristung vorgelegen haben. Für das Vorhandensein dieser Ausnahme ist der Arbeitnehmer grundsätzlich gehalten, entsprechende Behauptungen aufzustellen und Beweise anzutreten. Dies schließt jedoch nicht aus, daß sich die Beweisführungslast nach Lage des jeweiligen Falles dahin ändern kann, daß der Arbeitgeber seinerseits das Vorbringen des Klägers, das dem ersten Anschein nach zutreffend ist, durch Gegendarlegungen und Gegenbeweise zu entkräften hat.

## D.

Wie sich aus den Ausführungen zu C. ergibt, ist auch gegenüber dem durch das Mutterschutzgesetz bestimmten Kündigungsschutz die Befristung eines Arbeitsvertrages rechtswirksam, es sei denn, daß bei Abschluß eines Arbeitsvertrages mit der Arbeitnehmerin für die Befristung keine sachlichen Gründe gegeben waren.

Die Frage zu II des Vorlagebeschlusses des Dritten Senats geht also davon aus, daß der Arbeitsvertrag infolge seiner aus sachlichen Gründen erfolgten Befristung mit Ablauf der Frist sein Ende erreicht, auch wenn die Arbeitnehmerin während der Befristung schwanger wird. Denn es wird danach gefragt, ob eine Verpflichtung des Arbeitgebers besteht, das Arbeitsverhältnis nach Ablauf der befristeten Vertragsdauer in einem solchen Falle fortzusetzen.

1. Der Große Senat ist der Auffassung, daß nachträglich eingetretene Ereignisse, wie z. B. eine Schwangerschaft, dem Arbeitgeber das einmal einwandfrei entstandene Recht nicht nehmen können, sich auf eine Befristung des Arbeitsvertrages zu berufen. Für den automatischen Ablauf der Vertragszeit können grundsätzlich solche später eintretenden Umstände mangels einer anderen Vereinbarung keine Bedeutung haben.

Auch aus dem Gesichtpunkt der nachwirkenden Fürsorgepflicht ist es nicht möglich, dem Arbeitgeber eine Pflicht zur Weiterbeschäftigung der schwangeren Arbeitnehmerin aufzuerlegen. Eine solche Fürsorgepflicht müßte zum Inhalt haben, trotz des durch Zeitablauf endenden Arbeitsverhältnisses die Arbeitnehmerin weiterzubeschäftigen, mit ihr also eine Fortsetzung des Arbeitsverhältnisses zu vereinbaren. Die Fürsorgepflicht besteht jedoch nur im Rahmen des abgeschlossenen Arbeitsvertrages. Wird dieser Rahmen nicht geändert, so kann sich auch der Umfang der Fürsorgepflicht nicht erweitern. Eine solche Weiterbeschäftigungsverpflichtung gewissermaßen als Gewährung eines fortdauernden Bestandsschutzes des Arbeitsplatzes trotz rechtswirksamer Beendigung des Arbeitsverhältnisses würde der gesetzlich anerkannten Vertragsfreiheit, Art. 2 Abs. 1 GG, § 105 GewO, widersprechen und kann daher nach dem geltenden Recht nicht anerkannt werden (vgl. Hueck-Nipperdey, Lehrbuch des Arbeitsrechts, 6. Aufl., Bd. I, S. 380, Bd. II, S. 637 Fußnote 26; Staudinger-Nipperdey-Mohnen-Neumann, Der Dienstvertrag, Vorbemerk. 38 vor § 617; Hueck, in Festschrift für Hedemann, 1958, S. 131 ff.; Mohnen, RdA 1957, S. 361, 405). Wenn in der neueren Rechtsprechung für den Fall einer Verdachtskündigung oder einer Kündigung aus politischen Gründen eine Wiedereinstellungsverpflichtung des Arbeitgebers aus dem Gesichtspunkt einer Rehabilitierung anerkannt worden ist, nachdem sich die Kündigungsgründe als unrichtig herausgestellt hatten (BGH in AP Nr. 2 zu § 611 BGB Fürsorgepflicht; BAG 3, 332), so kann aus diesen besonders gelagerten Fällen und ihrer Entscheidung, die sich gerade wegen der besonderen Sachlage gemäß § 242 BGB rechtfertigen mag, kein allgemeiner Grundsatz einer Verpflichtung zur

Wiedereinstellung oder zur Weiterbeschäftigung nach einem abgelaufenen Arbeitsvertrag angenommen werden.

2. Nach der gegebenen Sachlage kann ferner nicht angenommen werden, daß die Berufung des Arbeitgebers auf die rechtswirksam vereinbarte Befristung des Arbeitsvertrages einen Rechtsmißbrauch darstellt, deshalb unzulässig ist und zu einer Verpflichtung des Arbeitgebers führt, die schwangere Arbeitnehmerin weiterzubeschäftigen.

Zu Gunsten einer schwangeren Arbeitnehmerin bestimmt das Mutterschutzgesetz in seinem § 9 ein Kündigungsverbot. Darin liegt nach der Auffassung des Großen Senats eine gesetzliche Konkretisierung des einer schwangeren Arbeitnehmerin zustehenden Bestandsschutzes ihres Arbeitsplatzes. Ein über das Kündigungsverbot — das auch bei Umgehungsverträgen, wie sich aus den Ausführungen zu C. ergibt, zu beachten ist — hinausgehender Bestandsschutz steht einer schwangeren Arbeitnehmerin nach der Regelung des Mutterschutzgesetzes nicht zu. Liegt daher ein rechtswirksam befristeter Arbeitsvertrag vor, so endet dieser mit seinem Zeitablauf. Der während der Vertragsdauer schwanger gewordenen Arbeitnehmerin steht in diesem Falle ein Bestandsschutz nicht zu (Bulla, Mutterschutzgesetz und Frauenarbeitsrecht, § 9 Anm. 33). Es kann daher auch nicht angenommen werden, daß ein Arbeitgeber rechtsmißbräuchlich handelt, wenn er sich auf eine rechtswirksam vereinbarte Befristung des Arbeitsvertrages beruft. Selbst dann, wenn ihm eine Weiterbeschäftigung der schwangeren Arbeitnehmerin nach Ablauf der Vertragszeit möglich und auch zumutbar wäre, kann er zu einer solchen Weiterbeschäftigung, zu der er nach der gesetzlichen Regelung des Mutterschutzgesetzes nicht verpflichtet ist, nicht gezwungen werden. Die Fürsorgepflicht für eine schwangere Arbeitnehmerin muß dort ihre Grenze finden, wo das Gesetz die ihr zustehenden Rechte endgültig und abschließend geregelt hat. Ein Arbeitgeber, der diese Grenze beachtet, handelt nicht rechtsmißbräuchlich. Nur in besonderen Fällen, etwa beim Vorliegen der Voraussetzungen des § 226 BGB oder bei einem Verstoß gegen die guten Sitten im Sinne des § 826 BGB (vgl. Enneccerus-Nipperdey, Allgemeiner Teil des Bürgerlichen Rechts, 2. Halbband, 15. Auflage, 1960, S. 1445 ff.), könnte eine Berufung auf die Befristung des Arbeitsvertrages unzulässig sein. Eine andere Auffassung würde auch praktisch das Rechtsprinzip, das der Große Senat zu I. aufgestellt hat, wieder zunichte machen.

## 13

**Ein mit einem Handlungsgehilfen ohne Karenzentschädigung vereinbartes Wettbewerbsverbot bleibt auch dann unverbindlich, wenn nach Abschluß des Wettbewerbsverbots die Bezüge des Handlungsgehilfen die Gehaltsgrenzen überschreiten, unter denen nach § 75 b HGB ein Handlungsgehilfe als sogenannter „Hochbesoldeter" gilt.**

HGB §§ 74, 74 a, 74 b, 75 b.

V. Senat. Urteil vom 13. 10. 1960 i. S. F. R. u. T. GmbH (Bekl.) w. Sch. (Kl.) 5 AZR 104/59.

I. Arbeitsgericht Frankfurt/Main. — II. Landesarbeitsgericht Frankfurt/Main.

1. Der Kläger ist Helfer in Steuersachen, die Beklagte eine Revisions- und Treuhand GmbH, deren einziger Gesellschafter und Geschäftsführer der Wirtschaftsprüfer und Steuerberater Dr. M. ist. Die Parteien streiten über die Verbindlichkeit eines zwischen ihnen vereinbarten Wettbewerbsverbots aus folgendem Anlaß:

Der Geschäftsführer Dr. M. der beklagten Revisions- und Treuhand GmbH betreibt neben seiner Geschäftsführertätigkeit für die Beklagte auch noch eine private Praxis als Wirtschaftsprüfer und Steuerberater. Am 2. August 1950 schlossen Dr. M. und der Kläger folgenden schriftlichen Vertrag:

„§ 1

Der Arbeitnehmer ist mit Wirkung vom 10. September 1949 an als Revisions-Assistent bei dem Arbeitgeber eingestellt.

§ 2

Das Arbeitsverhältnis soll im Sinne der Lohnsteuerdurchführungsverordnung 1950 auf dem Tarifvertrag des hessischen Groß- und Außenhandels als Tarifvertrag ähnlicher Art aufgebaut sein.

§ 3

Der Arbeitnehmer wird mit Wirkung vom 1. August 1950 in die Gruppe K 6 (Angestellte in verantwortlicher Stellung) eingestuft.

§ 4

Zufolge der Einstufung gemäß § 3 wird für die Zeit bis zum 31. Juli 1950 ein monatliches Gehalt von DM 300,— (Dreihundert Deutsche Mark) und ab 1. August 1950 ein solches von DM 460,— (Vierhundertsechzig Deutsche Mark) vereinbart.

§ 5

Arbeitsstunden, die über die normale Zahl von 8 Arbeitsstunden täglich hinausgehen, werden als Überstunden vergütet und mit dem

dem Tarifgehalt entsprechenden Stundenentgelt von DM 2,30 zuzüglich dem Mehrarbeitszuschlag gemäß Tarif vergütet. Voraussetzung für die Inanspruchnahme dieser Regelung durch den Arbeitnehmer ist, daß die Anordnung dieser Überstunden durch den Arbeitgeber ausdrücklich getroffen wird und durch jeweilige Gegenzeichnung des Arbeitgebers schriftlich festgehalten wird.

§ 6

Die Kündigung dieses Dienstvertrages ist jeweils bis zum fünfzehnten eines Monats zum letzten des folgenden Monats zulässig.

§ 7

Dem Arbeitnehmer wird ein jährlicher Urlaub von achtzehn Arbeitstagen gewährt.

§ 8

Der Arbeitnehmer verpflichtet sich, jetzt und später über alle ihm während seiner Tätigkeit bei dem Arbeitgeber mittelbar oder unmittelbar bekannt gewordenen Steuerfälle einschließlich Bilanzen usw. unbedingtes Stillschweigen zu bewahren.

§ 9

Der Arbeitnehmer erklärt sich bereit, je nach den erforderlichen Dispositionen auch im Rahmen der Revisions- und Treuhandgesellschaft mbH tätig zu werden. Ein besonderes Entgelt wird ihm hierfür nicht gewährt.

......, den 2. August 1950.

Der Arbeitgeber: Der Arbeitnehmer:"

Nachdem der Kläger auf Grund entsprechender beruflicher Fortbildung die Prüfung als Helfer in Steuersachen abgelegt hatte, vereinbarten der Kläger einerseits, Dr. M. und die Beklagte andererseits schriftlich am 7. Januar 1955 folgendes Wettbewerbsverbot:

„In schriftlicher Niederlegung einer schon vor einiger Zeit mündlich getroffenen Abrede wird heute folgende Vereinbarung geschlossen:

§ 1

Sollte der Arbeitnehmer aus dem Prüfungs- und Steuerberatungsbüro der Arbeitgeber früher oder später ausscheiden, so geht er vorbehaltlich der Vereinbarung in § 2 die Verpflichtung ein, Aufträge für Auftraggeber, die zu irgendeiner Zeit Klienten der Arbeitgeber waren oder im Zeitpunkt des Ausscheidens noch sind, nicht anzunehmen. Er verpflichtet sich, auch nicht mittelbar, d. h. in einer Sozietät oder als Angestellter eines Treuhandunternehmens, gegen 1956 Vereinbarung zu verstoßen.

§ 2
Der Arbeitnehmer kann für Kunden der Arbeitgeber tätig werden, wenn die Arbeitgeber oder einer von ihnen auf seine Anfrage schriftlich zustimmen.

§ 3
Die mit dieser Vereinbarung verankerte Konkurrenzklausel ist auch gültig nach Ablegung weiterer Berufsexamen durch den Arbeitnehmer und entsprechender Bestallung.

§ 4
Die Konkurrenzklausel beinhaltet das Verbot, Aufträge für Auftraggeber der bezeichneten Art unmittelbar oder mittelbar anzunehmen und durchzuführen. Neben diesem Verbot wird für jeden Fall der Zuwiderhandlung eine Konventionalstrafe von 5000,— DM vereinbart.

§ 5
Diese Vereinbarung gilt für einen Zeitraum von drei Jahren nach dem Ausscheiden des Arbeitnehmers aus der Tätigkeit bei den Arbeitgebern oder bei einem der beiden.

F....., den 7. Januar 1955.

Der Arbeitgeber:
gez.: Dr. M.
Wirtschaftsprüfer
Steuerberater

Revision- und Treuhandges. mbH
W.
gez.: Dr. M.
Wirtschaftsprüfer."

Der Arbeitnehmer:
gez.: S.
Helfer in Steuersachen.

Nachdem der Kläger weitere Fachkenntnisse erworben, sich in der Firma der Beklagten eine maßgebliche Position erarbeitet und Gesamtprokura erhalten hatte, schloß er mit der Beklagten am 10. Mai 1956 einen schriftlichen Vertrag, dessen hier interessierende Bestimmungen wie folgt lauten:

„§ 1

Auf Wunsch von Herrn StB. S. wird das Dienstverhältnis mit Wirkung vom 1. Januar 1956 so gestaltet, daß seine Tätigkeit in seiner Eigenschaft als Gesamtprokurist der Gesellschaft im Rahmen eines Dienstvertrages ausgeübt wird, während die Tätigkeit für die Einzelprüferpraxis des WP. und StB. Dr. M. nebenher läuft.

Herr StB. S. wird auf der Grundlage von zwei Lohnsteuerkarten wie bisher tätig.

§ 5

Herr StB. S. erhält ein festes monatliches Bruttogehalt von der Gesellschaft im Betrage von DM 1000,– (tausend). Darüber hinaus erhält er von der Gesellschaft und der Einzelpraxis des WP. und StB. Dr. M. Tätigkeitsentgelte, die von Fall zu Fall festgesetzt werden. Sie sind nicht zeit-, sondern auftragsgebunden. Als Anlage wird diesem Vertrag eine Liste beigefügt, aus der sich genau ergibt, in welchen Auftragsfällen Herr StB. S. Anspruch darauf hat, in dem zugleich genannten prozentualen Verhältnis an den Honoraren bestimmter Aufträge teilzuhaben. Diese Liste ist jeweils am Ende eines Vierteljahres neu zu erstellen. Diese Erstellung obliegt Herrn S. und ist von der Gesellschaft und dem Inhaber der Einzelpraxis Dr. M. gegenzuzeichnen.

Es gilt wie bisher als vereinbart, daß die Honoraranteile, soweit nicht ausdrücklich Beschränkung auf den Einzelfall schriftlich festgelegt ist, solange laufen wie die Aufträge und dieser Vertrag.

§ 7

Herrn StB. S. ist es gestattet, neben seiner Tätigkeit für die Gesellschaft oder für den derzeitigen Geschäftsführer der Gesellschaft für seine eigene Rechnung freiberuflich tätig zu sein. Eine etwaige Kollision mit seiner Tätigkeit für die Gesellschaft oder den derzeitigen Geschäftsführer der Gesellschaft ist auch vor einem Ausscheiden aus dem Dienst der Gesellschaft nach der zwischen den Vertragschließenden getroffenen Konkurrenzvereinbarung vom 7. 1. 1955 zu behandeln.

§ 9

Durch diesen Vertrag ist der Dienstvertrag vom 2. August 1950 gegenstandslos geworden. Die am 7. Januar 1955 abgeschlossene Konkurrenzvereinbarung ist uneingeschränkt Bestandteil dieses Vertrages."

Am 31. Mai 1958 schied der Kläger im Einverständnis mit der Beklagten aus deren Diensten aus und stellte auch seine Tätigkeit für die Privatpraxis des Dr. M. ein.

Die Beklagte hat danach von dem Kläger die Einhaltung des Wettbewerbsverbotes für die Dauer von zwei Jahren verlangt. Darüber, daß im dritten Jahr seit dem Ausscheiden des Klägers das Wettbewerbsverbot nicht mehr gilt, herrscht zwischen den Parteien jetzt kein Streit mehr.

2. Der Kläger hat die Ansicht vertreten, das mit der Beklagten vereinbarte Wettbewerbsverbot sei am 7. Januar 1955 und nicht erst am 10. Mai 1956 geschlossen worden und gemäß § 74 Abs. 2 HGB für ihn unverbindlich, weil es für ihn keine Karenzentschädigung vorsehe. Der Ausnahmefall des § 75 b HGB, wonach bei Überschreiten der dort genannten Einkommensgrenzen — maßgeblich sei der Jahresbetrag von 17 500,— DM — ein Wettbewerbsverbot auch ohne Karenzentschädigung vereinbart werden könne, sei nicht gegeben. Hierzu hat er behauptet, am 7. Januar 1955 habe sein Jahreseinkommen die nach § 75 b Satz 2 HGB sich ergebende Einkommensgrenze von 17 500,— DM nicht erreicht. Er hat weiter die Ansicht vertreten, wenn man in Betracht ziehen sollte, daß das Wettbewerbsverbot mit der Beklagten erst am 10. Mai 1956 geschlossen worden sei, so sei von seinem Durchschnittseinkommen in den letzten drei oder 2½ vorhergehenden Jahren auszugehen. Für einen solchen Fall hat er behauptet, daß sein Durchschnittseinkommen in diesem Zeitraum nur 14 085,— DM bzw. 16 272,— DM betragen habe. Er hat schließlich insgesamt behauptet, das Wettbewerbsverbot stelle für ihn jedenfalls eine unbillige Fortkommensbeschwer dar.

Unter Berufung hierauf hat, soweit es die Revisionsinstanz noch interessiert, der Kläger beantragt, festzustellen, daß das zwischen den Parteien vereinbarte Wettbewerbsverbot auf die Dauer von zwei Jahren unverbindlich ist.

Die Beklagte hat zu ihrem Klageabweisungsantrag im einzelnen behauptet, der Kläger sei kein Handlungsgehilfe gewesen; daraus hat sie hergeleitet, daß eine fehlende Karenzentschädigung die Gültigkeit des Wettbewerbsverbots nicht berühre. Sie hat weiter geltend gemacht, als Zeitpunkt der Vereinbarung des Wettbewerbsverbots müsse vom 10. Mai 1956 und nicht vom 7. Januar 1955 ausgegangen werden. Hierzu hat sie behauptet, im Jahre 1956 habe der Kläger Bezüge im Gesamtbetrag von 28 582,— DM und damit jedenfalls ein solches Einkommen gehabt, daß nach § 75 b Satz 2 HGB ein Wettbewerbsverbot auch ohne Karenzentschädigung verbindlich habe vereinbart werden können. Sie hat schließlich behauptet, das jetzt noch streitige Wettbewerbsverbot habe den Kläger nicht unbillig beschwert und sei zur Wahrung ihrer berechtigten Interessen notwendig gewesen.

3. Das Arbeitsgericht hat die Klage abgewiesen, das Landesarbeitsgericht hat ihr in dem hier noch interessierenden Umfang entsprochen. Die Revision der Beklagten ist zurückgewiesen worden.

Aus den Gründen:

I. . . II. 1. In der Sache selbst hat das Landesarbeitsgericht angenommen, der Kläger sei Handlungsgehilfe der Beklagten gewesen und das Wettbewerbsverbot sei am 7. Januar 1955 mit der Beklagten vereinbart worden. Zu diesem Zeitpunkt habe das Jahreseinkommen des Klägers unstreitig nicht die nach § 75 b HGB maßgebliche Grenze überschritten. Hiervon ausgehend ist das Landesarbeitsgericht zu der Annahme gekommen, das Wettbewerbsverbot sei unverbindlich, weil es nicht entsprechend der nach § 75 d Satz 1 HGB zwingenden Vorschrift des § 74 Abs. 2 HGB eine Karenzentschädigung enthalten habe.

2. Die hiergegen erhobenen Angriffe der Revision gehen fehl.

a) Rechtsfehlerfrei ist zunächst die Annahme des Landesarbeitsgerichts, der Kläger sei Handlungsgehilfe bei der Beklagten gewesen. Nach § 59 Satz 1 Halbsatz 1 HGB ist Handlungsgehilfe derjenige, der in einem Handelsgewerbe zur Leistung kaufmännischer Dienste gegen Entgelt angestellt ist. Die Beklagte als GmbH gilt nach § 13 Abs. 3 GmbH-Gesetz als „Handelsgesellschaft" im Sinne des Handelsgesetzbuches mit der Folge, daß sie nach § 6 HGB ohne Rücksicht auf den Gegenstand ihres Unternehmens als Kaufmann, d. h. nach § 1 Abs. 1 HGB so behandelt wird, wie wenn sie ein Handelsgewerbe im Sinne der §§ 1—3 HGB betreiben würde (vgl. BAG 3, 321 [323, 324] = AP Nr. 4 zu § 59 HGB mit zustimmender Anmerkung von Hefermehl und weiteren Nachweisen). Demnach ist auch derjenige, der in einer Handelsgesellschaft kaufmännische Dienste gegen Entgelt leistet, Handlungsgehilfe (vgl. BAG 3, 321 [325] = AP Nr. 4 zu § 59 HGB mit Anm. von Hefermehl). Zu der Art der vom Kläger für die Beklagte geleisteten Dienste hat das Landesarbeitsgericht in tatsächlicher Hinsicht festgestellt, daß der Kläger in dem Wirtschaftsprüfungsunternehmen der Beklagten die Steuer- und Rechtsfragen der Kunden der Beklagten bearbeitet hat. Daß eine solche Tätigkeit eine kaufmännische Tätigkeit im Sinne des § 59 Satz 1 Halbsatz 1 HGB ist, hat das Bundesarbeitsgericht in der bereits mehrfach zitierten Entscheidung BAG 3, 321 [325, 326] für einen gleichliegenden Fall ausgesprochen, worauf hiermit verwiesen werden kann.

Soweit die Revision demgegenüber geltend macht, der Kläger sei überhaupt nicht abhängiger Arbeitnehmer der Beklagten, sondern nur ihr freier Mitarbeiter gewesen, ist das abwegig. Nach dem oben mitgeteilten Inhalt des Vertrages zwischen dem Kläger und Dr. M. vom 2. August 1950 war der Kläger nach allem, was Worte überhaupt nur auszudrücken vermögen, Arbeitnehmer des Dr. M. In diesem Vertrag bezeichnen sich die Parteien insgesamt achtmal als „Arbeitnehmer" und fünfmal als „Arbeitgeber", sprechen von einem „Arbeitsverhältnis", von „normaler Arbeitszeit von acht Stunden", von „Überstunden" und „Mehrarbeitszuschlag", von Urlaub, von der Anlehnung des Gehaltes an einen Tarifvertrag, wollen sie das Arbeitsverhältnis „im Sinne der Lohnsteuerdurchführungsverordnung auf dem Tarifvertrag des hessischen Groß- und Außenhandels als Tarifvertrag ähnlicher Art aufbauen" und sehen sie ein weitgehendes Direktionsrecht des Dr. M. des Inhaltes vor, daß der Kläger „nach den erforderlichen Dispositionen" unentgeltlich auch „im Rahmen" der Beklagten tätig sein müsse. Die Vereinbarung vom 7. Januar 1955 bezeichnet nicht nur Dr. M., sondern nicht weniger als siebenmal auch die Beklagte als „die" gemeinsamen „Arbeitgeber" und den Kläger als „deren" Arbeitnehmer. Der Vertrag vom 7. Januar 1955, der „in schriftlicher Niederlegung einer schon vor einiger Zeit mündlich getroffenen Abrede... geschlossen" ist, muß daher so verstanden werden, daß mittlerweile der Kläger nicht nur Arbeitnehmer des Dr. M., sondern auch Arbeitnehmer der Beklagten war, eine Annahme, die um so näher liegt, als Dr. M. der einzige Gesellschafter der Beklagten war und naturgemäß ein Interesse daran haben konnte, seine Arbeitgeberfunktionen in zweierlei Gestalt, privat und als Geschäftsführer der Beklagten, gegenüber dem Kläger handhaben zu können. Soweit die Revision demgegenüber ausführt, nach dem Vertrag vom 7. Januar 1955 sei nur Dr. M. Arbeitgeber gewesen und nicht die Beklagte, und der Sinn des Vertrages vom 7. Januar 1955 sei nur der gewesen, dem Kläger auch eine Konkurrenzklausel im Verhältnis zur Beklagten aufzuerlegen, zu der er aber nicht in einem Arbeitsverhältnis gestanden habe, findet diese ihre Ausdeutung weder im Wortlaut des Vertrages noch in den erörterten Begleitumständen einen Anhalt. Es braucht daher nicht näher erörtert zu werden, ob dann, wenn die Darstellung der Beklagten zuträfe, nicht schon deshalb die Wettbewerbsabrede vom 7. Januar 1955 nichtig wäre, weil dann Dr. M. dem Kläger als seinem Arbeitnehmer nicht zumuten durfte, auch eine entschädigungslose Konkurrenzklausel zugunsten der Beklagten einzugehen.

Ergibt sich somit bis zum 7. Januar 1955 nach allem eindeutig die Arbeitnehmerstellung des Klägers auch im Verhältnis zu der Beklagten, so ist es nicht zu beanstanden, wenn das Landesarbeitsgericht die Arbeitnehmerstellung des Klägers auch unter der Geltung des Vertrages vom 10. Mai 1956 angenommen hat. In tatsächlicher Beziehung hat es, ohne daß die Revision hiergegen prozessuale Rügen im Sinne von § 554 Abs. 3 Ziffer 2 b ZPO erhoben hat, gemäß § 561 Abs. 2 ZPO für die Revisionsinstanz bindend festgestellt, daß der Kläger sich nach dem Vertrag vom

7. Januar 1955 bei der Beklagten eine beachtliche Position erarbeitet hat, daß er ausweislich der Anordnungen des Geschäftsführers der Beklagten, die dem Landesarbeitsgericht vorgelegen haben, Weisungen hinsichtlich seiner Arbeit unterworfen war, daß er in den Betrieb der Beklagten eingegliedert war und Lohnsteuer zahlte. Wenn das Landesarbeitsgericht von diesen tatsächlichen Feststellungen ausgehend noch in Betracht zog, daß der Kläger nach dem 7. Januar 1955 für die Beklagte Gesamtprokura erhielt, und wenn das Landesarbeitsgericht dies zum Anlaß nahm, den Vertrag vom 10. Mai 1956, obwohl er die Worte „Arbeitnehmer" und „Arbeitgeber" u. ä. nicht verwendet, als Arbeitsvertrag zu bewerten, so liegt darin kein revisibler Verstoß des Landesarbeitsgerichts gegen Denk- und Erfahrungssätze oder gegen Auslegungsregeln. Soweit die Revision hiergegen geltend macht, nach dem Vertrag vom 10. Mai 1956 sei es dem Kläger gestattet gewesen, neben seiner Tätigkeit für die Beklagte und Dr. M. „für seine eigene Rechnung freiberuflich tätig zu sein", ist es abwegig, damit begründen zu wollen, der Kläger sei deshalb auch nur „freier Mitarbeiter" der Beklagten gewesen. Geradezu das Gegenteil ist daraus zu entnehmen, nämlich, daß er im Verhältnis zur Beklagten und zu Dr. M. gerade kein „freier Mitarbeiter" war. Denn wäre er nur freier Mitarbeiter gewesen, so hätte es keiner vertraglichen Gestattung durch die Beklagte und Dr. M. bedurft, daß er freiberuflich „für seine eigene Rechnung" tätig sein dürfe.

b) Finden demnach auf das von der Beklagten mit dem Kläger als ihrem Handlungsgehilfen vereinbarte Wettbewerbsverbot die Vorschriften der §§ 74 ff. HGB Anwendung, so hat das Landesarbeitsgericht für die vom Kläger verfolgte Feststellung der Unverbindlichkeit des Wettbewerbsverbots auch zutreffend darauf abgestellt, ob gemäß der nach § 75 d Satz 1 HGB zwingenden Vorschrift des § 74 Abs. 2 HGB eine Entschädigungspflicht vereinbart werden mußte. Denn mußte eine solche Entschädigungspflicht vereinbart werden, so ist das Wettbewerbsverbot unverbindlich, weil eine solche Vereinbarung nicht getroffen worden ist.

Für diese Frage hat das Landesarbeitsgericht angenommen, das Wettbewerbsverbot sei am 7. Januar 1955 vereinbart worden und zu dieser Zeit habe das Jahreseinkommen des Klägers unstreitig nicht die nach § 75 b Satz 2 HGB maßgebliche Grenze erreicht, bei deren Überschreiten das Fehlen einer Karenzentschädigung ein Wettbewerbsverbot nicht unverbindlich macht. Für seine Annahme, das Wettbewerbsverbot sei am 7. Januar 1955 vereinbart worden, ist das Landesarbeitsgereicht davon ausgegangen, aus § 9 des Vertrages vom 10. Mai 1956 sei zu entnehmen, daß das Wettbewerbsverbot vom 7. Januar 1955 weitergelten solle. Eine Außerkraftsetzung des Wettbewerbsverbots vom 7. Januar 1955 am 10. Mai 1956 und eine sofortige Neuvereinbarung am 10. Mai 1956 mit unverändertem Wortlaut und Inhalt sei lebensfremd und finde in der Fassung des neuen Vertrages keine Stütze.

Alles, was die Revision hiergegen vorbringt, läuft darauf hinaus, daß sie entgegen der Annahme des Landesarbeitsgerichts eine Neuvereinbarung des alten Wettbewerbsverbotes vom 7. Januar 1955 für den 10. Mai 1956 angenommen wissen will. Damit kann sie jedoch in der Revisionsinstanz keinen Erfolg haben. Die auf den 7. Januar 1955 abstellende Annahme des Landesarbeitsgerichts ist denk- und erfahrungsgesetzlich ohne weiteres möglich. Sie läßt auch keinen revisiblen Auslegungsverstoß gegen § 157 BGB erkennen. Das Landesarbeitsgericht stand bei der reichlich undeutlichen Fassung des Vertrages vom 10. Mai 1956 vor der Alternative, ob es aus dem Vertrag vom 10. Mai 1956 zu entnehmen hatte, daß das Wettbewerbsverbot vom 7. Januar 1955 aufgehoben und mit dem früheren unveränderten Inhalt sofort neu vereinbart wurde, oder ob es daraus entnehmen konnte, der Vertrag vom 10. Mai 1956 lasse den Bestand des alten Wettbewerbsverbots vom 7. Januar 1955 unberührt. Wenn es sich unter Inbetrachtnahme der ersteren Möglichkeit für die letztere Annahme entschied und das erkennbar mit der Überlegung begründet, der Vertrag vom 10. Mai 1956 modifiziere nur die einzelnen Bedingungen eines mindestens seit dem 7. Januar 1955 bestehenden und auch nach dem 10. Mai 1956 unverändert fortbestehenden einheitlichen Arbeitsverhältnisses des Klägers mit der Beklagten und dem Dr. M., so ist das eine dem Tatrichter vorbehaltene Einzelvertragsauslegung, die vom Revisionsgericht nur daraufhin überprüft werden kann, ob dabei Auslegungsregeln verletzt sind. Das ist nicht zu erkennen.

c) Soweit das Landesarbeitsgericht unter Berufung auf § 74 Abs. 2 HGB die Unverbindlichkeit des — wovon für die Revisionsinstanz auszugehen ist — am 7. Januar 1955 abgeschlossenen Wettbewerbsverbotes damit begründet hat, zu diesem Zeitpunkt — also am 7. Januar 1955 — habe das Jahreseinkommen des Klägers unstreitig nicht die nach § 75 b Satz 2 HGB zu beachtende Grenze erreicht, hat die Revision ausgeführt, das Landesarbeitsgericht habe zu Unrecht angenommen, daß in einem solchen Fall ein deswegen nach § 74 Abs. 2 HGB unverbindliches Wettbewerbsverbot nicht dadurch nachträglich wirksam werde, daß der Kläger ab 1956 ein Jahreseinkommen gehabt habe, das, wie die Beklagte behauptet hatte, über der nach § 75 b Satz 2 HGB maßgeblichen Grenze lag. Auch diese Rüge der Revision geht fehl. Sowohl bei der Gehaltsgrenze für sogenannte „Geringbesoldete", mit denen nach § 74 a

Abs. 2 HGB überhaupt keine Konkurrenzklausel verbindlich abgesprochen werden kann, wie bei den sogenannten „Hochbesoldeten", bei denen nach § 75 b Satz 2 HGB ein Wettbewerbsverbot ohne Karenzentschädigung vereinbart werden darf, stellt die Literatur für die Frage, welcher Zeitpunkt für die in §§ 74 a Abs. 2, 75 b Satz 2 HGB genannten Gehaltsgrenzen entscheidend ist, einhellig auf den Zeitpunkt der Vereinbarung des Wettbewerbsverbotes ab. Sie nimmt an, durch ein nachträgliches, nach Abschluß des Wettbewerbverbotes, erfolgendes Ansteigen des Jahreseinkommens über die in § 74 a Abs. 2 HGB genannten Grenzen werde ein mit einem „Geringbesoldeten" vereinbartes Wettbewerbsverbot nicht automatisch gültig; sie nimmt weiter an, ein Wettbewerbsverbot mit einem normalbesoldeten Handlungsgehilfen, das nach § 74 Abs. 2 HGB wegen Fehlens einer Karenzentschädigung unverbindlich ist, werde nicht automatisch dadurch verbindlich, daß nach Vereinbarung des Wettbewerbsverbotes das Gehalt des Handlungsgehilfen die in § 75 b Satz 2 HGB genannten Grenzen überschreitet. Zuzulassen sei allenfalls eine entsprechende ausdrückliche Vereinbarung des Inhaltes, daß dann ein „Geringbesoldeter" einem entschädigungspflichtigen Wettbewerbsverbot unterliegt und daß dann bei einem normalbesoldeten Angestellten die Verpflichtung zur Karenzentschädigung wegfällt oder ein entschädigungsfreies Wettbewerbsverbot erst entsteht, wenn die in § 74 a Abs. 2 bzw. § 75 b HGB genannten Einkommensgrenzen nach Vertragsschluß überschritten werden (vgl. Schlegelberger, HGB, 3. Aufl., Bd. 1, 1955, § 74 a Anm. 6; § 75 b Anm. 3; Grüll, Die Konkurrenzklausel, 2. Aufl., Bd. 1, 1953, § 74 a Anm. 6 und § 75 b Anm. 3; Staub, 12./13. Aufl., Bd 1, 1926, § 74 a Anm. 10 und § 75 b Anm. 3 mit weiteren Angaben; Cosack, Lehrbuch des Handelsrechts, 10./11. Aufl., 1923, S. 94; Baumbach-Duden, HGB, 13. Aufl., 1959, §§ 74—74 c Anm. 2 A und 2 F; Hueck-Nipperdey, Lehrbuch des Arbeitsrechts, 6. Aufl., Bd. 1, 1959, § 38 II A 2 a zu Fußnote 14 auf S. 230 und § 38 II A 3 b bb zu Fußnote 24 auf S. 232; Nikisch, ArbR, Bd. 1, 2. Aufl., 1955, § 35 II 2 S. 397 und § 35 IV 2 S. 399). Dieser Ansicht ist aus guten Gründen beizutreten. Derjenige, der ein Wettbewerbsverbot eingeht, soll nach dem Willen des Gesetzes, wie er in den Formvorschriften des § 74 Abs. 1 HGB und den Schutzvorschriften der §§ 74 Abs. 2, 74 a Abs. 2 HGB zum Ausdruck kommt, vor übereilten und für sein berufliches künftiges Fortkommen u. U. folgenschweren Entschlüssen möglichst bewahrt bleiben. Würde man annehmen, ein wegen fehlender Karenzentschädigung nach § 74 Abs. 2 HGB anfänglich unverbindliches Wettbewerbsverbot würde automatisch mit einem späteren Überschreiten der in § 75 b Satz 2 HGB genannten Gehaltsgrenzen wirksam, so träte gerade die Situation ein, die das Gesetz vermeiden will. Gehaltserhöhungen sind regelmäßig entweder der Ausdruck der Anerkennung des höheren Wertes der Leistungen des Angestellten oder eine Anpassungsmaßnahme an die gesunkene Kaufkraft des bisherigen Gehaltes. Deswegen werden sie vom Arbeitnehmer entweder ausdrücklich gefordert oder vom Arbeitgeber dem Arbeitnehmer von sich aus „gewährt", wobei im letzteren Falle der Angestellte dann damit fast ausnahmslos stillschweigend einverstanden ist, weil er in ihr die Anerkennung seiner Leistungen oder die Anhebung der gesunkenen Kaufkraft seines bisherigen Gehaltes sieht. Mit dieser Funktion von Gehaltserhöhungen automatisch das Wirksamwerden bis dahin nach § 74 Abs. 2 HGB unwirksamer Wettbewerbsverbote dann zu verbinden, wenn das erhöhte Gehalt die in § 75 b Satz 2 HGB genannten Grenzen überschreitet, würde bedeuten, daß die Warn-, Überlegungs- und Sicherungsfunktionen, die § 74 Abs. 1 und Abs. 2 sowie § 74 a Abs. 2 HGB haben sollen, die zum „Aushandeln" der Karenzentschädigung führen sollen, durch aus Anlaß von Gehaltserhöhungen selbstverständlich auftauchende Begehrensvorstellungen des Angestellten verflüchtigt oder gar verdrängt würden und unbedachtes Handeln im Hinblick auf die Auswirkungen eines Wettbewerbsverbots die Folge wäre. Eine solche Verdunkelung der Gefahren, die demjenigen drohen können, der unbedacht Wettbewerbsverbote ohne oder ohne genügende Entschädigung eingeht — was ja auch nach § 75 b HGB rechtlich möglich ist und der Sache nach notwendig sein kann —, erscheint somit weder mit dem Gesetzeswillen vereinbar noch sozialpolitisch tragbar, zumal wenn man dazu noch in Betracht zieht, daß die aus § 75 b Satz 2 HGB sich ergebenden Gehaltsgrenzen heute nur mit gewissen Mühen zu bestimmen und einem Nichtgeschulten nur schwer erkennbar sind (vgl. dazu BAG 8, 194 ff.). Aber noch eine weitere Überlegung verbietet es, in Betracht zu ziehen, ein nach § 74 Abs. 2 HGB unverbindliches Wettbewerbsverbot könne nachträglich automatisch dadurch verbindlich werden, daß nach Abschluß des Wettbewerbsverbotes die Bezüge des Handlungsgehilfen die nach § 75 b Satz 2 HGB maßgebliche Grenze überschreiten: Dann könnte sich nämlich praktisch ergeben, daß ein Arbeitgeber die Verbindlichkeit des Wettbewerbsverbotes mittels einer solchen Gehaltserhöhung herbeiführt, die ihn finanziell weniger belastet, für ihn also „billiger" ist als eine Karenzentschädigung, die er bei Abschluß des Wettbewerbsverbotes unter Beachtung der in § 74 Abs. 2 HGB genannten Mindestsätze hätte versprechen müssen. Unter diesen Umständen kommt auch dem Umstand, daß das Gesetz gegen § 74 Abs. 2 HGB verstoßende Wettbewerbsverbote

— dem Wortlaut nach — als „unverbindlich" und nicht als „nichtig" bezeichnet, jedenfalls nicht die Bedeutung zu, daß „unverbindliche" Wettbewerbsverbote bei Überschreiten der Gehaltsgrenzen des § 75 b HGB verbindlich werden.

d) Demnach kommt es für die Entscheidung des Rechtsstreites ausschließlich darauf an, ob am 7. Januar 1955 die mit dem Kläger vereinbarten Bezüge die nach § 75 b Satz 2 HGB maßgebliche Grenze überschritten. War das nicht der Fall, wie das Landesarbeitsgericht als zwischen den Parteien unstreitig annimmt, so ist die Wettbewerbsabrede vom 7. Januar 1955 wegen Verstoßes gegen § 74 Abs. 2 HGB unverbindlich.

Die Revision hat in diesem Zusammenhang geltend gemacht, die Überschreitung der in § 75 b Satz 2 Halbsatz 1 HGB genannten Gehaltsgrenze ergebe sich gegen den Kläger aus der in § 75 b Satz 2 Halbsatz 2 HGB enthaltenen Verweisung auf § 75 b Abs. 2 und Abs. 3 HGB. Auch hierin geht die Revision aber fehl. Die in § 75 b Satz 2 Halbsatz 2 HGB enthaltene Verweisung auf § 74 b Abs. 2 und Abs. 3 HGB ist lediglich eine Vorschrift, die es ermöglichen soll, Provisionsbezüge eines Handlungsgehilfen auf Fixbezüge rechnungsmäßig umzurechnen, um die in § 75 b Satz 2 Halbsatz 1 HGB nach Fixbezügen bemessene maßgebliche Grenze bestimmen zu können. Auch sie setzt nach dem oben zu Ziffer II 2 c dieser Entscheidungsgründe Ausgeführten ebenfalls voraus, daß dem Kläger am 7. Januar 1955 neben seinem festen Gehalt auch Provisionen vertragsgemäß zustanden, die dann nach näherer Maßgabe des § 74 b Abs. 2 HGB bewertet und seinem Festgehalt zugerechnet werden müßten, um dann erkennen zu können, ob die Wettbewerbsabrede vom 7. Januar 1955 wegen Überschreitens der in § 75 b Satz 2 Halbsatz 1 HGB genannten Grenzen karenzentschädigungspflichtig war oder nicht. Daß aber der Kläger am 7. Januar 1955 überhaupt Provision vertragsgemäß von der Beklagten zu beanspruchen gehabt habe, ist vom Landesarbeitsgericht nicht festgestellt worden. Es geht vielmehr erkennbar davon aus, daß das nicht der Fall gewesen sei, zumal die Beklagte selbst stets nur behauptet hatte, der Kläger habe erst ab 1956 Provisionen bezogen. Prozessuale Rügen im Sinne von § 554 Abs. 3 Ziffer 2 b ZPO sind hiergegen von der Revision auch nicht erhoben worden. Ihr Hinweis darauf, daß nach dem erstinstanzlichen Tatsachenvortrag des Klägers, auf den das Landesarbeitsgericht in dem angefochtenen Urteil Bezug nimmt, der Kläger in den Jahren 1956 bis 1958 auf Grund der Vertragsregelung vom 10. Mai 1956 Provisionsbezüge eingeräumt hat, ist unbeachtlich, denn daraus ergibt sich nicht, worauf es aber ankommt, daß der Kläger auch am 7. Januar 1955 als dem maßgebenden Zeitpunkt überhaupt Provision vertragsgemäß zu beanspruchen gehabt hätte.

3. Demnach hat das Landesarbeitsgericht rechtsfehlerfrei die Unverbindlichkeit des hier in Rede stehenden Wettbewerbsverbotes im Sinne des Klageantrages festgestellt. Eine Erörterung darüber, inwieweit seine sonstigen auf § 141 BGB abstellenden Hilfserwägungen seine Entscheidung ebenfalls tragen, erübrigt sich damit.

## 14

**1. Eine Abwehraussperrung gegenüber einer größeren Zahl streikender Arbeitnehmer kann auch sukzessive, zeitlich nacheinander in einem angemessenen Zeitraum durchgeführt werden. Notwendige Voraussetzung ist aber, daß die Lösung der Arbeitsverhältnisse eindeutig erkennen läßt, daß sie auf einem einheitlichen Kampfentschluß beruht und in ihrer Ausführung planmäßig zur Erreichung des Kampfzieles erfolgt.**

**2. Die in einem Rechtsstreit zwischen einer Tarifvertragspartei und ihrem Mitglied ergangene rechtskräftige Entscheidung eines ordentlichen Gerichts, auf Grund deren die Mitgliedschaft zu der Tarifvertragspartei zu einem bestimmten Zeitpunkt geendet hat, wirkt auch für und gegen die andere Tarifvertragspartei und deren Mitglieder.**

**3. Haben die Parteien eines Prozesses ein rechtskräftiges Urteil in bewußtem und gewollten Zusammenwirken durch Täuschung des Gerichts erschlichen, so kann in einem späteren Prozeß zwischen einer dieser Parteien und einem Dritten der Dritte den Einwand der Urteilserschleichung erheben, wenn die Rechtskraft des Vorprozesses auch für und gegen ihn wirksam ist.**

GG Art. 9 Arbeitskampf; TVG §§ 3, 8.

I. Senat. Urteil vom 14. 10. 1960 i. S. J. u. a. (Kl.) w. Fa. Sch. (Bekl.)
1 AZR 233/58.

I. Arbeitsgericht Betzdorf. — II. Landesarbeitsgericht Mainz.

Die Beklagte betreibt ein Kunststoffpreß- und Spritzwerk. Sie war Mitglied des Unternehmerverbandes kunststoffverarbeitende Industrie Rheinland-Pfalz, der ein nicht eingetragener Verein ist. Ende 1955 beschäftigte sie 8 Angestellte und 33 gewerbliche Arbeiter.

Am 10. Oktober 1955 brach ein von der Industriegewerkschaft Chemie-Papier-Keramik, Verwaltungsstelle Neuwied, beschlossener Streik der gewerblichen Arbeiter aus, an dem sich deren Mehrheit — anfangs nahezu 30 an der Zahl – beteiligte. Dieser Streik, der sich allein gegen die Beklagte richtete, hatte zum Ziel, diese zum Abschluß eines Firmenlohntarifvertrages zu veranlassen, nachdem die Verhandlungen zwischen dem Unternehmerverband kunststoffverarbeitende Industrie Rheinland-Pfalz und der Industriegewerkschaft Chemie-Papier-Keramik zu keinem Erfolg geführt hatten.

Nach Beginn des Streiks richtete die Beklagte an die Kläger und an fast alle übrigen Streikenden Schreiben, deren Betreff entweder „Aussperrung" oder „Entlassung" lautete. Im wesentlichen waren diese Schreiben folgendermaßen abgefaßt:

> „In Abwehr des gegen meinen Betrieb gerichteten Streiks wird Ihr Arbeitsverhältnis hiermit fristlos gelöst ..."

Die Schreiben erhielten:

| | | | | |
|---|---|---|---|---|
| 6 | Streikende | am | 11. Oktober | 1955, |
| 3 | Streikende | am | 13. Oktober | 1955, |
| 11 | Streikende | am | 14. Oktober | 1955, |
| 2 | Streikende | am | 19. Oktober | 1955, |
| 4 | Streikende | am | 20. Oktober | 1955, |
| 1 | Streikender | am | 14. November | 1955, |
| 1 | Streikender | am | 17. November | 1955, |
| 1 | Streikender | am | 21. November | 1955. |

Einzelne Streikende nahmen daraufhin die Arbeit wieder auf. Um ihren Betrieb aufrechtzuerhalten, nahm die Beklagte ferner Neueinstellungen vor. Mit den neu eingestellten Arbeitnehmern schloß sie schriftliche Arbeitsverträge. Danach war eine dreimonatige Probezeit mit beiderseitiger täglicher Kündigung, nach Ende der Probezeit 14-tägige Kündigung vereinbart.

Der Streik wurde am 10. Januar 1956 durch einen Lohntarifvertrag, der zwischen dem Unternehmerverband kunststoffverarbeitende Industrie Rheinland-Pfalz und der Industriegewerkschaft Chemie-Papier-Keramik, Bezirksleitung Rheinland-Pfalz, abgeschlossen worden war, beendet. Der Tarifvertrag enthält folgende Wiedereinstellungsklausel:

> „Es besteht Einigkeit zwischen den Tarifparteien, daß alle an den bisherigen Maßnahmen beteiligten Arbeitnehmer wieder beschäftigt werden müssen. Die Wiederaufnahme der Arbeit und die Wiedereinstellung aller Arbeitnehmer hat bis zum 20. Januar 1956 zu erfolgen."

Mit Schreiben vom 28. Dezember 1955 – beim Unternehmerverband kunststoffverarbeitende Industrie am 29. Dezember 1955 eingegangen – kündigte die Beklagte ihre Mitgliedschaft bei diesem Verband fristlos, da der Verband gegen den Widerstand der Beklagten beabsichtigte, einen Lohntarifvertrag mit Wiedereinstellungsklausel abzuschließen. Die Wiedereinstellungsklausel glaubte die Beklagte mit Rücksicht auf die inzwischen vorgenommenen Neueinstellungen nicht hinnehmen zu können.

Durch Urteil vom 22. Juni 1956 hat das Landgericht Koblenz in einem Rechtsstreit der Beklagten gegen den Unternehmerverband kunststoffverarbeitende Industrie Rheinland-Pfalz rechtskräftig festgestellt, daß die Mitgliedschaft der Beklagten bei dem Verband mit Wirkung vom 29. Dezember 1955 beendet worden ist.

23 Streikende hatten die von ihnen als Kündigung aufgefaßte Maßnahme der Beklagten beim Arbeitsgericht angegriffen, 13 von ihnen wurden im Laufe des Verfahrens — teilweise auf Grund gerichtlichen Vergleichs — wieder eingestellt, so daß 10 Klagen verblieben sind.

Die Kläger haben beantragt, festzustellen,

daß ihr Arbeitsverhältnis durch die fristlose Kündigung vom 11. Oktober 1955 bzw. 13. Oktober 1955 bzw. 14. Oktober 1955 bzw. 20. Oktober 1955 nicht aufgelöst ist;

hilfsweise,

die Beklagte zu verurteilen, mit den Klägern einen Wiedereinstellungsvertrag mit Wirkung ab 20. Januar 1956 abzuschließen.

Zur Begründung haben sie vorgetragen, daß es sich bei den ihnen übersandten Schreiben um Einzelkündigungen handle, die unzulässig seien, da es sich um einen legitimen Streik gehandelt habe. Die Beklagte hätte die Streikenden nur durch einen Gesamtakt aussperren und dadurch die Arbeitsverhältnisse fristlos lösen können. Die Beklagte sei auf Grund der Wiedereinstellungsklausel im Lohntarifvertrag vom 10. Januar 1956 zur Wiedereinstellung verpflichtet. Auf den fristlosen Verbandsaustritt könne sie sich nicht berufen, da ein wichtiger Grund nicht vorliege. Das Vorliegen eines wichtigen Grundes könne nicht nur nach den Grundsätzen des allgemeinen Vereinsrechts beurteilt werden. Es müsse auch die Mitgliedschaft zu einer Koalition und deren Stellung im Staat berücksichtigt werden.

Die Beklagte hat zu ihrem Klageabweisungsantrag ausgeführt, aus dem Wortlaut der Entlassungsschreiben gehe hervor, daß es sich um eine Aussperrung handele. Das ergebe sich auch daraus, daß die Mehrheit der Streikenden ausgesperrt worden sei. Auch der sachliche und zeitliche Zusammenhang lasse die Entlassung als Kollektivmaßnahme erkennen. Zur Wiedereinstellung der Kläger sei sie nicht verpflichtet, da sie zur

Zeit des Abschlusses des die Wiedereinstellungsklausel enthaltenden Tarifvertrages nicht mehr Mitglied des Unternehmerverbandes gewesen sei. Das rechtskräftige Urteil des Landgerichts Koblenz binde auch die Arbeitsgerichte.

Alle Instanzen haben die Klage abgewiesen.

Aus den Gründen:

I. Die Kläger begehren mit ihrem Hauptantrag die Feststellung der Unwirksamkeit der fristlosen Lösung ihrer Arbeitsverhältnisse. Die Anwendung des Kündigungsrechts und Kündigungsschutzrechts auf eine fristlose Lösung hängt davon ab, ob es sich bei den im wesentlichen gleichlautenden Schreiben, die die Beklagte innerhalb eines Zeitraums von ungefähr 5 Wochen an die Kläger und andere streikende Arbeitnehmer ihres Betriebes gerichtet hatte, um fristlose Einzelkündigungen oder um eine Abwehraussprerrung, also eine legitime Arbeitskampfmaßnahme, handelt. Denn die legitime Aussperrung durch Lösung der Arbeitsverhältnisse ist nach der ständigen Rechtsprechung des Bundesarbeitsgerichts keine Kündigung.

Die Revision ist der Ansicht, die Aussperrung als Gesamtlösung könne nur einheitlich und nicht sukzessiv vorgenommen werden. Greife der Arbeitgeber einzelne Streikende heraus, so beschreite er den individuellen Weg, der wegen der kollektivrechtlichen Bewertung des Arbeitskampfes unzulässig sei. Aus dem unterschiedlichen Zeitpunkt der Auflösung der Arbeitsverhältnisse ergebe sich auch, daß die Ausschließung der Streikenden nicht planmäßig erfolgt sei.

Dieser Auffassung der Revision konnte sich der Senat nicht anschließen. Das Landesarbeitsgericht hat, ohne Verstoß gegen anerkannte Auslegungsgrundsätze, die an die Kläger und weitere streikende Arbeitnehmer gerichteten Schreiben dahingehend ausgelegt, daß die Beklagte mit ihnen keine fristlosen Kündigungen aussprechen, sondern durch Entziehung der Arbeitsplätze den gegen ihren Betrieb gerichteten Streik abwehren wollte. Aus dem festgestellten Tatbestand, daß die an die Streikenden gerichteten Schreiben fast gleichlautend sind, daß sie nur die streikende Belegschaft desselben Betriebs betreffen und daß sie innerhalb von 5 Wochen versandt worden sind, wobei 26 Streikende — darunter die Kläger — die Schreiben innerhalb von 9 Tagen erhielten, schließt der Vorderrichter, daß die von der Beklagten erklärte Lösung auf einem einheitlichen Kampfentschluß beruhe und planmäßig durchgeführt worden sei. Hiergegen sind von der Revision begründete prozessuale Rügen im Sinne des § 554 Abs. 3 Ziff. 2 ZPO nicht erhoben worden.

Wenn das Landesarbeitsgericht annimmt, eine Abwehraussperrung könne auch sukzessiv durchgeführt werden, so ist diese Ansicht des Vorderrichters nicht zu beanstanden. Eine Verkennung des Begriffes der Aussperrung, wie die Revision meint, liegt darin nicht. Die Richtigkeit der vom Landesarbeitsgericht vertretenen Rechtsauffassung ergibt sich aus folgenden Erwägungen:

Nach herrschender Meinung und Praxis ist unter Aussperrung die planmäßige Ausschließung einer größeren Anzahl von Arbeitnehmern von der Arbeit, regelmäßig durch Gesamtlösung der Arbeitsverhältnisse, zur Erreichung eines Kampfzieles mit dem Willen der Wiedereinstellung nach Beendigung des Kampfes zu verstehen (vgl. statt aller: Hueck-Nipperdey, Lehrbuch des Arbeitsrechts, 6. Aufl., Band II, S. 611/612; BAG 1, 291 ff.). Die Gesamtlösung bei der legitimen Aussperrung als Lösungstatbestand sui generis (BAG 1, 291 ff. und AP Nr. 6 zu Art. 9 GG Arbeitskampf; Hueck-Nipperdey, aaO, S. 612, 619) führt eine kollektivrechtliche Lösung der Arbeitsverhältnisse herbei. Das bedeutet aber nicht, daß alle Arbeitsverhältnisse notwendig durch eine Handlung und zum gleichen Zeitpunkt gelöst werden müßten. Es ist erforderlich, daß ein einheitlicher Kampfentschluß zur planmäßigen Ausschließung einer größeren Anzahl von Arbeitnehmern von den Arbeitsplätzen zur Erreichung eines legitimen Kampfzieles erfolgt. Liegt diese Voraussetzung vor, wie das Landesarbeitsgericht hier rechtsfehlerfrei festgestellt hat, dann ist die Entziehung der Arbeitsplätze eine Gesamtlösung und damit eine Aussperrung. Es ist nicht notwendig, daß die Aussperrung der Streikenden auch zeitlich in einem Akt erfolgt. Die Aussperrung kann vielmehr auch sukzessiv, zeitlich nacheinander in einem angemessenen Zeitraum, durchgeführt werden (vgl. Bulla, AR-Blattei Arbeitskampf III, Aussperrung I 2 b; Esser, BB 1959, 1312; ähnlich auch Gift, RdA 1960, 166 und Bertele, Rechtsnatur und Rechtsfolgen der Aussperrung, 1960, S. 23. 28), wenn nur die einzelnen Maßnahmen eindeutig erkennen lassen, daß sie auf einem einheitlichen Kampfentschluß beruhend planmäßig in Ausführung des Entschlusses erfolgen. Dabei muß naturgemäß ein entsprechender Zusammenhang zwischen den betroffenen Arbeitnehmern bestehen, so wenn sie, wie hier, alle der Belegschaft desselben Einzelbetriebes angehören. Wesentlich ist somit, daß die Entziehung der Arbeitsplätze als Kampfgegenmaßnahme die mit dem Streik verfolgten Kampfziele der Arbeitnehmerseite zu bekämpfen und ihren Kampfwillen zu schwächen bestimmt ist. Daß diese Erfordernisse hier gegeben sind, hat das Landesarbeitsgericht ohne Verstoß gegen Auslegungsregeln aus den an die Kläger gerichteten Schreiben der Beklagten und aus den zeitlichen und sachlichen Umständen der Lösung der Arbeitsverhältnisse rechtsfehlerfrei festgestellt. Mit Recht führt es aus, die Beklagte habe den Kampfcharakter ihrer Maßnahmen dadurch unterstrichen, daß sie die Streikenden überwiegend gruppenweise ausgesperrt habe.

Die Zulässigkeit einer sukzessiven Aussperrung ergibt sich aus dem kollektiven Wesen des Arbeitskampfes, der vom Grundsatz der Kampffreiheit in der Wahl rechtmäßiger Kampfmittel und der Waffengleichheit beherrscht wird (ebenso: Esser, aaO, der noch den Gleichheitsgrundsatz des Art. 3 GG heranzieht; Gift, aaO; ähnlich auch Bertele, aaO). Danach müssen den Kampfpartnern in der Wirkung im wesentlichen gleichartige Kampfmittel zustehen. Es ist mit Recht allgemein anerkannt, daß legitime Streiks auch durch sukzessive Arbeitsniederlegungen einzelner Arbeitnehmergruppen durchgeführt werden können. Das geschieht in der Praxis auch häufig. Mit Recht nimmt das Landesarbeitsgericht deshalb an, daß es dann auch den Arbeitgebern gestattet sein muß, die Aussperrung nicht nur uno actu, sondern auch zeitlich nacheinander durchzuführen. Derartige Sukzessivmaßnahmen ermöglichen es beiden Seiten, dem Gegner die eigene Kampfbereitschaft deutlich vor Augen zu führen, ihn zum Nachgeben zu bewegen und unter Umständen von ursprünglich milderen zu schärferen Maßnahmen überzugehen. Solche Maßnahmen sind auch auf Grund der in ihnen enthaltenen Drohung mit einer weiteren Ausdehnung des Kampfes geeignet, den Kampfwillen der demnächst Betroffenen zu schwächen und ein Einlenken des Partners herbeizuführen.

Die Anerkennung einer sukzessiv durchgeführten Aussperrung darf allerdings nicht dazu führen, daß sie vom Arbeitgeber mißbräuchlich herangezogen wird, während es sich in Wahrheit um Rechtshandlungen im individualrechtlichen Bereich, also um Einzelkündigungen, handelt (so auch Esser, aaO; Gift, aaO). Es ist der Revision zuzugeben daß bei sukzessiv durchgeführten Abwehraussperrungen die Gefahr entstehen kann, daß eine scharfe Trennung zwischen Aussperrung und individualrechtlicher fristloser Entlassung erschwert wird. Es ist auch durchaus richtig, wenn die Revision darauf hinweist, daß das Bundesarbeitsgericht seit dem Arbeitskampfbeschuß des Großen Senats (BAG 1, 291 ff.) die Auffassung vertritt, daß bei legitimen Streiks fristlose Einzelentlassungen, etwa wegen unbefugten Verlassens des Arbeitsplatzes, nicht zulässig sind. Die Zulassung einer sukzessiven Abwehraussperrung darf also niemals dazu führen, daß der grundlegende Unterschied zwischen der Lösung der Arbeitsverhältnisse durch fristlose Einzelentlassung und der Lösung durch Abwehraussperrung wieder beseitigt wird. Daher kann eine Aussperrung nur angenommen werden, wenn ein angemessener Zeitraum der Durchführung nicht überschritten ist und kein Mißbrauch vorliegt. Der hier vom Landesarbeitsgericht festgestellte Sachverhalt läßt aber nicht erkennen, daß die Beklagte die Grenze zur individualrechtlichen fristlosen Kündigung der Arbeitsverhältnisse überschritten hat. Von 33 beschäftigten Arbeitnehmern streikten 30, von ihnen wurden 29 ausgesperrt. Die überwiegende Mehrzahl der Entlassungen ist im Oktober 1955, innerhalb von 9 Tagen erfolgt. Zweifelhaft könnten nur die im November 1955 erfolgten drei Entlassungen je eines Arbeitnehmers sein. Deren Entlassung steht aber hier nicht in Rede, denn die Kläger sind bereits im Oktober 1955 mit der großen Masse der Streikenden entlassen worden. Es ist schließlich zu bedenken, daß es sich bei den im November 1955 Entlassenen nicht um Arbeitswillige, sondern ebenfalls um Streikende gehandelt hat. Es ist nichts dafür erbracht, daß die Beklagte die sukzessive Aussperrung gegenüber den Klägern und den anderen entlassenen Streikenden aus arbeitskampffremden, unsachlichen Motiven vorgenommen hat, um beispielsweise ihr mißliebige Arbeitnehmer loszuwerden oder zu maßregeln. Für eine derartige Annahme, die für eine unzulässige Einzelentlassung sprechen würde, bietet der festgestellte Sachverhalt keine Anhaltspunkte; die Kläger haben hierzu auch nichts vorgetragen.

Die Rüge der Revision, das für die Aussperrung notwendige Merkmal des Willens zur Wiedereinstellung nach Beendigung des Arbeitskampfes sei nicht gegeben, geht ebenfalls fehl. Mit der Aussperrung wird zugleich der Wille zur Wiedereinstellung nach Erreichung des Kampfzieles oder nach Beendigung des Arbeitskampfes zum Ausdruck gebracht. Dieser Wille braucht nicht ausdrücklich erklärt zu werden; er versteht sich bei einer Aussperrung von selbst (Hueck-Nipperdey, aaO, S. 612). Bereits aus der vom Landesarbeitsgericht in Bezug genommenen Aussage des Zeugen Schn. ergibt sich, daß die Beklagte bei der Aussperrung mit der Wiederaufnahme der Arbeit durch die Streikenden gerechnet hat. Es hat also bei der Beklagten der Wille zur Wiedereinstellung vorgelegen. Die Beklagte hat auch die Mehrzahl der Streikenden wieder eingestellt. Daß die Beklagte im weiteren Verlauf des Streiks Neueinstellungen vorgenommen hat, wobei es nicht darauf ankommt, welche Zusagen sie den neu eingestellten Arbeitnehmern gemacht hat, ändert nichts an ihrer ursprünglichen Absicht. Der Arbeitgeber ist berechtigt, während des Streiks neue Arbeitnehmer einzustellen. Die Wiedereinstellung der Streikenden hängt von seinem nicht mißbräuchlich auszuübenden unternehmerischen Ermessen ab. Daraus ergibt sich aber, daß diese späteren Maßnahmen mit der Wiedereinstellungsabsicht nicht in Widerspruch stehen. Das folgt außerdem daraus, daß der weitere Verlauf eines Arbeitskampfes am Anfang noch gar nicht übersehen werden kann.

II. Die Kläger konnten auch mit ihrem Hilfsantrag keinen Erfolg haben. Zu Unrecht berufen sie sich auf die Wiedereinstellungsklausel des Tarifvertrages vom 10. Januar 1956. Ihr Begehren wäre nur dann gerechtfertigt, wenn die Beklagte im Zeitpunkt des Abschlusses des Tarifvertrages vom 10. Januar 1956 noch Mitglied ihres Arbeitgeberverbandes gewesen wäre, da gemäß § 3 TVG die normative Wiedereinstellungsklausel eines Tarifvertrages mangels Allgemeinverbindlicherklärung nur für tarifgebundene Arbeitgeber und Arbeitnehmer gilt.

Das Landesarbeitsgericht hat angenommen, daß die Beklagte zur Zeit des Abschlusses des Tarifvertrages nicht mehr Mitglied des Unternehmerverbandes kunststoffverarbeitende Industrie Rheinland-Pfalz, der auf der Arbeitgeberseite den Tarifvertrag vom 10. Januar 1956 abgeschlossen hatte, gewesen sei. Zwar binde die Rechtskraft des Urteils des Landgerichts Koblenz vom 22. Juni 1956, in dem festgestellt worden ist, daß die Mitgliedschaft der Beklagten bei ihrem Arbeitgeberverband mit Wirkung vom 29. Dezember 1955 beendet worden ist, die Parteien des vorliegenden Verfahrens nicht; die Beklagte habe aber zu Recht ihre Mitgliedschaft aus wichtigem Grund mit Wirkung vom 29. Dezember 1955 gelöst. Die Revision ist auch der Meinung, daß die Rechtskraft des Vorprozesses im anhängigen Verfahren keine Wirkungen habe, meint aber, daß das Landesarbeitsgericht den Begriff des wichtigen Grundes verkannt habe. Demgegenüber vertritt die Beklagte die Auffassung, daß die Rechtskraft des landgerichtlichen Urteils auch die Parteien des jetzigen Verfahrens binde, mindestens aber übe das rechtskräftige Urteil des Vorprozesses eine Tatbestandswirkung aus.

Der Senat hatte sich somit mit der bisher in Literatur und Rechtsprechung noch nicht erörterten Frage zu befassen, ob die in einem Vorprozeß zwischen einer Tarifvertragspartei und ihrem Mitglied, hier dem Arbeitgeberverband und der Beklagten, ergangene rechtskräftige Entscheidung (des ordentlichen Gerichts), auf Grund deren die Mitgliedschaft zu einem bestimmten Zeitpunkt geendet hat, auch in einem späteren Prozeß zwischen dem ehemaligen Mitglied und der anderen Tarifvertragspartei oder den Mitgliedern dieser Tarifvertragspartei, hier zwischen der Beklagten als ehemaligem Mitglied des Arbeitgeberverbandes und den Klägern als Mitgliedern der Gewerkschaft, Rechtskraftwirkung hat.

Diese Frage war aus dem Wesen und der rechtlichen Gestaltung des Tarifvertragsrechts zu bejahen.

Es ist davon auszugehen, daß rechtskräftige Urteile gemäß § 325 ZPO nur für und gegen die Parteien des Rechtstreites wirken, die an dem Rechtsstreit teilgenommen haben. Das würde bedeuten, daß das Urteil des Landgerichts Koblenz nur zwischen der Beklagten und dem Unternehmerverband kunststoffverarbeitende Industrie Rheinland-Pfalz Wirkungen hervorruft, nicht dagegen auch zwischen der Beklagten und den der Gewerkschaft angehörenden Klägern oder etwa der vertragschließenden Gewerkschaft selbst. Der Grundsatz der Beschränkung der Rechtskraft auf die Parteien des Rechtsstreits ist wichtig und im Rechtsstaat nicht in Frage zu stellen. Aber es gibt besonders gelagerte Fälle, in denen Ausnahmen gerechtfertigt sind. Das Gesetz kennt zahlreiche Fälle, in denen ein zwischen den Parteien eines Rechtsstreits ergangenes rechtskräftiges Urteil für und gegen alle oder bestimmte Dritte wirksam ist (vgl. z. B. §§ 636 a, 638 Satz 2, 643 Satz 1, 856 Abs. 4 ZPO; 145 Abs. 2, 147 Satz 1 KO; 200 Abs. 1 Satz 1 AktG; 75 Abs. 2 GmbHG i. V. m. 200 Abs. 1 Satz 1 AktG; 51 Abs. 5 Satz 1, 96, 111 Abs. 2 GenG; 407 Abs. 2, 408 BGB; 372 Abs 2 HGB). Die Rechtskraft des Urteils ergreift dann auch diesen Dritten, allerdings nur hinsichtlich des streitbefangenen Gegenstandes des Rechtsstreits, über den in dem Urteil eine der Rechtskraft fähige Entscheidung getroffen worden ist, und nur im Verhältnis zu der Partei des Vorprozesses, zu der die die Rechtskrafterstreckung begründende Beziehung besteht, falls nicht das Urteil für und gegen alle wirkt (vgl. Rosenberg, Lehrbuch des deutschen Zivilprozeßrechts, 8. Auflage 1960, § 151 II 2 S. 759). Der Rechtsgedanke der erweiterten Rechtskraftwirkung findet sich auch im Tarifvertragsgesetz. § 8 TVG bestimmt, daß rechtskräftige Entscheidungen der Arbeitsgerichte, die in Rechtsstreitigkeiten zwischen Tarifvertragsparteien aus dem Tarifvertrag oder über das Bestehen oder Nichtbestehen des Tarifvertrages ergangen sind, in Rechtsstreitigkeiten zwischen tarifgebundenen Parteien sowie zwischen diesen und Dritten für die Gerichte, Schiedsgerichte und Schiedsgutachterstellen bindend sind. Diese erweiterte Rechtskraft der Entscheidungen zwischen Tarifvertragsparteien beruht auf dem Gedanken, widersprechende Entscheidungen zu verhindern und die einheitliche Auslegung und Anwendung des Tarifvertrages zu sichern.

Es fragt sich, ob auch ohne ausdrückliche gesetzliche Vorschrift im Wege der Lückenausfüllung im vorliegenden Falle eine Rechtskrafterstreckung erfolgen kann, die durch die Regelung des Tarifvertragsrechts dringend geboten erscheint.

Der Senat ist der Ansicht, daß die hier in Rede stehende Frage nicht anders als die soeben genannten Fälle der Rechtskrafterstreckung auf Dritte beurteilt werden kann. Nach § 3 TVG sind tarifgebunden die Mitglieder der Tarifvertragsparteien und der Arbeitgeber, der selbst Partei des Tarifvertrages ist. Ob eine Mitgliedschaft zu einer Tarifvertragspartei besteht, bestimmt sich nicht nach den Vorschriften des Tarifvertragsrechts, sondern nach den auf das Rechtsverhältnis zwischen der Tarifvertragspartei und ihrem Mitglied zur Anwendung kommenden Normen, vor allem denen des Vereinsrechts. Die Mitgliedschaft zu einer Tarifvertragspartei wird aber in § 3 TVG vorausgesetzt. Das spricht durchaus dafür, daß die Frage, ob jemand Mitglied einer Tarifvertragspartei ist, auch für die Anwendung des Tarifvertrages nach dem Rechtsverhältnis zwischen der Tarifvertragspartei und ihrem Mitglied zu beurteilen ist. Steht rechtskräftig fest, daß nach den für dieses Rechtsverhältnis maßgebenden Rechtsnormen eine solche Mitgliedschaft nicht besteht, so muß auch für die Anwendung des Tarifvertragsgesetzes von dem Nichtbestehen einer solchen Mitgliedschaft ausgegangen werden. Es wäre jedenfalls mit den praktischen Bedürfnissen nicht vereinbar, wenn einerseits im Verhältnis zwischen der Tarifvertragspartei und ihrem Mitglied rechtskräftig feststände, daß die Mitgliedschaft dieses Mitgliedes erloschen ist, andererseits aber in einem Streit zwischen einem tarifgebundenen Mitglied der anderen Tarifvertragspartei und dem ehemaligen Mitglied, hier also zwischen den tarifgebundenen Arbeitnehmern und dem nicht mehr tarifgebundenen Arbeitgeber, die Beendigung der Mitgliedschaft, hier die des Arbeitgebers zu seiner Arbeitgebervereinigung, in Zweifel gezogen oder verneint werden könnte. Die rechtskräftige Entscheidung zwischen einer Tarifvertragspartei und ihrem Mitglied, nach der dessen Mitgliedschaft beendet ist, muß auch deshalb für und gegen die andere Tarifvertragspartei und deren Mitglieder wirken, weil jede Tarifvertragspartei hinsichtlich des obligatorischen Teils des Tarifvertrages eine Durchführungspflicht trifft und im übrigen die Friedenspflicht besteht. Würde von der einen Partei des Tarifvertrages die andere auf Durchführung des Tarifvertrages durch das Mitglied, dessen Mitgliedschaft auf Grund einer rechtskräftigen Entscheidung erloschen ist oder wegen Verletzung der Friedenspflicht in Anspruch genommen werden, so könnte die in Anspruch genommene Tarifvertragspartei ihr früheres Mitglied nicht zur Durchführung des Tarifvertrages veranlassen, da jedenfalls zwischen ihr und ihrem früheren Mitglied rechtskräftig die Beendigung der Mitgliedschaft feststeht. Wohl aber könnte sie in dem arbeitsgerichtlichen Prozeß entsprechend verurteilt werden, wenn das Urteil die Entscheidung über die Mitgliedschaft ignorieren und die Mitgliedschaftsfrage entgegengesetzt entscheiden würde. Das ist nach der Auffassung des Senats ein nicht tragbares Ergebnis. Es kann nur einheitlich beurteilt werden, ob ein bestimmter Arbeitgeber oder Arbeitnehmer Mitglied einer Tarifvertragspartei und deshalb an die von dieser Tarifvertragspartei geschlossenen Tarifverträge gebunden ist. Eine analoge Anwendung des Rechtsgedankens des § 8 TVG und anderer der genannten Vorschriften ist geboten.

Gegen diese Rechtsauffassung kann nicht eingewendet werden, die Tarifvertragspartei und ihre Mitglieder, denen gegenüber die Rechtskraft der Entscheidung eines Vorprozesses zwischen der anderen Tarifvertragspartei und deren Mitglied wirkt, seien in dem Vorprozeß nicht zu Gehör gekommen, folglich dürfe sich die Rechtskraft auch nicht auf sie erstrekken. Abgesehen davon, daß in den oben genannten Fällen die Rechtskraft auch dann für und gegen einen bestimmten Dritten wirkt, wenn dieser am Vorprozeß nicht beteiligt war, so führt die hier vertretene Ansicht der erweiterten Rechtskraftwirkung dazu, daß die von ihr Betroffenen dem Vorprozeß in den prozessual dafür vorgesehenen Formen beitreten (§§ 66 ff. ZPO) und damit auf ihn Einfluß nehmen können.

Daher hatte der Senat nicht mehr zu prüfen, ob der fristlose Verbandsaustritt der Beklagten zu Recht erfolgt bzw. ob der Begriff des wichtigen Grundes verkannt ist. Es war vielmehr davon auszugehen, daß das rechtskräftige Urteil des Landgerichts Koblenz vom 22. Juni 1956 auch die Parteien des vorliegenden Verfahrens bindet. Dann konnten sich die Kläger aber nicht mehr auf die Wiedereinstellungsklausel des Tarifvertrages vom 10. Januar 1956 berufen, da die Beklagte im Zeitpunkt des Abschlusses dieses Tarifvertrages nach der rechtskräftigen Entscheidung des Landgerichts Koblenz nicht mehr Mitglied ihres Arbeitgeberverbandes war.

Es wird nicht verkannt, daß die Erweiterung der Rechtskraft in den hier in Rede stehenden Fällen zu Mißbräuchen führen könnte. Es ist denkbar, daß eine Tarifvertragspartei mit ihrem Mitglied einen Scheinprozeß über das Bestehen der Mitgliedschaft zu dem Zwecke führt, eine rechtskräftige Entscheidung über das Ende der Mitgliedschaft zu erschleichen, um das Mitglied vor den Auswirkungen eines Tarifvertrages zu schützen. Dem kann aber einmal damit begegnet werden, daß der anderen Tarifvertragspartei oder ihren Mitgliedern die oben genannte Möglichkeit der Nebenintervention gegeben ist. Zum anderen aber bieten § 826 BGB und die von der Rechtsprechung des Reichsgerichts und des Bundesgerichtshofes entwickelten Grundsätze über die in sittenwidriger Weise erschlichenen Urteile einen Schutz gegen Mißbräuche (vgl. statt aller: RGZ 61, 364; 165, 28; BGHZ 13, 71; 26, 391). Der Einwand der Urteilserschleichung durch Dritte muß auch dann gelten, wenn die Parteien des Vorprozesses das Urteil in bewußtem und gewolltem Zusammenwirken durch Täuschung des Gerichts auch deshalb erschlichen haben, um die Rechtskraft dieser Entscheidung gegenüber einem Dritten in Geltung zu setzen.

Der Senat hat unter diesem Gesichtspunkt das Verfahren vor dem Landgericht Koblenz, insbesondere die gewechselten Schriftsätze geprüft. Dabei haben sich keinerlei Umstände ergeben, die für einen Scheinprozeß oder eine sonstige Erschleichung des Urteils sprechen. Der Vorprozeß zwischen der Beklagten und ihrem Arbeitgeberverband ist vielmehr mit großer Hartnäckigkeit und Erbitterung geführt worden, so daß ein Mißbrauch in dem oben gekennzeichneten Sinne nicht vorliegt.

Da die Beklagte durch die Wiedereinstellungsklausel des Tarifvertrages vom 10. Januar 1956 nicht gebunden war, stand die Wiedereinstellung der Kläger und der übrigen streikenden Arbeitnehmer in ihrem unternehmerischen Ermessen (Hueck-Nipperdey, aaO, S. 620 ff.; BAG 1, 291 ff.). Für eine ermessensmißbräuchliche, willkürliche Handhabung der Wiedereinstellung, insbesondere dafür, daß die Beklagte eine Wiedereinstellung der Kläger aus derartigen Gründen abgelehnt hat, liegen keine Anhaltspunkte vor. Die Kläger haben auch in dieser Hinsicht nichts vorgetragen. Ihr Hilfsantrag konnte daher auch unter diesem Gesichtspunkt keinen Erfolg haben.

## 15

**1. Hat ein Arbeitnehmer längere Zeit Arbeitsleistungen auf einem ihm vom Arbeitgeber zugewiesenen Arbeitsplatz erbracht, die den Tätigkeitsmerkmalen einer höheren als der ursprünglich vereinbarten Vereinbarten Vergütungsgruppe der TO.A entsprechen, so ist diese Tätigkeit, deren Ausübung dem Willen des Arbeitgebers entsprach, Inhalt des Arbeitsvertrages anstelle des ursprünglich vereinbarten Vertragsinhalts geworden.**

**Kraft der zwingend ergänzenden Einwirkung der tariflichen Mindestnormen auf das Arbeitsverhältnis wird die tarifwidrige, den Merkmalen einer niedrigeren Vergütungsgruppe entsprechende bisherige Vergütungsabrede zugunsten der für die nunmehr ausgeübte Tätigkeit in Frage kommenden tariflichen Vergütung verdrängt.**

**2. Soweit eine höherwertige Tätigkeit Vertragsinhalt geworden ist, kann der Dienstberechtigte mangels eines dahingehenden tariflich verankerten Direktionsrechts diesen Inhalt nicht einseitig zuungunsten des Arbeitnehmers durch Zuweisen einer anderen geringerwertigen und daher niedriger besoldeten Arbeit von nicht nur vorübergehender Dauer mit der Folge ändern, daß die ursprüngliche durch die höherwertige Tätigkeit verdrängte niedrigere Vergütungsabrede wieder wirksam wird. Hierzu bedarf es vielmehr einer im Wege des Einverständnisses oder der Kündigung herbeigeführten Vertragsänderung.**

TO.A § 3; TVG § 4.

V. Senat. Urteil vom 15. 10. 1960 i. S. E. (Kl.) w. L. M. (Bekl.)
5 AZR 152/58.

I. Arbeitsgericht München. — II. Landesarbeitsgericht Bayern (München).

Die seit dem Jahre 1940 in ihrem Beruf als medizinisch-technische Assistentin tätige Klägerin ist am 3. November 1947 in die Dienste der Beklagten getreten. Sie wurde unter Einreihung in der VergGr. VII TO.A in das Laboratorium der Blutspenderzentrale des Städtischen Gesundheitsamtes übernommen und in der serologischen Abteilung mit der Durchführung von Blutgruppenuntersuchungen betraut.

Am 13. März 1954 erhob die Klägerin gegen die Stadt M. Klage mit dem Antrag, die Beklagte zu verurteilen, sie ab 1. April 1953 in die VergGr. VI b TO.A einzugruppieren. Nachdem sie diese Klage zurückgenommen hatte, erhob sie unter dem 4. Mai 1954 erneut Klage mit dem Antrag, die Beklagte zur Zahlung des Unterschiedsbetrages zwischen den Vergütungsgruppen VII und VI b TO.A für die Zeit vom 1. April bis 31. August 1953 in Höhe von 302.— DM zu verurteilen. Während das Arbeitsgericht München mit Urteil vom 14. März 1955 die Klage abwies, hat das Landesarbeitsgericht München mit Urteil vom 31. Januar 1956 nach dem Klageantrag erkannt. Dieses Urteil ist rechtskräftig. Ab 11. Mai 1954, also wenige Tage nach Einreichung der zweiten Klage vom 4. Mai 1954, beschäftigte die Beklagte die Klägerin unter Versetzung auf einem anderen Arbeitsplatz mit Arbeiten, die unstreitig den Tätigkeitsmerkmalen der Gr. VII TO.A entsprachen.

Mit der am 4. Oktober 1956 erhobenen Klage, die den Gegenstand dieses Rechtsstreits bildet, begehrt die Klägerin im Endergebnis die Verurteilung der Beklagten zur Zahlung des Unterschiedsbetrages zwischen den Bezügen der VergGr. VII und VI b TO.A für die Zeit vom 1. September 1953 bis zum 30. September 1956 sowie zur Gewährung der der

VergGr. VI b entsprechenden höheren Anzahl von Urlaubstagen. Durch einen im Verlauf dieses Rechtsstreits am 8. November 1956 abgeschlossenen Teilvergleich hat sich die Beklagte verpflichtet, an die Klägerin 503,33 DM brutto als Differenzbetrag zwischen den VergGr. VII und VI b TO.A für die Zeit vom 1. September 1953 bis 10. Mai 1954 nachzuzahlen und der Klägerin im Frühjahr 1957 4 Tage Urlaub zu gewähren, die noch aus der Zeit der Beschäftigung vom 1. April 1953 bis 10. Mai 1954 herrührten. Eine Zahlung der Differenz über den 10. Mai 1954 hinaus lehnte die Beklagte ab.

Die Klägerin ist der Ansicht, daß ihr auch über den 10. Mai 1954 hinaus ein Anspruch auf Vergütung nach der VergGr. VI b der TO.A zustehe. Durch das im Vorprozeß ergangene rechtskräftige Urteil des Landesarbeitsgerichts Bayern vom 31. Januar 1956, das sie in die VergGr. VI b TO.A für die Zeit vom 1. April 1953 bis 31. August 1953 eingereiht habe, und die danach von der Beklagten vergleichsweise übernommene Bezahlung nach VergGr. VI b für die Zeit vom 1. September 1953 bis zum 10. Mai 1954, in der sie die gleiche Tätigkeit wie in dem dem Urteil vom 31. Januar 1956 zugrundeliegenden Zeitraum ausgeübt habe, sei eine zumindest stillschweigende Abänderung des ursprünglichen Vertrages, durch den sie in die VergGr. VII eingestuft worden sei, erfolgt. Sie habe deshalb ohne Abänderungskündigung ab 11. Mai 1954 nicht auf einen Arbeitsplatz mit einer Tätigkeit und einer entsprechenden Bezahlung nach VergGr. VII TO.A versetzt werden können. Eine Abänderungskündigung sei unstreitig nicht erfolgt, die Versetzung widerspreche den allgemein anerkannten Grundsätzen über das Direktionsrecht des Arbeitgebers und verstoße überdies gegen Treu und Glauben und gegen die guten Sitten, denn die Versetzung sei unmittelbar nach Zustellung der Klage in dem Vorprozeß zu dem Zweck erfolgt, ihren Anspruch auf die VergGr. VI b TO.A zu umgehen.

Die Beklagte hat zur Begründung ihres Klageabweisungsantrages vorgetragen, daß weder durch das Urteil des Landesarbeitsgerichts Bayern vom 31. Januar 1956 noch durch stillschweigendes Einvernehmen eine Abänderung des zwischen den Parteien abgeschlossenen Arbeitsvertrages erfolgt sei. Es habe deshalb keiner Abänderungskündigung bei der am 10. Mai 1954 erfolgten Versetzung auf einen anderen Arbeitsplatz bedurft, denn nach ihrer Versetzung sei die Klägerin nur mit Arbeiten beschäftigt worden, die ihrer vertraglichen Stellung entsprochen hätten. Die Klägerin habe überdies in keiner Weise dieser Beschäftigung widersprochen und sei über zwei Jahre an dem neuen Arbeitsplatz verblieben, so daß, selbst wenn man unterstellen wolle, daß mit Wirkung ab 1. April

1953 eine stillschweigende Vertragsänderung eingetreten sei, die Klägerin durch ihr Verhalten zu erkennen gegeben habe, daß sie mit der neuerlichen Änderung der Vertragsbedingungen ab 11. Mai 1954 einverstanden gewesen sei.

Arbeitsgericht und Landesarbeitsgericht haben die Klage abgewiesen. Die Revision der Klägerin führt zur Aufhebung und Zurückverweisung.

### Aus den Gründen:

Das Landesarbeitsgericht geht davon aus, daß weder durch das rechtskräftige Urteil des Landesarbeitsgerichts Bayern vom 31. Januar 1956 noch durch stillschweigendes Einverständnis eine Abänderung des Inhalts des zwischen den Parteien abgeschlossenen Anstellungsvertrages, der eine Tätigkeit und Entlohnung der Klägerin nach der VergGr. VII TO.A vorsah, erfolgt ist. Es zieht daraus die Folgerung, daß die am 10. Mai 1954 kraft des Weisungsrechts der Beklagten erfolgte Versetzung der Klägerin auf einen Arbeitsplatz, auf dem sie unstreitig — jedenfalls bis zum 1. Mai 1956 — mit Arbeiten nach der VergGr. VII TO.A beschäftigt wurde, auch dann zulässig sei und einen Anspruch auf Bezahlung nach einer höheren VergGr. ausschließe, wenn sie bis zum Zeitpunkt der Versetzung eine Tätigkeit nach der VergGr. VI b TO.A ausgeübt habe. Diese Ausführunggen sind nicht frei von Rechtsirrtum.

Zwar ist durch das Urteil des Landesarbeitsgerichts Bayern vom 31. Januar 1956, durch das die Beklagte verurteilt worden ist, an die Klägerin den Unterschiedsbetrag zwischen den VergGr. VII und VI b TO.A für die Zeit vom 1. April bis 31. August 1953 in Höhe von 302,— DM zu zahlen, eine Änderung des Inhalts des zwischen den Parteien abgeschlossenen und eine Beschäftigung und Bezahlung der Klägerin nach der VergGr. VII TO.A vorsehenden Vertrages, wie auch die Vorinstanz zutreffend erkannt hat, nicht eingetreten. Nach § 322 ZPO reicht die innere Rechtskraft eines Urteils nur soweit, wie über den Klage- oder Widerklageanspruch entschieden ist. Weder sind die Gründe dieses die Tätigkeit der Klägerin unter die VergGr. VI b subsumierenden Urteils in Rechtskraft erwachsen, noch üben sie eine rechtsgestaltende Wirkung auf das zwischen den Parteien bestehende Arbeitsverhältnis im Sinne einer aus den Urteilsgründen sich ergebenden Vertragsänderung aus. Ebenso ist dem Landesarbeitsgericht darin beizupflichten, daß eine stillschweigende Zustimmung der Beklagten zu einer Vertragsänderung im Sinne der Vereinbarung einer Bezahlung nach einer höheren als der vertraglich festgesetzten Vergütungsgruppe dem Sachverhalt nicht zu entnehmen ist.

Das Landesarbeitsgericht hat jedoch verkannt, daß bei Ausübung einer höherwertigen Tätigkeit als der ursprünglich vereinbarten auch ohne entsprechende Vergütungsabrede die das Arbeitsverhältnis unmittelbar und zwingend beherrschenden Tarifnormen entgegenstehende, d. h. dem Arbeitnehmer ungünstigere Abreden, verdrängen. Nach den Feststellungen des Berufungsgerichts hat die Klägerin nicht nur in dem von dem Urteil des Landesarbeitsgerichts Bayern vom 31. Januar 1956 erfaßten Zeitraum vom 1. April 1953 bis 31. August 1953, sondern auch in der Folgezeit, nämlich vom 1. September 1953 bis zu der am 10. Mai 1954 erfolgten Versetzung, überwiegend Tätigkeiten nach der VergGr. VI b TO.A verrichtet. Diese tatsächliche Feststellung, an die das Revisionsgericht gemäß § 561 Abs. 2 ZPO gebunden ist, hat das Landesarbeitsgericht auf Grund des von der Beklagten abgeschlossenen Teilvergleichs vom 8. November 1956 getroffen, durch den die Beklagte sich vorbehaltlos verpflichtet hat, an die Klägerin 503,33 DM brutto „als Differenzbetrag zwischen VergGr. VII TO.A und VI b TO.A für die Zeit vom 1. September 1953 bis 10. Mai 1954 nachzuzahlen". Hat aber die Klägerin bis zum 10. Mai 1954 schwierigere, den Tätigkeitsmerkmalen der VergGr. VI b TO.A entsprechende Arbeitsleistungen erbracht, so ist diese Tätigkeit, die der Klägerin zugewiesen wurde und deren Ausübung mithin dem Willen des Arbeitgebers entsprach, Inhalt des Arbeitsvertrages geworden. Damit ist eine Änderung des bisherigen Inhalts des Arbeitsvertrages insoweit eingetreten, als der Aufgabenkreis der Klägerin nicht mehr — wie ursprünglich vorgesehen — die Erbringung einfacherer, den Tätigkeitsmerkmalen der VergGr. VII TO.A entsprechender Dienste umfaßt, sondern dieser Aufgabenkreis sich nunmehr auf die Ausführung höherwertiger den Tätigkeitsmerkmalen der VergGr. VI b TO.A entsprechender Arbeit erstreckt.

Rechtsunerheblich ist der Hinweis der Beklagten, daß ihr die Bewertung dieser Tätigkeit nach den Vergütungssätzen der TO.A nicht bekannt gewesen sei, ihr Wille daher nicht auf die Zahlung der entsprechenden Vergütung gerichtet sein konnte und mithin eine einverständliche Änderung des Vertragsinhalts, die auch eine Vergütungsregelung umfassen müsse, nicht erfolgt sei. Denn kraft der zwingend ergänzenden Einwirkung der tariflichen Mindestvergütungssätze auf das Arbeitsverhältnis wird eine infolge höherwertiger Arbeit tarifwidrige Vergütungsabrede verdrängt; an ihre Stelle treten mit normativer Wirkung die für diese Arbeitsleistung vorgesehenen tariflichen Vergütungssätze, ohne deshalb Inhalt des Arbeitsverhältnisses zu werden (Hueck-Nipperdey, Lehrb. d. Arbeitsrechts, 6. Aufl., § 27 II, S. 376 ff.; Hueck-

Nipperdey-Tophoven, TVG, 3. Aufl., § 4, Anm. 28; Nikisch, Arbeitsrecht, 2. Aufl., 2. Bd. § 78 IV, 3). Ist aber, wie vorstehend ausgeführt, die der Klägerin von der Beklagten zugewiesene Tätigkeit, die den Merkmalen der VergGr. VI b entspricht, zum Inhalt des Arbeitsvertrages geworden, so kann die Beklagte mangels eines dahingehenden tariflich verankerten Direktionsrechts diesen Inhalt nicht einseitig zuungunsten des Arbeitnehmers durch Zuweisen einer anderen geringerwertigen und daher niedriger besoldeten Arbeit von nicht nur vorübergehender Dauer mit der Folge ändern, daß die ursprüngliche durch die höherwertige Tätigkeit verdrängte niedrigere Vergütungsabrede wieder wirksam wird. Hierzu bedarf es vielmehr einer im Wege der Änderungskündigung oder des gegenseitigen Einverständnisses herbeigeführten Vertragsänderung.

Eine Kündigung des Vertragsverhältnisses durch die Beklagte ist nach den Feststellungen des Landesarbeitsgerichts nicht erfolgt. Ob die Klägerin sich mit der ihr nach dem 10. Mai 1954 zugewiesenen Beschäftigung einverstanden erklärt und damit einer ausdrücklichen oder stillschweigenden Vertragsveränderung zugestimmt hat, hat das Landesarbeitsgericht nicht geprüft und konnte es bei der von ihm vertretenen Rechtsauffassung dahingestellt lassen. Da die Rechtslage eine dahingehende auf tatsächlichem Gebiet liegende Prüfung erfordert, mußte das angefochtene Urteil aufgehoben und der Rechtsstreit an die Vorinstanzen zurückverwiesen werden.

Das Landesarbeitsgericht wird in der erneuten Verhandlung neben dem Hinwirken auf die Stellung sachgerechter Anträge festzustellen haben, ob die Klägerin sich mit der ihr nach dem 10. Mai 1954 zugewiesenen Beschäftigung einverstanden erklärt oder der Beklagten ihre den Tätigkeitsmerkmalen der VergGr. VI b TO.A entsprechenden Dienste in einer gemäß § 615 BGB den Annahmeverzug begründenden Weise angeboten hat.

## 16

**1. Der Arbeitgeber im öffentlichen Dienst hat auf Grund der ihm obliegenden Fürsorgepflicht einen Angestellten im Falle seiner Versetzung aus dienstlichen Gründen für die diesem dadurch entstehenden Mehraufwendungen durch Gewährung von Trennungsentschädigung, Beschäftigungsvergütung usw. im Rahmen der Nr. 10, 11 ADO zu § 22 TO.A in Verbindung mit der Nr. 25 DVO zum UKG angemessen zu entschädigen, sofern die in diesen Vorschriften aufgestellten sachlichen Voraussetzungen gegeben sind.**

**2. Die Zurückweisung einer objektiv angemessenen Wohnung durch einen aus dienstlichen Gründen versetzten Angestellten rechtfertigt grundsätzlich die Einstellung der Zahlung einer Entschädigung gemäß Nr. 25 Abs. 8 Satz 4 DVO zum UKG. Das ist nicht der Fall, wenn der Arbeitgeber erkennt oder erkennen muß, daß der Angestellte die Wohnung aus objektiv falschen Gründen zurückweist, ohne ihn über die wahre Sachlage aufzuklären.**

TO.A § 22 Satz 2; ADO zu § 22 TO.A Nr. 10, 11; Durchführungs-Verordnung zum Umzugskostengesetz Nr. 25 Ziff. 2—10.

IV. Senat. Urteil vom 17. 10. 1960 i. S. P. (Kl.) w. L. B.-W. (Bekl.) 4 AZR 143/59.

I. Arbeitsgericht Stuttgart. — II. Landesarbeitsgericht Baden-Württemberg (Stuttgart).

Der Kläger trat 1950 in die Dienste des Landes Württemberg-Hohenzollern und fand Verwendung als Leiter des Amtes für Wiedergutmachung in R. Ab 1. September 1951 erhielt er Vergütung nach Verg-Gr. V b TO.A. Im Jahre 1952 bezog er in R. ein Eigenheim. Nach seiner Überführung in die Dienste des beklagten Landes und Aufhebung des Amtes für Wiedergutmachung in R. wurde der Kläger zum 1. April 1954 an das Landesamt für Wiedergutmachung in T. versetzt. Sein Umzug wurde angeordnet. Auf seinen Antrag erhielt der Kläger Trennungsentschädigung in Höhe von 6,— DM täglich, die zunächst bis zum 30. September 1954 gewährt, danach jeweils befristet noch mehrmals weiterbewilligt wurde.

Am 16. Januar 1956 bot das Staatsrentamt in Württemberg dem Kläger eine Dachgeschoßwohnung in T., bestehend aus 4 Zimmern, Küche und noch einzubauendem Bad, zum Mietpreis von etwa 100,— DM mit der Aufforderung an, bis zum 27. Januar 1956 mitzuteilen, ob er die voraussichtlich zum 15. Februar 1956 beziehbare Wohnung annehme. Der Kläger lehnte das mit Schreiben vom 24. Januar 1956 ab.

Das Justizministerium des beklagten Landes ordnete daraufhin zunächst die Einstellung der Zahlung von Trennungsentschädigung an den Kläger zum 15. Februar 1956 an, verfügte dann aber die Einstellung für den Tag, an dem der Kläger die ihm angebotene Wohnung hätte beziehen können. Der Kläger erhielt daher Trennungsentschädigung bis zum 30. März 1956 einschließlich, weil die Wohnung nunmehr bezugsfertig war. Eine Weitergewährung lehnte das Justizministerium ab, erhöhte jedoch auf Antrag des Klägers für die Zeit vom 1. bis 30. März 1956 den Tagessatz der Trennungsentschädigung auf 7,— DM mit Rücksich darauf, daß T. in die Ortsklasse A eingereiht worden war.

Ende März 1956 gab der Kläger sein Zimmer in T. auf und fuhr täglich von seinem Wohnort R. nach T. und zurück. Am 31. Oktober 1957 schied er beim Landesamt für Wiedergutmachung aus und trat in den Dienst des Versorgungsamts R.

Der Kläger ist der Ansicht, ihm stehe eine Trennungsentschädigung von 7,— DM täglich bereits seit dem 1. Januar 1955 zu, weil T. zu diesem Zeitpunkt in die Ortsklasse A angehoben worden sei. Auch seien die Voraussetzungen für eine Weitergewährung der Trennungsentschädigung über den 30. März 1956 hinaus gegeben gewesen, denn er habe triftige Gründe für die Zurückweisung der ihm angebotenen Wohnung in T. gehabt und sie seiner Dienststelle, dem Staatsrentamt und dem Justizministerium vorgetragen. Der Kläger hat beantragt, das beklagte Land zu verurteilen, an ihn 2735,50 DM zu zahlen.

Das beklagte Land macht geltend, eine Verpflichtung zur Zahlung der erhöhten Trennungsentschädigung über den Monat hinaus, in dem der Antrag gestellt worden sei, bestehe nicht. Im übrigen habe der Kläger die ihm angebotene Wohnung aus unbeachtlichen Gründen und deshalb abgelehnt, weil sie seiner Ansicht nach seinen persönlichen Bedürfnissen nicht entsprochen habe. Die Trennungsentschädigung sei aber nicht solange zu zahlen, bis der Kläger eine Wohnung gefunden habe, die seinen persönlichen Wünschen gerecht werde.

Das Arbeitsgericht hat der Klage stattgegeben. Auf die Berufung des beklagten Landes hat das Landesarbeitsgericht das arbeitsgerichtliche Urteil abgeändert und das Land zur Zahlung der erhöhten Trennungsentschädigung für die Zeit vom 1. Januar 1955 bis 30. März 1956 im Gesamtbetrage von 401,— DM verurteilt. Im übrigen hat es die Klage abgewiesen.

Die Revision des Klägers führte zur Aufhebung und Zurückverweisung.

Aus den Gründen:

Nach § 22 Satz 2 TO.A, Nr. 10 und 11 Abs. 1 ADO zu dieser Vorschrift kann einem Angestellten der in § 1 Abs. 1 bezeichneten Verwaltungen und Betriebe eine Trennungsentschädigung gemäß § 11 des Gesetzes über Umzugskostenvergütung der Beamten (UKG) vom 3. Mai 1935 (RGBl. I, S. 566) u. a. gewährt werden, wenn er während des Angestelltenverhältnisses aus dienstlichen Gründen nach einem anderen Dienstort versetzt wird oder auf dienstliche Anordnung umziehen muß. Dabei sind gemäß Nr. 11 Abs. 2 ADO zu § 22 TO.A die Bestimmungen der Nr. 25 Abs. 2—10 der Durchführungsverordnung zum UKG (DVO) vom 7. Mai 1935 (RBBl., S. 40) sinngemäß anzuwenden. Zwar gilt die

DVO in Baden-Württemberg in der Fassung der Verordnung des Finanzministers vom 17. Oktober 1953 (GVBl. Baden-Württemberg, S. 185). Die hier in Betracht kommenden Bestimmungen für die Beamten des beklagten Landes weisen jedoch gegenüber den Bundesvorschriften keinen abweichenden Inhalt auf. Es kann daher unerörtert bleiben, ob hier im Rahmen der ADO zu § 22 TO.A von der Bundes- oder der Landesregelung der Trennungsentschädigung auszugehen ist.

Nun bestimmt allerdings Nr. 25 Abs. 4 Satz 2 DVO, daß auf die Gewährung von Trennungsentschädigung kein Rechtsanspruch besteht. Soweit mit dieser Bestimmung etwa ein Ausschluß des Rechtsweges bei Streit über Grund oder Höhe der Trennungsentschädigung ausgesprochen werden sollte (vgl. BGHZ 10, 296), ist sie ohne Bedeutung und hinfällig, weil sie gegen Art. 19 Abs. 4 GG verstoßen würde (vgl. insoweit hinsichtlich der Geltendmachung von Übergangsgeld auch: BAG AP Nr. 1 zu § 16 TO.A; Nr. 1, 2 zu § 17 TO.A).

Dem Landesarbeitsgericht ist im Ergebnis auch darin zuzustimmen, daß dem aus dienstlichen Gründen versetzten Angestellten auch ein Rechtsanspruch auf Bewilligung von Trennungsentschädigung erwächst. Wenngleich nach dem Wortlaut der Nr. 10 und 11 ADO zu § 22 TO.A dem Angestellten Trennungsentschädigung lediglich gewährt werden k a n n, bedeutet diese Regelung nicht, daß es der freien Entscheidung des öffentlichen Arbeitgebers überlassen ist, ob er Trennungsentschädigung zahlen will oder nicht; er ist auch nicht berechtigt, eine bewilligte Trennungsentschädigung jederzeit frei zu widerrufen (vgl. BGHZ 10, 301). Vielmehr ist der öffentliche Arbeitgeber auf Grund der ihm kraft Arbeitsvertrags obliegenden, insoweit in den Nrn. 10 ff. ADO zu § 22 TO.A sowie der dort in Bezug genommenen Nr. 25 DVO zum UKG konkretisierten Fürsorgepflicht gehalten, den Angestellten für die aus Anlaß einer Versetzung usw. entstehenden Mehraufwendungen durch Gewährung von Trennungsentschädigung, Beschäftigungsvergütung, Fahrgeldersatz, Verpflegungszuschuß usw. im Rahmen der angeführten Rechtsvorschriften und der für Beamte geltenden Richtlinien (Verwaltungserlasse), soweit letztere jenen nicht widersprechen, angemessen zu entschädigen, sofern die dort festgelegten sachlichen Voraussetzungen gegeben sind (vgl. dazu auch BGH LM Nr. 10 zu § 36 DBG; Meyer-Fricke, Umzugskosten, Trennungsentschädigung und Beschäftigungsvergütung im öffentlichen Dienst, 3. Aufl., Nr. 25 DVO Erl. 30; Nr. 11 ADO zu § 22 TO.A Erl. 1).

Diese Voraussetzungen hat der Kläger auch über den 30. März 1956 hinaus erfüllt. Denn nach den Feststellungen des Berufungsurteils hat seine aus dienstlichen Gründen angeordnete Versetzung nach T. (vgl. Nr. 11 Abs. 1 Buchstabe a ADO zu § 22 TO.A) bis zu seinem Ausscheiden beim Landesamt für Wiedergutmachung am 31. Oktober 1957 fortbestanden. Der verheiratete Kläger hat auch nach wie vor am bisherigen Dienstort (R.) seine Wohnung mit Kochgelegenheit beibehalten, in der wenigstens eine Hauptmahlzeit für seine Familienangehörigen auf eigene Rechnung hergestellt worden ist (vgl. Nr. 25 Abs. 2 Satz 1 DVO zum UKG). Unter diesen Umständen bestand ein Anspruch des Klägers auf Ersatz der ihm durch die Versetzung entstandenen Mehrkosten für die Zeit nach dem 30. März 1956 nur dann nicht, wenn die Voraussetzungen vorlagen, die das beklagte Land berechtigten, dem Kläger eine Entschädigung der in Nr. 25 DVO vorgesehenen Art zu entziehen. Zu Unrecht nimmt das Berufungsgericht an, daß das der Fall war.

Allerdings hat der öffentliche Arbeitgeber, sofern der Angestellte eine Wohnung zurückweist, die nach seiner dienstlichen Stellung und seinem Diensteinkommen als angemessen anzusehen ist, gemäß Nr. 11 Abs. 2 ADO zu § 22 TO.A in Verbindung mit Nr. 25 Abs. 8 S. 4 DVO die Zahlung einer Entschädigung von dem Tage ab einzustellen, an dem die Wohnung von dem Angestellten hätte bezogen werden können. Unstreitig hat der Kläger auch eine ihm am 16. Januar 1956 zum Mietpreis von etwa 100,— DM angebotene Wohnung in T., bestehend aus 4 Zimmern, Küche und noch einzubauendem Bad, mit Schreiben vom 24. Januar 1956 abgelehnt. Zur Begründung hat er darin nach den Feststellungen des angefochtenen Urteils vorgebracht, der auf ihn entfallende Anteil an den mit 3000,— DM veranschlagten Instandsetzungskosten sei bei einem ihm in Aussicht gestellten Staatszuschuß von nur ca. 1000,— DM nicht tragbar; er habe außerdem erhebliche Kosten für Umbau und Installation mehrerer wegen der anderen Stromart des Leitungsnetzes in der Wohnung sonst nicht verwendbarer elektrischer Haushaltsgeräte sowie für die Instandsetzung der in der Wohnung befindlichen Öfen aufzuwenden, die zuviel Heizmaterial verbrauchten; schließlich könne er auch in der kurzen Zeit bis zur Bezugsfertigkeit der Wohnung in T. (damals 15. Februar 1956) keinen geeigneten Mieter finden, einen Mietausfall könne er aber nicht auf sich nehmen.

Es mag zutreffen, wie das Landesarbeitsgericht ausführt, daß ungeachtet dieser Einwendungen die Wohnung objektiv den Verhältnissen des Klägers nach Dienststellung und Diensteinkommen angemessen war, weil er im Ergebnis zu den Instandsetzungskosten nur 150,— DM hätte beisteuern müssen, die Stromart des Leitungsnetzes bereits geändert war, als die Wohnung am 30. März 1956 bezugsfertig wurde, und der Kläger bei einem Mietausfall in R. eine Entschädigung hätte bekommen können. Entgegen der Ansicht des Berufungsgerichts genügt aber die objektive Angemessenheit einer Wohnung für einen Angestellten einer bestimmten Vergütungsgruppe allein nicht, um bei ihrer Zurückweisung die Entziehung einer Entschädigung gemäß Nr. 25 Abs. 8 S. 4 DVO zu begründen. Vielmehr muß nach dem Sinn der Vorschrift, die einen Anwendungsfall der Grundsätze von Treu und Glauben darstellt (vgl. BVerwG 6, 111 [114]), hinzukommen, daß sich das Verhalten des Angestellten bei Berücksichtigung der Umstände des Einzelfalles als treuwidrig erweist.

In diesem Zusammenhang wird bedeutsam — was das beklagte Land und das Berufungsurteil übersehen —, daß der Kläger, der sich in verhältnismäßig kurzer Zeit über die Annahme oder Ablehnung der angebotenen Wohnung zu entscheiden hatte, bei der Begründung der Ablehnung hinsichtlich der ihm im Falle des Bezugs der Wohnung zu gewährenden Leistungen für das beklagte Land erkennbar von falschen Voraussetzungen ausging. Nach dem eigenen Vorbringen des beklagten Landes hätte nämlich die dem Kläger als Beitrag zu den Instandsetzungskosten zustehende Abfindung nicht, wie der Kläger meinte, ca. 1000,— DM, sondern 1800,— DM betragen. Die Auslagen für die Änderung elektrischer hauswirtschaftlicher Geräte wären ihm, wie das beklagte Land ebenfalls selbst vorträgt, bei einer nicht rechtzeitigen Umstellung des Leitungsnetzes der Wohnung auf eine andere Stromart nach Nr. 16 Absatz 2 Buchst. h Ziff. 2 DVO zum UKG erstattet worden. Außerdem hätte der Kläger bei einem etwaigen Mietausfall in seinem Eigenheim in R. eine Entschädigung nach dem ortsüblichen Mietwert der Wohnung für die Dauer von 6 Monaten gemäß § 8 Abs. 1 Satz 2 UKG erhalten, was sowohl vom Berufungsurteil als auch vom beklagten Land hervorgehoben wird.

Das alles war aber dem Kläger bei Ablehnung der Wohnung nicht bekannt. Obwohl dieser nach dem dem angefochtenen Urteil zugrundeliegenden Sachverhalt seiner Dienststelle unmittelbar nach der Besichtigung mündlich den Zustand der ihm angebotenen Wohnung mitgeteilt hat, ist er weder zu diesem Zeitpunkt noch später bis zur endgültigen Ablehnung über die in diesem Falle möglichen Zuschüsse, Beihilfen usw. unterrichtet worden. Auch das beklagte Land hat das nicht behauptet. Dessen Sache wäre es gewesen, in Erfüllung seiner Fürsorgepflicht den Kläger auf die offensichtlich falsche Begründung seiner Ablehnung unter Bekanntgabe der für ihn neben der Erstattung der Umzugskosten in Betracht kommenden zusätzlichen Hilfen hinzuweisen und ihn zur Erklärung aufzufordern, ob er gleichwohl bei seinem Standpunkt beharre. Da das unterblieben ist, kann sich das beklagte Land nicht darauf berufen, der Kläger habe durch sein eigenes treuwidriges Verhalten den Bezug einer angemessenen Wohnung verhindert und deshalb sei die Entziehung einer Entschädigung gemäß Nr. 25 Abs. 8 Satz 4 DVO gerechtfertigt; denn nach Lage der Sache kann von einem treuwidrigen Verhalten des Klägers gar keine Rede sein.

Danach hat der Kläger Anspruch auf Gewährung eines angemessenen Ersatzes für die durch seine Versetzung entstandenen Mehraufwendungen über den 30. März 1956 hinaus.

Gleichwohl konnte das Revisionsgericht in der Sache selbst nicht entscheiden. Unstreitig hat nämlich der Kläger Ende März 1956 sein Zimmer in T. aufgegeben und ist täglich von seinem Wohnort R. dorthin und zurück gefahren. Sein Entschädigungsanspruch beschränkt sich infolgedessen nach Nr. 25 Abs. 4 DVO zum UKG in Verbindung mit Nr. 3 der Bestimmungen über Vergütung bei vorübergehender auswärtiger Beschäftigung (Abordnungsbestimmungen) auf Gewährung von Fahrtkostenersatz sowie von Verpflegungszuschuß bis zum Höchstbetrag von 2,50 DM täglich. Gerade in bezug auf den Verpflegungszuschuß steht aber noch nicht ohne weiteres fest, ob der Kläger auch Anspruch auf einen solchen in bestimmter Höhe pro Tag hat. Denn wie insbesondere aus der Regelung der Nr. 25 Abs. 4 DVO in Verbindung mit Ziff. 2 der Abordnungsbestimmungen sowie der Nr. 25 Abs. 10 DVO zu entnehmen ist, ist es grundsätzlich Sache des öffentlichen Arbeitgebers, die Höhe des Aufwendungsersatzes unter Berücksichtigung der dem Angestellten erwachsenen — angemessenenen — zusätzlichen Ausgaben im Rahmen der zulässigen Höchstsätze festzusetzen (vgl. auch BGH LM Nr. 10 zu § 36 DBG). Nur insoweit besteht ein Anspruch auf Entschädigung in bestimmter Höhe, als der öffentliche Arbeitgeber etwa regelmäßig bestimmte Sätze zu gewähren pflegt. Ob danach ein bestimmter täglicher Verpflegungszuschuß für den Kläger in Betracht kommt, läßt sich aus den Feststellungen des angefochtenen Urteils ebensowenig entnehmen wie die Höhe des täglichen Fahrtkostenersatzes. Außerdem hat das beklagte Land geltend gemacht, nur in der Zeit vom 1. April 1956 bis 30. September 1956 seien Verpflegungszuschuß und Fahrtkostenersatz in voller Höhe zu zahlen, später seien sie zu kürzen, im übrigen habe der Kläger im Klagezeitraum mehrfach seinen Dienst wegen Beurlaubung nicht wahrgenommen und einen schriftlichen Antrag auf Entschädigung nicht gestellt. Auch insoweit fehlt es an den erforderlichen Feststellungen.

Das angefochtene Urteil war daher aufzuheben und die Sache zur anderweiten Verhandlung und Entscheidung an das Berufungsgericht zurückzuverweisen.

## 17

**1. Der Senat hält an seiner auf den Beschluß des Großen Senats vom 28. Januar 1955 (BAG 1, 291 [309—313]) gestützten Rechtsauffassung fest, daß die rechtmäßige Aussperrung keine Kündigung, sondern ein den Regeln des Kündigungsrechts und des Kündigungsschutzrechts nicht unterliegender Lösungstatbestand eigener Art ist. Das gilt auch gegenüber werdenden Müttern oder Wöchnerinnen, jedenfalls dann, wenn sie sich aktiv am Streik beteiligen.**

**2. Zwischen Art. 6 Abs. 4 GG, der eine Schutz- und Fürsorgeverpflichtung des Staates für die Mutter enthält, und Art. 9 GG, aus dem sich das Grundrecht auf Freiheit des Arbeitskampfes ergibt, besteht kein Widerspruch. Der Gesetzgeber hat das Gebot und den verfassungsrechtlichen Grundsatz des Art. 6 Abs. 4 GG für die erwerbstätige Mutter durch das Mutterschutzgesetz verwirklicht. Das schließt aber nicht aus, daß auch die geschützte Mutter gewisse Belastungen hinnehmen muß, die insbesondere im Risiko der Aussperrung bei einer Streikbeteiligung liegen können.**

**3. Die in Art. 6 Abs. 4 GG und im Mutterschutzgesetz zum Ausdruck gekommenen Grundsätze des Schutzes und der Fürsorge für die Mutter vor und nach der Geburt eines Kindes gehören zu den entscheidenden Rechtsgedanken des deutschen Arbeitsrechts. Sie sind bei einer Wiedereinstellung nach Streikende, insbesondere wenn keine Wiedereinstellungsklausel vereinbart und die Wiedereinstellung somit in das unternehmerische Ermessen gestellt ist, heranzuziehen. Der Arbeitgeber hat daher nach Beendigung des Arbeitskampfes im Regelfalle eine besondere sittliche und rechtliche Pflicht, werdende Mütter und Wöchnerinnen wiedereinzustellen.**

BGB § 615; MuSchG § 9; GG Art. 2, 6 Abs. 4, 9; SchwBeschG § 19 Abs. 5.

I. Senat. Urteil vom 19. 10. 1960 i. S. P. u. J. (Kl.) w. T. & Co. (Bekl.)
1 AZR 373/58.

I. Arbeitsgericht Bremen. — II. Landesarbeitsgericht Bremen.

Die Klägerinnen waren im Betrieb der Beklagten als Textilarbeiterinnen beschäftigt. Am 22. Januar 1958 legten sie gemeinsam mit dem größten Teil der im Betrieb der Beklagten beschäftigten Lohnempfänger auf

Grund eines Gewerkschaftsbeschlusses die Arbeit nieder. Beide Klägerinnen waren zu diesem Zeitpunkt schwanger, wie der Beklagten bekannt war.

Am gleichen Tage des Streikes sperrte die Beklagte ihre Lohnempfänger durch folgende Bekanntmachung aus:

„Nach Mitteilung der Gewerkschaft haben an der gestern vorgenommenen Urabstimmung
646 stimmberechtigte Belegschaftsmitglieder teilgenommen. Hiervon haben 565 für die Arbeitsniederlegung gestimmt = 87,5 %
der abgegebenen Stimmen.
Obwohl damit nur 44,5 % aller Belegschaftsmitglieder sich für den Streik ausgesprochen haben, wird nach Weisung der Gewerkschaft unser Betrieb ab heute 14.00 Uhr bestreikt.
Aus arbeitsrechtlichen Gründen sind wir gezwungen, den verkündeten Streik von der gleichen Uhrzeit ab mit der Abwehraussperrung aller Lohnempfänger unseres Betriebes zu beantworten.
Von der generellen Aussperrung werden nicht betroffen:

1. Lehrlinge, die bei Teilnahme am Streik gegen ihre Verpflichtungen aus dem Lehrvertrag verstoßen würden.
2. Alle zur Durchführung von Notstandsarbeiten bestimmten und hierzu von ihren Vorgesetzten aufgeforderten Arbeitnehmer.

Wir sind bereit, Arbeitswillige nach Maßgabe der verbleibenden Arbeitsmöglichkeiten zu beschäftigen. Wir fordern Arbeitswillige auf, sich bei Beginn ihrer Schicht heute und morgen bei ihren Meistern zu melden. Während der Streikdauer ist geplant, in Tagesschicht von 6.00 bis 15.15 Uhr zu arbeiten."

Auf Grund dieser Bekanntmachung meldete sich die Klägerin zu 1 am 23. Januar 1958 und die Klägerin zu 2 am darauffolgenden Tage und erklärten ihre Arbeitsbereitschaft. Die Beklagte lehnte aber ihre Einstellung ab, da sie für die Klägerinnen keine Arbeitsmöglichkeit habe.

Der Streik wurde am 19. März 1958 durch einen Tarifvertrag mit der üblichen Wiedereinstellungsklausel beendet.

Die Klägerinnen sind der Ansicht, es stünde ihnen vom Zeitpunkt ihres Arbeitsangebotes an für die Dauer des Streiks Lohn zu, da die Beklagte in Annahmeverzug gekommen sei. Sie vertreten die Auffassung, ihr Arbeitsverhältnis sei infolge der Mutterschutzbestimmungen durch die Aussperrung nicht beendet worden. Sie haben demgemäß beim Arbeitsgericht Bremen Klage auf Zahlung des Lohnbetrages in unstreitiger Höhe erhoben.

Das Arbeitsgericht hat die Beklagte entsprechend den Klageanträgen verurteilt; das Landesarbeitsgericht hat die Klagen abgewiesen. Die Revisionen der Klägerinnen blieben erfolglos.

Aus den Gründen:

I. Der Anspruch der Klägerinnen, der sich allein auf § 615 BGB (Annahmeverzug) stützen könnte, ist nicht begründet. Denn das Arbeitsverhältnis der Parteien ist am 22. Januar 1958, dem Tage der durch Bekanntmachung erfolgten Abwehraussperrung, beendet worden. Das ergibt sich aus dem Wesen und der Rechtsnatur der Aussperrung, wie sie vom Großen Senat des Bundesarbeitsgerichts in seinem Beschluß vom 28. Januar 1955 (BAG 1, 291 [309 ff.—313]) und von der Rechtsprechung des erkennenden Senats entwickelt worden sind (AP Nr. 6 zu Art. 9 GG Arbeitskampf und BAG 10, 88 ff.). Danach ist die Aussperrung in Abwehr eines Streikes eine Gesamtlösung der Arbeitsverhältnisse der Ausgesperrten. Sie ist keine Kündigung, sondern ein den Regeln des Kündigungsrechts und des Kündigungsschutzrechts nicht unterliegender Lösungstatbestand eigener Art. Daher scheiden auch Vergütungsansprüche der Arbeitnehmer aus dem Gesichtspunkt des Annahmeverzuges aus.

Dieses Erkenntnis der Rechtsnatur der Aussperrung (vgl. über das Schrifttum: Hueck-Nipperdey, Lehrbuch des Arbeitsrechts, Bd. II, S. 612, 619 mit Nachweisen; neuerdings Gift, RdA 1960, S. 166; Bertele, Rechtsnatur und Rechtsfolgen der Aussperrung, 1960) macht klar, daß für eine Anwendung von § 9 MuSchG, der eine Kündigung voraussetzt, kein Raum ist, wenn die werdende Mutter rechtmäßig, d. h. zur Erreichung eines legitimen kollektiven Kampfzieles, nämlich zur Abwehr des Streikes, ausgesperrt worden ist. Daß dies der Fall ist, hat der Vorderrichter rechtsfehlerfrei festgestellt.

Der Senat brauchte die Frage nicht zu entscheiden, ob etwa eine andere rechtliche Beurteilung dann Platz greifen könnte, wenn die schwangere Arbeitnehmerin nicht mitgestreikt und von vornherein ihre Arbeitskraft weiter zur Verfügung gestellt hätte (vgl. dazu Galperin, RdA 1959, S. 41, 47). Denn nach den tatsächlichen Feststellungen des Berufungsgerichts steht fest, daß beide Klägerinnen die Arbeit gemeinsam mit den anderen Streikenden niedergelegt, sich somit am Streik beteiligt haben. Daß sie später ihre Arbeitskraft wieder angeboten haben, ist bei der Untersuchung der Frage, ob das Arbeitsverhältnis durch die Aussperrung beendet ist oder ob § 9 MuSchG eingreift, ohne Bedeutung.

Die Rechtsauffassung des Senats ergibt sich zwangsläufig aus der vom Großen Senat in seinem Beschluß vom 28. Januar 1955 entwickelten

Charakterisierung des Arbeitskampfrechts im freiheitlichen sozialen Rechtsstaat. Hier besteht für beide Sozialpartner die Freiheit des Arbeitskampfes und die Kampfparität, es sei denn, daß entgegenstehende kollektivrechtliche Bindungen vorliegen oder der Arbeitskampf nicht sozialadäquat ist. Diese grundlegenden Prinzipien müssen dazu führen, daß für beide Parteien des Arbeitslebens, wenn sie zu einem rechtmäßigen Arbeitskampf schreiten, die individualrechtlichen Bindungen in Wegfall kommen, die sonst einer sofortigen Einstellung der Arbeit oder einer sofortigen Lösung der Arbeitsverhältnisse entgegenstehen. Aus diesem Grunde haben der Große Senat des Bundesarbeitsgerichts und ihm folgend der erkennende Senat den sozialadäquaten Streik von den früher angenommenen arbeitsvertraglichen, also individualrechtlichen Bindungen befreit. Dementsprechend wurde ausgesprochen, daß eine Aussperrung nicht an die Begrenzungen des Kündigungsrechts und des Kündigungsschutzrechts gebunden ist, die im übrigen bei individuellen Kündigungen bestehen.

Dieses Prinzip ist im Kündigungsschutzgesetz (§ 23) dadurch zum Ausdruck gekommen, daß dieses Gesetz bei Lösung von Arbeitsverhältnissen als Arbeitskampfmaßnahmen keine Anwendung findet. Auch das Schwerbeschädigtengesetz — beide Gesetze auf der Grundlage der älteren Rechtsauffassung — geht in § 19 Abs. 5 davon aus, daß die Arbeitsverhältnisse schwerbeschädigter Arbeitnehmer bei Arbeitskämpfen fristlos gelöst werden können. Der Senat ist der Auffassung, daß die rechtliche Stellung der werdenden Mutter und der Wöchnerin hinsichtlich der Lösung des Arbeitsverhältnisses im Arbeitskampf nicht anders beurteilt werden kann als bei den Schwerbeschädigten. Eine andere Entscheidung würde nicht nur die Kampfparität erheblich beeinträchtigen, sondern insbesondere auch die von der Rechtsprechung des Bundesarbeitsgerichts entwickelte Arbeitskampffreiheit erheblich beschneiden.

Die dargelegte Grundauffassung des Bundesarbeitsgerichts zum Arbeitskampfrecht hat sich in der Praxis der Gerichte und im Arbeitsleben durchgesetzt. Der Senat hatte auch angesichts des nach seiner Überzeugung nicht gelungenen Versuchs von Nikisch, Lehrbuch, 2. Aufl., 1959, S. 93 ff., 156 ff., 171 ff. und anderer, die früher herrschende Lehre zu verteidigen, keine Veranlassung, von seiner bisherigen Rechtsprechung und der Rechtsprechung des Großen Senats abzuweichen.

II. Die Revision hat vorgetragen, daß es bei der Entscheidung der Frage, ob § 9 MuSchG auch bei der Aussperrung zum Tragen komme, einer Abwägung zwischen dem sich aus Art. 2 und 9 GG ergebenden Grundrecht auf Freiheit des Arbeitskampfes und dem in Art. 6 Abs. 4 GG festgelegten Anspruch der Mutter auf Schutz und Fürsorge der Gemeinschaft bedürfe. Hierbei verdiene Art. 6 Abs. 4 GG den Vorrang.

Zwischen den genannten Grundrechtssätzen besteht in Wahrheit jedoch kein Widerspruch, so daß für eine Rangbewertung und eine Abwägung kein Raum ist. Die grundgesetzliche Bestimmung des Art. 6 Abs. 4 GG wendet sich an die Gemeinschaft, sie betont vor allem eine Schutz- und Fürsorgeverpflichtung des Staates für die Mutter. Wie der Große Senat in seinem Beschluß vom 26. April 1956 (BAG 3, 66 [70]) ausgesprochen hat, hat der Gesetzgeber das Gebot und den verfassungsrechtlichen Grundsatz des Art. 6 Abs. 4 GG für die erwerbstätige Mutter durch das Mutterschutzgesetz verwirklicht. Der Grundgedanke dieses Gesetzes geht dahin, möglichst Konflikte zwischen den mutterschaftlichen Aufgaben der Frau und ihren Bindungen aus der Erwerbstätigkeit auszugleichen sowie der Mutter vor und nach der Geburt eines Kindes die bisherige Arbeitsstelle und den bisherigen Verdienst möglichst zu erhalten. Der Gesetzgeber hat also für das Gebiet des Arbeitsrechts mit der Schaffung des Mutterschutzgesetzes den Verfassungssatz des Art. 6 Abs. 4 GG dahingehend konkretisiert, daß er verbietet, die werdende Mutter und die Wöchnerin wegen ihrer Schwangerschaft oder der kurz zuvor erfolgten Geburt eines Kindes im Arbeitsleben in bestimmter Weise, so vor allem durch die Kündigung, zu beeinträchtigen. Das schließt aber nicht aus, daß auch die geschützte Mutter ebenso wie der schwerbeschädigte Arbeitnehmer gewisse Belastungen hinnehmen muß. Eine solche hinzunehmende Beeinträchtigung liegt insbesondere im Risiko, beim Streik durch die Gegenmaßnahme der Aussperrung betroffen zu werden, ein Risiko, das keinem Arbeitnehmer abgenommen werden soll und kann und das sich aus der Freiheit des Arbeitskampfes und der Kampfparität notwendigerweise ergeben muß.

III. Diese Auffassung des Senats verkennt natürlich nicht, daß die Mutter vor und nach der Geburt eines Kindes besonders schutzwürdig ist. Daher ist die Frage der Wiedereinstellung einer schwangeren Arbeitnehmerin n a c h dem Arbeitskampf von besonderer Bedeutung. In dem Beschluß des Großen Senats vom 28. Januar 1955 zum Arbeitskampf wird betont, daß in jeder Aussperrung zugleich die Aufforderung der Arbeitgeber an die ausgesperrten Arbeitnehmer liegt, nach Beendigung des Arbeitskampfes den Arbeitgebern ein entsprechendes Angebot zum Wiederabschluß der Arbeitsverträge zu machen. Zwar hat der Große Senat die Wiedereinstellung beim Fehlen einer Wiedereinstellungsklausel in das unternehmerische Ermessen gestellt. Er hat aber ausdrücklich ausgesprochen, daß dieses Ermessen nicht offensichtlich mißbräuchlich ausgeübt werden darf. In diesem Zusammenhang hat der Große Senat besonders nachdrücklich betont, daß bei der Prüfung, ob ein Ermessensmißbrauch vorliegt, die entscheidenden Rechtsgedanken des deutschen Arbeitsrechts berücksichtigt werden müssen. Diese Rechtsgedanken dürfen nicht verletzt werden. Die in Art. 6 Abs. 4 GG und im Mutterschutzgesetz zum Ausdruck gekommenen Grundsätze des Schutzes und der Fürsorge für die Mütter vor und nach der Geburt eines Kindes gehören neben anderen zu den entscheidenden Rechtsgedanken, die für das deutsche Arbeitsrecht maßgebend sind. Das bedeutet, daß der Arbeitgeber nach Beendigung eines Arbeitskampfes im Regelfalle eine besondere sittliche und auch rechtliche Pflicht hat, werdende Mütter und Wöchnerinnen bevorzugt wieder einzustellen, ihnen also denselben Schutz zu gewähren, der den schwerbeschädigten Arbeitnehmern durch ausdrückliche gesetzliche Vorschrift zugesichert ist.

IV. Dagegen können die Klägerinnen keine Rechte aus der Ablehnung ihrer Wiedereinstellung während des Arbeitskampfes herleiten. Die Beklagte hätte die Klägerinnen bereits am 23. bzw. 24. Januar 1958 wiedereinstellen müssen, wenn sie ihnen ein eindeutiges und unbedingtes Angebot zur Wiederbeschäftigung gemacht hätte. Das würde selbst dann gelten, wenn die Beklagte nur eine entsprechende Aufforderung erlassen hätte, ihre Angebote zur Wiedereinstellung zu machen. Diese durfte sie nach Treu und Glauben und namentlich auch im Hinblick auf die Schutzbedürftigkeit der betr. Frauen nicht ablehnen.

Im Streitfall ist die Rechtslage jedoch eine andere. Die Beklagte hat keine unbedingte und vorbehaltlose Erklärung abgegeben, sondern sie hat sich in ihrer Bekanntmachung über die Aussperrung lediglich bereit erklärt, „Arbeitswillige nach Maßgabe der verbleibenden Arbeitsmöglichkeiten zu beschäftigen". Ob es sich hierbei um ein Angebot oder nur um eine Aufforderung zur Abgabe von Angeboten seitens der ausgesperrten Arbeitnehmer an die Beklagte handelt, kann dahingestellt bleiben. Der Beklagten kann es jedenfalls im Arbeitskampf nicht verwehrt werden, eine derartige bedingte Erklärung abzugeben. Daß die schwangeren Klägerinnen aus dieser Erklärung nur dann einen Anspruch auf Wiedereinstellung hatten, wenn die Beklagte im Rahmen ihrer Möglichkeiten Beschäftigung für die Klägerinnen hatte, kann nicht zweifelhaft sein.

Der Vorderrichter hat unter diesen Umständen zu Recht eine Beweisaufnahme durch Zeugenvernehmungen darüber durchgeführt, ob die Beklagte Arbeitsmöglichkeiten für die Klägerinnen hatte, und ist zu dem Ergebnis gekommen, daß das nicht der Fall war. Diese Beweisaufnahme und Beweiswürdigung ist von der Revision mit prozessualen Rügen nicht angegriffen worden; das Revisionsgericht ist somit an das Ergebnis gebunden.

Die Ablehnung des Angebots der Klägerinnen seitens der Beklagten konnte demnach gleichfalls nicht zu einem Annahmeverzug führen, so daß ein Lohnanspruch der Klägerinnen entfällt.

## 18

**1. Bei einer Streitwertrevision hat das Revisionsgericht nicht nachzuprüfen, ob das Arbeitsgericht oder Landesarbeitsgericht den Streitwert im Urteil richtig festgesetzt hat; es ist an die für die Rechtsmittelfähigkeit maßgebliche Streitwertfestsetzung im Urteil des Arbeitsgerichts bzw. Landesarbeitsgerichts grundsätzlich gebunden, auch wenn diese unrichtig ist. Ob dies auch bei einer offensichtlich gesetzwidrigen, auf den ersten Blick erkennbar unrichtigen Streitwertfestsetzung der Fall ist, war hier nicht zu entscheiden.**

**2. Unter einer „künstlerischen Tätigkeit" im Sinne der VergGr. IV a TO.A in der Fassung des TV vom 14. Juni 1956 ist eine Tätigkeit zu verstehen, die nicht nur ein Urteilsvermögen nach künstlerischen Gesichtspunkten erfordert, sondern sich auch durch eigenes Gestalten als künstlerisch darstellt.**

**3. Eine „Spezialtätigkeit" eines Bauingenieurs im Sinne der vorgenannten Vergütungsgruppe muß sich auf ein Spezialgebiet erstrecken, das außerhalb der üblichen Aufgaben des Bauingenieurs liegt und deshalb besondere Fachkenntnisse erfordert.**

ArbGG § 61 Abs. 2, 69 Abs. 2, 72 Abs. 1 Satz 4; TO.A §§ 3 Anlage 1; Tarifvertrag über die Eingruppierung von Meistern und techn. Angestellten vom 14. Juni 1956 (VergGr. IV a TO.A).

IV. Senat. Urteil vom 19. 10. 1960 i. S. L. E. (Bekl.) w. P. (Kl.)
4 AZR 9/59.

I. Arbeitsgericht Rendsburg. — II. Landesarbeitsgericht Kiel.

Der Kläger, der eine staatliche Baugewerbeschule besucht hat, wurde am 15. September 1947 im Bauamt des beklagten Landkreises als Architekt unter Einreihung in die VergGr. IV TO.A angestellt. Ihm obliegt insbesondere die bauaufsichtliche Prüfung und Genehmigung der Bauanträge für das Kreisgebiet mit Ausnahme der Stadtgemeinde E. Seit dem 1. Mai 1956, dem Tage des Inkrafttretens des Tarifvertrages über die Eingruppierung von Meistern und technischen Angestellten vom 14. Juni 1956 (TV 56), dem das Arbeitsverhältnis des Klägers unterliegt, erhält er die Bezüge nach der VergGr. IV b TO.A.

Mit der Klage begehrt der Kläger die Feststellung, daß der Beklagte verpflichtet ist, dem Kläger seit dem 1. Mai 1956 eine Vergütung nach der VergGr. IV a TO.A zu zahlen. Das Arbeitsgericht hat die Klage abgewiesen, das Landesarbeitsgericht hat dagegen nach dem Klageantrag erkannt. Die Revision der Beklagten hatte Erfolg.

Aus den Gründen:

1. Die Revision ist gemäß § 72 Abs. 1 Satz 4 ArbGG statthaft, da der Wert des Streitgegenstandes im Urteil des Arbeitsgerichts auf 12 000,— DM festgesetzt worden ist. Die im Beschluß des Landesarbeitsgerichts vom 30. Juni 1959 für die Kostenberechnung der Berufungsinstanz vorgenommene abweichende Wertfestsetzung ist für die Statthaftigkeit von Rechtsmitteln ohne Bedeutung.

Das Revisionsgericht hat nicht nachzuprüfen, ob das Arbeitsgericht den Streitwert richtig festgesetzt hat; es ist an die für die Rechtsmittelfähigkeit maßgebliche Wertfestsetzung im arbeitsgerichtlichen Urteil gebunden, auch wenn diese unrichtig ist (vgl. BAG AP Nr. 22 zu § 69 ArbGG mit weiteren Nachweisen).

Ob eine offensichtlich gesetzwidrige, d. h. auf den ersten Blick erkennbar unrichtige Streitwertfestsetzung das Revisionsgericht nicht binden würde, wie der Revisionsbeklagte meint, kann dahingestellt bleiben (vgl. hierzu BAG AP Nr. 3 zu § 9 ArbGG). Denn eine solche Unrichtigkeit liegt nicht vor. Die streitige Gehaltsdifferenz beträgt nach den Angaben der Parteien in den Akten rund 100,— DM monatlich. Das Arbeitsgericht, das sich für seine Streitwertfestsetzung in den Urteilsgründen auf §§ 3, 9 ZPO beruft, hat also den Streitwert auf den zehnfachen Jahresbetrag dieser Gehaltsdifferenz festgesetzt. Es wird die Ansicht vertreten, daß für die Zulässigkeit des Rechtsmittels bei wiederkehrenden Leistungen im Falle einer Feststellungsklage die Vorschrift des § 9 ZPO nicht unmittelbar anzuwenden, sondern das Feststellungsinteresse gemäß § 3 ZPO zu schätzen und im Regelfalle anstelle des zwölfeinhalbfachen Jahresbetrages der zehnfache anzusetzen sei (vgl. BGHZ 1, 43). Es kann nicht gesagt werden, daß die Anwendung dieser Grundsätze auf Feststellungsklagen über laufende Gehaltsansprüche in einem ungekündigten Arbeitsverhältnis offensichtlich unrichtig sei; das gilt erst recht für das auf einer Schätzung beruhende Ergebnis der Wertbemessung.

II. Das Landesarbeitsgericht geht zutreffend davon aus, daß der TV 56 nicht ein „automatisches" Aufrücken der von ihm erfaßten Angestellten in die nächsthöhere Vergütungsgruppe bewirkt hat, sondern daß es auch nach diesem Tarifvertrag für den Vergütungsanspruch auf die Erfüllung der tariflichen Tätigkeitsmerkmale ankommt (vgl. BAG 8, 128 ff. und BAG 8, 275 ff.).

Demgemäß hat das Berufungsgericht zu Recht geprüft, ob die Tätigkeit des Klägers die Merkmale der neuen VergGr. IV a TO.A erfüllt. In diese Gruppe fallen technische Angestellte mit technischer Ausbildung nach Nr. 2 der Bemerkung zu allen Vergütungsgruppen mit langjähriger praktischer Erfahrung, die sich durch besonders schwierige Tätigkeiten und die Bedeutung ihres Aufgabengebietes oder durch künstlerische oder Spezialtätigkeit aus der Gruppe IV b herausheben. Die geforderte Ausbildung hat der Kläger unstreitig aufzuweisen. Auch das Merkmal der langjährigen praktischen Erfahrung sieht das Landesarbeitsgericht ohne Rechtsfehler als gegeben an. Soweit es aber die übrigen wahlweise aufgestellten Erfordernisse sämtlich für erfüllt hält, ist seine Auslegung und Rechtsanwendung nicht frei von Rechtsirrtum.

1. Hinsichtlich der „künstlerischen Tätigkeit" verkennt das Landesarbeitsgericht den Begriff dieses Tarifmerkmals. Es führt aus, der Kläger sehe sich bei seiner Tätigkeit einer besonderen künstlerischen Verantwortung gegenübergestellt. Zwar werde er nicht selbst durch Schaffung von Entwürfen tätig. Aber durch die Prüfung der Bauanträge und deren künstlerische Beurteilung habe der Kläger die wirksame Kontrolle darüber, ob das landschaftlich außerordentlich schöne und vielgestaltige Gebiet des beklagten Kreises baulich auf lange Sicht in seiner Schönheit erhalten oder verschandelt werde. Diese Tätigkeit erfordere ein ungewöhnlich großes Maß an ästhetischem Empfinden. Sie verlange die Fähigkeit zu beurteilen, ob ein geplantes Bauwerk sich harmonisch in die von der Natur geschaffenen Bedingungen der Umwelt einfüge. Auch kleine landschaftliche Gebäude müßten unter baukünstlerischen Gesichtspunkten bewertet werden. Die Folgen von Fehlern seien andauernd und weittragend.

Eine solche Tätigkeit ist jedoch nicht geeignet, das Merkmal einer „künstlerischen Tätigkeit" im Sinne der Tarifnorm zu erfüllen. Unter diesem Tarifbegriff ist eine Tätigkeit zu verstehen, die sich durch eigenes Gestalten als künstlerisch darstellt. Der Kläger ist aber nach den Feststellungen des Landesarbeitsgerichts mit eigenen Entwürfen von Bauten oder sonstiger eigener künstlerischer Gestaltung gerade nicht befaßt. Er übt nur eine Kontrolle darüber aus, was andere entwerfen und ausführen. Eine Tätigkeit, die ein Urteilsvermögen nach künstlerischen Gesichtspunkten erfordert, ist aber deshalb allein noch keine künstlerische, so wenig etwa dieses Prädikat der Tätigkeit eines Kunstkritikers, der Konzerte oder Gemäldeausstellungen bespricht, beigelegt werden könnte, mag er auch eines erheblichen Wissens und Urteilsvermögens auf dem betreffenden Kunstgebiet bedürfen.

2. Dem angefochtenen Urteil kann auch nicht darin gefolgt werden, daß die Tätigkeit des Klägers „in ihrer Zusammenstellung praktischer und ästhetischer Momente" eine hervorgehobene „Spezialtätigkeit" im Sinne der Merkmale der VergGr. IV a TO.A darstelle. Eine Spezialtätigkeit im Sinne der Tarifnorm muß sich auf ein Spezialgebiet erstrecken, das außerhalb der üblichen Aufgaben des Bauingenieurs liegt und deshalb besondere Fachkenntnisse erfordert. Es ist vom Landesarbeitsgericht nicht dargelegt und auch nicht ersichtlich, inwiefern das auf die dem Kläger übertragenen Aufgaben der Bauaufsicht zutreffen sollte.

3. Soweit das Berufungsgericht annimmt, die Tätigkeit des Klägers hebe sich durch besondere Schwierigkeit und durch die Bedeutung des Aufgabengebiets aus der VergGr. IV b TO.A heraus, vermögen seine Ausführungen diese Beurteilung nicht zu tragen. Das angefochtene Urteil verkennt nicht, daß der Maßstab für die besondere Schwierigkeit der Tätigkeit und die Bedeutung des Aufgabengebiets aus dem Aufbau der Vergütungsgruppen gewonnen werden muß. Es durfte auch davon ausgehen, daß der Kläger jedenfalls die Merkmale der VergGr. IV b TO.A, die „besondere Leistungen" gegenüber der VergGr. V a erfordern, erfülle; denn das hatte der Beklagte ausdrücklich zugestanden.

Dagegen hat das Landesarbeitsgericht keine ausreichende Begründung dafür gegeben, daß sich die Tätigkeit des Klägers durch besondere Schwierigkeit aus der VergGr. IV b heraushebt. Es führt hierzu aus, der Beklagte habe durch die Einstufung des Klägers in die VergGr. IV (alt) bereits dokumentiert, daß dessen Tätigkeit als besonders schwierig zu qualifizieren sei. Im Rechtsstreit hatte der Beklagte jedoch bestritten, daß die Tätigkeit des Klägers „besonders schwierig" im Sinne der Tarifnorm sei. Aus der Gewährung der Vergütung nach der Gruppe IV (alt) kann nichts dafür hergeleitet werden, daß der Kläger auch die Tätigkeitsmerkmale dieser Vergütungsgruppe erfüllt hatte. Hierfür besteht auch keine Vermutung (vgl. BAG AP Nr. 63 zu § 3 TO.A). Auch wenn man davon ausgeht, daß die Tätigkeitsmerkmale der technischen Angestellten in der neuen VergGr. IV a mit denen der VergGr. IV (alt) hinsichtlich des Merkmals der „besonders schwierigen Tätigkeit" inhaltsgleich sind, bedurfte es also des Nachweises, daß dieses Merkmal erfüllt ist.

Hierzu führt das angefochtene Urteil nur aus, die oben (unter II, 1) beschriebene Tätigkeit sei schwierig, verantwortungsvoll und vom Kläger selbständig wahrgenommen. Im übrigen nimmt das Urteil auf das Gutachten des Sachverständigen H. Bezug. Dieser hat sich zwar dahin ausgelassen, daß die Tätigkeit des Klägers überwiegend besonders schwierig im Sinne der Merkmale der VergGr. IV a sei. Er begründet das aber allein damit, daß der Kläger in der Bauaufsicht in weitgehendem Maße selbstverantwortlich tätig werde. Daraus, daß jemand für seine Tätigkeit allein verantwortlich ist, ergibt sich indessen noch nichts über den Grad der Schwierigkeit dieser Tätigkeit. Das Landesarbeitsgericht wird hierüber nähere Feststellungen treffen und dabei auch eingehender erörtern müssen, inwiefern sich die Tätigkeit des Klägers aus den schon für die VergGr. IV b geforderten „besonderen Leistungen" noch wieder durch „besondere Schwierigkeit" heraushebt.

Was die aus der VergGr. IV b sich heraushebende Bedeutung des Aufgabengebiets angeht, so muß dieses Merkmal neben der besonderen Schwierigkeit der Tätigkeit gegeben sein. Denn beide Merkmale werden in dieser Fallgruppe ausdrücklich nebeneinander verlangt. Es kann also die besondere Bedeutung des Aufgabengebiets nicht etwa allein in einer besonderen Schwierigkeit der Tätigkeit gefunden werden. Es muß vielmehr zu der Schwierigkeit noch etwas hinzukommen, was der Erfüllung der Aufgaben eine besondere Bedeutung verleiht.

Das Landesarbeitsgericht verkennt das auch nicht; denn es behandelt beide Merkmale gesondert. Es ist der Meinung, daß diejenigen Umstände, die es unter dem Gesichtspunkt der künstlerischen Tätigkeit berücksichtigt hat (vgl. oben II, 1), zugleich die besondere Bedeutung des Aufgabengebiets des Klägers ergäben. Vom Begriff her ist nichts gegen die Auffassung einzuwenden, daß sich eine besondere Bedeutung des Aufgabengebiets aus den im Gemeininteresse liegenden Auswirkungen baupflegerischer Tätigkeit auf das Orts- und Landschaftsbild ergeben kann. Gegenüber dem Bestreiten des Beklagten bedarf es aber der Feststellung, inwieweit der Kläger überwiegend mit solchen baupflegerischen Aufgaben befaßt ist. Auch aus diesem Grunde war die Zurückverweisung der Sache an die Vorinstanz erforderlich.

4. Unbegründet ist die Rüge der Revision, das Landesarbeitsgericht habe bei der Subsumtion der Tätigkeit des Klägers unter die Tarifnorm die „Anschauung der beteiligten Berufskreise" nicht berücksichtigt und sich über den nicht bestrittenen Vortrag des Beklagten hinweggesetzt, daß in drei strukturmäßig dem Beklagten vergleichbaren Landkreisen die Sachbearbeiter für das Bauaufsichtswesen ebenfalls in die VergGr. IV b

TO.A eingestuft seien. Eine allgemeine Tarifübung kann zwar als Erkenntnisquelle für die Auslegung der in den Tarifnormen enthaltenen allgemeinen (unbestimmten) Rechtsbegriffe unterstützend verwertet werden. Eine solche allgemeine Übung, die für die Auslegung der Tätigkeitsmerkmale der VergGr. IV a TO.A beachtlich sein könnte, kann aber, wie das Landesarbeitsgericht zutreffend ausführt, nicht schon aus der Einstufung einer kleinen Zahl von Angestellten mit vergleichbarer Tätigkeit bei anderen Landkreisen des Landes abgeleitet werden. Im übrigen wäre eine tarifwidrige Behördenpraxis unbeachtlich (vgl. hierzu BAG 7, 125; BAG 8, 181 ff. [187]; BAG 9, 47 ff.).

## 19

**1. Ist bei einer aus einem persönlich haftenden Gesellschafter und einer Kommanditistin bestehenden Kommanditgesellschaft im Gesellschaftsvertrag bestimmt, daß es zu Geschäften, die über den gewöhnlichen Betrieb hinausgehen, der Zustimmung der Kommanditistin bedarf, dann gilt das nicht nur für die Grundhandelsgeschäfte des § 1 Abs. 2 HGB, sondern unter anderem auch für Arbeitsverträge.**

**2. Die fristlose Entlassung des einzigen Prokuristen der Gesellschaft, der der Ehemann der Kommanditistin ist, ist solch ein ungewöhnliches Geschäft.**

**3. Kündigt der persönlich haftende Gesellschafter diesem Prokuristen ohne Zustimmung der Kommanditistin fristlos, dann ist diese Kündigung nicht nur gegenüber der Kommanditistin, sondern auch dem Prokuristen gegenüber unwirksam.**

**4. Darin liegt keine unzulässige Einschränkung des Rechts der Kommanditgesellschaft auf fristlose Kündigung von Arbeitsverträgen aus wichtigem Grund.**

**5. Hat das Berufungsgericht einen Vertrag unrichtig ausgelegt, dann kann das Revisionsgericht ihn selbst auslegen, wenn der Sachverhalt feststeht und nur eine Auslegung möglich ist.**

HGB §§ 70, 126, 164, 170; BGB §§ 133, 157; ZPO §§ 550, 565 Abs. 3.

II. Senat. Urteil vom 20. 10. 1960 i. S. H. (Kl.) w. Fa. W. u. a. (Bekl.) 2 AZR 554/59.

I. Arbeitsgericht Düsseldorf. — II. Landesarbeitsgericht Düsseldorf.

Der Beklagte zu 2 betrieb unter seinem Namen die E.-Hütte, in der Altmetalle und Metallrückstände verhüttet wurden. Durch Gesellschaftsvertrag vom 9. Juli 1957 nahm er die Ehefrau des Klägers als Kommanditistin mit einer Einlage von 150 000,— DM in die Firma auf. Der Gesellschaftsvertrag bestimmt, daß die Kommandit-Gesellschaft nur durch den Beklagten zu 2 als persönlich haftenden Gesellschafter vertreten wird (§ 7 Abs. 1), daß dieser aber zu Geschäften ungewöhnlicher Art, die nach ihrem Zweck und ihrer Tragweite über den Rahmen des gewöhnlichen Geschäftsbetriebes hinausgehen, der Zustimmung der Kommanditistin bedarf (§ 7 Abs. 4). Nach § 8 Abs. 1 des Vertrages hatte die Kommanditistin Anspruch darauf, daß ihr Ehemann oder eine andere Person ihres Vertrauens, möglichst ein Mitglied ihrer Familie, in die Geschäftsführung der Firma als Prokurist eintritt.

Dementsprechend wurde der Kläger alsbald Angestellter und Prokurist der Beklagten zu 1. Der Beklagte zu 2 bestätigte ihm mit Schreiben vom 30. Juli 1957 sein Anstellungsverhältnis als geschäftsführender Prokurist mit einem Monatsgehalt von 1000,— DM bei freier Wohnung im Betrieb. In dem Schreiben heißt es weiter, das Dienstverhältnis werde auf unbestimmte Zeit vereinbart; es bestehe jedoch in jedem Falle für die Dauer der Kommanditbeteiligung der Ehefrau des Klägers.

Es kam bald zu Streitigkeiten zwischen dem Kläger und seiner Ehefrau auf der einen und dem Beklagten zu 2 auf der anderen Seite. Beide Teile warfen sich gegenseitig arglistige Täuschung bei Abschluß der Verträge und Nichteinhaltung der Verträge vor. Mit Schreiben vom 16. Januar 1958 teilte der Beklagte zu 2 der Ehefrau des Klägers mit, er trete vom Gesellschaftsvertrag zurück und fechte den Vertrag wegen arglistiger Täuschung an. Dem Kläger teilte der Beklagte zu 2 mit Schreiben vom gleichen Tage mit, daß er das Arbeitsverhältnis ab sofort als gelöst betrachte. Mit Schreiben vom 17. Januar 1958 an den Kläger sprach der Beklagte zu 2 nochmals eine Kündigung aus.

Der Kläger hat gegen beide Beklagte auf Feststellung geklagt, daß das Arbeitsverhältnis nicht gelöst sei, und ferner auf Gehaltszahlung. Im Laufe des Verfahrens beim Arbeitsgericht hat der Beklagte zu 2 dem Kläger mit Schriftsatz vom 7. Juli 1958 nochmals fristlos gekündigt, weil der Kläger anläßlich eines Gerichtstermins in einem Gespräch mit dem als Zeugen geladenen Bankdirektor E. diesem gesagt habe, die Firma stehe dicht vor dem Konkurs. Der Kläger hat seine Feststellungsklage auf diese neue Kündigung ausgedehnt.

Das Arbeitsgericht hat die beiden früheren Kündigungen als unbegründet, die neue Kündigung als begründet angesehen. Außerdem hat es die Beklagten als Gesamtschuldner zur Zahlung von 5000,— DM Gehalt verurteilt. Gegen dieses Urteil hat der Kläger Berufung und haben die Beklagten Anschlußberufung eingelegt. Der Kläger verlangt außer den ihm schon zuerkannten 5000,— DM weitere 9000,— DM Gehalt.

Das Landesarbeitsgericht hat sowohl die Berufung als auch die Anschlußberufung zurückgewiesen.

Gegen dieses Urteil hat nur der Kläger Revision eingelegt. Er macht nach wie vor geltend, daß auch die im Laufe des Prozesses ausgesprochene neue Kündigung seines Arbeitsverhälnisses unwirksam sei, und verlangt außerdem weiterhin Zahlung von noch 9000,— DM. Seine Revision hatte Erfolg.

Aus den Gründen:

Die Parteien streiten darüber, ob die fristlose Kündigung vom 7. Juli 1958 das Arbeitsverhältnis des Klägers als einzigen Prokuristen der Kommandit-Gesellschaft zur Auflösung gebracht hat. Daß dieses Arbeitsverhältnis durch die beiden früheren Kündigungen vom 16. und 17. Januar 1958 nicht aufgelöst worden ist, steht rechtskräftig fest.

Die fristlose Kündigung vom 7. Juli 1958 war schon deshalb unwirksam, weil die Ehefrau des Klägers ihr nicht zugestimmt hat.

I. Nach § 7 Abs. 4 des Gesellschaftsvertrages bedurfte der Beklagte zu 2 zu Geschäften ungewöhnlicher Art, die nach ihrem Zweck und ihrer Tragweite über den Rahmen des gewöhnlichen Geschäftsbetriebes hinausgehen, der Zustimmung der Kommanditistin. Die Begründung des angefochtenen Urteils sagt hierzu nur, diese Klausel betreffe nicht die hier zu beurteilende Kündigung. Was das Berufungsgericht damit meint, ist nicht ganz klar, sondern zweideutig. Möglicherweise will es damit ganz allgemein sagen, die Klausel, die etwa der gesetzlichen Vorschrift des § 164 HGB entspricht, beziehe sich nur auf das Innenverhältnis der Gesellschafter untereinander, nicht aber auf die Vertretungsmacht zu Rechtshandlungen gegenüber den Arbeitnehmern der Kommandit-Gesellschaft. Es kann aber auch sein, daß das Berufungsgericht nur der Ansicht ist, gerade die fristlose Kündigung gegenüber dem Kläger sei kein Geschäft ungewöhnlicher Art im Sinne von § 7 Abs. 4 des Gesellschaftsvertrages gewesen. In beiden Fällen wäre eine solche zur Nichtanwendung dieser Vorschrift führende Auslegung des Gesellschaftsvertrages verfehlt und würde auf der Verletzung anerkannter Auslegungsregeln beruhen. § 7 Abs. 4 des Gesellschaftsvertrages enthält nämlich, wie sich aus dem Zusammenhang des Vertrages zweifelsfrei ergibt, nicht nur eine Regelung der Geschäftsführungsbefugnis des Beklagten zu 2, sondern auch eine Beschränkung seiner Vertretungsmacht, die unter den besonderen Umständen dieses Falles dem Kläger gegenüber wirksam ist. Da sich diese besonderen Umstände aus dem Innenverhältnis der Beklagten zu 1 ergeben, war hierauf zunächst einzugehen, ohne daß der Senat verkennt, daß normalerweise die Wirksamkeit einer Rechtshandlung gegenüber Dritten nicht darunter leidet, wenn sie unter Überschreitung der Geschäftsführungsbefugnis vorgenommen wurde. Eine solche Überschreitung liegt hier vor.

1. Daß auch die Einstellung und ebenso die Entlassung von Arbeitnehmern „Geschäfte" der Gesellschaft sind, wird durch den allgemeinen Sinn dieses Wortes nicht ausgeschlossen. Nach seinem besonderen Sinn im Gesellschaftsvertrag vom 9. Juli 1957 ist es unabweislich. Denn durch diese Bestimmung soll die nicht zur Vertretung der Gesellschaft berechtigte Ehefrau des Klägers ganz allgemein davor geschützt werden, daß der allein vertretungsberechtigte Beklagte zu 2 weittragende über den gewöhnlichen Geschäftsbetrieb hinausgehende Maßnahmen, jedenfalls solche rechtsgeschäftlicher Art, ohne ihre Zustimmung trifft. „Geschäfte" im Sinne von § 7 Abs. 4 des Gesellschaftsvertrages sind nicht nur Handelsgeschäfte im engeren Sinn, wie sie in § 1 Abs. 2 HGB aufgezählt werden, sondern wenigstens alle Rechtsgeschäfte, auch einseitige wie Kündigungen. Nur durch eine soweit gehende Auslegung des Vertrages wird der Zweck des § 7 Abs. 4 erfüllt, Eigenmächtigkeiten des Beklagten zu 2 in wichtigen Angelegenheiten zu verhindern. Ein innerer Grund dafür, daß nur Eigenmächtigkeiten im Geschäftsbetrieb nach außen hin verhindert werden sollen und nicht auch solche im internen Geschäftsbetrieb wie bei der Einstellung und Entlassung von Arbeitnehmern, ist nicht ersichtlich. Das Schutzbedürfnis der Ehefrau des Klägers bemißt sich nicht nach der Art, sondern allein nach der Wichtigkeit und Folgenschwere der ohne sie geführten Geschäfte.

Bei § 164 HGB können übrigens Zweifel solcher Art gar nicht entstehen, weil dort nicht von „Geschäften", sondern schlechthin von „Handlungen" des geschäftsführenden Gesellschafters die Rede ist, wozu ohne weiteres auch Kündigungen gegenüber Arbeitnehmern gehören. Da § 7 Abs. 4 des Gesellschaftsvertrages im wesentlichen der gesetzlichen Vorschrift des § 164 HGB entspricht, ja sogar in zulässiger Weise, da § 164 nachgiebiges Recht enthält, den Schutz des nichtvertretungsberechtigten Gesellschafters in mehrfacher Beziehung etwas erweitert, ist der Schluß berechtigt, daß die Ehefrau des Klägers auch hinsichtlich des Kreises der ihrer Zustimmung bedürftigen „Geschäfte" nicht schlechter gestellt sein sollte, als sie nach dem Handelsgesetzbuch gestellt wäre.

Sollte das Landesarbeitsgericht der Ansicht gewesen sein, daß eine gegenüber einem Arbeitnehmer ausgesprochene Kündigung von vornherein niemals ein Geschäft ungewöhnlicher Art im Sinne von § 7 Abs. 4 des Gesellschaftsvertrages sein kann, so wäre das eine an dem — noch dazu unrichtig aufgefaßten — Wortlaut des Vertrages haftenbleibender und daher gegen die Regel des § 133 BGB verstoßende Auslegung des Vertrages, an die das Revisionsgericht nicht gebunden wäre. Eine solche Auslegung wäre auch mit den Anschauungen des Verkehrs nicht zu vereinbaren (§ 157 BGB).

2. Ebenso wenig ließe sich die Ansicht halten, die fristlose Entlassung des Klägers sei kein Geschäft ungewöhnlicher Art, das nach seinem Zweck und seiner Tragweite über den Rahmen des gewöhnlichen Geschäftsbetrieb der Beklagten zu 1 hinausging. Der Kläger war der einzige Prokurist der Beklagten zu 1. Nach § 8 Abs. 1 des Gesellschaftsvertrages hatte die Ehefrau des Klägers einen Anspruch darauf, daß ihr Ehemann, der Kläger, Prokurist der Beklagten zu 1 wurde und blieb, solange sie Kommanditistin war. Das kann nur dahin verstanden werden, daß er ihre Interessen in der Gesellschaft gegenüber dem Beklagten zu 2 wahrnehmen sollte. Nach dem seine Anstellung bestätigenden Schreiben des Beklagten zu 2 vom 30. Juli 1957 war der Kläger „geschäftsführender" Prokurist, und sein Dienstverhältnis sollte solange bestehen, wie seine Ehefrau Kommanditistin war. Sein Gehalt betrug immerhin 1000,— DM netto im Monat, und er hatte eine Dienstwohnung im Betriebsgebäude. Nach alldem war er der einflußreichste Angestellte der Beklagten zu 1, in seiner Stellung besonders gesichert und mit der Stellung seiner Ehefrau als Kommanditistin fest verbunden. Das hat auch der Beklagte zu 2 richtig erkannt und sich deshalb von beiden Eheleuten zugleich zu lösen versucht. Unter diesen Umständen war die fristlose Entlassung des Klägers eine einmalige außergewöhnliche Maßnahme, die sowohl in den Geschäftsbetrieb der Beklagten zu 1 nachdrücklich einschnitt als auch die Interessen der Ehefrau des Klägers empfindlich berührte. Wenn überhaupt, wie bereits dargelegt, auch die Entlassung eines Arbeitnehmers ein Geschäft ungewöhnlicher Art im Sinne von § 7 Abs. 4 des Gesellschaftsvertrages sein kann, dann läßt sich kaum ein Fall denken, in dem dies mehr zuträfe als hier. Eine andere Auffassung wäre eine Auslegung des Vertrages wider Treu und Glauben und die Verkehrssitte im Sinne von § 157 BGB.

Aus Vorstehendem ergibt sich bereits, daß die Ansicht des angefochtenen Urteils, die Klausel in § 7 Abs. 4 des Gesellschaftsvertrages betreffe nicht die hier zu beurteilende Kündigung, auf Rechtsirrtum beruht und deshalb zur Aufhebung des Urteils führen muß, wenn sich das Urteil nicht aus anderen Gründen halten läßt.

Schon an dieser Stelle kann darüber hinaus gesagt werden, daß der Senat die Sache insoweit nicht zur anderweiten Vertragsauslegung an das Berufungsgericht zurückzuverweisen braucht, sondern seine eigene vorstehend begründete Auslegung des Vertrages seiner Entscheidung zu Grunde legen kann. Denn der Sachverhalt steht lückenlos fest und gestattet keine andere Beurteilung. Das Berufungsgericht, nach § 565 Abs. 2 ZPO an die Rechtsansichten des Senats gebunden, würde im Falle einer Zurückverweisung den Vertrag auch nicht anders auslegen können. Eine Zurückverweisung wäre unter diesen Umständen eine inhaltslose Förmlichkeit, die nur darauf hinausliefe, den Prozeß zu verzögern. In diesem Sinn hat bereits der Erste Senat des Bundesarbeitsgerichts in seinem Urteil vom 12. Juli 1957 (AP Nr. 6 zu § 550 ZPO) in Anlehnung an den Bundesgerichtshof (Lindenmaier-Möhring Nr. 2 zu § 133 (A) BGB) entschieden, daß das Revisionsgericht befugt ist, die gegen gesetzliche Regeln verstoßende Auslegung einer Willenserklärung durch das Berufungsgericht durch seine eigene Auslegung zu ersetzen, wenn es sich lediglich um die Auslegung der Vertragsurkunde selbst handelt und besondere Umstände des Einzelfalles, die der Auslegung eine bestimmte Richtung geben könnten, nicht vorhanden sind. Der erkennende Senat hat in BAG 9, 243 [247, 248] in gleichem Sinne erkannt, daß das Revisionsgericht bei einer rechtlich verfehlten Beurteilung durch das Berufungsgericht im Einzelfall selbst erkennen kann, ob eine grobe oder nur eine leichte Fahrlässigkeit vorliegt, wenn die Feststellungen des Berufungsgerichts ein abgeschlossenes Tatsachenbild ergeben.

II. Die Zustimmung der Ehefrau des Klägers war aber nicht nur im Verhältnis zwischen ihr als Kommanditistin und dem Beklagten zu 2 als Komplementär notwendig, sondern sie war auch gegenüber dem Kläger selbst Wirksamkeitsvoraussetzung für die ihm gegenüber ausgesprochene Kündigung.

§ 170 HGB bestimmt zwar zwingend, daß der Kommanditist von der Vertretung der Gesellschaft ausgeschlossen ist, und nach § 126 Abs. 2 HGB, der auch auf die Kommandit-Gesellschaft unabdingbar Anwendung findet, ist die Vertretungsmacht des Beklagten zu 2 als des alleinigen Komplementärs unbeschränkbar (Schlegelberger-Gessler, HGB, 3. Aufl., § 170 Anm. 3 und 4; Staub-Pinner, HGB, 12. und 13. Aufl., § 170 Anm. 2). Diese Vorschriften dienen der Sicherheit des Rechtsverkehrs und dem Schutze Dritter; diese sollen der im Einzelfall oft schwierigen Nachprüfung enthoben sein, ob und inwieweit die übrigen Gesellschafter die Vertretungsmacht des Handelnden eingeschränkt haben.

Obwohl dieser Grundsatz der Unbeschränkbarkeit der Vertretungsmacht im Interesse des Schutzes Dritter an sich uneingeschränkt gilt, ist er gleichwohl dann nicht anzuwenden, wenn das Gesetz selbst Ausnahmen vorsieht, wie z. B. in §§ 125 Abs. 3 und 126 Abs. 3 HGB, oder soweit es des Schutzes Dritter nicht bedarf (Weipert in RGR Komm. HGB, 2. Aufl., § 126 Anm. 20), namentlich dann, wenn der Dritte die mißbräuchliche Überschreitung der Vertretungsbefugnis durch den geschäftsführenden Gesellschafter zum Nachteil der Gesellschaft kennt (vgl. Düringer-Hachenburg-Flechtheim, HGB, 3. Aufl., § 126 Anm. 9; Schlegelberger-Gessler, HGB, 3. Aufl., § 126 Anm. 22; Staub-Pinner, HGB, 12. und 13. Aufl., § 126 Anm. 15; Weipert, aaO, Anm. 21). Darüber hinaus ist der Unbeschränkbarkeit der Vertretungsmacht da eine Grenze gezogen, wo die Handlung des geschäftsführenden Gesellschafters nicht eine Maßnahme der Geschäftführung ist, sondern die Grundlagen der Gesellschaft berührt, wenn sie also das innere Verhältnis der Gesellschafter zueinander betrifft im Gegensatz zu den Handlungen, durch die der Betrieb eines Grundhandelsgeschäfts (§ 1 HGB) verwirklicht wird (Baumbach-Duden, HGB, 13. Aufl., § 126 Anm. 1 D; Düringer-Hachenburg-Geiler, HGB, 3. Aufl., II 1, Allg. Einleitung Anm. 106 a; Schlegelberger-Gessler, aaO, § 126 Anm. 7; Staub-Pinner, aaO, § 126 Anm. 2). Die innere Organisation der Gesellschaft, insbesondere im Hinblick auf die einem Gesellschafter eingeräumten Sonderrechte, kann daher nur mit Zustimmung aller Gesellschafter verändert werden.

Abschluß und Kündigung der Verträge mit Angestellten einer Kommandit-Gesellschaft sind zwar in aller Regel Geschäfte, die der Komplementär mit Dritten abschließt, mithin Vertretungshandlungen, die unter die angeführten Bestimmungen der §§ 126, 170 HGB fallen. Das schließt aber nicht aus, daß in einem besonders liegenden Fall wie hier die gegenüber dem Kläger ausgesprochene Kündigung eine Handlung ist, die die innere Organisation der Gesellschaft berührt und deshalb zu ihrer Wirksamkeit nach außen der Mitwirkung der Kommanditistin bedarf. Wie bereits gesagt wurde, ergibt sich aus dem gesamten Inhalt des Anstellungsvertrages, daß der Kläger zum Prokuristen bestellt wurde, um gegenüber dem Beklagten zu 2 die Rechte der Ehefrau des Klägers als Kommanditistin zu sichern und dieser damit einen Einfluß auf die Geschäftsführung des Unternehmens zu ermöglichen. Da der Ausschluß des Kommanditisten von der Geschäftsführung (§ 164 HGB) abdingbar ist (§ 163 HGB), steht einer solchen Einflußnahme der Ehefrau des Klägers auf die Geschäftsführung grundsätzlich nichts entgegen. Hier haben die Gesellschafter in § 8 Abs. 1 des Vertrages zwar nicht eine persönliche Beteiligung der Kommanditistin an der Geschäftsführung vereinbart, sondern bestimmt, daß der Ehemann der Kommanditistin oder eine andere Person ihres Vertrauens in die Geschäftsführung als Prokurist eintritt. Nach dem Sinn und Zweck des Vertrages konnte das Landesarbeitsgericht den § 8 Abs. 1 nur dahin auslegen, daß der Kommanditistin mehr als eine bloß mittelbare Beteiligung an der Geschäftsführung durch Kontrollrechte vertraglich eingeräumt worden ist. Ihr stand das Recht zu, über den Prokuristen selbst an der Geschäftsführung beteiligt zu sein. Daß die Ausübung der Geschäftsführungsbefugnis vom Gesellschafter auf einen auf seinen Vorschlag zu bestellenden Prokuristen übertragen werden darf, ist anzuerkennen (vgl. Düringer-Hachenburg-Geiler, HGB, 3. Aufl., II 1 Allg. Einleitung Anm. 106; Weipert in RGR Komm., HGB, 2. Aufl., § 114 Anm. 9). Wird aber wie hier im Gesellschaftsvertrag die Bestellung eines solchen Prokuristen vorgesehen, der für die Kommanditistin bei der Geschäftsführung tätig wird, so beruht auch die Rechtsstellung des Prokuristen auf dem Gesellschaftsvertrag; sie kann deshalb nach der Gestaltung des vorliegenden Vertrages nur durch gemeinsames Vorgehen beider Gesellschafter, also auch der Ehefrau des Klägers beseitigt werden. Denn der Widerruf der Anstellung des Klägers ist ebenso wie seine Anstellung als Prokurist eine Handlung, die den Inhalt des Gesellschaftsvertrages betrifft und mithin die im Gesellschaftsvertrag eingeräumten Rechte der Ehefrau des Klägers als Kommanditistin unmittelbar berührt. Vom Verbleiben des Klägers als Prokurist in der Geschäftsführung hängt es ab, ob die Ehefrau des Klägers weiterhin den ihr im Gesellschaftsvertrag eingeräumten Einfluß auf die Geschäfte der Beklagten zu 1 ausüben kann. Hiernach war die Zustimmung der Kommanditistin für eine wirksame Kündigung gegenüber dem Kläger notwendig.

So gesehen ist der Kläger, obwohl er selbst nicht Gesellschafter ist, gegenüber der Gesellschaft in Wahrheit gar nicht Dritter im Sinne von §§ 126 Abs. 2, 170 HGB. Deshalb dürfen sich die Beklagten nicht darauf berufen, zu seinem Schutz und zur Sicherheit des Rechtsverkehrs sei es notwendig, auch ihm gegenüber die Unbeschränkbarkeit der Vertretungsmacht des Beklagten zu 2 gelten zu lassen. Der Grundsatz der Unbeschränkbarkeit der Vertretungsmacht des geschäftsführenden Gesellschafters kommt angesichts der Lage der Interessen der Parteien hier nicht zum Tragen. Weder die Sicherheit des Rechtsverkehrs noch das Interesse des Klägers verlangt es, daß der Beklagte zu 2 dem Kläger ohne Zustimmung der Ehefrau des Klägers wirksam kündigen darf. Vielmehr haben sowohl der Kläger als auch in gleichem Maße seine Ehefrau ein übereinstimmendes Interesse daran, daß einer solchen, wie oben unter I dargelegt, im Innenverhältnis zwischen den Gesellschaftern ohnehin unwirksamen Kündigung auch gegenüber dem Kläger die Wirksamkeit versagt bleibt. Es wäre nicht sinnvoll, den Kläger, weil er bei formeller Betrachtung gegenüber den Gesellschaftern Dritter ist, auf Grund der den Schutz Dritter bezweckenden Vorschrift des § 126 Abs. 2 HGB einer Kündigung auszusetzen, die zweifellos nicht in seinem Interesse liegt.

III. Das so gewonnene Ergebnis, daß der Beklagte zu 2 dem Kläger ohne Zustimmung der Ehefrau des Klägers nicht wirksam kündigen kann, bedeutet auch nicht, daß dadurch das Recht der Beklagten zu 1 zur fristlosen Entlassung des Klägers ausgeschlossen oder auch nur eingeschränkt wird. Allerdings gilt der arbeitsrechtliche Grundsatz, daß das Recht des Arbeitgebers zur fristlosen Entlassung eines Arbeitnehmers aus wichtigem Grund (§ 626 BGB, § 70 HGB) vertraglich weder ausgeschlossen noch wesentlich beschränkt noch an die Zustimmung eines Dritten gebunden werden darf (vgl. BAG 3, 168 [172] mit Literaturangaben). Arbeitgeber des Klägers war aber nicht der Beklagte zu 2, sondern die Beklagte zu 1. Deren Recht zur fristlosen Entlassung des Klägers wird durch die Notwendigkeit der Zustimmung der Ehefrau des Klägers weder beseitigt noch eingeschränkt. Denn die Ehefrau des Klägers ist nicht eine außerhalb der verklagten Gesellschaft stehende Dritte, sondern deren Gesellschafterin und nach dem Gesellschaftsvertrag dazu berufen, bei der Bildung des Willens der Gesellschaft mitzuwirken. Mit ihr muß sich der Beklagte zu 2 zunächst auseinandersetzen, bevor er zur Entlassung des Klägers schreitet. Auf die Frage einzugehen, wie der Beklagte es erreichen kann, daß die Ehefrau des Klägers ihre Zustimmung gibt oder diese Zustimmung entbehrlich wird, besteht kein Anlaß.

IV. Nach alledem ist sowohl dem Feststellungsbegehren als auch dem in Höhe von weiteren neun Monatsgehältern einwandfrei begründeten Zahlungsanspruch des Klägers stattzugeben, ohne daß es darauf ankommt, ob wichtige Gründe zur fristlosen Entlassung des Klägers vorhanden sind.

## 20

**Bei der Bemessung des Übergangsgeldes gemäß Nr. 2 und 3 Abs. 1 ADO zu § 16 TO.A sind die Dienstzeiten zu berücksichtigen, die bei Verwaltungen und Betrieben i. S. des § 1 Abs. 1 TO.A zurückgelegt sind. Zeiten in Anstellungsverhältnissen, für die die TO.A lediglich kraft Dienstordnung galt, bleiben außer Betracht.**

TO.A § 1 Abs. 1; ADO zu § 16 TO.A Nr. 2, 3 Abs. 1; GDO für die Gefolgschaftsmitglieder der Zusammenschlüsse, die auf Grund des § 2 der 4. VO über den vorl. Aufbau des Reichsnährstandes vom 4. 2. 1935 der Dienstaufsicht des Reichsnährstandes unterstehen, vom 1. 11. 1939.

IV. Senat. Urteil vom 26. 10. 1960 i. S. E. f. Z. (Bekl.) w. K. (Kl.)
4 AZR 222/59.

I. Arbeitsgericht Frankfurt/Main. — II. Landesarbeitsgericht Frankfurt/Main.

Der Kläger war vom 16. März 1936 bis zum 31. Mai 1946 Angestellter einer Dienststelle des Reichsnährstandes. An die Stelle dieser Organisation trat am 1. Juni 1946 zunächst eine Hauptstelle für Zucker, dann die Geschäftsstelle Zucker der Verwaltung für Ernährung, Landwirtschaft und Forsten des Vereinigten Wirtschaftsgebietes und schließlich die beklagte Einfuhrstelle für Zucker. Auch bei diesen Körperschaften war der Kläger ohne Unterbrechung als Angestellter tätig. Am 13. Mai 1955 schied er wegen Erreichung der Altersgrenze aus. Aus diesem Anlaß zahlte ihm die Beklagte ein Übergangsgeld unter Zugrundelegung der ab 1. Juni 1946 zurückgelegten Dienstjahre. Die Berücksichtigung weiterer Dienstzeiten lehnte die Beklagte ab.

Der Kläger ist der Meinung, die vor diesem Zeitpunkt bei den Dienststellen des Reichsnährstandes seit 1936 verbrachten Dienstjahre seien bei der Bemessung des Übergangsgeldes ebenfalls anzurechnen. Er hat beantragt, die Beklagte zu verurteilen, an ihn 1573,96 DM nebst 4 % Zinsen seit dem 1. Juli 1955 zu zahlen.

Die Beklagte vertritt die Ansicht, bei der Berechnung des Übergangsgeldes könne nur von denjenigen Dienstzeiten ausgegangen werden, die der Kläger bei in § 1 Abs. 1 TO.A genannten Verwaltungen und Betrieben zurückgelegt habe. Dazu gehörten aber die Zusammenschlüsse des ehemaligen Reichsnährstandes nicht.

Das Arbeitsgericht und Landesarbeitsgericht haben der Klage stattgegeben. Die Revision der Beklagten führte zur Abweisung der Klage.

## Aus den Gründen:

Wenn das Berufungsgericht die allein Gegenstand des Streits der Parteien bildende Frage bejaht, ob die Beklagte bei der Berechnung des dem Kläger gezahlten Übergangsgeldes auch die von diesem vor dem 1. Juni 1946 im Dienst des Reichsnährstandes verbrachte Zeit berücksichtigen mußte, so kann dem nicht gefolgt werden.

Gemäß Nr. 3 Abs. 1 ADO zu § 16 TO.A ist die vom Dienstherrn bei der Bemessung des Übergangsgeldes nach Nr. 2 aaO anzurechnende

Dienstzeit die dem Ausscheiden des Angestellten vorausgehende Zeit, die in einem ununterbrochenen Angestelltenverhältnis oder in mehreren ohne Unterbrechung aneinandergereihten Angestelltenverhältnissen bei irgendwelchen der in § 1 Abs. 1 TO.A bezeichneten Verwaltungen oder Betriebe zurückgelegt ist. Zu diesen Verwaltungen oder Betrieben gehören die genannten wirtschaftlichen Vereinigungen, deren Angestellter der Kläger in der Zeit vom 16. März 1936 bis 31. Mai 1946 war, unstreitig nicht.

Wie das Berufungsgericht zutreffend annimmt, waren jedoch die Arbeitsverhältnisse der Angestellten dieser Vereinigungen, die zu den gemäß § 3 des Reichsnährstandsgesetzes vom 13. September 1933 (RGBl. I, S. 626) errichteten wirtschaftlichen Zusammenschlüssen gehörten (vgl. VO vom 10. November 1934 — RGBl. I, S. 1173 — und VO vom 7. Juni 1935 — RGBl. I, S. 742) und nach § 2 der 4. Verordnung über den vorläufigen Aufbau des Reichsnährstandes vom 4. Februar 1935 (RGBl. I, 170) dessen Dienstaufsicht unterstanden, mit Wirkung ab 1. April 1938 auf Grund der gemäß § 16 Abs. 2 AOGÖ für die Gefolgschaftsmitglieder solcher Zusammenschlüsse erlassenen Gemeinsamen Dienstordnung (GDO) vom 1. November 1939 der TO.A und der ADO hierzu unterstellt worden. Daraus kann der Kläger aber entgegen der Ansicht des Landesarbeitsgerichts nichts für eine Berücksichtigung dieser Dienstzeit im Rahmen der Nrn. 2 und 3 Abs. 1 ADO zu § 16 TO.A herleiten. Das angefochtene Urteil führt hierzu aus, der Wortlaut der Nr. 3 Abs. 1 ADO stehe nur scheinbar einer Anrechnung der Dienstzeit bei den erwähnten Hauptvereinigungen entgegen, weil infolge der mittelbaren Anwendbarkeit der TO.A auf Grund der GDO vom 1. November 1939 die Hauptvereinigungen die gleiche Stellung erhalten hätten, wie wenn die TO.A gemäß ihrem § 1 Abs. 1 für sie Geltung erlangt hätte, und weil der Verweisung in Nr. 3 Abs. 1 ADO nicht entnommen werden könne, daß die ADO zwischen Verwaltungen und Betrieben mit unmittelbarer und solchen mit mittelbarer Geltung der TO.A unterscheiden wolle. Dabei verkennt das Landesarbeitsgericht, daß es sich bei der GDO vom 1. November 1939 lediglich um Satzungsrecht eines autonomen, im übrigen inzwischen weggefallenen Verbandes handelte (vgl. BAG 8, 181 ff. und BAG 8, 352 ff.). Als Verbandssatzung konnte sie Rechtswirkungen überhaupt nur für den Bereich des Verbandes selbst äußern, für den sie erlassen war; insbesondere konnte der Führer des Verbandes nicht durch die von ihm erlassene GDO künftige, nicht unter diese Satzung fallende Arbeitgeber seiner Angestellten binden. Daher konnte die Anordnung der Geltung der TO.A für den Bereich des von der GDO angesprochenen

Verbandes auch keine Erweiterung des den Umfang des Geltungsbereichs der TO.A regelnden Katalogs des § 1 Abs. 1 aaO um die von der GDO erfaßten Verwaltungen und Betriebe bewirken, wie das Berufungsgericht anscheinend meint. Ist dem aber so, dann werden auch von der Nr. 3 Abs. 1 ADO zu § 16 TO.A, die wegen der bei der Berechnung des Übergangsgeldes zu berücksichtigenden Angestelltenverhältnisse ja gerade auf § 1 Abs. 1 TO.A verweist, diejenigen Angestelltenverhältnisse nicht erfaßt, auf die die TO.A lediglich kraft Dienstordnung Anwendung fand.

Zu Unrecht beruft sich das Landesarbeitsgericht für seine Ansicht auf das Urteil des Senats vom 11. Dezember 1957 (BAG 5, 165 ff.). Dort ist entschieden, daß ein Angestellter bei der Festsetzung seiner Grundvergütung gemäß § 5 Abs. 5 TO.A Anspruch auf Berücksichtigung seiner Beschäftigung bei den Zusammenschlüssen des früheren Reichsnährstandes habe, auch wenn für sein Arbeitsverhältnis die TO.A nur auf Grund der GDO vom 1. November 1939 gegolten habe. Das Landesarbeitsgericht übersieht, daß eine solche Auslegung schon der Wortlaut des § 5 Abs. 5 TO.A zuließ. Diese Bestimmung setzt nämlich für die Berücksichtigung des früheren Dienstverhältnisses zunächst nur allgemein voraus, daß dieses der TO.A gleich aus welchem Grund unterlag. Aus den im Urteil angeführten Erwägungen mußte es daher nach Sinn und Zweck des § 5 Abs. 5 TO.A für dessen Anwendung auch genügen, wenn die Geltung der TO.A im früheren Dienstverhältnis lediglich auf einer Dienstordnung beruhte. Eine entsprechende Auslegung der Nr. 3 Abs. 1 ADO zu § 16 TO.A verbietet sich. Denn der klare und eindeutige Wortlaut dieser Vorschrift, der auch die Möglichkeit einer aus der ADO heraus auszulegenden Lücke ausschließt, gestattet im Gegensatz zu § 5 Abs. 5 TO.A bei der Berechnung des Übergangsgeldes ausdrücklich nur die Berücksichtigung von Angstelltenverhältnissen bei einer Verwaltung oder einem Betrieb, die in § 1 Abs. 1 TO.A als solche aufgeführt sind. Der dort genannte Katalog von Betrieben und Verwaltungen kann jedenfalls nicht durch Satzungsrecht auf Betriebe und Verwaltungen erweitert werden, die diesem Satzungsrecht nicht unterliegen.

Da demnach die Dienstzeiten des Klägers vor dem 1. Juni 1946 außer Betracht zu bleiben hatten, war die Klage abzuweisen.

## 21

**Tarifliche Ausschlußfristen können auch für gesetzliche Urlaubsansprüche gesetzt werden.**

BGB § 611 Urlaubsrecht

I. Senat. Urteil vom 28. 10. 1960 i. S. Sch. (Kl.) w. M. U. (Bekl.)
1 AZR 43/59.

I. Arbeitsgericht Mannheim. — II. Landesarbeitsgericht Baden-Württemberg (Mannheim).

Der Kläger ist seit mehreren Jahren bei der Beklagten als Arbeiter beschäftigt. Er gehört dem Betriebsrat an. Bei der Beklagten ist seit dem 1. Januar 1953 ein Prämienlohnsystem eingeführt, bei dem die Arbeiter in der Regel mehr als den tariflichen Stundenlohn verdienen.

Bei der Berechnung des Urlaubsgeldes im Jahre 1956 legte die Beklagte nur die tariflichen Stundenlöhne zugrunde, nicht den durch das Prämienlohnsystem höheren Effektivlohn. Seit dem 1. Januar 1957 berücksichtigt die Beklagte bei der Berechnung des Urlaubsgeldes diesen höheren Effektivlohn.

Im Urlaubsjahr 1956 verbrauchte der Kläger seinen Erholungsurlaub in der Zeit vom 30. Juli bis 16. August 1956. Auch in seinem Fall berechnete die Beklagte das Urlaubsgeld nur nach dem Tariflohn, nicht nach dem höheren Effektivlohn. Wäre der Effektivlohn zugrunde gelegt worden, so wäre das Urlaubsgeld des Klägers um mindestens 40,— DM höher gewesen.

Der Kläger hatte unmittelbar vor seinem Urlaub noch in seiner Eigenschaft als Betriebsratsmitglied eine Dienstreise unternommen. Die Beklagte hatte ihm dafür einen Vorschuß gezahlt. Der Vorschuß wurde nach dem Urlaub des Klägers im August 1956 verrechnet, dabei wurde das Urlaubsgeld berücksichtigt.

Die Parteien sind an den Manteltarifvertrag für gewerbliche Arbeitnehmer in der Margarine- und Kunstspeisefettindustrie vom 4. September 1953, in Kraft seit dem 1. Oktober 1953, gebunden.

Dieser MTV bestimmt in § 12:

„Ausschlußfristen.

Gegenseitige Ansprüche aller Art (z. B. auf rückständige Löhne aus Leistung von Mehrarbeit usw.) aus dem Beschäftigungsverhältnis sind innerhalb einer Ausschlußfrist von drei Monaten seit Entstehung des Anspruches geltend zu machen."

Nach § 10 Ziff. 3 MTV ist das Urlaubsgeld vor Antritt des Urlaubs zu gewähren.

Mit der am 3. Juni 1958 gefertigten und am 7. Juni 1958 zugestellten Klage verlangt der Kläger Nachzahlung von 40,— DM als Urlaubsgelddifferenz für seinen Urlaub vom 30. Juli bis 16. August 1956. Die

Beklagte hätte bei der Berechnung des Urlaubsgeldes den Effektivlohn zugrunde legen müssen. Den Anspruch auf Nachzahlung habe er auch innerhalb der noch laufenden Ausschlußfrist des § 12 MTV geltend gemacht, und zwar im März 1957. Auch habe der Betriebsrat bereits bei Verhandlungen über die Berechnung des Urlaubsgeldes im Mai 1956 auf die damals von der Beklagten gehandhabte unrichtige Berechnungsweise hingewiesen.

Die Beklagte hat die Ansicht vertreten, der Anspruch des Klägers sei verfallen, da er ihn erst im März 1957 geltend gemacht habe. Entstanden sei der Anspruch bereits vor Beginn des Urlaubs im Jahre 1956, spätestens aber bei Abrechnung nach Rückkehr des Klägers vom Urlaub im August 1956.

Das Arbeitsgericht hat nach dem Klageantrag erkannt. Das Landesarbeitsgericht hat die Klage abgewiesen. Die Revision des Klägers ist zurückgewiesen worden.

### Aus den Gründen:

I. ... II. Der Streit der Parteien geht ausschließlich um die Frage, ob die Verfallklausel des § 12 MTV auch auf Urlaubsansprüche und Urlaubsgeldansprüche anzuwenden ist. Dies ist der Fall.

Die Ausschlußfrist des § 12 MTV soll auf „gegenseitige Ansprüche aller Art aus dem Beschäftigungsverhältnis" anwendbar sein. Bei dieser weiten Fassung ist davon auszugehen, daß sie auch auf Urlaubs- und Urlaubsgeldansprüche anwendbar sein soll, denn auch bei diesen Ansprüchen handelt es sich um Ansprüche aus dem Beschäftigungsverhältnis. Eine solche Ausschlußfrist kann rechtswirksam auch für Urlaubs- und Urlaubsgeldansprüche durch Tarifvertrag gesetzt werden. Der Urlaubsanspruch, d. h. der Anspruch auf Freistellung von Arbeit unter Fortzahlung des Arbeitsentgelts, ist zwar grundsätzlich unabdingbar. Das gilt auch im Bereich des hier anwendbaren Urlaubsgesetzes des Landes Baden-Württemberg vom 6. August 1947 / 3. April 1950, obwohl dort der Urlaubsanspruch nicht ausdrücklich als unabdingbar bezeichnet ist. Nach deutschem Arbeitsrecht ist der Anspruch auf den Erholungsurlaub stets unabdingbar. Einer ausdrücklichen Hervorhebung dieses Grundsatzes in dem für das einzelne Arbeitsverhältnis maßgebenden Urlaubsgesetz bedarf es daher im Hinblick auf den inneren Gehalt und die Zweckbestimmung des Urlaubsanspruches nicht (ebenso Hueck-Nipperdey, Lehrbuch d. Arbeitsrechts, 6. Aufl., Bd. I, S. 397).

Trotz der danach gegebenen Unabdingbarkeit des Urlaubsanspruches einschließlich des Urlaubsgeldanspruches ist es aber dem Tarifpartner nicht verwehrt, Ausschlußfristen für die Geltendmachung des Urlaubsanspruches und insbesondere des Urlaubsgeldanspruches für den Fall gewährter (nicht ordnungsmäßig bezahlter) Freizeit zu setzen. Die Unabdingbarkeit besagt nur, daß der Anspruch nicht im voraus vor seiner Entstehung ausgeschlossen werden kann. Der Urlaubsgeldanspruch insbesondere darf, wenn nicht ausdrücklich gesetzliche Regelungen oder durch solche Regelungen zugelassene tarifliche, betriebliche oder einzelvertragliche Bestimmungen eingreifen, nicht gegenüber dem Lohn für geleistete Arbeit verkürzt werden. Bei der Setzung von Ausschlußfristen handelt es sich aber nicht um eine Ausschließung des Anspruches im voraus oder um seine inhaltliche Veränderung zum Nachteil des Arbeitnehmers in einer mit dem Zweck des Urlaubs unvereinbaren Weise, sondern um die Einführung von Fristen für die Geltendmachung des inhaltlich nicht veränderten Anspruches. Mit Hueck-Nipperdey, Lehrbuch des Arbeitsrechts, 6. Aufl., Bd. I, S. 413, Anm. 100 (anderer Ansicht jedoch Dersch, Urlaubsgesetze, Anm. 140 b) und der dort zitierten Rechtsprechung des Reichsarbeitsgerichts ist der Senat der Auffassung, daß auch für Urlaubsansprüche und insbesondere Urlaubsgeldansprüche nach gewährter Freizeit Ausschlußfristen gesetzt werden können. Soweit es sich um Ausschlußfristen für den Urlaubsgeldanspruch handelt, ist auch zu beachten, daß kein Grund ersichtlich ist, aus dem ein Lohnanspruch für nicht geleistete Arbeit (um einen solchen handelt es sich bei dem Urlaubsgeldanspruch) nicht unter eine Ausschlußfrist gestellt werden könnte. Wenn ein Lohnanspruch für geleistete Arbeit unter eine Ausschlußfrist gestellt werden kann, so muß gleiches auch für den Lohnanspruch für nicht geleistete Arbeit gelten.

Im Bereich des Urlaubsgesetzes Baden-Württemberg, das auf das vorliegende Arbeitsverhältnis anzuwenden ist, ist die Setzung von tariflichen Ausschlußfristen für den Urlaubsanspruch und den Urlaubsgeldanspruch zudem noch durch § 3 Abs. 3 gedeckt. Diese Vorschrift regelt das Verhältnis des Urlaubsgesetzes zu anderen gesetzlichen, tariflichen, betrieblichen oder einzelvertraglichen Regelungen. Grundsätzlich haben nur günstigere Regelungen den Vorrang (§ 3 Abs. 1 Satz 1). Der Satz 2 dieser Vorschrift besagt aber, daß „Vorschriften über die Verwirkung des Urlaubs und die Anrechnung des Urlaubs auf arbeitsfreie Zeiten unberührt bleiben". Solche Vorschriften, die also — wie sich aus der Fassung eindeutig ergibt — auch ungünstiger als die gesetzliche Regelung sein können, sind daher neben dem Urlaubsgesetz anzuwenden, sie widersprechen dem Urlaubsgesetz nicht. Durch Tarifvertrag können also Grundsätze über die Verwirkung des Urlaubsgeldanspruches gesetzt werden. Dann aber bestehen auch keine Bedenken gegen die Einführung von Ausschlußfristen für den Urlaubs- und Urlaubsgeldanspruch.

Sonach ist festzustellen, daß die Ausschlußfrist des § 12 auch für den vom Kläger verfolgten Anspruch auf Nachzahlung einer Urlaubsgelddifferenz zum Zuge kommt.

III.

Die Ausschlußfrist des § 12 MTV hat der Kläger nicht gewahrt.

Der Urlaub des Klägers lag vom 30. Juli 1956 bis zum 16. August 1956. Für diesen Urlaub macht der Kläger den Anspruch auf Nachzahlung einer Urlaubsgelddifferenz geltend. Mit der Gewährung der Freizeit im Juli und August 1956 war aber auch spätestens der Anspruch auf Auszahlung des Urlaubsgeldes entstanden. Dies folgt aus § 10 Ziff. 3 MTV, wonach das Urlaubsgeld vor Eintritt des Urlaubs zu gewähren ist. Unrichtig ist die Auffassung des Klägers, der Urlaubsgeldanspruch habe bis zum 31. Dezember 1956 geltend gemacht werden können, da erst mit diesem Tage das Urlaubsjahr abgelaufen sei und deshalb bis dahin der Urlaubsgeldanspruch als solcher fortbestanden habe. Diese Unterscheidung zwischen dem Verbrauch des Freizeitanspruches im Juli und August 1956 und dem Urlaubsgeldanspruch läuft auf eine Verselbständigung des Urlaubsgeldanspruches hinaus, die mit dem Wesen des Urlaubsanspruches als eines Einheitsanspruches auf Freistellung von der Arbeit unter Fortzahlung des Arbeitsentgelts nicht zu vereinen ist. Im Sinne der Ausschlußfristregelung des § 12 MTV ist vielmehr mit der Gewährung der Freizeit der volle Urlaubsgeldanspruch, der Anspruch auf das richtig berechnete Urlaubsgeld für diese Freizeit entstanden. Die Ausschlußfrist von drei Monaten lief also vom 30. Juli 1956 an, spätestens aber von der Abrechnung im August 1956. Sie war bereits spätestens im November 1956 abgelaufen. Die Geltendmachung des Anspruchs durch den Betriebsrat für den Kläger im März 1957 und insbsondere die Klage vom 3. Juni 1958 sind also verspätet.

Die vor dem Urlaub des Klägers liegenden Verhandlungen des Betriebsrates mit der Beklagten im Mai 1956 sind nicht geeignet, die Anwendung der Ausschlußfrist auszuschließen oder die Ausschlußfrist als gewahrt anzusehen. Nach den Ausführungen im Tatbestand des Landesarbeitsgerichts hat der Kläger insoweit vorgetragen, es sei unberücksichtigt gelassen, daß die falsche Urlaubsgeldberechnung vom Betriebsrat nicht erst Ende März 1957, sondern schon im Frühjahr 1956 geltend gemacht worden sei. Der Hinweis des Betriebsrats auf die falsche Urlaubsgeldberechnung habe als Geltendmachung des hier streitigen Anspruches ausgereicht. Mit Recht hat das Landesarbeitsgericht in diesen Vorgängen eine Geltendmachung des dem Kläger zustehenden Anspruches auf das richtig berechnete Urlaubsgeld nicht gesehen. Zwar braucht ein Arbeitnehmer einen ihm aus dem Arbeitsverhältnis zustehenden Anspruch nicht persönlich geltend zu machen, er kann darum auch den Betriebsrat ersuchen, der dann für den Arbeitnehmer handelt. Hier handelte es sich aber bei den Verhandlungen im Mai 1956 nicht um die Geltendmachung eines in der Person des Klägers bereits entstandenen Anspruches gerade für den Kläger, sondern um Verhandlungen des Betriebsrates um eine allgemeine Regelung, die damals zu keinem Erfolg geführt haben und die auch zunächst nicht fortgesetzt worden sind. Eine solche Verhandlung reicht als Geltendmachung für den Kläger im Sinne der Ausschlußfristregelung nicht aus. Zutreffend schließt im übrigen auch das Landesarbeitsgericht aus § 12 MTV, daß die Geltendmachung innerhalb der Ausschlußfrist erfolgen müsse. Schon deshalb reicht die Verhandlung des Betriebsrats vom Mai 1956, die vor Beginn der für den Kläger spätestens im August 1956 in Gang gesetzten Ausschlußfrist lag, nicht aus. Eine vor Entstehen des Anspruches eindeutig erklärte Leistungsverweigerung des Schuldners mag nach den Umständen des Einzelfalles dem Gläubiger das Recht geben, sofort auf zukünftige Leistung zu klagen, sie enthebt ihn aber nicht der Obliegenheit, nach Entstehen des Anspruches die Ausschlußfrist einzuhalten.

## 22

**Bei tariflichen Regelungen nach Art. 10 Abs. 3 UrlaubsG Bayern über das Urlaubsgeld von Prozentempfängern müssen neben dem Garantielohn auch die Bedienungsprozente zum Ausgangspunkt genommen werden.**

Bayer. Urlaubsgesetz Art. 10; BGB § 611 Urlaubsrecht

I. Senat. Urteil vom 28. 10. 1960 i. S. A. (Kl.) w. H. (Bekl.)
1 AZR 92/59.

I. Arbeitsgericht Würzburg. — II. Landesarbeitsgericht Bayern (Nürnberg).

Die Klägerin war seit dem 20. Dezember 1954 in der von der Beklagten betriebenen Gaststätte als Serviererin tätig. Beide Parteien sind kraft Allgemeinverbindlichkeit tarifgebunden an den Manteltarifvertrag für das Gaststätten- und Beherbergungsgewerbe in Bayern vom 12. Oktober 1954, der aber zum 31. Dezember 1956 wirksam gekündigt ist.

Am 1. Juni 1958 kündigte die Beklagte das Arbeitsverhältnis der Klägerin zum 14. Juni 1958.

Die Klägerin hat in den Jahren 1956, 1957 und 1958 Erholungsurlaub von der Beklagten erhalten. In diesen drei Jahren berechnete die Beklagte das der Klägerin während des Urlaubs zu zahlende Urlaubsgeld unter Anwendung des § 13 VI Satz 2 des Manteltarifvertrages vom 12. Oktober 1954. Diese Bestimmung lautet:

„Das prozentempfangende Personal erhält je Urlaubstag 1/26 von 125 % des monatlichen Garantielohnes".

Die Klägerin ist der Ansicht, daß die Berechnung des Urlaubsgeldes nach dieser tariflichen Regelung unzulässig sei. Die tarifliche Regelung trage der Tatsache nicht ausreichend Rechnung, daß sie als Prozentempfängerin im Schnitt wesentlich höhere Einnahmen erzielt habe als den Grundlohn. Die Tarifnorm verstoße gegen zwingende Grundsätze des Urlaubsrechts, denn sie benachteilige den Arbeitnehmer während des Urlaubs. Sie sei unwirksam, da sie das tatsächliche aus den Bedienungsprozenten bestehende Einkommen des Arbeitnehmers nicht berücksichtige. Unter Zugrundelegung der erzielten Prozente, berechnet nach dem Durchschnitt, hätte ihr für die drei Urlaube zusammen ein Urlaubsgeld von 364,82 DM gebührt. Abzüglich der gezahlten 173,20 DM ständen ihr deshalb noch 191,62 DM zu.

Die Beklagte hat ausgeführt, die Berechnung des der Klägerin gewährten Urlaubsgeldes entspreche der tariflichen Regelung. Diese tarifliche Regelung sei nach Art. 10 Abs. 3 Bayer. Urlaubsgesetz zulässig und rechtswirksam. Im übrigen habe die Klägerin die Ausschlußfrist nach § 24 des MTV nicht innegehalten.

Diese Bestimmung lautet:

„Ansprüche auf Gewährung von Urlaubsgeld erlöschen, wenn sie nicht im Laufe des Urlaubsjahres oder spätestens bis zum 31. März des darauffolgenden Urlaubsjahres beim Arbeitgeber schriftlich geltend gemacht werden".

Während das Arbeitsgericht der Klägerin das von dieser begehrte erhöhte Urlaubsgeld zugesprochen hat, hat das Landesarbeitsgericht die Klage abgewiesen. Die Revision der Klägerin führte zur Aufhebung und Zurückverweisung.

## Aus den Gründen:

I. Auszugehen ist davon, daß der Klägerin ein Urlaubsanspruch nach den Vorschriften des Bayerischen Urlaubsgesetzes vom 11. Mai 1950 zusteht. Gegen die Verfassungsmäßigkeit dieses Gesetzes sind Bedenken hinsichtlich der Gesetzgebungsbefugnis des bayerischen Landesgesetzgebers nicht herzuleiten. Inhalt des Urlaubsanspruches auch nach dem Bayerischen Urlaubsgesetz, wie grundsätzlich jedes Urlaubsanspruches, ist der Anspruch auf Freistellung von der Arbeit unter Fortzahlung des Arbeitsentgelts. Art. 1 des Bayer. Urlaubsgesetzes bestimmt demgemäß, daß jeder Arbeitnehmer einen unabdingbaren Anspruch auf Jahresurlaub unter Fortbezug des Arbeitsentgelts als Urlaubsvergütung hat. Der Arbeitnehmer soll also grundsätzlich durch das ihm gebührende Urlaubsgeld für die während des Urlaubs nicht geleistete Arbeit in die Lage versetzt werden, den Urlaub in gewohntem Lebenszuschnitt zu verbringen, um sich von geleisteter Arbeit zu erholen und sich für zu leistende Arbeit zu kräftigen. Grundsätzlich ist also als Urlaubsvergütung das Arbeitsentgelt während des Urlaubs fortzuzahlen, das der Arbeitnehmer bei Arbeit während des Urlaubs verdient hätte. Das führt dazu, daß auch der Arbeitnehmer, dessen Einkommen aus den ihm gebührenden Bedienungsprozenten besteht, grundsätzlich im Urlaub ebenso gestellt sein muß, wie er bei Arbeit stände. Da er bei Arbeit auch die Bedienungsprozente erhielte, seine Einnahmen also nicht nur im Garantielohn beständen, sondern in den in aller Regel wesentlich höheren Einnahmen aus den Bedienungsprozenten, muß bei der Berechnung des Urlaubsentgelts gerade die Einnahme aus den Bedienungsprozenten, die der Arbeitnehmer bei Arbeit erzielt hätte, in Ansatz gebracht werden. Das hat der Senat eingehend in der Entscheidung vom 13. November 1959 — 1 AZR 320/57 — BAG 8, 219 ff. [223] — begründet. Diese Rechtsauffassung hat der Senat auch in folgenden Entscheidungen ständig aufrechterhalten. In der Entscheidung vom 13. November 1959 (BAG 8, 219 [223]) hat der Senat eingehend auseinandergesetzt, daß eine einzelvertragliche, aber auch eine tarifvertragliche Regelung, die den Prozentempfänger während des Urlaubs auf den Garantielohn als Urlaubsgeld beschränke, mit dem Wesen des Urlaubsanspruchs unvereinbar und deshalb nichtig sei.

II. Die Beklagte stützt nun ihre Auffassung, daß die Klägerin mit $^1/_{26}$ des auf 125 % erhöhten Grundlohnes als Urlaubsgeld für jeden Urlaubstag richtig bezahlt worden sei, auf Art. 10 Abs. 3 des Bayer. Urlaubsgesetzes.

Art. 10 Abs. 3 knüpft gedanklich an die Regelung des Art. 1 des des Bayer. Urlaubsgesetzes an und trifft nähere Bestimmungen über die Höhe der bereits nach Art. 1 aaO geschuldeten Urlaubsvergütung. Nach Art. 10 Abs. 1 soll der beurlaubte Arbeitnehmer für den Urlaub grundsätzlich das Entgelt als Urlaubsvergütung erhalten, das er bei betriebsüblicher regelmäßiger Arbeitszeit während des Urlaubs erhalten würde. Bei Anwendung dieser Bestimmung würde also die Klägerin dem unabdingbaren Grundsatz des Art. 1 des Bayer. Urlaubsgesetzes entsprechend ein nach den Bedienungsprozenten als ihrer tatsächlichen Einnahme bei Arbeit zu berechnendes Urlaubsgeld zu erhalten haben. Es ist der Beklagten zuzugeben, daß Art. 10 Abs. 1 nur dann zur Anwendung kommt, wenn eine tarifvertragliche Regelung nicht besteht. Dies ergibt sich eindeutig aus Art. 10 Abs. 3. Es ist der Beklagten weiterhin zuzugeben, daß Art. 10 Abs. 3 auch tarifliche Regelungen rechtfertigt, die den Arbeitnehmer im Urlaub ungünstiger stellen, als er bei Anwendung des Art. 10 Abs. 1 stände. Die Befugnis der Tarifpartner, nach Art. 10 Abs. 3 auch ungünstigere Regelungen zu treffen, ergibt sich aus der Stellung des Art. 10 Abs. 3 im Rahmen des Art. 10 und aus der Gegenüberstellung des Art. 10 Abs. 3 mit dem Art. 11 des Bayer. Urlaubsgesetzes.

Wenn auch sonach davon auszugehen ist, daß die Tarifpartner das Urlaubsgeld durch tarifliche Regelungen ungünstiger bestimmen können als bei Anwendung des Art. 10 Abs. 1, so ist doch daran festzuhalten, daß Art. 10 Abs. 3 im Rahmen des Gesamtgesetzes zu werten ist. Insbesondere muß eine nach Art. 10 Abs. 3 des Bayer. Urlaubsgesetzes getroffene Regelung dem Grundsatz Rechnung tragen, daß der Arbeitnehmer im Urlaub nicht ungünstiger gestellt sein darf, als er bei Arbeit stände. Soweit also eine ungünstigere Regelung nach Art. 10 Abs. 3 getroffen ist, muß sie davon ausgehen, daß nach dem unabdingbaren Art. 1 der Arbeitnehmer einen Anspruch auf Fortzahlung des Arbeitsentgelts als Urlaubsvergütung hat, daß also bei Prozentempfängern auf das tatsächliche, aus den Prozenten, nicht aus dem Garantielohn bestehende Arbeitseinkommen auch für die Berechnung des Urlaubsgeldes abzustellen ist. Damit erschöpft sich die Bedeutung des Art. 10 Abs. 3 für Prozentempfänger darin, technische Regelungen über die Berechnung des Urlaubsentgelts auch aus den Bedienungsprozenten zu ermöglichen; bei diesen technischen Regelungen muß aber dem Grundsatz des Art. 1 auch für Prozentempfänger Rechnung getragen werden. Eine nach Art. 10 Absatz 3 getroffene Regelung darf insbesondere bei Prozentempfängern nicht an der Tatsache vorbeigehen, daß der sogenannte Garantielohn lediglich eine rechnerische Größe darstellt und daß die Einnahme des Prozentempfängers während der Arbeit sich nicht nur nach dem Garantielohn richtet und in aller Regel wesentlich über diesem liegt. Der Garantielohn als solcher darf deshalb nicht zur alleinigen Grundlage der Berechnung des Urlaubsgeldes gemacht werden. Dies gilt auch dann, wenn der Garantielohn für die Berechnung des Urlaubsgeldes rechnerisch auf

125 % oder 130 % des normalen Garantielohnes erhöht wird. Auch eine solche Regelung, die offenbar der Tatsache Rechnung tragen soll, daß sich das Einkommen des arbeitenden Prozentempfängers nicht nur aus dem Garantielohn ergibt, berücksichtigt nicht ausreichend, daß die Einnahmen des Prozentempfängers während der Zeit seiner tatsächlichen Arbeit maßgeblich von seiner Leistung und aber auch von anderen Umständen (z. B. der Art seiner Arbeitsstelle, der Lage seiner Arbeitsstelle, der Saison in Kurorten usw.) beeinflußt wird. Wenn lediglich auf den Garantielohn, auch auf einen erhöhten Garantielohn abgestellt wird, so wären diese Besonderheiten des Arbeitsverhältnisses der Prozentempfänger nicht ausreichend berücksichtigt. Es ist nicht angängig, nur für die Berechnung des Urlaubsgeldes eine fiktive Größe — den erhöhten Garantielohn — einzuführen, eine Größe, nach der sich das Einkommen des arbeitenden Prozentempfängers niemals bemißt. Auch eine Regelung nach Art. 10 Abs. 3 muß sonach darauf abstellen, daß der Prozentempfänger eben nicht auf den Garantielohn oder einen erhöhten Garantielohn bei Arbeit beschränkt ist. Daraus folgt, daß auch für die Berechnung des Urlaubsgeldes nicht durch tarifliche Regelung der Garantielohn oder ein erhöhter Garantielohn zugrunde gelegt werden darf. Auch eine Regelung nach § 10 Abs. 3 aaO muß vielmehr davon ausgehen, daß das Arbeitsentgelt, das dem beurlaubten Arbeitnehmer fortzuzahlen ist, bei dem Prozentempfänger nicht im Garantielohn, sondern in den Bedienungsprozenten besteht. Diese Bedienungsprozente müssen deshalb Ausgangspunkt einer für Prozentempfänger nach Art. 10 Abs. 3 zu treffenden tariflichen Regelung sein.

Eine tarifvertragliche Regelung, die nur den Garantielohn für die Berechnung des Urlaubsgeldes zugrunde legt, aber auf die tatsächlichen Einnahmen, die der Prozentempfänger aus den Prozenten während der Arbeit erzielt, keinerlei Gewicht legt, diese Einnahmen vielmehr völlig unberücksichtigt läßt, muß deshalb als mit dem Wesen des Urlaubsanspruches und mit Art. 1 des Bayer. Urlaubsgesetzes unvereinbar angesehen werden. Sie ist deshalb trotz Art. 10 Abs. 3 als tarifliche Regelung rechtsunwirksam.

III. Gleichwohl kann nicht nach dem Klageantrag erkannt werden. Die Beklagte hat insbesondere in der Revisionsinstanz darauf hingewiesen, daß der Manteltarif vom 12. Oktober 1954 in § 22 Ausschlußfristen setzt. Danach erlöschen Ansprüche auf Gewährung von Urlaub oder Urlaubsgeld, wenn sie nicht im Laufe des Urlaubsjahres oder bis spätestens zum 31. März des darauffolgenden Urlaubsjahres bei dem Arbeitgeber schriftlich geltend gemacht werden. In der Klageforderung liegen Beträge, die nach Ansicht der Klägerin als Urlaubsgeld für die

Jahre 1956, 1957 und 1958 geschuldet sein sollen. Die Klage ist am 14. Juni 1958 gefertigt und am 20. Juni 1958 beim Arbeitsgericht eingegangen. Das Landesarbeitsgericht wird bei der erneuten Verhandlung zu prüfen haben, ob die Klägerin bereits vorher die ihr zustehenden Ansprüche für die Jahre 1956 und 1957 auf das richtig bereechnte Urlaubsgeld gemäß § 24 des MTV geltend gemacht hat.

## 23

**Der Begriff „voll gearbeitet" in § 5 UrlG Hessen bezieht sich auf den Fall der Kurzarbeit, beschränkt aber nicht den Urlaubsgeldanspruch des Arbeitnehmers, der regelmäßig Überstunden ableistet.**

BGB § 611 Urlaubsrecht; UrlG Hessen § 5.

I. Senat. Urteil vom 28. 10. 1960 i. S. R. & Co. (Bekl.) w. M. (Kl.) 1 AZR 200/59.

I. Arbeitsgericht Frankfurt/Main. — II. Landesarbeitsgericht Frankfurt/Main.

Der Kläger ist seit dem 8. April 1958 als Monteur im Stundenlohn bei der Beklagten beschäftigt. Vom 14. bis 20. August 1958 hatte er Urlaub. Das Urlaubsgeld gewährte ihm die Beklagte auf der Grundlage von 45 Wochenarbeitsstunden. In den Wochen vor und nach seinem Urlaub arbeitete der Kläger („wochenlang") jedoch unstreitig durchschnittlich 56 Stunden in der Woche.

Beide Parteien sind an den Manteltarifvertrag für die gewerblichen Arbeitnehmer in den Betrieben der Wärme, Lüftungs- und Gesundheitstechnik im Lande Hessen in der Fassung vom 19. Dezember 1956 gebunden. Dieser Tarifvertrag bestimmt in § 19 Ziff. 1:

„In Übereinstimmung mit dem hessischen Urlaubsgesetz erhält der Arbeitnehmer je Arbeitswoche, in die Urlaubstage fallen, an Urlaubsentgelt und Lohn den Betrag, den er erhalten hätte, wenn er in dieser Woche voll gearbeitet hätte."

Mit der am 3. November 1958 eingereichten und am 7. November 1958 der Beklagten zugestellten Klage hat der Kläger den rechnerisch unstreitigen Unterschiedsbetrag von 21,15 DM zwischen dem ihm (unter Zugrundelegung einer Arbeitszeit von 45 Stunden) gewährten Urlaubsgeld und dem ihm nach seiner Ansicht gebührenden Urlaubsgeld unter Zugrundelegung einer durchschnittlichen Arbeitszeit von 56 Stunden in der Woche geltend gemacht.

Alle Instanzen haben nach dem Klageantrag erkannt.

Aus den Gründen:

I. Auszugehen ist von dem Wesen des Urlaubsanspruches als eines auf Freistellung von der Arbeit unter Fortzahlung des bei Arbeit erzielten Entgelts gerichteten Anspruchs. Durch das Urlaubsgeld insbesondere soll der beurlaubte Arbeitnehmer in die Lage versetzt werden, auch während der Zeit der Freistellung von der Arbeit sein Leben in dem gewohnten Zuschnitt zu führen. Er soll vergütungsmäßig so gestellt werden, wie er stände, wenn er nicht auf Urlaub gegangen wäre und seine Arbeit in dem Umfange, wie er sie vor und nach dem Urlaub verrichtete, auch während der Urlaubszeit geleistet hätte.

Hat deshalb ein Arbeitnehmer regelmäßig vor dem Urlaub in bestimmtem Umfange Überstunden über die im Betrieb allgemein übliche Arbeitszeit geleistet, und hat er solche Überstunden in gleichem Umfange nach dem Urlaub ebenfalls geleistet, so sind auch diese regelmäßig abgeleisteten Überstunden bei der Berechnung des Urlaubsgeldes in Ansatz zu bringen (einhellige Meinung: vgl. Hueck-Nipperdey, Lehrb. d. Arbeitsrechts, 6. Aufl., Bd. I, S. 405). Das folgt schon daraus, daß dieser Arbeitnehmer sich in seinem ganzen Lebenszuschnitt auch auf die Einnahme aus diesen von ihm regelmäßig geleisteten Überstunden eingestellt hatte; er hätte diese Einnahme auch in der Urlaubszeit gehabt, wenn er während dieser Zeit nicht auf Urlaub gegangen wäre. Es ist im vorliegenden Fall unbestritten, daß der Kläger „wochenlang" vor und nach seinem Urlaub durchschnittlich 56 Wochenstunden geleistet hat. Das Landesarbeitsgericht konnte sonach davon ausgehen, daß der Kläger regelmäßig Überstunden geleistet hat und diese durchschnittlich 11 in jeder Woche regelmäßig geleisteten Überstunden über die betriebliche Arbeitszeit von 45 Stunden hinaus wöchentlich auch in der Urlaubszeit geleistet hätte, wenn er nicht auf Urlaub gegangen wäre. Es kommt also nicht auf die Revisionsrüge der Beklagten an, das Landesarbeitsgericht hätte feststellen müssen, wieviele Überstunden der Kläger in den Urlaubswochen geleistet hätte. Das Landesarbeitsgericht konnte vielmehr unbedenklich aus der Tatsache, daß der Kläger wochenlang vor und nach dem Urlaub in jeder Woche regelmäßig Überstunden geleistet hatte, und zwar durchschnittlich 11 Stunden in jeder Woche, darauf schließen, daß diese 11 Stunden auch in der Urlaubszeit als Überstunden in jeder Woche geleistet worden wären, wenn der Kläger nicht auf Urlaub gegangen wäre. Dieser Schluß des Landesarbeitsgerichts ist zumindest nach § 287 Abs. 2 ZPO gerechtfertigt. Hinzukommt, daß nach dem Tatbestand des Landesarbeitsgerichts die Höhe des geltend gemachten Anspruchs unstreitig ist.

Da sich diese Höhe aus der Zahl der Stunden ergibt, kann dieses Unstreitigsein nur bedeuten, daß die Beklagte nicht in Abrede stellt, der Kläger hätte jedenfalls — wie wochenlang in den Wochen vor und nach dem Urlaub — auch in der Urlaubszeit wöchentlich 11 Stunden Mehrarbeit geleistet, wenn er nicht auf Urlaub gegangen wäre. In den Vorinstanzen hat die Beklagte jedenfalls nicht vorgetragen, daß der Kläger in der Zeit, in der er auf Urlaub war, auch dann, wenn er nicht auf Urlaub gegangen wäre, keine Überstunden abgeleistet hätte.

Daß bei Anwendung dieser allgemeinen Urlaubsgrundsätze auch die von dem Kläger regelmäßig geleisteten Überstunden in einer Zahl von durchschnittlich 11 Stunden in jeder Woche bei der Berechnung des Urlaubsgeldes zu berücksichtigen sind, steht damit fest. Der Senat verweist insoweit auf seine ständige Rechtsprechung (vgl. BAG AP Nr. 44 zu § 611 BGB Urlaubsrecht; BAG AP Nr. 1 zu § 5 UrlaubsG Niedersachsen mit zustimmender Anm. v. Dersch).

II. Von dem Grundsatz, daß die von einem Arbeitnehmer vor und nach dem Urlaub regelmäßig geleisteten Überstunden bei der Berechnung des Urlaubsgeldes zugunsten des Arbeitnehmers anzusetzen sind, ist auch bei der Auslegung des hess. Urlaubsgesetzes auszugehen. § 5 dieses Gesetzes bestimmt in Abs. 1, daß die Höhe des Urlaubsgeldes sich nach dem Entgelt richtet, daß der Berechtigte erhalten würde, wenn er während des Urlaubs voll gearbeitet hätte. Nach § 5 Abs. 1 können durch Tarifvertrag nur günstigere Regelungen getroffen werden.

In dem hess. Urlaubsgesetz (§ 5 Abs. 1) ist also der allgemeine Grundsatz des Urlaubsrechts, daß der Arbeitnehmer im Urlaub grundsätzlich so gestellt sein soll, wie er bei Arbeit stände, wiederholt worden. Der Arbeitnehmer soll auf den Betrag als Urlaubsgeld kommen, den er als Lohn erhielte, wenn er während des Urlaubs gearbeitet hätte. Es wird danach auf den Berechtigten und seine Arbeit abgestellt, also nicht auf eine „betriebsübliche" Arbeitszeit oder eine Arbeitszeit, die andere Arbeitnehmer regelmäßig ableisten. Auch das hess. Urlaubsgesetz folgt also der sogenannten individuellen Methode für die Berechnung des Urlaubsgeldes; diese stellt es darauf ab, was im konkreten Fall der urlaubsberechtigte Arbeitnehmer bei Arbeit während der Urlaubszeit bekommen hätte. Es wird also nicht zugrunde gelegt, was andere Arbeitnehmer während der Zeit, in der der Urlauber wegen seines Urlaubs der Arbeit fernblieb, bekommen haben, auch nicht auf eine im Betrieb regelmäßige oder übliche Arbeitszeit abgestellt, sondern eben nur auf das, was der beurlaubte Arbeitnehmer bei Arbeit verdient hätte.

Dieser Auffassung steht nicht entgegen, daß in § 5 Abs. 1 in dem mit „wenn" eingeleiteten Halbsatz gesagt ist: „wenn er während der Dauer des Urlaubs voll gearbeitet hätte". Nach Ansicht der Beklagten soll das Wort „voll" dazu führen, daß nur die regelmäßige betriebsübliche volle Arbeitszeit der Berechnung des Urlaubsgeldes zugrunde gelegt wird; auch das Urlaubsgeld des Arbeitnehmers, der wochenlang vor und nach seinem Urlaub, also regelmäßig, Mehrarbeit geleistet hat, soll sich ohne Berücksichtigung dieser Mehrarbeit nur nach der betriebsüblichen Arbeitszeit richten. Das würde dazu führen, daß der Arbeitnehmer seinen Urlaub nicht in dem Lebenszuschnitt verbringen kann, den er auf Grund der gerade von ihm regelmäßig vor und nach dem Urlaub geleisteten Mehrarbeit über die betriebsübliche Arbeitszeit hinaus erreicht hatte. Zu dieser Auslegung gibt aber, wie das Landesarbeitsgericht zutreffend ausgeführt hat, der Gesetzeswortlaut keinen Anlaß. Aus diesem Wortlaut ist lediglich zu entnehmen, daß der Arbeitnehmer auch bei Kurzarbeit, d. h. bei Einführung einer Arbeitszeit im Betrieb, die unter der sonst betriebsüblichen Arbeitszeit liegt, Urlaubsgeld nach der vollen betriebsüblichen Arbeitszeit erhalten sollte. Das Gesetz wollte also die Rechtstellung des auf Kurzarbeit gesetzten Arbeitnehmers verbessern, nicht aber die Rechtsstellung des regelmäßig Mehrarbeit leistenden Arbeitnehmers verschlechtern. Die Frage der Berechnung des Urlaubsgeldes bei Kurzarbeit war vor Inkrafttreten der Landesurlaubsgesetze sehr strittig (vgl. Hueck-Nipperdey, aaO, S. 406). Der Senat muß davon ausgehen, daß das hess. Urlaubsgesetz nur die Frage der Berechnung des Urlaubsgeldes gerade und nur bei Kurzarbeit zugunsten des Arbeitnehmers klären wollte. Jedenfalls ist aber das Gesetz nicht im Sinne der Beklagten so klar, daß angenommen werden müßte, gerade das hess. Urlaubsgesetz habe eine solche Verschlechterung gegenüber den allgemeinen Grundsätzen des Urlaubsrechts für den hessischen Arbeitnehmer gewollt. Im Schrifttum vertritt Dersch — Urlaubsgesetze, in der Anmerkung 652 — für Hessen ebenfalls die Ansicht, daß § 5 Abs. 1 mit dem Worte „voll" nur den Fall der Kurzarbeit habe erfassen wollen (ähnl. Nikisch, Arbeitsrecht, S. 456).

III. Auch der Manteltarifvertrag vom 19. Dezember 1956 steht dem geltend gemachten Anspruch nicht entgegen.

Nach der tatsächlichen Feststellung des Landesarbeietsgrichts sind beide Parteien an den Manteltarifvertrag gebunden. Das Landesarbeitsgericht hat mit Recht die Frage dahingestellt sein lassen, ob die Mitglieder der tarifschließenden Arbeitgeberorganisation zum Baunebengewerbe gehören, für dessen Arbeitnehmer § 5 Abs. 1 bei Vorliegen tariflicher Regelungen über die Höhe des Urlaubsentgelts nach § 5 Abs. 3 aaO nicht gilt. Denn § 19 MTV besagt inhaltlich nichts anderes als auch § 5 Abs. 1 des hess. Urlaubsgesetzes, dingt also dessen Regelung nicht zum Nachteil des Arbeitnehmers ab. § 19 Abs. 1 stellt vielmehr lediglich eine Wiederholung des hess. Urlaubsgesetzes (§ 5 Abs. 1) dar, wobei die Fassung nur dadurch modifiziert ist, daß ausdrücklich der Fall behandelt ist, daß in eine Arbeitswoche sowohl Arbeitstage wie Urlaubstage fallen. Wenn der Manteltarifvertrag ausdrücklich sagt, er treffe Regelungen „in Übereinstimmung mit dem hess. Urlaubsgesetz", so muß daraus entnommen werden, daß er diese Regelungen überhaupt nicht abdingen will. Der Arbeitnehmer soll auch unter dem Manteltarifvertrag so gestellt werden, als wären alle Tage einer Arbeitswoche für ihn Arbeitstage gewesen. Auch hier hat das Wort „voll" nur Bedeutung für den Fall der Kurzarbeit. Hinzukommt, daß hier das Wort „voll" auch noch der Unterscheidung zwischen Urlaubstagen und Arbeitstagen Rechnung trägt, wenn sowohl Urlaubstage wie Arbeitstage in eine Arbeitswoche fallen.

Wenn die Beklagte sagt, aus der Tarifgeschichte (Manteltarifvertrag in der früheren Fassung vom 7. Januar 1953, § 19: „Die tägliche Arbeitszeit, die der Urlaubsberechnung zugrunde gelegt wird, beträgt, unabhängig ob Kurz- oder Überzeitarbeit vorliegt, 8 Stunden") folge, daß immer (auch bei regelmäßig geleisteter Mehrarbeit) von einer Arbeitszeit von 8 Stunden bei der Berechnung des Urlaubsgeldes auszugehen sei, so hat das Landesarbeitsgericht dem mit Recht entgegengehalten, daß durch die Neufassung vom 19. Dezember 1956 gerade dieser § 19 (Fassung vom 7. Januar 1953) geändert worden ist. Es ist deshalb nicht anzunehmen, daß die Parteien trotz dieser Änderung die ursprüngliche Fassung aufrechterhalten wollten. Dies folgt auch nicht aus § 28 des Manteltarifvertrages in der Fassung vom 19. Dezember 1956. Es heißt dort lediglich: „Vorstehender Tarifvertrag ist nicht das Ergebnis einer neuen Verhandlung, sondern er enthält lediglich die Bestimmungen des MTV vom 7. Januar 1953 mit den unter dem 19. Dezember 1956 vereinbarten Änderungen". Wenn die Parteien dem § 19 in ihrer Neufassung eine neue Gestalt und einen neuen Inhalt geben, so kann von der Beklagten nicht geltend gemacht werden, trotz dieser Neufassung sei die alte Fassung noch anzuwenden.

## 24

**Die in § 13 Abs. 4 a. E. BetrVG erwähnten einhundert Gruppenangehörigen müssen, sollen ihre Unterschriften als ausreichend angesehen werden können, wahlberechtigte Arbeitnehmer sein.**

BetrVG § 13 Abs. 4.
I. Senat. Beschluß vom 4. 11. 1960 i. S. M. u. a. (Antragst.)
w. B. d. Sch. (Antragsg.)
1 ABR 21/59.

I. Arbeitsgericht Krefeld. — II. Landesarbeitsgericht Düsseldorf

Am 17. und 18. März 1959 fand im Betrieb der beteiligten Arbeitgeberin die Betriebsratswahl statt. Der Betrieb beschäftigte mehr als 1000 Arbeitnehmer.

Am 28. Februar 1959 hatten zwei der drei Antragsteller dem Wahlvorstand eine Vorschlagsliste eingereicht. Diese bestand aus zusammengeklammerten Einzellisten. Sie war von insgesamt mehr als 100 Personen unterzeichnet. Unter den Unterschriften befanden sich solche von jugendlichen und deshalb nicht wahlberechtigten Arbeitnehmern. Die Zahl der wahlberechtigten Arbeitnehmer, die die Liste unterschrieben hatten, lag unter 100.

Am 3. März 1959 teilte der Wahlvorstand einem der Antragsteller als dem Listenvertreter mit, daß diese Liste vom Wahlvorstand überprüft und nach § 3 Abs. f der WahlO als ungültig erklärt sei. Am darauf folgenden Tage fand eine Aussprache zwischen dem Listenvertreter und dem Wahlvorstand über die nähere Begründung der Ablehnung statt.

Die Betriebsratswahl wurde ohne Berücksichtigung dieser Liste durchgeführt. Das Ergebnis der Wahl wurde am 20. März 1959 bekannt gegeben. Am 2. April 1959 haben die Antragsteller beim Arbeitsgericht die Wahlanfechtung eingereicht.

Das Arbeitsgericht hat den Anfechtungsantrag, das Landesarbeitsgericht die Beschwerde der Antragsteller zurückgewiesen. Die Rechtsbeschwerde der Antragsteller ist zurückgewiesen worden.

### Aus den Gründen:

1. Die Antragsteller hatten ursprünglich einen Verfahrensverstoß des Wahlvorstandes darin erblicken wollen, daß bei Abgabe ihrer Vorschlagsliste kein Wahlvorstandsmitglied anwesend gewesen sei. Ein solches sei vielmehr erst 5 Minuten später erschienen. Im weiteren Verlauf

des Verfahrens sind die Antragsteller hierauf nicht mehr zurückgekommen, und zwar mit Recht; denn selbst wenn die Darstellung der Antragsteller hierzu zuträfe, so wäre sie rechtlich doch unbeachtlich, weil dieser Umstand für den Ausgang des Wahlverfahrens selbst ohne jede Bedeutung gewesen ist. Zudem ist aber auch eine so kurze Abwesenheit (5 Minuten) unschädlich.

2. § 13 Abs. 4 BetrVG schreibt vor, daß jeder Wahlvorschlag mindestens von 1/10 der wahlberechtigten Gruppenangehörigen, jedoch mindestens von drei Wahlberechtigten unterzeichnet sein muß, daß aber in jedem Fall die Unterzeichnung durch 100 Gruppenangehörige genügt. Entgegen der Ansicht der Rechtsbeschwerde muß es sich auch bei den 100 Gruppenangehörigen, die in § 13 Abs. 4 BetrVG erwähnt sind, um wahlberechtigte Arbeitnehmer handeln.

Die Ansichten, die hierzu in der Rechtslehre vertreten werden, sind allerdings geteilt. Dietz, Betriebsverfassungsgesetz, 3. Aufl., § 13 Anmerk. 29 und Fitting-Kraegeloh, Betriebsverfassungsgesetz, 5. Aufl., § 13 Anm. 53 meinen, es komme auf die Wahlberechtigung der 100 Gruppenangehörigen nicht an. Dietz gibt keine Begründung, während sich Fitting-Kraegeloh auf den Gesetzeswortlaut berufen, den sie für eindeutig halten. Die entgegengesetzte Auffassung, daß alle 100 Gruppenangehörigen wahlberechtigt sein müßten, vertreten, ebenfalls ohne Begründung, Hueck-Nipperdey, Lehrbuch, 6. Aufl., Bd. 2 S. 716 und Galperin-Siebert, Betriebsverfassungsgesetz, 3. Aufl., § 13 Anm. 22.

Die Materialien zu § 13 Abs. 4 BetrVG lassen hinsichtlich dieser Frage im Stich. Im Regierungsentwurf war die Vorschrift des § 13 Abs. 4 Satz 3 aaO noch nicht enthalten (Bundestagsdrucksache 1. Wahlper. Nr. 1546 S. 6 und S. 42). Sie taucht erstmalig im Bericht des Ausschusses für Arbeit, Drucksache Nr. 3585, auf. Danach hatte § 13 bereits den Inhalt, der Gesetz geworden ist (S. 23). In der Begründung heißt es auf S. 5, es sollten nur Wahlvorschläge der wahlberechtigten Arbeitnehmer zugelassen werden, jedenfalls genüge aber die Unterzeichnung durch 100 Gruppenangehörige bzw. bei gemeinsamer Wahl durch 100 Arbeitnehmer. Das ist ebenso unklar wie das Gesetz. In den Beratungen (1. Lesung: 103. Sitzung S. 3785, 2. und 3. Lesung: 223. und 224. Sitzung S. 9965 und 10 267) ist hauptsächlich um die Frage gestritten worden, ob Gewerkschaften vorschlagsberechtigt sein sollten oder nicht. Ein bestimmter Hinweis darauf, ob die 100 Unterschriften von Wahlberechtigten stammen müssen oder nicht, ergibt sich aus diesem Streit nicht. Im Personalvertretungsgesetz ist die Regelung in § 15 Abs. 4 dem Betriebsverfassungsgesetz nachgebildet worden. Dagegen ist die ähnliche Vorschrift des § 76 Abs. 3 BetrVG eindeutig dahin gefaßt, daß es sich um mindestens 100 wahlberechtigte Arbeitnehmer handeln muß. Ob die Unterscheidung vom Gesetzgeber bewußt gemacht worden ist oder ob es sich bei § 13 um einen Redaktionsfehler handelt, ergeben die Gesetzesmaterialien nicht. Dafür, daß lediglich ein redaktionelles Versehen vorliegt, spricht, daß kein vernünftiger Grund für eine abweichende Regelung erkennbar ist. Eine bewußte Unterscheidung wird offenbar nur in § 9 BetrVG gemacht, wo es auf die Wahlberechtigung nur ankommt in Betrieben mit in der Regel bis zu 21 Arbeitnehmern. Aber dort ist die Unterscheidung aus sachlichen Gründen gerechtfertigt, da ohne weiteres anzunehmen ist, daß die größeren Betriebe jedenfalls genug wahlberechtigte Arbeitnehmer haben.

Führt all dies nicht zu einer abschließenden Klärung, so muß bei der Gesetzesauslegung auf folgendes abgestellt werden:

a) Wäre die Ansicht der Antragsteller in der Rechtsbeschwerde, die 100 Unterschriften brauchten nicht von Wahlberechtigten zu stammen, richtig, so müßten Wahlvorschläge in Betrieben mit bis zu 999 Arbeitnehmern nur von Wahlberechtigten unterschrieben werden. Bei 1000 Arbeitnehmern würde das aber anders sein. Hier würden plötzlich nicht wahlberechtigte Arbeitnehmer aus unerfindlichen Gründen Befugnisse erhalten, die sie in kleineren Betrieben nicht haben. Man muß sogar noch weiter gehen: Würde ein Betrieb z. B. 500 Arbeitnehmer haben, so müßte eine Vorschlagsliste grundsätzlich von 50 wahlberechtigten Arbeitnehmern unterschrieben werden. Es würde aber genügen, eine Liste mit 100 Unterschriften einzureichen, selbst wenn diese von 100 nichtwahlberechtigten Arbeitnehmern stammen. Ein solches Ergebnis wäre wenig sinnvoll.

b) Das Argument der Antragsteller, der Betriebsrat vertrete nicht nur die wahlberechtigten, sondern auch die nicht wahlberechtigten Arbeitnehmer, beispielsweise die Jugendlichen, besagt in diesem Zusammenhang nichts Entscheidendes. Es darf hier nämlich nicht nur an die Jugendlichen gedacht werden, sondern es müssen auch die Nichtwahlberechtigten berücksichtigt werden, die aus anderen Gründen nicht wahlberechtigt sind. Selbst wenn aber dieser Personenkreis außer acht bliebe, wäre zu berücksichtigen, daß die Jugendlichen im Rahmen des § 20 BetrVG ihre eigene Vertretung haben. Es ist deshalb nicht einzusehen, daß sie gleichwohl Wahlvorschläge für den Betriebsrat mit wahlberechtigten Arbeitnehmern zusammen oder sogar allein sollen unterschreiben können.

c) Die Rechtsbeschwerdeerwiderung verweist, um ihre Ansicht zu stützen, weiter auf die Wahlordnung. Dieses Argument greift ebensowenig durch. Die Wahlordnung kann das Gesetz nicht abändern. Die hier streitige Vorschrift steht jedoch allein im Gesetz, nicht in der Wahlordnung. Sie muß deshalb auch nur aus dem Gesetz ausgelegt werden. Zudem sprechen beispielsweise § 6 Abs. 1 und 6 der Wahlordnung eher gegen als für die Antragsteller.

d) Nach dem Gesetz „genügen in jedem Fall 100 Unterschriften". Nach dem Wortlaut des Gesetzes, wie ihn die Antragsteller auffassen, dürften also alle 100 Unterschriften von nicht wahlberechtigten Arbeitnehmern stammen; denn es soll ja jeder denkbare Fall gemeint sein. Das kann aber nicht richtig sein. Denn dann könnten die Nichtwahlberechtigten durch Einreichung einer zweiten Liste eine Verhältniswahl erzwingen, selbst wenn alle Wahlberechtigten sich auf eine Mehrheitswahl geeinigt hätten. Das würde die Vorherrschaft der Nichtwahlberechtigten über die Wahlberechtigten bedeuten. Ein solches Ergebnis wäre nicht zu vertreten.

Aus alledem folgt, daß bei sachgerechter Auslegung des Gesetzes die in § 13 Abs. 4 am Ende genannten Unterschriften der „einhundert Gruppenangehörigen" von wahlberechtigten Arbeitnehmern stammen müssen. Eine solche Auslegung ist auch mit dem Gesetzeswortlaut durchaus vereinbar. „In jedem Falle" bedeutet dann nur, daß 100 Unterschriften auch dann genügen, wenn die Zahl der Wahlberechtigten 1000 überschreitet, mag die Zahl so groß sein, wie sie will. Das ergibt einen guten Sinn. Denn es wäre unverständlich, mindestens kaum praktikabel, wenn in Großbetrieben mit vielleicht 5000 Arbeitnehmern 500 Unterschriften für jeden der oft zahlreichen Wahlvorschläge verlangt würden. Die Beschränkung dieser Zahl gerade für Großbetriebe ist also zweckmäßig. Etwas anderes aber hat der Gesetzgeber nicht gewollt. Jedenfalls hat er etwas anderes nicht klar zum Ausdruck gebracht. Dann muß aber die Regelung gelten, die sinnvoll ist. Sinnvoll ist, wie das Landesarbeitsgericht mit Recht hervorhebt, aber nur eine Regelung, die auch sonst in den Rahmen des § 13 Abs. 4 (und übrigens auch Abs. 5) BetrVG hineinpaßt: dort wird sonst stets nur von den wahlberechtigten Arbeitnehmern oder Gruppenangehörigen gesprochen.

Ist somit die Liste der Antragsteller vom Wahlvorstand in diesem Punkt zu Recht beanstandet worden, so kann hierauf die Wahlanfechtung nicht mit Erfolg gestützt werden.

3) Nach den Feststellungen des Landesarbeitsgerichts hat der Wahlvorstand die Listenführer zunächst lediglich auf § 3 Abs. f WahlO hin-

gewiesen. Für jeden, der sich diese Vorschrift ansieht, ist eindeutig, daß damit § 3 Abs. 2 f gemeint ist. Dort ist von der Mindestzahl von Arbeitnehmern die Rede, von denen ein Wahlvorschlag unterzeichnet sein muß. Auf § 13 Abs. 4 und 5 des Gesetzes ist verwiesen. Eine solche Belehrung reichte an sich schon, um den Listenführern klarzumachen, wo die Schwächen ihrer Listen lagen.

Hinzukommt die nach den Feststellungen des Landesarbeitsgerichts ausreichende Belehrung vom nächsten Tage. Daß diese unverzüglich erfolgt ist, ist nach dem eigenen Vortrag der Antragsteller anzunehmen. Aus den Akten ergibt sich allerdings nicht, wann die Frist zur Einreichung der Wahlvorschläge ablief. Lief sie schon am 3. März 1959 ab, so war für die Belehrung besondere Eile geboten. Bei einer verzögerten Belehrung wäre die der Antragsteller mögliche Einreichung einer neuen und jetzt einwandfreien Liste verhindert worden, so daß ein Anfechtungsgrund vorliegen könnte; denn wenn der Fristablauf unmittelbar bevorstand, begründete dieser Umstand eine besondere Pflicht für den Wahlvorstand, die Belehrung noch so rechtzeitig zu erteilen, daß die Mängel der Vorschlagsliste abgestellt werden konnten. Eine Verzögerung insoweit kann also nach Lage der Sache schuldhaft, die nach § 7 WahlO zum BetrVG erforderliche Unterrichtung nicht mehr „unverzüglich" sein.

Im angefochtenen Beschluß ist hierüber nichts festgestellt. Das zwingt jedoch nicht dazu, den Beschluß aus diesem Grunde aufzuheben und die Sache an die Vorinstanz zurückzuverweisen. Vielmehr wäre es Sache der Antragsteller gewesen vorzutragen, daß das Ende der Einreichungsfrist unmittelbar bevorgestanden hätte. Ein solcher Vortrag ist jedoch nicht erfolgt. Auch in der Rechtsbeschwerdebegründung ist auf diesen Punkt nicht eingegangen worden. Deshalb muß der Vortrag der Beteiligten hierzu dahin aufgefaßt werden, daß auch nach der Belehrung vom 4. März 1959 noch Zeit zur Einreichung einer einwandfreien Liste war. Sonst hätte diese Belehrung auch kaum noch einen Sinn gehabt. Sonst würde aber auch keine Zurückziehung von Unterschriften auf der eingereichten, ohnehin ungültigen Liste erfolgt sein, was die Antragsteller selbst vorgetragen haben. Auch auf diesen Punkt kann daher die Wahlanfechtung nicht gestützt werden.

4) Ein Verstoß gegen eine Geheimhaltungspflicht des Wahlvorstandes hinsichtlich der eingereichten Liste und der auf ihr befindlichen Unterschriften ist nicht festzustellen. Es gibt keine Vorschrift, die eine solche Geheimhaltungspflicht begründet. Wenn es in § 10 der WahlO heißt, nach Ablauf der in den §§ 6 und 9 genannten Fristen seien die

gültigen Vorschlagslisten bekanntzumachen, so ergibt sich daraus noch nicht, daß die Listen bis dahin geheim sind.

In der Praxis ist eine solche Geheimhaltung auch kaum durchführbar. Der Wahlvorstand könnte dann die ihm obliegende Pflicht zur Prüfung der Wahllisten nicht erfüllen. Der Wahlvorstand muß insbesondere prüfen, ob die Unterschriften von Nichtberechtigten geleistet worden sind, er muß daher zur Klärung dieser Fragen die Listen auswerten können. Auch das spricht gegen eine Geheimhaltungspflicht.

Zudem kann das Wahlergebnis durch eine Verletzung der Geheimhaltungspflicht auch nicht berührt sein. Die Liste der Antragsteller ist nachträglich nicht geändert worden. Daß durch eine Offenlegung der Liste irgendwelche Arbeitnehmer, die diese bisher nicht unterschrieben hatten, gehindert worden seien, ihre Unterschrift noch nachzutragen (falls das überhaupt möglich war), ist nicht vorgetragen worden. Mindestens würde es also an der Kausalität fehlen.

5) Was von den Antragstellern hinsichtlich des Verhaltens des Wahlvorstandes nach Einreichung der Liste weiter behauptet wird, ist allerdings insoweit bedenklich, als danach der Wahlvorstand versucht haben soll, auf solche Arbeitnehmer einzuwirken, die die Liste unterschrieben hatten. Ein solches Verhalten würde allerdings einen klaren Verstoß gegen die Unparteilichkeit des Wahlvorstandes darstellen. Für die Anfechtung kommt es hierauf aber ebenfalls nicht an, weil es auch insofern an einer Kausalität fehlt. Auf der Liste sind nachträglich keine Streichungen vorgenommen worden. Solche Streichungen waren auch nicht möglich, da es sich hier nicht um Fälle des § 6 Abs. 6 der WahlO gehandelt hat. Die Liste konnte bei der Wahl als ganze wegen ihrer Ungültigkeit nicht berücksichtigt werden, so daß es auf Streichungen gar nicht mehr ankam.

Die Beteiligten sind sich deshalb auch darüber einig, daß die Entscheidung des Streitfalles in erster Linie davon abhängt, ob die Jugendlichen mitgezählt werden dürfen oder nicht. Das hat mit der Frage einer Wahlpropaganda des Wahlvorstandes nichts zu tun. Werden sie mitgezählt, so ist die Zahl von 100 Unterschriften jedenfalls erreicht. Nach den obigen Ausführungen dürfen sie jedoch nicht mitgezählt werden, so daß die Zurückweisung der Liste durch den Wahlvorstand gerechtfertigt war.

## 25

**1. Bestätigung von AP Nr. 1 zu § 83 ArbGG.**

**2. Die Entscheidung des Gerichts, durch die ein Wahlvorstand nach § 16 BetrVG bestellt wird, ist durch die ordentlichen Rechtsmittel des arbeitsgerichtlichen Beschlußverfahrens anfechtbar.**

**3. Im Betrieb vertreten i. S. des § 16 BetrVG ist jede Gewerkschaft, wenn sie auch nur einen einzigen Betriebsangehörigen zu ihren Mitgliedern zählt.**

**4. Für das Antragsrecht der Gewerkschaft i. S. des § 16 BetrVG kommt es darauf an, ob sie z. Z. der Antragstellung im Betrieb vertreten war. Spätere Veränderungen sind rechtsunerheblich.**

**5. Das Gericht kann die Bestellung des Wahlvorstandes schon dann vornehmen, wenn eine Betriebsversammlung, aus welchem Grunde auch immer, nicht stattgefunden hat. Ob besondere Schwierigkeiten im Sinne des § 20 Abs. 3 BetrVG vorliegen, ist für das Verfahren nach § 16 aaO unerheblich.**

**6. Scheidet ein vom Gericht als Wahlvorstandsmitglied berufener Belegschaftsangehöriger im Laufe der Rechtsbeschwerdeinstanz aus dem Betrieb aus, so ist das auf den weiteren Gang des Verfahrens ohne Einfluß.**

BetrVG § 16, § 20 Abs. 3; ArbGG § 94 Abs. 2.

I. Senat. Beschluß vom 4. 11. 1960 i. S. M. (Antragsg.) w. G.H.-B. (Antragst.) 1 ABR 4/60.

I. Arbeitsgericht Düsseldorf. — II. Landesarbeitsgericht Düsseldorf.

Die Antragsgegnerin ist ein Unternehmen, das in ganz Europa Betriebsrationalisierungen durchführt. Mit dieser Aufgabe sind etwa 350—400 Arbeitskräfte beschäftigt, von denen etwa 100 freiberufliche Mitarbeiter sind. Am Sitz des Unternehmens sind 55—60 Personen beschäftigt. Von der Gesamtbelegschaft der Antragsgegnerin sind 170 deutsche Staatsangehörige.

Im Betrieb der Antragsgegnerin bestand kein Betriebsrat. Auch fand eine Betriebsversammlung zur Wahl eines Wahlvorstandes nicht statt. Deshalb haben die Antragstellerinnen, nämlich die Gewerkschaft Handel-Banken-Versicherungen und die Deutsche Angestellten-Gewerkschaft, im arbeitsgerichtlichen Beschlußverfahren beantragt, das Arbeitsgericht möge einen aus den Arbeitnehmern S., L. und S. bestehenden Wahlvorstand bestellen. Die Antragsgegnerin hat Zurückweisung des Antrags erbeten. Beide Vorinstanzen haben dem Antrag entsprochen. Die Rechtsbeschwerde der Antragsgegnerin ist zurückgewiesen worden.

## Aus den Gründen:

1. Erstmalig im Anhörungstermin dritter Instanz erhebt die Antragsgegnerin die Prozeßrüge, daß die drei vom Arbeitsgericht bestellten Wahlvorstandsmitglieder in den Vorinstanzen nicht gehört worden seien. Abgesehen davon, daß das ausweislich der Gerichtsakten zweifelhaft ist (nach ihnen scheint diesen drei Beteiligten bereits der Beschluß erster Instanz zugesandt worden zu sein), kann die Antragsgegnerin mit dieser Rüge jetzt nicht mehr gehört werden. Sie hätte sie spätestens schon in der Rechtsbeschwerdebegründung vorbringen müssen (BAG AP Nr. 1 zu § 83 ArbGG).

Hinzu kommt, daß es zweifelhaft ist, ob sich gerade die Antragsgegnerin auf einen solchen Prozeßverstoß berufen kann, da sie selbst ja ausreichend zu Gehör gekommen ist.

2. Aber auch den weiteren Angriffen der Antragsgegnerin gegen den angefochtenen Beschluß muß der Erfolg versagt werden.

a) Zwar sind entgegen der Rechtsansicht der Antragstellerinnen Beschwerde und Rechtsbeschwerde im Verfahren der hier vorliegenden Art (Bestellung eines Wahlvorstandes durch das Arbeitsgericht) zulässig. Der über diese Frage früher bestehende Streit ist inzwischen durch den Gesetzgeber entschieden worden. Früher wurde teilweise die Ansicht vertreten, in der gerichtlichen Bestellung des Wahlvorstandes sei ein Verwaltungsakt zu sehen, der mit den ordentlichen Rechtsmitteln des Prozeßrechts nicht angreifbar sei; eine andere Ansicht sah in ihr eine gerichtliche Entscheidung, die den allgemeinen Prozeßgesetzen unterliege. Für das Vorliegen eines Verwaltungsakts hat sich noch das Arbeitsgericht Wilhelmshaven in der Entscheidung AP Nr. 1 zu § 16 BetrVG ausgesprochen. Dagegen hat sich Dietz in der Anmerkung aaO gewandt.

Der Ansicht von Dietz ist aus folgenden Gründen zu folgen: § 2 Abs. 1 Nr. 4 c ArbGG spricht von der Bestellung des Wahlvorstandes, um die es sich hier auch handelt. § 80 Abs. 1 ArbGG bestimmt, daß für Verfahren dieser Art das Beschlußverfahren gilt. Damit ist das allgemeine Beschlußverfahren des Arbeitsgerichtsgesetzes gemeint. Von irgendwelchen Besonderheiten ist für diesen Fall nichts gesagt. Deshalb müssen die allgemein gültigen Regeln für das Beschlußverfahren auch hier angewendet werden. Das bedeutet, daß hier auch die Rechtsmittel des Beschlußverfahrens zulässig sind.

Dieser Ansicht sind auch Hueck-Nipperdey, Lehrbuch, 6. Aufl., Bd. 2, S. 714, Anm. 40 unter Hinweis auf Dietz-Nikisch, ArbGG, § 2 Anm. 158 ff. und auf Dersch-Volkmar, ArbGG, 6. Aufl., § 2 Anm. 171 ff.

Ebenso steht Dietz in seinem Kommentar zum Betriebsverfassungsgesetz, 3. Aufl., § 15 Anm. 23 auf diesem Standpunkt. Ihn hält mit Recht auch das Landesarbeitsgericht für zutreffend.

b) § 16 BetrVG bestimmt, daß in Betrieben, in denen kein Betriebsrat besteht, der Wahlvorstand durch eine Betriebsversammlung bestellt wird, sofern der betreffende Betrieb betriebsratsfähig ist; findet eine Betriebsversammlung nicht statt oder wählt sie keinen Wahlvorstand, so wird die Bestellung vom Arbeitsgericht vorgenommen, wenn das mindestens drei Wahlberechtigte oder eine im Betrieb vertretene Gewerkschaft beantragen.

Der Antrag muß hiernach von mindestens drei wahlberechtigten Arbeitnehmern *oder* einer im Betrieb vertretenen Gewerkschaft gestellt werden. Das Landesarbeitsgericht stellt „auf Grund der glaubwürdigen Einlassung der Antragstellerinnen" fest, daß jede von ihnen durch mindestens einen Arbeitnehmer im Betrieb der Antragsgegnerin vertreten ist. Dagegen meint die Antragsgegnerin, das genüge nicht, sondern es müßten mindestens je drei wahlberechtigte Arbeitnehmer Mitglieder der antragstellenden Gewerkschaft sein.

Die Materialien des Gesetzes sprechen für die Ansicht des Landesarbeitsgerichts. Der jetzige § 16 war im Regierungsentwurf § 17. Er sah aber eine andere Regelung vor. Nach ihm sollte nämlich das Arbeitsgericht eine Frist setzen, innerhalb derer eine Betriebsversammlung zur Wahl des Wahlvorstandes stattfinden sollte. Wenn es dazu nicht kam, sollte das Gericht ihn bestellen (vgl. Bundestagsdrucksache 1. Wahlp. Nr. 3585 S. 23). Erst in der zweiten Lesung traten an die Stelle des einen Wahlberechtigten drei Wahlberechtigte (Sitzungsprotokolle, 1. Wahlp. S. 9970 B.). Hinsichtlich des Antragsrechts der Gewerkschaft ist jedoch gegenüber dem Regierungsentwurf nichts geändert worden. In der Drucksache Nr. 3585 auf S. 5 ist die Beteiligung der Gewerkschaft erwähnt mit dem Zusatz, daß sie auch in den §§ 16, 17 und 18 sich wiederhole.

Hieraus ist zu entnehmen, daß, obwohl in der zweiten Lesung noch eine Gesetzesänderung eingetreten ist, das von Anfang an vorgesehene Antragsrecht der Gewerkschaft hierdurch nicht berührt sein sollte. Jedenfalls ist hierzu nichts gesagt worden. Daraus ist zu schließen, daß sich im Rahmen des § 16 BetrVG der Begriff der „im Betrieb vertretenen Gewerkschaft" nicht geändert hat. Dann kann aber nicht gefordert werden, daß die Gewerkschaft im Bereich des § 16 BetrVG durch *drei* wahlberechtigte Arbeitnehmer vertreten sein muß. Ist doch der bereits durch *ein* Mitglied der Gewerkschaft erfüllte Begriff der „im Betrieb vertretenen Gewerkschaft" in das Gesetz hineingenommen worden, lange Zeit bevor die Zahl der antragsberechtigten Betriebsangehörigen von einem auf drei erhöht wurde.

Hiernach ist jede Gewerkschaft als „im Betrieb vertreten" anzusehen, die auch nur ein Mitglied in der Belegschaft dieses Betriebes hat. Eine solche Auffassung entspricht auch der Ansicht, die der Senat vertreten hat, als es sich um die Prozeßvertretung der Betriebsräte handelte. Dort hat er es ebenfalls genügen lassen, daß e i n Mitglied des Betriebsrats in der Gewerkschaft organisiert war, der die Prozeßvertretung übertragen war (BAG 1, 196 ff.).

Auch die herrschende Lehre steht auf dem Standpunkt, daß die Gewerkschaft im Bereich des § 16 BetrVG nicht durch d r e i wahlberechtigte Mitglieder in der Belegschaft vertreten sein muß (Dietz, Betriebsverfassungsgesetz, 3. Aufl., § 9 Anm. 22 und § 15 Anm. 21; Fitting-Kraegeloh, Betriebsverfassungsgesetz, 5. Aufl., § 2 Anm. 10).

c) Hiernach sind die Antragstellerinnen im Betrieb der Antragsgegnerin ausreichend vertreten gewesen; denn das Landesarbeitsgericht stellt fest, daß sie durch mindestens je ein Mitglied in der Belegschaft vertreten sind. Wenn diese Feststellung auf die glaubwürdige Einlassung der Antragstellerinnen gegründet ist, also nicht auf einer Beweisaufnahme beruht, so bestehen doch gegen die Zugrundelegung dieser Feststellung keine Bedenken. Auch prozessuale Rügen sind hiergegen nicht erhoben worden. Woraus sich das Gericht seine Überzeugung bildet, ist auch im Rahmen des Offizialverfahrens grundsätzlich seine Sache. Es ist deshalb davon auszugehen, daß die Antragstellerinnen jedenfalls bei der Einleitung des Verfahrens antragsberechtigt waren.

d) Das Landesarbeitsgericht stellt allerdings nicht fest, welches der drei eingesetzten Wahlvorstandsmitglieder Mitglied der Antragstellerin zu 1, welches Mitglied der Antragstellerin zu 2 ist. Es stellt auch nicht fest, ob die zum Wahlvorstand bestellten Belegschaftsmitglieder überhaupt einer Gewerkschaft angehören. Es ist auch möglich, daß S., der nach dem neuerlichen Vortrag der Antragsgegnerin nach Abschluß des Verfahrens zweiter Instanz aus deren Betrieb ausgeschieden ist, das einzige Mitglied einer der Antragstellerinnen im Betrieb der Antragsgegnerin war. Für das Verfahren ist das jedoch schon deshalb ohne Bedeutung, weil der Antrag von beiden Antragstellerinnen gestellt war. Eine von ihnen ist somit, da eine Doppelmitgliedschaft nicht anzunehmen ist, auch jetzt noch im Betrieb der Antragsgegnerin vertreten. Die Voraussetzungen für die Weiterführung des Verfahrens sind also schon aus diesem Grunde in jedem Fall gegeben.

Hinzu kommt, daß § 16 BetrVG lediglich auf das Antragsrecht abstellt. Ein solcher Antrag ist aber nur nötig für die Einleitung eines Verfahrens. Ist ein solcher Antrag einmal wirksam gestellt, so läuft das Verfahren in jedem Fall weiter; denn es handelt sich um ein Offizialverfahren, das den Zweck verfolgt, einen gesetzmäßigen Zustand im Betrieb zu schaffen. Die Durchführung eines solchen Verfahrens liegt im Interesse der Allgemeinheit wie auch in dem der Belegschaft. Dieses besteht in jedem Falle weiter. Es ist also sogar rechtlich gleichgültig, ob zur Zeit der endgültigen Entscheidung eine etwa allein antragsberechtigte Gewerkschaft, die den Antrag eingereicht hat und zu dieser Zeit noch antragsberechtigt war, ihr Antragsrecht durch Ausscheiden ihres Mitgliedes aus der Belegschaft verloren hat. Selbst wenn der Antrag hier nur von einer Gewerkschaft gestellt wäre, würde es deshalb auf den weiteren Gang des Verfahrens ohne Einfluß sein, wenn ihr einziges Mitglied, das dem betreffenden Betrieb bei Antragstellung angehört hätte, inzwischen aus diesem ausgeschieden wäre.

e) Die Antragsgegnerin kann sich auch nicht darauf berufen, daß etwa das Rechtsschutzinteresse fortgefallen wäre. Ein Rechtsschutzinteresse muß zwar auch im Beschlußverfahren vorliegen. Es ist jedoch insoweit eine großzügige Beurteilung angebracht. In jedem Fall besteht das Interesse der Belegschaft weiter, nachdem einmal das Verfahren in Gang gesetzt ist.

Aber auch der Arbeitgeber muß Bescheid darüber wissen, ob in seinem Betrieb ein Betriebsrat gewählt wird oder nicht. Es ist deshalb auch das Rechtsschutzinteresse als weiterbestehend anzusehen, selbst wenn nachträglich der Verlust des Antragsrechts einer Gewerkschaft eingetreten wäre. Auf das neue Vorbringen der Antragsgegnerin hierzu kommt es auch deshalb nicht an.

f) Nach dem Gesetz soll das Arbeitsgericht dann tätig werden, wenn eine Betriebsversammlung den Wahlvorstand nicht bestellt hat. Im Verfahren ist streitig, ob zunächst eine solche Betriebsversammlung zusammengetreten oder ob doch wenigstens vergeblich versucht sein muß, sie zustandezubringen, bevor das Arbeitsgericht tätig werden kann. Diese Ansicht scheint Dietz in der Anmerkung AP Nr. 1 zu § 16 BetrVG zu vertreten. Auch in seinem Kommentar § 16 Anm. 14 spricht er davon, daß das Gericht tätig wird, wenn es zu keiner Betriebsversammlung kommt. Galperin-Siebert, BetrVG 3. Aufl., § 16 Anm. 7 und Fitting-Kraegeloh, Betriebsverfassungsgesetz, 5. Aufl., § 16 Anm. 15 sprechen ebenfalls davon, daß das Gericht tätig werden kann, wenn eine Betriebsversammlung nicht zustande kommt. All das könnte so aufgefaßt werden, als wenn zunächst jedenfalls der vergebliche Versuch unternommen sein müßte, eine solche Versammlung stattfinden zu lassen.

Dagegen fordern Hueck-Nipperdey, aaO, S. 741 lediglich, daß die Arbeitnehmer untätig sein müssen; schon dann könne das Arbeitsgericht eingreifen. Auch Dietz-Nikisch, ArbGG, § 2 Anm. 158 lassen ein Tätigwerden des Gerichts schon dann zu, wenn der Betriebsrat bzw. die Belegschaft ihrer Aufgabe zur Einberufung einer Betriebsversammlung nicht rechtzeitig nachkommen. Hier wird also offenbar ein Versuch zur Einberufung einer Betriebsversammlung nicht gefordert.

Der letzteren Ansicht ist zuzustimmen. Das Gesetz spricht nur davon, daß eine Betriebsversammlung nicht stattfindet. Nach dem Gesetz ist es gleichgültig, warum eine Betriebsversammlung nicht zustande kommt. Es genügt, daß sie nicht stattgefunden hat. Das steht auch in Übereinstimmung damit, daß jeder Betrieb nach gesetzlicher Vorschrift seinen Betriebsrat haben muß. (§ 1: „In den Betrieben"; § 8: „In allen Betrieben"). Es muß alles getan werden, um diesen vom Gesetzgeber gewollten Zustand herbeizuführen. Deshalb dürfen über den Gesetzeswortlaut hinaus keine weiteren Hindernisse errichtet werden, die der Wahl eines Betriebsrates entgegenstehen würden. Aus diesem Grunde darf auch nicht ein Versuch seitens der Belegschaft, eine Wahl des Wahlvorstandes durch die Betriebsversammlung herbeizuführen, gefordert, und es darf nicht verlangt werden, daß das Gericht, bevor es auf Antrag tätig wird, einen solchen Versuch erst abwartet. Auch das wäre ein Hindernis, das der Betriebsratswahl im Wege stehen würde.

Wenn demgegenüber die Antragsgegnerin einwendet, das Gericht greife bei dieser Gesetzesauslegung unberechtigt in die Freiheit des Einzelnen ein, so ist das unrichtig. Einmal ist gesetzlich vorgeschrieben, daß grundsätzlich jeder Betrieb seinen Betriebsrat haben muß. Zudem ist es aber auch möglich, daß die Arbeitnehmer trotz Bestellung des Wahlvorstandes von ihrem Wahlrecht keinen Gebrauch machen. Das steht ihnen nach wie vor frei. Damit können sie die Errichtung eines Betriebsrats in jedem Falle verhindern. Insoweit wird also auch in ihre Freiheit nicht eingegriffen.

Es kommt hier noch folgendes hinzu: Die Antragsgegnerin trägt selbst vor, bei ihr sei die Einberufung einer Betriebsversammlung nicht möglich, jedenfalls aber aus wirtschaftlichen Gründen nicht durchführbar. Auch deshalb ist die Berufung der Antragsgegnerin darauf, es habe noch keine Betriebsversammlung stattgefunden, abwegig.

Schließlich ist der Antrag auf gerichtliche Bestellung des Wahlvorstandes schon vor etwa 15 Monaten gestellt worden. Inzwischen hat noch immer keine Betriebsversammlung stattgefunden. Die Antragsgegnerin kann sich auch deshalb nicht darauf berufen, daß das Gericht nicht hätte tätig werden dürfen.

g) Es ist festgestellt, daß der Antragsgegnerin mehr als fünf Arbeitnehmer angehören und daß darunter mehr als drei Wahlberechtigte sind. Es liegt also ein betriebsratsfähiger Betrieb vor. Nun meint die Antragsgegnerin allerdings, der Errichtung eines Betriebsrats ständen in ihrem Betrieb besondere Schwierigkeiten entgegen. Darauf kommt es aber nicht an. Bei den in § 20 Abs. 3 BetrVG erwähnten Betrieben handelt es sich um solche, die betriebsratsfähig sind. Es ist dort sogar ausdrücklich unterstellt, daß Betriebsräte in diesen Betrieben bestehen können; denn Satz 3 aaO besagt, daß mit dem Inkrafttreten eines solchen Tarifvertrages die Amtszeit der Betriebsräte endet, die in den vom Tarifvertrag erfaßten Betrieben bestehen. Mit Recht ist deshalb in den Vorinstanzen auch der Aussetzungsantrag der Antragsgegnerin abgelehnt worden; das ist übrigens in dritter Instanz schon deshalb nicht mehr nachzuprüfen, weil insoweit eine Prozeßrüge nicht erhoben ist.

h) Im Betrieb der Antragsgegnerin bestand und besteht unstreitig kein Betriebsrat. Der Betrieb erfüllt, wie betont, die Voraussetzungen des § 8 BetrVG. Eine Betriebsversammlung hat nicht stattgefunden. Somit hat das Arbeitsgericht zu Recht den Wahlvorstand bestellt, da auch ein ordnungsmäßiger Antrag im Sinne des § 16 BetrVG vorlag.

i) Auch in diesem Zusammenhang hat der Umstand, daß angeblich ein Mitglied des Wahlvorstandes inzwischen aus dem Betrieb der Antragsgegnerin ausgeschieden ist, rechtlich keine Bedeutung. Dieses Ausscheiden ist erfolgt, als der Beschluß zweiter Instanz vorlag. Es handelt sich also um ein neu eingetretenes Ereignis. Als solches ist es in dritter Instanz unbeachtlich. Auch handelt es sich hier um einen neuen tatsächlichen Vortrag der Antragsgegnerin. Auch ein solcher kann in dritter Instanz nicht mehr berücksichtigt werden, zumal die Antragsgegnerin zu 2 ihn bestritten hat. Die Rechtfrage, die hier zu entscheiden ist, ob nämlich ein Betriebsrat zu bilden und deshalb ein Wahlvorstand zu bestellen ist, wird dadurch nicht berührt, daß ein Belegschaftsmitglied ausgeschieden ist. Bleiben doch noch soviel Belegschaftsmitglieder und Wahlberechtigte übrig, daß die Voraussetzungen des § 8 BetrVG nach wie vor erfüllt sind. Auf das Ausscheiden des zum Mitglied des Wahlvorstandes bestellten Belegschaftsmitgliedes S. kommt es also nicht an.

Etwas anderes ergibt sich auch nicht daraus, daß das Arbeitsgericht ein Belegschaftsmitglied zum Wahlvorstandsmitglied berufen hat, das diese Funktion nicht mehr ausüben kann, weil es aus dem Betrieb ausgeschieden ist. Die Berufung dieses Belegschaftsmitgliedes in den Wahlvorstand ist damit zwar bedeutungslos geworden. Das kann jedoch in der Revisions- bzw. Rechtsbeschwerdeinstanz nicht mehr berücksichtigt werden. In ihr ist grundsätzlich abzustellen auf den Zeitpunkt der letzten Tatsachenverhandlung. Etwas anderes gilt nur, wenn es sich um Prozeßvoraussetzungen handelt, was hier aber nicht der Fall ist. Auch unter diesem Gesichtspunkt besteht also kein Anlaß zur Änderung des angefochtenen Beschlusses. Vielmehr würde eine solche Änderung gegen § 561 ZPO verstoßen, der auch im Rechtsbeschwerdeverfahren gilt.

Durch eine solche Betrachtungsweise kann ein Nachteil nicht entstehen. Zwar kann S., wenn er tatsächlich nicht mehr der Belegschaft angehören sollte, nicht mehr im Wahlvorstand tätig sein. Die beiden anderen ernannten Wahlvorstandsmitglieder aber können im Wahlvorstand verbleiben und dort tätig werden. Es muß notfalls lediglich ein drittes Vorstandsmitglied als Ersatz für das ausgeschiedene Mitglied bestellt werden. Angesichts der Belegschaftszahl besteht kein Zweifel daran, daß ein solches gefunden werden kann. Diese neue Bestellung muß aber in einem neuen Verfahren durchgeführt werden, da sie lediglich durch die Tatsacheninstanz erfolgen kann; denn es muß festgestellt werden, welches wahlberechtigte Mitglied nunmehr in Frage kommt. Ein solches neues Verfahren ist aber ohne Zeitverlust abzuwickeln, da ja die Grundfrage des Verfahrens geklärt ist. Kosten entstehen dadurch angesichts der Kostenfreiheit im Beschlußverfahren nicht. Es liegt also kein Grund vor, den Beschluß des Landesarbeitsgerichts deshalb abzuändern, weil S. dem Wahlvorstand nicht mehr angehören kann.

## 26

**1. Meister im Sinne des TV 56 sind Arbeitnehmer, die eine angestelltenversicherungspflichtige Tätigkeit ausüben und auf handwerklichem Gebiet tätig sind. Mit dem Begriff „Meister" werden alle Arten von Meistern, die im Tarif genannt werden, erfaßt (z. B. Handwerksmeister, Industriemeister, Maschinenmeister, Meister = sog. Funktionsmeister).**

**2. Auf handwerklichem Gebiet im Sinne des Tarifs liegt auch die Tätigkeit eines Lehrmeisters, der in einer Werkstatt Lehrlinge oder**

**Schüler (Berufsfachschule) in handwerklichen Fertigkeiten praktisch unterweist und ausbildet.**

**3. Die Tätigkeitsmerkmale der VergGr. VI b TO.A (alt) sind nicht mit denen der VergGr. V c (neu) inhaltsgleich. Entgegenstehende Verlautbarungen von Ministerialinstanzen sind rechtsirrig.**

**4. Wenn ein Arbeitgeber eine rechtsirrige Ansicht über die Auslegung von Tarifbestimmungen äußert, die für ihn ungünstig ist, so kann er daran grundsätzlich nicht festgehalten werden.**

**5. Durch „große Selbständigkeit" hebt sich ein Lehrmeister (Handwerksmeister) dann wesentlich aus der Gruppe VI b TO.A heraus, wenn er innerhalb seiner Ausbildungstätigkeit eine Entscheidungsbefugnis besitzt, die es ihm weitgehend überläßt, den Weg und die Mittel zur Erreichung des vorgegebenen Ausbildungszieles zu bestimmen.**

TO.A § 3, Anlage 1; Tarifvertrag über die Eingruppierung von Meistern und technischen Angestellten vom 14. Juni 1956 (VergGr. V c).

IV. Senat. Urteil vom 9. 11. 1960 i. S. L. H. (Bekl.) w. G. (Kl.)
4 AZR 405/59.

I. Arbeitsgericht Wiesbaden. — II. Landesarbeitsgericht Frankfurt/Main.

Der Kläger, der die Gesellenprüfung im Schlosserhandwerk und die Meisterprüfung im Kraftfahrzeughandwerk abgelegt hat, wurde am 1. August 1949 mit der Dienstbezeichnung „Oberwerkmeister" an der Gewerblichen Berufsschule W. angestellt. Seit dem 1. November 1949 war er als Leiter der Werkstätte für Lehrlinge des Kraftfahrzeughandwerks in die VergGr. VI a TO.A eingestuft.

Im Jahre 1950 wurde der Schule eine Berufsfachschule angeschlossen, die eine zweijährige, der Lehre vorausgehende theoretische und praktische handwerkliche Berufsausbildung in den verschiedenen gewerblichen Fachrichtungen vermittelt. Die Ausbildung schließt sich an den Besuch der Volksschule an und steht nur besonders befähigten, in einem Ausleseverfahren überprüften Jugendlichen offen. Sie endet mit einer Abschlußprüfung, deren praktischer Teil etwa der Gesellenprüfung entspricht und an deren Abnahme der Kläger beteiligt ist. Der erfolgreiche Besuch der Berufsfachschule schafft die Voraussetzung für den späteren Besuch einer Ingenieurschule auf dem sogenannten zweiten Bildungsweg.

Der Kläger bildet an dieser Berufsfachschule die Schüler der metallgewerblichen Fachrichtung praktisch aus. Dabei demonstriert er die Arbeiten am Werkstück, leitet die werkzeichnungsgerechte Anfertigung der Werkstücke durch die Schüler und macht seine Schüler mit allen vorkommenden praktischen Verrichtungen der metallgewerblichen Berufe vertraut. In dieser Art gibt er in drei Klassen wöchentlich insgesamt 36 Unterrichtsstunden, die restlichen 12 Wochenstunden dienen u. a. der Vorbereitung des Unterrichts, der Überwachung und Instandhaltung der Geräte sowie der Beschaffung von Werkstoff.

Der Kläger ist der Ansicht, seine Tätigkeit erfülle die Merkmale der VergGr. V c TO.A in der Fassung des am 1. Mai 1956 in Kraft getretenen Tarifvertrages über die Eingruppierung von Meistern und technischen Angestellten vom 14. Juni 1956 (TV 56). Mit der Klage fordert er vom beklagten Lande als Arbeitgeber Zahlung des Gehaltsunterschiedes zwischen den Vergütungsgruppen VI a und V c TO.A für die Zeit vom 1. Mai bis 31. Dezember 1956 in Höhe von 208,— DM.

Der Beklagte ist der Ansicht, Lehrmeister in den Werkstätten gewerblicher Berufsschulen würden nicht vom TV 56 erfaßt, da sie nicht auf handwerklichem Gebiet, sondern als Lehrkräfte tätig seien. Der Beklagte hat auch bestritten, daß die Tätigkeit des Klägers den Merkmalen der VergGr. V c TO.A entspreche.

Die Vorinstanzen haben der Klage stattgegeben. Die Revision der Beklagten führte zur Aufhebung des angefochtenen Urteils und zur Zurückweisung der Sache an die Vorinstanz.

## Aus den Gründen:

1. Zu Unrecht bekämpft die Revision die Auffassung des Landesarbeitsgerichts, daß die vom Kläger ausgeübte Tätigkeit durch den TV 56 erfaßt wird.

Die vom TV 56 aufgestellten Tätigkeitsmerkmale führen bei den Vergütungsgruppen VIII, VII, VI b und V c TO.A Handwerksmeister, Industriemeister, Meister und Maschinenmeister auf. Nach der Protokollerklärung zum TV 56 sind Meister im Sinne dieses Tarifvertrages Arbeitnehmer, die eine angestelltenversicherungspflichtige Tätigkeit ausüben und auf handwerklichem Gebiet tätig sind. Das bezieht sich nicht nur auf die ohne nähere Bezeichnung aufgeführten „Meister" (sogenannte Funktionsmeister), sondern auf alle genannten Arten von Meistern, wie schon in der Überschrift („Tarifvertrag über die Eingruppierung von Meistern und technischen Angestellten") die ganze Gruppe der Meister den technischen Angestellten gegenübergestellt ist.

Ohne Rechtsirrtum geht das Landesarbeitsgericht davon aus, daß der Kläger eine angestelltenversicherungspflichtige Tätigkeit ausübt und das Merkmal des Handwerksmeisters insofern erfüllt, als er vor einer Handwerkskammer die Meisterprüfung für das Kraftfahrzeughandwerk abgelegt hat (vgl. BAG 8, 275 ff.). Hiergegen hat die Revision Angriffe auch nicht erhoben.

Die Revision wendet sich vielmehr gegen die Annahme des Berufungsgerichts, der Kläger sei auf handwerklichem Gebiet tätig; sie meint, der Kläger gehöre zu den Lehrpersonen, deren Tätigkeit vom TV 56 nicht erfaßt werde. Darin kann der Revision jedoch nicht gefolgt werden.

Die Revision meint, man müsse zur Beantwortung der Frage, ob eine Tätigkeit auf handwerklichem Gebiet liege, auf den Begriff des Handwerksbetriebes im Sinne der Handwerksordnung zurückgehen; dieser erfordere als Gewerbebetrieb begriffsnotwendig eine auf Erwerb gerichtete, d. h. mit Gewinnabsicht betriebene Tätigkeit, an der es bei den Lehrwerkstätten der Berufsfachschule jedoch fehle. Das ist irrig. Die Protokollerklärung zum TV 56 stellt es nicht darauf ab, ob der angestellte Meister in einem Handwerksgewerbe beschäftigt ist. Dieser Tarifvertrag ändert die Vergütungsgruppen der TO.A. Er will also die Angestellten erfassen, die bei den in § 1 TO.A genannten öffentlichen Verwaltungen und Betrieben beschäftigt sind, gleichgültig, ob diese handwerksmäßig betrieben werden oder nicht, ob sie auf Gewinn gerichtet sind oder Zwecken des Gemeinwohls dienen. Nicht auf den vom öffentlichen Arbeitgeber in einer Verwaltung, einer Anstalt oder einem Betriebe verfolgten Zweck kommt es hier an, sondern allein auf die vom Angestellten ausgeübte Tätigkeit. Im Sinne der Protokollerklärung zum TV 56 ist der Angestellte dann auf handwerklichem Gebiet tätig, wenn seine Tätigkeit im Rahmen der handwerklichen Berufsarbeit liegt. Das ergibt sich aus der weiteren Bestimmung der Protokollerklärung, daß sich der Tarifvertrag insbesondere nicht auf Meister erstreckt, die landwirtschaftlich, gärtnerisch, forstwirtschaftlich „oder sonst außerhalb der handwirklichen Berufsarbeit" tätig sind. Im Rahmen der handwerklichen Berufsarbeit liegt aber nicht nur eine Tätigkeit, die der Herstellung, Veränderung oder Erhaltung von Werkstücken dient, sondern auch die Tätigkeit des Lehrmeisters, der in einer Werkstatt Lehrlinge oder Schüler in handwerklichen Fertigkeiten praktisch unterweist.

2. Irrig ist die Ansicht des Landesarbeitsgerichts, dem Kläger stehe die Vergütung nach der VergGr. V c TO.A schon deshalb zu, weil er vor dem Inkrafttreten des TV 56 richtig in die VergGr. VI b (alt) einzustufen gewesen wäre und das beklagte Land in einem Erlaß des Ministers der Finanzen vom 27. Juli 1956 (Staatsanzeiger f. d. Land Hessen S. 770) anerkannt habe, daß nach dem Willen der Tarifvertragsparteien die bisheri-

gen Tätigkeitsmerkmale der VergGr. VI b für die unter den TV 56 fallenden Handwerksmeister, Industriemeister, Maschinenmeister und Meister inhaltlich den Tätigkeitsmerkmalen der neuen VergGr. V c entsprächen und somit diese Handwerksmeister usw., soweit sie richtig in die VergGr. VI b eingereiht gewesen seien, mit Wirkung vom 1. Mai 1956 in die VergGr. V c aufrückten.

Die in diesem Erlaß als übereinstimmende Auffassung der Tarifvertragsparteien bezeichnete Ansicht ist für die Auslegung des Tarifvertrages nicht maßgebend, weil sie in dem Vertrage keinen irgendwie erkennbaren Ausdruck gefunden hat (BAG AP Nr. 4, 10 zu § 1 TVG Auslegung; BAG 8, 128 ff.). Daß die früheren Merkmale der VergGr. VI b mit den neuen Merkmalen der VergGr. V c nicht inhaltsgleich sind, ergibt sich aus einem Vergleich dieser Merkmale ohne weiteres. Die alten Merkmale der VergGr. VI b TO.A lauten:

> „Werk- und Maschinenmeister an besonders wichtigen Dienststätten (Werkstättenvorsteher, Oberwerkmeister, Maschinenbetriebsleiter, Obermaschinenmeister)."

In die neue Gruppe V c fallen dagegen:

> „Handwerksmeister, Industriemeister und Meister, die sich durch den Umfang und die Bedeutung ihres Aufgabengebiets und große Selbständigkeit wesentlich aus der Gruppe VI b herausheben.
>
> Maschinenmeister, denen mindestens zwei Maschinenmeister der Vergütungsgruppe VII oder einer höheren Vergütungsgruppe unterstellt sind."

Während hier für die Maschinenmeister als neues Merkmal ein genau bestimmtes Überordnungsverhältnis verlangt wird, sind für die übrigen Meister neue Merkmale aufgestellt worden, durch die sie sich aus der VergGr. VI b wesentlich herausheben müssen. Dabei ist zu beachten, daß das Merkmal der „besonders wichtigen Dienststätte" nicht etwa aus den früheren Merkmalen der VergGr. VI b in die neue Gruppe V c übernommen, sondern als „besonders wichtige Arbeitsstätte" in den neuen Merkmalen der VergGr. VI b verblieben ist. Es handelt sich also bei den Handwerksmeistern der VergGr. V c um eine neu geschaffene Spitzengruppe mit besonderen Merkmalen. Diese *können* freilich durch eine Tätigkeit, die bisher von den früheren Merkmalen der VergGr. VI b TO.A erfaßt wurde, erfüllt werden; das ergibt sich aber nicht schon aus der Erfüllung der alten Merkmale der VergGr. VI b, sondern muß besonders geprüft werden.

Der Kläger kann sich auch nicht darauf berufen, daß der Beklagte in Bemerkungen zur Erläuterung und Durchführung des Tarifvertrages bei seiner Bekanntmachung die angebliche übereinstimmende Auffassung der Tarifvertragsparteien verlautbart hat. Es kann dahingestellt bleiben, inwieweit der Beklagte damit diese angebliche Auffassung der Tarifvertragsparteien zu seiner eigenen gemacht hat. Denn jedenfalls kann ein Arbeitgeber an der Äußerung einer rechtsirrigen Auslegung eines Tarifvertrages nicht festgehalten werden. Daher kann es entgegen der Meinung des Landesarbeitsgerichts auch nicht unter dem Gesichtspunkt des venire contra factum proprium als unzulässige Rechtsausübung angesehen werden, wenn der Beklagte sich darauf beruft, daß der Kläger die Tätigkeitsmerkmale der begehrten Vergütungsgruppe nicht erfülle. Schließlich ist auch nicht ersichtlich, daß der Beklagte etwa mit dem Erlaß seinen Angestellten ein Angebot auf Gewährung einzelvertraglicher Rechte über den wirklichen Inhalt des Tarifvertrages hinaus hätte machen wollen.

3. Somit kommt es allein darauf an, ob der Kläger die Tätigkeitsmerkmale der VerGr. V c TO.A erfüllt. Das Berufungsgericht hat das bejaht; seine Ausführungen vermögen aber insoweit seine Entscheidung nicht zu tragen.

Der Handwerksmeister der VergGr. V c muß sich aus der VergGr. VI b herausheben. Er muß also zunächst einmal die Tätigkeitsmerkmale einer der beiden neuen Fallgruppen der VergGr. VI b erfüllen. Von diesen kommt, da der Kläger Handwerker oder Facharbeiter nicht zu beschäftigen hat, nur die folgende Fallgruppe in Betracht: Handwerksmeister, die sich aus der VergGr. VII (Handwerksmeister, soweit nicht anderweitig eingereiht) dadurch herausheben, daß sie an einer besonders wichtigen Arbeitsstätte mit einem höheren Maß von Verantwortlichkeit beschäftigt sind. Aus diesen Tätigkeitsmerkmalen muß sich also der Kläger, wenn er die Vergütung nach Gruppe V c beanspruchen will, durch den Umfang und die Bedeutung seines Aufgabengebiets und große Selbständigkeit herausheben, und zwar wesentlich.

a) Zum Umfang der Tätigkeit sagt das angefochtene Urteil nur, die Tätigkeit des Klägers habe einen beträchtlichen Umfang; er habe nicht nur eine große Zahl von Schülern in den praktischen Verrichtungen zu unterweisen, sondern sie im Rahmen der Grundausbildung mit den handwerklichen Fertigkeiten einer ganzen Fachrichtung, in der mehrere einschlägige Berufe zusammengefaßt seien, vertraut zu machen. Es genügt aber nicht, daß die Tätigkeit des Klägers einen beträchtlichen Umfang hat. Vielmehr bedarf es der Feststellung, daß sich der Umfang des Aufgabengebietes aus dem eines Handwerksmeisters, der an besonders wichtiger Arbeitsstätte mit höherem Maß von Verantwortlichkeit beschäftigt ist (VergGr. VI b), *wesentlich* heraushebt. Das ist den Feststellungen des Landesarbeitsgerichts nicht zu entnehmen. Daraus, daß der Kläger an Schulentlassene die praktische handwerkliche Grundausbildung der metallgewerblichen Fachrichtung vermittelt, ergibt sich allein noch nichts für einen besonderen Umfang seines Aufgabengebiets. Anscheinend soll der Hinweis des Landesarbeitsgerichts auf die Zusammenfassung der Ausbildung für mehrere Berufe der metallgewerblichen Fachrichtung auf eine besondere Vielseitigkeit des Aufgabengebiets hindeuten. Eine solche ergibt sich aber nicht schon daraus, daß der Kläger handwerkliche Fertigkeiten im Rahmen der Grundausbildung vermittelt, mag das auch der Ausbildung für verschiedene metallgewerbliche Berufe dienen. Denn es kann so liegen, daß sich diese Grundausbildung eben nur auf das erstreckt, was den verschiedenen Berufen gemeinsam ist; dann würde sie aber auch nicht über den Rahmen der Grundausbildung in einem einzelnen metallgewerblichen Handwerk hinausgehen. Zu beachten ist dabei, daß sich die eigentliche Lehrzeit erst an den Schulbesuch anschließt. Es fehlt somit dafür, daß sich das Aufgabengebiet des Klägers dem Umfange nach wesentlich aus der VergGr. VI b heraushebt, an den notwendigen näheren Feststellungen.

b) Soweit das angefochtene Urteil eine solche Heraushebung der Tätigkeit des Klägers nach der Bedeutung seines Aufgabengebiets bejaht, sind hiergegen Bedenken aus Rechtsgründen nicht zu erheben. Zur Begründung seiner Auffassung, daß dem Aufgabengebiet des Klägers eine sehr wichtige Bedeutung zukomme, weist das Landesarbeitsgericht nicht nur allgemein darauf hin, daß eine gediegene und fachlich gründliche Ausbildung des Nachwuchses Voraussetzung für die Weiterentwicklung der Technik sei und gerade eine solche Tätigkeit nicht hoch genug veranschlagt werden könne. Es führt weiter aus, daß für solche Stellen erfahrungsgemäß stets die besten Lehrmeister ausgewählt würden, auch handele es sich hier um keine Berufsschule, sondern um eine Berufsfachschule, wie es nur wenige gebe; da ihr erfolgreicher Besuch Voraussetzung für die Weiterbildung der besonders ausgewählten Schüler bis zur Hochschulreife sei, würden an den Kläger nicht nur in fachlicher, sondern vor allem in pädagogischer Hinsicht sehr hohe Anforderungen gestellt. Damit hat das Landesarbeitsgericht zum Ausdruck gebracht, daß nicht nur die Lehrwerkstatt, in der der Kläger beschäftigt ist, eine besonders wichtige Arbeitsstätte (VergGr. VI b) sei, sondern daß darüber hinaus auch dem Aufgabengebiet des Klägers die für die VergGr. V c geforderte besondere Bedeutung zukomme. Die von ihm hervorgehobenen besonderen Umstände sind allgemein geeignet, eine

Arbeitsstätte als besonders wichtig und das Aufgabengebiet eines Handwerksmeisters als besonders bedeutend im Sinne der genannten Tätigkeitsmerkmale erscheinen zu lassen. Die Beurteilung des festgestellten Sachverhalts durch das Landesarbeitsgericht hält sich in dem ihm bei der Anwendung allgemeiner (unbestimmter) Rechtsbegriffe gegebenen Beurteilungsspielraum. Es liegt daher in diesem Punkte weder eine Verkennung der tariflichen Begriffe noch eine offensichtlich fehlerhafte Bewertung vor.

c) Zum Merkmal der großen Selbständigkeit führt das Landesarbeitsgericht aus, der Kläger sei bei seiner Tätigkeit völlig selbständig. Das drücke sich insbesondere darin aus, daß er fortgesetzt an seiner eigenen Weiterbildung im Zusammenhang mit dem Fortschritt der Technik arbeiten und jederzeit in der Lage sein müsse, den Fragen und Einwendungen seiner Schüler gerecht zu werden. Er sei lediglich an den Lehrplan gebunden, gestalte aber im übrigen seinen Unterricht frei und erhalte von niemandem Weisungen, wie er die Fachschüler anzuleiten habe. Die Bindung an den Lehrplan könne aber seine große Selbständigkeit in der Gestaltung des Unterrichts nicht schmälern, da schließlich jede menschliche Tätigkeit eine Zielsetzung habe und von dieser abhängig sei.

Damit verkennt das Landesarbeitsgericht den tariflichen Begriff der „großen Selbständigkeit". Die vom angefochtenen Urteil hervorgehobene Notwendigkeit der eigenen Weiterbildung betrifft das zur Ausübung der Tätigkeit erforderliche Wissen, nicht aber das Maß an Selbständigkeit bei ihrer Ausübung und muß deshalb überhaupt außer Betracht bleiben. Das Landesarbeitsgericht verkennt auch, daß der Tätigkeit eines im Angestelltenverhältnis beschäftigten Handwerksmeisters ohnehin eine gewisse Selbständigkeit anhaftet. Es kann daher nicht genügen, daß der Kläger für die ihm nach einem Lehrplan obliegende praktische Grundausbildung der Schüler keine Weisungen erhält, wie er den Unterricht im einzelnen zu gestalten hat. Eine wesentliche Heraushebung aus der VergGr. VI b durch große Selbständigkeit erfordert mehr als das Nichtgebundensein an Einzelweisungen. Sie kann bei einem in der Produktion beschäftigten Meister durch eine Dispositionsbefugnis über das betriebliche Geschehen in einem wichtigen Aufgabengebiet gegeben sein. Von einem Lehrmeister erfordert dieses Tätigkeitsmerkmal eine Entscheidungsbefugnis innerhalb seiner Ausbildungstätigkeit, die es ihm weitgehend überläßt, den Weg und die Mittel zur Erreichung des vorgegebenen Ausbildungsziels zu bestimmen. Das zu beurteilen, reichen die Feststellungen des angefochtenen Urteils nicht aus. Hierzu bedarf es insbesondere einer Beurteilung der dem Kläger durch den Lehrplan gegebenen allgemeinen Weisungen.

4. Hiernach war das angefochtene Urteil aufzuheben und die Sache zur anderweiten Verhandlung und Entscheidung, auch über die Kosten des Revisionsverfahrens, an das Berufungsgericht zurückzuverweisen.

Das Landesarbeitsgericht wird sich auch darüber auslassen müssen, ob dem Kläger Ansprüche nach dem TV 56 kraft Tarifgebundenheit oder auf Grund einzelvertraglicher Abrede zustehen.

## 27

**Zum Begriff der „besonders wichtigen Arbeitsstätte" in der Fallgruppe der Handwerksmeister der VergGr. VI b (neu) TO.A.**

TO.A § 3, Anlage 1; TV über die Eingruppierung von Meistern und technischen Angestellten vom 14. Juni 1956 (VergGr. VI b TO.A).

IV. Senat. Urteil vom 9. 11. 1960 i. S. Sch. (Kl.) w. L. H. (Bekl.)
4 AZR 555/59.

I. Arbeitsgericht Hildesheim. — II. Landesarbeitsgericht Niedersachsen.

Der Kläger, der 1937 die Meisterprüfung im Herrenschneiderhandwerk abgelegt hat, leitet seit 1945 die Herrenschneiderwerkstatt der Landestaubstummenanstalt in Hildesheim. Diese Anstalt ist die einzige der im Lande Niedersachsen bestehenden drei Taubstummenanstalten, der Werkstätten für das Herren- und Damenschneiderhandwerk, Schlosserei, Tischlerei und Schuhmacherei angegliedert sind. In der Zeit von 1952 bis Oktober 1959 wurden in der Herrenschneiderwerkstatt ständig drei bis vier Lehrlinge ausgebildet. Insgesamt zehn Lehrlinge haben in der Zeit von 1947 bis 1959 die Gesellenprüfung bestanden. Seit 1956 wird in der Werkstatt auch ein Geselle beschäftigt.

Der Kläger, der zunächst in die VergGr. VIII TO. A eingereiht war, erhält seit dem 1. Mai 1956, d. i. seit dem Inkrafttreten des Tarifvertrages über die Eingruppierung von Meistern und technischen Angestellten vom 14. Juni 1956 (TV 56), die Bezüge nach der VergGr. VII TO. A. Er ist der Auffassung, seine Tätigkeit entspreche nach diesem Tarifvertrage den Merkmalen der VergGr. VI b TO.A. Mit der Klage fordert er Zahlung des Gehaltsunterschiedes zwischen den Vergütungsgruppen VII und VI b TO.A im Betrage von 944 DM.

Der Beklagte hat bestritten, daß die vom Kläger ausgeübte Tätigkeit die Merkmale der VergGr. VI b (neu) TO.A erfülle.

Das Arbeitsgericht hat nach dem Klageantrage erkannt, das Landesarbeitsgericht hat die Klage abgewiesen. Die Revision des Klägers blieb erfolglos.

## Aus den Gründen:

1. Das Landesarbeitsgericht scheidet zunächst diejenige Fallgruppe der Handwerksmeister in der VergGr. VI b (neu) TO.A aus, in der die Beaufsichtigung großer Arbeitsstätten vorausgesetzt wird. Wenn es die Herrenschneiderwerkstatt, in der dem Kläger nur ein Geselle und drei bis vier Lehrlinge unterstehen, nicht als große Arbeitsstätte im Sinne dieser Tarifnorm betrachtet, so sind hiergegen rechtliche Bedenken nicht zu erheben.

Das Berufungsgericht zieht daher nur die folgende Fallgruppe in Betracht: Handwerksmeister, die sich aus der VergGr. VII (Handwerksmeister, soweit nicht anderweitig eingereiht) dadurch herausheben, daß sie an einer besonders wichtigen Arbeitsstätte mit einem höheren Maß von Verantwortlichkeit beschäftigt sind. Das Landesarbeitsgericht erkennt an, daß die Ausbildung taubstummer Lehrlinge dem Kläger ein höheres Maß von Verantwortlichkeit auferlege. Es sieht aber das weitere Tätigkeitsmerkmal der „besonders wichtigen Arbeitsstätte" nicht als erfüllt an. Insoweit beruht seine Entscheidung weder auf einer Verkennung dieses tariflichen Begriffs noch auf einer offensichtlich fehlerhaften Bewertung.

Das Landesarbeitsgericht geht richtig davon aus, daß im Sinne der Tarifnorm die Arbeitsstätte, an der der Kläger beschäftigt ist, die von ihm geleitete Schneiderwerkstatt der Anstalt ist. Es mißt die Wichtigkeit dieser Arbeitsstätte zu Recht nach allgemeinen Maßstäben. Wie bei dem Begriff der „großen Arbeitsstätte" in den benachbarten Fallgruppen kommt es auch hier nicht auf das Verhältnis der Arbeitsstätte zu dem betreffenden Betrieb (Anstalt, Verwaltung) an, noch ist der zu ziehende Vergleich auf Arbeitsstätten in Betrieben oder Verwaltungen von gleicher Eigenart zu beschränken; vielmehr ist der Maßstab für die besondere Wichtigkeit einer Arbeitsstätte unter Berücksichtigung der Gesamtheit der von der TO.A überhaupt erfaßten Verwaltungen und Betriebe zu gewinnen.

Das Berufungsgericht ist der Auffassung, der vom Kläger geleiteten Schneiderwerkstatt komme das Merkmal einer besonders wichtigen Arbeitsstätte nicht zu, weil in der Werkstatt jeweils nur ein Geselle und vier Lehrlinge tätig seien und der Kläger in 11 Jahren nur insgesamt zehn Lehrlinge ausgebildet habe. Entgegen der Meinung der Revision liegt darin keine Verkennung des Tarifbegriffes „besonders wichtige Arbeitsstätte". Das Landesarbeitsgericht hat sehr wohl erkannt, daß die angezogene Fallgruppe im Gegensatz zu denjenigen Fallgruppen, in denen auf die Beaufsichtigung von Handwerkern oder Facharbeitern abgestellt ist, einen bestimmten Umfang, insbesondere eine größere Zahl von Beschäftigten, nicht notwendig voraussetzt; es sagt ausdrücklich, daß auch eine kleine Arbeitsstätte unter besonderen Umständen eine „besonders wichtige Arbeitsstätte" sein könne. Zu Recht zieht aber das Landesarbeitsgericht daraus nicht den Schluß, daß für die Erfüllung dieses Tätigkeitsmerkmals die Größe der Arbeitsstätte, insbesondere die Zahl der Beschäftigten, ohne jede Bedeutung sei. Es kommt auf die Funktion der Arbeitsstätte an. Deren Bedeutung mißt sich nicht nur an ihrer allgemeinen Aufgabenstellung, sondern auch an ihren tatsächlichen Auswirkungen. Das Landesarbeitsgericht leugnet nicht, daß die Berufsausbildung taubstummer Jugendlicher eine besonders wichtige soziale Aufgabe ist. Zu Recht hält es aber das allein nicht für ausreichend. Denn es kann nicht genügen, wenn in einer Arbeitsstätte überhaupt an einer Aufgabe mitgearbeitet wird; vielmehr muß das auch in einer Weise geschehen, daß die Arbeitsstätte nicht nur nach ihrer allgemeinen Zielsetzung, sondern auch nach ihrem Anteil an der Erfüllung der gestellten Aufgabe als besonders wichtig erscheint. Wo hier die Grenzen liegen, ist im wesentlichen von der Tatsacheninstanz zu beurteilen. Wenn das Landesarbeitsgericht eine Werkstatt, in der jeweils nur vier taubstumme Lehrlinge ausgebildet werden, nicht als eine „besonders wichtige Arbeitsstätte" ansieht, so hält sich das in dem ihm gegebenen Beurteilungsspielraum.

2. Die von der Revision erhobene Rüge einer Verletzung des § 286 ZPO ist nicht begründet.

Daß in der Werkstatt regelmäßig vier Lehrlinge beschäftigt seien, hat das Landesarbeitsgericht als unstreitig festgestellt; insoweit ist ein Beweisantrag also nicht übergangen. Auf die Behauptung des Klägers, es handele sich bei den in den Lehrwerkstätten der Taubstummenanstalt auszubildenden Jugendlichen um solche, die in der freien Wirtschaft keine geeignete Lehrstelle gefunden und eines besonders qualifizierten Lehrmeisters bedurft hätten, kommt es nicht an. Es kann unterstellt werden, daß die vom Kläger ausgebildeten Lehrlinge in der freien Wirtschaft keine Lehrstelle hätten finden können. Auch dann kommt es nicht nur darauf an, ob die Werkstatt an der Lösung einer wichtigen sozialen Aufgabe überhaupt teil hat, sondern auch darauf, in welchem Umfange das der Fall ist. Das Ergebnis der Entscheidung wäre also kein anderes gewesen.

3. Die Unterrichtstätigkeit des Klägers an der Berufsschule hat das Landesarbeitsgericht zu Recht unberücksichtigt gelassen, da der Kläger

selbst vorgetragen hatte, daß er diese Tätigkeit „nebenamtlich" verrichte und hierfür stundenweise eine besondere Vergütung erhalte.

## 28

**Zur Kürzung betrieblicher Renten, auf die kein Rechtsanspruch besteht, im Zuge der Rentenreform.**

BGB § 611 Ruhegehalt.

I. Senat. Urteil vom 11. 11. 1960 i. S. E. (Kl.) w. R. AG (Bekl.) 1 AZR 243/60.

I. Arbeitsgericht Herne (Westf.). — II. Landesarbeitsgericht Hamm (Westf.).

Der Kläger war vom 1. Mai 1911 bis zum 31. Januar 1953 als Schreiner bei der Beklagten tätig. Er trat dann in den Ruhestand. Aus der Sozialversicherung erhält er eine Rente, die sich vor der Rentenreform zuletzt auf 165 DM monatlich stellte. Diese Rente ist im Zuge der Rentenreform auf 361,60 DM gestiegen.

Die Beklagte gewährte auf Grund von Richtlinien vom 17. Dezember 1951 ihren Ruheständlern und den Witwen und Waisen ihrer Arbeitnehmer Versorgungsbezüge. Dabei handelte es sich um freiwillige Leistungen, auf die ein Rechtsanspruch nicht bestand.

Nach dem Übertritt des Klägers in den Ruhestand teilte die Beklagte ihm am 10. Februar 1953 mit, daß er eine freiwillige betriebliche Altersrente von monatlich 106,— DM erhalten werde. Diese Rente zahlte die Beklagte dem Kläger auch bis einschließlich Januar 1958. Mit Wirkung vom 1. Februar 1958 setzte sie die betriebliche Rente jedoch auf monatlich 41,— DM herab.

Bereits am 1. Juli 1957 hatte die Beklagte den Kläger darauf hingewiesen, daß sie eine Anpassung ihrer betrieblichen Renten auf die durch die Rentenreform geänderten Verhältnisse beabsichtige. Dem Kläger verblieben nach der Kürzung der betrieblichen Rente im Februar 1958 zu seiner Gesamtversorgung noch 402,60 DM (Rente aus der Sozialversicherung 361,60 DM + 41,— DM betriebl. Rente). Diese 402,60 DM sind etwa 83 % des Lohnes, den ein dem Kläger vergleichbarer bei der Beklagten im aktiven Arbeitsverhältnis stehender Arbeitnehmer im Februar 1958 verdiente.

Der Kläger ist der Ansicht, die Beklagte sei zur Herabsetzung der betrieblichen Rente von 106,— DM monatlich auf 41,— DM monatlich nicht befugt. Mit der Klage verlangt er den Unterschiedsbetrag von je 65,– DM für die Monate Februar bis Juni 1958.

Alle Instanzen haben die Klage abgewiesen.

Aus den Gründen:

I. Das Landesarbeitsgericht ist zutreffend davon ausgegangen, daß die Beklagte im Jahre 1953 dem Kläger Rechtsansprüche auf Versorgungsbezüge nicht eingeräumt hat. Das ergibt sich daraus, daß es in den Richtlinien vom 17. Februar 1951 ausdrücklich heißt, die Beklagte gewähre den Angehörigen ihres Unternehmens eine freiwillige Alters- oder Invalidenrente und den Hinterbliebenen eine freiwillige Witwen- oder Waisenrente ohne Rechtsanspruch. Bei dem Übertritt des Klägers in den Ruhestand hat sie diesem mitgeteilt, sie gewähre ihm eine „freiwillige" monatliche Altersrente. Es liegt also eindeutig ein freiwilliges, nicht mit Rechtsanspruch ausgestattetes Versorgungsversprechen vor. Dementsprechend hat der Kläger in der Berufungsinstanz eingeräumt, daß in dem Schreiben der Beklagten vom 10. Februar 1953 über die Festsetzung seiner betrieblichen Rente auf 106,– DM der Vorbehalt eines Widerrufs enthalten sei. Da es sich um ein Versorgungsversprechen ohne Einräumung eines Rechtsanspruches handelt, ist diese Erklärung des Klägers dahin aufzufassen, daß dem Kläger bekannt war, daß ihm Rechtsansprüche auf die betriebliche Rente nicht zustanden.

II. Es wäre zwar nicht ausgeschlossen, daß die Beklagte das dem Kläger erteilte Versorgungsversprechen nachträglich in ein solches mit Rechtsanspruch, das auch nicht mehr hätte widerrufen werden können, hätte umwandeln können. Der Kläger entnimmt daraus, daß die Beklagte von 1953 bis einschließlich Januar 1958 die versprochene Rente von 106,– DM monatlich gezahlt hat, die Umwandlung des ohne Rechtsanspruch erteilten Versorgungsversprechens in ein Versorgungsversprechen, auf dessen Einhaltung ihm ein Rechtsanspruch zustände. Das Landesarbeitsgericht ist auf diesen Vortrag des Klägers in seinen Entscheidungsgründen nicht ausdrücklich eingegangen. Dieses Unterlassen nötigt aber nicht zur Aufhebung des angefochtenen Urteils und zur Zurückverweisung des Rechtsstreits an das Landesarbeitsgericht; denn das Urteil des Landesarbeitsgerichts erweist sich insoweit als im Ergebnis richtig. Aus der jahrelang fortgesetzten Zahlung einer Rente, auf die ein Rechtsanspruch nicht besteht, erwächst kein Rechtsanspruch auf eine solche Rente. Wenn der Kläger die nachträgliche Begründung eines Rechtsanspruches hätte geltend machen wollen, hätte er besondere Umstände vortragen müssen, die auf die Umwandlung des Versorgungsversprechens in ein solches mit Rechtsanspruch auf die versprochenen Leistungen hätten schließen lassen können. Allein aus der jahrelang fortgesetzten Zahlung einer Rente, auf die ein Rechtsanspruch nicht besteht, folgt jedenfalls nicht, daß nur durch diese Zahlung einer solchen freiwilligen Rente ein Rechtsanspruch auf uneingeschränkte Fortzahlung der Rente begründet wird.

III. Das dem Kläger erteilte Versorgungsversprechen ist also bis 1958 das Versprechen einer Leistung, auf die ein Rechtsanspruch nicht besteht, geblieben.

Grundsätzlich kann der Arbeitgeber, wie der Senat in der Entscheidung vom 14. Dezember 1956 (BAG 3, 327) für den Fall eines Versorgungsversprechens mit Widerrufsvorbehalt ausgeführt hat, den vorbehaltenen Widerruf nach freiem Belieben ausüben. Er braucht dabei nur seine Interessen, nicht auch die des Arbeitnehmers zu berücksichtigen, muß sich jedoch in den Grenzen der guten Sitten halten und darf nicht rechtmißbräuchlich oder willkürlich handeln. Bei einem Ruheständler aber, der die versprochene Rente schon jahrelang bezogen hat, darf der Arbeitgeber nur nach billigem Ermessen widerrufen. Er muß also insbesondere auch die Belange des Ruheständlers berücksichtigen, der sich in seiner ganzen Lebenshaltung auf den Bezug und den Weiterbezug der betrieblichen Rente eingestellt hat. Diese vom Senat für den Fall der Ausübung des Widerrufs bei einem Versorgungsversprechen mit Rechtsanspruch, aber unter Widerrufvorbehalt, entwickelten Grundsätze sind auch auf den hier vorliegenden Fall der Einstellung oder Kürzung von Versorgungsleistungen, auf die ein Rechtsanspruch nicht besteht, anzuwenden. Ein solches Versorgungsversprechen ohne Rechtsanspruch ist noch schwächer als ein Versorgungsversprechen mit Widerrufsvorbehalt. Während bei dem letzteren echte Rechtsansprüche jedenfalls so lange bestehen, wie der vorbehaltene Widerruf nicht rechtswirksam ausgeübt ist, sind bei einem Versorgungsversprechen ohne Rechtsanspruch von Anfang an keinerlei Rechtsansprüche des Versprechensempfängers gegeben. Eine Kürzung oder Einstellung der Versorgungsleistungen, die der Arbeitgeber ohne Begründung eines Rechtsanspruches versprochen hat, ist aber einem Ruheständler gegenüber nur dann zulässig, wenn diese Maßnahme billigem Ermessen entspricht. Zu dieser Beschränkung zwingt auch bei einem Versorgungsversprechen ohne Rechtsanspruch die Tatsache, daß sich der Ruheständler in seiner Lebenshaltung auf die Gewährung der Rente eingestellt hat und auch im Hinblick auf die tatsächliche Zahlung einstellen konnte.

IV. Diese Grundsätze hat das Landesarbeitsgericht nicht verkannt. Es führt in seinen Entscheidungsgründen ausdrücklich das Urteil des Senats vom 14. Dezember 1956 an und beurteilt den Sachverhalt unter Zugrundelegung der dort entwickelten Rechtsgrundsätze. Es ist zu dem Ergebnis gekommen, daß hier die Kürzung der Versorgungsleistung von 106,– DM auf 41,– DM monatlich billigem Ermessen entspreche.

Ob im konkreten Fall die Einstellung der Versorgungsleistung billigem Ermessen entspricht, ist eine Frage, deren Entscheidung grundsätzlich dem Richter der Tatsacheninstanz obliegt. Das Gericht der Revisionsinstanz kann nur prüfen, ob der Rechtsbegriff des „billigen Ermessens" verkannt ist und ob die Würdigung insoweit ohne Verfahrensverstoß zustandegekommen und vollständig ist, insbesondere nicht wesentliche Umstände außer acht läßt.

Derartige Mängel liegen jedoch nicht vor. Aus dem unstreitigen Zahlenwerk ergibt sich, daß der Kläger vor der Rentenreform aus Sozialrente (165,– DM) und betrieblicher Rente (106,– DM) eine Gesamtversorgung von 271,– DM monatlich hatte. Durch die Erhöhung der Sozialrente (auf 361,60 DM) ist seine Gesamtversorgung trotz der Kürzung der betrieblichen Rente (auf 41,– DM) auf insgesamt 402,60 DM gestiegen; das sind nach der tatsächlichen, bindenden Feststellung des Landesarbeitsgerichts etwa 83 % des Durchschnitts-Verdienstes eines vergleichbaren Handwerkers, der am 1. Februar 1958 im Betriebe der Beklagten tätig war. Ein solcher Handwerker bezog nach der tatsächlichen Feststellung des Landesarbeitsgerichts damals monatlich 485,– DM. Zu Unrecht macht die Revision geltend, jetzt sei das Einkommen eines vergleichbaren Handwerkers im Betriebe der Beklagten höher. Für die Entscheidung dieses Rechtsstreits kommt es lediglich darauf an, ob die Beklagte für die hier streitigen Monate Februar bis Juni 1958 die Rente auf 41,– DM monatlich herabsetzen konnte. Diese Maßnahme der Beklagten entspricht aber, wie das Landesarbeitsgericht zutreffend ausgeführt hat, schon deshalb billigem Ermessen, weil sie dem Kläger damals noch 83 % des Einkommens eines vergleichbaren noch aktiven Arbeitnehmers beließ, ihm also einen angemessenen Lebenszuschnitt auch weiterhin sicherte.

Auch wenn man davon ausgeht, daß die Beklagte ihren Ruheständlern immer mehr als die Sozialrente geben wollte, also die aus ihrem Betrieb hervorgegangenen Ruheständler besser als sonstige Empfänger von Altersrente stellen wollte, ist die Herabsetzung der betrieblichen Rente auf 41,– DM monatlich gerechtfertigt. Mit diesen 41,– DM bekommt der Kläger immer noch einen Zuschlag von etwa 11 % zur

Sozialrente. Es ist auch zu berücksichtigen, daß trotz der Kürzung der betrieblichen Rente die Gesamtversorgung des Klägers sich durch die Rentenreform von 271,— DM auf 402,06 DM verbessert hat, also um etwa 50 %.

Das Landesarbeitsgericht hat sonach zutreffend festgestellt, daß die Beklagte auch bei Anwendung der Grundsätze des billigen Ermessens die von ihr ohne Einräumung eines Rechtsanspruches versprochene betriebliche Rente im Zuge der Rentenreform in den Monaten Februar bis Juni 1958 auf 41,— DM herabsetzen konnte.

## 29

**1. Der Bereicherungsschuldner haftet gemäß § 818 Abs. 4 BGB nach den „allgemeinen Vorschriften". Diese umfassen alle allgemeinen Regeln des Schuldrechts, d. h. die Bestimmungen, die im Zweiten Buch, 1. bis 6. Abschnitt, des Bürgerlichen Gesetzbuches enthalten sind. Daraus folgt, daß auch § 279 BGB Anwendung findet, wonach der Schuldner einer Gattungsschuld sein Unvermögen zur Leistung auch dann zu vertreten hat, wenn ihm ein Verschulden nicht zur Last fällt.**

**2. Es kann dabei dahingestellt bleiben, ob § 819 BGB neben der Rechtshängigkeit, welche die zum Verzug erforderliche Mahnung ersetzt (§ 284 Abs. 1 Satz 2 BGB), auch das gemäß §§ 285 Abs. 1, 276 BGB vorausgesetzte Verschulden fingiert; der Schuldner hat nämlich auch für Zufall einzustehen, wenn der Verzug auf Unvermögen bei Gattungsschulden zurückzuführen ist, weil jedenfalls der Rechtsgedanke des § 279 BGB auch für den Fall des Verzugs gilt (RGZ 75, 335).**

BGB §§ 166, 370, 812, 814, 818 Abs. 3, 4, 819 Abs. 1.

IV. Senat. Urteil vom 11. 11. 1960 i. S. Dr. B. (Kl.) w. B. (Bekl.) 4 AZR 361/58.

I. Arbeitsgericht Berlin. — II. Landesarbeitsgericht Berlin.

Der Kläger war von 1948 bis zum 31. Juli 1954 als angestellter Arzt in einem Krankenhaus der Beklagten beschäftigt. Seine Bezüge wurden von dem bei der Lohn- und Gehaltsstelle des Bezirksamtes in C. tätigen Angestellten K. berechnet. Die laufenden Zahlungen stellte K. in monatlichen Gehaltsnachweisen zusammen; für außerplanmäßige Zahlungen schrieb er Einzelanweisungen aus. Diese waren durch die Stadtinspektorin L. abzuzeichnen sowie durch den Stellen- oder Abteilungsleiter gegenzuzeichnen. Das geschah jedoch seit Ende 1949 nicht mehr.

K. benutzte diesen Umstand, um an 39 Arbeitnehmer der Beklagten mittels Einzelzahlungsanweisungen unberechtigte Auszahlungen in Höhe von insgesamt 73 099,81 DM zu veranlassen. Mit der Erklärung, daß es sich um ein Versehen handele, ließ er sich den überzahlten Betrag oder einen Teil davon jeweils persönlich zurückzahlen, obwohl er zur Entgegennahme von Geldern nicht ermächtigt war. Die auf diese Weise erlangten Beträge führte K. nicht an die Beklagte ab, sondern verbrauchte sie für sich selbst. Er wurde deshalb durch Urteil des Landgerichts Berlin vom 28. Oktober 1954 wegen Betrugs und Urkundenfälschung im Amt rechtskräftig zu drei Jahren Gefängnis verurteilt.

Dem Kläger wies K. folgende Mehrbeträge an: im Mai 398,– DM als angebliche Rückzahlung überzahlter Sozialversicherungsbeiträge, im Juni 1951 136,50 DM als irrtümliche Urlaubsvorauszahlung, im Juni 1953 676,04 DM als irrtümliche Gehaltszahlung, im September 1953 747,85 DM als angebliche Rückzahlung von Rentenversicherungsbeiträgen, im Oktober 1953 113,65 DM ohne nähere Erklärung.

Der Kläger nahm diese Beträge an der Kasse des Krankenhauses entgegen und gab von den bis September 1953 geleisteten Mehrzahlungen insgesamt 1 564,04 DM gegen Quittungsvermerke an K. zurück. Den Rest beließ K. dem Kläger mit dem Bemerken, daß es sich insoweit um dem Kläger wirklich zustehende Nachzahlungen handele. Auch diese Beträge hatte der Kläger aber in Wahrheit nicht zu beanspruchen. Die Beklagte forderte nach Aufdeckung der Verfehlungen des K. den Kläger zur Rückzahlung des gesamten zu Unrecht erhaltenen Mehrbetrages auf. Sie behielt zunächst das Gehalt des Klägers für Dezember 1953 in Höhe von 861,50 DM ein. Später rechnete sie gegenüber den Gehaltsforderungen des Klägers für Mai bis Juli 1954 in Höhe des pfändbaren Gehaltsteils von 202,70 DM monatlich auf und behielt auf diese Weise weitere 608,10 DM ein.

Der Kläger ist der Ansicht, die Beklagte habe zu Unrecht Teile seines Gehaltes einbehalten. Da die Beklagte durch K. vom Mangel des Rechtsgrundes der Leistung Kenntnis gehabt habe, stehe ihr ein Bereicherungsanspruch wegen des überzahlten Gehalts gemäß § 814 BGB nicht zu. Zumindest sei die Rückzahlung an K. mit befreiender Wirkung erfolgt und die Bereicherung dadurch entfallen. Weder bei Annahme der Zahlungen noch bei Rückgabe des Geldes an K. treffe den Kläger ein Verschulden; denn die Beklagte habe K. als zuständigen Angestellten in allen Lohn- und Gehaltsfragen bezeichnet. Seine Verfehlungen seien nur möglich gewesen, weil die Beklagte ihre Aufsichtspflicht verletzt habe. Sie sei deshalb für den eingetretenen Schaden selbst verantwortlich.

Mit seiner Klage begehrt der Kläger die Zahlung der in den Monaten Mai bis Juli 1954 einbehaltenen Gehaltsteile. Er hat beantragt, die Beklagte zur Zahlung von 608,10 DM zu verurteilen.

Die Beklagte macht geltend, der Kläger könne sich auf den Wegfall der Bereicherung nicht berufen, weil er bei der Rückgabe des Geldes an K. vom Mangel des Rechtsgrundes zur Zahlung Kenntnis gehabt habe. Durch Anschläge im Krankenhaus sei eindeutig darauf hingewiesen worden, daß Zahlungen rechtsverbindlich nur an die Kasse geleistet werden könnten.

Alle Instanzen haben die Klage abgewiesen.

## Aus den Gründen:

Zutreffend nimmt das Landesarbeitsgericht an, daß der mit der Klage geltend gemachte Vergütungsanspruch durch wirksame Aufrechnung der Beklagten mit einer Gegenforderung aus überzahltem Gehalt erloschen ist. Diese findet ihren Rechtsgrund in der arbeitsvertraglichen Treuepflicht, die den Arbeitnehmer zur Rückzahlung zuviel erhaltener Bezüge verpflichtet (BAG 9, 137, [140 ff]). Der Höhe nach bestimmt sich seine Erstattungspflicht nach den Vorschriften über die ungerechtfertigte Bereicherung.

Wenn das Berufungsgericht bei deren Anwendung zunächst zu der Auffassung gelangt, daß § 814 BGB dem zur Aufrechnung gestellten Bereicherungsanspruch nicht entgegensteht, so ist dem im Ergebnis zuzustimmen. Nach dieser Vorschrift kann das zum Zwecke der Erfüllung einer Verbindlichkeit Geleistete nicht zurückgefordert werden, wenn der Leistende gewußt hat, daß er zur Leistung nicht verpflichtet war. Läßt sich der Leistende vertreten, so kommt es, wie das Landesarbeitsgericht zutreffend ausführt, gemäß § 166 Abs. 1 BGB auf die Kenntnis des Vertreters an.

Es kann dahingestellt bleiben, ob der Angestellte K. bei der Auszahlung der Gelder an den Kläger überhaupt als Vertreter der Beklagten gehandelt hat und ob deshalb bei der Prüfung der Anwendbarkeit des § 814 BGB auf sein Wissen abzustellen ist. Er hat durch die Erstellung der Zahlungsanweisungen nur das erste Glied in einer Ursachenreihe gesetzt, welche zu der Vermögensverminderung der Beklagten führte. An letzter Stelle handelte für sie der Kassenbeamte der Krankenhauskasse, welcher das Geld an den Kläger auszahlte. Erst der Kassenbeamte hat tatsächlich die Leistung bewirkt. Aus den Feststellungen des angefochtenen Urteils ergibt sich aber kein Anhalt dafür, daß dieser in Kenntnis einer fehlenden Leistungsverpflichtung die Gelder an den Kläger ausgezahlt hat. Auf § 814 BGB kann sich der Kläger daher insoweit nicht berufen.

Aber auch wenn nicht auf das Wissen des Kassenbeamten abzustellen wäre, weil er nur als ausführendes Organ tätig wurde und keine eigene Sachentscheidung zu treffen hatte, ist das Ergebnis kein anderes. Allerdings ist der Revision darin Recht zu geben, daß dann K. entgegen der Auffassung des Landesarbeitsgerichts als der hier maßgebliche Vertreter der Beklagten angesehen werden muß. Er hat nämlich in eigener Verantwortung die fraglichen Zahlungsanweisungen ausgestellt, die seine zeichnungsberechtigten Vorgesetzten dann ohne nähere Prüfung unterschrieben haben. Diese haben damit zwar nach außen die endgültige Entscheidung getroffen; tatsächlich haben sie sich aber auf die Richtigkeit der Berechnungen des K. verlassen und damit in Wahrheit dessen Entscheidung unbesehen zu ihrer eigenen gemacht. Wirken in dieser Weise mehrere Beteiligte bei einer Leistung zusammen, dann kommt es allein auf die Kenntnis desjenigen an, dessen Entschließung für die Willensbildung des Leistenden entscheidend war (vgl. RGZ 95, 126). Das war im vorliegenden Falle K.

Seine Kenntnis braucht sich die Beklagte aber deshalb nicht zurechnen zu lassen, weil K. außerhalb des Rahmens seiner Vertretungsmacht gehandelt hat, wie das Landesarbeitsgericht in seiner Hilfserwägung zutreffend ausführt. Wenn auch K. die Auszahlungen als dem Kläger aus seinem Arbeitsverhältnis zustehende Leistungen bezeichnet hat, so handelte es sich doch tatsächlich um Zahlungen, welche über die Bezüge hinausgingen, die dem Kläger nach seinem Arbeitsvertrag zustanden. Die Anweisung solcher Zahlungen lag aber nicht mehr im Aufgabenbereich des K., der Löhne und Gehälter nicht selbst festzusetzen, sondern lediglich die Höhe der Bezüge in den einzelnen Gehaltsgruppen zu errechnen und alsdann die Anweisungen zu erteilen hatte. K. hat deshalb durch die Anweisung höherer Beträge, als sie durch die vertraglichen und tariflichen Bestimmungen gedeckt waren, die ihm durch die Beklagte eingeräumte Vertretungsmacht überschritten. Auf die Kenntnis eines vollmachtlosen Vertreters kommt es aber im Rahmen des § 166 BGB nur dann an, wenn der Vertretene nachträglich seine Genehmigung erteilt (vgl. Palandt, BGB, 19. Aufl., § 166 Anm. 2). Das ist im vorliegenden Falle unstreitig nicht geschehen.

Bei dieser Sachlage kann es dahingestellt bleiben, ob und in welchen Fällen K. schon bei Auszahlung des Geldes an den Kläger einen den Tatbestand des § 814 ausschließenden Vorbehalt der Rückforderung gemacht hat. Selbst wenn mindestens in Höhe der Klageforderung vorbehaltlos gezahlt worden sein sollte, kommt mit Rücksicht auf die Überschreitung der dem Kläger eingeräumten Vertretungsmacht ein Ausschluß des Bereicherungsanspruchs nicht in Betracht.

Dem Landesarbeitsgericht ist auch darin beizupflichten, daß der Kläger durch die Rückzahlung des zu Unrecht empfangenen Mehrbetrages an K. den Erstattungsanspruch der Beklagten nicht erfüllt hat (§ 362 Abs. 1 BGB); denn K. war zur Entgegennahme des Geldes nicht ermächtigt. Weiter ist es richtig, daß der Kläger sich auf die ihm erteilten Quittungen nicht berufen kann. Zwar gilt der Überbringer einer Quittung als ermächtigt, die Leistung zu empfangen (§ 370 BGB). Stets muß es sich dabei aber um eine echte, d. h. vom Gläubiger ausgestellte Quittung handeln (vgl. Enneccerus-Lehmann, Schuldrecht, 15. Aufl., § 61 I 1, S. 246; Palandt, BGB, 19. Aufl., § 370 Anm. 2). Das war bei den von K. unterzeichneten „Lieferscheinen" nicht der Fall.

Ebenso lehnt das Landesarbeitsgericht im Ergebnis zutreffend die Anwendung der Grundsätze über die Anscheinsvollmacht ab. Es kann unentschieden bleiben, ob diese Grundsätze im rechtsgeschäftlichen Verkehr mit Behörden überhaupt herangezogen werden können, was das angefochtene Urteil im Anschluß an die Ansicht des Bundesgerichtshofs (vgl. BGHZ 5, 205) verneint. Auch wenn dieser Auffassung im Hinblick darauf nicht zu folgen wäre, daß der Schutz des gutgläubigen Geschäftspartners gegenüber der öffentlichen Hand mit ihren dem Außenstehenden oft schwer überschaubaren Zuständigkeitsregelungen nicht weniger geboten ist als im Rechtsverkehr mit privatrechtlich organisierten Rechtssubjekten, wäre das im vorliegenden Fall ohne Bedeutung, weil es an der Erzeugung eines Rechtsscheins gegenüber dem Kläger fehlt. Aus dem Aufgabenkreis des K. konnte der Kläger nicht auf dessen Ermächtigung zur Entgegennahme von Zahlungen schließen, weil K., wie der Kläger wußte, mit Kassengeschäften nicht befaßt war. Daß K. mehrfach den Kläger zu Rückzahlungen aufforderte und das Geld jeweils entgegennahm, ist nicht entscheidend; denn wenn auch im allgemeinen eine gewisse Häufigkeit des Handelns und eine gewisse Zeitdauer der Ausübung einer Tätigkeit für einen Rechtsschein sprechen kann (vgl. Soergel-Siebert, BGB, 9. Aufl., § 167 Anm. 16), so gilt dies doch dann nicht, wenn darin eine dem Dritten erkennbare Überschreitung der Vertretungsmacht liegt, für deren Billigung durch den Vertretenen kein Anhalt besteht. Im vorliegenden Fall hat die Beklagte ihren gegenteiligen Willen ausdrücklich dadurch bekundet, daß sie in der Dienststelle des Klägers einen Anschlag anbringen ließ, nach welchem Zahlungen an die Beklagte rechtsverbindlich nur über die zuständige Kasse geleistet werden können. Daß die Beklagte K. als den zuständigen Gehaltssachbearbeiter bezeichnete, entspricht der tatsächlichen Aufgabenverteilung; ein Hinweis auf eine etwaige Ermächtigung des K. zur Entgegennahme von Zahlungen kann darin nicht gesehen werden. Wenn das Landesarbeitsgericht deshalb die Voraussetzungen für die Erzeugung eines Rechtsscheins verneint, so ist das aus Rechtsgründen nicht zu beanstanden.

Zu Recht hat das Berufungsgericht schließlich angenommen, daß sich der Kläger nicht gemäß § 818 Abs. 3 BGB auf den Wegfall der Bereicherung berufen kann. Zwar ist er durch die Gehaltsüberzahlungen insoweit nicht mehr bereichert, als er das Empfangene an K. zurückgezahlt hat. Da er jedoch den Mangel des Rechtsgrundes in jedem Falle vor der Rückzahlung durch K. erfuhr, war er von diesem Zeitpunkt an so zur Herausgabe verpflichtet, als wenn der Anspruch rechtshängig geworden wäre (§ 819 Abs. 1 BGB). Er haftet deshalb gemäß § 818 Abs. 4 BGB nach den „allgemeinen Vorschriften". Dazu bedarf es allerdings entgegen der Ansicht des Landesarbeitsgerichts nicht der Heranziehung der Rechtsnormen über den Verzug. Die in § 818 Abs. 4 in Bezug genommenen „allgemeinen Vorschriften" umfassen nämlich alle allgemeinen Regeln des Schuldrechts, d. h. die Bestimmungen, die im Zweiten Buch, 1. bis 6. Abschnitt des Bürgerlichen Gesetzbuches enthalten sind. Daraus folgt, daß auch § 279 BGB Anwendung findet, wonach der Schuldner einer Gattungsschuld sein Unvermögen zur Leistung auch dann zu vertreten hat, wenn ihm ein Verschulden nicht zur Last fällt. Damit ist der Kläger entgegen der sonst im Bereicherungsrecht anwendbaren Vorschrift des § 818 Absatz 3 BGB unabhängig vom Wegfall der Bereicherung zur Rückzahlung des erlangten Betrages verpflichtet.

Aber auch wenn man mit dem Landesarbeitsgericht, das sich für seine Ansicht auf Hinweise in der Literatur stützen kann (RGR-Kommentar, 11. Aufl., § 818 Anm. 57; Staudinger-Seufert, 11. Aufl., § 818 Anm. 54), die Verzugsregeln anwenden will, ist das Ergebnis kein anderes. Es kann dabei dahingestellt bleiben, ob § 819 BGB neben der Rechtshängigkeit, welche die zum Verzug erforderliche Mahnung ersetzt (§ 284 Abs. 1 Satz 2 BGB), auch das gemäß §§ 285 Abs. 1, 276 BGB vorausgesetzte Verschulden fingiert; der Schuldner hat nämlich auch für Zufall einzustehen, wenn der Verzug auf Unvermögen bei Gattungsschulden zurückzuführen ist, weil jedenfalls der Rechtsgedanke des § 279 BGB auch für den Fall des Verzugs gilt (RGZ 75, 335). Davon abgesehen hat aber das Landesarbeitsgericht auch ein Verschulden des Klägers ohne

Rechtsirrtum festgestellt. Das Verschulden hat es zutreffend darin gesehen, daß der Kläger in Kenntnis vom Mangel des Rechtsgrundes der an ihn bewirkten Zahlungen das Erlangte an einen zur Empfangnahme des Geldes nicht berechtigten Dritten herausgab. Damit hat der Kläger durch eigenes schuldhaftes Verhalten den Wegfall der Bereicherung hervorgerufen. Dafür muß er auf Grund der Verzugshaftung auch dann einstehen, wenn ihm dabei nur leichte Fahrlässigkeit zur Last fallen sollte (§ 287 BGB). Wenn die Revision sich demgegenüber darauf beruft, daß der Kläger den Mangel der Empfangsberechtigung des K. nicht kennen konnte, so greift sie damit in unzulässiger Weise den festgestellten Tatbestand an, nach welchem dem Kläger sowohl der Anschlag über die Bewirkung rechtsverbindlicher Zahlungen an die Beklagte als auch der Umstand bekannt war, daß K. mit Kassengeschäften nicht befaßt war.

Der Aufrechnung der Beklagten mit dem ihr danach zustehenden Bereicherungsanspruch steht auch nicht der Einwand der unzulässigen Rechtsausübung entgegen, wie die Revision meint. Es kann dahingestellt bleiben, ob eine in der Absicht der alsbaldigen Rückforderung vorgenommene vorsätzliche falsche Lohnberechnung eine Verletzung der arbeitsvertraglichen Pflichten des Arbeitgebers darstellt, die eine Schadenersatzpflicht aus positiver Vertragsverletzung gemäß § 276 BGB begründet, wobei der Arbeitgeber, der sich eines Erfüllungsgehilfen bedient, gemäß § 278 BGB für dessen Verschulden einzustehen hätte. Eine Haftung des Arbeitgebers kommt jedenfalls dann nicht in Betracht, wenn der Erfüllungsgehilfe, wie im vorliegenden Falle K., die ihm im Rahmen des Dienstverhältnisses eingeräumte Vertretungsbefugnis überschreitet. Ebensowenig wie die Beklagte sich die Kenntnis des K. bei der Entstehung ihres Bereicherungsanspruches entgegenhalten lassen muß, braucht sie eine Überschreitung seiner Vertretungsmacht bei der Erfüllung ihrer vertraglichen Pflichten gegen sich gelten zu lassen. K. hat nämlich mit der vorsätzlichen Falschberechnung des Gehalts des Klägers keine ihm im Rahmen des Arbeitsverhältnisses zwischen dem Kläger und der Beklagten obliegende Aufgabe wahrgenommen, sondern lediglich die ihm sich bietende Gelegenheit benutzt, um außerhalb der ihm eingeräumten Vertretungsmacht zu seinem Vorteil Betrugshandlungen zu begehen. Für schuldhaftes Verhalten des Erfüllungsgehilfen bei Gelegenheit der Erfüllung einer Verbindlichkeit haftet der Vertretene aber nicht (Palandt, BGB, 19. Aufl., § 278 Anm. 4; Erman, BGB, § 278 Anm. 7).

## 30

**Eine nach pflichtmäßigem Ermessen von der Bundesversicherungsanstalt für Angestellte zur Erhaltung der Erwerbsfähigkeit angeordnete Kur gibt auch dann dem Handlungsgehilfen den Anspruch auf Fortzahlung des Gehalts nach § 63 HGB, wenn der Handlungsgehilfe noch nicht arbeitsunfähig ist (Bestätigung von RAG 24, 354).**

HGB § 63; Angestelltenversicherungs-Neuregelungsgesetz vom 23. 2. 57 §§ 13, 20.

II. Senat. Urteil vom 17. 11. 1960 i. S. D. (Bekl.) w. B. (Kl.) 2 AZR 97/59.

I. Arbeitsgericht Berlin. — II. Landesarbeitsgericht Berlin.

Die bei der Beklagten beschäftigte jetzt 57jährige Kontoristin St. ist bei der Klägerin rentenversichert. Wegen eines Herzleidens beantragte sie im Februar 1958 bei der Klägerin ein Heilverfahren. Die vertrauensärztliche Untersuchung ergab, daß sie an arteriellem Hochdruck litt. Sie war unstreitig zwar nicht arbeitsunfähig, aber in Gefahr, in absehbarer Zeit berufsunfähig zu werden. Die Klägerin bewilligte ihr deshalb eine Kur in Bad Salzuflen vom 29. April bis zum 10. Juni 1958. Um sie während der Kur nicht ohne Mittel zu lassen, zahlte sie ihr freiwillig 116,10 DM als Übergangsgeld und Taschengeld. Dafür trat Frau St. der Klägerin auf deren Verlangen ihren Gehaltsanspruch gegen die Beklagte in dieser Höhe ab.

Die Klägerin hat die Beklagte auf Zahlung von 116,10 DM verklagt, Das Arbeitsgericht hat der Klage stattgegeben. Im Berufungsverfahren hat die Klägerin ihre Forderung auf den pfändungsfreien Teil des Gehalts der Frau St., d. h. auf 102,04 DM ermäßigt. Danach hat das Landesarbeitsgericht die Berufung der Beklagten zurückgewiesen. Die Revision der Beklagten blieb erfolglos.

### Aus den Gründen:

Der Klägerin steht der geltend gemachte Betrag als Zessionarin zu, denn die Zedentin, Frau St., hatte während ihrer Kur einen Anspruch aus § 63 HGB auf Fortzahlung des Gehaltes. Nach dieser Vorschrift behält der Handlungsgehilfe seinen Anspruch auf Gehalt bis zur Dauer von sechs Wochen, wenn er durch unverschuldetes Unglück an der Leistung der Dienste verhindert ist.

1. § 63 HGB nimmt, abgesehen davon, daß diese Vorschrift in Abs. 2 Satz 1 die Nichtanrechnung der sozialversicherungsrechtlichen Lei-

stungen regelt, auf die sozialversicherungsrechtlichen Bestimmungen nicht Bezug. § 63 HGB ist daher durch die in den letzten Jahren eingetretenen Änderungen der sozialversicherungsrechtlichen Bestimmungen nicht berührt worden, auch nicht durch das Angestelltenversicherungsneuregelungsgesetz (AnVG) vom 23. Februar 1957 (BGBl. I, S. 88). Die Voraussetzungen für die Pflicht des Arbeitgebers, das Arbeitsentgelt weiter zu zahlen, sind vielmehr unverändert die gleichen geblieben (vgl. Molitor, BB 1959, 923).

2. Darüber, daß Frau St. eine Handlungsgehilfin im Sinne der §§ 59 ff. HGB ist, besteht zwischen den Parteien kein Streit. Die Parteien streiten vielmehr darüber, ob sie von einem Unglück im Sinne des § 63 HGB betroffen und an der Arbeit gehindert war und ob zwischen diesen beiden Umständen Kausalität vorliegt.

a) Als Unglück im Sinne des § 63 HGB kommt vor allem eine Krankheit des Handlungsgehilfen in Betracht (vgl. Molitor aaO, S. 924), d. h. ein regelwidriger Körper- oder Geisteszustand. Daß Frau St. krank war, hat das Landesarbeitsgericht festgestellt. Gegen diese Feststellung sind Verfahrensrügen nicht erhoben worden. Auch ist nicht ersichtlich, daß der Vorderrichter den Begriff verkannt hat. Allerdings war Frau St. nach diesen Feststellungen nicht so schwer krank, daß sie als arbeitsunfähig im Sinne etwa des § 182 Abs. 1 Nr. 2 RVO anzusehen gewesen wäre. Das ist aber auch für den Begriff „Unglück" im Sinne des § 63 HGB nicht erforderlich. Es genügt, jedenfalls nach heutiger Auffassung, ein Ereignis, das für den Handlungsgehilfen ein Leid oder Mißgeschick bedeutet (vgl. Staudinger-Nipperdey-Mohnen § 616 Anm. 75). Das hat das angefochtene Urteil mit zutreffenden Gründen ausgeführt.

b) Frau St. war auch an der Leistung der Dienste gehindert.

Molitor setzt in seinem bereits erwähnten Gutachten den Begriff „Verhinderung" im Sinne des § 63 HGB mindestens in dem Falle, daß der Handlungsgehilfe von dem Unglück einer Krankheit betroffen wird, dem Begriff „Arbeitsunfähigkeit" gleich. Dem vermag der Senat nicht zuzustimmen. Selbst wenn man den Begriff „Verhinderung" dem des Unvermögens im Sinne des allgemeinen Privatrechts gleichsetzen, also auf den sozialen Zweck der Vorschrift keine Rücksicht nehmen wollte, wäre die genannte Gleichsetzung fehlsam. In Rechtsprechung und Rechtswissenschaft des allgemeinen Privatrechts werden überwiegend die Vorschriften über die Unmöglichkeit auch auf die Fälle ausgedehnt, in denen die Leistung zwar nicht streng genommen unmöglich, wohl aber derart erschwert ist, daß sie nach Treu und Glauben dem Schuldner nicht zugemutet werden kann. Bedenken gegen diese herrschende Lehre des allgemeinen Schuldrechts äußert zwar Larenz (Lehrbuch des Schuldrechts, Bd. I, S. 176), doch erkennt auch er den Einwand der Unzumutbarkeit gerade für solche Fälle, wie sie im Arbeitsrecht eine Rolle spielen, als Ausnahme an. Dann aber muß gerade bei einem Arbeitsverhältnis im Hinblick auf dessen personale Struktur ein Fall wirklicher Unmöglichkeit schon dann angenommen werden, wenn der Fortsetzung der Arbeitsleistung so gewichtige Interessen entgegenstehen, daß sie dem Arbeitnehmer nicht mehr zugemutet werden kann (vgl. Hueck-Nipperdey, Lehrbuch des Arbeitsrechts, 6 Aufl., Bd. I, S. 202, 203 und Fußnoten 39, 40). Das gilt erst recht, wenn es sich um die Anwendung und Auslegung einer sozialen Schutzvorschrift handelt. Dementsprechend ist in Lehre und Schrifttum ganz einhellig die Auffassung vertreten worden, daß der Arbeitnehmer im Sinne der Gehaltsfortzahlungsbestimmungen schon dann an der Leistung der Dienste gehindert ist, wenn ihm die Dienstleistung nicht zuzumuten ist (vgl. Schlegelberger-Schröder, Komm. z. HGB, 3. Aufl. § 63 Anm. 2; Landmann-Rohmer-Fröhler, Komm. z. GewO, 11. Aufl. 9 § 133 c Anm. 8 b; Staudinger-Nipperdey-Mohnen § 616 Anm. 10).

Der Zedentin war aber die weitere Dienstleistung schon deshalb nicht zuzumuten, weil sie dann nach den Feststellungen des Landesarbeitsgerichts in absehbarer Zeit, mit anderen Worten: vorzeitig, d. h. vor Erreichung der Altersgrenze, berufsunfähig geworden wäre. Das Opfer, seine Erwerbsfähigkeit vorzeitig zu verlieren, kann aber keinem Arbeitnehmer angesonnen werden, wenn es bei Unterbrechung der Arbeit um wenige Wochen eine begründete Aussicht gab, von Beschwerden befreit zu werden.

Darüber hinaus war der Zedentin, wie das Landesarbeitsgericht zutreffend hervorhebt, sogar schon deshalb die weitere Arbeit nicht zuzumuten, weil sie keinen triftigen Grund hatte, sich der von der Klägerin bewilligten und angeordneten Kur zu entziehen. Aus den Feststellungen des Landesarbeitsgerichts ergibt sich, daß die Klägerin die Heilbehandlung nach pflichtmäßigem Ermessen rechtmäßig angeordnet hatte (§ 13 AnVG).

Ob der Sozialversicherungsträger eine Heilmaßnahme Rechtens anordnet oder nicht, ist allerdings gerichtlich nicht nur von den Sozialgerichten gemäß § 54 Abs. 2 SGG, sondern innerhalb eines Rechtsstreites als Vorfrage auch von den Gerichten für Arbeitssachen nachprüfbar (für das Krankenversicherungsrecht: AP Nr. 20 und Nr. 22 zu § 1 Arb-

KrankhG). Indes findet eine arbeitsgerichtliche Nachprüfung nur dann statt, wenn von den Parteien Tatsachen vorgetragen werden, aus denen sich die unrichtige Behandlung des Versicherungsfalles ergeben könnte. Es kann primär davon ausgegangen werden, daß der Versicherungsträger zutreffend verfahren ist. An einem solchen Sachvortrag fehlt es aber hier. Dann aber setzte sich die Zedentin der Gefahr aus, daß, bei Eintritt der Erwerbsunfähigkeit innerhalb der nächsten drei Jahre nach ihrer Weigerung, ihr Rente ganz oder teilweise auf Zeit hätte versagt werden können (§ 20 AnVG). Das konnte von der Zedentin nicht verlangt werden.

3. Die Revision meint, für § 63 HGB komme nur ein solches Unglück in Betracht, welches unmittelbar selbst die Dienstleistung verhindere. Das sei hier nicht der Fall, denn die Krankheit selbst habe Frau St. nicht an der Arbeit gehindert. An der Arbeit verhindert worden sei sie vielmehr durch die Kur in Bad Salzuflen. Das Heilverfahren sei aber an sich für Frau St. kein Unglück.

Indes ist für § 63 HGB nicht zu fordern, daß das Unglück selbst und unmittelbar die Dienstverhinderung auslöst. Es genügt vielmehr, daß eine Folgewirkung des Unglücks die Arbeit unzumutbar macht (so Schlegelberger-Schröder aaO Anm. 2). Das ist in der Kasuistik zu § 63 HGB seit langem anerkannt in den Fällen der Erkrankung eines nahen Angehörigen, der notwendig der Pflege durch den Handlungsgehilfen selbst bedarf (vgl. Würdinger in RGRK z. HGB, 2. Aufl. § 63 Anm. 1, I, 1a). Voraussetzung ist nur, daß es sich um eine notwendige und vom Handlungsgehilfen nicht abwendbare Folgewirkung handelte, die ihrerseits die Dienstleistung unzumutbar machte. In einem solchen Falle einer nicht abwendbaren Folgewirkung gerät der Handlungsgehilfe in eine Zwangslage, zumindest in eine Pflichtenkollison, die ihrerseits als Mißgeschick (zumindest von einem pflichtbewußten Menschen) empfunden werden kann, so daß es gerechtfertigt ist, die einem Unglück — mag es den Handlungsgehilfen persönlich getroffen haben oder nicht — notwendig folgende Zwangslage als ein den Handlungsgehilfen selbst treffendes Unglück zu bezeichnen.

Daß aber die Zedentin infolge ihres arteriellen Hochdruckes vernünftigerweise nicht anders handeln konnte, als die rechtmäßig angeordnete und notwendige Kur zu gebrauchen, weil sie sich sonst der Gefahr eines Existenzverlustes ausgesetzt hätte, ist oben unter 2. bereits näher ausgeführt.

Der Senat schließt sich damit der ständigen Rechtsprechung des Reichsarbeitsgerichts an, welches seit seinem Urteil vom 20. September

1930 (ARS 10, 160) wiederholt ausgesprochen hat, daß ein ärztlich im Interesse der Erhaltung der Gesundheit angeordneter Kuraufenthalt auch dann dem Handlungsgehilfen den Anspruch aus § 63 HGB gibt, wenn er noch nicht arbeitsunfähig ist (ARS 28, 269; 31, 206; 41, 389 = RAG 24, 354). Diese Rechtsprechung hat im Schrifttum allgemein Zustimmung gefunden (Würdinger aaO, Anm. 1 I 2a; Schlegelberger-Schröder aaO, S. 381 Anm. 3 zu § 63; Staudinger-Nipperdey-Mohnen aaO Anm. 75 mit weiteren Nachweisen). Die neuerdings von Molitor in dem bereits erwähnten Gutachten vertretene abweichende Auffassung beruht maßgeblich auf der Gleichsetzung des Begriffes „verhindert“ mit dem Begriff „arbeitsunfähig“. Dieser Gleichsetzung kann aber aus den bereits genannten Gründen nicht beigetreten werden.

Da schließlich auch für ein Verschulden der Zedentin nichts spricht, sind vom Landesarbeitsgericht die Voraussetzungen des § 63 HGB zutreffend als gegeben angesehen worden.

## 31

**Eine zwischen einem Arbeiter und seinem Arbeitgeber arbeitsvertraglich vereinbarte Klausel, daß für den Fall der rechtswidrigen Auflösung des Arbeitsvertrages durch den Arbeitnehmer ein Teil des rückständigen Lohnes verwirkt ist, ist weder eine Verwirkung i. S. des § 4 Abs. 4 Satz 2 TVG noch ein unzulässiger Verzicht i. S. des § 4 Abs. 4 Satz 1 TVG. Die Klausel verstößt auch nicht gegen das allgemeine Unabdingbarkeitsprinzip des § 4 Abs. 1 TVG. Eine solche Vertragsklausel ist eine dem Rechtsinstitut der Vertragsstrafe gleichstehende Abrede, die tarifrechtlich zulässig ist. Die Höhe des verwirkten Lohnes muß sich in den durch § 134 Abs. 1 GewO gesetzten Grenzen halten.**

TVG § 4; GewO § 134; BGB § 394 Satz 1.

I. Senat. Urteil vom 18. 11. 1960 i. S. Sch. (Kl.) w. Dr. M. (Bekl.)
1 AZR 238/59.

I. Arbeitsgericht Siegburg. — II. Landesarbeitsgericht Düsseldorf (Köln).

Der Kläger war auf Grund eines schriftlichen Anstellungsvertrages vom 1. April 1958 als Schweißer bei der Beklagten beschäftigt. Ziffer 15 dieses Vertrages lautet:

„Für den Fall der rechtswidrigen Auflösung des Arbeitsvertrages durch Sie wird vom rückständigen Lohn ein Betrag in Höhe des

Durchschnittsverdienstes für volle 3 Arbeitstage verwirkt."

Beide Parteien sind tarifgebunden. Zwischen ihnen ist der Rahmentarifvertrag für die Arbeiter der Eisen-, Metall- und Elektroindustrie Nordrhein-Westfalen vom 12. Januar 1952 maßgebend.

Das Arbeitsverhältnis zwischen den Parteien endete am 11. Oktober 1958. Die Beklagte hielt dem Kläger entsprechend der Ziffer 15 des Anstellungsvertrages von seinem Lohn einen Betrag in Höhe von 48,60 DM ab.

Im Hinblick auf § 10 Ziffer 7 des oben erwähnten Rahmentarifvertrages verweigerte die Beklagte dem Kläger die Abgeltung für 7 Tage Urlaub in Höhe eines Betrages von 113,14 DM.

Wegen dieser Beträge hat der Kläger am 3. November 1958 Klage vor dem Arbeitsgericht erhoben.

In der ersten Instanz war die Frage umstritten, ob der Kläger das Arbeitsverhältnis fristlos und rechtswidrig aufgelöst hat. Während der Kläger behauptete, sein Ausscheiden sei nach einem Streit mit einem Arbeitskollegen im beiderseitigen Einverständnis erfolgt, hat die Beklagte dargelegt, der Kläger habe seine Arbeitsstelle grundlos verlassen und die sofortige Aushändigung seiner Papiere verlangt. Auf diesem Verlangen sei er bestehen geblieben, nachdem er darauf aufmerksam gemacht worden sei, daß er eine Kündigungsfrist einhalten müsse, da er andernfalls entsprechend den Vertragsbestimmungen des Lohnes für 3 Tage und der Abgeltung für 7 Urlaubstage verlustig gehe.

Das Arbeitsgericht hat die Beklagte zur Zahlung von 48,60 DM (Lohn für 3 Arbeitstage) verurteilt und wegen des weiteren Betrages die Klage abgewiesen.

Die Beklagte hat wegen des Betrages von 48,60 DM gegen das Urteil des Arbeitsgerichts Berufung eingelegt. Das Landesarbeitsgericht hat das erstinstanzliche Urteil abgeändert und den Kläger auch hinsichtlich des Betrages von 48,60 DM mit der Klage abgewiesen.

Hiergegen richtet sich die zugelassene Revision des Klägers. Der Betrag von 113,14 DM ist nicht mehr in Streit, da der Kläger gegen das erstinstanzliche Urteil kein Rechtsmittel eingelegt hatte. Die Revision des Klägers ist zurückgewiesen worden.

Aus den Gründen:

1. Mit Recht ist der Vorderrichter davon ausgegangen, daß nur die Rechtsgültigkeit der zwischen den Parteien vereinbarten Lohnverwirkungsabrede im Streit ist. Das angefochtene Urteil enthält in seinem Tatbestand die Klausel, zwischen den Parteien bestehe Übereinstimmung

darüber, daß der Streit sich ausschließlich auf die Wirksamkeit der Lohnverwirkungsabrede beschränke. Ob es sich hierbei, wofür vieles spricht, um ein Geständnis des Klägers i. S. des § 288 ZPO handelt, kann dahingestellt bleiben. Es steht damit jedenfalls fest, daß der Kläger seine Arbeitsstelle ohne Kündigung unvermittelt und unbefugt verlassen und trotz ausdrücklichen Hinweises des Personalleiters der Beklagten auf die Kündigungsfrist und die Rechtsfolgen seines Verhaltens auf sofortiger Aushändigung seiner Arbeitspapiere bestanden hat. Hierin ist eine objektiv rechtswidrige Auflösung des Arbeitsverhältnisses zu sehen. Der Senat konnte demnach ebenso wie der Vorderrichter in Übereinstimmung mit dem Revisionskläger und der Revisionsbeklagten davon ausgehen, daß nur noch die Wirksamkeit der Lohnverwirkungsabrede im Streit ist.

2. Was zunächst die Anwendbarkeit des § 4 Abs. 4 Satz 2 TGV auf die Klausel anbetrifft, so ist der Revision nicht zu folgen, daß die von den Parteien vereinbarte „Verwirkung" eine Verwirkung im Sinne der genannten Gesetzesbestimmung sei. Die Entstehungsgeschichte des Tarifvertragsgesetzes ergibt, daß der Tatbestand der Verwirkung im Sinne des § 4 Abs. 4 Satz 2 TVG nur dann angenommen werden kann, wenn der Arbeitgeber infolge der Nichtgeltendmachung des Anspruches während einer längeren Zeit nach Treu und Glauben annehmen kann, nichts mehr zu schulden, und ihm die nachträgliche Erfüllung nicht mehr zugemutet werden kann. Das ist auch einhellige Meinung in der Rechtslehre (Hueck-Nipperdey-Tophoven, TVG, 3. Aufl., S. 178; Hueck-Nipperdey, Lehrbuch, 6. Aufl., Bd. II, S. 445 ff. u. v. a.). Das Landesarbeitsgericht hat rechtsfehlerfrei erkannt, daß bei der Formulierung „Verwirkung" in der zwischen den Parteien vereinbarten Klausel nicht diese illoyale Verspätung betroffen werden sollte. Aus den tatsächlichen Umständen ergibt sich, daß ein solcher Fall nicht vorgelegen hat.

3. Die von den Parteien vereinbarte Klausel ist auch kein gemäß § 4 Abs. 4 Satz 1 TVG unzulässiger Verzicht auf Tariflohn, noch verstößt sie gegen das Unabdingbarkeitsprinzip des § 4 Abs. 1 TVG, noch dient sie der Umgehung dieser Normen. Das ergibt sich aus der Rechtsnatur der in Ziffer 15 des zwischen den Parteien geltenden Anstellungsvertrages vereinbarten Klausel. Es handelt sich hierbei um eine durch § 134 Abs. 1 GewO gedeckte Vereinbarung. § 134 GewO ist eine Spezialbestimmung, die neben den Regeln des Tarifvertragsgesetzes weiter gilt. Die zwischen den Parteien vereinbarte vertragliche Abrede ist dem Rechtsinstitut der Vertragsstrafe gleichstehend. Die Parteien haben vereinbart, daß angesichts eines Vertragsbruchs des Arbeitnehmers,

der vielfach dem Arbeitgeber einen Schaden zufügt, anstelle eines Schadenersatzanspruches und ohne den Nachweis eines Schadens eine Buße, eine Vertragsstrafe, auferlegt werden soll (vgl. Nikisch, Arbeitsrecht, 2. Aufl., Bd. I, S. 377). Hierbei kann es dahingestellt bleiben, wie man den Vorgang der Lohnverwirkung rechtlich konstruiert, namentlich ob die Verwirkungsklausel sich, wie es der Vorderrichter angenommen hat, als eine auf Vertrag beruhende teilweise Vernichtung der Lohnforderung darstellt, die unter bestimmten, im voraus vereinbarten Voraussetzungen der Vertragsverletzung des Arbeitnehmers eintreten soll. Entscheidend ist vielmehr, welche Bedeutung die Klausel praktisch für den Arbeitnehmer hat (Nikisch, aaO, S. 378 mit weiteren Nachweisen). So betrachtet wird deutlich, daß die Parteivereinbarung wirksam sein muß. Denn der Durchsetzung eines durch Vertragsbruch des Arbeitnehmers entstehenden Schadenersatzanspruches des Arbeitgebers würden keine tarifrechtlichen Normen entgegenstehen. Daher kann auch bei einer von vornherein genau bezifferten Vertragsstrafe oder Buße kein Verstoß gegen das Tarifvertragsrecht angenommen werden.

Es wäre insbesondere auch eine unzutreffende Auffassung, daß die Parteien sich bei Vereinbarung der Lohnverwirkungsabrede für den Fall des Vertragsbruches auf einen untertariflichen Lohn geeinigt hätten. Eine solche Vereinbarung würde gegen das Unabdingbarkeitsprinzip verstoßen. Im Streitfalle aber wird nicht geleugnet, daß der Lohnanspruch in Höhe des Tariflohnes entstanden ist. Der Lohn soll nicht niedriger sein, als der Tarif vorschreibt, es wird auch nicht auf einen Teil des Lohnanspruches verzichtet, sondern der Lohnanspruch soll für eine bestimmte Zeit, die durch § 134 GewO in Grenzen gehalten wird, ganz entfallen, wenn der Arbeitnehmer seinen Arbeitsvertrag rechtswidrig aufgelöst hat. Für diesen Fall eine Schadenshöhe unabhängig von der Höhe des wirklich entstandenen Schadens festzulegen, dient der Vereinfachung und der Rechtssicherheit, ohne die Geltung des Tarifvertrages irgendwie zu beeinträchtigen.

4. Der Senat hat auch die Frage erwogen, ob bei dem von der Beklagten vorgenommenen Lohnabzug die Pfändungsgrenzen zu beachten waren. Er hat hierbei insbesondere bedacht, ob im Streitfalle eine Abwägung zwischen dem von § 394 Satz 1 BGB gewollten Sozialschutz und dem Treueverstoß des Klägers, wie es der Fünfte Senat des Bundesarbeitsgerichts in seiner Entscheidung vom 31. März 1960 (BAG 9, 137 ff. [142 ff.] bei treuwidriger und vorsätzlicher Nachteilszufügung verlangt, erforderlich ist. Der Senat brauchte aber weder dazu Stellung zu nehmen, ob der genannten Entscheidung des Fünften Senats zu folgen ist, noch

brauchte er eine solche Abwägung durchzuführen. Denn er ist zu dem Ergebnis gekommen, daß der vorliegende Tatbestand keinen Anlaß bietet, diese Frage einer Nachprüfung zu unterziehen und aus diesem Grunde den Rechtsstreit an das Landesarbeitsgericht zurückzuverweisen. Weder in den Vorinstanzen noch in der Revisionsinstanz hat der Kläger etwas in der Richtung vorgetragen, daß er durch die Abzüge der Beklagten in seinem Recht auf den pfändungsfreien Lohnbetrag berührt worden sei.

## 32

**Überlagerzeiten der Kraftomnibusfahrer der Deutschen Bundespost, d. h. Zeiten, die an den Wendepunkten einer Fahrtstrecke zwischen der Beendigung der Hinfahrt und dem Beginn der Rückfahrt liegen, sind Ruhepausen und daher nicht zu vergüten.**

AZO § 12; Ausführungsverordnung zur AZO Nr. 51, 52; Tarifvertrag für die Arbeiter der Deutschen Bundespost vom 6. 1. 1955 (TVArb.) § 5 Buchst. b, § 6 Buchst. b.

IV. Senat. Urteil vom 23. 11. 1960 i. S. P. (Kl.) w. D. B. (Bekl.) 4 AZR 257/59.

I. Arbeitsgericht Hannover. — II. Landesarbeitsgericht Niedersachsen (Hannover).

Der Kläger befährt als Kraftomnibusfahrer der Beklagten mit einem weiteren Fahrer nach Dienstplan die Kraftpostlinien Kp 364 und Kp 364 b im Wechsel von je 9 Wochen. Die Fahrer bleiben in beiden Dienstplänen zusammen, wechseln aber untereinander wöchentlich die Schicht. Die Dienstpläne sehen an den Wendepunkten einer Fahrtstrecke unterschiedliche Überlagerzeiten, d. h. Zeiten vor, die zwischen der Beendigung der Hinfahrt und dem Beginn der Rückfahrt liegen. Der Kläger hat an Überlagerzeiten in der ersten Woche des Dienstplans Kp 364 a insgesamt 3 Stunden und 40 Minuten, in der zweiten Woche 8 Stunden und 40 Minuten sowie nach Dienstplanwechsel in der ersten Woche des Dienstplans Kp 364 b insgesamt 8 Stunden und 20 Minuten und in der zweiten Woche 6 Stunden und 30 Minuten. Während dieser Zeiten, die von der Beklagten nicht vergütet werden, hält sich der Kläger in M., E. oder G. auf, wo er nicht wohnt. Er stellt dort den Kraftomnibus ab und verschließt das eingenommene Geld in einem besonderen Wertfach des Wagens. Der Kläger darf das Fahrzeug verlassen; er hat nicht die Pflicht, es zu bewachen und braucht auch nicht mit Rücksicht auf eine etwaige Überprüfung durch Überwachungsbeamte beim Fahrzeug zu bleiben. Insbesondere braucht er sich nicht für einen etwaigen Einsatz bereit zu halten. Er kann die Überlagerzeiten nach seinem Belieben verbringen und ist lediglich verpflichtet, zu der im Fahrplan festgesetzten Zeit wieder am Fahrzeug zu sein. Soweit Postdiensträume am Ort sind, kann er sich dort aufhalten. Der Kläger erhält zur Deckung seiner Mehrausgaben bei ununterbrochener Abwesenheit vom dienstlichen Wohnsitz oder tatsächlichen Wohnort von 7 Stunden und länger eine Entschädigung von 0,55 DM, bei einer ununterbrochenen Abwesenheit von 5—6 Stunden eine solche von 0,45 DM je Stunde. Die Überlagerzeiten werden dabei eingerechnet. Bei Vorliegen der Voraussetzungen wird ihm auch Nachtdienstentschädigung gezahlt.

Der Kläger ist der Ansicht, die Überlagerzeiten seien zu vergüten. Er sei nämlich an den Ort des Überlagers gebunden und müsse zu Beginn der nächsten Fahrt voll einsatzbereit sein. Daher könne von einer völligen Freistellung von den dienstlichen Obliegenheiten keine Rede sein. Es liege keine Freizeit, sondern Arbeitsbereitschaft vor.

Der Kläger verlangt als Vergütung der Überlagerzeiten 50 % seines vollen Stundenlohnes und macht einen Teilbetrag von 300,— DM für die Zeit vom 1. Mai 1956 bis 30. April 1957 geltend. Die Beklagte trägt vor, nach den für den Kläger geltenden Arbeitszeitbestimmungen komme weder eine Anrechnung der Überlagerzeiten als Arbeitszeit noch als Dienstbereitschaft in Betracht, weil er sie nach eigenem Entschluß frei gestalten könne. Das ergebe sich auch aus der „Dienstanweisung für das Postkraftfahrwesen". Die besonderen Erschwernisse, die dem Kläger durch die Überlagerzeiten entstünden, seien durch die Entschädigung abgegolten, die dem Kläger von der ersten Stunde seiner Abwesenheit an gezahlt werde.

Alle Instanzen haben die Klage abgewiesen.

### Aus den Gründen:

Ohne Rechtsirrtum geht das Landesarbeitsgericht davon aus, daß der für das Arbeitsverhältnis des Klägers maßgebliche Tarifvertrag für die Arbeiter der Deutschen Bundespost vom 6. Januar 1955 (TVArb.) keine Bestimmung über die Vergütung von Überlagerzeiten trifft.

Eine solche Regelung ist nämlich nicht darin zu finden, daß in der für die Kraftomnibusfahrer gemäß § Ziff. III c Abs. 1 TVArb. in Verbindung mit § 27 Ziff. II 1 der „Dienstanweisung für das Postkraftfahrwesen (Abt. 1 Betriebs- und Verwaltungsvorschriften — DAKf. 1)" vorgesehenen Entschädigung auch die Überlagerzeiten eingeschlossen sind. Wie die anderen in § 18 TVArb. geregelten Zahlungen von Pauschgeld, Streckengeld, Ausbleibgeld usw. (vgl. z. B. § 18 Ziff. I Abs. 1, Abs. 5, Ziff. III a Abs. 1) soll die Abwesenheitsentschädigung gemäß Ziff. III c Abs. 1 dem Ausgleich der durch den Außendienst bedingten Mehrausgaben dienen. Sie stellt also eine Aufwandsentschädigung dar und ist mithin kein Lohn, durch den die Überlagerzeiten abgegolten würden (vgl. dazu auch Hueck-Nipperdey, Lehrbuch des Arbeitsrechts, 6. Aufl., Bd. I, § 40 III 5 b).

Auch die Überstundenregelung des § 6 Buchst. b TVArb. kommt für Überlagerzeiten nicht in Betracht, selbst wenn diese als „Arbeitsstunden, die über die dienstplanmäßig vorgesehene Arbeitszeit hinausgehen", d. h. als Überstunden im Sinne der genannten Tarifbestimmung angesehen werden müßten. Denn § 6 Buchst. b TVArb. befaßt sich nur mit der Vergütung der in Überstunden erbrachten vollen vertraglichen Arbeit, wie sich daraus ergibt, daß die entgegen Abs. 2 aaO nicht durch Freizeit abgegoltenen Überstunden nach Abs. 3 aaO mit dem Stundenlohn und einem Überstundenzuschlag zu bezahlen sind. Vollarbeit wird aber während der Überlagerzeiten vom Kläger unstreitig nicht geleistet, wie denn ja auch der Kläger nicht Zahlung des vollen Lohnes, gar noch mit Überstundenzuschlag, begehrt.

Ebensowenig läßt sich aus § 7 der Verordnung über die Arbeitszeit der Bundesbeamten (ArbZVO) vom 15. Juni 1954 (BGBl. I S. 149), die für die Arbeiter der Beklagten durch die Verweisung des § 5 Buchst. b Abs. 1 TVArb. in bezug genommen ist, etwas darüber entnehmen, wie die Überlagerzeiten hinsichtlich der Vergütung zu behandeln sind. Denn die Anwendung des § 7 ArbZVO scheitert bereits daran, daß die dort festgelegte Verpflichtung, ohne Entschädigung über die regelmäßige Arbeitszeit hinaus Dienst zu leisten, wenn die dienstlichen Verhältnisse es erfordern, sich nach Sinn und Zweck dieser Vorschrift, wie aus ihrer Überschrift ersichtlich, auf Mehrarbeit in Einzelfällen beschränkt, nicht aber für Fälle einer dauernden Überschreitung der regelmäßigen Arbeitszeit gilt, die hier nach Lage der Sache allein in Betracht käme.

Mit den Überlagerzeiten befaßt sich nur § 24 DAKf. 1. Nach Abs. 2 aaO ist die Überlagerzeit, die durch dienstliche Tätigkeit (Instandsetzungen usw.) ausgefüllt ist, voll als Dienstzeit anzurechnen; soweit der Kraftwagenführer, weil Dienstbereitschaft nötig ist, das Fahrzeug nicht verlassen darf, ist sie zur Hälfte als Dienstbereitschaft anzurechnen, im übrigen aber als Freizeit zu behandeln. Daß diese Bestimmung oder die DAKf. 1 im ganzen Inhalt des TVArb. geworden ist, ist jedoch nicht erkennbar. In dem Vortrag der Parteien findet sich auch kein Anhalt dafür, daß sie als Bestandteil des Arbeitsvertrags des Klägers angesehen werden müßte. Selbst wenn das aber der Fall wäre, könnte der Kläger daraus nichts für den geltend gemachten Anspruch herleiten; denn die Zeiten, für die der Kläger Vergütung verlangt, sind nach der DAKf. 1 als Freizeiten, für die keine Vergütung zu gewähren ist, zu betrachten.

Da der Kläger weiter selbst nicht behauptet, daß die von ihm verlangte Vergütung der Überlagerzeiten mit 50 Prozent des Stundenlohnes arbeitsvertraglich vereinbart worden sei, und er nach der Dauer seiner Arbeitsleistung bezahlt wird, hat das Landesarbeitsgericht mithin die Entscheidung zu Recht davon abhängig gemacht, ob die Zeiten des Überlagers lohnrechtlich als Arbeitszeit zu werten sind, die gegebenenfalls nach § 612 BGB zu vergüten sind.

Daß diese Zeiten entgegen der Ansicht des Berufungsgerichts als Zeiten einer Arbeitsbereitschaft betrachtet werden müßten, kann der Revision nicht zugegeben werden. Arbeitsbereitschaft besteht mangels einer anderweiten, für den vorliegenden Fall in Betracht kommenden Regelung etwa durch Tarif oder Betriebsvereinbarung (vgl. dazu BAG 5, 236 ff.) nach der Rechtsprechung des Senats in Zeiten, in denen vom Arbeitnehmer eine wache Achtsamkeit, wenn auch im Zustand der Entspannung, verlangt wird (vgl. BAG 8, 25 [27], 63 [71]). Davon kann aber nach den Feststellungen des angefochtenen Urteils keine Rede sein. Denn der Kläger kann an den Wendepunkten der von ihm befahrenen Strecken seinen Autobus abschließen und braucht sich um ihn bis zur Fortsetzung der Fahrt nicht mehr zu bekümmern. Etwas anderes ergibt sich auch nicht aus § 42 Ziff. VII DAKf. 1. Danach ist zwar während des Überlagers eine Kontrolle durch Überwachungsbeamte möglich; der Kläger braucht sich aber nicht darauf einzurichten, wie sich aus den Feststellungen des Berufungsgerichts ergibt.

Ebensowenig obliegt dem Kläger in der Zeit des Überlagers ein Bereitschaftsdienst, der der Arbeitszeit zuzurechnen wäre. Diese Form der Arbeitsleistung, die in den für den Kläger gemäß § 5 Buchst. b Abs. 1 TVArb. maßgeblichen Ausführungsbestimmungen der Beklagten zu § 4 ArbZVO geregelt ist und dort als „Dienstbereitschaft" bezeichnet wird, ist nach diesen Vorschriften gegeben, wenn der Arbeitnehmer mit weniger als 25 % der normalen Arbeitsleistung beansprucht wird oder wenn er sich zur Wahrnehmung eines Wachdienstes ohne nennenswerte Beschäftigung in den Diensträumen aufhalten muß. Der Kläger hat aber weder eine danach auch bei Bereitschaft erforderliche normale Arbeitsleistung noch einen Wachdienst in irgendeinem Umfang auszuführen.

Vielmehr stellt das Landesarbeitsgericht ausdrücklich fest, daß er sein Fahrzeug verlassen darf und, ohne sich für einen etwaigen Einsatz bereit halten zu müssen, die Überlagerzeit nach seinem freien Belieben verbringen kann. Bereitschaftsdienst wäre darin im übrigen selbst dann nicht zu finden, wenn die allgemeine arbeitsrechtliche Bedeutung dieses Begriffs zu Grunde zu legen wäre. Denn dafür ist zu verlangen, daß der Arbeitnehmer sich für Zwecke des Betriebes an einer vom Arbeitgeber bestimmten Stelle innerhalb oder außerhalb des Betriebes aufzuhalten hat, um erforderlichenfalls seine volle Arbeitstätigkeit, gegebenenfalls auch außerhalb der regelmäßigen Arbeitszeit, unverzüglich aufnehmen zu können (vgl. BAG 8, 25 [28], 63 [71]). Zwar ist der Kläger in seiner Bewegungsfreiheit insofern beschränkt, als er sich nur so weit vom Omnibus entfernen darf, daß er zu der im Fahrplan festgesetzten Zeit wieder dort sein kann. Im vorliegenden Falle ist aber allein entscheidend, daß vom Kläger in keiner Weise ein Bereitsein zur Aufnahme seiner Arbeit während des Überlagers verlangt wird, denn nach den Feststellungen des Berufungsurteils braucht er nicht damit zu rechnen, daß er selbst bei Bedarf unvorhergesehen in Anspruch genommen wird.

Nach allem hat der Kläger keinen Anspruch darauf, daß die Beklagte Überlagerzeiten lohnrechtlich als Arbeitszeit behandelt. Zwar sind sie keine Ruhezeiten im Sinne des § 12 Abs. 1 AZO bzw. der Nr. 52 der Ausführungsverordnung zur AZO, weil sie nicht zwischen dem Ende der täglichen Arbeit und deren Wiederbeginn liegen, also nicht zwei Arbeitsschichten trennen (vgl. Kaskel-Dersch, Arbeitsrecht, 5. Aufl., § 45 II), sondern nach dem unstreitigen Sachverhalt in die tägliche Arbeitsschicht fallen. Sie sind aber Ruhepausen. Denn sie stellen eine jeweils im voraus durch den Dienstplan festgelegte Zeit der Arbeitsunterbrechung dar, in denen der Kläger nach den Feststellungen des Landesarbeitsgerichts von jeglicher Arbeitspflicht befreit ist und sich auch in keiner Weise zur Arbeitsleistung bereit halten muß, sondern frei darüber entscheiden kann, wie er diese Freizeit verbringen will. Selbst wenn man davon ausgeht, daß die Beklagte aus Gründen des Verkehrs und der Rentabilität auf den in Rede stehenden Kraftpostlinien die Überlagerzeiten in den Fahrplan aufgenommen hat, können sie nicht als sog. Betriebspausen angesehen werden, so daß zu der weiteren Frage, ob diese vom Arbeitgeber zu vergüten sind, nicht Stellung genommen zu werden braucht. Denn versteht man unter Betriebspausen Arbeitsunterbrechungen aus technischen Gründen (vgl. Denecke, AZO, 4. Aufl., § 2 Anm. 12; Bobrowski, Arbeitsrecht, 1954, S. 114), und zählt man zu diesen auch die im Bereich des Kraftpostbetriebs der Beklagten liegenden Gründe des

Fahrplans und der Rentabilität, so darf gleichwohl nicht übersehen werden, daß bei solchen Betriebspausen der Arbeitnehmer stets dem Arbeitgeber zur Arbeitsleistung verpflichtet bleibt (vgl. Denecke, aaO) und nicht — wie hier der Kläger — die Zeit der Arbeitsunterbrechung nach freiem Belieben verwenden kann. Ohne Bedeutung ist in diesem Zusammenhang auch, daß der Kläger die Pausen normalerweise auswärts verbringen muß, daß sie länger sind als sonst allgemein üblich und daß infolgedessen der Dienst des Klägers später beendet ist. Darin liegt eine berufsbedingte Arbeitserschwernis, die lohnrechtlich zu bewerten Sache der Tarifvertragsparteien ist. Daß im übrigen die Überlagerzeiten angesichts des anstrengenden und verantwortungsvollen Dienstes eines Kraftomnibusfahrers und der unstreitig wenigen und sehr kurzen sonstigen im Dienstplan vorgesehenen Pausen zumindest auch der Erholung des Klägers dienen und dienen sollen, liegt auf der Hand. Die Überlagerzeiten tragen danach alle Merkmale einer echten Ruhepause (vgl. dazu auch Denecke, aaO, § 2 Anm. 10, § 9 Anm. 7; Nikisch, ArbR, 2. Aufl., Bd. I, § 27 III 2; Maus, Handbuch des Arbeitsrechts, VII A, § 2 AZO Anm. 19; § 9 AZO Anm. 21; § 12 AZO Anm. 18, 21). Darauf, daß Lage und Dauer dieser Arbeitsunterbrechungen durch Gründe bestimmt werden, die im Kraftpostbetrieb der Beklagten liegen, kommt es dabei nicht an. Ob im übrigen diese Art der Gewährung von Ruhepausen auch den Vorschriften der Nr. 51 der Ausführungsverordnung zur AZO entspricht, bedarf im Rahmen der hier zu entscheidenden lohnrechtlichen Frage keiner Erörterung.

## 33

**1. Durch Dienstvertrag wird das Arbeitsverhältnis der Dienstordnungsangestellten einer AOK nicht etwa nur der DO unterstellt, die bei Abschluß des Vertrages gültig war, sondern der j e w e i l s gültigen DO.**

**2. Ordnete eine DO die entsprechende Anwendung von beamtenrechtlichen Vorschriften des Landes für die Berechnung und Festsetzung des Besoldungsdienstalters (BDA) anläßlich einer Beförderung an, so sind in Nordrhein-Westfalen grundsätzlich alle Zeiten zu berücksichtigen, die der Angestellte nach Vollendung seines 20. Lebensjahres in einer hauptberuflichen Tätigkeit im Dienste eines öffentlich-rechtlichen Dienstherrn im Reichsgebiet verbracht hat.**

**3. Im gehobenen Dienst dürfen für die Berechnung des BDA regelmäßig nur solche Tätigkeiten berücksichtigt werden, die der Tätigkeit**

**in einem Amt der betreffenden Laufbahngruppe mindestens gleichzubewerten sind.**

**4. Wird einunddieselbe Tätigkeit gegenüber dem früheren Rechtszustand nunmehr generell höher bewertet (Beispiel: früher als Tätigkeit eines Sekretärs, z. Z. als die eines Inspektors), dann ist nicht etwa die frühere mit der gegenwärtigen Bewertung zu vergleichen, sondern an die Tätigkeit ist für die Berechnung des BDA der Bewertungsmaßstab anzulegen, der gegenwärtig an sie angelegt wird.**

BGB § 611; Besoldungsanpassungsgesetz für das Land Nordrhein-Westfalen vom 13. 5. 1958 §§ 6, 8; Dienstordnung (DO) der AOK Gelsenkirchen v. 26. 6. 1942 u. 1. 3. 1957 § 3.

IV. Senat. Urteil vom 23. 11. 1960 i. S. S. (Kl.) w. A. O. (Bekl.) 4 AZR 106/60.

I. Arbeitsgericht Gelsenkirchen. — II. Landesarbeitsgericht Hamm/Westf.

Der am 18. Juli 1926 geborene Kläger trat bei der Beklagten am 1. Dezember 1941 als Verwaltungslehrling ein. Die Lehrzeit wurde vom 15. August 1943 bis zum 2. Juli 1945 aus wehrdienstlichen Gründen unterbrochen und endete am 31. Januar 1946.

Ab 1. Februar 1946 wurde der Kläger ins Angestelltenverhältnis übernommen; seine Tätigkeit wurde nach der TO.A vergütet. Am 10. November 1948 legte er seine Anstellungsprüfung ab.

Mit schriftlichem Dienstvertrag vom 3. Dezember 1953 wurde der Kläger mit Wirkung vom 1. Dezember 1953 nach der für die Angestellten der Beklagten erlassenen Dienstordnung als Verwaltungssekretär im Hauptamt angestellt und in die Besoldungsgruppe A 7 a Reichbesoldungsordnung eingewiesen; der Beginn des Besoldungsdienstalters wurde auf den 8. Juli 1951 festgesetzt.

Der Kläger übte zunächst die Tätigkeit eines Schalterbeamten aus. Ab 12. Mai 1955 wurde er als sogenannter Gruppenführer bzw. Schaltervorsteher eingesetzt. In dieser Eigenschaft hatte er vor allem für einen geregelten Arbeitsablauf am Schalter und für eine sorgfältige und sachgemäße Abwicklung der Fälle zu sorgen. Er hatte die ihm unterstellten Sachbearbeiter in schwierigeren Fällen zu beraten oder solche Fälle selbst zu bearbeiten. Daneben mußte er bestimmte Überwachungsaufgaben wahrnehmen. Neben dem Kläger waren noch weitere Angestellte als Gruppenführer bei der Beklagten eingesetzt, die im Range von Verwaltungssekretären bzw. Verwaltungsobersekretären standen; ein Angestellter wurde nach VergGr. VII TO.A besoldet.

Der Kläger nahm an einer Fernschulung des Landesverbandes der Ortskrankenkassen teil sowie an der aus verschiedenen Kursen bestehenden sogenannten Internatsausbildung. Am 30. Oktober 1956 legte er die Verwaltungsprüfung B ab, durch welche die Befähigung zum gehobenen Verwaltungsdienst nachgewiesen wird. Mit Wirkung vom 1. November 1956 beförderte die Beklagte den Kläger zum Verwaltungsinspektor und wies ihn in eine freie Planstelle der Besoldungsgruppe A 6 LBO (Besoldungsgesetz für das Land Nordrhein-Westfalen vom 9. 6. 1956) ein. Die Tätigkeit des Klägers blieb unverändert dieselbe wie vor seiner Beförderung zum Verwaltungsinspektor. Auch die übrigen Gruppenführer, die, wie der Kläger, bisher Verwaltungssekretäre bzw. -obersekretäre waren, wurden unter Beibehaltung ihres Aufgabenkreises nach und nach zu Inspektoren befördert. Lediglich ein Obersekretär, der die B-Prüfung nicht abgelegt hatte, wurde nicht befördert.

Auf Grund des Besoldungsanpassungsgesetzes für das Land Nordrhein-Westfalen (BesAG) vom 13. Mai 1958 (GVBl. S. 149) wurde der Kläger aus der Besoldungsgruppe A 6 LBO in die neue Besoldungsgruppe A 9 überführt. Sein Besoldungsdienstalter (BDA) wurde unter dem 23. August 1958 auf den 1. Oktober 1948 neu festgesetzt.

Bei der Neufestsetzung des BDA wurde der Zeitabschnitt vom 12. Mai 1955 bis zum 31. Oktober 1956, d. h. die Zeit, in der der Kläger als Gruppenführer mit der Amtsbezeichnung eines Sekretärs bis zur Beförderung und Ernennung zum Inspektor tätig war, nicht mitberücksichtigt. Würde diese Zeit bei der Berechnung des BDA mitberücksichtigt werden, so würde das Besoldungsdienstalter des Klägers in der Besoldungsgruppe A 9 unstreitig auf den 1. Januar 1948 festzusetzen sein.

Der Kläger ist der Ansicht, die Beklagte sei verpflichtet, die vorgenannte Zeit bei der Berechnung des BDA zu seinen Gunsten zu berücksichtigen. Der Kläger hat deshalb beantragt, festzustellen, daß sein Besoldungsdienstalter in der Besoldungsgruppe A 9 des Besoldungsanpassungsgesetzes am 1. August 1948 beginnt. Die Beklagte ist der Auffassung, daß nur die Zeit nach Ablegung der Inspektorenprüfung bis zur Anstellung im gehobenen Dienst bei der Festsetzung des BDA anrechnungsfähig sei, nicht aber Zeiten, in denen der Kläger Verwaltungssekretär gewesen sei.

Das Arbeitsgericht hat nach dem Klageantrag erkannt. Das Landesarbeitsgericht hat die Klage abgewiesen. Die Revision des Klägers hatte Erfolg.

Aus den Gründen:

Nach dem Dienstvertrag der Parteien vom 3. Dezember 1953 ist der Kläger „nach der für die Angestellten der Kasse erlassenen Dienstordnung" (DO) angestellt worden. Mit Recht geht das Landesarbeitsgericht davon aus, daß für die Entscheidung der hier strittigen Rechtsfrage nicht die DO vom 26. Juni 1942 zu Grunde zu legen ist, die bei Abschluß des Dienstvertrages noch in Kraft war. Vielmehr kommt es für die richtige Neufestsetzung des Besoldungsdienstalters (BDA) des Klägers wegen seiner Beförderung zum Inspektor nunmehr auf die am 1. März bzw. 1. April 1957 in Kraft getretene neue, gegenwärtig gültige DO der Beklagten an. Denn Gegenstand des Dienstvertrages ist nicht etwa nur diejenige DO, die bei Anstellung des Klägers galt; sondern durch den Dienstvertrag hat sich der Kläger der jeweils gültigen, für die Angestellten der Kasse erlassenen DO unterstellt. Daraus folgt, daß Änderungen alter Dienstordnungen oder neue Dienstordnungen, die während der Dauer des Dienstvertrages ergehen, als dem öffentlichen Recht angehörendes Satzungsrecht der Beklagten grundsätzlich zwingend auf das Dienstverhältnis einwirken.

Gemäß § 3 Abs. 2 Satz 1 DO gelten nunmehr für die Neufestsetzung des BDA bei Beförderungen die jeweils für die Landesbeamten maßgebenden Vorschriften entsprechend. Das sind hier die Vorschriften des Besoldungsanpassungsgesetzes für das Land Nordrhein-Westfalen (BesAG) vom 13. Mai 1958 (GVBl. Ausgabe A 1958, S. 149 ff.). Das BDA ist dort in den §§ 6 ff. geregelt. Nun setzen diese Bestimmungen allerdings getrennte Laufbahnen (einfacher, mittlerer, gehobener und höherer Dienst) voraus, während es im Krankenkassendienst der Beklagten nur die Einheitslaufbahn gibt. Wenn gleichwohl die DO die „entsprechende" Anwendung der beamtenrechtlichen Vorschriften anordnet, so kann dies nichts anderes bedeuten, als daß für die Berechnung des BDA der DO-Angestellten der Beklagten so zu verfahren ist, als ob bei ihr nicht nur verschiedene Kategorien von DO-Angestellten bestünden, sondern auch getrennte Laufbahnen vorhanden wären. Andernfalls wäre eine entsprechende Anwendung der §§ 6 ff. BesAG hier gar nicht möglich (vgl. Kastner-Immand, Das Personalrecht der Krankenkassen, Bd. I, Anm. 2 zu MDO § 3).

Zu Unrecht hat das Berufungsgericht jedoch den Klageanspruch abgewiesen, indem es die Anrechenbarkeit der Dienstzeit des Klägers vom 12. Mai 1955 bis 31. Oktober 1956 auf sein BDA als Inspektor bei der Beklagten verneint hat. Grundsätzlich ist diese Zeit, wie auch das angefochtene Urteil nicht verkennt, bei der Neufestsetzung des BDA zu Gunsten des Klägers zu berücksichtigen. Denn die Zeit vom 12. Mai 1955 bis 31. Oktober 1956 hat der Kläger nach Vollendung seines 20. Lebensjahres in einer hauptberuflichen Tätigkeit als Verwaltungssekretär im Dienste eines öffentlich-rechtlichen Dienstherrn im Reichsgebiet, nämlich der Beklagten, verbracht (§ 6 Abs. 3 Ziff. 3; Abs. 6 BesAG). Nur dann, wenn § 8 BesAG etwas anderes bestimmen würde, könnte die fragliche Zeit nicht zu Gunsten des Klägers bei der Neufestsetzung des BDA berücksichtigt werden. Das ist aber entgegen der Ansicht des Berufungsgerichts nicht der Fall.

Gemäß § 8 Abs. 1 Satz 1 BesAG dürfen bei Anwendung des § 6 Abs. 3 Ziff. 3 BesAG im gehobenen Dienst nur solche Tätigkeiten berücksichtigt werden, die der Tätigkeit in einem Amt der betreffenden Laufbahngruppe mindestens gleichzubewerten sind. Nach dem klaren und eindeutigen Wortlaut des Gesetzes kommt es hier also darauf an, ob die Tätigkeit des Klägers in der Zeit vom 12. Mai 1955 bis zum 31. Oktober 1956 seiner nunmehrigen Tätigkeit als Inspektor mindestens gleichzubewerten ist. Nun hat sich aber die Tätigkeit des Klägers als Inspektor gegenüber der Tätigkeit als Sekretär in der vorgenannten Zeit nicht geändert; sie ist dieselbe geblieben; nur wurde sie seinerzeit von der Beklagten generell als Sekretärstätigkeit bewertet, während sie nunmehr gleichfalls generell als Inspektorentätigkeit bewertet wird. Das Gesetz stellt jedoch nicht darauf ab, ob ein- und dieselbe Tätigkeit — nur dieser Fall interessiert hier — früher und gegenwärtig gleich oder verschieden bewertet worden ist, sondern darauf, ob die Tätigkeit, die früher ausgeübt worden ist, mit der Tätigkeit, die jetzt ausgeübt wird, mindestens gleichwertig ist. Nicht die frühere mit der gegenwärtigen Bewertung ist zu vergleichen, sondern die Gleichwertigkeit ist danach zu bestimmen, wie die Tätigkeit gegenwärtig zu bewerten ist. M. a. W.: Wird ein- und dieselbe Tätigkeit bei demselben Dienstherrn gegenüber dem früheren Rechtszustand nunmehr generell höher bewertet, wie das im vorliegenden Fall zutrifft, dann ist an diese Tätigkeit ohne Rücksicht darauf, wie sie früher bewertet wurde, für die Berechnung des BDA grundsätzlich der Bewertungsmaßstab anzulegen, der an die Tätigkeit gegenwärtig angelegt wird. Daraus folgt, daß die Tätigkeit oder Funktion des Klägers in der umstrittenen Zeit seiner jetzigen gleichzubewerten ist, d. h. die Dienstzeit vom 12. Mai 1955 bis zum 31. Oktober 1956 ist bei der Berechnung des BDA als Inspektor zu Gunsten des Klägers zu berücksichtigen. Ist das der Fall, dann ist, wie unstreitig, das BDA auf den 1. Januar 1948 festzusetzen, was der Kläger auch begehrt.

Irrig ist die Ansicht, ein solches Ergebnis greife in die Autonomie der Beklagten, die Tätigkeiten der DO-Angestellten im Rahmen des Stellenplans frei zu bewerten, ein und zwinge sie, Tätigkeiten von DO-Angestellten rückwirkend anders zu bewerten, als sie von ihr bewertet worden seien. Denn einmal hat sich die Beklagte kraft ihrer Autonomie durch die DO an die Vorschriften der §§ 6 , 8 BesAG gebunden, so daß hier von einem Eingriff in die Autonomie der Beklagten schon aus diesem Grund keine Rede sein kann. Zum anderen trifft es nicht zu, daß die Tätigkeit des Klägers in der Zeit vom 12. Mai 1955 bis 31. Oktober 1956 rückwirkend, d. h. für diesen Zeitraum selbst, entgegen den Möglichkeiten des damaligen Stellenplans und der damaligen Dienstpostenbewertung der Beklagten als Inspektorentätigkeit gewertet werde. Denn an der Bewertung, die die Beklagte der Tätigkeit des Klägers und der übrigen Gruppenführer seinerzeit hat angedeihen lassen, wird gar nichts geändert. Vielmehr geht es hier ausschließlich darum, ob die frühere Tätigkeit des Klägers für die Neufestsetzung seines BDA einer Inspektorentätigkeit j e t z t gleichwertig ist. Das ist aber gerade nach dem Willen der Beklagten der Fall, weil sie diese Tätigkeit nunmehr generell als Inspektorentätigkeit bewertet.

Auch der Hinweis, die frühere Tätigkeit des Klägers könne um deswillen mit seiner Tätigkeit als Inspektor nicht gleichwertig im Sinne des § 8 Abs. 1 Satz 1 BesAG sein, weil der Kläger erst Ende Oktober 1956 die 2. Verwaltungsprüfung erfolgreich abgelegt habe, kann nicht verfangen. Denn das Gesetz stellt es lediglich darauf ab, wie die T ä t i g k e i t oder Funktion des Klägers n u n m e h r bewertet wird; ob früher für eine solche Funktion die Ablegung einer bestimmten Prüfung verlangt wurde oder nicht, spielt hierbei ersichtlich keine Rolle. Wenn § 8 Abs. 1 Satz 2 BesAG fingiert, daß bei Verwaltungsbeamten des gehobenen Dienstes, die aus einer Einheitslaufbahn hervorgegangen sind, sämtliche Tätigkeiten im Beamtenverhältnis nach der 2. Verwaltungsprüfung gleichwertig sind, so stützt diese Vorschrift keineswegs die Ansicht der Beklagten. Die Bestimmung besagt nämlich lediglich, daß zu Gunsten des Beamten die Zeiten einer Tätigkeit, die nach Ablegung der 2. Verwaltungsprüfung, aber vor Ernennung zum Inspektor, ausgeübt wird, auch dann, wenn sie in Wahrheit nur als eine des mittleren Dienstes zu bewerten ist, nach Ernennung des Beamten zum Inspektor diesem bei der Festsetzung des neuen BDA in jedem Fall gutzubringen sind. Ob eine Tätigkeit vor Ablegung der 2. Verwaltungsprüfung mit einer Tätigkeit in einem Amt des gehobenen Dienstes gleichzubewerten ist, beurteilt sich ausschließlich nach § 8 Abs. 1 Satz 1 BesAG.

## 34

**1. Bei unrechtmäßiger Kündigung eines Arbeitsverhältnisses durch den Arbeitgeber gerät dieser nur dann in Annahmeverzug, wenn der Arbeitnehmer seine Arbeit nach näherer Maßgabe der §§ 294, 295 BGB anbietet. Für ein wörtliches Angebot im Sinne von § 295 Satz 1 BGB genügt nicht, daß der Arbeitnehmer bis dahin Dienste geleistet hat. Es genügt jedoch ein erkennbarer Protest, z. B. ein solcher gegen die Wirksamkeit der Kündigung.**

**2. Erkennt ein Arbeitnehmer nicht die Möglichkeit, die Rechtsmäßigkeit einer Kündigung anzuzweifeln und deshalb seine Arbeit dem Arbeitgeber in Annahmeverzug begründender Weise anzubieten, so geht dies zu seinen Lasten. Ein solcher Umstand führt auch nicht zu der Annahme einer vom Arbeitgeber zu vertretenden Unmöglichkeit der Leistung des Arbeitnehmers im Sinne von § 324 Abs. 1 BGB.**

BGB §§ 615, 293—296, 324 Abs. 1.

V. Senat. Urteil vom 24. 11. 1960 i. S. Dr. J. (Kl.) w. M. F. G. (Bekl.) 5 ARZ 545/59.

I. Arbeitsgericht Hannover. — II. Landesarbeitsgericht Niedersachsen (Hannover).

1. Der Kläger war vom 1. Januar 1950 bis zum 28. Februar 1957, zuletzt als stellvertretender Bezirksdirektor, bei der Bezirksdirektion der Beklagten in Frankfurt/Main tätig. Die Beklagte wird nach ihrer Satzung durch zwei Vorstandsmitglieder gesetzlich vertreten.

Als der Kläger es Ende Dezember 1956 ablehnte, in eine ihm mit Schreiben der Beklagten vom 15. Dezember 1956 und 20. Dezember 1956 angebotene Änderung seines Anstellungsvertrages einzuwilligen, wurde ihm am 29. Dezember 1956 ein vom 27. Dezember 1956 datiertes Schreiben der Beklagten überbracht, worin ihm zwecks Neuordnung der Vertragsbeziehungen zum 31. März 1957 gekündigt wurde. Dieses Schreiben ist von dem als Vorsitzer des Vorstandes der Beklagten im Handelsregister eingetragenen Generaldirektor Dr. H. und einer weiteren Person unterzeichnet. Mit Schreiben vom 4. Januar 1957 an die Beklagte bestätigte der Kläger den Empfang des Schreibens vom 27. Dezember 1956, wobei er im einzelnen darlegte, weshalb er auf die ihm von der Beklagten angesonnene Vertragsänderung nicht eingehen könne, und zum Schlusse erklärte, daß er nach Lage der Dinge sein Arbeitsverhältnis zum 31. März 1957 als gekündigt ansehe. Mit Schreiben vom 9. Januar 1957 — unterzeichnet mit Dr. F. — bot ihm die Beklagte an, das Anstellungsverhältnis auch schon vor dem 31. März 1957 im Wege des gegenseitigen Einverständnisses zu lösen, wobei der Kläger die bisherigen Bezüge bis zum Tage seines Ausscheidens erhalten werde. Hierauf erwiderte der Kläger mit Schreiben vom 18. Februar 1957, er erbitte das Einverständnis der Beklagten zu einer Lösung des Arbeitsverhältnisses zum 28. Februar 1957. In einem von dem bereits genannten Generaldirektor Dr. H. unterzeichneten Schreiben vom 21. Februar 1957 erklärte sich die Beklagte mit dem vom Kläger vorgeschlagenen Ausscheiden zum 28. Februar 1957 einverstanden. In der Folge trat der Kläger als Angestellter in die Dienste eines anderen Unternehmens.

2. Mit der im Dezember 1958 eingereichten Klage hat der Kläger geltend gemacht, er könne für die Zeit vom 1. März 1957 bis zum 30. November 1958 von der Beklagten Zahlung der Bezüge verlangen, die für ihn in dem ihm von der Beklagten angesonnenen, aber von ihm abgelehnten neuen Vertrag vorgesehen waren. Diese Bezüge hat er auf 17 450,— DM beziffert, und hinsichtlich eines Teilbetrages von 6100,— DM hat er Verurteilung der Beklagten zur Zahlung verlangt. Zur Begründung hat er im einzelnen behauptet, Dr. H. sei nicht rechtsgültig zum Vorsitzer des Vorstandes der Beklagten bestellt worden, was er bisher nicht gewußt habe. Er meint, das erwähnte Kündigungsschreiben vom 27. Dezember 1956 sei daher unwirksam. Die Kündigung vom 27. Dezember 1956 sei zudem wegen Nötigung sittenwidrig. Da die Kündigung somit jedenfalls unwirksam sei, habe er seine Dienste in der Folge der Beklagten nicht anzubieten brauchen; die Beklagte schulde die verlangten Beträge aus dem Gesichtspunkt des § 615 BGB und auch aus dem des § 324 Abs. 1 BGB.

Die Beklagte hat zu ihrem Klageabweisungsantrag im einzelnen behauptet, die Bestellung des Dr. H. zum Vorsitzer des Vorstandes der Beklagten sei rechtsgültig erfolgt. Sie hat deshalb die Ansicht vertreten, auch das Kündigungsschreiben vom 27. Dezember 1956 sei gültig gewesen. Jedenfalls habe der Kläger ausweislich des daran anschließenden, oben mitgeteilten Schriftwechsels selbst sein Arbeitsverhältnis gekündigt bzw. in dessen einverständliche Aufhebung eingewilligt. Sie hat weiter geltend gemacht, der Kläger könne die von ihm verfolgten Bezüge aber auch schon deshalb nicht verlangen, weil er die Beklagte jedenfalls nicht in Annahmeverzug gesetzt habe.

Die Klage blieb in allen Instanzen erfolglos.

Aus den Gründen:

1. Das Landesarbeitsgericht hat dahinstehen lassen, ob die Bestellung des Generaldirektors Dr. H. zum Vorsitzer des Vorstandes der Beklagten unwirksam und daher auch die Kündigung vom 27. Dezember 1956 nicht von einer zur Vertretung der Beklagten befugten Person ausgesprochen und daher ebenso wie die vereinbarte vorzeitige Beendigung des Arbeitsverhältnisses unwirksam war. Es hat angenommen, selbst wenn man von dem rechtlichen Fortbestand des Arbeitsverhältnisses des Klägers über den 28. Februar 1957 hinaus ausgehe, so könne der Kläger die begehrten Bezüge von der Beklagten nach näherer Maßgabe des § 615 Satz 1 BGB nur verlangen, wenn diese sich in Annahmeverzug befunden habe. Daran fehle es jedoch, weil der Kläger der Beklagten nach dem 1. März 1957 seine Dienste weder tatsächlich noch wörtlich noch irgendwie überhaupt erkennbar angeboten habe, wie das §§ 294, 295 BGB erforderten. Auch auf § 324 Abs. 1 BGB könne der Kläger sein Klagebegehren nicht stützen, weil diese Vorschrift für Arbeitsverhältnisse nicht gelte, jedenfalls aber eine wegen fehlender Vertretungsbefugnis des Dr. H. etwa unwirksame Kündigung vom 27. Dezember 1956 und eine etwa dadurch bedingte Unmöglichkeit für den Kläger, der Beklagten seine Dienste zu erbringen, von der Beklagten nicht zu vertreten sei.

2. Zu Unrecht greift die Revision die Begründung des Landesarbeitsgerichts insoweit an, als dieses jedenfalls die Voraussetzungen des § 615 Satz 1 BGB als nicht gegeben erachtet hat. Geht man mit dem Landesarbeitsgericht im Wege der Unterstellung von einer unwirksamen Kündigung oder einer unwirksamen Beendigung und damit von einem rechtlichen Fortbestand des Arbeitsverhältnisses des Klägers mit der Beklagten nach dem 1. März 1957 aus, so kann der Kläger, ohne daß er als Arbeitnehmer Arbeit geleistet hat, gemäß § 615 Satz 1 BGB Fortzahlung der bisherigen Vergütung in dem nach § 615 Satz 2 BGB näher bezeichneten Umfang nur verlangen, wenn die Beklagte als Arbeitgeberin in Annahmeverzug geraten war. Ein Annahmeverzug der Beklagten setzt aber nach §§ 294, 295 BGB jedenfalls ein tatsächliches oder wörtliches Anbieten der Arbeit durch den Arbeitnehmer gegenüber dem Arbeitgeber voraus. Das entspricht auch der Rechtsprechung des Bundesarbeitsgerichts und der ganz überwiegenden Ansicht in der Rechtslehre (BAG AP Nr. 10 zu § 615 BGB mit Anm. von Hueck; BAG 8, 132 [135]; BAG 7, 321 [323]; Staudinger-Nipperdey, BGB, 11. Aufl., § 615 Anm. 11 und

Anm. 17; Hueck-Nipperdey, Lehrbuch des Arbeitsrechts, 6. Aufl., Bd. 1, 1959, § 34 III 2 S. 199, 200, jeweils mit weiteren Nachweisen). Der Ausnahmefall des § 296 BGB, der für die Herbeiführung des Annahmeverzuges des Arbeitgebers auch ein wörtliches Angebot des Arbeitnehmers überflüssig macht, kommt hier nicht in Betracht. Daß der Kläger der Beklagten seine Arbeit aber in irgendeiner Form nach dem 1. März 1957 angeboten habe, hat er nicht behauptet. Eine dahingehende Annahme verbietet sich auch deshalb, weil es sogar dem eigenen Wunsch des Klägers entsprochen hat, ab 1. März 1957 nicht mehr bei der Beklagten, sondern anderweitig zu arbeiten. Demnach können auch die Voraussetzungen eines Annahmeverzuges der Beklagten und damit die Voraussetzungen des § 615 Satz 1 BGB für das vom Kläger verfolgte Zahlungsbegehren nicht vorliegen. Soweit der Kläger demgegenüber die Ansicht vertritt, bei einer unrechtmäßigen und unwirksamen Kündigung durch den Arbeitgeber bedürfe es für die Herbeiführung des Annahmeverzuges des Arbeitgebers überhaupt keines irgendwie gearteten Angebotes des Arbeitnehmers, kann dem nicht gefolgt werden. Das Gegenteil ergibt sich eindeutig aus § 295 Satz 1 BGB, der gerade den Fall anspricht, daß ein Arbeitgeber zu Unrecht — etwa wie hier unter Berufung auf eine angeblich gültige Kündigung — ankündigt, er werde eine ihm angebotene Arbeit des Arbeitnehmers nicht annehmen. Gerade für einen solchen Fall stellt aber das Gesetz in § 295 Satz 1 BGB für die Begründung des Annahmeverzuges des Arbeitgebers ausdrücklich das Erfordernis auf, daß dann der Arbeitnehmer trotzdem — wenn auch nur wörtlich — seine Arbeit noch anbieten muß. Soweit die Revision die Ansicht vertritt, bei einem vom Arbeitnehmer einmal angetretenen Arbeitsverhältnis bedeute die bisherige Arbeitsleistung des Arbeitnehmers stets das Angebot, auch nach einer unwirksamen Kündigung seine Arbeit fortzusetzen (so auch möglicherweise Hueck in Hueck-Nipperdey, § 34 III 2 S. 200 zu Fußnote 31; Enneccerus-Lehmann, Recht der Schuldverhältnisse, 15. Aufl., 1958, § 147 III 1 S. 628 zu Fußnote 7, jeweils mit weiteren Nachweisen), ist diese Ansicht in dieser Allgemeinheit mit dem Gesetz nicht zu vereinbaren. Das ergibt sich wiederum aus § 295 Satz 1 BGB, der erkennen läßt, daß eine zu Unrecht seitens des Arbeitgebers erfolgte Ablehnung der Arbeit des Arbeitnehmers auf dessen Seite einen Protestakt in der Form eines wörtlichen oder jedenfalls irgendwie — z. B. durch Nichtanerkennung der Kündigung — erkennbar werdenden Angebotes seiner Arbeit erfordert. Diesen Standpunkt hat auch der Große Senat des Bundesarbeitsgerichts in BAG 3, 66 [74] = AP Nr. 5 zu § 9 MuSchG mit Anm. von Hueck angenommen, von dem abzuweichen kein Anlaß besteht (vgl. auch BAG AP Nr. 1 zu § 10 MuSchG und weitere Nachweise bei Staudinger-Nipperdey, aaO, § 615 Bem. 17, 11, 30; ebenso Hueck in Hueck-Nipperdey, aaO, § 34 III 2 S. 200 hinter Fußnote 31 für den Fall, daß — wie hier — eine Unterbrechung des Arbeitsverhältnisses stattgefunden hat).

Demnach ergibt sich zusammengefaßt, daß aus § 615 Satz 1 BGB das vom Kläger verfolgte Zahlungsbegehren nicht zu rechtfertigen ist.

3. Soweit der Kläger seinen Klageanspruch damit begründen will, er habe bis kurze Zeit vor der Klageerhebung nicht gewußt, daß infolge der von ihm behaupteten fehlenden Vertretungsmacht des Dr. H. sein Arbeitsverhältnis mit der Beklagten nicht rechtsgültig beendet worden sei, vermag auch das sein Begehren nicht zu rechtfertigen. Die Frage, ob ein Arbeitnehmer einem Arbeitgeber, der zu Unrecht die Annahme der Arbeit des Arbeitnehmers ablehnt, seine Arbeit anbietet und ihn damit in Annahmeverzug setzt, verweist das Gesetz in die Willenssphäre desjenigen, der einen anderen in Annahmeverzug versetzen kann. Er kann seine Arbeit anbieten und damit Annahmeverzug des Arbeitgebers begründen, er kann es aber auch — wenn er es will — unterlassen und damit einen Annahmeverzug des anderen Teils vermeiden. Die Frage, ob durch ein Leistungsanerbieten ein Annahmeverzug des anderen Teils begründet wird, gehört aber auch in die Risikosphäre eines zu Unrecht Gekündigten. Wenn er die Möglichkeit, einen Annahmeverzug durch Anerbieten seiner Leistungen zu begründen, nicht erkennt, geht das nicht zu Lasten desjenigen, der sich zu Unrecht auf eine Kündigung oder auf eine Vertragsaufhebung beruft. Das ergibt sich aus der Art, wie der Annahmeverzug in § 615 BGB aufgebaut ist. Das Institut des Annahmeverzugs geht von dem Typenfall aus, daß ein Leistungsgläubiger die Annahme einer ihm geschuldeten Leistung zu Unrecht verweigert, und mutet dennoch die protestierende Reaktion demjenigen zu, der die Leistung anbieten kann und anzubieten berechtigt ist. Dem Arbeitgeber dagegen wird in § 615 BGB nicht angesonnen, den Arbeitnehmer über die aus § 615 BGB für ihn sich ergebenden Möglichkeiten zu belehren. Er ist lediglich aus dem Gesichtspunkt des § 242 BGB gehalten, dem Arbeitnehmer die nach § 615 BGB mögliche Gegenwehr nicht schuldhaft zu erschweren oder sie gar arglistig zu vereiteln. In einem solchen Fall würde es der Gesichtspunkt des gegen § 242 BGB verstoßenden Verhaltens dem Arbeitgeber verwehren, sich darauf zu berufen, er sei nicht in Annahmeverzug gekommen. Daß etwas Derartiges gegen die Beklagte anzunehmen sei, ist jedoch dem Vortrag des Klägers nicht zu entnehmen. Denn sein Sachvortrag geht nur dahin, die Kündigung sei unwirksam, weil Dr. H. nicht

ordnungsmäßig zum gesetzlichen Vertreter der Beklagten bestellt worden sei. Er geht nicht dahin, daß die Beklagte es in zu mißbilligender Weise dem Kläger erschwert hätte, einen solchen etwaigen Mangel der Vertretungsbefugnis des Dr. H. zu erkennen und sich darauf aus Anlaß einer Gegenwehr nach § 615 BGB zu berufen.

4. Im Ergebnis zu Recht hat das Landesarbeitsgericht auch § 324 Abs. 1 BGB nicht als Anspruchsgrundlage in Betracht gezogen.

Grundsätzlich findet § 324 Abs. 1 BGB auch auf Arbeitsverträge Anwendung (vgl. statt aller: Hueck-Nipperdey, aaO, Bd. I, § 34 IV 1 S. 202). Es liegt aber kein Fall der Unmöglichkeit der Arbeitsleistung des Klägers vor. Für das Arbeitsrecht ist zu beachten, daß sich die Begriffe des Annahmeverzuges und der Leistungsunmöglichkeit weitgehend verzahnen und ineinander übergehen. Genau gesehen macht jeder Annahmeverzug des Arbeitgebers durch Zeitablauf dem Arbeitnehmer auch die Leistung „unmöglich" (vgl. Nikisch, ArbR, Bd. I, 2. Aufl., 1955, § 26 III 1 S. 246, 247). Wenn dessen ungeachtet in § 615 BGB die Begriffsbilder des Annahmeverzuges und der Leistungsunmöglichkeit mit sich gegenseitig ausschließenden Voraussetzungen und Wirkungen zur Geltung kommen müssen (vgl. Staudinger-Nipperdey, aaO, § 615 Bem. 6), so ist mit der herrschenden Lehre unter Annahmeverzug das Unterbleiben der Arbeitsleistung zu verstehen, das durch die Weigerung der Annahme der vom Arbeitnehmer angebotenen Arbeit durch den Arbeitgeber entsteht. Eine Arbeitsleistung ist dagegen „unmöglich" im rechtstechnischen Sinne von § 324 Abs. 1 BGB dann, wenn man unterstellt, der Arbeitgeber sei zur Annahme der Arbeit bereit gewesen, und unter dieser Hypothese die Frage stellt, ob dem Arbeitnehmer dann die Arbeitsleistung möglich ist (vgl. Enneccerus-Lehmann, aaO, § 57 II 1 S. 242, 243). Von dieser begrifflichen Scheidung aus gesehen ergibt sich aber nichts in der Richtung, daß — unter der Hypothese, die Beklagte wäre annahmebereit gewesen — der Kläger gehindert gewesen wäre, seine Arbeitsleistung der Beklagten zu erbringen und deshalb eine Unmöglichkeit bei ihm gegeben gewesen wäre, die § 324 Abs. 1 BGB neben anderem voraussetzt.

## 35

**1. Das Kündigungsschutzgesetz hat die Anforderungen des § 242 BGB nur insoweit konkretisiert, wie es sich um den Bestandsschutzgedanken oder das Interesse des Arbeitnehmers an der Erhaltung seines Arbeitsplatzes handelt, d. h. nur insoweit, wie die Sozialwidrigkeit einer Kündigung in Frage steht. Nur in diesem Teilbereich ist deshalb ein**

**Rückgriff auf die Generalklausel des § 242 BGB ausgeschlossen. Soweit jedoch § 242 BGB im Recht der Kündigung Wirkungen äußert, die nicht den Bestandsschutz betreffen, hat das Kündigungsschutzgesetz keine Spezialregelung gebracht, so daß die allgemeine Regel des § 242 BGB anwendbar bleibt (im Anschluß an BAG 8, 132).**

**2. Kündigt der Arbeitgeber wegen eines gegen den Arbeitnehmer entstandenen Verdachts, so muß er diesem nach Treu und Glauben in aller Regel auch die Quelle des Verdachts mitteilen. Will der Arbeitgeber ausnahmsweise seinen Gewährsmann nicht bekanntgeben, dann muß er mindestens dem verdächtigen Arbeitnehmer nähere Einzelheiten nennen, so daß dieser in die Lage versetzt wird, sich gegen den — vielleicht ungerechtfertigten — Vorwurf zu verteidigen. Kann oder will der Arbeitgeber weder seine Quelle noch nähere Begleitumstände bekanntgeben, so ist die auf einen derart unsubstantiierten Vorwurf gestützte Kündigung wegen groben Verstoßes gegen die nach Treu und Glauben gebotene vertragliche Rücksichtspflicht ungehörig und rechtsmißbräuchlich.**

**3. Eine rechtsmißbräuchliche Kündigung ist auch unwirksam. Der Verstoß gegen die Gebote von Treu und Glauben führt nicht etwa nur zu einer Schadenersatzpflicht, sondern er ergreift die Kündigung in ihrem Bestand.**

**4. Eine Rechtsausübung, die wegen ungenügender Berücksichtigung schutzwürdiger Gegeninteressen gegen Treu und Glauben verstößt, kann man nicht mit der Begründung für zivilrechtlich einwandfrei erklären, der Betroffene könne sich mit den Mitteln des Strafrechts und nur in dessen Grenzen helfen.**

**5. Wenn hinsichtlich der vom Kündigungsschutzgesetz ausgenommenen Personen der Grundsatz der Kündigungsfreiheit gilt, so bedeutet dies, daß es dem Gericht versagt ist, nach den Grundsätzen des Bestandsschutzes und der Sozialwidrigkeit Gewicht und Angemessenheit des Küngungsgrundes zu prüfen. Das Prinzip der Kündigungsfreiheit deckt aber nicht solche Tatbestände, in denen der Arbeitgeber dem Arbeitnehmer durch die Kündigung einen Nachteil zufügt, der über den Verlust des Arbeitsplatzes hinausgeht.**

BGB § 138, 242.

III. Senat. Urteil vom 30. 11. 1960 i. S. H. f. d. N. (Bekl.) w. G. (Kl.)
3 AZR 480/58.

I. Arbeitsgericht Berlin. — II. Landesarbeitsgericht Berlin.

Der 1919 geborene Kläger ist von Beruf Journalist. Er war mehrere Jahre arbeitslos, als er im Dezember 1956 von dem Beklagten mit Wirkung vom 1. Januar 1957 bis längstens zum 30. September 1957 als Angestellter im Notstandsprogramm eingestellt wurde; er wurde dort bei der Landesbildstelle in B. beschäftigt. Zu seinen Aufgaben gehörte die Katalogisierung von Negativen sowie deren Betextung und Einordnung in eine Bildkartei. Für diese Tätigkeit erhielt er auf Grund des Tarifvertrages für die im Notstandsprogramm beschäftigten Angestellten vom 19. Oktober 1954 eine Vergütung von 370,— DM brutto monatlich.

Am 13. März 1957 wurde der Kläger auf Grund des Tarifvertrages über die betriebsverfassungsrechtliche Regelung der Vertretung der Angestellten im Notstandsprogramm vom 29. März 1954 zum Mitglied des örtlichen Vertrauensrates bei der Landesbildstelle gewählt. In dieser Eigenschaft setzte er sich tatkräftig für die Interessen seiner Arbeitskollegen ein. Unter anderem beschwerte er sich am 24. Mai 1957 schriftlich bei der Personalstelle für das Notstandsprogramm beim Senator für Volksbildung, weil ihm bei einer Überprüfung der Eingruppierung von Notstandsangestellten nicht in der erforderlichen Weise die Möglichkeit zur Teilnahme an der Überprüfung gegeben worden sei.

Am 12. Juni 1957 schickte der Beklagte dem Kläger folgendes Kündigungsschreiben:

„Aus Gründen, die in Ihrer Person liegen (Nr. 2 der Richtlinien für die Einstellung der Angestellten im Notstandsprogramm), kündige ich Ihnen hiermit fristgemäß das Arbeitsverhältnis zum Hauptwirtschafter für das Notstandsprogramm zum 29. Juni 1957. Als Tag des Ausscheidens setze ich den 30. Juni 1957 fest. Gleichzeitig beurlaube ich Sie unter Weiterzahlung der Vergütung bis zum Ausscheidungstage."

In den „Richtlinien für die Einstellung von Angestellten im Notstandsprogramm" vom 14. Mai 1957 heißt es unter 2:

„Es dürfen nur solche Personen zur Einstellung kommen, an deren demokratischer Haltung kein Zweifel besteht."

In einer an die Kündigung anschließenden mündlichen Unterredung wurde dem Kläger eröffnet, die Kündigung sei ausgesprochen worden, weil der Beklagte erfahren habe, daß der Kläger Mitglied der Gesellschaft für deutsch-sowjetische Freundschaft (GDSF), Bezirksgruppe Sch., sei und daß er Verbindungen zur Presse des sowjetischen Sektors von Berlin unterhalte. Mit Rücksicht auf die erwähnten Richtlinien sei seine weitere Beschäftigung im Notstandsprogramm nicht möglich.

Der Kläger hat diese Vorwürfe nachdrücklich bestritten; er ist der Ansicht, die auf unbewiesene Vorwürfe gestützte Kündigung sei sittenwidrig und verstoße gegen Treu und Glauben. Außerdem beruft sich der Kläger darauf, daß er als Mitglied des Vertrauensrates Kündigungsschutz genieße, sowie auf die besondere Schutzbedürftigkeit der im Notstandsprogramm beschäftigten Angestellten. Der Kläger hat deshalb Klage erhoben mit dem Antrag, festzustellen, daß das Arbeitsverhältnis durch die Kündigung vom 12. Juni 1957 nicht aufgelöst ist.

Der Beklagte hat behauptet, er habe die Mitteilung über die Zugehörigkeit des Klägers zur Gesellschaft für deutsch-sowjetische Freundschaft sowie über dessen Verbindungen zur Ostpresse Anfang Juni 1957 von einer amtlichen Stelle, die er nicht nennen dürfe, in detaillierter Form erhalten. Lediglich die hieraus zu folgernden Zweifel an der demokratischen Haltung des Klägers hätten die Kündigung veranlaßt. Die Tätigkeit des Klägers als Mitglied des Vertrauensrates sei hierbei nicht von Bedeutung gewesen. Von einer Sittenwidrigkeit der Kündigung könne deshalb keine Rede sein. Ein besonderer Kündigungsschutz als Mitglied des Vertrauensrates stehe dem Kläger nicht zu.

Das Arbeitsgericht hat die Klage abgewiesen. Das Landesarbeitsgericht hat der Berufung des Klägers stattgegeben und festgestellt, daß das Arbeitsverhältnis des Klägers bei dem Beklagten durch die Kündigung vom 12. Juni 1957 nicht aufgelöst ist. Die Revision des Beklagten führte zur Aufhebung und Zurückverweisung.

Aus den Gründen:

I./II. . . .

III. Daß die Kündigung etwa sittenwidrig wäre, hat das Berufungsgericht ohne Rechtsirrtum verneint. Der schwere Vorwurf der Sittenwidrigkeit kommt nur in besonders krassen Fällen in Betracht (vgl. Auffarth-Müller, Kündigungsschutzgesetz, § 11 Anm. 22; Herschel-Steinmann, Kündigungsschutzgesetz, 4. Aufl., § 12 Anm. 1; Hueck, Kündigungsschutzgesetz, 3. Aufl., Anm. 17 f. zu § 11; Siebert, BB 1952 S. 522 ff. zu III 1 b und BB 1960 S. 1029 ff. zu IV). Mit Recht sagt das Berufungsgericht, daß allein die Schwere der Folgen ein derart mißbilligendes Werturteil nicht rechtfertigt, wie sie im Ausspruch der Sittenwidrigkeit liegt. Nun hat das Landesarbeitsgericht in Übereinstimmung mit dem Arbeitsgericht angenommen, daß die Behauptung des Beklagten zutrifft, er habe von einer amtlichen Stelle eine Mitteilung über die politischen Beziehungen des Klägers erhalten, und er habe auf Grund der dadurch erregten Zweifel an der demokratischen Haltung des Klägers die Kündigung ausgesprochen. Unter diesen Umständen besteht in der Tat kein Anlaß, Sittenwidrigkeit anzunehmen.

IV. Die Kündigung kann aber rechtsmißbräuchlich und damit unwirksam sein, wenn sie mit den allgemeinen aus den Grundsätzen von Treu und Glauben und aus den Geboten der Fürsorgepflicht zu entnehmenden Anforderungen nicht vereinbar ist.

1. Zu Unrecht macht die Revision hiergegen geltend, die Forderungen des Grundsatzes von Treu und Glauben seien im Bereich des Kündigungsrechtes durch das Kündigungsschutzgesetz in vollem Umfang konsumiert, so daß hier für eine Anwendung des § 242 BGB kein Raum sei. Das Kündigungsschutzgesetz hat nämlich die Anforderungen des § 242 BGB nur in einem Teilbereich konkretisiert, nämlich nur insoweit, wie es sich um den Bestandsschutzgedanken oder das Interesse des Arbeitnehmers an der Erhaltung seines Arbeitsplatzes handelt, d. h. nur insoweit, wie die Sozialwidrigkeit einer Kündigung in Frage steht. Nur in diesem Teilbereich ist deshalb ein Rückgriff auf die Generalklausel des § 242 BGB ausgeschlossen. Soweit jedoch § 242 BGB im Recht der Kündigung Wirkungen äußert, die nicht den Bestandsschutz betreffen, hat das Kündigungsschutzgesetz keine Spezialregelung gebracht, so daß die allgemeine Regel des § 242 BGB anwendbar bleibt. Diese im Schrifttum entwickelte Lehre (vgl. bes. Hueck, Kündigungsschutzgesetz, 3. Aufl., Einleitung III vor § 1 S. 30 sowie Siebert, Festschrift für Nikisch, 1958, S. 127 ff., 137 und BB 1960 S. 1029 ff.; Gerhard Müller, DB 1960 S. 1037 ff.; Auffarth-Müller, Kündigungsschutzgesetz, § 1 Anm. 3 f.; Herschel, DB 1961 S. 66 zu II) ist vom Zweiten Senat des Bundesarbeitsgerichts in BAG 8, 132 übernommen worden; der erkennende Senat schließt sich ihr an. Danach ist eine Kündigung dann rechtsmißbräuchlich, wenn sie aus anderen Gründen als wegen Verstoßes gegen das Bestandsschutzprinzip die Gebote von Treu und Glauben verletzt und deshalb nicht mehr vom Recht gebilligt werden kann (ungehörige Kündigung). Dieser Grundsatz gilt sowohl für solche Kündigungen, auf die das Kündigungsschutzgesetz Anwendung findet, wie auch für solche, die — wie im Fall des Klägers — vom Anwendungsbereich dieses Gesetzes ausgenommen sind.

2. Im vorliegenden Fall hat der Beklagte die Kündigung unter Hinweis auf Nr. 2 der Richtlinien auf das Verhalten des Klägers gestützt. Damit ist die Kündigung unmißverständlich mit der politischen Haltung des Klägers begründet. Das wurde dem Kläger in der auf die Kündigung folgenden mündlichen Unterhaltung auch ausdrücklich bestätigt. Daß darin, gerade in West-Berlin, eine Diskriminierung des Klägers liegt, ist nicht von der Hand zu weisen. Das Berufungsgericht hat angenommen,

daß die unter solchen Umständen ausgesprochene Kündigung gegen Treu und Glauben verstoße, und zwar deshalb, weil es den jedem Arbeitsverhältnis innewohnenden sozialrechtlichen Beziehungen zwischen den Vertragsparteien widerspreche, wenn der Arbeitgeber eine derartig gravierende und von Anfang an bestrittene politische Verdächtigung, wie der Beklagte sie dem Kläger gegenüber geäußert hat, zur Grundlage der Ausübung seiner vertraglichen Befugnisse mache, ohne dem Arbeitnehmer durch Benennung des Zuträgers die Möglichkeit zu geben, sich vor Ausspruch der Kündigung gegen die erhobenen Beschuldigungen zu wehren. Hiergegen hat der Beklagte vorgebracht, er könne seinen Gewährsmann nicht preisgeben. Es muß dem Beklagten zugegeben werden, daß gewichtige Gründe ihn daran hindern können, seine Quelle zu nennen. Man kann deshalb diese Forderung nicht uneingeschränkt erheben, wenngleich es nach Treu und Glauben in aller Regel geboten sein wird, im Fall einer Verdächtigung dem Verdächtigten auch die Herkunft des Verdachts mitzuteilen. Wenn aber der Arbeitgeber ausnahmsweise seinen Gewährsmann nicht bekanntgeben will, dann muß er mindestens dem verdächtigten Arbeitnehmer nähere Einzelheiten nennen, so daß dieser in die Lage versetzt wird, sich gegen den — vielleicht ungerechtfertigten — Vorwurf zu verteidigen. Insofern ist der Grundgedanke des Landesarbeitsgerichts richtig. Der Arbeitgeber muß also die Tatsachen und die näheren Umstände angeben, auf die sich der Verdacht gründet, etwa wann, wo und mit wem der Arbeitnehmer Kontakt gepflegt oder in welcher Weise er sich antidemokratisch betätigt haben soll. Kann oder will der Arbeitgeber weder seine Quelle noch nähere Begleitumstände bekanntgeben, so ist die auf einen derart unsubstantiierten Vorwurf gestützte Kündigung wegen groben Verstoßes gegen die nach Treu und Glauben gebotene vertragliche Rücksichtspflicht rechtsmißbräuchlich. Das hat nichts mit der Glaubwürdigkeit des Beklagten zu tun. Selbst wenn man unterstellt, daß dieser die maßgebliche Auskunft wirklich von einer ihm zuverlässig erscheinenden amtlichen Stelle erhalten hat, so bleiben doch Denunziationen oder auch bloße Irrtümer oder Mißverständnisse immer möglich. Dem durch einen solchen Verdacht Belasteten darf die Verteidigung nicht abgeschnitten werden. Wenn der Arbeitgeber den Arbeitnehmer durch eine derartige Kündigung einem nicht näher konkretisierten und deshalb nicht widerlegbaren Verdacht aussetzt, so ist das eine grob unbillige Rechtsverfolgung als Tatbestand des Rechtsmißbrauchs (vgl. Enneccerus-Nipperdey, Teil II S. 1444 f.; Soergel-Siebert, § 242 BGB, Anm. 110 ff.; Wieacker, Zur rechtstheoretischen Präzisierung des § 242 BGB, 1956, S. 33 ff.). Ist aber die Kündigung rechtsmißbräuchlich, so ist sie auch unwirksam. Der Verstoß gegen die Gebote von Treu und Glauben führt nicht etwa nur zu einer Schadensersatzpflicht, sondern er ergreift die Kündigung in ihrem Bestand, nicht anders als etwa im Fall einer Kündigung in verletzender Form (vgl. Siebert, BB 1960 S. 1029 ff. zu III). Eine unter solchen Umständen ausgesprochene Kündigung kann vor der Rechtsordnung nicht bestehen.

Man kann auch den Kläger, wenn er sich durch die gegen ihn erhobene Verdächtigung zu Unrecht verletzt fühlt, nicht auf die Abwehrmittel des Strafrechts verweisen. Eine Rechtsausübung, die wegen ungenügender Berücksichtigung schutzwürdiger Gegeninteressen gegen Treu und Glauben verstößt, kann man grundsätzlich niemals mit der Begründung für zivilrechtlich einwandfrei erklären, der Betroffene könne sich mit den Mitteln des Strafrechts und nur in dessen Grenzen helfen. Zum einen kann das zivilrechtliche Gebot der fairen Rücksichtnahme auf den Vertragspartner sehr wohl über die Anforderungen des Strafrechts hinausgehen. Zum anderen kann der Betroffene ein berechtigtes Interesse daran haben, ein Strafverfahren und das damit verbundene Aufsehen zu vermeiden.

Die Revision hat sich gegenüber dem entwickelten Grundsatz darauf berufen, daß im Fall des Klägers, der die Voraussetzungen des § 1 KSchG nicht erfüllt, das Prinzip der Kündigungsfreiheit gelte und daß das Gericht infolgedessen den Kündigungsgrund gar nicht nachzuprüfen habe. Mit diesem Einwand hatte die Revision keinen Erfolg. Der Grundsatz der Kündigungsfreiheit bedeutet, daß es dem Gericht versagt ist, nach Bestandsschutzerwägungen Gewicht und Angemessenheit des Kündigungsgrundes zu prüfen; dagegen nicht, daß damit auch solche Tatbestände ohne weiteres gedeckt sind, in denen der Arbeitgeber — wie im Fall der unsubstantiierten Verdächtigung — dem Arbeitnehmer durch die Kündigung einen Nachteil zufügt, der über den Verlust des Arbeitsplatzes hinausgeht. Die von der Revision angeführten Urteile BAG 6, 1 und BAG 7, 304 ff. enthalten über diese Frage nichts; diese Urteile betreffen nur die andere Frage, ob der Kündigungsgrund angegeben werden muß.

Schließlich kommt man auch dann nicht zu einem anderen Ergebnis, wenn man berücksichtigt, daß die Rechtsprechung Kündigungen auf bloßen Verdacht — unter bestimmten Voraussetzungen — grundsätzlich selbst gegenüber solchen Arbeitnehmern anerkennt, die Kündigungsschutz genießen. In den aus der Rechtsprechung bekannten Fällen der Verdachtskündigung geht es durchweg darum, ob der bloße Verdacht ausreicht, um eine Kündigung zu rechtfertigen, sei es im Fall der außerordentlichen

Kündigung als wichtiger Grund, sei es im Fall der ordentlichen Kündigung als persönlicher Grund i. S. von § 1 Abs. 2 KSchG. Im vorliegenden Fall handelt es sich aber um einen ganz anderen Grundsatz, nämlich darum, daß unabhängig vom konkreten Kündigungsgrund die Äußerung einer nicht qualifizierten und infolgedessen für den Betroffenen anonymen Verdächtigung einen offenbaren Verstoß gegen das sich aus Treu und Glauben ergebende Gebot der Rücksichtnahme auf den Vertragspartner enthält.

3. Die Entscheidung dieses Rechtsstreits hängt nach alledem davon ab, ob der Beklagte bei Ausspruch der Kündigung grob rücksichtslos gehandelt hat, weil er keinerlei nähere Angaben über die konkreten Umstände machte, aus denen sich der Verdacht ergeben soll, obgleich er glaubte, seinen Gewährsmann nicht nennen zu können, und weil er dadurch dem Kläger die Verteidigung abschnitt. Daß es im vorliegenden Rechtsstreit gerade hierauf ankommt, hat das Berufungsgericht seinem Urteil nicht zugrunde gelegt. Es konnte daher von seinem Standpunkt aus dem Beklagten auch nicht Gelegenheit geben, die Verdachtsgründe im einzelnen (für den Kläger widerlegbar) darzulegen, und dem Kläger die Möglichkeit geben, diese Gründe zu widerlegen; es konnte nicht prüfen, worauf es alsdann angekommen wäre, ob die Kündigung offenbar willkürlich war. Der Rechtsstreit mußte daher zurückverwiesen werden.

## 36

**1. Für die Höhergruppierung von Angestellten der Bundespost, die auf Beamtendienstposten verwendet werden, sind die Tätigkeitsmerkmale nur dann maßgebend, wenn die tariflichen Vorschriften ausdrückliche Bestimmung über die Einreihung enthalten.**

**2. Ist das nicht der Fall, so werden diese Angestellten bis zur Verg-Gr. IV TO.A nur nach dem TV Nr. 57 Abschnitt II höhergruppiert (befördert) ohne Rücksicht auf tarifliche Tätigkeitsmerkmale.**

**3. Die im Abschnitt II des TV Nr. 57 enthaltene Regelung ist durch den TV Nr. 94 nicht berührt worden.**

TVG §§ 4 Abs. 5, 9; TO.A § 3, Anl. 1; SDO (Post) mit Anl. 1 a zur TO.A; Tarifvereinbarung (Post) Nr. 15 vom 21. 11. 1950; Bundesposttarifverträge Nr. 57 vom 20. 5. 1953 und Nr. 94 vom 15. 1. 1957.

IV. Senat. Urteil vom 30. 11. 1960 i. S. D. B. (Bekl.) w. K. (Kl.)
4 AZR 82/60.

I. Arbeitsgericht Freiburg i. Br. — II. Landesarbeitsgericht Baden-Württemberg (Freiburg i. Br.).

Der Kläger, der seit dem Jahre 1946 bei der beklagten Bundespost als Angestellter beschäftigt ist, erhält seit dem 1. April 1951 die Bezüge nach der VergGr. V a TO.A. Seit Mitte 1952 wird er auf einem technischen Beamtendienstposten der Besoldungsgruppe A 4 c 2 (jetzt A 9) verwendet.

Der Kläger ist der Ansicht, ihm stehe nach dem zwischen der Beklagten und der Deutschen Postgewerkschaft geschlossenen Tarifvertrag Nr. 94 vom 15. Januar 1957 (TV Nr. 94) seit dessen Inkrafttreten, d. i. seit dem 1. Mai 1956, die Vergütung nach der VergGr. IV b TO.A zu, weil er die Tätigkeitsmerkmale dieser Vergütungsgruppe in der Neufassung des TV Nr. 94 erfülle. Mit der Klage fordert er Zahlung von 330,— DM nebst 4 v. H. Zinsen seit dem 1. Mai 1956 als Teilbetrag der ihm seit diesem Tage zustehenden Gehaltsdifferenz.

Die Beklagte meint, daß sich die Höhergruppierung des Klägers ausschließlich nach den Bestimmungen des Abschnitts II des Tarifvertrages Nr. 57 vom 20. Mai 1953 (TV Nr. 57) richte, da er auf einem Beamtendienstposten beschäftigt sei und die Anlage 1 a zur TO.A keine ausdrücklichen Bestimmungen über die Einreihung enthalte; nach der Regelung des TV Nr. 57 sei aber bei einer Beschäftigung auf einem Beamtendienstposten der BesGr. A 4 c 2 (jetzt A 9) nur ein Aufrücken in die VergGr. V a oder V b TO.A möglich. Im übrigen hat die Beklagte bestritten, daß die Tätigkeit des Klägers den neuen Merkmalen der VergGr. IV b TO.A nach dem TV Nr. 94 entspreche.

Arbeitsgericht und Landesarbeitsgericht haben nach dem Klageantrage erkannt. Die Revision der Beklagten führte zur Klageabweisung.

## Aus den Gründen:

Das Landesarbeitsgericht ist der Auffassung, der Kläger erfülle die durch den TV Nr. 94 neu normierten Tätigkeitsmerkmale der VergGr. IV b TO.A und habe deshalb auch seit dem Inkrafttreten dieses Tarifvertrages Anspruch auf die entsprechende Vergütung. Die Bestimmungen des TV Nr. 57, nach denen ein auf einem Beamtendienstposten der BesGr. A 9 beschäftigter Angestellter nur bis zur VergGr. V a oder V b TO.A aufrücken könne, ständen dem nicht entgegen, da sie gegenüber der TO.A nur subsidiären Charakter hätten. Dem kann nicht gefolgt werden. Vielmehr schließen die in Abschnitt II des TV Nr. 57 getroffenen Bestimmungen in ihrem Anwendungsbereich die Anwendung des TV Nr. 94 aus, wie sich aus folgendem ergibt:

1. Der TV Nr. 57 ist nach seiner Einleitung eine Ergänzung des § 2 der Tarifvereinbarung Nr. 15 vom 21. November 1950, in dem bestimmt ist, daß der Angestellte entsprechend der von ihm überwiegend auszuübenden Tätigkeit in die zuständige Vergütungsgruppe eingereiht wird und der Aufstieg in eine höhere Vergütungsgruppe durch Vertragsänderung erfolgt.

Abschnitt I des TV Nr. 57 regelt die Ersteinreihung und Höhergruppierung der auf Angestelltendienstposten beschäftigten Angestellten nach den in der Anlage 1 a zur TO.A aufgeführten Tätigkeitsmerkmalen. Bei dieser Anlage 1 a zur TO.A handelt es sich nicht um einen Bestandteil der TO.A, sondern um eine vom Reichspostminister in der „Besonderen Dienstordnung der Deutschen Reichspost (SDO)" — Beilage zur Amtsblattverfügung Nr. 300/1938 — erlassene Vergütungsordnung, die teils die in der Anlage 1 zur TO.A enthaltenen Tätigkeitsmerkmale, soweit sie für den Postdienst in Betracht kommen, wiederholt, teils durch Aufstellung neuer Tätigkeitsmerkmale die Besonderheiten des Dienstes bei der Postverwaltung berücksichtigt. Aus Abschnitt I des TV Nr. 57, der also im Rahmen seines Anwendungsbereichs die Vergütungsordnung der SDO (Anlage 1 a zur TO.A) auf die Tarifvertragsebene hebt, kann der Kläger jedoch Ansprüche nicht herleiten, da er nach den Feststellungen des Landesarbeitsgerichts nicht auf einem Angestelltendienstposten, sondern auf einem Beamtendienstposten beschäftigt ist.

Bestimmungen für die auf Beamtendienstposten beschäftigten Angestellten enthält Abschnitt II des Tarifvertrages Nr. 57. Es heißt in Abschnitt II Ziffer 1:

> „Für die Höhergruppierung der auf Beamtendienstposten verwendeten Angestellten gilt, wenn die Anlage 1 a zur TO.A keine ausdrücklichen Bestimmungen über die Einreihung enthält, folgendes: Es sind einzureihen ..."

Im folgenden ist sodann die Höhergruppierung in die Vergütungsgruppen VIII bis IV TO.A nicht nach Tätigkeitsmerkmalen, sondern nach der Dauer der ununterbrochenen Beschäftigung auf einem Dienstposten der Besoldungsgruppen A 8 bis A 4 b 1 (alt) geregelt, wobei sich die Bewertung der Beamtendienstposten nach den von der Beklagten erlassenen Bewertungsrichtlinien richtet (Abschnitt II, Ziff. 6 TV) und für das Aufrücken in die Vergütungsgruppen VII und höher noch die vorausgehende Ableistung einer dreijährigen Postdienstzeit gefordert wird.

Damit ist nunmehr tarifvertraglich bestimmt worden, daß auch für die Höhergruppierung der auf Beamtendienstposten verwendeten Angestellten die Tätigkeitsmerkmale der Anlage 1 a zur TO.A dann maßgebend sein sollen, wenn die Anlage 1 a ausdrückliche Bestimmungen über die Einreihung enthält. Ist das nicht der Fall, so richtet sich das Aufrücken der auf Beamtendienstposten verwendeten Angestellten bis zur VergGr. IV TO.A nach der Regelung in Abschnitt II des TV Nr. 57, und zwar, wie sich aus dessen oben wiedergegebenem Wortlaut eindeutig ergibt, ausschließlich.

Der Kläger kann also, sofern er unter diese Regelung fällt, sich nicht darauf berufen, daß er die Tätigkeitsmerkmale der Anlage 1 zur TO.A erfülle. Denn Abschnitt II des TV Nr. 57 hat für seinen Anwendungsbereich die auf Tätigkeitsmerkmalen aufbauende Vergütungsordnung der TO.A ersetzt und damit gemäß § 9 TVG außer Kraft gesetzt. Lediglich in der Bemessung der Höhe der Vergütung lehnt sich diese tarifvertragliche Regelung noch an die Vergütungsgruppen der TO.A an; die Anspruchsvoraussetzungen dagegen sind nach ganz anderen Grundsätzen geregelt.

Ob der TV Nr. 57 auch die SDO außer Kraft setzen konnte, wie es in Abschnitt II Ziffer 6 für die SDO Nr. 1 und Nr. 2 Abs. 3 und 4 zu § 3 TO.A bestimmt ist, kann unerörtert bleiben (vgl. hierzu BAG AP Nr. 1 zu § 9 TVG; BAG 6, 127). Denn aus der SDO könnte der Kläger einen Anspruch auf die Vergütung nach der VergGr. IV b (früher IV) TO.A ebensowenig herleiten wie aus dem TV Nr. 57 Abschnitt II. Nach der SDO waren nämlich die auf einem Beamtendienstposten beschäftigten Angestellten ebenfalls nicht nach Tätigkeitsmerkmalen einzureihen. Die Einreihung bestimmte sich vielmehr nach einer schematischen Gegenüberstellung der Besoldungsgruppen mit den Vergütungsgruppen der TO.A, und zwar war die Einreihung in die diesem Schema entsprechende Vergütungsgruppe grundsätzlich erst dann vorzunehmen, wenn die auf einem Beamtendienstposten verwendeten Angestellten die gleiche dienstliche Erfahrung wie die entsprechenden Beamten sowie die volle dienstliche Eignung besaßen. Der TV Nr. 57 Abschnitt II, der sich nur auf die Höhergruppierung bezieht, gewährt den Anspruch dagegen nach fest bestimmten Anlaufzeiten. Auch nach der SDO aber hätte der Kläger ebenso wie nach TV Nr. 57 Abschnitt II in die VergGr. IV bzw. IV b nur dann aufrücken können, wenn er nicht auf einem Beamtendienstposten der BesGr. A 9 (früher A 4 c 2), sondern der BesGr. A 10 (früher A 4 b 1) beschäftigt gewesen wäre.

Die vom angefochtenen Urteil vertretene abweichende Auffassung vermag nicht zu überzeugen. Das Landesarbeitsgericht will eine „subsidiäre" Geltung des TV Nr. 57 Abschnitt II daraus herleiten, daß er nur Anwendung findet, „wenn die Anlage 1 a zur TO.A keine ausdrücklichen Bestimmungen über die Einreihung enthält". Da diese Formulierung wörtlich aus der SDO entnommen worden sei, könne sie im TV Nr. 57 nicht anders ausgelegt werden; das entspreche auch nach dem Ergebnis der Beweisaufnahme dem Willen der Tarifpartner. Die SDO habe aber als mindere Rechtsnorm gegenüber der zwingenden Vergütungsordnung der TO.A nach Tätigkeitsmerkmalen keine ungünstigere Regelung treffen können. Die Vorschrift der SDO, daß die Einreihung der auf Beamtendienstposten verwendeten Angestellten nach besonderen Voraussetzungen vorzunehmen sei, wenn die Anlage 1 a zur TO.A keine ausdrücklichen Bestimmungen enthalte, könne daher nur so auszulegen sein, daß diese besonderen Bestimmungen der SDO erst anzuwenden seien, soweit sich aus der Anlage 1 a zur TO.A die Eingruppierung in die dem Beamtendienstposten entsprechende Vergütungsgruppe der Anlage 1 a zur TO.A nicht ohnedies ergebe. Im TV Nr. 57 bringe die wörtlich übernommene Formulierung ebenfalls den subsidiären Charakter des TV Nr. 57 gegenüber der TO.A zum Ausdruck, zumal er für die Angestellten auf Beamtendienstposten offensichtlich eine günstigere Rechtslage gegenüber der SDO habe schaffen wollen.

Die Frage, ob die SDO gegenüber der TO.A keine ungünstigeren Bestimmungen treffen konnte, ist jedoch für ihre Auslegung ohne Bedeutung. Denn das angefochtene Urteil weist selbst darauf hin, daß bis zum Inkrafttreten des TV Nr. 94 die Bestimmungen für die auf Beamtendienstposten verwendeten Angestellten in ihren praktischen Auswirkungen nicht ungünstiger waren als die Regelung nach Tätigkeitsmerkmalen. Im übrigen geht die Annahme des Landesarbeitsgerichts fehl, daß der TV Nr. 57 keinerlei Verschlechterung gegenüber dem bisherigen Rechtszustand gebracht habe. Im Abschnitt I des TV Nr. 57 ist bestimmt, daß die Höhergruppierung der auf Angestelltendienstposten beschäftigten Angestellten nach den Tätigkeitsmerkmalen der Anlage 1 a zur TO.A spätestens 6 Monate nach Beginn ihrer höherwertigen Tätigkeit erfolgen müsse. Das ist eine eindeutige Verschlechterung gegenüber der TO.A und dem TV Nr. 15, die beide keine Anlaufzeiten vor der Höhergruppierung kennen. Trotzdem ist das Landesarbeitsgericht der Auffassung, daß die Tarifpartner diese Verschlechterung durch eine Hinausschiebung des Höhergruppierungsanspruchs nicht gewollt hätten. Damit setzt sich das Landesarbeitsgericht über den klaren Wortlaut einer Tarifvorschrift hinweg, die überdies ihren guten Sinn hat und den Interessen beider Partner des Arbeitsverhältnisses dient; denn dem Angestellten wird so leichter die Gelegenheit gegeben werden, sich in eine höherwertige Tätigkeit einzuarbeiten und seine Eignung nachzuweisen. Die Tarifpartner haben diese Regelung bei der Neuordnung der Angestelltenvergütungen im TV Nr. 157 a vom 26. Oktober 1960 auch ausdrücklich beibehalten.

Ebensowenig läßt sich die Auslegung des Landesarbeitsgerichts halten, daß die Bestimmungen im Abschnitt II des TV Nr. 57 nur subsidiär Geltung hätten, wenn sich der Anspruch auf dieselbe — man müßte ergänzen: oder eine bessere — Vergütungsgruppe nicht bereits aus den Tätigkeitsmerkmalen der Anlagen 1 oder 1 a zur TO.A ergebe. Die Regelung im Abschnitt II des TV Nr. 57 soll — wie schon die Regelung in SDO Nr. 2 Abs. 3 zu § 3 TO.A — nach ausdrücklicher Bestimmung aber nur gelten, wenn die Anlage 1 a zur TO.A keine ausdrücklichen Bestimmungen enthält. Diese Beschränkung des eigenen Anwendungsbereichs konnte sowohl die SDO wie der TV Nr. 57 vornehmen. Sie ließe sich allenfalls so auslegen, daß die Anwendung des TV Nr. 57 Abschnitt II dann entfällt, wenn die Anlage 1 a zur TO.A überhaupt mit den in ihr aufgestellten Tätigkeitsmerkmalen die auf dem Beamtendienstposten ausgeübte Tätigkeit erfaßt, wenn also zur Einreihung nach der Anlage 1 a nicht zu dem Auslegungsmittel der Lückenausfüllung gegriffen werden müßte; daß Abschnitt II TV Nr. 57 etwa nur dann nicht anzuwenden sei, wenn die Tätigkeitsmerkmale der Anlage 1 a zur TO.A nicht schon die Einreihung in dieselbe oder eine höhere Vergütungsgruppe ergäben, läßt sich aus ihm keinesfalls herauslesen. Es würde dann aber die Anwendung des Abschnitts II auch entfallen, wenn der Angestellte nach der Anlage 1 a zur TO.A die Tätigkeitsmerkmale einer geringeren Vergütungsgruppe erfüllt als diejenige, in die er nach dem TV Nr. 57 (II) aufrücken könnte. Damit wäre dem weitaus größten Teil der auf Beamtendienstposten beschäftigten Angestellten die vom TV Nr. 57 und früher schon von der SDO eröffnete Möglichkeit versperrt, in eine Vergütungsgruppe der TO.A auch ohne die Erfüllung ihrer Tätigkeitsmerkmale aufzurücken. Das kann nicht der Sinn der im TV Nr. 57 für die auf Beamtendienstposten verwendeten Angestellten getroffenen eingehenden besonderen Regelung sein. Hätte man, wie der Kläger meint, die Anwendung des Abschnitts II TV Nr. 57 auf diejenigen Fälle beschränken wollen, in denen eine Höhergruppierung gemäß den Tätigkeitsmerkmalen der Anlage 1 a zur TO.A nur im Wege der Lückenausfüllung möglich wäre, so hätte man sicherlich einen anderen Wortlaut gewählt; es hätte dann statt „keine ausdrücklichen Bestimmungen" einfacher und klarer heißen können: „wenn die Anlage 1 a zur TO.A keine Bestimmungen über die Einreihung enthält".

Hiernach kann die Vorschrift in Abschnitt II, Ziffer 1 des TV Nr. 57 nach ihrem Sinngehalt nur dahin aufgefaßt werden, daß es für die Höhergruppierung der auf Beamtendienstposten verwendeten Angestellten bei der Bewertung nach Tätigkeitsmerkmalen dann verbleiben soll, wenn die Tätigkeit für alle vorkommenden Fälle eindeutig umschrieben ist. Das ist z. B. dann der Fall, wenn der Arbeitsplatz genau bezeichnet ist. Dagegen kann bei der Verwendung allgemeiner (unbestimmter) Rechtsbegriffe die Subsumtion eines Sachverhalts unter die Tätigkeitsmerkmale nur von Fall zu Fall erfolgen, weil sie eine auf den Besonderheiten des Einzelfalles aufbauende Wertung erfordert. In solchen Fällen greift also die Regelung des TV Nr. 57 Abschnitt II Platz.

2. An dieser Rechtslage hat sich bis zu der mündlichen Verhandlung vom 11. Februar 1960, auf die das angefochtene Urteil ergangen ist, nichts geändert.

Auch wenn der TV Nr. 57 durch Kündigung im Jahre 1954 außer Kraft getreten ist, galten seine Rechtsnormen, wie auch das Landesarbeitsgericht annimmt, weiter, bis sie durch eine andere Regelung ersetzt wurden (§ 4 Abs. 5 TVG). Eine solche Abmachung enthält der TV Nr. 94 nicht; er hat vielmehr die im Abschnitt II des TV Nr. 57 enthaltene Sonderregelung unberührt gelassen.

Der TV Nr. 94 ändert nämlich lediglich für Meister und technische Angestellte die Tätigkeitsmerkmale der Anlagen 1 und 1 a zur TO.A. Er regelt aber nicht, o b sich die Vergütung eines Angestellten nach diesen Tätigkeitsmerkmalen richtet. Er ersetzt insbesondere nicht die Regelung des TV Nr. 57, der zwischen Angestellten auf Angestelltendienstposten und solchen auf Beamtendienstposten unterscheidet und danach unterschiedliche Vergütungsgrundsätze aufstellt. Die durch den TV Nr. 94 eingeführten Änderungen von Tätigkeitsmerkmalen können daher auch nur solche Arbeitsverhältnisse erfassen, bei denen sich die Vergütung überhaupt nach den in der Anlage 1 oder 1 a zur TO.A aufgeführten Tätigkeitsmerkmalen richtet. Ist das nicht der Fall, so greift der TV Nr. 94 überhaupt nicht Platz; er kann dann auch nicht als speziellere Regelung für technische Angestellte dem TV Nr. 57 Abschnitt II vorgehen.

3. Das Landesarbeitsgericht führt schließlich ein Urteil des Landesarbeitsgerichts Frankfurt am Main vom 6. Oktober 1959 — IV LA 442/59 — an, das zur Vermeidung eines vermeintlich unbilligen Ergebnisses die Bestimmungen des TV Nr. 57 Abschnitt II durch abändernde Auslegung den für die technischen Angestellten durch den TV Nr. 94 geschaffenen Verbesserungen angepaßt hat; es will das im Abschnitt II des

TV Nr. 57 enthaltene Umrechnungsschema für die technischen Angestellten dahin abwandeln, daß die den einzelnen Beamtenbesoldungsgruppen zugeordneten Vergütungsgruppen der TO.A ab Inkrafttreten des TV Nr. 94 durch eine entsprechend höhere Gruppe ersetzt werden, sofern der TV Nr. 94 eine solche Ersetzung enthält. Dieser Ansicht, zu der das angefochtene Urteil nicht selbst Stellung nimmt, kann nicht gefolgt werden.

Es kann dahingestellt bleiben, ob bei fortwirkenden Normen eines durch Kündigung außer Kraft getretenen Tarifvertrages eine abändernde Auslegung im Hinblick auf spätere tarifvertragliche Entwicklungen überhaupt in Betracht gezogen werden kann. Dem Landesarbeitsgericht Frankfurt am Main wäre auch dann nicht beizupflichten, wenn der TV Nr. 94 nicht gekündigt worden wäre oder durch die Protokollerklärung der Tarifpartner vom 22. März 1958 bzw. § 7 Ziff. 3 der Tarifverträge Nr. 157 a und 157 b rückwirkend wieder in Kraft gesetzt worden sein sollte. Es ist nicht richtig, daß durch den von der Bundesrepublik, den Ländern und den Gemeinden abgeschlossenen Tarifvertrag über die Eingruppierung von Meistern und technischen Angestellten vom 14. Juni 1956 und die entsprechende Regelung für die Bundespost im TV Nr. 94 ein bisher nicht vorhandenes Prinzip geschaffen worden sei, nämlich die allgemeine tarifliche Bevorzugung der technischen Angestellten vor den übrigen. Aus den genannten tariflichen Neuregelungen kann nur so viel entnommen werden, daß man die Vergütung der technischen Angestellten, soweit sie sich nach den bisherigen Tätigkeitsmerkmalen der Anlage 1 oder 1 a zur TO.A bestimmte, nicht mehr für angemessen gehalten und deshalb eine Änderung dieser Tätigkeitsmerkmale als geboten angesehen hat. Daraus ergibt sich aber nicht, daß auch die Vergütungen von technischen Angestellten, die sich gar nicht nach diesen Tätigkeitsmerkmalen richten, in gleicher Weise angehoben werden müßten. Insbesondere ist das nicht, worauf es allein ankäme, dem erkennbaren Sinn und Zweck der in Abschnitt II des TV Nr. 57 getroffenen Regelung zu entnehmen. Diese Regelung ist von der Erfüllung von Tätigkeitsmerkmalen unabhängig. Die Auffassung des Landesarbeitsgerichts Frankfurt am Main läuft aber schließlich doch wieder auf die Berücksichtigung von Tätigkeitsmerkmalen hinaus; denn danach müßte zum mindesten festgestellt werden, ob der Angestellte nach seiner Tätigkeit unter die technischen Angestellten fallen würde, deren Tätigkeitsmerkmale durch den TV Nr. 94 geändert worden sind. Wenn die Tarifpartner für unterschiedliche Tatbestände, nämlich die Beschäftigung auf Angestellten- oder Beamtendienstposten, verschiedene Vergütungssysteme aufgestellt haben, so kann es nicht Sache der Rechtsprechung sein, durch abändernde Auslegung der einen oder der anderen Normengruppe eine vermeintliche „Tarifgerechtigkeit“ zwischen beiden Systemen herzustellen oder aufrechtzuerhalten; das würde einen Eingriff in die Tarifautonomie bedeuten.

Im übrigen hat die vom Landesarbeitsgericht für geboten erachtete abändernde Auslegung des TV Nr. 94 Abschnitt II in der späteren Tarifgestaltung keine Bestätigung gefunden. In dem Tarifvertrag Nr. 157 a vom 26. Oktober 1960, der eine umfassende Vergütungsregelung für die Angestellten der Beklagten enthält und auch den TV Nr. 57 ersetzt, sind die Bestimmungen des TV Nr. 57 Abschnitt II über die Höhergruppierung der auf Beamtendienstposten verwendeten Angestellten mit gewissen Verbesserungen in den Grundzügen beibehalten worden; auch jetzt kann wie bisher auf Grund der Beschäftigung auf einem Beamtendienstposten der BesGr. A 9 nur die Höhergruppierung nach den VergGr. V a oder V b TO.A erreicht werden, und zwar auch von technischen Angestellten. Andererseits sind nunmehr nach § 4 Ziffer 4 TV Nr. 157 a Angestellte auf Beamtendienstposten auch unabhängig von der Bewertung dieses Dienstpostens nach den Bewertungsrichtlinien dann höherzugruppieren, wenn sie die entsprechenden Tätigkeitsmerkmale in der Anlage 1 a zur TO.A erfüllen; das gilt wiederum allgemein und nicht etwa nur für technische Angestellte.

Diese Neuregelung ist aber bei der Entscheidung nicht zu berücksichtigen, da der TV Nr. 157 a erst am 1. Oktober 1960 in Kraft getreten ist und sich keine Rückwirkung beilegt.

4. Somit kann der TV Nr. 94 für die Höhergruppierung des Klägers nur dann eingreifen, wenn die Anlage 1 a zur TO.A „ausdrückliche Bestimmungen“ über die Einreihung enthält. Das ist nicht der Fall.

Die Tätigkeitsmerkmale der vom Kläger begehrten Vergütungsgruppe IV b TO.A erfordern, daß sich der Angestellte durch besondere Leistungen aus der Gruppe V a heraushebt. Diese Merkmale enthalten einen unbestimmten Rechtsbegriff und deshalb keine „ausdrückliche“ Bestimmung über die Einreihung. Ob auch die Tätigkeitsmerkmale der VergGr. V a, auf denen die Merkmale der VergGr. IV b aufbauen und die deshalb zunächst erfüllt sein müßten, unbestimmte Rechtsbegriffe enthalten, kann unerörtert bleiben, da es darauf nicht mehr ankommt.

Mithin richtet sich der Höhergruppierungsanspruch des Klägers allein nach den Bestimmungen des Abschnitts II TV Nr. 57, nach denen die Voraussetzungen für eine Einreihung in die VergGr. IV b unstreitig nicht erfüllt sind.

5. Hiernach war die Klage unter Aufhebung der in den Vorinstanzen ergangenen Urteile abzuweisen, ohne daß es der Erörterung bedurfte, ob rechtliche Bedenken dagegen zu erheben sind, daß das angefochtene Urteil die im TV Nr. 94 aufgestellten Tätigkeitsmerkmale der Verg-Gr. IV b als erfüllt ansieht.

## 37

**1. Der Arbeitgeber, der die Betriebsratswahl rechtzeitig angefochten hat, hat grundsätzlich ein rechtliches Interesse an der Feststellung, ob der Betriebsrat ordnungsmäßig gewählt worden ist.**

**2. Auch für die Frage der Anfechtbarkeit einer Betriebsratswahl sind Motivirrtümer auf Seiten der Wähler in der Regel unbeachtlich.**

**3. Den Gewerkschaften ist es erlaubt, sich im Rahmen des § 19 BetrVG in die Vorbereitungen zur Betriebsratswahl einzuschalten, Wahlpropaganda zu betreiben und auf ihre Mitglieder — sogar unter Androhung des Ausschlusses — dahin einzuwirken, daß diese keine Listen konkurrierender Gewerkschaften oder anderer politischer Gruppen unterstützen.**

**4. Es bleibt unentschieden, ob der Ausschluß auch für den Fall angedroht werden kann, daß es sich um Listen handelt, die nicht als gegnerische Listen gegenüber der Liste der betreffenden Gewerkschaft und nicht als Listen, die gegen die Interessen der betreffenden Gewerkschaft verstoßen, zu werten sind.**

BetrVG §§ 18, 19.

I. Senat. Beschluß vom 2. 12. 1960 i. S. B. d. Fa. S-M. (Antragsg.) O. d. .V R. d. I. M. (Beteil.) w. Fa. S-M. (Antragst.) 1 ABR 20/59.

I. Arbeitsgericht Düsseldorf. — II. Landesarbeitsgericht Düsseldorf.

Im Betrieb der Antragstellerin sind 98 Arbeitnehmer beschäftigt, die das aktive Wahlrecht für die Wahl des Betriebsrats haben. Von ihnen sind 80—90 % in der IG Metall organisiert. In den früheren Jahren war die Betriebsratswahl durchgeführt worden, nachdem in einer Betriebsversammlung eine einheitliche Liste aufgestellt worden war. Auf dieser Liste kandidierte außer Angehörigen der IG Metall auch ein Angehöriger der Christlichen Gewerkschaftsbewegung (CGD), M. Dieser gehörte dem Betriebsrat an, dessen Amtszeit im Jahre 1959 ablief.

Im Jahre 1959 wurde neu gewählt. In getrennten Abstimmungen beschlossen die Belegschaftsmitglieder, von der Gruppenwahl abzusehen und die Gemeinschaftswahl durchzuführen. Die Liste für die Betriebsratswahl wurde in einer Versammlung aufgestellt, zu der die Ortsverwaltung der IG Metall diejenigen Belegschaftsmitglieder der Antragstellerin aufgerufen hatte, die der IG Metall angehörten. Die Einladungen zu dieser Versammlung waren den IG Metall-Mitgliedern in deren Wohnungen gesandt worden. In dieser Versammlung gab der Bevollmächtigte der Ortsverwaltung der IG Metall den Versammelten ein Rundschreiben des Vorstandes der IG Metall bekannt, das an alle Bezirksleitungen und Ortsverwaltungen gesandt war. In diesem Rundschreiben heißt es:

„Bezeichnung der Wahllisten.

Die Wahlvorschläge der IG Metall laufen alle unter dem einheitlichen Kennwort „Liste der Industriegewerkschaft Metall für die Bundesrepublik Deutschland". In allen Betrieben stellen sich unsere Kollegen nur auf den Listen der IG Metall zur Wahl.

Kandidatur von Mitgliedern auf Listen außerhalb der IG Metall.

Es ist damit zu rechnen, daß bei den Betriebsratswahlen 1959 die DAG, die CGD und andere politische Gruppen sich um die Aufstellung von Wahlvorschlägen bemühen.

Ein Mitglied unserer Organisation, das auf einer Liste außerhalb der IG Metall kandidiert, muß mit einem Verfahren nach § 29 unserer Satzung rechnen. Allen Mitgliedern, die auf einer Liste außerhalb der IG Metall kandidieren, ist diese Konsequenz deutlich zu machen. Dies gilt auch für Mitglieder, die gegnerische Listen unterschreiben."

Der in dem Rundschreiben erwähnte § 29 der Satzung der IG Metall betrifft das Ausschluß- und Feststellungsverfahren. § 9 der Satzung bestimmt, daß der Vorstand der Gewerkschaft ein Mitglied ausschließen kann, wenn es nachweislich die Interessen der Gewerkschaft schädigt oder gegen die Satzung verstößt sowie sich beharrlich weigert, den Anweisungen des Vorstandes oder der Ortsverwaltung Folge zu leisten. Unmittelbar mit dem Ausschluß enden nach diesem § 9 der Satzung alle nach der Satzung möglichen freiwilligen Leistungen der Gewerkschaft einschließlich des Rechtsschutzes. § 3 Nr. 3 Satz 2 der Satzung bestimmt: „Mit der Beitrittserklärung, der Bezahlung des Beitrittsgeldes und des ersten Beitrages erkennt das betreffende Mitglied die Satzung der Gewerkschaft als für sich verbindlich an..."

In der Versammlung der in der IG Metall organisierten Belegschaftsmitglieder der Antragstellerin wurde von diesen eine Vorschlagsliste aufgestellt, die als einzige bei der Wahl vorlag. Ihnen war von dem Bevollmächtigten der Ortsverwaltung der IG Metall bekannt gemacht worden, daß derjenige, der auf einer Liste der CGD kandidieren würde, damit rechnen müsse, aus der IG Metall ausgeschlossen zu werden.

Eine weitere Vorschlagsliste wurde nicht eingereicht. Auch fand eine Betriebsversammlung vor der Wahl nicht mehr statt.

Bei der Betriebsratswahl wurden nur Mitglieder der IG Metall in den Betriebsrat gewählt. Das Wahlergebnis wurde am 15. April 1959 bekannt gemacht. Am 28. April 1959 beantragte die Antragstellerin beim Arbeitsgericht im Wege der Wahlanfechtung, die Wahl für ungültig zu erklären. Arbeitsgericht und Landesarbeitsgericht haben diesem Antrag entsprochen. Die Rechtsbeschwerde des Betriebsrates und der Ortsverwaltung der IG Metall führte zur Abweisung des Antrags.

Aus den Gründen:

1. Das auch im Beschlußverfahren notwendige Rechtsschutzinteresse ist gegeben. § 18 BetrVG bestimmt, daß zu den Anfechtungsberechtigten der Arbeitgeber gehört. Besondere Voraussetzungen sind an sein Anfechtungsrecht nicht geknüpft. Der Gesetzgeber erkennt damit an, daß der Arbeitgeber in jedem Fall ein berechtigtes Interesse an der Feststellung hat, ob der Betriebsrat in seinem Betrieb ordnungsmäßig gewählt ist oder nicht. Daß durch die Wahlanfechtung seitens des Arbeitgebers unrechtmäßig in die Verbandsautonomie einer Gewerkschaft eingegriffen würde, wenn die Anfechtung auf eine durch diese Gewerkschaft vorgenommene unzulässige Wahlbeeinflussung gestützt ist, ist entgegen der Ansicht der Rechtsbeschwerden nicht anzuerkennen.

Es ist aus Rechtsgründen nicht zu beanstanden, daß der Arbeitgeber die Anfechtung nur zu dem Zweck erklärt, um eine ihm erwünschtere Zusammensetzung des Betriebsrates herbeizuführen. Der Arbeitgeber muß mit dem Betriebsrat zusammenarbeiten. Es kann ihm deshalb nicht gleichgültig sein, wie der Betriebsrat zusammengesetzt ist. Deshalb kann es dem Arbeitgeber nicht verwehrt sein, die Wahl anzufechten, falls Anfechtungsgründe vorliegen, gleichgültig, wie diese beschaffen sind. Dasselbe Recht ist übrigens einer Gewerkschaft zuzubilligen, wenn die bei ihr organisierten Kandidaten unterlegen sind, aber die Wahl unter wesentlichen Wahlverstößen leidet.

2. Die von der Antragstellerin geltend gemachten Anfechtungsgründe greifen nicht durch.

a) In erster Instanz hatte die Antragstellerin die Vermutung ausgesprochen, bei der Abstimmung über die Frage, ob Gruppen- oder Gemeinschaftswahl stattfinden solle, seien die Angestellten irrtümlich davon ausgegangen, daß wieder wie in den Vorjahren nach einer Einheitsliste gewählt werden würde. Es ist nicht klar, ob auch hiermit ein Anfechtungsgrund vorgetragen werden sollte. Das Landesarbeitsgericht trifft dazu in tatsächlicher Hinsicht keine Feststellungen. Es kommt hierauf jedoch auch nicht an. Es ist nicht behauptet worden, daß dieser Irrtum durch ein vorwerfbares Verhalten irgendeiner Stelle hervorgerufen worden wäre. Rein innere Vorstellungen, die objektiv unrichtig sind, berechtigen aber nicht zur Wahlanfechtung, wenn die Irrtümer nicht von Dritten in vorwerfbarer Weise hervorgerufen sind. Daran muß schon im Interesse der Rechtssicherheit festgehalten werden. Andernfalls wäre jedes Wahlergebnis letzten Endes gefährdet. Auch auf diesem Gebiet muß es deshalb bei dem allgemeinen Rechtsgrundsatz verbleiben, daß ein Motivirrtum unbeachtlich ist.

b) Der Senat hatte sich mit einer Wahlanfechtung wegen angeblich unzulässiger Wahlbeeinflussung bereits in seinem Beschluß BAG 4, 63 zu befassen. In diesem Beschluß hat der Senat Grundsätze aufgestellt, die allgemeine Bedeutung haben. Auf diese Grundsätze kann sich jedoch die Antragstellerin zur Stützung ihrer Rechtsansicht nicht berufen, da der Sachverhalt in jenem Fall von dem Streitfall in entscheidenden Punkten abweicht.

Richtig ist zwar, daß sich § 19 BetrVG nicht nur gegen den Arbeitgeber richtet, sondern gegen jeden. Auch eine Gewerkschaft ist daran gebunden. Richtig ist weiter, daß diese Vorschrift sich nicht nur auf die eigentliche, abschließende Wahl, sei es Gruppen- oder Gemeinschaftswahl, beschränkt, auch nicht auf die Vorabstimmungen des § 13 Abs. 2 BetrVG. Bei so enger Auslegung würde die Vorschrift ihren Zweck verfehlen. Richtig ist schließlich, daß es nicht Pflicht des Anfechtenden ist, zu beweisen, daß eine erfolgte unzulässige Beeinflussung das Wahlergebnis tatsächlich geändert hat. Vielmehr genügt allein die Möglichkeit einer solchen Änderung, die im Streitfall schon deshalb vorliegt, weil nach den Feststellungen des Landesarbeitsgerichts unterstellt werden muß, M. würde ohne die in der Mitgliederversammlung abgegebenen Erklärungen wieder kandidiert haben und auch wieder gewählt worden sein. In Wahrheit ist er nicht gewählt worden.

Der Senat hat aber in der vorerwähnten Entscheidung keineswegs jede Wahlpropaganda für unzulässig erklärt. Er hat vielmehr eine sich in den Grenzen des § 19 BetrVG haltende Wahlpropaganda durchaus nicht mißbilligt, und er konnte das auch nicht tun, weil die Wahlpropaganda geradezu ein notwendiger Bestandteil einer jeden demokratischen Wahl ist.

Wenn der Senat aaO. von Wahlbeeinflussung oder der Gefahr einer solchen gesprochen und freie unbeeinflußte Wahlen gefordert hat, so ist damit nur eine nach dem Gesetz unzulässige Beeinflussung gemeint gewesen, zumal auch das Gesetz (§ 19 Abs. 2 BetrVG) nichts anderes besagt. Es besteht weder die Notwendigkeit noch ein Anlaß, es enger auszulegen, als sein Wortlaut das zuläßt.

Verboten ist hiernach nur eine Beeinflussung der in § 19 Abs. 2 BetrVG genannten Art, mit der die Zufügung oder Androhung von Nachteilen oder Gewährung oder das Versprechen von Vorteilen verbunden ist. Dagegen kann eine Beeinflussung, die nicht unter § 19 Abs. 2 BetrVG fällt, nicht als Wahlanfechtungsgrund angesehen werden.

Die vorstehend vertretene Ansicht wird übrigens von keiner Seite bekämpft; auch die Vorinstanzen und die Antragstellerin stimmen ihr zu. Streit herrscht jedoch darüber, welche Umstände hinzukommen müssen, um eine Beeinflussung unzulässig zu machen.

Galperin-Siebert, BetrVG, 3. Aufl., § 19 Anm. 7 halten bereits eine wahrheitswidrige Propaganda gegen andere Kandidaten für eine unzulässige Wahlbehinderung. Es bedarf hier nicht der Entscheidung, ob dieser Ansicht nicht schon aus rein praktischen Gründen und solchen der Rechtssicherheit entgegentreten werden muß; denn ein Fall dieser Art liegt hier nicht vor.

Das Landesarbeitsgericht ist der Ansicht, daß den Gewerkschaften jede über die Beratung hinausgehende Mitwirkung an der Betriebsratswahl untersagt sei. Diese Ansicht ist jedoch rechtsirrig. Dem Gesetzgeber des Jahres 1952 kann nicht unterstellt werden, nicht gewußt zu haben, daß sowohl vor 1933 wie nach 1945 die Betriebsratswahlen unter Mitwirkung der Gewerkschaften vor sich gingen. Wenn er diesen Zustand hätte ändern wollen — der sich selbst später aber tatsächlich nicht geändert hat —, so hätte er das gesagt. Das hat er aber nicht getan. Im Gegenteil hat er in § 2 BetrVG ausgesprochen, daß das Gesetz die Aufgaben der Gewerkschaften nicht berühren sollte.

Die Gesetzesmaterialien zu § 76 BetrVG ergeben, daß der Gesetzgeber davon ausgegangen ist, es also als feststehend — auch für die Zukunft — unterstellt hat, daß die Gewerkschaften auf die Wahlen in den Betrieben aktiv Einfluß nehmen. Es handelt sich bei der Regelung des § 76 BetrVG zwar um die Wahlen zum Aufsichtsrat. Angesichts der völlig gleichliegenden Rechtslage dieser Wahlen mit den Betriebsratswahlen ist aber kein Grund dafür ersichtlich, die Frage für diese Wahlen anders zu beantworten als für jene.

Bei beiden Arten von Wahlen herrschte im Bundestag Streit darüber, ob die Gewerkschaften ein Vorschlagsrecht haben sollten. Darauf weist die Rechtsbeschwerde-Erwiderung zutreffend hin. Im Ausschuß waren nun die Regierungsparteien mit ihrer Auffassung durchgedrungen, daß den Gewerkschaften (bei den Aufsichtsratswahlen) kein Vorschlagsrecht zukommen solle. Im Ausschußbericht (BT-Drucks. 1. Wahlp. Nr. 3585 Seite 17) wird dazu bemerkt, es sei tragbar, daß die Gewerkschaften kein Vorschlagsrecht hätten, zumal

> „eine im Unternehmen repräsentativ vertretene Gewerkschaft die Möglichkeit haben dürfte, über die Betriebsräte oder über ihre Mitglieder unter den Arbeitnehmern auf die Gestaltung der Wahlvorschläge und die Durchführung der Wahl Einfluß zu nehmen."

Es geht nicht an, gegenüber dieser offiziellen, dem Willen der Mehrheit des Ausschusses entsprechenden, dem Plenum bekannt gegebenen und von seiner Mehrheit gebilligten Verlautbarung zu sagen, die Gewerkschaft dürfe bei der Betriebsratswahl nur beraten, einen Einfluß auf die Wahlvorbereitungen aber dürfe sie nicht ausüben.

Angesichts dieser Entstehungsgeschichte des Gesetzes kann auch Galperin-Siebert, aaO Anm. 7, Dietz, BetrVG, 3. Aufl., § 19 Anm. 7 und Erdmann, BetrVG, 2. Aufl., § 19 Anm. 2 nicht gefolgt werden, wenn sie ausführen, es sei unzulässig, wenn eine Gewerkschaft ihre Mitglieder verpflichtet oder auf sie einwirkt, in einem bestimmten Sinne zu stimmen oder einzutreten, etwa für Gruppenwahl oder Gemeinschaftswahl; es dürfe ein Druck in dieser Richtung nicht ausgeübt werden. Das ist deshalb rechtsirrig, weil man nicht einerseits der Gewerkschaft das Recht zubilligen kann, auf die Wahl Einfluß zu nehmen, ihr gleichzeitig aber andererseits verbieten will, auf ihre Mitglieder einzuwirken, daß sie in bestimmtem Sinne abstimmen. In Wahrheit sind die Gewerkschaften weitgehend die Träger des Betriebsrats-Wahlkampfes. Dem muß Rechnung getragen werden. Es geht deshalb nicht an, sie von vornherein in ihrer Bewegungsfreiheit einzuengen.

Aus diesen Gründen ist der Ansicht von Fitting-Kraegeloh, BetrVG, 5. Aufl., § 19 Anm. 12 und 13 zuzustimmen, die ausführen, daß die Gewerkschaften durchaus auf ihre Mitglieder einwirken dürfen, für bestimmte Listen usw. zu stimmen. Eine solche Einwirkung kann zwar als Druck bezeichnet werden. Dieser Druck ist jedoch ein erlaubtes Mittel, solange er sich im Rahmen des Zulässigen hält. Sicherlich sind auch den Gewerkschaften Grenzen gesetzt, und zwar dieselben, wie sie für alle anderen gelten. So müssen sie z. B. beachten, daß es ein Ausfluß der Koalitionsfreiheit ist, daß sie sich nicht untereinander mit unfairen Mitteln bekämpfen dürfen (vgl. hierzu Hueck-Nipperdey, Lehrbuch, 6. Aufl., Band II Seite 111). Weiter unterliegen die Gewerkschaften dem — an alle gerichteten — Verbot des § 19 Abs. 2 BetrVG, das die Androhung von Nachteilen betrifft. Das hat mit der Koalitionsfreiheit oder anderen Grundrechten der Gewerkschaften nichts zu tun, so daß der Antragstellerin zuzugeben ist, daß die Ausführungen der Rechtsbeschwerden hierzu neben der Sache liegen.

Als Ergebnis ist hiernach festzuhalten, daß die Gewerkschaften bei der Einflußnahme auf die Betriebsratswahlen keinen anderen Einschränkungen unterliegen als andere Stellen auch. Dabei kann es nicht als unzulässige Behinderung i. S. des § 19 Abs. 1 oder als unzulässige Beeinflussung i. S. des § 19 Abs. 2 BetrVG angesehen werden, wenn eine Gewerkschaft auf ihre Mitglieder — nur um solche handelt es sich hier — unter Androhung des Ausschlusses aus der Gewerkschaft einwirkt, in bestimmtem Sinne bei der Wahl und ihrer Vorbereitung (Aufstellen der Listen) tätig zu werden. Insbesondere kann sie, worauf es hier allein ankommt, von ihren Mitgliedern verlangen, daß diese keine anderen Gewerkschaftslisten und keine Angehörigen konkurrierender Gewerkschaften unterstützen.

Gerade mit dieser Frage haben sich, und zwar mit eingehenden Erwägungen, Fitting-Kraegeloh, aaO Anm. 12 b beschäftigt. Sie kommen im Gegensatz zur Ansicht des Arbeitsgerichts Wesel (BB 57, 366) zu der Auffassung, daß ein solches Verhalten der Gewerkschaft nicht zu beanstanden sei. Diese Ansicht ist zutreffend. Es liegt zwar nahe zu sagen, daß der Ausschluß aus der Gewerkschaft in materieller und ideeller Hinsicht nachteilig ist, daß damit also bei der — unstreitigen — Beeinflussung ein Nachteil angedroht wird. Diese Betrachtungsweise ist aber zu einseitig. Sie berücksichtigt weder das Verhältnis der Gewerkschaft zu ihren Mitgliedern noch die Tatsache, daß die Gewerkschaft zur Wahrnehmung ihrer eigenen Belange befugt ist .

Ein Gewerkschaftsmitglied erkennt durch seinen Eintritt die Satzung und die Ziele der Gewerkschaft als für sich verbindlich an. Es verpflichtet sich damit, für seine Gewerkschaft zu wirken und keine anderen Gewerkschaften zu unterstützen. Es ist deshalb jedem Mitglied zumutbar, sich einem Vorstandsbeschluß zu beugen, der den Erfolg und die Gegnerfreiheit der eigenen Liste zum Ziele hat. Daraus folgt ohne weiteres, daß jede Unterstützung der Listen k o n k u r r i e r e n d e r Gewerkschaften verboten ist. Wer dagegen verstößt, muß schon ohne weiteres mit Verbandsmaßnahmen rechnen. Daraus ergibt sich aber weiter, daß es einer Androhung des Ausschlusses eigentlich gar nicht bedarf. Dann aber kann die Androhung nicht so schwerwiegend sein, daß sie als „angedrohter Nachteil" i. S. des § 19 Abs. 2 BetrVG angesehen und beanstandet werden kann (vgl. hierzu auch Focke, BB 55, 285).

Es ist nicht zu verkennen, daß diese Auffassung die Entschließungsfreiheit der Gewerkschaftsmitglieder bei der Aufstellung von Wahllisten beeinflußt. Das ist aber eine unmittelbare Folge der Verbandsdisziplin, der sich die Mitglieder der Gewerkschaft freiwillig unterworfen haben und der sie auch nur auf Grund eines solchen freiwilligen Entschlusses unterworfen sein können. Es ist den Mitgliedern der Gewerkschaften unbenommen, sich durch das ihnen jederzeit mögliche Ausscheiden dieser Verbandsdisziplin zu entziehen, wenn sie sich ihr im konkreten Falle nicht unterwerfen wollen.

Die Gewerkschaft selbst beteiligt sich — erlaubterweise — am Wahlkampf. Das bringt sie notwendigerweise in eine Gegnerstellung zu den konkurrierenden Gewerkschaften und deren Listen und Mitgliedern. Die Gewerkschaft ist in dieser Situation nicht verpflichtet zu dulden, daß ihre eigenen Mitglieder für fremde Gewerkschaftslisten oder Angehörige anderer Gewerkschaften eintreten und diese unterstützen. Das wäre eine Schädigung ihrer eigenen Interessen, die gerade in einem Wahlkampf nicht zumutbar ist. Weder Grundsätze des demokratischen Wahlverfahrens noch der politischen (nicht partei-politischen) Fairneß berechtigen dazu, von einer Gewerkschaft, welche es auch sei, eine solche Toleranz zu fordern.

Aus diesen Gründen folgt, daß im Streitfall die IG Metall befugt war, kraft der Verbandsdisziplin, der sich ihre Mitglieder unterworfen haben, zu verlangen, daß diese sich nicht in einer Weise betätigen, die den gemeinsamen Interessen aller Mitglieder der IG Metall zuwider lief. Eine solche Betätigung liegt aber darin, daß ein Mitglied der IG Metall auf Wahlvorschlägen einer anderen Gewerkschaft kandidiert oder solche Wahlvorschläge unterschreibt. Soweit es sich also um Wahlvorschläge handelt, die im Gegensatz zu den oben genannten berechtigten Interessen der Gewerkschaft als solcher stehen, war es zulässig, den Mitgliedern der IG Metall bei Vermeidung des Ausschlusses zu untersagen, sich durch die Unterstützung solcher Wahlvorschläge den Interessen der IG Metall zuwider zu betätigen.

Um einen solchen Fall handelt es sich hier. Denn nach der tatsächlichen Feststellung des Landesarbeitsgerichts ist den Mitgliedern der IG Metall in der Versammlung seitens der Ortsverwaltung eröffnet worden, daß derjenige, der auf einer Liste der CGD, also auf der Liste einer anderen Gewerkschaft, kandidiere, damit rechnen müsse, aus der IG Metall ausgeschlossen zu werden. Weiter ist das Vorstands-Rundschreiben bekanntgegeben worden, das sich angesichts der Besonderheit dieses Falles, in dem es nach den Feststellungen des Landesarbeitsgerichts lediglich um die Kandidatur des M. ging, hier ebenfalls nur gegen andere Gewerkschaften richtete. Hierin liegt keine unzulässige Wahlbeeinflussung; denn die IG Metall kann trotz des grundsätzlich gewährten freien aktiven und passiven Wahlrechts der Belegschaftsmitglieder verlangen, daß ihre Mitglieder sich nicht den Interessen der IG Metall zuwider betätigen.

Der vorliegende Fall gibt, worauf der Senat ausdrücklich hinweist, keine Veranlassung, die Frage zu entscheiden, ob der Ausschluß auch für den Fall angedroht werden kann, daß es sich um Listen handelt, die nicht als gegnerische Listen gegenüber der Liste der IG Metall und nicht als Listen, die gegen die Interessen der IG Metall verstoßen, zu werten sind. Insbesondere bedarf es in diesem Verfahren nicht der Entscheidung, ob eine unzulässige Wahlbeeinflussung dann vorliegt, wenn Mitglieder die sogenannten freien Listen oder gemischten Listen unterschreiben oder auf ihnen kandidieren, ohne daß es sich bei diesen Listen um solche handelt, die in Gegnerstellung zu den Interessen der IG Metall und der in dieser vereinten Mitglieder stehen.

Im Streitfall richteten sich die Maßnahmen der IG Metall nach den Feststellungen des Landesarbeitsgerichts lediglich dagegen, daß M. mit Hilfe der Mitglieder der IG Metall gewählt wurde, obwohl er der CGD angehörte. Daraus folgt zwar, daß die IG Metall die Wahl des M. verhindern wollte. Daß sie das schließlich auch erreicht hat, ist jedoch eine Folge davon, daß im Betrieb der Antragstellerin die IG Metall so stark war, daß es schwer, vielleicht sogar unmöglich war, eine andere Liste einzubringen. Diese Folge kann aber der IG Metall nicht zum Vorwurf gereichen. Ihr legales Anliegen war und ist es, ihre Mitgliederzahl zu halten und zu vergrößern. Dafür ist der Ausgang der Betriebsratswahlen von erheblicher Bedeutung. Die IG Metall hat ihre Mitglieder als solche, und zwar außerhalb des Betriebes, eingeladen, versammelt und angesprochen. Unlauteren Einfluß auf Nichtmitglieder hat sie, soweit vorgetragen und festgestellt, nicht ausgeübt. Ihr gewerkschaftsinternes Handeln war nicht rechtswidrig, sondern entsprach der Satzung, der sich die Mitglieder unterworfen hatten. Die Ausschluß-Drohung ist, wie ausgeführt, nicht zu beanstanden, nicht einmal wesentlich, da eigentlich selbstverständlich. Deshalb lag weder eine unzulässige Behinderung noch eine unzulässige Beeinflussung der Wahl vor.

## 38

**1. Ein im Ruhestand befindlicher Dienstordnungs-Angestellter, für den auf Grund der Dienstordnung § 45 Abs. 2 BBG gilt, hat unter den Voraussetzungen dieser Vorschrift Anspruch auf erneute Begründung eines aktiven Dienstordnungs-Angestelltenverhältnisses.**

**2. Der Arbeitgeber hat auf Grund seiner Fürsorgepflicht in erster Linie dem zur Wiederanstellung berechtigten Dienstordnungs-Angestellten den früheren oder einen gleich zu erachtenden Dienstposten zu übertragen. Erst wenn das nicht in Betracht kommt, darf er ihm einen geringerwertigen Posten anbieten.**

**3. Der Mangel einer freien Planstelle steht grundsätzlich einem Wiederanstellungsanspruch des Dienstordnungs-Angestellten als zwingender dienstlicher Grund gemäß § 45 Abs. 2 BBG entgegen.**

**4. Dienstfähigkeit im Sinne des § 45 Abs. 2 BBG besteht, wenn der Dienstordnungs-Angestellte in der Lage ist, den früher innegehabten Dienstposten oder einen diesem nach Rang, Vor- und Ausbildungserfordernissen gleichzuerachtenden Dienstposten wahrzunehmen. Dabei kommt es nicht allein darauf an, ob der Dienstordnungs-Angestellte persönlich nach seinem Gesundheitszustand zu der bezeichneten Dienstleistung imstande ist, sondern auch darauf, ob meine Verwendungsfähigkeit den betrieblichen Erfordernissen entspricht.**

BBG §§ 42, 45 Abs. 2; Dienstordnung der Bau-Berufsgenossenschaft Wuppertal vom 27. 10. 42 § 6 Ziff. 12.

IV. Senat. Urteil vom 9. 12. 1960 i. S. B. B. (Bekl.) w. Dr. St. (Kl.) 4 AZR 503/58.

I. Arbeitsgericht Wuppertal. — II. Landesarbeitsgericht Düsseldorf.

Der Kläger leidet seit 1933 an einer in Schüben verlaufenden Lungentuberkulose. Durch Rentenbescheid vom 28. Juli 1952 erkannte deshalb das Versorgungsamt K. eine Minderung der Erwerbsfähigkeit des Klägers in Höhe von 80 % an. Mit Wirkung vom 1. August 1952 wurde der Kläger, der bis dahin dienstordnungsmäßig angestellter Oberinspektor bei der Berufsgenossenschaft für den Einzelhandel in B. war, von der Beklagten unter gleichzeitiger Ernennung zum Amtmann als Dienstordnungs-Angestellter übernommen. Der zwischen den Parteien am selben Tage abgeschlossene Dienstvertrag lautet:

„Herr Dr. S. wird aufgrund der Dienstordnung der Bau-Berufsgenossenschaft vom 27. 10. 1942/15. 2. 1943 mit Wirkung vom 1. August 1952 ständig angestellt.

Er wird in die Besoldungsgruppe A 3 b Reichsbesoldungsordnung eingereiht.

Das Besoldungsdienstalter in dieser Besoldungsgruppe beginnt am 1. August 1948.

Für das Dienstverhältnis gelten im übrigen die Bestimmungen der oben erwähnten Dienstordnung, von der ein Stück beigelegt ist."

Am 17. Juli 1953 wurde der Kläger dienstunfähig krank. Die Diagnose lautete auf Bronchus-Tuberkulose mit Atelektase. Daraufhin erteilte das Versorgungsamt W. dem Kläger einen neuen Rentenbescheid, in dem eine Minderung seiner Erwerbsfähigkeit um 100 % ab 1. September 1953 festgestellt wurde. In der Folgezeit unterzog sich der Kläger mehreren Kuren, zuletzt im Sanatorium A. bei L. Dort wurde er am 21. Juli 1956 entlassen.

Inzwischen hatte der „Ständige Ausschuß" der Beklagten zugleich als Personalausschuß ihres Vorstandes am 31. Januar 1955 beschlossen, den Kläger zum nächstmöglichen Termin zur Ruhe zu setzen. Mit Schreiben vom 14. Februar 1955 teilte daher der Vorstand der Beklagten dem Kläger mit, daß er gemäß § 6 Ziff. 12 der Dienstordnung in Verbindung mit §§ 42, 44, 47 Bundesbeamtengesetz mit Wirkung vom 1. Juni 1955 in den Ruhestand versetzt werde. In dem Schreiben hieß es außerdem:

„Es wird ausdrücklich festgestellt, daß schon jetzt in Aussicht genommen ist, Sie nach Ihrer vollen gesundheitlichen Wiederherstellung wieder in den aktiven Dienst der Bau-Berufsgenossenschaft zu übernehmen (§ 45 BBG)."

Unter Berufung hierauf stellte der Kläger am 27. Juli 1956 bei der Beklagten den Antrag, ihn erneut in das dienstordnungsmäßige Anstellungsverhältnis zu berufen. Er verwies dabei auf ein Zeugnis des Chefarztes des Sanatoriums A. vom 28. Juni 1956, das u. a. folgenden Inhalt hatte:

„Herr Dr. S. wird Ende Juli dieses Jahres seinen Aufenthalt hier beenden. Er kann bei Austritt aus dem Sanatorium in seinem Beruf in einer seinem Gesundheitszustand entsprechenden Arbeitsstelle mit 100%iger Arbeitsfähigkeit wieder tätig sein. Herr Dr. S. muß natürlich weiter unter ärztlicher Kontrolle bleiben."

Nach einer amtsärztlichen Röntgenuntersuchung lehnte die Beklagte die Wiedereinstellung des Klägers ab, weil dieser nach der Beurteilung des Kreisarztes niemals als voll arbeitsfähig anzusehen und eine Ansteckungsgefahr nicht auszuschließen sei.

Der Kläger macht geltend, das amtsärztliche Gutachten sei keine geeignete Grundlage für eine Ablehnung seines Wiedereinstellungsantrags, weil die Beurteilung des Kreisarztes lediglich auf einer einfachen Übersichtsaufnahme beruhe. Im übrigen schließe dieses Gutachten aber auch eine Dienstfähigkeit im Sinne der in Frage kommenden beamtenrechtlichen Bestimmungen nicht aus. Der Kläger hat beantragt, die Beklagte zu verurteilen, ihn wieder in das aktive dienstordnungsmäßige Anstellungsverhältnis zu berufen.

Die Beklagte trägt vor, der Kläger habe bei seiner Einstellung nicht darauf hingewiesen, daß er schon einmal 1942 von seiner damaligen Arbeitgeberin, der Berufsgenossenschaft für den Einzelhandel, wegen seines Lungenleidens in den Ruhestand versetzt worden sei. Er sei aber auch mit seiner jetzigen Pensionierung einverstanden gewesen. Im übrigen sei bei der jahrelangen schweren Erkrankung des Klägers ein weiterer Rückfall wahrscheinlich. Die nach wie vor bestehende Ansteckungsgefahr mache es vollends unmöglich, den Kläger wieder in sein Amt einzusetzen.

Das Arbeitsgericht hat die Klage abgewiesen. Das Landesarbeitsgericht hat die Beklagte verurteilt, den Kläger mit Wirkung vom 1. Juli 1956 erneut in das dienstordnungsmäßige Anstellungsverhältnis zu berufen. Die Revision der Beklagten führte zur Aufhebung und Zurückverweisung.

Aus den Gründen:

Mit der Klage verlangt der Kläger, die Beklagte zu verurteilen, ihn wieder in das aktive dienstordnungsmäßige Angestelltenverhältnis zu berufen. Dem Recht der Dienstordnungs(DO)-Angestellten ist nun zwar ein der Berufung in das Beamtenverhältnis vergleichbarer hoheitlicher Verwaltungsakt (vgl. Siebeck, Das Dienstrecht der Versicherungsträger, 1961, S. 25 f.), an den die Wortfassung des Klageantrags denken läßt, fremd. Das Dienstverhältnis der DO-Angestellten wird nämlich durch einen privatrechtlichen Vertrag begründet (BAG 2, 81; BSG AP Nr. 15 zu § 2 ArbGG). Doch ist der wirkliche Wille des Klägers zu erforschen und nicht an dem buchstäblichen Sinn des Antrags zu haften (BAG AP Nr. 2 zu § 253 ZPO). Daher ist unter Berücksichtigung aller Umstände der Klageantrag dahin auszulegen, daß der Kläger die Verpflichtung der Beklagten festzustellen begehrt, ihn durch Vertrag erneut als DO-Angestellten einzustellen.

Ist aber dies der Inhalt des Klageantrags, so kommt es auf die Erörterungen des Berufungsurteils zu §§ 14, 35 Abs. 2 SchwBeschG nicht an, weil diese Vorschriften nur für die Zurruhesetzung des Klägers, die aber nicht Gegenstand des Rechtsstreits ist, von Bedeutung sein konnten.

Zutreffend sieht das Landesarbeitsgericht die Rechtsgrundlage des Klageanspruchs in § 45 Abs. 2 des Bundesbeamtengesetzes (BBG) vom 14. Juli 1953. Gemäß § 6 Ziff. 12 der für das Rechtsverhältnis der Parteien maßgeblichen DO der Beklagten vom 27. Oktober 1942 gelten nämlich für die dieser DO unterstehenden Angestellten die jeweiligen Vorschriften für Reichsbeamte auf Lebenszeit über die Versetzung in den Wartestand und in den Ruhestand entsprechend. An die Stelle dieser Bestimmungen sind nunmehr die gleichen Vorschriften für die Bundesbeamten getreten. Denn diese bei der Fassung der DO notwendige ergänzende Auslegung erscheint, solange nicht eine ausdrückliche andere Regelung erfolgt ist, sinngemäß, wie der Senat bereits für entsprechende Bestimmungen in Dienstordnungen von Ortskrankenkassen und Knappschaften ausgesprochen hat (vgl. BAG AP Nr. 7, 9 zu § 611 BGB DO-Angestellte; BAG 9, 79 ff.). Da demnach auf Grund der Bezugnahme in § 6 Ziff. 12 der DO die §§ 35—47 BBG über den Eintritt in den Ruhestand entsprechend anwendbar sind, gilt für den Kläger auch § 45 aaO.

Gemäß § 45 Abs. 2 BBG kann ein Ruhestandsbeamter nach Wiederherstellung seiner Dienstfähigkeit und vor Ablauf von 5 Jahren seit dem Eintritt in den Ruhestand beantragen, ihn erneut in das Beamtenverhältnis zu berufen. Diesem Antrag ist zu entsprechen, falls keine zwingenden dienstlichen Gründe entgegenstehen. Daß die z. Z. des Erlasses der DO vom 27. Oktober 1942 geltenden §§ 67 ff. DBG eine vergleichbare Regelung nicht kannten, hält das Berufungsgericht mit Recht für bedeutungslos. Denn nach § 6 Ziff. 12 DO kommt es auf die *jeweiligen* beamtenrechtlichen Ruhestandsbestimmungen an. Im übrigen hat die Revision insoweit auch keine Beanstandungen vorgebracht.

Die entsprechende Anwendung des § 45 Abs. 2 BBG bedeutet nun aber nicht, wie das Landesarbeitsgericht anscheinend meint, daß unter den Voraussetzungen dieser Bestimmung im vorliegenden Fall das ursprüngliche, durch Vertrag vom 1. August 1952 begründete DO-Anstellungsverhältnis des im Ruhestand befindlichen Klägers gleichsam wieder auflebt. Vielmehr bedarf es, ähnlich wie die Reaktivierung eines Ruhestandsbeamten eine erneute, wirksame Ernennung erfordert (vgl. Plog-Wiedow, BBG, § 45 Anm. 5 a), zur Wiederherstellung der Eigenschaft eines aktiven DO-Angestellten auch im Rahmen des § 6 Ziffer 12 DO in Verbindung mit § 45 Abs. 2 BBG des Abschlusses eines neuen, den Kläger der DO unterstellenden Anstellungsvertrages. Auf den Abschluß eines solchen Vertrages richtet sich der Anspruch, der einem im

Ruhestand befindlichen DO-Angestellten bei entsprechender Anwendung des § 45 Abs. 2 BBC zustehen kann.

Damit ist dem seine Wiederanstellung betreibenden Ruhestandsangestellten aber nicht zugleich auch das Recht eingeräumt, seine Verwendung in der früheren oder einer dieser mindestens gleichwertigen Dienststellung zu verlangen. Das folgt aus einem Vergleich der Absätze 1 und 2 des § 45 BBG. Während nämlich in Abs. 1 die entsprechende Anwendung des § 39 aaO vorgesehen ist und deshalb der von einer Behörde einberufene, wieder dienstfähig gewordene Ruhestandsbeamte einer solchen Aufforderung nur nachzukommen braucht, wenn ihm ein Amt übertragen werden soll, das derselben oder einer mindestens gleichwertigen Laufbahn angehört wie das frühere Amt und mit demselben Endgrundgehalt verbunden ist, fehlt in § 45 Abs. 2 eine Bezugnahme auf den § 39. Infolgedessen wird dem Anspruch des seine Reaktivierung selbst verlangenden Ruhestandsbeamten z. B. auch durch Übertragung eines Amtes einer geringeren Laufbahn oder mit geringerem Endgrundgehalt Genüge getan (vgl. Plog-Wiedow, aaO, § 45 Anm. 6). Das bedeutet für den zur Ruhe gesetzten DO-Angestellten in gleicher Lage, daß sein Anspruch aus § 45 Abs. 2 BBG lediglich auf die erneute Begründung eines DO-Anstellungsverhältnisses geht. Auch durch die Übertragung eines geringerwertigen Dienstpostens, als ihn der DO-Angestellte früher innehatte, kann daher sein Wiederanstellungsanspruch erfüllt werden. Wird ihm ein solcher im Stellenplan vorhandener Dienstposten angeboten, so kann er ihn zwar ablehnen, er verliert aber damit seinen Anspruch aus § 45 Abs. 2 BBG. Da sich dieser, wie erörtert, inhaltlich auf die Wiederherstellung eines aktiven DO-Anstellungsverhältnisses überhaupt beschränkt, kann im übrigen dessen Begründung auch nicht für einen bestimmten Zeitpunkt verlangt werden. Es ist daher fehlerhaft, wenn das angefochtene Urteil dafür den 1. Juli 1956 festlegt.

Daß das Berufungsgericht die Voraussetzungen eines derart gestalteten Wiederanstellungsanspruchs, nämlich die Wiederherstellung der Dienstfähigkeit und die Stellung eines Antrags auf Wiederanstellung vor Ablauf von 5 Jahren seit Eintritt in den Ruhestand, im vorliegenden Fall als gegeben ansieht, begegnet insoweit keinen Bedenken, als es sich um das letztgenannte Erfordernis handelt. Denn nach den Feststellungen des angefochtenen Urteils hat der mit Schreiben der Beklagten vom 14. Februar 1955 zur Ruhe gesetzte Kläger unter dem 27. Juli 1956, also innerhalb der Fünfjahresfrist, seine Wiederanstellung als aktiver DO- Angestellter beantragt.

Nicht frei von Rechtsfehlern ist es jedoch, wenn das Landesarbeitsgericht Dienstfähigkeit des Klägers im Sinne des § 45 Abs. 2 BBG annimmt. Da es sich um die entsprechende Anwendung einer beamtenrechtlichen Vorschrift handelt, ist auch bei DO-Angestellten der beamtenrechtliche Begriff der Dienstfähigkeit zu Grunde zu legen. Dieser bestimmt sich nach dem der Dienstunfähigkeit (§ 42 Abs. 1 BBG). Dienstunfähig ist danach ein Beamter, der infolge eines körperlichen Gebrechens oder wegen Schwäche seiner körperlichen oder geistigen Kräfte zur Erfüllung seiner Dienstpflichten dauernd außerstande ist. Im Hinblick darauf ist Dienstfähigkeit dann anzunehmen, wenn der Beamte in der Lage ist, das bisher (oder früher) innegehabte Amt oder ein diesem nach Rang, Vor- und Ausbildungserfordernissen gleichzuerachtendes Amt wahrzunehmen (vgl. dazu auch BVerwGE 2, 270 [272]). Bei Anwendung dieses allgemeinen (unbestimmten) Rechtsbegriffs ist aber zu beachten, daß es nicht allein darauf ankommt, ob der Beamte persönlich nach seinem Gesundheitszustand zu der bezeichneten Dienstleistung imstande ist, sondern auch darauf, ob seine Verwendungsfähigkeit den Erfordernissen des in Betracht kommenden bestimmten Dienstherrn entspricht, insbesondere ob seine weitere Tätigkeit — z. B. bei einer ansteckenden Krankheit — eine Gefährdung Dritter bedeutet und ob — etwa wegen häufiger krankheitsbedingter Unterbrechungen des Dienstes — seine Tätigkeit den Mitarbeitern und dem Dienstherrn zugemutet werden kann (vgl. dazu Plog-Wiedow, aaO, § 42 Anm. 2—4; Fischbach, BBG, 2. Aufl., § 42 Anm. I 1 a, 2).

Geht man hiervon aus, so besteht allerdings kein Anlaß zu Bedenken, soweit das Berufungsgericht den Kläger seinem Gesundheitszustand nach zur Arbeitsleistung auf seinem früheren oder einem gleichzuerachtenden Dienstposten für s u b j e k t i v fähig hält. Das angefochtene Urteil führt dazu aus, nach dem mit dem Zeugnis des Chefarztes des Sanatoriums A. vom 28. Juni 1956 insoweit übereinstimmenden Gutachten der Medizinischen Klinik der Universität K. vom 15. Mai 1957 könne der Kläger seine berufliche Tätigkeit ausüben. Die bei ihm festgestellten, auch ausgedehnten tuberkulösen Lungenveränderungen, die in einer weitgehenden Schrumpfung der linken Lunge bestünden, bedingten, wie das Gutachten betone, allein von ärztlicher Seite aus keine Dienstunfähigkeit. Eine Totalatelektase der linken Lunge, wie sie der Amtsarzt des Städt. Gesundheitsamts W. im Zeugnis vom 22. September 1956 für gegeben halte, habe sich bei der Untersuchung durch die Universitätsklinik nicht bestätigt. Die Schlußfolgerung des Amtsarztes, der Kläger sei nicht voll arbeitsfähig, sei daher nicht zu rechtfertigen.

Es ist unbeachtlich, wenn die Revision hiergegen einwendet, der Amtsarzt sei bei seiner Beurteilung nicht nur von einer Totalatelektase, sondern auch von einer Oberlappen- und einer Bronchustuberkulose ausgegangen; da selbst das Gutachten der Medizinischen Universitätsklinik eine fakultativ-offene Tuberkulose feststelle, habe das Landesarbeitsgericht nicht zu einer Bejahung der Dienstfähigkeit des Klägers kommen dürfen. Bei diesem Vorbringen handelt es sich um einen unzulässigen Angriff auf die Beweiswürdigung des Landesarbeitsgerichts, die, weil sie sich im Rahmen des § 286 ZPO hält, der Nachprüfung durch das Revisionsgericht entzogen ist. Das Berufungsgericht brauchte auch nicht dem Antrag der Beklagten auf Einholung einer Stellungnahme des Amtsarztes zum Gutachten der Universitätsklinik nachzukommen, wie die Revision meint. Denn selbst wenn man von der Anwendbarkeit der Nr. 3 der Verwaltungsvorschriften zu § 45 BBG im vorliegenden Fall ausgeht, läßt diese Bestimmung, die zwar in erster Linie das Gutachten eines Amtsarztes zur Feststellung der Dienstfähigkeit vorsieht, auch die Beurteilung durch einen Facharzt zu, der das Vertrauen des Dienstherrn genießt. Eine solche Beurteilung ist hier durch die Erstattung des Gutachtens der Universitätsklinik im ausdrücklichen Einverständnis der Beklagten erfolgt. Der Revision kann weiter auch nicht darin beigepflichtet werden, daß das Landesarbeitsgericht zu Unrecht die durch Rentenbescheid festgestellte, auf dem Lungenleiden des Klägers beruhende Minderung seiner Erwerbsfähigkeit um 100 % unberücksichtigt gelassen habe. Erwerbsunfähigkeit ist nämlich ein ausschließlich für das Versicherungsrecht geltender Begriff, der keineswegs gleichbedeutend mit Dienstunfähigkeit im Sinne des § 42 BBG ist (vgl. Plog-Wiedow, aaO, § 42 Anm. 2). Abgesehen davon aber ist die Feststellung des Rentenbescheids zum 1. September 1953, also für einen Zeitpunkt vor Beginn der mehrere Jahre dauernden Kuren des Klägers getroffen worden.

Soweit die Dienstfähigkeit des Klägers im Sinne des § 45 Abs. 2 BBG davon abhängt, ob seine Verwendungsfähigkeit den Erfordernissen der Beklagten entspricht, insbesondere ob mit seiner weiteren Tätigkeit auf seinem früheren oder einem gleichzuerachtenden Dienstposten eine Gefährdung Dritter verbunden ist, ist sie entgegen der Ansicht der Revision nicht schon deshalb zu verneinen, weil es sich nach den Feststellungen des Landesarbeitsgerichts um eine fakultativ-offene, d. h. um eine Lungentuberkulose handelt, bei der nicht mit Sicherheit gesagt werden kann, daß der z. Z. abgelaufene Tuberkuloseprozeß nicht in Zukunft bei irgendeiner ungünstigen Gelegenheit schicksalsmäßig reaktiviert wird und damit auch plötzlich und vielleicht zunächst unbemerkbar eine Ansteckungsgefahr für die Umgebung des Klägers eintritt. Denn die bloße M ö g l i c h k e i t einer zukünftigen erneuten Verschlimmerung eines zur Ruhe gekommenen Leidens schließt unter dem hier in Rede stehenden Gesichtspunkt eine gegenwärtige Dienstfähigkeit noch nicht aus.

Indessen hat, wie sich aus den Ausführungen des angefochtenen Urteils weiter ergibt und von der Revision mit Recht hervorgehoben wird, der Sachverständige Dr. S., der Verfasser des Gutachtens der Universitätsklinik, bei seiner Vernehmung vor dem Landesarbeitsgericht auch gegenwärtig eine Gefährdung der Umgebung des Klägers durch dessen Krankheit nur unter der Voraussetzung verneint, daß dieser bei seiner Weiterbeschäftigung ein Einzelzimmer erhält, mit dem Publikum nicht in Berührung kommt und von besonders körperlich belastenden Arbeiten verschont wird. Dazu gehört nach der Bekundung des Sachverständigen z. B. eine Tätigkeit, bei der der Kläger dauernd unterwegs sein müßte. Mit diesen für die Frage der Dienstfähigkeit des Klägers bedeutsamen Punkten hat sich das Berufungsgericht nicht genügend auseinandergesetzt. Es bemerkt lediglich, im Hinblick auf die großen Fähigkeiten des Klägers sei es nicht erforderlich, ihm eine Tätigkeit zuzuweisen, bei der er Außendienst in den Mitgliedsfirmen der Beklagten verrichten müsse, vielmehr sei diese verpflichtet, ihn im Innendienst zur beschäftigen und ihm ein Einzelzimmer zuzuweisen, wobei er dann auch nicht in enge Berührung mit anderen Personen komme; im übrigen sei kein Grund zu erkennen, weshalb der Kläger als Amtmann körperliche Belastungen der vom Sachverständigen erwähnten Art auf sich nehmen müsse. Diese Ausführungen reichen in tatsächlicher Hinsicht nicht aus, um dem Revisionsgericht die Nachprüfung zu ermöglichen, ob dem Landesarbeitsgericht insoweit bei der Anwendung des allgemeinen Rechtsbegriffs der Dienstfähigkeit im Sinne des § 45 Abs. 2 BBG ein revisibler Rechtsverstoß unterlaufen ist (vgl. dazu BAG 5, 38; AP Nr. 29, 49 zu § 3 TO. A). Es bedarf daher noch einer eingehenden Prüfung und Darlegung der tatsächlichen Verhältnisse im einzelnen zu der Frage, ob und inwieweit die Art des Dienstbetriebs der Beklagten es zuläßt, dem Kläger eine Beschäftigung zuzuweisen, die er in einem Einzelzimmer, ohne Berührung mit Publikum oder Mitarbeitern, im Sinne der vom Berufungsgericht entgegen der Meinung der Revision zu Recht beachteten „Richtlinien für die Beschäftigung Lungentuberkulöser an geeigneten Arbeitsplätzen" vom 19. Januar 1954 (BArbBl. 1955 S. 250) sowie ohne besonders körperliche Belastung ausüben kann. Denn wenn eine Verwendung des Klägers eine Gefährdung Dritter, z. B. notwendigerweise mit ihm im selben Raum arbeitender Angestellter, mit sich bringt, liegt Dienstfähigkeit im Sinne des § 45 Abs. 2 BBG nicht vor.

Bedenken bestehen auch insoweit, als das Berufungsgericht das Vorliegen zwingender dienstlicher Gründe verneint, die einem Wiederanstellungsanspruch des Klägers nach § 45 Abs. 2 BBG entgegengehalten werden könnn. Die Revision irrt allerdings, wenn sie meint, daß in diesem Zusammenhang bereits der Mangel der Zustimmung des Personalrats der Beklagten zu einer Wiederanstellung des Klägers erheblich sei. Zwar gilt für die Beklagte das Bundespersonalvertretungsgesetz (BPersVG), weil sie einen über das Gebiet eines Landes hinausgehenden Bereich betreut (vgl. Art. 87 Abs. 2 GG; Molitor, PersVG, 2 Aufl., § 1 Anm. 5). Dem fehlenden Einverständnis ihres Personalrats, dessen Beteiligung bei einer Einstellung sich im übrigen auf eine Mitwirkung gemäß §§ 61 Abs. 1, 70 BPersVG beschränkt, kommt im vorliegenden Fall aber schon deshalb keine Bedeutung zu, weil es sich um einen gesetzlich normierten Wiederanstellungsanspruch handelt.

Keine Zustimmung kann indessen die Ansicht des Landesarbeitsgerichts finden, Gründe des Haushalts und des Stellenplans der Beklagten könnten im Rahmen des § 45 Abs. 2 BBG dem Wiederanstellungsanspruch eines DO-Angestellten nicht entgegenstehen. Auszugehen ist hier zunächst davon, daß der Arbeitgeber im Rahmen der Erfüllung dieses Anspruchs auf Grund seiner Fürsorgepflicht in erster Linie gehalten ist, dem DO-Angestellten den früheren oder einen gleichzuerachtenden Dienstposten zu übertragen, und daß er eine geringerwertige Stelle erst dann anbieten darf, wenn das nicht in Betracht kommt. Ob und gegebenenfalls welcher freie Dienstposten danach mit dem Kläger besetzt werden könnte, ist anhand einer genauen Prüfung nicht allein der am Sitz der Beklagten, sondern in deren ganzem Bereich vorhandenen Stellen zu ermitteln. Es fehlt in dieser Hinsicht an zureichenden tatsächlichen Feststellungen, wenn sich das angefochtene Urteil ohne nähere Aufklärung mit der Bemerkung begnügt, sowohl in der Betriebs- und Beitragsabteilung als auch in der allgemeinen Verwaltung der Beklagten seien jedenfalls Einsatzmöglichkeiten für einen Volks- und Betriebswirt mit den praktischen Erfahrungen des Klägers vorhanden.

Stehen keine Dienstposten für den Kläger zur Verfügung und ist auch nicht zu erwarten, daß in absehbarer Zeit solche frei werden, dann kann sich entgegen der Meinung des Landesarbeitsgerichts die Beklagte darauf als einen zwingenden dienstlichen Grund berufen. Die Begründung eines DO-Anstellungsverhältnisses erfordert nämlich nach § 2 Abs. 4,

§ 3 Abs. 1 der DO vom 27. Oktober 1942 die Einweisung des Klägers in eine Planstelle einer Besoldungsgruppe des einen Bestandteil der DO bildenden Stellenplans der Beklagten. Wie der Senat für den Stellenplan einer Allgemeinen Ortskrankenkasse ausgesprochen hat, soll durch diesen der Besoldungsaufwand des Versicherungsträgers übersehbar und im Interesse der Versicherten in gewissen Grenzen gehalten werden (vgl. BAG 9, 79 ff.). Dasselbe gilt für den Stellenplan einer Berufsgenossenschaft, wie die Beklagte ist. Der Stellenplan enthält nun für jede Besoldungsgruppe nur eine bestimmte Anzahl von Stellen. Er darf daher bei der Entscheidung über den Wiederanstellungsanspruch nicht außer acht gelassen werden. Denn die Beklagte kann grundsätzlich nicht darauf verwiesen werden, falls erforderlich, eine neue Planstelle zu schaffen. Vielmehr unterliegt die Gestaltung des Stellenplans als Teil der DO der Autonomie der Beklagten und ist damit einer Einflußnahme durch Entscheidungen der Arbeitsgerichte grundsätzlich entzogen (vgl. dazu auch BAG 7, 250 ff.). Ob sich die Beklagte auch auf das Fehlen einer Planstelle berufen könnte, wenn etwa Stellen frei geworden sind, nachdem der Kläger seine Wiederanstellung bei ihr beantragt hatte, die Beklagte die Stellen aber ohne Rücksicht darauf anderweitig besetzt hat, oder ob sie in einem solchen Fall wegen schuldhafter Fürsorgepflichtverletzung schadenersatzpflichtig ist, kann hier dahingestellt bleiben; denn ein solcher Anspruch auf Schadenersatz ist nicht Gegenstand dieses Rechtsstreites.

Wie das Landesarbeitsgericht mit Recht annimmt, kann aber als ein solcher Grund von der Beklagten nicht vorgebracht werden, daß der Kläger sie bei seiner Einstellung am 1. August 1952 nicht über sein Lungenleiden unterrichtet hat. Denn Gründe aus der Zeit vor der Versetzung in den Ruhestand scheiden im Rahmen des § 45 Abs. 2 BBG aus (vgl. Plog-Wiedow, aaO, § 45 Anm. 6). Hingegen wäre ein zwingender dienstlicher Grund, der j e t z t in der Person des Klägers liegt, dann zu bejahen, wenn die Beklagte einen Wiederanstellungsanspruch des Klägers beispielsweise nur durch Zuweisung einer Inspektorenstelle erfüllen könnte, der Kläger aber in dieser Stelle infolge der dienstnotwendig ständigen Berührung mit Dritten diese durch seine Krankheit gefährden würde.

Da es nach vorstehenden Ausführungen noch weiterer tatsächlicher Feststellungen bedarf, die das Revisionsgericht nicht selbst vornehmen kann, war das angefochtene Urteil aufzuheben und die Sache zur anderweiten Verhandlung und Entscheidung an das Berufungsgericht zurückzuverweisen.

## 39

**Vertreter der Kreishandwerkerschaften können vor den Landesarbeitsgerichten als Prozeßbevollmächtigte nicht auftreten.**

ArbGG § 11 Abs. 2.

II. Senat. Urteil vom 10. 12. 1960 i. S. Fa. P. (Bekl.) w. F.-Th. (Kl.)
2 AZR 490/59.

I. Arbeitsgericht Düsseldorf. — II. Landesarbeitsgericht Düsseldorf.

Die Klägerin hat auf Feststellung geklagt, die ihr gegenüber am 8. Mai 1959 ausgesprochene Kündigung habe ihr Anstellungsverhältnis erst mit Wirkung zum 30. Juni 1959 aufgelöst. Die Beklagte dagegen hat die Auffassung vertreten, durch die Kündigung sei das Anstellungsverhältnis bereits zum 31. Mai 1959 beendet worden. Das Arbeitsgericht hat nach dem Klageantrag erkannt.

Gegen dieses Urteil hat die Beklagte mit einem von Dr. S. unterschriebenen, zugleich die Begründung enthaltenden Schriftsatz Berufung eingelegt. Dr. S. ist der Geschäftsführer der Kreishandwerkerschaft in D.. Das Landesarbeitsgericht hat die Berufung der Beklagten zurückgewiesen. Die Revision der Beklagten ist mit der Maßgabe zurückgewiesen worden, daß die Berufung der Beklagten als unzulässig verworfen wurde.

Aus den Gründen:

Die Zulässigkeit der Berufung gehört zu den in der Revisionsinstanz von Amtswegen zu prüfenden Prozeßfortsetzungsbedingungen (Baumbach-Lauterbach, Komm. zur ZPO, 25. Aufl. § 559 Anm. 2 C; RGZ 159, 83 [84]). Die Berufungsschrift muß als bestimmender Schriftsatz unterschrieben sein (BAG 3, 55), und zwar im Verfahren vor den Landesarbeitsgerichten durch eine der in § 11 Abs. 2 ArbGG genannten Personen. Dr. S. gehört aber nicht zu den in dieser Vorschrift genannten Personen. Als Vertreter der Kreishandwerkerschaft ist er weder Vertreter einer Vereinigung von Arbeitgebern noch Vertreter eines „Zusammenschlusses" von Arbeitgebervereinigungen.

Daß die Kreishandwerkerschaft keine Vereinigung von Arbeitgebern im Sinne von § 11 ArbGG ist, geht aus § 79 der Handwerksordnung vom 17. September 1953 (BGBl. S. 1411) hervor. Dort ist nämlich bestimmt, daß die Kreishandwerkerschaft durch die Innungen eines Kreises gebildet wird. Mitglieder der Kreishandwerkerschaft sind also nicht die einzelnen Handwerker, sondern nur die Innungen, die nur ihrerseits in gewissem Sinne als Arbeitgeberverbände angesprochen werden können, weil zu ihren Aufgaben auch der Abschluß von Tarifverträgen gehört (§ 49 Abs. 3 Nr. 1 HandwO).

Dies leitet über zu der weiteren Frage, ob Dr. S. seine Befugnis zur Vertretung der Beklagten aus der zweiten Alternative von § 11 Abs. 2 Satz 2 ArbGG herleiten konnte, nämlich daraus, daß er Vertreter eines Zusammenschlusses von Arbeitgeberverbänden war. Die Kette seiner Legitimation als Prozeßbevollmächtigter der Beklagten wäre in der Tat geschlossen, wenn man sagen könnte, daß der Inhaber der Beklagten als selbständiger Handwerker (Gebäudereiniger; vgl. Nr. 78 der Anlage A zur Handwerksordnung) Mitglied seiner Innung, also eines Arbeitgeberverbandes, und diese Innung Mitglied der Kreishandwerkerschaft, d. h. eines „Zusammenschlusses" von Arbeitgeberverbänden war, und daß die Kreishandwerkerschaft durch ihre Satzung oder durch besondere Vollmacht Dr. S. ermächtigt hat, die Mitglieder der Innungen in arbeitsgerichtlichen Prozessen zu vertreten.

Diese allein in Betracht kommende Art der Legitimation des Dr. S. scheitert jedoch daran, daß der in § 11 ArbGG privilegierte Zusammenschluß von Arbeitgeberverbänden ein freiwilliger sein muß, die Mitgliedschaft der Innungen bei den Kreishandwerkerschaften aber nicht freiwillig ist, sondern auf gesetzlicher Vorschrift beruht.

Letzteres ergibt sich aus dem schon genannten § 79 HandwO. Hiernach gehört jede Innung ungefragt und ohne weiteres der Kreishandwerkerschaft an. Aus dem Wortlaut des § 79 HandwO, nach welchem die Handwerksinnungen, die in einem Stadt- oder Landkreis ihren Sitz haben, „die Kreishandwerkerschaft bilden", und aus der weiteren Tatsache, daß § 82 Abs. 1 Nr. 1 HandwO die Vorschrift des § 50 Abs. 2 Nr. 3 HandwO (Bestimmungen über den Eintritt, den Austritt und den Ausschluß der Mitglieder) von der entsprechenden Anwendung ausschließt, muß gefolgert werden, daß die Mitgliedschaft der Innungen bei den Kreishandwerkerschaften gesetzlich vorgeschrieben und daher nicht freiwillig ist. Die Mitgliedschaft entsteht im Zeitpunkt des Entstehens der Innung oder der Kreishandwerkerschaft als juristischer Person; sie endet mit dem Verlust der Rechtspersönlichkeit. Austritt ist rechtlich nicht möglich (Eyermann-Fröhler, Komm. z. HandwO § 79 Anm. 12; Kolbenschlag-Lessmann-Stücklen, Komm. z. HandwO § 79 Anm. 3; Schwindt, Komm. z. HandwO § 79 Anm. 3; Hartmann-Philipp, Komm. z. HandwO § 79 Anm. 1). Für die Annahme, daß die Mitgliedschaft der Innungen bei der Kreishandwerkerschaft trotzdem eine freiwillige sein könnte, bleibt somit kein Raum. Denn dazu würde es nicht genügen, daß die Innungen mit ihrem gesetzlichen Zusammenschluß in der Kreishandwerkerschaft einverstanden sind.

Freiwilligkeit ist aber ein beherrschendes Prinzip des Koalitionsrechts (vgl. Hueck-Nipperdey, Lehrbuch, 6. Aufl., Bd. II, S. 57/58). Es gilt nicht nur für Gewerkschaften und Arbeitgeberverbände, sondern auch für die Zusammenschlüsse dieser Verbände. Von dieser Ansicht geht auch der Gesetzgeber z. B. in §§ 2 Abs. 2, 10a TVG und in §§ 4 Abs. 2 a, 6 Abs. 1 bis 3 MitbestG. aus. Für § 11 ArbGG kann nichts anderes gelten (vgl. Dersch-Volkmar, Komm. z. ArbGG, 6. Aufl. § 11 Anm. 5 b mit zahlreichen Nachweisen; Dietz-Nikisch, Komm. z. ArbGG § 11 Anm. 49).

Hiernach können Vertreter der Kreishandwerkerschaft bei den Arbeitsgerichten nicht Prozeßbevollmächtigte von Innungsmitgliedern sein (vgl. Hueck-Nipperdey, aaO S. 63). Für die Sozialgerichtsbarkeit hat sich das Bundessozialgericht in seiner Entscheidung vom 16. Dezember 1959 (AP Nr. 3 zu § 166 SGG) auf den gegenteiligen Standpunkt gestellt. Es ist aber auf die Frage der Freiwilligkeit des Zusammenschlusses der Innungen in der Kreishandwerkerschaft nicht eingegangen, sondern hat sich damit begnügt, daß die Mitgliedschaft bei den Innungen nach § 47 Abs. 1 Satz 1 HandwO freiwillig ist. Dem vermag sich der Senat aus obigen Gründen nicht anzuschließen.

Nach alledem war die von Dr. S. eingelegte Berufung der Beklagten unzulässig.

## 40

**Stirbt ein Arbeitnehmer während seines Kündigungsschutzprozesses vor dem Termin, zu dem ihm gekündigt worden ist, dann wird die von den Erben weiterverfolgte Klage unschlüssig. Die Hauptsache ist dann durch den Tod des Arbeitnehmers erledigt, und zwar nicht nur der Feststellungsantrag aus § 3 KSchG, sondern auch ein Antrag aus § 7 Abs. 1 Satz 1, das Arbeitsverhältnis durch Urteil aufzulösen und den Arbeitgeber zu einer Abfindung zu verurteilen.**

KSchG §§ 3, 7 Abs. 1 Satz 1; ZPO § 91 a.

II. Senat. Urteil vom 15. 12. 1960 i. S. Erben W. (Kl.) w. Fa. H.-W. (Bekl.) 2 AZR 79/59.

I. Arbeitsgericht Stuttgart. — II. Landesarbeitsgericht Baden-Württemberg (Stuttgart).

Nachdem die Beklagte ihrem Hausmeister W. am 20. Mai 1958 zum 31. Dezember 1958 gekündigt hatte, hat dieser am 23. Mai 1958 geklagt und beantragt, die Unwirksamkeit der Kündigung festzustellen, jedoch das Arbeitsverhältnis zum 31. Dezember 1958 aufzulösen und die Beklagte zu verurteilen, ihm eine angemessene Abfindung zu zahlen. Das Arbeitsgericht hat durch Urteil vom 16. Oktober 1958 diesen Anträgen entsprechend festgestellt, daß die Kündigung das Arbeitsverhältnis nicht aufgelöst habe, und die Beklagte unter Auflösung des Arbeitsverhältnisses zum 31. Dezember 1958 verurteilt, an W. 5400 DM als Abfindung zu zahlen. W. hat sich einige Tage später, am 22. Oktober 1958, das Leben genommen.

Die Beklagte hat gegen das am 29. Oktober 1958 zugestellte arbeitsgerichtliche Urteil am 11. November 1958 Berufung eingelegt. Die beiden Kläger haben als Erben des W. den Rechtsstreit fortgeführt und beantragt, die Berufung zurückzuweisen. Das Landesarbeitsgericht hat jedoch das Urteil des Arbeitsgerichts aufgehoben und die Klage abgewiesen. Die Revision der Kläger ist zurückgewiesen worden

Aus den Gründen:

Mit Recht geht Landesarbeitsgericht davon aus, daß das Arbeitsverhältnis des W. durch seinen Tod am 22. Oktober 1958 ohne weiteres beendet war. Denn es spricht nichts dafür, daß W. entgegen der Auslegungsregel des § 613 Satz 1 BGB seine Dienste anders als in seiner Person hätte leisten können. Danach war der Rechtsstreit hinsichtlich des ersten Antrags der Kläger in der Hauptsache erledigt. Für die begehrte Feststellung, die am 20. Mai 1958 zum 31. Dezember 1958 erklärte Kündigung der Beklagten sei unwirksam und habe das Arbeitsverhältnis nicht aufgelöst, war kein Raum mehr. Ein Arbeitsverhältnis, das während des Laufes einer Kündigungsfrist durch den Tod des Arbeitnehmers aufgelöst wird, kann durch eine zwar vorher erklärte, aber erst zu einem späteren Zeitpunkt wirkende Kündigung nicht mehr berührt, d. h. nicht noch einmal aufgelöst werden (vgl. BAG 7, 51 [53 ff.]). Die Kündigung hat in diesem Fall durch den Tod des Erblassers ihre rechtliche Bedeutung verloren. Die Erben eines Arbeitnehmers, der nicht mehr lebt und dessen Arbeitsverhältnis durch seinen Tod das Ende gefunden hat, können nicht verlangen, daß die Fortdauer des Arbeitsverhältnisses über den Tod hinaus festgestellt wird. Die von ihnen fortgeführte Klage ist durch den Tod des Arbeitnehmers unschlüssig geworden, auch wenn sie vorher begründet gewesen sein sollte. Das verkennt anscheinend auch die Revision nicht. Sie meint jedoch, das Landesarbeitsgericht habe dann eben feststellen müssen, daß das Arbeitsverhältnis am 22. Oktober 1958 geendet habe. Eine solche Feststellung haben aber die Kläger im Berufungsverfahren nicht beantragt. Mit ihrem Antrag wollten sie vielmehr die Feststellung erreichen, daß das Arbeitsverhältnis des W. in seinem Bestehen durch die zum 31. Dezember 1958 ausgesprochene Kündigung unberührt geblieben war, also jedenfalls über den 22. Oktober 1958 hinaus weiterbestanden hatte. Eine Erklärung, daß die Hauptsache durch den Tod des W. erledigt sei, haben die Kläger nicht abgegeben und wollten sie auch bei ihrem Begehren nicht abgeben. Im übrigen hätten sie dann den Rechtsstreit nicht wie geschehen mit dem Antrag auf Zurückweisung der Berufung der Beklagten fortsetzen können, sondern sich auf einen auf § 91 a ZPO gestützten Kostenantrag beschränken müssen. Ein Kläger, der einen Rechtsstreit fortsetzt, obwohl er in Wirklichkeit in der Hauptsache erledigt ist, muß mit seiner Klage abgewiesen werden (vgl. Wieczorek, ZPO, § 91 a Anm. A I a).

Hiernach hat das Landesarbeitsgericht die Klage mit Recht zunächst insoweit abgewiesen, als mit ihr die Feststellung begehrt worden ist, die Kündigung zum 31. Dezember 1958 sei unwirksam und habe das Arbeitsverhältnis nicht beendet. Dasselbe gilt aber auch für die weiteren Klageanträge aus § 7 Abs. 1 Satz 1 KSchG, das Arbeitsverhältnis zum 31. Dezember 1958 aufzulösen und die Beklagte zu verurteilen, eine Abfindung zu zahlen. Diese Anträge sind ebenfalls durch den Tod des W. in der Hauptsache erledigt. Auch dazu ist zunächst zu sagen, daß ein durch Tod des Arbeitnehmers bereits aufgelöstes Arbeitsverhältnis nicht nochmals aufgelöst werden kann, auch nicht durch ein gerichtliches Gestaltungsurteil, wie es in § 7 Abs. 1 Satz 1 KSchG vorgesehen ist. Damit ist aber auch dem Abfindungsbegehren die Grundlage entzogen. Denn dieses Begehren setzt, wie das angefochtene Urteil zutreffend ausführt, die Begründetheit der Kündigungsschutzklage und die darauf beruhende begründete Auflösung des Arbeitsverhältnisses durch Gestaltungsurteil voraus. Die Abfindung soll ein Ersatz dafür sein, daß der Arbeitnehmer sein Recht auf Fortsetzung des Arbeitsverhältnisses aufgibt (Auffarth-Müller, KSchG, § 8 Anm. 5; Herschel-Steinmann, KSchG, 4. Aufl., § 8 Anm. 5; Hueck, KSchG, 3. Aufl., § 8 Anm. 7). Ist der Arbeitnehmer wie hier schon vor Wirksamwerden der Kündigung gestorben und somit gar nicht in der Lage, das Arbeitsverhältnis fortzusetzen, dann können auch seine Erben keine Abfindung verlangen; es ist überhaupt kein Anspruch auf Abfindung zur Entstehung gekommen. Der Abfindungsanspruch kann nicht für sich allein bestehen. Er ist vom Gesetzgeber an eine begründete Feststellungsklage aus § 3 KSchG geknüpft und mit einem begründeten Anspruch auf Auflösung des für den Arbeitnehmer unzumutbar gewordenen Arbeitsverhältnisses verbunden worden. Seinem Wesen nach ist er eben Entschädigung dafür, daß der Arbeitnehmer wegen für ihn gegebener Unzumutbarkeit der Fortsetzung des Arbeitsverhältnisses seine Stelle aufgibt, obwohl ein sozial zu billigender Kündigungsgrund für die arbeitgeberseitige Kündigung nicht vorliegt (Hueck, KSchG, § 8 Anm. 7). Da es zur Zeit der Entscheidung des Landesarbeitsgerichts wie dargelegt an beiden Voraussetzungen für die Abfindung fehlte, kann den Klägern auch keine Abfindung zugesprochen werden. Daran ändert auch der Umstand nichts, daß das Arbeitsgericht dem Verstorbenen, als er noch lebte, bereits eine Abfindung zugesprochen hat. Denn dieses Urteil ist nicht rechtskräftig geworden.

An dieser zur Klageabweisung zwingenden Rechtslage geht die Revision vorbei. Das von ihr herangezogene Schrifttum bezieht sich, soweit es anscheinend anderer Auffassung ist, nicht auf den vorliegenden Fall, dessen Besonderheit darin besteht, daß der Arbeitnehmer nicht nur vor rechtskräftiger Beendigung seines Kündigungsschutzprozesses, sondern auch vor dem Wirksamwerden der ihm gegenüber ausgesprochenen Kündigung gestorben ist.

Ob die Kläger aus eigenem Recht unabhängig von der nach alledem unbegründeten Kündigungsschutzklage ein rechtliches Interesse an der Feststellung haben konnten, daß die Beklagte keine triftigen Gründe zur Kündigung gegenüber dem Erblasser hatte, etwa um das Andenken des Verstorbenen in Ehren zu halten, braucht nicht geprüft zu werden. Denn die Kläger haben in dieser Richtung weder Tatsachen behauptet noch besondere Anträge gestellt. Auch würden sie damit keine Abfindung erreichen können.

## 41

**1. Soweit Vorschriften der TO.A oder der hierzu erlassenen ADO es verbieten, höhere Bezüge als die in der TO.A vorgesehenen an die Angestellten des öffentlichen Dienstes ohne Zustimmung der an die Stelle der früher ermächtigten Reichsminister getretenen Bundes- oder Länderminister zu zahlen, verstoßen diese Bestimmungen gegen das durch das Tarifvertragsgesetz in § 4 Abs. 3 sanktionierte Günstigkeitsprinzip und sind deshalb ungültig.**

**2. Die Bestimmungen des vor 1945 geltenden Besoldungsangleichungsrechts sind somit nicht nur als Sperrvorschriften des Reichsgesetzgebers gegenüber dem Landesgesetzgeber, sondern auch insoweit, als sie Recht im Verhältnis der Länder zu ihren Gemeinden setzten, gegenstandslos geworden.**

**3. Beanstandungen seitens der kommunalen Aufsichtsbehörde berechtigen eine Gemeinde nicht, im Verhältnis zu Dritten, denen gegen-**

**über sie bürgerlich-rechtliche Verpflichtungen eingegangen ist, lediglich unter Berufung auf die geschehene Beanstandung die vertraglich vereinbarte Leistung zu verweigern. Hierzu stehen ihr lediglich die legalen Mittel zur Verfügung, mit denen sich ein Schuldner von seinen Leistungspflichten aus einem privatrechtlichen Vertrag nach allgemeinen Regeln lösen kann.**

BGB §§ 133, 134, 157, 275, 306, 516; Bayer. Gemeindeordnung vom 25. Januar 1952 §§ 61 Abs. 3, 84; VO über die Aufstellung und Ausführung des Haushaltsplans der Gemeinden vom 4. September 1937 § 42; Gesetz über die ergänzende Regelung der Dienstverhältnisse bei öffentlichen Verwaltungen und Betrieben vom 17. Februar 1938 § 1; ADO Nr. 5 zu § 3 TO.A; ADO Nr. 1 zu § 16 ATO; TVG § 4 Abs. 3; KRG Nr. 56 vom 30. Juni 1947 Art. I; Gesetz zur Änderung von Vorschriften auf dem Gebiete des allgemeinen Beamten-, Besoldungs- und des Versorgungsrechts vom 30. Juni 1933 §§ 40 Abs. 2, 49; 1. Bayer. Besoldungsangleichungsverordnung vom 9. September 1931 §§ 1, 9.

V. Senat. Urteil vom 15. 12. 1960 i. S. R. (Kl.) w. St. C. (Bekl.)
5 AZR 374/58.

I. Arbeitsgericht Coburg. — II. Landesarbeitsgericht Bayern (Nürnberg).

1. Der Kläger steht seit 1939 in den Diensten der beklagten Stadt und ist als Wärter in der Kläranlage im Angestelltenverhältnis mit einer Vergütung nach VergGr. VIII TO.A tätig.

Im Jahre 1951 benötigte die Beklagte für ein Bauvorhaben ein größeres Darlehen und trat wegen dessen Gewährung mit einer Versicherung in M. in Verbindung. Diese Gesellschaft erklärte sich bereit, das Darlehen zu gewähren, sofern die beklagte Stadt ihren Angestellten und Arbeitern den Abschluß von Lebensversicherungsverträgen bei der Deutschen Beamtenversicherung empfehlen würde und bei einer Versicherungssumme von 1000,— DM pro Person die Prämienzahlung zur Hälfte übernehme.

Daraufhin faßte der Stadtrat der Beklagten in seiner vertraulichen Sitzung vom 22. Juni 1951 folgenden Beschluß:

> „Gemäß Vorschlag des Finanzausschusses mit Beschluß vom 5. Juni 1951 erklärt sich der Stadtrat mit dem Abschluß einer Lebensversicherung in Höhe von 1000,— DM für Angestellte und Arbeiter in der Stadtverwaltung unter der Bedingung einverstanden, daß die Stadt ein Darlehen von 200 000,— DM für 1951 erhält und die Deckungszusage hierfür alsbald ausgehändigt wird.

Die Versicherung bezieht sich nur auf die am 1. Juli 1951 beim Stadtrat C. beschäftigten Gehalts- und Lohnempfänger, soweit sie nicht das 55. Lebensjahr überschritten haben und soweit sie sich an diesem Tage nicht im Kündigungsverhältnis befunden haben. Die Prämienzahlung wird je zur Hälfte von dem Versicherten und von der Stadt übernommen. Der Beitritt zur Versicherung ist freiwillig. Die Ausarbeitung der einzelnen Versicherungsbedingungen überläßt der Stadtrat der Stadtverwaltung. Der Stadtrat erwartet, daß die Stadt im nächsten Jahr angesichts der hohen Versicherungszahl und der damit verbundenen Prämien ein weiteres Darlehen von etwa 200 000,— DM erhält."

Mit Schreiben vom 25. Juni 1951 teilte die Beklagte dem Betriebsrat folgendes mit:

„Betr.: Versicherung der Angestellten und Arbeiter der Stadt.

Wunschgemäß teilen wir Ihnen mit, daß der Stadtrat in der vertraulichen Sitzung vom 22. 6. 1951 gemäß Vorschlag des Finanzausschusses sich mit dem Abschluß einer Lebensversicherung in Höhe von 1000,— DM für die Angestellten und Arbeiter der Stadtverwaltung unter gewissen gegenüber der Deutschen Versicherung geltenden Bedingungen einverstanden erklärt hat.

Die Versicherung bezieht sich nur auf die am 1. 7. 51 beim Stadtrat beschäftigten Gehalts- und Lohnempfänger, soweit sie nicht das 55. Lebensjahr überschritten haben und soweit sie sich an diesem Tage nicht im Kündigungsverhältnis befunden haben. Die Prämienzahlung wird je zur Hälfte von dem Versicherten und von der Stadt übernommen. Der Beitritt zur Versicherung ist freiwillig.

Der Stadtrat hat der Stadtverwaltung die Ausarbeitung der einzelnen Versicherungsbedingungen überlassen. Das Rechtsamt hat bereits diesbezüglichen Auftrag erhalten.

Die Stadt ist sich der fortlaufenden zusätzlichen Mehrausgabe bewußt, die durch den Abschluß der Versicherung unter Berücksichtigung der großen Zahl städtischer Angestellter und Arbeiter entsteht. Der Stadtrat wird jedoch die hälftigen Versicherungsprämien und den Abschluß der Versicherung, die den Angestellten und Arbeitern der Stadt und ihren Angehörigen zugute kommt, in ihrem Interesse aus sozialen Gründen übernehmen.

C., den 25. Juni 1951.

gez. Dr. L.
Oberbürgermeister"

Von den etwa 450 städtischen Angestellten und Arbeitern machten rd. 270 Arbeitnehmer, darunter der Kläger, von dem Angebot Gebrauch. Der Kläger schloß mit der Versicherung einen Lebensversicherungsvertrag über 1000,– DM mit einem Versicherungsbeginn ab 1. Juli 1951 und einem Versicherungsende zum 30. Juni 1966 zu einer Monatsprämie von 6,56 DM ab. Der Abschluß mit der Versicherungsgesellschaft erfolgte auf einen von ihm gestellten Antrag hin; er erhielt auch den Versicherungsschein ausgehändigt. Er haftete als Versicherungsnehmer gegenüber der Versicherung für die Zahlung des vollen Prämienbeitrages. Die Beklagte hat für den Kläger ab 1. Juli 1951 von der jeweiligen monatlichen Versicherungsprämie die Hälfte in Höhe von 3,28 DM gezahlt.

Am 12. März 1955 und 11. Juni 1955 wies die Regierung von O. die Beklagte an, die Zahlung der hälftigen Beiträge zu den Versicherungsprämien der betreffenden Arbeitnehmer einzustellen. Sie machte geltend, die Besoldung der kommunalen Bediensteten dürfe nicht höher sein als die der Staatsbediensteten. Der Stadtrat der Beklagten beschloß jedoch am 5. Januar 1956, die Beiträge zu den eingegangenen Lebensversicherungen der Angestellten und Arbeiter bei der D.-Versicherung weiterzuzahlen. Daraufhin setzte der Oberbürgermeister der Beklagten am 23. Februar 1956 den Vollzug der Beschlüsse des Stadtrates der Beklagten nach Art. 59 Abs. 2 der Bayer. Gemeindeordnung (GO) aus und stellte bei der Regierung von O. den Antrag auf Entscheidung der Rechtsaufsichtsbehörde gemäß Art. 110 GO.

Mit Rundschreiben vom 28. Februar 1956 teilte die Beklagte den einzelnen Versicherungsnehmern — darunter auch dem Kläger — mit, daß sie trotz des Stadtratsbeschlusses vom 5. Januar 1956 verpflichtet sei, dem Verlangen der Regierung nachzukommen; sie sei deshalb gezwungen, die Zahlung des monatlichen Prämienanteils einzustellen. Sie empfahl den Versicherungsnehmern, die Lebensversicherung entweder in eine beitragsfreie Versicherung umzuwandeln oder die vollen Beiträge zu übernehmen oder die Versicherung auch von seiten des Einzelversicherten zu kündigen und Rückvergütung zu verlangen. Seit dem 1. April 1956 hat die Beklagte den auf sie entfallenden Teil der Versicherungsprämien nicht mehr bezahlt.

Gegen den Bescheid der Regierung von O., mit dem die Beschlüsse des Stadtrates der Beklagten vom 22. Juni 1951 und 5. Januar 1956 rechtsaufsichtlich beanstandet worden sind, hat die Beklagte Einspruch eingelegt. Die Regierung von O. hat den Einspruch der Beklagten am 21. Dezember 1956 zurückgewiesen. Daraufhin hat die Beklagte Anfechtungsklage gegen den Freistaat Bayern erhoben mit dem Antrag, diese Bescheide der Regierung von O. aufzuheben. Im Zeitpunkt der letzten mündlichen Verhandlung vor dem Landesarbeitsgericht war dieser Verwaltungsrechtsstreit noch nicht rechtskräftig entschieden.

2. Der Kläger ist der Ansicht, daß die Zahlung der jeweiligen Hälfte der monatlichen Prämie der Lebensversicherung Bestandteil des zwischen ihm und der Beklagten bestehenden Arbeitsvertrages geworden sei. Die erfolgte Zahlungseinstellung komme einer fristlosen Abänderungskündigung des Arbeitsvertrages gleich, der grundsätzlich nach § 16 TO.A nur unter Einhaltung einer Kündigungsfrist von sechs Wochen zum Vierteljahresende gekündigt werden könne. Die Beklagte sei verpflichtet, die vereinbarten Prämienzahlungen für seine Lebensversicherung auch weiterhin zu leisten, da die in dem Bescheid der Regierung von O. angeführten Besoldungsangleichungsvorschriften nicht mehr in Kraft seien, in jedem Falle aber dem Günstigkeitsprinzip des Tarifvertragsgesetzes vom 9. April 1949 / 11. Januar 1952 widersprächen. Hiernach sei die Anordnung tariflicher Höchstlöhne rechtswidrig. Im übrigen handele es sich bei der streitigen Vereinbarung um eine Angelegenheit des sogenannten eigenen Wirkungskreises der Beklagten, die Gegenstand des privaten Rechts und nicht in Erfüllung festgelegter öffentlich-rechtlicher Aufgaben übernommen worden sei; ein Tätigwerden der Aufsichtsbehörde habe sonach keinerlei gesetzliche Grundlage gehabt.

Mit dem in der Revisionsinstanz noch anhängigen Klageantrag hat der Kläger beantragt, die Beklagte zu verurteilen, an ihn die Beitragshälfte zur Lebensversicherung bei der Versicherung in Höhe von 3,28 DM monatlich ab 1. April 1956 bis zur Beendigung des Arbeitsverhältnisses, längstens bis zum Ablauf des 30. Juni 1966, zu zahlen.

Die Beklagte hat zu ihrem Klageabweisungsantrag vorgetragen, die mit dem Kläger getroffene Abrede stelle ein Sonderabkommen dar, das nicht Inhalt des Arbeitsvertrages, sondern lediglich an diesen angelehnt sei. Diese Vereinbarung verstoße nicht nur gegen reichsgesetzliche bzw. bayerische Besoldungsangleichungsvorschriften sowie die ADO zur TO.A, die es verbiete, höhere Bezüge als in der TO.A vorgesehen an die Arbeitnehmer ohne Zustimmung des Reichsfinanzministers zu zahlen, sondern auch gegen den § 61 Abs. 3 Bayer.GO vom 25. Januar 1952, der die Verschenkung von Gemeindevermögen für unzulässig erkläre, und gegen § 42 der Gemeindehaushaltsverordnung vom 4. September 1937; sie sei deshalb nach § 134 BGB nichtig. Selbst wenn man die Vereinbarung mit dem Kläger jedoch für rechtswirksam halte, werde sie gemäß § 275 BGB von der Verpflichtung zur Leistung deshalb frei, weil ihr durch die Beanstandung seitens der Dienstaufsichtsbehörde die Erfüllung der eingegangenen Verpflichtung aus einem von ihr nicht zu vertretenden Grunde nachträglich rechtlich unmöglich geworden sei.

3. Das Arbeitsgericht hat die Klage mit der Begründung abgewiesen, die zwischen dem Kläger getroffene Abrede verstoße gegen Bestimmungen des Besoldungsangleichungsrechts und binde deshalb die Beklagte nicht. Das Landesarbeitsgericht hat die Berufung des Klägers zurückgewiesen und seine Entscheidung darauf gestützt, die Übernahme der anteiligen Prämienzahlung durch die Beklagte sei eine unzulässige Verschenkung von Gemeindevermögen und aus diesem Grunde nichtig.

Die Revision des Klägers hatte Erfolg.

Aus den Gründen:

1. Das Landesarbeitsgericht hat angenommen, daß die Verpflichtung der Beklagten zur Zahlung der hälftigen Versicherungsprämie auf einer selbständigen, neben dem Arbeitsvertrag bestehenden Abrede zwischen den Parteien beruhe, die nicht Inhalt des Arbeitsvertrages geworden sei und die kein Äquivalent für die Arbeitsleistung des Klägers darstelle. Die Zahlung der Hälfte der Versicherungsprämie durch die beklagte Stadtgemeinde stelle mithin eine Verschenkung dar, die nach § 61 Abs. 3 der Bayer. Gemeindeordnung (GO) vom 25. Januar 1952 (GVBl. 1952, S. 19) unzulässig sei, so daß der Kläger aus der getroffenen Vereinbarung keine Rechte für sich in Anspruch nehmen könne.

Mit Recht rügt die Revision insoweit die Verletzung der §§ 133, 157, 516 ff. BGB.

Der Anspruch des Klägers findet seine Stütze in den Zusagen der Beklagten an den Kläger aus dem Jahre 1951. Nach der im Zeitpunkt der Zusage geltenden Bayer. Gemeindeordnung vom 18. Dezember 1945/28. Februar 1946 (GVBl. 1946, S. 225) war der Stadtrat zur Entscheidung über diese Angelegenheit befugt (Art. 22), der Oberbürgermeister zur Vertretung der Gemeinde nach außen berechtigt (Art. 23). Die Zusage der Beklagten an den Kläger über die Beteiligung an den Prämienzahlungen erfolgte nach dem in dem Schreiben vom 25. Juni 1951 zum Ausdruck gebrachten Willen der Beklagten aus sozialen Erwägungen; sie war damit als Ausfluß des zwischen den Parteien bestehenden Arbeitsvertrages eine Maßnahme der Fürsorge der Beklagten als Arbeitgeberin. Dies ergibt sich einmal daraus, daß die Beklagte die Verpflichtung nicht zugunsten außerhalb der Stadtverwaltung tätiger Personen oder einer bestimmten sozialen Gruppe ihrer Bürger, sondern nur zugunsten der in der

Stadtverwaltung tätigen Arbeitnehmer eingegangen ist, zum anderen aus der näheren Ausgestaltung der Zusage, die eindeutig auf das Bestehen eines Arbeitsverhältnisses mit der Beklagten abgestellt ist, so z. B. hinsichtlich der Dauer der Zusage bis zur Altersgrenze und für den Fall eines vorzeitigen Ausscheidens des Arbeitnehmers aus den Diensten der Beklagten. Auch der Widerstand der beklagten Stadt gegen die aufsichtsbehördliche Beanstandung ihrer Maßnahme läßt sich insgesamt nur damit erklären, daß sie selbst auf dem Standpunkt stand und steht, sie könne als Arbeitgeberin in der geschehenen Weise ihren Arbeitnehmern Fürsorgemaßnahmen zukommen lassen. Dem entspricht es auch, daß die Beklagte unter Berufung darauf, daß es sich bei der anteiligen Prämienzahlung um Leistungen des Arbeitgebers für die Zukunftssicherung der Arbeitnehmer handele, den von ihr getragenen Prämienanteil als Lohnbestandteil betrachtet und, gestützt auf § 2 Abs. 3 Ziff. 2 LStVO, diesen Lohnbestandteil bis zur Höhe von 312,— DM jährlich als lohnsteuerfrei behandelt hat.

Alle diese Tatsachen kennzeichnen die gemachte Zusage eindeutig als eine Maßnahme der Beklagten in ihrer Eigenschaft als Arbeitgeberin mit dem Ziel der Fürsorge und der zusätzlichen Altersversorgung für ihre Arbeitnehmer und damit als Teilinhalt des zwischen den Parteien bestehenden Arbeitsverhältnisses. Der Umstand, daß für die beklagte Stadtgemeinde möglicherweise das Motiv beherrschend war, aus diesem Anlaß von der Versicherung das begehrte Darlehen zu bekommen, und daß sie ohne dieses Darlehen sich zu solchen Zusagen nicht herbeigelassen hätte, ist unbeachtlich; denn solche Motive der beklagten Stadt sind in ihrem Verhältnis zum Kläger jedenfalls nicht zum Ausdruck gebracht worden, wenn man bedenkt, daß dem Kläger als Arbeitnehmer die Maßnahme der Beklagten als Fürsorge der Stadt erscheinen mußte und daß die Arbeitnehmer die näheren Motive der Stadt nicht ohne weiteres klar erkennen konnten. Das Schreiben der Beklagten an den Betriebsrat vom 25. Juni 1951 erwähnte den Darlehenskomplex gar nicht. Rechtsunerheblich ist ferner die Tatsache, daß in einem später zwischen den Parteien abgeschlossenen schriftlichen Dienstvertrag vom 24. Dezember 1954 die Übernahme der Beitragshälfte nicht ausdrücklich erwähnt worden ist. Denn auch mündliche Abmachungen außerhalb eines schriftlichen Arbeitsvertrages werden Inhalt eines zwischen den Parteien bestehenden Arbeitsvertrages und ergänzen diesen, sofern nicht ausdrücklich etwas anderes vereinbart ist. Dies ist vorliegend nicht der Fall.

Damit ergibt sich insgesamt, daß die Verpflichtung der Beklagten zur anteiligen Prämienzahlung Inhalt des zwischen den Parteien bestehenden Arbeitsvertrages geworden ist. Für die Annahme des Vorliegens eines Gesellschafts- oder gesellschaftsähnlichen Vertrages bieten, entgegen der Auffassung der Revisionsbeklagten, die Feststellungen des angefochtenen Urteils über den Inhalt der getroffenen Abrede keinerlei Anhalt.

II. Der die Anspruchsgrundlage bildende Arbeitsvertrag zwischen den Parteien verstößt hinsichtlich seines soeben festgestellten Inhalts nicht gegen ein gesetzliches Verbot mit der Folge der Nichtigkeit dieses Teiles des Vertrages (§§ 134, 139 BGB).

1. Rechtsirrig ist die Auffassung des Landesarbeitsgerichts, die von der Beklagten übernommene Verpflichtung verstoße gegen das Verbot des § 61 Abs. 3 Bayer.GO. Nach dieser den Rechtsgedanken des Art. 12 Abs. 2 Satz 2 der Bayer. Verfassung wiederholenden Bestimmung ist die Verschenkung von Gemeindevermögen unzulässig. Für die Annahme einer Schenkung bleibt schon deshalb kein Raum, weil, wie zu I. dargelegt, die Verpflichtung der Beklagten als Inhalt des zwischen den Parteien bestehenden Arbeitsvertrages die teilweise Gegenleistung für die von dem Kläger erbrachten Dienstleistungen darstellt. Dies schließt die Annahme einer Schenkung aus.

Ebensowenig folgt die Nichtigkeit der von der Beklagten eingegangenen Verpflichtung aus § 84 Abs. 1 Bayer.GO oder § 42 der Verordnung über die Aufstellung und Ausführung des Haushaltsplanes der Gemeinden (Gem.HVO) vom 4. September 1937 (RGBl. I, S. 921 ff.). Ob die Beklagte bei der nach § 84 Bayer. GO erforderlichen Einholung der Genehmigung zur Aufnahme eines Darlehens bei der Versicherungsgesellschaft die Darlehnsbedingungen, insbesondere die hier streitige Verpflichtung, ihrer Aufsichtsbehörde nicht vollständig zur Kenntnis gebracht und damit einen Grund zur rechtsaufsichtlichen Beanstandung gegeben hat, ist für die Frage der Rechtswirksamkeit des Vertrages mit dem Kläger ohne Bedeutung. Denn eine etwaige Ungültigkeit der Darlehensaufnahme der Beklagten bei der Versicherungsgesellschaft kann die Gültigkeit der Absprachen der Beklagten mit ihren Arbeitnehmern nicht berühren. Haushaltsrechtliche Gesichtspunkte (§ 42 Gem.HVO) würden der Gültigkeit der Absprache nur entgegenstehen, wenn die nach dem Arbeitsvertrag zu leistenden Prämienzahlungen nicht aus den im Haushaltsplan bereitgestellten Mitteln gewährt würden (§ 42 Gem.HVO). Hier steht aber fest, daß die jeweils erforderlichen Mittel für die Leistung der Prämienanteile etatisiert waren.

2. Ein besonderer Ungültigkeitsgesichtspunkt ergibt sich auch nicht daraus, daß tarifliche oder dienstordnungsmäßige

V o r s c h r i f t e n es verbieten, höhere Bezüge als die in der TO.A vorgesehenen an die Arbeitnehmer des öffentlichen Dienstes ohne Zustimmung der an die Stelle der früher ermächtigten Reichsminister getretenen Bundes- bzw. Länderminister und der weiter zuständigen Fachminister zu zahlen. Denn soweit diese von der Beklagten im einzelnen angeführten Bestimmungen eine übertarifliche Entlohnung verbieten und damit tarifliche Höchstlöhne festsetzen, verstoßen sie gegen das durch das Tarifvertragsgesetz vom 9. April 1949/11. Januar 1952 sanktionierte Günstigkeitsprinzip und hatten deshalb im Zeitpunkt des Vertragsabschlusses zwischen den Parteien keine Gültigkeit mehr. Im einzelnen gilt hierzu folgendes:

a) Der Kläger unterliegt als Angestellter des öffentlichen Dienstes den Bestimmungen der ATO und TO.A. Schon durch § 32 Abs. 2 AOG vom 20. Januar 1934, § 18 Abs. 2 AOGÖ vom 23. März 1934 sind die tariflichen Arbeitsbedingungen einschließlich der Vergütung — im Gegensatz zu der bis zu diesem Zeitpunkt möglichen Festsetzung von Höchstarbeitsbedingungen — zu M i n d e s t bedingungen erklärt worden, deren Überschreitung auch hinsichtlich der Entlohnung bis zum Erlaß der Verordnung über die Lohngestaltung vom 25. Juni 1938 (RGBl. I S. 691) keinen gesetzlichen Beschränkungen unterlag. Nach der unmittelbar nach der Währungsreform erfolgten Aufhebung des Lohnstops (vgl. Hueck-Nipperdey, Lehrb. d. Arbeitsrechts, 6. Aufl., II. Bd., S. 166 mit weiteren Nachweisen) hat der Gesetzgeber den Grundsatz, daß tarifliche Arbeitsbedingungen nur Mindestbedingungen darstellen, in § 4 Abs. 3 TVG verankert. Eine in dem Lemgoer Entwurf vorgesehene Regelung, gerade mi Interesse des öffentlichen Dienstes die Vereinbarung von Höchstarbeitsbedingungen zuzulassen, ist bewußt abgeändert und nicht in die endgültige Fassung des Gesetzes übernommen worden (vgl. Drucks. des Wirtschaftsrates 1948, Nr. 613, § 5, Abs. 1; Nipperdey in der Festschrift für Herschel, 1955, S. 9 ff. [10]).Damit steht fest, daß nach dem Willen des Gesetzgebers das für die Tarifverträge der privaten Wirtschaft geltende Günstigkeitsprinzip auch im Bereich des öffentlichen Dienstes eine von den Tarifnormen abweichende Regelung z u g u n s t e n des einzelnen Arbeitnehmers gestattet (vgl. statt aller: Hueck-Nipperdey, Lehrb. d. Arbeitsrechts, 6. Aufl., II. Bd., § 30 I, 3 und I, 5, und die dort auf S. 406 in Fußnote 3 zitierte Lit.). Es kann der Beklagten auch nicht zugestanden werden, daß der öffentliche Dienst eine Sonderbehandlung der in ihm tätigen Arbeitnehmer erfordere. Die Arbeitsverträge des öffentlichen Dienstes beruhen ebenso wie die der privaten Wirtschaft auf privatrechtlicher Grundlage, „für sie gilt daher in gleicher Weise die Vertragsfreiheit wie das Leistungsprinzip" (Nipperdey, Festschrift für Herschel, S. 15). Die Ansicht der Beklagten, daß die Vereinbarung günstigerer Regelungen nur zwischen den Tarifvertragsparteien zulässig sei, findet im Gesetz keine Stütze. Die Rechtsnatur des Günstigkeitsprinzips als eines verfassungsmäßig anerkannten Grundsatzes des kollektiven Arbeitsrechts (Art. 9 Abs. 3 GG i. V. m. Art. 18 u. 21 GG) (vgl. Hueck-Nipperdey, aaO, II. Bd., § 13 VII 2, S. 173) rechtfertigt schließlich seine Anwendung auf die hier in Frage stehenden Tarifordnungen auch dann, wenn man die unmittelbare Geltung einzelner Sondervorschriften des TVG auf weitergeltende Tarifordnungen verneint (vgl. Hueck-Nipperdey, aaO, II. Bd., § 30 I 5, S. 410 zu Fußnote 10, mit weiteren Verweisungen).

b) Durch das Gesetz über die ergänzende Regelung der Dienstverhältnisse bei öffentlichen Verwaltungen und Betrieben vom 17. Februar 1938 (RGBl. I, S. 206) — im folgenden ErgGes. genannt — hat der nationalsozialistische Gesetzgeber in Abweichung von dem, wie oben dargelegt, auch das damalige Tarifrecht beherrschenden Günstigkeitsprinzip für die unter die TO.A und ATO fallenden Arbeitsverhältnisse bestimmt, daß durch die zuständigen Reichsminister Vorschriften durch Rechtsverordnung erlassen werden können, in denen für Beschäftigte bei öffentlichen Verwaltungen Abweichungen von den geltenden Vorschriften „zugunsten" der Beschäftigten zugelassen werden können, wenn dienstliche Bedürfnisse dies zwingend erfordern. Auf Grund dieses Gesetzes sind u. a. durch Allgemeine Dienstordnung (ADO) Nr. 5 zu § 3 TO.A Abweichungen von den Vergütungsgrundlagen, d. h. insbesondere die Vereinbarung eines höheren als des tariflichen Entgelts, durch ADO Nr. 1 zu § 16 ATO Abweichungen von den Richtlinien für eine zusätzliche Altersversorgung von der Zustimmung des Finanzministers und des zuständigen Fachministers abhängig gemacht worden. Zu Unrecht beruft sich die Beklagte unter Hinweis auf diese Vorschriften und die fehlende ministerielle Zustimmung auf die Rechtsunwirksamkeit der von ihr übernommenen Zahlungsverpflichtung.

aa) Gegen die Gültigkeit der durch die ADO getroffenen Regelung ergeben sich bereits Bedenken daraus, daß § 1 Abs. 1 Satz 1 des ErgGes. vom 17. Februar 1938 dem Reichsfinanzminister nur das Recht gab, die tariflichen Ansprüche der Arbeitnehmer im öffentlichen Dienst zu deren Gunsten, nicht aber zu deren Ungunsten abzuändern. Es muß aber als eine ungünstigere Regelung angesehen werden, wenn die hier in Betracht kommenden Vorschriften der ADO das bis dahin geltende Prinzip des Tarifrechts, Tarifvergütungen seien Mindestbedingungen, dahin abänderten, daß die Normen der ATO und TO.A zugleich Höchstbedingungen darstellten, sofern der betreffende Reichsminister nicht einer Abweichung zustimmte.

bb) Selbst wenn man von diesen Gültigkeitszweifeln aus der Ermächtigungsgrundlage absieht, ist das die Grundlage für den Erlaß der ADO bildende Ergänzungsgesetz durch KRG Nr. 56 vom 30. Juni 1947 außer Kraft gesetzt. Denn durch Art. I dieses Gesetzes wird das AOGÖ einschließlich aller zusätzlichen und zu seiner Durchführung erlassenen Gesetze, Verordnungen, Bestimmungen und Erlasse mit Wirkung vom 31. Juli 1947 aufgehoben. Zu den zusätzlichen Gesetzen in diesem Sinne zählt auch das Ergänzungsgesetz vom 17. Februar 1938, das, wie sich aus seiner Präambel ergibt, eine zusätzliche Regelung zum AOGÖ darstellte mit dem Ziel der Beseitigung, mindestens aber Abschwächung des im AOGÖ enthaltenen Günstigkeitsprinzips (Nipperdey, Festschrift für Herschel, 1955, S. 9 ff. [13]; a. A. Ambrosius, Das Tarifrecht d. Angest. d. öffentl. Dienstes, 7. Aufl., S. 68). Damit sind auch die auf ihm beruhenden Rechtsverordnungen jedenfalls dann und insoweit ungültig geworden, als einzelne ihrer Bestimungen sich in Widerspruch zu dem im TVG verankerten Günstigkeitsprinzip setzen. Dies ist aber bei der oben angeführten ADO Nr. 5 zu § 3 TO.A und Nr. 2 zu § 16 ATO der Fall; sie sind daher gegenstandslos geworden und führen nicht zur Nichtigkeit einer Vereinbarung, die eine gegenüber den tariflichen Normen günstigere Gestaltung der Arbeitsbedingungen enthält.

c) Selbst aber wenn man, entgegen dem Ausgeführten, die Weitergeltung des Ergänzungsgesetzes und die Gültigkeit der hier in Betracht kommenden Bestimmungen der ADO unterstellt, sieht das Ergänzungsgesetz selbst für einen Verstoß gegen die betreffenden Vorschriften der ADO keine Nichtigkeitsfolge vor. Denn nach § 1 Abs. 2 Satz 2 ErgGes. ist eine arbeitsvertraglich vereinbarte Abweichung von den tariflichen Entgelten zugunsten des Arbeitnehmers dann unschädlich, wenn der Arbeitgeber hierfür, entgegen dem im § 1 Abs. 2 Satz 1 ErgGes. aufgestellten Erfordernis, keine Genehmigung eingeholt bzw. sich die Einholung der Genehmigung nicht ausdrücklich im Vertrage vorbehalten hat und der Arbeitnehmer beim Abschluß des Vertrages von dem Erfordernis der Genehmigung keine Kenntnis hatte. Die Beklagte hat weder das Vorliegen eines vertraglichen Genehmigungsvorbehalts noch die Kenntnis des Klägers beim Vertragsschluß von dem Erfordernis der Genehmigung behauptet. Eine solche Kenntnis des Klägers von der nach § 1 Abs. 2 des ErgGes. erforderlichen Genehmigung muß nach Lage der Umstände bei Berücksichtigung der Dienststellung des Klägers auch als ausgeschlossen angesehen werden.

3. Schließlich kann sich die Beklagte nicht auf die Nichtigkeit des Vertrages mit der Begründung berufen, die übernommene Verpflichtung verstoße gegen die Vorschriften des Besoldungsangleichungsrechts (§ 40 Abs. 2, § 49 Abs. 2 des Gesetzes zur Änderung von Vorschriften auf dem Gebiete des allg. Beamten-, Besoldungs- und des Versorgungsrechts (BRÄG) vom 30. Juni 1933 — RGBl. I, S. 433 ff.; § 1 der ersten bayerischen Besoldungsangleichungsverordnung (1. BAV) vom 9. September 1931 i. d. F. des § 4 b der VO vom 30. Oktober 1931 — GVBl. 1931, S. 309 — i. V. m. Ziff. II, Nr. 11 der 2. BAV vom 7. August 1933 — GVBl. 1933, S. 211).

a) Wie der Vierte Senat des Bundesarbeitsgerichts bereits in seinem Urteil vom 5. März 1958 (AP Nr. 1 zu § 4 TVG Angleichungsrecht) mit ausführlichen Nachweisen und in Übereinstimmung mit der Rechtsprechung des BVerfG (E 4, 115 ff. [138]) ausgeführt hat, ist die dem Reichsrecht angehörende Angleichungsbestimmung des § 7 Abs. 4 des Kap. I des 2. Teils der 2. VO des RPräs. zur Sicherung von Wirtschaft und Finanzen vom 5. Juni 1931 (RGBl. I, S. 279, 283) ebenso wie § 49 Abs. 2 BRÄG 1933 deshalb nicht anwendbar, weil sie bereits vor dem Zusammentritt des ersten deutschen Bundestages nicht mehr in Kraft war und daher auch nicht als Bundesrecht gemäß Art. 123 Abs. 1 GG weitergelten kann. Waren aber diese Besoldungsangleichungsvorschriften von dem Zeitpunkt an nicht mehr existent, in dem die bundesstaatliche Organisation des Deutschen Reichs auch formal durch das Gesetz über den Neuaufbau des Reichs vom 30. Januar 1934 (RGBl. I S. 75) beseitigt wurde (BVerfG aaO), so konnte dieses nicht mehr in Kraft befindliche Recht nach dem Zusammenbruch auf Grund der Proklamation Nr. 2 Art. II der Militärregierung vom 19. September 1945 (Amtsbl. der MilReg. Deutschland Amerik. Zone, S. 2) auch nicht Landesrecht werden. Die Auffassung, daß diese Vorschriften jedenfalls insoweit weitergelten, als sie lediglich Recht im Verhältnis der Länder zu ihren Gemeinden setzen, übersieht, daß die staatsumgestaltenden Maßnahmen nach der Machtergreifung durch den Nationalsozialismus, die die Nichtweitergeltung der Angleichungsvorschriften als Sperrvorschriften des Reichsgesetzgebers gegenüber dem Landesgesetzgeber rechtfertigen, in demselben Maße das Verhältnis zwischen Ländern und Gemeinden betrafen. Denn der durch das Gesetz über den Neuaufbau des Reichs vom 30. Januar 1934 herbeigeführte Wegfall einer echten kommunalen Selbstverwaltung und ihre Umwandlung in ein obrigkeitliches Machtverhältnis, in dem seit dem Erlaß über die Vereinfachung der Verwaltung vom 28. August 1939 (RGBl. I, S. 1535) alle öffentlichen Körperschaften und damit auch die Gemeinden und Gemeindeverbände der Befehlsgewalt der obersten Reichsbehörden unterstanden, beseitigte die Voraussetzungen, die bestimmend für den Erlaß der Angleichungsvorschriften waren. Eine Angleichung der Gehälter innerhalb der staatlichen Verwaltung erübrigte sich, nachdem durch die Reichstreuhänder der Arbeit bzw. die Sondertreuhänder für den öffentlichen Dienst in den Tarifordnungen gleichmäßige, für alle Arbeitnehmer des öffentlichen Dienstes geltende Vergütungsgrundlagen geschaffen wurden. Damit hatten aber die Vorschriften des Besoldungsangleichungsrechts ihren ursprünglichen Charakter verloren und waren gegenstandslos geworden.

Daß im übrigen auch der Bundesgesetzgeber von der Nichtexistenz des vor 1945 geltenden Besoldungsangleichungsrechts ausgeht, folgt aus § 8 des BRÄG vom 6. Dezember 1951 (RGBl. I, S. 939), durch den erneut eine — bei Unterstellung der Fortgeltung des alten Rechts nicht erforderliche — Besoldungssperre für Beamte der Länder, Gemeinden und sonstigen Körperschaften des öffentlichen Rechts im Verhältnis zu den Beamten des Bundes geschaffen wurde. Soweit die bayer. Landesregierung auf Grund der reichsrechtlichen Angleichungsvorschriften Rechtsverordnungen mit dem Charakter von Ausführungsbestimmungen vor 1945 erlassen hat, hatten diese mit dem Außerkrafttreten der reichsrechtlichen Angleichungsvorschriften ebenfalls ihre Geltung eingebüßt.

Unabhängig von allen diesen staatsrechtlichen Bedenken gegen die Gültigkeit der beamtenrechtlichen Angleichungsvorschriften aus den Jahren 1931—1933, an denen sich privatrechtliche Verhältnisse von Behördenangestellten orientieren sollten, muß aber die Gültigkeit des § 49 Abs. 2 BRÄG 1933 auch aus einem ganz anderen grundsätzlichen Gesichtspunkt verneint werden:

Das oben (II, 2) bereits erörterte, grundgesetzlich verankerte Günstigkeitsprinzip verbietet es, für Arbeitnehmer der öffentlichen Hand ein Angleichungsrecht vorzusehen, das sich an beamtenrechtlichen Angleichungsgesichtspunkten orientiert, damit zu einer Begrenzungsmöglichkeit für die Höhe der Bezüge der Arbeitnehmer der öffentlichen Hand führt und insoweit gegen das auch für Dienstleistungen bei der öffentlichen Hand geltende Günstigkeitsprinzip verstößt (im Ergebnis ebenso: Nipperdey, Festschrift für Herschel, S. 9 ff. [25]; Schnorr in Anm. zu BAG AP Nr. 1 zu § 4 TVG Angleichungsrecht).

b) Selbst wenn man eine Weitergeltung des früheren Besoldungsangleichungsrechts und auch seine Gültigkeit entgegen den hier sinngemäß geltenden Ausführungen zu II 2 bejahen wollte, würde die zwischen den Parteien getroffene Vereinbarung nicht gegen die Besoldungsangleichungsvorschriften verstoßen. Denn nach § 49 Abs. 2 2. Halbsatz BRÄG wie auch nach § 9 der 1. BAV gelten die Angleichungsbestimmungen nur für solche Angestellte, deren Bezüge nicht in einem Tarifvertrag oder einer Dienstordnung geregelt sind, wobei Sinn und Zweck dieser Vorschriften entsprechend den genannten Kollektivregelungen die Tarifordnungen und Allgemeinen Dienstordnungen für die Angestellten des öffentlichen Dienstes gleichzusetzen sind. Für den Begriff der tariflichen Regelung genügt es, daß, allgemein gesehen, die Bezüge der Angestellten tariflich geregelt sind. Es ist nicht zu fordern, daß auch eine tarifliche Regelung derjenigen Bezüge erfolgt ist, die im konkreten Fall eine Besserstellung hervorrufen. Da der Kläger im Zeitpunkt des Abschlusses der streitigen Vereinbarung den Bestimmungen der TO.A und ATO unterworfen war, verstößt sie auch bei Annahme der Weitergeltung der Besoldungsangleichungsvorschriften nicht gegen ein gesetzliches Verbot.

III. Ergibt sich somit nach den bisherigen Ausführungen, daß die von der Beklagten übernommene Verpflichtung zur anteiligen Zahlung der Versicherungsprämie nicht gegen ein gesetzliches Verbot verstößt, so führt die von der Rechtsunwirksamkeit der getroffenen Abrede ausgehende Beanstandung seitens der kommunalen Aufsichtsbehörde auch nicht zu einer nachträglichen rechtlichen Unmöglichkeit der Erfüllung des Vertrages durch die Beklagte mit der Folge des Freiwerdens von der Leistung gemäß § 275 BGB. Es entspricht anerkannten Grundsätzen des kommunalen Aufsichtsrechts, daß Beanstandungen seitens der kommunalen Aufsichtsbehörde eine Gemeinde nicht berechtigen, im Verhältnis zu Dritten, denen gegenüber sie bürgerlich-rechtliche Verpflichtungen eingegangen ist, lediglich unter Berufung auf die geschehene Beanstandung die vertraglich vereinbarte Leistung zu verweigern (vgl. Surén-Loschelder, Kommentar zur deutschen Gemeindeordnung, 2. Aufl., Bd. 2, 1940, § 109, Erläuterung 3 b (a. E.); preuß. OVGE 27, 87 ff. [92/93]). Hierzu stehen ihr lediglich die legalen Mittel zur Verfügung, mit denen sich ein Schuldner von seinen Leistungspflichten aus einem privatrechtlichen Vertrag nach allgemeinen Regeln lösen kann, so daß hier lediglich in Betracht zu ziehen ist, ob die Beklagte berechtigt war, sofern der Versuch einer gütlichen Einigung mit dem Kläger ohne Erfolg blieb, unter Berufung auf die erfolgte Beanstandung die getroffene Absprache zu kündigen. Damit scheidet aber der Gesichtpunkt der nachträglich rechtlichen Unmöglichkeit aus.

IV. Wenn somit nur noch die Frage übrigbleibt, ob die Beklagte den eingegangenen Vertrag gültig gekündigt hat, so ist das eindeutig zu verneinen.

1. Eine Änderungskündigung kann schon deshalb nicht angenommen werden, weil die Beklagte nach ihrem eigenen Vortrag keinen Lösungswillen in bezug auf das Arbeitsverhältnis für den Fall gehabt hat, daß der Kläger mit der ihm angetragenen Änderung der Prämienzahlungsklausel bzw. ihrem Wegfall nicht einverstanden war.

2. Die von der Beklagten mit Schreiben vom 28. Februar 1956 erklärte Einstellung der Prämienzahlung stellt auch keine zulässige Teilkündigung der von der Beklagten im Dienstvertrag übernommenen und einen Bestandteil desselben bildenden Verpflichtung zur Zahlung der Prämienhälfte dar. Grundsätzlich ist das Arbeitsverhältnis nur als Ganzes kündbar (Molitor, Die Kündigung, 2. Aufl., S. 45 ff.; Hueck-Nipperdey, Lehrb. d. Arbeitsrechts, 6. Aufl., I. Bd., § 56, V; RAG ARS 18, 270; 42, 437; 46, 97 mit Anm. von Hueck). Die Kündigung einzelner Bestimmungen ist nach dem Grundsatz der Vertragsfreiheit dann als unzulässig anzusehen, wenn die Parteien die Kündigung einzelner Vertragsbestandteile für sich allein ausdrücklich oder stillschweigend vereinbart haben oder wenn auf einen entsprechenden Willen der Vertragsschließenden auf Grund der nach § 157 BGB vorzunehmenden Auslegung zu schließen wäre (Hueck-Nipperdey, aaO; BAG 4, 6 [11]; 5, 44 [50 ff.]; AP Nr. 1 zu § 620 BGB Teilkündigung). Keine dieser Voraussetzungen ist vorliegend gegeben. Das vom Kläger angenommene Angebot der Beklagten zur anteiligen Prämienzahlung sieht weder die Vereinbarung einer Teillösbarkeit noch den Vorbehalt des Widerrufs dieses Teiles des Arbeitsvertrages vor. Aus dem Sachverhalt ergibt sich auch nichts dafür, daß es bei einer nach § 157 BGB vorzunehmenden Vertragsauslegung bei Berücksichtigung von Sinn und Zweck des Vertrages dem Parteiwillen entsprochen hätte, die von der Beklagten anteilig übernommene Prämienzahlung sei selbständig kündbar. Es würde im Gegenteil Treu und Glauben widersprechen, eine Teilkündigung als dem Parteiwillen entsprechend für zulässig zu halten, nachdem für die Beklagte durch die Übernahme der anteiligen Prämienzahlung die Erreichung des verfolgten Zieles, nämlich die Gewährung des beantragten Darlehens, eingetreten war, nach Erlangung dieses Vorteils es ihr jedoch möglich sein sollte, sich von dieser Verpflichtung durch Kündigung nur dieses Teiles des Gesamtvertragsverhältnisses wieder zu befreien. Die beklagte Stadtgemeinde hätte sich danach von der übernommenen Prämienzahlung nur im Wege der Änderungskündigung lösen können; eine solche ist aber, wie dargelegt, von ihr nicht ausgesprochen worden.

## 42

**1. Maßnahmen, die dem Mitbestimmungsrecht des Betriebsrats unterliegen, sind unwirksam, wenn sie ohne Zustimmung des Betriebsrats getroffen werden und ein Spruch der Einigungsstelle nicht vorliegt. Rechtliche Maßnahmen, die der Arbeitgeber mit dem Ziel einzelvertraglicher Änderung der durch notwendige Betriebsvereinbarung zu regelnden Fragen ohne Einigung mit dem Betriebsrat und ohne Spruch der Einigungsstelle trifft, sind darüber hinaus auch insoweit unwirksam, als es sich um Maßnahmen im personellen Bereich handelt.**

**2. Diese Unwirksamkeit der Maßnahmen im personellen Bereich beschränkt sich nicht auf Fälle von Änderungskündigungen. Auch für Kündigungen, die zur endgültigen Beendigung des Arbeitsverhältnisses führen sollen, gilt dasselbe, sofern es sich um Druckkündigungen handelt, die den Arbeitnehmer zur Annahme der vom Arbeitgeber einseitig festgesetzten neuen Arbeitsbedingungen veranlassen sollen, oder wenn der Arbeitgeber beabsichtigt, die bestehenbleibenden Arbeitsplätze mit neuen Arbeitskräften zu besetzen, die zu den einseitig vom Arbeitgeber festzusetzenden neuen Arbeitsbedingungen zu arbeiten bereit sind.**

BetrVG § 56; KSchG § 1; ZPO § 286.

I. Senat. Urteil vom 16. 12. 1960 i. S. Fa. Sch. & Sch. (Bekl.) w. F. (Kl.)
1 AZR 548/58.

I. Arbeitsgericht Bayreuth. — II. Landesarbeitsgericht Bayern (Nürnberg).

Der Kläger war bei der Beklagten, einer Porzellanfabrik, als Arbeiter (Maler) beschäftigt. Für das Beschäftigungsverhältnis galten der Manteltarifvertrag vom 18. März/1. Dezember 1955 für die gewerblichen Arbeitnehmer in der feinkeramischen Industrie der Bundesrepublik Deutschland sowie das Bayreuther Lohnabkommen vom 21. März 1958 für die Bayerische feinkeramische Industrie im engeren Sinne nebst der dazu abgeschlossenen Vereinbarung der Tarifvertragsparteien vom selben Tage. Die Beklagte beschäftigte 298 Arbeitnehmer außerhalb der Malerei, wozu noch etwa 30 Angehörige der Malerei kamen.

Im Jahre 1957 kam die Beklagte anläßlich einer Nachprüfung der Betriebsrentabilität zu der Ansicht, die Leistungen der Malerei seien unterdurchschnittlich. Sie führte das darauf zurück, daß die mit den Malerarbeiten verknüpften Nebenarbeiten (Transport, Wischen, Stempeln) einen erheblichen Teil der Arbeitszeit, und zwar etwa 30—35 %, in Anspruch nahmen. Diese Tätigkeiten sollten deshalb nach dem Willen der Beklagten aus dem Akkord, in dem die Maler arbeiteten, herausgenommen und Hilfskräften übertragen werden, die einen geringeren Lohn bekamen. Gleichzeitig wollte die Beklagte die Akkordsätze um 25 % kürzen. Dabei blieb offen, ob diese Regelung vorläufig oder gar dauernd zu einer Lohnkürzung der Akkordarbeiter führen würde. Für einzelne Artikel stellte die Beklagte in Aussicht, daß die Akkordsätze künftig überprüft würden. Für andere Artikel war sie zu einer solchen Überprüfung nicht bereit.

Mit Schreiben vom 22. Mai 1958 kündigte die Beklagte die in der Malerei bestehenden Arbeitsakkorde zum 9. Juni 1958. Dem Betriebsrat schlug sie eine neue Regelung vor, die sie im Entwurf einer Vereinbarung vom 6. Juni 1958 formulierte. Als eine Einigung mit dem Betriebsrat nicht zustande kam, teilte sie diesem mit, daß sie den Malern in der Malerei kündigen und die Malerarbeiten in Zukunft durch eine fremde Firma ausführen lassen würde. Der Betriebsrat widersprach den Kündigungen. Gleichwohl nahm die Beklagte diese vor, und zwar mit der tariflichen Kündigungsfrist von vier Wochen am 10. Juni 1958. Die Kündigungen wurden auf die Auflösung der Abteilung Malerei gestützt. Sie sollten zum 8. Juli 1958 gelten. Zu den 24 Gekündigten gehörte auch der Kläger.

Am 8. Juli 1958, dem Beendigungstag des Arbeitsverhältnisses, erhielten die Gekündigten, von denen die meisten gegen die Kündigung Klage erhoben hatten, ihre Arbeitspapiere und den Restlohn ausgehändigt. Bei dieser Gelegenheit unterschrieben sie eine Ausgleichsquittung. Diese Ausgleichsquittung gaben die übrigen Gekündigten, nachdem sie sie unterschrieben hatten, vor dem Verlassen der Fabrik ab. Der Kläger nahm die Ausgleichsquittung ununterschrieben mit nach Hause. Noch am selben Abend kam eine Angestellte der Beklagten in seine Wohnung, die ein neues Formular der Ausgleichsquittung mitgebracht hatte, und forderte den Kläger auf, es zu unterschreiben. Der Kläger kam dieser Aufforderung nach. Am nächsten Tage, dem 9. Juli 1958, fand der erste Termin vor dem Arbeitsgericht statt, in dem der Kläger die in der Ausgleichsquittung enthaltene Erklärung anfocht.

Der Kläger hat (ebenso wie die übrigen Gekündigten) gegen die Kündigung Klage erhoben und mit dieser beantragt, festzustellen, daß die Kündigung nichtig sei, hilfsweise festzustellen, daß die Kündigung unwirksam sei.

Das Arbeitsgericht hat die Klage abgewiesen. Das Landesarbeitsgericht hat festgestellt, daß durch die Kündigung das Arbeitsverhältnis nicht aufgelöst ist. Die Revision der Beklagten hatte Erfolg.

Aus den Gründen:

1. Zu Unrecht ist die Beklagte der Ansicht, die Klage müsse schon daran scheitern, daß der Kläger ebenso wie die anderen Arbeitnehmer der Malereiabteilung, denen gekündigt worden war, durch die Ausgleichsquittung schriftlich anerkannt habe, ihm stünden Ansprüche aus dem Arbeitsverhältnis und seiner Beendigung nicht zu. Das Landesarbeitsgericht hat diese Erklärung dahin ausgelegt, daß sie nicht die Ansprüche aus dem zur Zeit der Ausstellung der Bescheinigung bereits laufenden Prozeß umfasse. An diese Auslegung ist der Senat gebunden; denn es handelt sich nicht um eine typische Erklärung. Auslegungsfehler, die in der Revisionsinstanz beachtlich wären, sind nicht vorgetragen und auch nicht ersichtlich. Auf die Fragen, ob die Erklärung wirksam angefochten oder ob — wofür manches spricht — die Berufung auf sie rechtsmißbräuchlich ist, kommt es also nicht an.

2. Das Landesarbeitsgericht sieht in der dem Kläger gegenüber ausgesprochenen Kündigung eine Druckkündigung, durch die die Beklagte habe erreichen wollen, daß sich die Arbeitnehmer der Malereiabteilung den von der Beklagten ohne Mitwirkung des Betriebsrates einseitig festgesetzten neuen Arbeitsbedingungen fügten. Es hält diese Kündigung deshalb für unwirksam, weil die Beklagte bei der Festsetzung ihrer neuen Arbeitsbedingungen gegen betriebsverfassungsrechtliche Vorschriften, nämlich gegen § 56 Abs. 1 g BetrVG, verstoßen habe. Bei der Neufestsetzung der Akkordsätze habe ein Mitbestimmungsrecht des Betriebsrates bestanden, da eine abschließende tarifliche Regelung hinsichtlich der Akkordsätze nicht bestehe. Diese rechtliche Auffassung des Landesarbeitsgerichts ist an sich zutreffend, sofern die Beklagte tatsächlich durch die Kündigungen zur Einführung der durch sie einseitig festgesetzten Akkordsätze kommen wollte.

Nach § 56 Abs. 1 g BetrVG hat der Betriebsrat, soweit eine gesetzliche oder tarifliche Regelung nicht besteht, mitzubestimmen bei der Regelung von Akkord- und Stücklohnsätzen. Mit dieser Vorschrift hat sich der Senat eingehend in der Entscheidung BAG 3, 266 befaßt. Die dort vertretene Auffassung wird in vollem Umfange aufrechterhalten. Aus ihr folgt, daß das Mitbestimmungsrecht des Betriebsrats nicht nur die Fälle der Neueinführung von Akkordlöhnen betrifft, sondern auch die Fälle, in denen bisher geltende Akkordsätze geändert werden.

Um einen solchen Fall handelte es sich hier. Denn in der Malerei der Beklagten galten zunächst Akkordsätze, die von denen abwichen, die die Beklagte auf Grund des Entwurfs einer Betriebsvereinbarung, den sie dem Betriebsrat zur Unterschrift zuschickte, einführen wollte. Zu einer einseitigen Änderung der bestehenden Akkordsätze war die Beklagte aber nicht berechtigt und rechtlich nach dem BetrVG (§ 56 Abs. 1 g) gar nicht in der Lage. Das hatte sie offenbar selbst eingesehen, wie sich daraus ergibt, daß sie zunächst eine Verständigung mit dem Betriebsrat herbeizuführen suchte. Erst als ihr dies nicht gelang, ging sie dazu über, einseitig Akkordsätze festzusetzen. Dadurch aber mißachtete sie das gesetzliche Mitbestimmungsrecht des Betriebsrats und verstieß sie gegen § 56 Abs. 1 g BetrVG. Nach dieser Vorschrift war die Beklagte gehalten, dann, wenn sie eine Einigung mit dem Betriebsrat nicht erzielen konnte, das Verfahren vor der im Betriebsverfassungsgesetz vorgesehenen Einigungsstelle, das nach den zutreffenden Ausführungen des Landesarbeitsgerichts durch die hier gültige tarifliche Regelung nicht ausgeschlossen ist, durchzuführen und einen verbindlichen Spruch der Einigungsstelle über die Akkordentlohnung der in der Malereiabteilung beschäftigten Arbeitnehmer herbeizuführen. Dieses Verfahren hat die Beklagte aber nicht durchgeführt. Sie hat nicht einmal das im Tarifvertrag vorgesehene Verfahren beachtet, das zur Erleichterung der Herbeiführung einer Einigung eingeführt ist, die gesetzliche Regelung aber nicht ausschließt. Sie verstieß dadurch gegen § 56 Abs. 1 g BetrVG und gegen den Tarifvertrag, daß sie ohne Zustimmung des Betriebsrates und ohne Spruch der Einigungsstelle von sich aus eine neue Lohnregelung durchführte.

Wenn die Beklagte zum Zwecke der Durchführung dieser neuen Lohnregelung Kündigungen aussprach, um ihren Willen durchzusetzen, so ist dieser Fall nicht anders zu beurteilen als der vom Senat im Urteil BAG 3, 266 entschiedene. Dort hat der Senat ausgesprochen, daß alle Maßnahmen, die dem Mitbestimmungsrecht des Betriebsrates unterliegen, unwirksam sind, wenn sie ohne Zustimmung des Betriebsrates getroffen werden und ein Spruch der Einigungsstelle nicht vorliegt. Das gilt von allen Maßnahmen, die unmittelbar oder mittelbar das betriebliche Mitbestimmungsrecht ausschalten oder umgehen sollen. Deshalb sind auch Maßnahmen, die der Arbeitgeber mit dem Ziel einzelvertraglicher Änderung der durch notwendige Betriebsvereinbarung zu regelnden Fragen ohne Einigung mit dem Betriebsrat und ohne Spruch der Einigungsstelle trifft, unwirksam, wenn es sich um Maßnahmen im personellen Bereich handelt. Diese Unwirksamkeit auch der Maßnahmen im personellen Bereich beschränkt sich nicht auf Fälle von Änderungskündigungen, wie sie in dem Rechtsstreit vorlagen, der zum Urteil des Senats in BAG 3, 266 geführt hat. Vielmehr muß auch für Kündigungen, die die endgültige Beendigung des Arbeitsverhältnisses herbeiführen sollen, unter bestimmten Voraussetzungen dasselbe gelten, nämlich dann, wenn es sich um Druckkündigungen im oben erörterten Sinne handelt, wie sie das Landesarbeitsgericht für den Streitfall angenommen hat. Denn solche Druckkündigungen, die nicht mit den vom Arbeitgeber auf Verlangen der Belegschaft ausgesprochenen Kündigungen verwechselt werden dürfen, verfolgen kein anderes Ziel als Änderungskündigungen, nämlich das Ziel, den Arbeitnehmer dahin gefügig zu machen, daß er auf die einseitigen Vorschläge des Arbeitgebers, die unter Mißachtung des Mitbestimmungsrechts des Betriebsrates zustande gekommen sind, eingeht. Sachlich liegt insoweit ein Unterschied zwischen einer solchen Kündigung und einer Änderungskündigung nicht vor.

Gleiches muß aber auch dann gelten, wenn der Arbeitgeber nicht die Absicht hat, die gekündigten Arbeitnehmer wieder einzustellen, sondern wenn er das Ziel verfolgt, die bestehenbleibenden Arbeitsplätze der gekündigten Arbeitnehmer mit neu einzustellenden Arbeitnehmern zu besetzen, die sich dann ihrerseits den vom Arbeitgeber einseitig festgesetzten Arbeitsbedingungen unterwerfen. Auch dann liegt nichts anderes vor als eine Umgehung der Mitbestimmung des Betriebsrates; denn auch in einem solchen Fall läßt der Arbeitgeber, der zu einer Einigung mit dem Betriebsrat nicht gekommen ist und die Einigungsstelle nicht angerufen hat, das Mitbestimmungsrecht des Betriebsrates rechtswidrig außer Betracht, indem er die betreffenden Arbeitsplätze mit neuen Arbeitnehmern besetzt und diese nach den Bedingungen beschäftigt, die er selbst unter Verletzung des Mitbestimmungsrechtes des Betriebsrates einseitig festgesetzt hat. Auch eine solche Maßnahme widerspricht dem Sinn der betrieblichen Mitbestimmung; auch in diesem Falle können sich daher die Arbeitnehmer, denen gegenüber die Kündigungen ausgesprochen sind, darauf berufen, daß es sich um unwirksame Maßnahmen im personellen Bereich handelt, weil alle Maßnahmen unwirksam sind, die der Arbeitgeber mit dem Ziel einzelvertraglicher Änderung der nur durch notwendige Betriebsvereinbarung zu regelnden Fragen ohne Einigung mit dem Betriebsrat und ohne Spruch der Einigungsstelle getroffen hat.

3. Das Landesarbeitsgericht hat jedoch die Feststellung, daß es sich um Druckkündigungen im obigen Sinne handele, unter prozessualen Verstößen, die auch in der Revisionsbegründung ordnungsmäßig gerügt worden sind, getroffen.

Die Beklagte hatte in den Vorinstanzen den Vortrag des Klägers, es handele sich um eine Druckkündigung der genannten Art, immer wieder bestritten. Sie hat ausgeführt, die Kündigungen seien nicht etwa deshalb ausgesprochen, um den Betriebsrat auszuschalten; sie habe vielmehr aus zwingenden unternehmerischen (wirtschaftlichen) Gründen die Malerarbeiten durch andere Unternehmer ausführen lassen müssen; dadurch habe sie wesentliche Einsparungen erzielt.

Das Landesarbeitsgericht sagt nicht, wie es zu der Feststellung der Druckkündigung, die nach der Darstellung des Klägers vorliegen soll, gekommen ist und aus welchen Gründen es der Darstellung der Beklagten hierzu, auf die im angefochtenen Urteil gemäß dem Berichtigungsbeschluß Bezug genommen ist, nicht gefolgt ist. Darin liegt ein Verstoß gegen § 286 ZPO, der vorschreibt, daß die Entscheidung auf Grund des gesamten Parteivortrags getroffen werden muß. In Wahrheit hat sich das Landesarbeitsgericht über den Vortrag der Beklagten ohne weitere Begründung hinweggesetzt, so daß die das Urteil des Landesarbeitsgerichts tragende Feststellung, es liege eine Druckkündigung vor, keinen Bestand haben kann. Deshalb mußte das angefochtene Urteil aufgehoben werden.

Der Senat konnte in der Sache nicht selbst entscheiden, da der Tatbestand noch nicht hinreichend geklärt ist. Das Landesarbeitsgericht wird anhand des beiderseitigen Parteivortrags und weiterer Sachaufklärung festzustellen haben, ob es sich bei der dem Kläger gegenüber ausgesprochenen Kündigung tatsächlich um eine Druckkündigung der genannten Art gehandelt hat oder nicht. Sollte bei diesen Feststellungen das Landesarbeitsgericht zu dem Ergebnis kommen, daß die Beklagte die Kündigungen tatsächlich nur zu dem Zweck ausgesprochen hat, um die Belegschaft der Malereiabteilung gefügig zu machen und sie zu veranlassen, nach den neuen Arbeitsbedingungen der Beklagten weiterzuarbeiten, oder sollte die Beklagte auch nur den Zweck verfolgt haben, nach der Entfernung der entlassenen Arbeitnehmer neue Arbeitnehmer in die Malereiabteilung einzustellen, um mit diesen zu den neuen Arbeitsbedingungen zu arbeiten, so wäre in der Tat die dem Kläger gegenüber ausgesprochene Kündigung wegen Verstoßes gegen betriebsverfassungsrechtliche Vorschriften unwirksam. Sollte dagegen die Beklagte ernstlich die Absicht verfolgt haben, wegen erwiesener Unrentabilität der Malereiabteilung diese auf eine nicht nur vorübergehende Zeit einzustellen (hierzu könnten Schlüsse aus dem Verhalten der Beklagten in der Zeit seit der Kündigung gezogen werden), so könnte ein Verstoß gegen § 56 Abs. 1 g BetrVG nicht angenommen werden; denn dann handelte es sich nicht um die Neufestsetzung von Akkordsätzen, da ja bei Schließung der Malereiabteilung eine Festsetzung von Akkordsätzen nicht mehr in Frage kam, sondern um eine unternehmerische Entscheidung über die Schließung der Malereiabteilung.

In diesem Fall wäre auch die Kündigung, die dem Kläger gegenüber ausgesprochen war, nicht deshalb unwirksam, weil ein Verstoß gegen § 72 ff. BetrVG vorläge; denn ein Verstoß gegen diese Vorschriften zieht nicht die Unwirksamkeit von Kündigungen nach sich, die aus Anlaß eines Verfahrens ausgesprochen sind, wie es in § 72 BetrVG erwähnt ist. Ebensowenig käme ein Verstoß gegen die die Massenentlassung betreffenden Vorschriften des Kündigungsschutzgesetzes in Frage, weil nach den Feststellungen des Landesarbeitsgerichts die hierzu notwendigen Zahlen nicht erreicht sind.

Indessen würde, wenn das Landesarbeitsgericht zur Verneinung eines Verstoßes gegen die betriebsverfassungsrechtlichen Vorschriften über das Mitbestimmungsrecht (§ 56 Abs. 1 g BetrVG) kommen sollte, damit die dem Kläger gegenüber ausgesprochene Kündigung noch nicht ohne weiteres gerechtfertigt sein. Vielmehr wäre dann die Wirksamkeit der Kündigung noch nach den Vorschriften des § 1 KSchG zu prüfen. Die Stilllegung der Malereiabteilung allein, selbst wenn sie ernstlich und für eine gewisse Zeitdauer beabsichtigt gewesen wäre, braucht noch nicht unbedingt ein dringendes betriebliches Erfordernis für die im Zusammenhang damit ausgesprochenen Kündigungen zu sein. Vielmehr wäre dann eine Abwägung notwendig zwischen den Belangen des Arbeitgebers, die zur Kündigung Anlaß gegeben haben, einerseits und dem Interesse der entlassenen Arbeitnehmer der Malereiabteilung an der Erhaltung ihres Arbeitsplatzes andererseits. Sollte die vom Landesarbeitsgericht nicht untersuchte Behauptung des Klägers zutreffen, daß durch die Schließung der Malereiabteilung in Wirklichkeit keine Ersparungen wesentlicher Art erzielt worden sind, so würde für die Schließung nicht ein so dringendes betriebliches Erfordernis vorliegen, daß die Kündigung aus diesem Grunde gerechtfertigt wäre. Das Landesarbeitsgericht wird sich bei der rechtlichen Beurteilung dieser Frage an die Grundsätze halten müssen, die der Dritte Senat des Bundesarbeitsgerichts in seinem Urteil vom 4. Februar 1960 — 3 AZR 25/58 — BAG 9, 36 ff. — ausgesprochen hat.

Aber selbst wenn das Landesarbeitsgericht in diesem Punkt zu der Auffassung kommt, daß ein dringendes Betriebserfordernis für die dem Kläger gegenüber ausgesprochene Kündigung vorgelegen hat, so ist damit die Sache noch nicht entschieden. Vielmehr müßten auch dann noch weitere Feststellungen getroffen werden. Denn selbst im Falle des Vorliegens eines dringenden betrieblichen Erfordernisses müßte noch nach § 1

Abs. 3 KSchG geprüft werden, ob bei der Auswahl des Klägers nicht soziale Gesichtspunkte außer Acht gelassen sind. Dazu würde insbesondere die Frage gehören, ob er mit Rücksicht auf die Dauer seiner Betriebszugehörigkeit und seinen Familienstand in einer anderen Abteilung angemessen hätte weiterbeschäftigt werden können.

## 43

**Die Kosten der privaten Lebenshaltung des Arbeitnehmers kann dieser nicht dadurch auf seinen Arbeitgeber abwälzen, daß er für den Arbeitsausfall, der ihm als Folge seiner privaten Lebenshaltung erwächst, vom Arbeitgeber Lohnfortzahlung verlangt.**

BGB § 616.

I. Senat. Urteil vom 16. 12. 1960 i. S. B. (Kl.) w. Fa. D.-W. (Bekl.)
1 AZR 204/59.

I. Arbeitsgericht Koblenz. — II. Landesarbeitsgericht Mainz.

Der in F. wohnende Kläger ist als Arbeiter im Betriebe der Beklagten in N. beschäftigt. Zur täglichen Fahrt zum Arbeitsplatz benutzt er sein Motorrad.

Am 30. Juni 1958 forderte das Landratsamt (Verkehrsabteilung) den Kläger auf, das Motorrad am 21. Juli 1958, vormittags 9,30 Uhr, auf dem Marktplatz in O. vorzuführen, damit es dort durch einen amtlich anerkannten Sachverständigen auf Verkehrs- und Betriebssicherheit überprüft werden konnte. Dieser Aufforderung kam der Kläger nach. Er brachte selbst sein Motorrad zu der Untersuchung. Dadurch versäumte er zwei Arbeitsstunden und erlitt einen Lohnausfall von 5,— DM.

Die Parteien sind an den Manteltarifvertrag für die gewerblichen Arbeitnehmer in der Industrie der Steine und Erden in Rheinland-Pfalz und der feuerfesten Industrie in den Ländern Niedersachsen, Schleswig-Holstein, Nordrhein-Westfalen, Hamburg, Bremen und Rheinland-Pfalz vom 1. April 1958 gebunden.

§ 11 Ziff. 9 des MTV hat folgenden Wortlaut:

„Außerdem wird nach § 616 BGB der Lohn für die tatsächlich benötigte Zeit, jedoch höchstens bis zur Dauer eines Arbeitstages, fortgezahlt bei Vorladungen vor Gericht oder sonstigen Behörden, wenn dafür keine Entschädigung gezahlt wird, der Arbeitnehmer nicht als Beschuldigter oder als Partei im Zivilprozeß geladen und das persönliche Erscheinen des Arbeitnehmers erforderlich ist".

Der Kläger ist der Auffassung, daß der Beklagte nach § 11 Ziff. 9 des genannten Tarifvertrages verpflichtet sei, ihm den Lohnausfall zu ersetzen, der ihm durch die Vorführung seines Motorrades zur amtlichen Untersuchung entstanden sei.

Der Kläger hat beantragt, die Beklagte zu verurteilen, an ihn 5,— DM brutto zu zahlen.

Die Beklagte ist der Ansicht, sie sei zur Bezahlung des Lohnes für die beiden vom Kläger versäumten Arbeitsstunden nicht verpflichtet.

Während das Arbeitsgericht nach dem Klageantrag erkannt hat, hat das Landesarbeitsgericht die Klage abgewiesen. Die Revision des Klägers ist zurückgewiesen worden.

Aus den Gründen:

I. ... II. In der Sache selbst ist davon auszugehen, daß der Kläger Lohnansprüche für eine Zeitspanne verfolgt, in der er tatsächlich für die Beklagte nicht gearbeitet hat. Zwar bestimmt § 616 BGB, daß der zur Dienstleistung Verpflichtete des Anspruchs auf die Vergütung nicht dadurch verlustig wird, daß er für eine verhältnismäßig nicht erhebliche Zeit durch einen in seiner Person liegenden Grund ohne sein Verschulden an der Dienstleistung verhindert wird. Es kann dahingestellt bleiben, ob dann, wenn § 616 BGB zur Anwendung käme, der vom Kläger verfolgte Anspruch gerechtfertigt wäre. Denn § 616 BGB findet hier keine Anwendung, weil durch die Regelung des § 11 des erwähnten Tarifvertrages § 616 BGB für das Arbeitsverhältnis zwischen den Parteien abgedungen ist. Daß die Parteien eines Arbeitsverhältnisses die Anwendung des § 616 BGB abdingen können, ergibt sich aus dem Gesetz selbst und entspricht auch ständiger Rechtsprechung (vgl. BAG 3, 190 ff.; BAG 9, 179 ff.).

Aus § 11 des genannten Tarifvertrages folgt, daß die von diesem Tarifvertrag erfaßten Arbeitnehmer den Anspruch auf Lohnfortzahlung nur in den dort genannten Fällen haben. Hier kommt allein § 11 Ziff. 9 in Betracht. Die Anwendung dieser Vorschrift scheitert aber schon daran, daß es sich bei der Aufforderung des Landratsamts vom 30. Juni 1958 nicht um die Vorladung des Klägers vor eine Behörde gehandelt hat; Sinn dieser Aufforderung war vielmehr allein, daß das Motorrad des Klägers auf Verkehrs- und Betriebssicherheit geprüft werden sollte. In Wahrheit handelte es sich also um die Aufforderung der Behörde, das Motorrad zur Vorführung vorzustellen, nicht aber um eine Ladung des Klägers selbst, sich mit dem Motorrad zur amtlichen Untersuchung zu stellen. Dem Kläger war es also unbenommen, das Motorrad durch eine andere Person zur Untersuchung bringen zu lassen, wenn es ihm schon nicht möglich gewesen sein sollte, den Termin auf einen Tag zu verlegen, an dem er selbst ohne Arbeitsausfall das Motorrad zur Untersuchung hätte bringen können.

Der Kläger kann auch nicht damit gehört werden, daß es ihm unzumutbar gewesen wäre, das Motorrad einem Dritten anzuvertrauen, damit dieser es in seinem Auftrage zu der Untersuchung bringen konnte. Er kann also nicht damit gehört werden, aus *diesem* Grunde habe es sich in Wahrheit doch um eine Vorladung des Klägers selbst gehandelt.

Obwohl der Kläger das Motorrad auch dazu benutzt, den Weg zur Arbeitsstelle zurückzulegen, handelt es sich bei der Vorführung des Motorrades um einen Vorgang, der im privaten Lebensbereich des Klägers als Halters des Motorrades liegt. Er muß die Belastungen wirtschaftlicher Art, die sich aus dem Halten des Motorrades ergeben, selbst tragen. Die Kosten aus dieser privaten Lebenshaltung kann der Kläger nicht dadurch auf seinen Arbeitgeber abwälzen, daß er für den Arbeitsausfall, der ihm als Folge seiner privaten Lebenshaltung erwächst, den Arbeitgeber verantwortlich macht. Ist es dem Kläger tatsächlich unzumutbar gewesen, das Motorrad einem anderen anzuvertrauen, damit dieser es zur Untersuchung brachte, so kann er jedenfalls nicht verlangen, daß ihm von der Beklagten der Lohnausfall erstattet wird.

Handelt es sich also überhaupt nicht um eine Vorladung des Klägers im Sinne des § 11 Ziff. 9 des Tarifvertrages, so entfällt schon damit der Anspruch des Klägers auf Weiterzahlung des Arbeitsentgelts für die durch die Vorführung des Motorrades versäumte Arbeitszeit. Es bedarf keiner Erörterung mehr, ob im Sinne der tariflichen Bestimmung das persönliche Erscheinen des Arbeitnehmers erforderlich war.

## 44

**1. Eine Gemeinde hat in ihrer Eigenschaft als Arbeitgeber kraft Selbstverwaltungsrechts keine Rechtssetzungsbefugnis, mindestens nicht insoweit, wie es sich um die Regelung von Arbeitsbedingungen handelt.**

**2. Revisible Rechtsnormen im Sinne von § 550 ZPO und Rechtssätze mit normativer Wirkung sind nicht notwendigerweise dasselbe. Normative Wirkung bedeutet, daß die Bindung durch die Norm keine vertragliche Unterwerfung voraussetzt, sondern unmittelbar auf der Autorität der Norm beruht. Kriterium eines revisiblen Rechtssatzes und damit einer „objektiven Norm" im Sinne von BAG 2, 109 ist dagegen, ob es sich um**

**eine generelle abstrakte Regel handelt, d. h. um einen Rechtssatz, der in seiner juristischen Bedeutung über das einzelne Rechtsverhältnis hinausreicht, wozu z. B. auch allgemeine Geschäftsbedingungen gehören können.**

ZPO §§ 293, 550; Wirkung einer gemeindlichen Ruhelohnordnung.

III. Senat. Urteil vom 17. 12. 1960 i. S. N. (Kl.) w. H. H. (Bekl.) 3 AZR 125/59.

I. Arbeitsgericht Hannover. — II. Landesarbeitsgericht Niedersachsen.

Der Kläger trat im Jahr 1935 als Orchestermusiker in die Dienste der Beklagten. Der damals abgeschlossene schriftliche Dienstvertrag enthielt folgenden Nachtrag, der in derselben Weise auch mit anderen Orchestermusikern vereinbart wurde:

„Die Städt. Bühnen gewährleisten dem Mitglied Versorgung gemäß Abschn. 5 der Satzung der Versorgungsanstalt deutscher Bühnen. Das Mitglied verpflichtet sich, den Städt. Bühnen durch Abzug von seinem Diensteinkommen die Hälfte der an die Versorgungsanstalt satzungsgemäß zu leistenden Beiträge zu ersetzen."

Dementsprechend wurde der Kläger bei der Versorgungsanstalt der deutschen Bühnen in München versichert. Daran änderte sich nach nichts, als am 1. Mai 1938 die Tarifordnung für die deutschen Kulturorchester in Kraft trat. Aus dieser Versicherung steht dem Kläger eine Anwartschaft auf Versorgung gegenüber der Versorgungsanstalt der deutschen Bühnen in München zu.

Der Kläger ist nun der Ansicht, daß ihm unbeschadet der Anwartschaft aus dieser Versicherung bei der Versorgungsanstalt der deutschen Bühnen auch die Leistungen aus der Ruhelohnordnung der Beklagten zustünden.

Die Beklagte gewährt nämlich ihren übrigen nicht beamteten Bediensteten eine Versorgung nach der durch Gemeindebeschluß von 1904/1943 erlassenen Ruhelohnordnung. Nach dem Gemeindebeschluß vom 15. März 1904 betreffend die Bewilligung von Ruhegeld und Hinterbliebenenversorgung für die Pensionsberechtigung der im Dienste der Stadt dauernd beschäftigten Personen gewährte die Beklagte „den ohne Pensionsberechtigung im Dienste der Stadt dauernd und im Haupterwerbe beschäftigten Personen" Ruhegeld und Hinterbliebenenversorgung (§ 1). Das Ruhegeld, dessen Voraussetzungen und Berechnung der Gemeindebeschluß im einzelnen festlegt, wurde in jedem einzelnen Fall vom Magistrat festgesetzt. Es konnte nicht als klagbares Recht gefordert werden; eine Beschwerde oder irgendein anderes Rechtsmittel gegen die Entscheidung des Magistrats fand nicht statt. (§ 10 Abs. 1). Beiträge der Begünstigten waren nicht vorgesehen.

Diese Ruhelohnordnung wurde durch Gemeindebeschluß vom 21. Dezember 1943 neu gefaßt. In § 1 der neugefaßten Ruhelohnordnung heißt es, daß die „ohne Pensionsberechtigung im Dienste der Stadt dauernd und voll beschäftigten Personen" Ruhegeld und Hinterbliebenenversorgung erhalten. Für die nach dem 31. März 1938 in den Dienst der Stadtverwaltung eingetretenen, nicht beamteten Gefolgschaftsmitglieder wird auf eine noch zu erlassende Dienstordnung verwiesen. Der frühere § 10 ist weggefallen. Stattdessen besteht nach § 12 der Ruhelohnordnung 1943 ein Rechtsanspruch auf Gewährung von Ruhegeld, Witwen- und Waisenversorgung nach den neuen Bestimmungen. Beiträge werden von den Angestellten auch nach der neuen Ruheordnung nicht gefordert.

Am 7. Februar 1944 erging dann die in § 1 der Ruhelohnordnung 1943 vorgesehene „Besondere Dienstordnung für die zusätzliche Alters- und Hinterbliebenenversorgung der Angestellten und Arbeiter der Hauptstadt H.". Diese Dienstordnung führte für die nach dem 1. April 1938 eingetretenen Gefolgschaftsmitglieder eine Zusatzversorgung ein. Ferner bestimmt Abschnitt 1 Abs. 3, daß diejenigen Gefolgschaftsmitglieder, die schon vor dem 1. April 1938 in den Dienst der Beklagten getreten waren, bezüglich ihrer Alters- und Hinterbliebenenversorgung weiter nach den bisherigen Gemeindebeschlüssen behandelt werden sollten, sofern sie nicht innerhalb einer vorgeschriebenen Frist ihre Einbeziehung in die Versicherung beantragten. Von der Zusatzversicherung auf Grund der Dienstordnung befreit waren u. a. Gefolgschaftsmitglieder, für die eine Verpflichtung zur anderweitigen Versicherung bestand, z. B. Gefolgschaftsmitglieder der Städtischen Bühnen (Abschnitt 2 Nr. 5 der Dienstordnung).

Der Kläger meint, daß er unter den persönlichen Geltungsbereich der beiden Gemeindebeschlüsse falle, weil er ohne Pensionsberechtigung im Dienste der Stadt schon seit 1935 dauernd und vollbeschäftigt werde. Seine Anwartschaft gegen die Versorgungsanstalt der deutschen Bühnen sei nicht als (anderweitige) „Pensionsberechtigung" im Sinne dieser Gemeindebeschlüsse anzusehen; denn unter Pensionsberechtigung könne nur eine beitragsfreie Anwartschaft auf Ruhegeld und Hinterbliebenenversorgung gegen den Dienstherrn verstanden werden.

Der Kläger hat deshalb Klage erhoben mit dem Antrag, festzustellen, daß die Beklagte verpflichtet ist, dem Kläger bzw. dessen Hinterbliebenen Ruhegeld bzw. Hinterbliebenenbezüge unter den Voraussetzungen und nach Maßgabe der städtischen Ruhelohnordnung vom 15. März 1904 in der Fassung vom 21. Dezember 1943 zu gewähren.

Die Beklagte ist der Ansicht, die Gemeindebeschlüsse von 1904/1943 seien abdingbar und durch den Arbeitsvertrag des Klägers auch abgedungen worden. Im übrigen falle der Kläger auch gar nicht unter den Geltungsbereich dieser Gemeindebeschlüsse; denn auf Grund seiner Versicherung bei der Versorgungsanstalt der deutschen Bühnen habe er eine Pensionsberechtigung im Sinne dieser Bestimmungen.

Alle Instanzen haben die Klage abgewiesen.

Aus den Gründen:

Das Berufungsgericht geht mit Recht davon aus, daß die Ruhelohnordnung in der Fassung von 1904 keine Ansprüche für den Kläger ergibt. Diese Ruhelohnordnung schloß klagbare Ansprüche aus. Die Beklagte war also nicht gehindert, mit dem Kläger, ebenso wie mit den anderen Orchestermusikern, eine andere Versorgung zu vereinbaren. Das hat sie durch den Nachtrag zum Dienstvertrag des Klägers und durch dessen Versicherung bei der Versorgungsanstalt der deutschen Bühnen getan. Diesen Nachtrag legt das Berufungsgericht ohne Rechtsirrtum dahin aus, daß der Kläger Versorgungsansprüche nur gegen diese Anstalt und nicht gegen die Beklagte haben solle, daß also eine weitere Versorgungsanwartschaft ausgeschlossen worden sei.

An dieser Rechtslage, daß nämlich der Kläger lediglich Versorgungsansprüche auf Grund seines Dienstvertrages gegen die Versorgungsanstalt der deutschen Bühnen hatte, ist durch die Tarifordnung für die deutschen Kulturorchester (TO.K) vom 30. März 1938 nichts geändert worden. Nach § 20 dieser Tarifordnung ist der Dienstberechtigte zwar verpflichtet, Musiker nach den Bestimmungen der Satzung der Versorgungsanstalt der deutschen Kulturorchester zu versichern. Von dieser Verpflichtung ist der Dienstberechtigte jedoch dann befreit, wenn der Musiker bei Inkrafttreten der Tarifordnung bereits aus dem Anstellungsverhältnis Anspruch auf Versorgung hatte, eine Voraussetzung, die der Kläger durch seine Mitgliedschaft bei der Versorgungsanstalt der deutschen Bühnen erfüllt.

Der Kläger hat auch — entgegen der Meinung der Revision — keine Ansprüche auf Grund der Neufassung der Ruhelohnordnung durch den Gemeindebeschluß von 1943. Denn dieser Ruhelohnordnung kommt eine normative Wirkung nicht zu.

Das ergibt sich nicht, wie das Berufungsgericht meint, schon daraus, daß diese Ruhelohnordnung möglicherweise nicht bekannt gemacht worden ist. Käme es auf die Frage der Publikation entscheidend an, so rügte die Revision mit Recht einen Verstoß gegen § 293 ZPO. Darüber, ob die Ruhelohnordnung von 1943 veröffentlicht worden ist, herrscht zwischen den Parteien Streit. Das Landesarbeitsgericht hat angenommen, daß der Kläger nach § 293 ZPO für die von ihm behauptete Bekanntmachung hätte Beweis antreten müssen, und ist dann wegen Beweisfälligkeit des Klägers davon ausgegangen, daß die Veröffentlichung unterblieben sei. Das Berufungsgericht hätte aber, wenn es die Frage der Publikation für wesentlich hielt, von Amts wegen Ermittlungen darüber anstellen müssen; es gibt nämlich nach § 293 ZPO keine Beweislast im eigentlichen Sinn. Das Gericht ist vielmehr, wie sich aus Satz 2 ergibt, verpflichtet, die unbekannten Normen zu ermitteln; es darf sich dabei lediglich der Hilfe der Partei bedienen (Baumbach-Lauterbach, 25. Aufl., § 293 Anm. 2; Stein-Jonas-Schönke, 18. Aufl., § 293 Anm. IV 2). Unter diesen Umständen kann dahingestellt bleiben, ob im vorliegenden Fall das Gericht auch deshalb von Amts wegen hätte tätig werden müssen, weil es sich hier gar nicht um die Ermittlung unbekannter Statuten handelt, den eigentlichen Tatbestand des § 293 ZPO, sondern darum, die Wirksamkeitsvoraussetzungen eines bekannten Statuts zu klären.

Ganz unabhängig von der Frage der Publikation folgt aus dem Rechtscharakter solcher Gemeindebeschlüsse, daß der Ruhelohnordnung von 1943 eine normative Wirkung fehlt.

Aus dem gemeindlichen Satzungsrecht ergibt sich zunächst eine normative Wirkung nicht. Zwar können die Gemeinden durch autonome Satzung kommunale Angelegenheiten regeln (vgl. für das Recht von 1943 § 3 Abs. 1 der Deutschen Gemeindeordnung vom 30. Januar 1935, RGBl. I S. 49), und solche Gemeindesatzungen haben grundsätzlich auch Gesetzeskraft. Diese Rechtssetzungsbefugnis der Gemeinden bezieht sich aber nur auf Selbstverwaltungsangelegenheiten (vgl. Becker in Peters, Handbuch der kommunalen Wissenschaft und Praxis, 1956, Bd. I S. 159). Das sind die Angelegenheiten der Verfassung und Verwaltung der Gemeinde und der gemeindlichen Einrichtungen samt den damit zusammenhängenden Rechten und Pflichten der Gemeindebürger (Surén-Loschelder, Deutsche Gemeindeordnung, 1940, Erl. 2 b zu § 3, S. 114); die Gemeinde hat also Rechtssetzungsbefugnis immer nur gegenüber ihren Gemeindebürgern. Beim Erlaß der umstrittenen Ruhelohnordnung von 1943 hat aber die Beklagte gar nicht in ihrer Eigenschaft als eine mit autonomer Rechtssetzungsbefugnis ausgestattete Gebietskörperschaft gehandelt, sondern in ihrer Eigenschaft als Arbeitgeber. In dieser Eigenschaft hat die Gemeinde kraft Selbstverwaltungsrechts keine Rechtssetzungsbefugnis, mindestens nicht insoweit, wie es sich um die Regelung von Arbeitsbedingungen handelt, und dazu gehört auch die Altersversorgung der Gemeindebediensteten.

Diese Unterscheidung zwischen der Gemeinde in ihrer Funktion als autonomer Gebietskörperschaft einerseits, als Arbeitgeber andererseits gilt sicher für das heutige Recht. Wollte man dem kommunalen Dienstherrn auch hinsichtlich der Arbeitsbedingungen seiner Bediensteten eine Rechtssetzungsbefugnis zuerkennen, so würde man damit gegen die Tarifautonomie und gegen das demokratische Prinzip verstoßen, zu Gunsten einer nicht mehr zeitgemäßen autoritären Regelung der Arbeitsbedingungen. In ihrer Eigenschaft als Arbeitgeber kann die Gemeinde vielmehr, ebenso wie jede andere öffentlich-rechtliche Körperschaft, nur Partner eines — individuellen oder kollektiven — Vertrages sein. (Vgl. zu dem verwandten Problem des als Gesetzgeber auftretenden Arbeitgebers auch Bötticher, SAE 1957 S. 132.) Eine solche Funktionentrennung gab es aber auch im Jahr 1943, obgleich die autoritäre Regelung von Arbeitsbedingungen der damaligen Regierungsform entsprach. Nach dem Arbeitsordnungsgesetz für öffentliche Verwaltungen und Betriebe (§ 16) wurden die Arbeitsbedingungen im Bereich einer Verwaltung, soweit nicht Tarifordnung oder Richtlinien des Treuhänders eingriffen, durch Dienstordnung geregelt. Gemeindesatzung und Dienstordnung waren nicht dasselbe. Das zeigt sich schon daran, daß die Gemeindesatzung in den gemeindlichen Organen beraten werden mußte (vgl. § 55 Abs. 1 Nr. 4 der Gemeindeordnung von 1935), während die Dienstordnung nach § 16 AOGÖ von dem „Führer der Verwaltung" im Vertrauensrat zur Beratung gestellt werden sollte. Auch nach damaligem Recht kam deshalb der Ruhelohnordnung kraft gemeindlicher Satzungsrechts keine normative Wirkung zu.

Die Ruhelohnordnung von 1943 war aber auch keine mit normativer Wirkung ausgestattete D i e n s t o r d n u n g nach § 16 AOGÖ. In einer Dienstordnung mußte klar und deutlich zum Ausdruck kommen, daß die bekannt gemachten Bedingungen unmittelbar gelten sollen und auf Grund der dem „Führer der Verwaltung oder des Betriebes" zustehenden Befugnis festgesetzt waren, für die Dienstgemeinschaft autonomes Recht zu erlassen. Die Dienstordnungen sollten als solche bezeichnet werden. Vor ihrem Erlaß sollten sie im Vertrauensrat beraten werden (vgl. Hueck-Nipperdey-Dietz, Gesetz zur Ordnung der Nationalen Arbeit, 4. Aufl., § 16 AOGÖ Anm. 5). Alle diese Voraussetzungen sind im vorliegenden Fall nicht erfüllt. Aus dem Gemeindebeschluß von 1943 ergibt sich keinerlei Anhaltspunkt dafür, daß der Oberbürgermeister diesen Beschluß in seiner Eigenschaft als Dienstherr erlassen hätte. Im Gegenteil: Der Gemeindebeschluß von 1943 knüpft an den Beschluß von 1904 an und tritt an dessen Stelle. Da nun der Beschluß von 1904 keine Dienstordnung gewesen sein kann, sondern eine gemeindliche Regelung gewesen sein muß, ist das gleiche auch von dem Beschluß von 1943 anzunehmen. Ganz anders liegt es im Fall der in § 1 des Beschlusses von 1943 vorgesehenen Dienstordnung, welche die nach dem 31. März 1938 eingetretenen Gefolgschaftsmitglieder betrifft. Diese spätere Dienstordnung ist dann auch als solche erlassen worden. Es ist kein Zufall, sondern durchaus folgerichtig, daß man für die spätere Regelung von 1944 die Form der Dienstordnung wählte. Denn die spätere Regelung sah für die nach dem 31. März 1938 eingetretenen Bediensteten eine Zusatzversorgung mit Beitragspflichten vor; hierzu brauchte man also die normative Wirkung der Dienstordnung, während eine normative Wirkung für die lediglich begünstigende Ruhelohnordnung von 1943 nicht erforderlich war. Alles dies spricht dagegen, die Ruhelohnordnung von 1943 als Dienstordnung anzusehen.

Die Ruhelohnordnung von 1943 war demnach weder Gemeindesatzung noch Dienstordnung, sondern ihre Wirkung kann nur nach Vertragsrecht erklärt werden, nicht anders als wenn ein Arbeitgeber des privaten Rechts einseitig eine Ruhelohnordnung erläßt. Zu Unrecht beruft sich der Kläger demgegenüber auf BAG 2, 109, wo der Zweite Senat ausgesprochen hat, daß eben diese Ruhelohnordnung der Beklagten von 1943 aus „objektiven Rechtsnormen" besteht. In BAG 2, 109 hat nämlich der Zweite Senat über die normative Wirkung der Ruhelohnordnung gar nichts gesagt. Der Zweite Senat hatte vielmehr nur darüber zu entscheiden, ob diese Ruhelohnordnung revisibles Recht ist. Diese Frage hat er allerdings bejaht. Revisible „objektive Rechtsnormen" im Sinne von § 550 ZPO und Rechtssätze mit normativer Wirkung, also mit materieller Gesetzeskraft, sind aber nicht notwendigerweise dasselbe. Normative Wirkung bedeutet, daß die Bindung durch die Norm keine vertragliche Unterwerfung voraussetzt, sondern unmittelbar auf der Autorität der Norm beruht. Kriterium eines revisiblen Rechtssatzes und damit einer „objektiven Norm" im Sinne von BAG 2, 109 ist dagegen, ob es sich um eine generelle abstrakte Regel handelt, d. h. um einen Rechtssatz, der in seiner juristischen Bedeutung über das einzelne Rechtsverhältnis hinausreicht und nicht nur die an ihm beteiligten Personen angeht (Schwinge, Grundlagen des Revisionsrechts, 2. Aufl., S. 64, s. auch S. 99 ff.). Solche revisiblen Rechtssätze können, wie das Beispiel der Allgemeinen Geschäftsbedingungen lehrt, ausnahmsweise auch solche generellen Rechtssätze sein, die nicht kraft Normenwirkung, sondern lediglich auf Grund eines Vertrages verbindlich sind. Die Wirkung der Ruhelohnordnung von 1943 ist mithin nach vertragsrechtlichen Grundsätzen zu beurteilen.

Das hat — mit einer anderen Begründung — auch das Berufungsgericht getan. Im angefochtenen Urteil heißt es, die Ruhelohnordnung hätte zwar als innerdienstliche Verlautbarung durch Vereinbarung Inhalt des Arbeitsverhältnisses des Klägers werden können. Das sei aber nicht geschehen. Die Ruhelohnordnung von 1904 sei durch den Dienstvertrag des Klägers abgedungen worden. Dadurch werde auch die Geltung der Ruhelohnordnung von 1943 betroffen; denn diese hätte nur dann als vereinbart gelten können, wenn das Dienstverhältnis des Klägers bereits die Bestimmungen der Ruhelohnordnung von 1904 enthalten hätte. Es kann dahingestellt bleiben, ob diese Auslegung der zwischen den Parteien getroffenen Vereinbarung durch das Landesarbeitsgericht das Revisionsgericht bindet oder ob sie — wie der Kläger meint — einen Denkfehler enthält. Denn jedenfalls ist das Ergebnis richtig.

Wie die vertragsrechtliche Wirkung einer vom Arbeitgeber einseitig erlassenen Ruhelohnordnung zu beurteilen ist, als schlüssig erklärtes und vom Arbeitnehmer nach § 151 BGB angenommenes Vertragsangebot oder als einseitige den Arbeitgeber bindende Zusage, braucht hier nicht entschieden zu werden. Für die hier allein erhebliche Frage, ob die Ruhelohnordnung von 1943 auch für den Kläger gilt, kommt es nach beiden Auffassungen darauf an, wie die in dem Erlaß der Ruhelohnordnung liegende Verlautbarung der Beklagten auszulegen ist. Es kommt also darauf an, ob angenommen werden muß, daß die Ruhelohnordnung auch den Kläger erfaßte, obgleich sie nach dem Wortlaut in ihrem § 1 lediglich die Personen erfassen wollte, die „ohne Pensionsberechtigung" im Dienste der Stadt dauernd und voll beschäftigt waren, und obgleich der Kläger auf Grund seines Dienstvertrages bei der Versorgungsanstalt der deutschen Bühnen bereits versichert war. Bei dieser Auslegungsfrage ist nun die zwischen den Parteien so heftig umstrittene Frage gar nicht entscheidend, was objektiv eine „Pensionsberechtigung" bedeutet. Maßgeblich ist vielmehr, da es sich um die Auslegung einer Willenserklärung und nicht um die Auslegung einer Norm handelt, was die Beklagte wirklich wollte und wie der Kläger unter Berücksichtigung aller Umstände des Falles die Verlautbarung der Beklagten auffassen durfte und mußte (§ 133, § 157 BGB). Daß die Beklagte mit ihrer Ruhelohnordnung nur diejenigen Bediensteten begünstigen wollte, die nicht, wie die Orchester-

und Bühnenangehörigen, schon eine andere Versorgung hatten, liegt auf der Hand. So mußte der Kläger die Ruhelohnordnung auch verstehen. Nach Treu und Glauben konnte er darin eine auch ihn betreffende Zusage nicht sehen. Denn es ist durchaus unüblich, einem Angestellten, der bereits eine Zusatzversorgung in Form einer Versicherung hat, noch außerdem eine Pensionszusage zu machen. Auch aus der Dienstordnung von 1944, die den Kläger allerdings nicht unmittelbar anging, konnte dieser entnehmen, daß die Beklagte jeweils Versorgung nur in der einen oder in der anderen Form gewährte. Diejenigen Bediensteten, die schon vor dem 1. April 1938 in den Dienst der Beklagten getreten waren, hatten ein Wahlrecht zwischen einer Versorgung nach der Ruhelohnordnung und der neuen Zusatzversicherung; eine Kumulierung beider Altersversorgungen gab es also auch nach der Dienstordnung nicht.

Da somit die Beklagte den Kläger durch die Ruhelohnordnung von 1943 niemals begünstigen wollte und da der Kläger das auch erkennen mußte, hat diese Ruhelohnordnung für ihn niemals Verbindlichkeit erlangt.

## 45

**1. Wird bei einer Lohnpfändung für Unterhaltsansprüche der pfändungsfreie Betrag des Arbeitseinkommens des Schuldners durch das Vollstreckungsgericht nach näherer Maßgabe des § 850 d ZPO besonders festgesetzt, so kann der Drittschuldner im Einziehungserkenntnisverfahren vor den Gerichten für Arbeitssachen als den Prozeßgerichten sich nicht darauf berufen, das pfändbare Arbeitseinkommen des Schuldners sei vom Vollstreckungsgericht wegen Nichtberücksichtigung wesentlicher Umstände unrichtig festgesetzt worden. Der Drittschuldner kann eine Unrichtigkeit der nach § 850 d ZPO durch das Vollstreckungsgericht festgesetzten Pfändungsgrenze nur im Wege der Erinnerung und der sofortigen Beschwerde nach näherer Maßgabe der §§ 766 Abs. 1, 793 ZPO geltend machen.**

**2. Der Beschluß eines Vollstreckungsgerichts, der die nach § 850 d ZPO festgesetzte Pfändungsgrenze zugunsten des Schuldners nachträglich abändert, weil bei Erlaß des Pfändungs- und Überweisungsbeschlusses wesentliche Umstände nicht berücksichtigt worden sind, hat nicht ohne weiteres rückwirkende Kraft. Ein Pfändungsgläubiger, der sich für sein Zahlungsbegehren gegenüber dem Drittschuldner auf die mangelnde Rückwirkung eines solchen Änderungsbeschlusses beruft, verstößt damit nicht ohne weiteres gegen Treu und Glauben.**

ZPO §§ 850 d, 850 c, 766, 793, 828 ff.;
BGB §§ 242, 394 Satz 1, § 400; ArbGG § 72 Abs. 1 Satz 3.
V. Senat. Urteil vom 11. 1. 1961 i. S. G. & Co. (Bekl.) w. Q. (Kl.)
5 AZR 295/60.

I. Arbeitsgericht Kiel. — II. Landesarbeitsgericht Kiel.

Der Kläger ist das uneheliche Kind des bei der Beklagten beschäftigten Arbeiters L. Letzterer ist rechtskräftig verurteilt, an den Kläger einen laufenden Unterhalt von 150,— DM vierteljährlich zu zahlen. Auf Grund seines Unterhaltstitels hat der Kläger durch einen der Beklagten am 31. Oktober 1958 zugestellten Pfändungs- und Überweisungsbeschluß des Amtsgerichts Kiel vom 28. Oktober 1958 das Arbeitseinkommen des Titelschuldners bei der Beklagten pfänden und sich zur Einziehung überweisen lassen. Das Vollstreckungsgericht hat in diesem Pfändungs- und Überweisungsbeschluß den unpfändbaren Teil des Arbeitskommens des Schuldners auf 230,— DM monatlich = 53,60 DM wöchentlich festgesetzt. Dabei ist es auf Grund der Angaben des Amtsvormundes des Klägers davon ausgegangen, der Schuldner sei neben dem Kläger nur noch seiner Ehefrau unterhaltspflichtig. In einem späteren Beschluß vom 4. Februar 1960 hat das Amtsgericht K. auf Antrag des Schuldners den Pfändungs- und Überweisungsbeschluß vom 28. Oktober 1958 dahin abgeändert, daß dem Schuldner insgesamt 340,— DM monatlich = 79,30 DM wöchentlich als pfändungsfrei zu belassen sind. Es hat dabei für den Schuldner persönlich 200,— DM, für seine Ehefrau 60,— DM und für zwei bis dahin nicht berücksichtigte Kinder — ein eheliches Kind des Schuldners und ein uneheliches Kind seiner Ehefrau — je 40,— DM in Ansatz gebracht.

Soweit es die Revisionsinstanz noch interessiert, hat der Kläger den Unterhaltsrückstand des Titelschuldners für die Zeit bis zum 30. November 1959 auf 660,— DM beziffert und unter Berufung auf die ausgebrachte Pfändung mit seiner Klage von der Beklagten entsprechende Zahlung verlangt. Die Beklagte hat die Bezahlung mit der Begründung verweigert, die in dem Pfändungs- und Überweisungsbeschluß vom 28. Oktober 1958 geschehene Berechnung des pfändungsfreien Betrages des Arbeitseinkommens des Schuldners auf 230,— DM monatlich = 53,20 DM wöchentlich sei unrichtig gewesen, weil der Amtsvormund des Klägers dem Vollstreckungsgericht wissentlich verschwiegen habe und deshalb unberücksichtigt geblieben sei, daß der Schuldner auch noch für ein eheliches Kind und ein Stiefkind zu sorgen habe. Die Beklagte hat den Standpunkt vertreten, schon deshalb sei für den Pfändungs- und Überweisungsbeschluß vom 28. Oktober 1958 von einem pfändungsfreien Betrag von 340,– DM monatlich auszugehen. Jedenfalls habe der Änderungsbeschluß vom 4. Februar 1960 rückwirkend ab dem 31. Oktober 1958 den pfändungsfreien Betrag auf 340.– DM festgesetzt. Die Beklagte hat außerdem behauptet, sie habe dem Schuldner am 1. August 1958 ein Darlehen in Höhe von 800,– DM gewährt, zu dessen Rückzahlung in wöchentlichen Raten von 20,– DM ab 1. November 1958 sich der Schuldner verpflichtet habe; infolge längerer Krankheit des Schuldners sei die Rückzahlung des Darlehens erst Ende September 1959 abgeschlossen gewesen. Die Beklagte hat weiter behauptet, der Schuldner habe in der Zeit vom 24. November 1958 bis zum 6. Juni 1959 insgesamt sieben Wochen nicht gearbeitet und sei auch sonst der Arbeit häufig ferngeblieben, so daß ihm in dieser Zeit kein Lohn zugestanden habe. Von diesem ihrem Gesamtvorbringen ausgehend hat die Beklagte in rechnerischer Beziehung im einzelnen ausgeführt, daß der Kläger von ihr auf Grund des ergangenen Pfändungs- und Überweisungsbeschlusses keine Zahlungen mehr beanspruchen könne.

In den beiden Vorinstanzen ist die Beklagte unterlegen. Ihre Revision, für deren Statthaftigkeit sie sich auf den Gesichtspunkt der Divergenz im Sinne von § 72 Abs. 1 Satz 3 ArbGG beruft, blieb erfolglos.

## Aus den Gründen:

I. Die Revision der Beklagten ist aus dem Gesichtspunkt der Divergenz statthaft:

Die von der Revision angezogenen Urteile des Landesarbeitsgerichts Hamm vom 31. März 1952 — 3 Sa 37/52 — AP 1953 Nr. 66 — und des Landesarbeitsgerichts Bayern vom 15. Dezember 1951 — 506/51 II — Amtsblatt des Bayerischen Staatsministeriums für Arbeit und Soziale Fürsorge 1955, Seite C 69 — „beruhen" im Sinne der Rechtssprechung des Bundesarbeitsgerichts (vgl. BAG 1, 18 [20]; BAG 4, 349 [350]; BAG 7, 246 [249]; BAG AP Nr. 1 zu § 72 ArbGG 1953 Divergenzrevision) auf dem Rechtssatz, in einem Einziehungsrechtsstreit zwischen dem Pfändungsgläubiger und dem Drittschuldner könne sich letzterer vor dem Prozeßgericht darauf berufen, der vom Vollstreckungsgericht in dem Pfändungs- und Überweisungsbeschluß für den Schuldner festgesetzte pfändungsfreie Betrag sei unrichtig und anders, als vom Vollstreckungsgericht festgesetzt, zu beurteilen; der Drittschuldner sei deshalb nicht gehalten, sich gegen den vom Vollstreckungsgericht festgesetzten pfändungsfreien Betrag allein im Wege der Erinnerung und der sofortigen Beschwerde im Sinne des § 766 Abs. 1, § 793 ZPO zu wenden. Demgegenüber hat das angefochtene Urteil den Rechtssatz aufgestellt, im Erkenntnisverfahren seien die Prozeßgerichte an den vom Vollstreckungsgericht nach § 850 d ZPO für den Schuldner festgesetzten pfändungsfreien Betrag gebunden; der Drittschuldner könne dessen Änderung ausschließlich auf dem Wege der Erinnerung bzw. der sofortigen Beschwerde nach § 766 Abs. 1, § 793 ZPO erreichen; dem im vorliegenden Falle ergangenen Änderungsbeschluß vom 4. Februar 1960 komme eine rückwirkende Bedeutung nicht zu. Hiervon ausgehend hat das Landesarbeitsgericht ausgeführt, mit einer Darlehensforderung gegen den Schuldner habe die Beklagte gemäß § 394 Satz 1, § 400 BGB nur insoweit gegen Lohnforderungen des Schuldners mit schuldtilgender Wirkung aufrechnen können, als dabei die aus § 850 c ZPO sich ergebenden allgemeinen pfändungsfreien Beträge gewahrt bleiben. Der jeweilige Differenzbetrag zwischen dem aus § 850c ZPO sich ergebenden allgemeinen pfändungsfreien Betrag und der vom Vollstreckungsgericht gemäß § 850 d ZPO für den Kläger festgesetzten besonderen Pfändungsgrenze von 230.— DM monatlich jedoch werde in jedem Falle von der Pfändung des Klägers erfaßt. Das Landesarbeitsgericht hat dann im einzelnen ein Rechenwerk darüber aufgestellt, daß dann der vom Kläger mit der Klage verfolgte Betrag von 660.— DM ab dem 31. Oktober 1958 aus dieser soeben gekennzeichneten Differenz auch dann von der Beklagten an den Kläger abzuführen war, wenn es zutreffen sollte, daß der Schuldner in der von der Beklagten behaupteten Weise längere Zeit krank gewesen und der Arbeit ferngeblieben sein sollte. Aus dieser Begründung des Landesarbeitsgerichts ergibt sich, daß das angefochtene Urteil im Sinne der oben erwähnten Rechtsprechung des Bundesarbeitsgerichts auf einem Rechtssatz „beruht", der von den Rechtsansichten der genannten Urteile der Landesarbeitsgerichte Hamm und Bayern abweicht.

Da zu der von dem angefochtenen und von den angezogenen Urteilen unterschiedlich beurteilten Rechtsfrage eine Entscheidung des Bundesarbeitsgerichts bisher noch nicht ergangen ist, führt die gegebene Divergenz nach § 72 Abs. 1 Satz 3 ArbGG zur Statthaftigkeit der Revison. Diese ist auch frist- und formgerecht eingelegt und daher zulässig.

II. Sachlich mußte die Revision der Beklagten jedoch ohne Erfolg bleiben.

1. Wie die soeben zu I. dieser Entscheidungsgründe mitgeteilte Begründung des angefochtenen Urteils ergibt und auch die Revision im Grundsatz nicht verkennt, hängt die Berechtigung des vom dem Kläger verfolgten Zahlungsbegehrens in Höhe von 660,— DM ausschließlich da-

von ab, ob im Einziehungsstreitverfahren zwischen Pfändungsgläubiger und Drittschuldner die Gerichte für Arbeitssachen von einem nach § 850 d ZPO vom Vollstreckungsgericht auf 230,— DM festgesetzten pfändungsfreien Betrag von 230,— DM für die Zeit vom 31. Oktober 1958 bis zum 4. Februar 1960 ausgehen müssen oder nicht. Wenn, wie das Landesarbeitsgericht angenommen hat, der Änderungsbeschluß vom 4. Februar 1960 keine rückwirkende Kraft hat und die Gerichte für Arbeitssachen an die Festsetzung des Vollstreckungsgerichts in dem Beschluß vom 28. Oktober 1958 gebunden sind, ergibt sich, daß die von der Beklagten erklärte Aufrechnung wegen § 394 Satz 1, § 400 BGB die Lohnforderungen des Schuldners nur bis zu der aus § 850 c ZPO sich ergebenden allgemeinen Pfändungsgrenze tilgen konnte und daß der Differenzbetrag zwischen der aus § 850 c ZPO sich ergebenden allgemeinen Pfändungsgrenze und der nach § 850 d ZPO vom Vollstreckungsgericht festgesetzten besonderen Pfändungsgrenze von der Pfändung des Klägers erfaßt und daher von der Beklagten an ihn abzuführen ist. Das vom Landesarbeitsgericht dazu im einzelnen aufgestellte und von der Revision nicht weiter angegriffene Rechenwerk würde dann die Klage in Höhe von 660,— DM rechtfertigen.

Damit hängt insgesamt die Entscheidung davon ab, ob die Annahme des Landesarbeitsgerichts zutreffend ist oder nicht, daß die Gerichte für Arbeitssachen an die vom Vollstreckungsgericht nach § 850 d ZPO festgesetzte Pfändungsgrenze gebunden seien, ferner davon, ob das Landesarbeitsgericht zutreffend die Rückwirkung des Änderungsbeschlusses vom 4. Februar 1960 verneint hat oder nicht.

2. a) Was die erste soeben als entscheidungserheblich gekennzeichnete Rechtsfrage angeht, vertritt die wohl überwiegende Meinung in der Literatur die Ansicht, im Einziehungsstreitverfahren zwischen Pfändungsgläubiger und Drittschuldner könnten die Gerichte für Arbeitssachen auch selbständig darüber befinden, ob das Vollstreckungsgericht bei der Festsetzung der besonderen Pfändungsgrenze nach § 850 d ZPO sachlich und rechnerisch richtig verfahren ist. Dem ist die Rechtsprechung der Landesarbeitsgerichte teilweise gefolgt. Die Rechtsprechung des Reichsarbeitsgerichts hat geschwankt; es hat in Anlehnung an die Rechtsprechung des Reichsgerichts im wesentlichen zwischen im Erkenntnisverfahren — beachtlichen — sogenannten sachlich-rechtlichen und im Erkenntnisverfahren — unzulässigen — prozessualen Einwendungen des Drittschuldners unterschieden. Zur Begründung der herrschenden Auffassung wird ganz überwiegend auf prozeßökonomische Gesichtspunkte hingewiesen: Es sei zu formalistisch, den verklagten Drittschuldner auf den

Weg der Erinnerung und gegebenenfalls der sofortigen Beschwerde (§ 766 Abs. 1, § 793 ZPO) zu verweisen und ihm die Möglichkeit des entsprechenden Vorbringens im Prozeß abzuschneiden, so daß er zunächst auf die Klage hin verurteilt werden und nach erfolgreicher Durchführung des Erinnerungsverfahrens und Beschwerdeverfahrens gegen seine Verurteilung mit der Vollstreckungsgegenklage vorgehen müßte. Es sei vielmehr prozeßökonomisch, die Einwendungen des Drittschuldners, die er an sich auch im Vollstreckungsverfahren nach § 766 Abs. 1, § 793 ZPO geltend machen könne, ebenfalls im Erkenntnisverfahren zuzulassen (so Stein-Jonas, ZPO, 18. Aufl., § 829 Anm. VII 2 a zu N 110, § 835 Anm. VII, § 836 Anm. II; ihm folgend mit der gleichen Begründung: Dersch-Volkmar, ArbbGG, 6. Auflage 1955, § 2 Anm. 240; Oehmann, AR-Blattei Lohnpfändung III, Klage aus Lohnpfändung E I; ders. AuR 1956, 16 [18—20]; Jonas in Anm. (Ziff. 4) zu RAG JW 36, 686 [688]; Gerstel in Anm. zu RAG ARS 10, 401 [406]; Volkmar in Anm. zu RAG ARS 25, 145 [153]; LAG Hamm AP 1953 Nr. 66; LAG Bayern, Amtsblatt des Bayerischen Staatsministeriums für Arbeit und Soziale Fürsorge 1955 S. C 69 ff. und S. C 155 [156]; LAG Königsberg ARS 27 L 11 ff. mit Anm. von Volkmar [16]; ohne diese Begründung, aber im Ergebnis ebenso: Rosenberg, Lehrbuch des Deutschen Zivilprozeßrechts, 8. Aufl., 1960, § 192 I 2 a S. 1013 und § 193 III 2 b S. 1029; Schönke-Baur, Zwangsvollstreckungsrecht und Konkursrecht, 6. Aufl., 1956, § 28 VII 5 c S. 120; Gröninger, Lohnpfändung 1959, Einführung Ziffer 4 f aa; Bischoff-Rochlitz, die Lohnpfändung, 2. Aufl., 1959, V Bem. 89 S. 86; Lent, Zwangsvollstreckungs- und Konkursrecht, 5. Aufl., 1954, § 19 VII S. 58; Wieczorek, aaO § 766 Anm. B IV c 4, § 829 Anm. G II a 1 und G II a 2; zur Rechtsprechung des Reichsgerichts und des Reichsarbeitsgerichts vgl.: RGZ 146, 290 [295]; 151, 279 [285]; RAG ARS 10, 401 ff. und 572 ff.; ARS 25, 145 ff. = RAG 15, 291 ff. = JW 36, 686 ff.; RAG ARS 26, 215 ff. = JW 36, 1245; RAG ARS 26, 217 ff. = JW 36, 2107; ARS 35, 36 ff. = JW 39, 776 ff.; ARS 38, 58 ff.).

b) Lediglich vereinzelte neuere Stimmen neigen der Ansicht zu, daß dann, wenn sich der pfändungsfreie Betrag nicht ohne weiteres aus dem Gesetz ergibt, sondern, wie insbesondere im Falle des § 850 d ZPO, durch das Vollstreckungsgericht festgesetzt wird, im Einziehungserkenntnisverfahren das Prozeßgericht an die durch das Vollstreckungsgericht geschehene Festsetzung gebunden sei (vgl. Nikisch, Arbeitsrecht, 2. Aufl., 1955, Bd. I, § 33 III 9 d S. 372, 373; Brecht, Anm. zu LAG Bremen in BB 1952, 1024 [1025]; vgl. auch Pohle in Anm. zu LAG Hamm AP 1953 Nr. 66; LAG Bremen AP 1954 Nr. 158 mit Anm. von Pohle; LAG Bayern,

Amtsblatt des Bayerischen Staatsministeriums für Arbeit und Soziale Fürsorge 1956 S. C 45).

3. Die Auffassung der herrschenden Meinung vermag jedoch jedenfalls dann nicht zu überzeugen, wenn es sich, wie hier, um die Festsetzung einer besonderen Pfändungsgrenze nach § 850 d ZPO handelt. Gegen die herrschende Meinung sprechen drei erhebliche Gesichtspunkte:

a) Der in § 850 d ZPO vorgesehene besondere pfändungsfreie Betrag beruht auf einem konstitutiven Ausspruch des Vollstreckungsgerichts, den es im Rahmen des § 850 d ZPO nach seinem Ermessen zwischen der oberen allgemeinen Pfändungsgrenze im Sinne des § 850 c ZPO und der unteren Grenze trifft, durch die der notwendige Lebensunterhalt des Schuldners und der in § 850 d ZPO genannten weiteren Personen sichergestellt werden soll. Es entspricht allgemeinen Grundsätzen, daß konstitutive Entscheidungen eines Gerichts Bindungswirkung sowohl gegenüber anderen Gerichten als auch für alle diejenigen haben, die davon betroffen werden. Denn die einem Gericht anvertraute Berechtigung, konstitutive Entscheidungen zu treffen und damit Recht zu gestalten, findet ihren Grund darin, daß damit im Namen der Gesamtrechtspflege die Gerichte Recht gestalten sollen, das gegen alle wirkt, die an dem gestalteten Rechtsverhältnis beteiligt sind und durch die Gestaltung betroffen werden (vgl. insoweit auch Bötticher, Die Bindung der Gerichte an Entscheidungen anderer Gerichte, in Festschrift zum hundertjährigen Bestehen des Deutschen Juristentages, Band I, 1960, S. 511 ff.). Zu dem Personenkreis, der durch die konstitutive Festsetzung der besonderen Pfändungsgrenze im Sinne des § 850 d ZPO betroffen wird, gehört auch der Drittschuldner; er hat, wie ganz einhellig in Rechtsprechung und Rechtslehre angenommen wird, das Recht, sich an dem Verfahren, das für Angriffe gegen die Festsetzung von besonderen Pfändungsgrenzen im Sinne von § 850 d ZPO vorgesehen ist, nach näherer Maßgabe des § 766 Abs. 1, § 793 ZPO zu beteiligen und dabei seine Rechte wahrzunehmen, die sich u. U. auch daraus ergeben können, daß der Schuldner zu ihm in einem Arbeitsverhältnis oder in sonstigen Rechtsbeziehungen steht (vgl. Baumbach-Lauterbach, ZPO, 25. Aufl., 1958, § 766 Anm. 3 C, Stichwort: „Drittschuldner", § 829 Anm. 7 B, § 835 Anm. 6, § 836 Anm. 2 A, Einführung 1 E vor § 850, § 850 a Anm. 1; Stein-Jonas, aaO, § 766 Anm. II 3 zu N 52 und § 850 VI 3; Wieczorek, aaO, § 766 Anm. B IV a 2 und Anm. B IV c 4; Rosenberg, aaO, § 185 II S. 971 und § 192 I 2 a S. 1013). Angesichts dieser Möglichkeit für den Drittschuldner, seine Rechte im Wege des § 766 Abs. 1, § 793 ZPO zu wahren, erscheint es der Sache nach unangebracht, ihn von den konstitutiven Wirkungen der Festsetzungen nach § 850 d ZPO auszunehmen und ihm zu gestatten, den nach § 850 d ZPO festgesetzten besonderen pfändungsfreien Betrag im Erkenntnisverfahren vor den Prozeßgerichten anzugreifen.

b) Gegen die herrschende Meinung spricht folgende weitere Überlegung:

Mit der Festsetzung der besonderen Pfändungsgrenze nach § 850 d ZPO sind die Vollstreckungsgerichte beauftragt, die hierfür eine besondere Sachkunde besitzen, ohne die man bei dem Verfahren des § 850 d ZPO dem Gesetzeszweck nur schwer gerecht werden kann. Diese Zuständigkeit der Vollstreckungsgerichte ist eine ausschließliche (vgl. § 802 ZPO). Die Verteilung der Zuständigkeit dient nicht nur organisatorischen Zwecken. Sinn einer Zuständigkeitsregelung ist es vielmehr in erster Linie, mit den einzelnen Rechtsfragen das besonders sachkundige Gericht zu befassen, um eine möglichst gerechte Entscheidung herbeizuführen. Daraus folgt, daß dem Sinn und Zweck einer Zuständigkeitsregelung aber auch erst dann in vollem Umfang Rechnung getragen ist, wenn nicht sachkundige Gerichte an die konstitutiven Entscheidungen eines sachkundigen Gerichts gebunden sind. Nur bei einer solchen Betrachtung sind für alle Beteiligten Rechtssicherheit und Rechtsklarheit gewährleistet.

c) Schließlich ist der Senat der Ansicht, daß es auch nicht prozeßökonomisch ist, dem Drittschuldner zu gestatten, neben dem ihm möglichen Weg aus § 766 Abs. 1, § 793 ZPO sich auch noch im Erkenntnisverfahren gegen die Richtigkeit der nach § 850 d ZPO festgesetzten besonderen Pfändungsgrenze zu wehren. Die Verfahren nach § 766 Abs. 1, § 793 ZPO werden sehr häufig, wenn nicht gar überwiegend, von den Gerichten schneller abgewickelt als die streitigen Verfahren vor den Prozeßgerichten. Dann ist es aber gerade — entgegen der vielfach von der Literatur vertretenen Ansicht — regelmäßig prozeßwirtschaftlicher, wenn im Erkenntnisverfahren über die auf § 850 d ZPO beruhende Pfändungsgrenze nicht mehr gestritten werden darf. Dadurch, daß dann im Erkenntnisverfahren nicht mehr prozeßverzögernd über die auf § 850 d ZPO beruhende besondere Pfändungsgrenze gestritten werden kann, wird in wünschenswerter Weise gewährleistet, daß die meist dringlichen und lebensnotwendigen Unterhaltsansprüche der in § 850 d ZPO genannten Art schneller im Erkenntnisverfahren entschieden werden können. Es dient nicht zuletzt auch der Rechtssicherheit und Rechtsklarheit, wenn durch die Bindung der Prozeßgerichte an die vom Vollstreckungsgericht nach § 850 d ZPO festgesetzten besonderen Pfändungsgrenzen verhindert wird, daß zwischen den Vollstreckungs- und Prozeßgerichten widersprechende Entscheidungen ergehen.

Die vorstehenden Gesichtspunkte haben insgesamt ein derartiges Gewicht, daß sie es rechtfertigen, der auch von dem angefochtenen Urteil vertretenen Ansicht zu folgen, daß im Einziehungsrechtsstreit zwischen dem Pfändungsgläubiger und Drittschuldner die Gericht für Arbeitssachen an die besondere Pfändungsgrenze gebunden sind, die das Vollstrekkungsgericht nach § 850 d ZPO festgesetzt hat.

4. Nach dem oben zu Ziffer II 1 dieser Entscheidungsgründe Ausgeführten ist somit nur noch weiter darüber zu befinden, ob das Landesarbeitsgericht auch rechtsfehlerfrei dem Änderungsbeschluß vom 4. Februar 1960 eine Rückwirkung für die vor seinem Erlaß liegende Zeit versagt hat. Auch in dieser Frage ist dem Landesarbeitsgericht zu folgen. Ein Beschluß des Vollstreckungsgerichts, der einen Pfändungs- und Überweisungsbeschluß nach § 850 d ZPO zu Gunsten des Schuldners abändert, weil bei Erlaß des Pfändungs- und Überweisungsbeschlusses wesentliche Umstände nicht berücksichtigt worden sind, hat nicht ohne weiteres rückwirkende Kraft, es sei denn, daß er sich diese ausdrücklich beilegt oder daß sie zweifelsfrei aus den gesamten Umständen entnommen werden kann. Dafür sind hier jedoch keine Anhaltspunkte ersichtlich. Denn der Beschluß vom 4. Februar 1960 hat sich weder ausdrücklich noch nach seinem Gesamtinhalt irgendwie erkennbar eine Rückwirkung beigelegt.

Es verstößt auch, entgegen der Ansicht der Revision, nicht gegen Treu und Glauben, wenn der Kläger für sein Klagebegehren in Anspruch nimmt, daß sich der Beschluß vom 4. Februar 1960 keine Rückwirkung beigelegt hat. Die unrichtige Festsetzung der Pfändungsgrenze nach § 850 d ZPO durch das Vollstreckungsgericht ist nach den von der Beklagten nicht mit Revisionsrügen im Sinne von § 554 Abs. 3 Ziffer 2 b ZPO angegriffenen und daher für die Revisionsinstanz nach § 561 Abs. 2 ZPO bindenden tatsächlichen Feststellungen des Landesarbeitsgerichts allein auf das Verhalten des Schuldners zurückzuführen; der Kläger hat dagegen, so müssen die Feststellungen des Landesarbeitsgerichts verstanden werden, erst im Verlaufe dieses Rechtsstreites davon erfahren, daß der Schuldner neben seiner Ehefrau noch zwei weitere Kinder zu versorgen hatte. Es muß auch gesehen werden, daß die Beklagte alsbald nach der am 31. Oktober 1958 geschehenen Zustellung des Pfändungs- und Überweisungsbeschlusses vom 28. Oktober 1958 ohne weiteres ihrerseits in der Lage war, eine entsprechende Berichtigung der Pfändungsgrenze im Wege der ihr nach § 766 Abs. 1, § 793 ZPO zugänglichen Rechtsbehelfe herbeizuführen. Damit ist aber insgesamt eine Situation gekennzeichnet, bei der dem Kläger kein Verstoß gegen Treu und Glauben vorgeworfen werden kann, wenn er sich auf eine vom Schuldner verschuldete Position beruft, deren Entstehung die Beklagte zudem noch hätte verhindern können. Es muß im Gegenteil gerade aus dem Gesichtspunkt von Treu und Glauben mißbilligt werden, wenn der Schuldner und die Beklagte im Ergebnis einfach so verfahren sind, daß sie auf die lebensnotwendige Bedeutung der doch berechtigten Unterhaltsansprüche des Klägers gar keine Rücksicht nahmen und es einfach auf eine Klage nach längerer Zeit ankommen ließen.

## 46

**1. Setzt ein Arbeitnehmer, dem gegenüber eine Änderungskündigung zum Zwecke der Lohnkürzung ausgesprochen ist, nach Ablauf der Kündigungsfrist, jedoch vor Ablauf der Klagefrist des § 3 KSchG, stillschweigend seine Arbeit nur schlicht fort, so liegt in der Fortsetzung der Arbeit kein Verzicht auf die Kündigungsschutzklage.**

**2. Eine Änderungskündigung ist u. a. dann nicht sozial ungerechtfertigt, wenn so dringende betriebliche Erfordernisse für die geplante Änderung der Arbeitsbedingungen gegeben sind, daß diese Gründe unter vernünftiger Abwägung des Interesses des Arbeitgebers an der erstrebten Änderung gegenüber dem Interesse des Arbeitnehmers an der Aufrechterhaltung seiner gegenwärtigen Arbeitsbedingungen es als billigenswert und angemessen erscheinen lassen, um dieser Änderung willen das Mittel einer Kündigung zu gebrauchen und damit das Arbeitsverhältnis zu gefährden und unter Umständen zu beenden. Eine Änderungskündigung ist nicht schon dann gerechtfertigt, wenn die neuen Bedingungen dem Arbeitnehmer zumutbar sind.**

KSchG §§ 1 Änderungskündigung, 3; BGB §§ 133, 145 ff., 157.

II. Senat. Urteil vom 12. 1. 1961 i. S. K. & Co. (Bekl.) w. P. (Kl.)
2 AZR 171/59.

I. Arbeitsgericht Detmold. — II. Landesarbeitsgericht Hamm/Westf.

Die Klägerin ist seit 1948 als Arbeiterin in der Weberei der Beklagten beschäftigt. Die Parteien streiten über die Wirksamkeit der Kündigung, die die Beklagte der Klägerin gegenüber mit Schreiben vom 11. April 1958 wie folgt ausgesprochen hat:

„Betr.: Änderungskündigung
Wir kündigen hiermit das bisherige Arbeitsverhältnis zum 26. April 1958 und bieten Ihnen ab 27. April 1958 ein neues Arbeits-

verhältnis auf Ihrem bisherigen Arbeitsplatz zu folgender Bedingung an:

Die Entlohnung erfolgt auf Grund des Lohngruppenkatalogs. In Anbetracht Ihrer Verantwortung werden Sie, anstatt wie bisher in Gruppe III, in Gruppe III a eingestuft, zu einem Stundenlohn von DM 1,67."

In dem Betrieb, der etwa 35 Arbeiter, darunter etwa 10 Männer beschäftigt, erhielten eine ähnliche Änderungskündigung zwei weitere Arbeiterinnen und die Betriebsratsvorsitzende. Zu allen Kündigungen ist der Betriebsrat gehört worden.

Auf das Arbeitsverhältnis der Klägerin finden die zwischen der Gewerkschaft Textil-Bekleidung und dem Verband der Textilindustrie Westfalen abgeschlossenen Tarifverträge Anwendung, da beide Parteien tarifgebunden sind. Danach war die Klägerin seit Inkrafttreten einer Lohngruppeneinteilung (1957) in die Lohngruppe III „Langspindelcopsen (mit Treten)" im Stundenlohn eingestuft. Sie erhielt seit dieser Zeit zu ihrem Tariflohn eine außertarifliche Zulage von 0,10 DM, die stets gesondert ausgewiesen wurde.

Am 27. Februar 1958 vereinbarten die Tarifvertragsparteien einen neuen Lohntarifvertrag (LTV 58), der eine neue Lohntafel mit höheren Lohnsätzen enthielt und rückwirkend in Kraft trat.

Nach Inkrafttreten dieses Tarifvertrages hat die Beklagte der Klägerin anstelle des ihrer Altersgruppe entsprechenden früheren Stundensatzes von 1,49 DM den neuen Satz von 1,63 DM gezahlt und daneben die gesondert ausgewiesene Zulage von 0,10 DM, so daß ihr effektiver Stundenlohn 1,73 DM betrug. Er war damit höher als der von der Beklagten mit ihrer Änderungskündigung angestrebte Stundenlohn.

Mit ihrer am 2. Mai 1958 eingegangenen Klage hat die Klägerin die Auffassung vertreten, die Änderungskündigung sei sozial ungerechtfertigt. Es habe keine betriebliche Notwendigkeit bestanden, die außertarifliche Zulage, die gerade wegen der schweren Arbeit gezahlt worden sei, praktisch zu kürzen.

Demgegenüber hat die Beklagte behauptet, die Zulage von 0,10 DM sei nicht eine Erschwernis-, sondern eine „übertarifliche" Zulage gewesen, die abgebaut werden könne. Im übrigen habe die Klägerin ohne Protest nach Ablauf der Kündigungsfrist weitergearbeitet und damit ihr Einverständnis mit der neuen Regelung gegeben.

Das Arbeitsgericht hat antragsgemäß festgestellt, daß die der Klägerin gegenüber ausgesprochene Änderungskündigung unwirksam ist und daß die Beklagte verpflichtet ist, der Klägerin den bis dahin gewährten Stundenlohn von 1,73 DM nach der Lohnerhöhung ab 1. Januar 1958 weiterzuzahlen.

Berufung und Revision der Beklagten blieben ohne Erfolg.

## Aus den Gründen:

I. Zutreffend hat das angefochtene Urteil erkannt, daß der Tarifvertrag vom 27. Februar 1958 in seiner Ziffer 4 lediglich eine sogenannte beschränkte Effektivklausel enthält, welche eine Änderungskündigung der hier streitigen Art und überhaupt eine Vereinbarung gemäß der von der Beklagten erstrebten Änderung nicht ausschließt. Insoweit erhebt auch die Klägerin keine Bedenken gegen das angefochtene Urteil.

II. Die Revision meint, es fehle für die Klage am Rechtsschutzbedürfnis. Das Landesarbeitsgericht habe nämlich unter Verletzung der §§ 145 ff. BGB die stillschweigende Fortsetzung der Arbeit nach Ablauf der Kündigungsfrist nicht als eine Annahme der Änderungsofferte gewertet. Die Beklagte habe jedoch nach den gesamten Umständen des Falles davon ausgehen dürfen, daß die Klägerin durch das schlichte Fortsetzen der Arbeit habe zum Ausdruck bringen wollen, sie sei mit dem angebotenen geringeren Lohn einverstanden.

Dieser Revisionsangriff geht aus doppeltem Grunde fehl:

1. Das Landesarbeitsgericht hat in tatsächlicher Hinsicht schlechthin festgestellt, daß die Klägerin der Beklagten zu erkennen gegeben hat, sie sei mit der Änderungskündigung nicht einverstanden. Diese Feststellung umschließt dann auch die weitere, für das Revisionsgericht bindende — weil auf tatsächlichem Gebiet liegende — Feststellung, daß die Klägerin am 27. April 1958 nicht den Willen hatte, durch stillschweigende Fortsetzung der Arbeit ihr Einverständnis mit den angebotenen neuen Bedingungen zu erklären. Gegen diese Feststellungen sind Verfahrensrügen nicht erhoben worden. Selbst wenn also die Beklagte an sich aus der schlichten Weiterarbeit der Klägerin hätte entnehmen dürfen, die Klägerin sei mit den neuen Bedingungen einverstanden, handelte es sich auf Seiten der Klägerin um eine mit einem Inhaltsirrtum behaftete, jedoch von ihr durch Erhebung der Kündigungsschutzklage am 2. Mai 1958 rechtzeitig und wirksam angefochtene Willenserklärung, aus der die Beklagte irgendwelche Rechte nicht mehr für sich herleiten konnte.

2. In Wirklichkeit durfte jedoch die Beklagte die schlichte Weiterarbeit der Klägerin über das Ende der Kündigungsfrist hinaus überhaupt

nicht dahin auffassen, die Klägerin habe sich mit den angebotenen Bedingungen abgefunden. Denn am 27. April 1958 und an den folgenden Tagen war die Klagefrist des § 3 KSchG noch nicht verstrichen. Bereits damals bestand ganz allgemein die Auffassung, daß auch die Änderungskündigung dem Schutz des Kündigungsschutzgesetzes unterliegt. Dann mußte es der Beklagten bekannt sein, daß der Klägerin gemäß § 3 KSchG eine dreiwöchige Frist für die Überlegung zur Verfügung stand, ob sie sich mit der Änderungskündigung abfinden wollte oder nicht. Erklärt nun ein Arbeitnehmer, demgegenüber eine Änderungskündigung ausgesprochen worden ist, vor Ablauf der Klagefrist ausdrücklich sein Einverständnis mit den neuen Arbeitsbedingungen, so bedeutet diese Erklärung gleichzeitig die Zusage, eine Kündigungsschutzklage nicht zu erheben. Ein solcher materiell-rechtlicher Klageverzicht ab dem Zeitpunkt, zu dem eine Klage erhoben werden könnte, wäre möglich (vgl. Rosenberg, Lehrbuch des Zivilprozeßrechts, 8. Auflage § 59, 2 a; RGZ 102, 221 ff.; 160, 242), auch wenn es sich um den an sich unabdingbaren Kündigungsschutz handelt (BAG AP Nr. 18 zu Art. 44 Truppenvertrag; Auffarth-Müller, Komm. z. KSchG § 1 Anm. 19; Hueck, Komm. z. KSchG, 4. Aufl. § 1 Anm. 46). Es müssen jedoch an die Deutlichkeit einer solchen Verzichtserklärung strenge Anforderungen gestellt werden. Ein Verzichtswille ist grundsätzlich nicht zu vermuten.

Bei dieser Lage kann die schlichte Weiterarbeit jedenfalls eines unter das Kündigungsschutzgesetz fallenden Arbeitnehmers, dem eine Änderungskündigung ausgesprochen wurde, regelmäßig nur als ein Versuch gewertet werden, das Arbeitsverhältnis v o r l ä u f i g zu den neuen Bedingungen fortzusetzen, jedoch unter dem, vom Arbeitgeber bei Würdigung der Interessenlage des Gekündigten vernünftigerweise erkennbaren Vorbehalt, die Abänderungskündigung erweise sich als wirksam. Auf keinen Fall kann die schlichte Weiterarbeit als eine vorbehaltlose Annahme der neuen Bedingungen und damit zugleich als Verzicht auf die gegenüber der Änderungskündigung allgemein als möglich angenommene Kündigungsschutzklage angesehen werden, solange der Gekündigte noch die Möglichkeit hat, eine Kündigungsschutzklage zu erheben. In solcher Lage liegt es am Arbeitgeber, sich entweder durch Duldung mit einem solchen vorläufigen Arbeitsverhältnis abzufinden oder durch Widerspruch das Ausscheiden des Arbeitnehmers zu erzwingen (ähnlich Kunze-Wiesler in BB 1960, 292).

III. Zu Unrecht zieht die Revision die Anwendbarkeit des Kündigungsschutzgesetzes auf Änderungskündigungen in Zweifel. Es darf keineswegs gesagt werden, daß der Gesetzgeber nur an den Schutz des

Arbeitsplatzes als solchen gedacht und nur ihn gewollt hätte. Schon die in § 1 Abs. 2 KSchG enthaltenen Worte „... die einer Weiterbeschäftigung des Arbeitnehmers ... entgegenstehen ..." lassen sich zwanglos dahin auslegen, daß damit nicht nur die Beschäftigung schlechthin, sondern auch die Beschäftigung zu den gleichen Bedingungen gemeint ist. Unabhängig vom Wortlaut des Gesetzes wäre aber der vom Kündigungsschutzgesetz bezweckte Bestandsschutz des Arbeitsplatzes illusorisch, wenn die Änderungskündigung der gerichtlichen Nachprüfung entzogen wäre. Auch Herschel-Steinmann vertreten keine andere Ansicht (vgl. Komm. z. KSchG, 4. Aufl. § 1 Anm. 13). Entscheidend ist, daß auch die mit einer Änderungsofferte verbundene Kündigung eine echte Kündigung ist und als solche auf den Verlust des Arbeitsplatzes zielt. Danach besteht keine Veranlassung, von der ständigen Rechtsprechung des Bundesarbeitsgerichts (BAG 4, 1; 4, 6; 4, 22; BAG AP Nr. 2 zu § 620 BGB Änderungskündigung) abzuweichen, daß auch die Änderungskündigung unter das Kündigungsschutzgesetz fällt.

IV. Fehl geht auch die Revision, wenn sie meint, die hier streitige Kündigung sei schon deshalb nicht zu beanstanden, weil sich die der Klägerin angetragene Änderung innerhalb der Grenzen des Tarifvertrages hielt. Diese von Hiersemann in BB 1959, 1141 [1143] vertretene Auffassung verfolgt den Gedanken, eine solche Kündigung könne schlechterdings kaum unsozial sein. Der Tariflohn habe die — gegebenenfalls vom Arbeitnehmer für den Einzelfall zu widerlegende — Vermutung für sich, dem Arbeitnehmer soziale und ihm zumutbare Bedingungen zu bieten.

Indes ist eine Änderungskündigung nicht schon deshalb gerechtfertigt, weil die neuen Bedingungen dem Arbeitnehmer zumutbar sind. Wie oben unter III. ausgeführt, ist das Kündigungsschutzgesetz auch auf Änderungskündigungen anwendbar. Dann aber ist auch eine Änderungskündigung rechtsunwirksam, wenn sie „sozial ungerechtfertigt" ist. Diese Worte enthalten nicht einen allgemeinen Billigkeitsbegriff. Sie werden vielmehr in § 1 Abs. 2 KSchG erläutert. Auch die Änderungskündigung ist sozial ungerechtfertigt, wenn sie nicht durch Gründe, die in der Person oder in dem Verhalten des Arbeitnehmers liegen, oder durch dringende betriebliche Erfordernisse, die einer Weiterbeschäftigung des Arbeitnehmers in diesem Betrieb entgegenstehen, bedingt ist.

Die Auffassung Hiersemanns würde den Kündigungsschutz des Kündigungsschutzgesetzes bei Abänderungskündigungen auf den Stand des § 56 des Gesetzes zur Ordnung der Nationalen Arbeit zurückschrauben; dieses Gesetz schützte den Arbeitnehmer lediglich gegen eine „unbillige Härte". Mit dem Kündigungsschutzgesetz ist aber der Gesetzgeber ganz bewußt einen Schritt weitergegangen als das frühere Recht. Es sollte ein grundsätzliches Recht des Arbeitnehmers auf Beibehaltung seines Arbeitsplatzes anerkannt werden (so Hueck-Nipperdey, Lehrbuch des Arbeitsrechts, 6. Auflage, Bd. I S. 571, 572). Dieser Bestandsschutz kann sich immer nur auf das jeweilige, konkrete, durch den Arbeitsvertrag in seinem Inhalt bestimmte Arbeitsverhältnisse beziehen (Wiedemann, RdA 61, 3). Der so durch den Arbeitsvertrag umschriebene Arbeitsplatz ist in der Wirklichkeit des Lebens insbesondere auch die Existenzgrundlage des Arbeitnehmers und nicht ein abstrakter „Arbeitsplatz als solcher". Nur bei Vorliegen der in § 1 Abs. 2 KSchG genannten Gründe kann der Arbeitgeber in das konkret ausgestaltete Arbeitsverhältnis wirksam eingreifen. Zur Gestalt des so in seinem Bestand geschützten Arbeitsverhältnisses gehört nicht zuletzt der vertraglich festgelegte Lohn, mag er auch höher sein als der tarifvertraglich normierte Mindestlohn. Die Auffassung Hiersemanns würde grundsätzlich dem Arbeitgeber ohne Rücksicht auf die individuelle Rechtsposition des Arbeitnehmers eine schematische Nivellierung nach unten auf den äußerst zulässigen Mindestlohn gestatten, selbst wenn keiner der Gründe vorliegt, die das Gesetz als Wirksamkeitsvoraussetzung für einen solchen Eingriff nennt. Dem kann nicht gefolgt werden.

Andererseits dürfen bei der richterlichen Überprüfung der Änderungskündigung Art und Ausmaß der angetragenen Änderung nicht unberücksichtigt bleiben (BAG 4, 1 [2]). Wenn sich nämlich der Bestandsschutz des Kündigungsschutzgesetzes auch auf das konkret gestaltete Arbeitsverhältnis bezieht, so führt das doch nicht zu einer Verfestigung der konkreten Bedingungen ohne jede Korrekturmöglichkeit. Die Korrekturmöglichkeit besteht vielmehr, wenn die in § 1 KSchG genannten Gründe vorliegen. Ob sie vorliegen oder nicht, kann nur nach einer Abwägung der beiderseitigen Interessen entschieden werden. Dabei darf jedoch nicht aus dem Auge verloren werden, daß die geltende Rechtsordnung als Korrekturmittel — sofern nicht ordnungsgemäß ein einseitiges Widerrufsrecht vorbehalten oder ebenfalls ordnungsgemäß eine Teilkündigungsmöglichkeit vertraglich vereinbart war — lediglich das Mittel der total wirkenden Kündigung zur Verfügung stellt, so daß regelmäßig der ganze Arbeitsplatz gefährdet wird. Danach ist, wenn — wie im vorliegenden Fall — lediglich betriebliche Erfordernisse zur Rechtfertigung der Änderungskündigung in Betracht kommen, danach zu fragen, ob so dringende betriebliche Erfordernisse für die geplante Änderung der Arbeitsbedingungen gegeben sind, daß diese Gründe unter vernünftiger Abwägung des

Interesses des Arbeitgebers an der erstrebten Änderung gegenüber dem Interesse des Arbeitnehmers an der Aufrechterhaltung seiner gegenwärtigen Arbeitsbedingungen es als billigenswert und angemessen erscheinen lassen, um dieser Änderung willen das Mittel einer Kündigung zu gebrauchen und damit das Arbeitsverhältnis zu gefährden oder unter Umständen zu beenden (vgl. BAG 1, 99; ähnlich Bötticher in BB 1959, 855; siehe auch BAG AP Nr. 25 zu § 123 GewO). Nur dann ist die Änderungskündigung, bei der das Arbeitsverhältnis für den Fall der Annahme der neuen Bedingungen des Arbeitgebers fortgesetzt werden, sonst aber total sein Ende finden soll, durch dringende betriebliche Erfordernisse bedingt. Entsprechend ihrem funktionellen Sinn muß die wegen ihrer Tangierung des Bestandsschutzes vom Kündigungsschutzgesetz erfaßte Änderungskündigung insoweit als Einheit gesehen werden. Es ist zu beachten, daß bei der Änderungskündigung nach dem Willen des Arbeitgebers dem Arbeitnehmer der Arbeitsplatz als solcher erhalten bleiben soll, es ist aber mit dem gleichen Nachdruck ebenfalls zu prüfen, ob die vom Arbeitgeber angestrebten Änderungen wirklich betrieblich notwendig sind (vgl. Auffarth-Müller, KSchG, § 1 Anm. 56). Das Verhalten des Arbeitnehmers gegenüber dem Abänderungsvorschlag ist dagegen als solches für die soziale Rechtfertigung der Änderungskündigung ohne Bedeutung (BAG 4, 22).

Nach alledem ist der materiell-rechtliche Ausgangspunkt des angefochtenen Urteils nicht zu beanstanden. Darüber hinaus ist auch die Würdigung der von der Beklagten vorgetragenen Kündigungsgründe frei von Rechtsirrtum erfolgt. Zutreffend hält das Landesarbeitsgericht den Sachvortrag der Beklagten für zu unsubstantiiert.

Die Beklagte hat zwei Gründe für die Änderungskündigung genannt, nämlich einmal, ihr Betrieb sei seiner Zeit von der allgemeinen Textilkrise nicht verschont geblieben und sie habe zu drastischen Sparmaßnahmen greifen müssen, zum anderen, die Lohngerechtigkeit im Betrieb habe die Änderungskündigung erforderlich gemacht, um Unzuträglichkeiten und Beschwerden vorzubeugen.

Beide Gründe hat das angefochtene Urteil gesehen und gewürdigt, und zwar sowohl jeden einzelnen für sich wie auch beide in ihrer Gesamtheit. Irgendwelche wesentlichen, von den Parteien geltend gemachten Umstände hat es nicht übersehen. Abgesehen davon, daß eine Verfahrensrüge nicht erhoben worden ist, kann es dem Landesarbeitsgericht überhaupt nicht zum Vorwurf gemacht werden, es habe die Beklagte unter Verletzung des § 139 ZPO nicht zu einem genaueren und ins einzelne gehenden Sachvortrag angehalten. In einem Kündigungsschutzprozeß kann ein verklagter Arbeitgeber, zumal wenn er anwaltlich vertreten ist, nicht im Zweifel darüber sein, daß er die Gründe, die seine Kündigung bedingt haben, mit solcher Deutlichkeit und so ins einzelne gehend vortragen muß, daß ihr im Sinne des § 1 Abs. 2 KSchG zwingender Charakter unübersehbar ist. Daran fehlt es hier.

Was den ersten Grund betrifft, so ist weder vorgetragen worden, in welchem Ausmaß der Betrieb der Beklagten von der Textilkrise erfaßt worden war noch welche Bedeutung es für die Beklagte hatte, der Klägerin gegenüber je Arbeitsstunde 6 Pfennig zu ersparen. Das Landesarbeitsgericht hat festgestellt, die Einsparung habe bei der Klägerin 12,— DM monatlich betragen, wozu allenfalls drei weitere Arbeitnehmerinnen hinzugekommen wären. Die Folgerung, eine solche Einsparung falle gegenüber den sozialen Belangen der Klägerin nicht ins Gesicht, ist dann zutreffend. Daß diese Einsparung für die Bilanz der Beklagten ohne Bedeutung sei, wird auch von der Revision als möglich zugestanden.

Was den zweiten Grund betrifft, so ist nicht einmal dargelegt worden, warum es gegen den Grundsatz der Lohngerechtigkeit verstoßen soll, der Klägerin, einer damals seit mehr als neun Jahren im Betrieb beschäftigten Arbeiterin, die bereits längere Zeit hindurch mit Rücksicht auf eine verantwortliche und schwere Tätigkeit übertariflich bezahlt worden war, diesen Lohn auch weiterhin zu gewähren. Solange es aber an einem solchen Sachvortrag fehlte, konnte nicht beurteilt werden, ob Maßnahmen zur Wiederherstellung des Arbeitsfriedens oder wenigstens zu seiner vorbeugenden Bewahrung notwendig waren.

## 47

**1. Gewährt ein Arbeitgeber einem Angestellten vereinbarungsgemäß die Vergütung nach einer bestimmten Vergütungsgruppe der TO.A, so begründet das weder den Beweis noch eine Vermutung dafür, daß die von dem Angestellten ausgeübte Tätigkeit die für diese Vergütungsgruppe in der Vergütungsordnung der TO.A bzw. ihren tarifvertraglichen Änderungen aufgestellten Tätigkeitsmerkmale erfüllt. Das gilt auch dann, wenn der Arbeitgeber anläßlich einer Höhergruppierung des Angestellten dessen Tätigkeit nach den tariflichen Tätigkeitsmerkmalen überprüft und nicht zum Ausdruck gebracht hat, er wolle dem Angestellten eine übertarifliche Vergütung gewähren.**

**2. Gegenüber dem tariflichen Anspruch auf die Vergütung nach der TO.A verstößt es nicht gegen Treu und Glauben, wenn der Arbeitgeber sich darauf beruft, die Tätigkeitsmerkmale der beanspruchten Vergütungsgruppe seien nicht erfüllt.**

**3. Die Vereinbarung einer bestimmten Vergütungsgruppe der TO.A im Arbeitsvertrage verpflichtet den Arbeitgeber nicht zur Zahlung einer höheren als der vereinbarten Vergütung, wenn die Tätigkeitsmerkmale der einzelvertraglich vereinbarten Vergütungsgruppe durch eine Tarifvertragsänderung in eine höhere Vergütungsgruppe übernommen werden, aber durch die von dem Angestellten ausgeübte Tätigkeit nicht erfüllt sind.**

TO.A § 3, Anlage; Tarifvertrag über die Eingruppierung von Meistern und technischen Angestellten vom 14. Juni 1956.

IV. Senat. Urteil vom 18. 1. 1961 i. S. St. M. (Bekl.) w. G. (Kl.)
4 AZR 440/59.

I. Arbeitsgericht Kempten. — II. Landesarbeitsgericht Bayern (München).

Der Kläger ist seit dem 15. Februar 1950 als technischer Angestellter bei den Stadtwerken der Beklagten beschäftigt. Er ist an der technischen Planung und Ausführung von Arbeiten am Rohrnetz für Gas und Wasser beteiligt, hat Aufgaben der örtlichen Bauaufsicht und Bauleitung bei der Erstellung von Betriebsbauten zu erfüllen und damit zusammenhängende Kalkulations- und Prüfungsarbeiten zu erledigen. Er erhielt zunächst die Bezüge nach der VergGr. VI a TO.A.

Mit Wirkung vom 1. April 1956 wurde der Kläger in die VergGr. V a TO.A höhergestuft. Das geschah auf Grund des folgenden Beschlusses des Stadtrats — Personalsenats — der Beklagten vom 13. September 1955:

„G. hatte bereits im Januar dieses Jahres um Einstufung nach TO.A V nachgesucht. Das Gesuch konnte bisher nicht behandelt werden, weil die Voraussetzungen für diese Höhergruppierung noch nachgeprüft werden mußten.

Nach einer Mitteilung des Landesarbeitgeberverbandes bayerischer Gemeinden e. V. bestehen auf Grund der Vorbildung des technischen Angestellten G. keine Bedenken bezüglich einer Höhergruppierung, wenn die sonstigen Voraussetzungen (Aufgabengebiet, Dienstleistungen) gegeben sind.

Die Leitung der Stadtwerke befürwortet auf Grund der Dienstleistungen eine Überführung nach TO.A V a.

Der Personalsenat beschließt auf Grund der mehrjährigen Tätigkeit des Antragstellers und der nunmehr gezeigten Leistungen einstimmig, ab 1. 4. 1956 eine Überführung in die Vergütungsgruppe TO.A V a vorzunehmen."

Der Kläger ist der Ansicht, seine Tätigkeit habe vor dem Inkrafttreten des Tarifvertrages über die Eingruppierung von Meistern und technischen Angestellten vom 14. Juni 1956 (TV 56) den alten Merkmalen der VergGr. V a TO.A entsprochen; er sei daher auf Grund dieses Tarifvertrages in die VergGr. IV b TO.A aufgerückt, die nunmehr die früheren Merkmale der VergGr. V a enthalte. Mit der Klage begehrt er die Feststellung, daß er ab 1. Mai 1956 Anspruch auf Eingruppierung in die VergGr. IV b TO.A habe.

Die Beklagte hat die Darstellung des Klägers über seine Tätigkeit zum Teil bestritten und hat vorgetragen, die Einreihung des Klägers in die VergGr. V a TO.A sei ohne Prüfung der tariflichen Tätigkeitsmerkmale allein mit Rücksicht auf die Dauer seiner Beschäftigung und die gezeigten Leistungen erfolgt; seine überwiegende Tätigkeit entspreche nicht den Merkmalen der VergGr. V a (alt) bzw. IV b (neu).

Das Arbeitsgericht hat über die Tätigkeit des Klägers Beweis erhoben und hat die Klage abgewiesen, weil die vom Kläger überwiegend ausgeübte Tätigkeit nicht die neuen Merkmale der VergGr. IV b TO.A erfülle.

Auf die Berufung des Klägers hat das Landesarbeitsgericht nach weiterer Beweisaufnahme der Klage stattgegeben. Es führt aus:

Da in dem Beschluß des Stadtrats der Beklagten vom 13. September 1955 von den Leistungen des Klägers die Rede sei, müsse davon ausgegangen werden, daß sich seine Tätigkeit bereits damals durch besondere Leistungen aus der Gruppe VI a herausgehoben habe. Daß solche besonderen Leistungen vorgelegen hätten, ergebe sich aus der Mitwirkung des Klägers bei den betrieblichen Baumaßnahmen der Stadtwerke. Auch der Sachverständige sehe die Tätigkeit des Klägers, soweit sie Unterhaltungs- und Erweiterungsmaßnahmen in Betriebsanlagen umfasse, als eine nach der Gruppe IV zu bewertende Tätigkeit an. Wie sich aus dem Beschluß der Beklagten vom 13. September 1955 weiter ergebe, seien die Voraussetzungen für die Einstufung in die Gruppe V a geprüft worden. Da auch der Landesarbeitgeberverband bayerischer Gemeinden diese Frage geprüft und darauf hingewiesen habe, daß auf Grund der Vorbildung des Klägers Bedenken gegen die Höhergruppierung nicht beständen, wenn die sonstigen Voraussetzungen gegeben seien (Aufgabengebiet, Dienstleistungen), und da ferner die Leitung der Stadtwerke gerade auf Grund der Dienstleistungen des Klägers seine Überführung in die VergGr. V a befürwortet habe, sei das Landesarbeitsgericht der Auffassung, daß die maßgebenden Stellen der Beklagten damals nach eingehender Prüfung das Vorliegen der vom Kläger behaupteten Tätigkeitsmerkmale bejaht hätten. Es sei daher eine Änderung des Arbeitsvertrages des Klägers in beiderseitigem Einvernehmen erfolgt, nach der der Kläger dem damaligen Tarif entsprechend vergütet worden sei. Schon aus haushaltsrechtlichen Gesichtspunkten müsse davon ausgegangen werden, daß eine übertarifliche Einstufung im öffentlichen Dienst eine Ausnahme darstelle. Da dem Gesuch des Klägers ohne jede Einschränkung stattgegeben und damit das Vorliegen der Tätigkeistmerkmale zumindest stillschweigend bejaht worden sei, könne sich die Beklagte nicht hinterher darauf berufen, daß sie den Kläger und alle übrigen Techniker wegen der damals sich abzeichnenden Abwanderungstendenz übertariflich bezahlt habe. Sie hätte zumindest bei der Eröffnung der Höherstufung darauf hinweisen müssen, daß die vom Kläger behaupteten Tätigkeitsmerkmale zwar nicht vorlägen, daß er aber aus anderen Erwägungen nach einer höheren als der ihm tariflich zustehenden Gruppe vergütet werde. Da das nicht geschehen sei, sei das Landesarbeitsgericht der Auffassung, daß der Kläger beim Inkrafttreten des TV 56 in die VergGr. V a TO.A richtig eingestuft gewesen sei. Dann rücke der Kläger kraft der normativen Wirkung dieses Tarifvertrages, von dem auch sein Arbeitsverhältnis erfaßt werde, automatisch in die VergGr. IV b auf, die inhaltlich den Tätigkeitsmerkmalen der bisherigen VergGr. V a TO.A entspreche. Wenn auch nach § 5 des TV 56 nur diejenigen im Dienst befindlichen Angestellten, die nach diesem Tarifvertrage die Tätigkeitsmerkmale einer höheren als ihrer bisherigen Vergütungsgruppe erfüllten, in diese Vergütungsgruppe aufrückten, so könne es doch nicht Absicht der Tarifvertragsparteien gewesen sein, bei jedem der bereits ohne Vorbehalt tariflich eingruppierten technischen Angestellten eine nochmalige Überprüfung herbeizuführen. Da der Kläger mit Recht habe davon ausgehen dürfen, daß er gemäß seinem Antrag richtig in die VergGr. V a höhergruppiert worden sei, hätte die Beklagte den Beweis führen müssen, daß eine übertarifliche Eingruppung vereinbart worden sei oder die Tätigkeit des Klägers sich geändert habe. Da ein solcher Beweis nicht erbracht sei, habe der Kläger ab 1. Mai 1956 Anspruch auf Vergütung nach Gruppe IV b TO.A in der Fassung des TV 56.

Die Revision der Beklagten führte zur Aufhebung und Zurückverweisung.

Aus den Gründen:

Das angefochtene Urteil enthält tarifrechtliche und vertragsrechtliche Erwägungen, ohne die verschiedenen rechtlichen Gesichtspunkte klar zu scheiden.

Das Landesarbeitsgericht hält einen tariflichen Anspruch des Klägers auf die Vergütung nach der VergGr. IV b TO.A nach dem TV 56 für gegeben, an den nach seinen Feststellungen beide Parteien gebunden sind. Soweit es hierbei zum Ausdruck bringt, es könne nicht im Sinne des TV 56 liegen, bei jedem der bereits ohne Vorbehalt eingruppierten technischen Angestellten eine nochmalige Überprüfung auf die Erfüllung der Tätigkeitsmerkmale herbeizuführen, ist das irrig. Der TV 56 hat ein „automatisches" Aufrücken der bei seinem Inkrafttreten im Dienst stehenden Angestellten allein auf Grund ihrer bisherigen tatsächlichen Einstufung nicht zur Folge; auch bei diesen Angestellten kommt es, wie sich insbesondere aus § 5 Abs. 1 TV ergibt, für den tariflichen Vergütungsanspruch auf die Erfüllung der für die einzelnen Vergütungsgruppen aufgestellten Tätigkeitsmerkmale an (BAG 8, 128).

Das angefochtene Urteil beruht aber nicht auf dieser Bemerkung. Es sieht vielmehr die neuen Tätigkeitsmerkmale der VergGr. IV b deshalb als erfüllt an, weil der Kläger vor dem Inkrafttreten des TV 56 die Merkmale der VergGr. V a TO.A erfüllt habe. Dabei geht es zutreffend davon aus, daß die Tätigkeitsmerkmale für die technischen Angestellten mit technischer Ausbildung nach Nr. 2 der Bemerkung zu allen Vergütungsgruppen, die der Kläger unstreitig aufzuweisen hat, aus der Vergütungsgruppe V a TO.A durch den TV 56 unverändert in die VergGr. IV b übernommen worden sind. Die Voraussetzungen sind sogar insofern erleichtert worden, als in der nächstniedrigeren Gruppe, aus der sich der Angestellte durch besondere Leistungen hervorheben muß, nicht mehr eine mehrjährige, sondern nur noch eine mindestens einjährige Berufsbewährung gefordert wird. Erfüllte also der Kläger vor dem Inkrafttreten des TV 56 die Tätigkeitsmerkmale der VergGr. V a TO.A, so ist der Schluß richtig, daß seine unverändert gebliebene Tätigkeit ab 1. Mai 1956 die Merkmale der VergGr. IV b erfüllte.

Indessen hält die vom Landesarbeitsgericht angenommene Voraussetzung für diese Schlußfolgerung, daß nämlich der Kläger die alten Merkmale der VergGr. Va TO.A erfüllt habe, der rechtlichen Nachpüfung nicht stand.

Soweit das angefochtene Urteil zu einer eigenen Subsumtion der Tätigkeit des Klägers unter die tariflichen Merkmale ansetzt, sind seine Ausführungen völlig unzureichend. Es sagt, die besonderen Leistungen des Klägers ergäben sich aus seiner Mitwirkung bei den in der Zeugenaussage des Direktors der Stadtwerke aufgeführten betrieblichen Baumaßnahmen. Es fehlt aber an jeder Darlegung, inwiefern es sich um besondere Leistungen gegenüber den schon in der VergGr. VI a (alt) geforderten Leistungen handele. Soweit das Landesarbeitsgericht darauf hinweist, auch der Sachverständige sehe die Tätigkeit des Klägers, soweit sie sich mit Unterhaltungs- und Erweiterungsmaßnahmen an Betriebsanlagen befasse, als eine nach TO.A IV zu bewertende Tätigkeit an, fehlt es an der dem Gericht obliegenden rechtlichen Bewertung. Es ist auch nichts darüber gesagt, ob es sich bei den erwähnten Aufgaben um die überwiegende Tätigkeit des Klägers handelt. Vor allem fehlt es schon an den erforderlichen tatsächilchen Feststellungen, die eine Nachprüfung der rechtlichen Beurteilung überhaupt erst ermöglichen würden. Das angefochtene Urteil nimmt nur auf die Behauptungen des Klägers über die ihm übertragene Tätigkeit und auf die Gegendarstellung der Beklagten Bezug, ohne sich mit der in beiden Rechtszügen durchgeführten Beweisaufnahme auseinanderzusetzen oder sonst eigene Feststellungen zu treffen.

Die notwendigen Feststellungen und deren rechtliche Bewertung lassen sich nicht durch die Erwägung ersetzen, die Beklagte habe vor der Höherstufung des Klägers in die VergGr. V a TO.A seine Tätigkeit überprüft und die Tätigkeitsmerkmale dieser Vergütungsgruppe für gegeben angesehen, sie habe auch dieser Auffassung dadurch, daß sie dem Gesuch des Klägers um Höhergruppierung vorbehaltlos stattgegeben habe, mindestens stillschweigend Ausdruck gegeben, überdies stelle eine übertarifliche Einstufung im öffentlichen Dienst ohnehin eine Ausnahme dar. Wie der erkennende Senat bereits in seinem Urteil vom 27. April 1960 — 4 AZR 324/58 — AP Nr. 63 zu § 3 TO.A — ausgesprochen hat, kann sich aus den Umständen zwar ergeben, daß der Arbeitgeber keine übertarifliche Entlohnung gewähren wollte, daß er also die versprochene und gewährte Vergütung für tarifgerecht gehalten hat. Daraus ergibt sich aber nicht die Rechtsfolge oder auch nur die Vermutung, daß die Bewertung des Arbeitgebers, d. h. die von ihm vorgenommene Subsumtion eines Sachverhalts — der hier im übrigen noch streitig ist — unter die Tarifnorm, auch objektiv richtig ist. Ob die Beklagte die versprochene Vergütung nach der VergGr. V a für tarifgerecht oder für übertariflich gehalten hat und ob sie ihre Auffassung dem Kläger zu erkennen gegeben hat, ist daher für den t a r i f l i c h e n Vergütungsanspruch des Klägers, der stets die objektive Erfüllung der Tätigkeitsmerkmale voraussetzt, sowohl vor wie nach dem Inkrafttreten des TV 56 ohne Bedeutung.

Während das Landesarbeitsgericht allein einen tariflichen Anspruch des Klägers auf die Vergütung nach der VergGr. IV b TO.A bejaht (weil nämlich der Kläger nach den alten Merkmalen der TO.A richtig in die VergGr. V a eingereiht gewesen sei und daher ab 1. Mai 1956 die neuen Merkmale der VergGr. IV b erfülle), stellt es daneben weitere Erwägungen an, die allenfalls unter vertragsrechtlichen Gesichtspunkten Bedeutung erlangen können. Es führt aus, die Beklagte könne sich nicht darauf berufen, daß der Kläger vor dem Inkrafttreten des TV 56 in die VergGr. V a übertariflich eingereiht gewesen sei, da sie bei der Eröffnung der Höhergruppierung nicht darauf hingewiesen habe; sie hätte, da der Kläger mit Recht habe davon ausgehen dürfen, er sei gemäß seinem Antrage richtig in die VergGr. V a höhergruppiert worden, den Beweis führen müssen, daß eine übertarifliche Eingruppierung vereinbart worden sei oder die Tätigkeit des Klägers sich geändert habe.

Diese Erwägung, daß die Beklagte sich auf die fehlende Erfüllung tariflicher Tätigkeitsmerkmale nicht berufen dürfe, läuft darauf hinaus, daß die Beklagte verpflichtet sei, dem Kläger eine bestimmte Vergütung zu gewähren, ohne daß deren tarifliche Voraussetzungen gegeben sind. Eine solche Verpflichtung kann nur außertariflicher Art sein. Die von der Beklagten arbeitsvertraglich übernommene Verpflichtung geht aber nur dahin, dem Kläger die Vergütung nach der VergGr. V a TO.A zu gewähren, wie sie der Kläger seit dem 1. April 1956 auch erhalten hat. Sie geht nicht etwa dahin, dem Kläger die für bestimmte Tätigkeitsmerkmale jeweils tariflich ausgesetzte Vergütung zu zahlen. Das nimmt auch das Landesarbeitsgericht nicht an. Der Kläger behauptet auch nicht, daß ihm eine höhere als die tariflich richtige Vergütungsgruppe als übertarifliche Zulage versprochen worden sei. Vielmehr behauptet er, und das angefochtene Urteil stellt es fest, daß beide Parteien bei der durch die Höhergruppierung des Klägers nach der VergGr. V a TO.A getroffenen Vertragsänderung davon ausgegangen seien, diese Vergütung entspreche den damaligen tariflichen Bestimmungen.

Ob und auf welche Weise die Beklagte sich von der eingegangenen Verpflichtung, dem Kläger die Vergütung nach der VergGr. V a zu gewähren, hätte lossagen können mit der Begründung, daß diese Vergütung übertariflich sei, bedarf keiner Erörterung; denn zu dieser Verpflichtung steht die Beklagte. Eine Verpflichtung, nach der sie dem Kläger die Vergütung nach der VergGr. IV b zu zahlen hätte, hat die Beklagte einzelvertraglich nicht übernommen. Für den tariflichen Anspruch aber hat der Kläger die Erfüllung der Tätigkeistmerkmale zu beweisen; gegenüber diesem Anspruchsgrund kann es auch nicht gegen Treu und Glauben verstoßen, wenn die Beklagte sich auf das Fehlen der von der Tarifnorm geforderten Merkmale beruft (vgl. hierzu BAG 8, 270; BAG 9, 308).

Da das Landesarbeitsgericht die erforderlichen Feststellungen über die vom Kläger überwiegend ausgeübte Tätigkeit nicht getroffen und seine Tätigkeit nicht ausreichend unter den Tätigkeitsmerkmalen der von ihm beanspruchten Tarifgruppe geprüft hat, mußte die Sache an das Berufungsgericht zurückverwiesen werden,

## 48

**1. Der vertragliche Ausschluß einer arbeitgeberseitigen Änderungskündigung umfaßt jedenfalls regelmäßig den vertraglichen Ausschluß jedweder Kündigung des Arbeitsverhältnisses seitens des Arbeitgebers.**

**2. § 6 KSchG überbrückt mit der Fiktion der Rechtswirksamkeit der Kündigung lediglich das Fehlen der im § 1 Abs. 2 KSchG genannten Gründe.**

BGB §§ 133, 157; KSchG §§ 1, 3, 6; ZPO § 286.

II. Senat. Urteil vom 19. 1. 1961 i. S. K. AG (Bekl.) w. W. (Kl.)
2 AZR 197/59.

I. Arbeitsgericht Solingen. — II. Landesarbeitsgericht Düsseldorf.

Die Parteien streiten über die Wirksamkeit einer dem Kläger gegenüber mit Schreiben vom 28. Februar 1958 ausgesprochenen Änderungskündigung zum Zwecke der Herabsetzung des Gehalts.

Der Kläger war 1951 als kaufmännischer Angestellter bei der Beklagten eingestellt worden. Er war zunächst in der Finanzbuchhaltung tätig gewesen und hatte dort hauptsächlich die Provisionsabrechnungen für die in- und ausländischen Vertreter zu bearbeiten. Der Kläger bezog ein Gehalt, welches auf der Gruppe K 3 des Gehaltsabkommens für die Angestellten der Eisen-, Metall- und Elektroindustrie in Westfalen/Niederrhein aufgebaut war; er ist nicht tarifgebunden. Wegen einer schweren Erkrankung mußte er seit dem Sommer 1954 wiederholt monatelang dem Dienst fernbleiben. Während einer dreimonatigen Kur des Klägers hat die Beklagte seinen Arbeitsplatz in der Finanzbuchhaltung am 1. Juli 1957 anderweitig besetzt. Nach seiner Rückkehr von der Kur mit anschließendem Erholungsurlaub wurde der Kläger vom 5. September bis 15. Oktober 1957 in der Lohnbuchhaltung und vom 16. Oktober 1957 im Betriebsbüro der Instandhaltung beschäftigt. Anläßlich dieser Umsetzung habe, so hat der Kläger vorgetragen, der Direktor V. ihm Anfang September ausdrücklich und mehrmals erklärt, die Versetzung in das Betriebsbüro sei keine Zurücksetzung. Ihm werde daraus auch hinsichtlich seines Gehalts keinerlei Schaden entstehen. Das Gehalt werde vielmehr das gleiche bleiben. Schon aus diesem Grunde, so meint der Kläger, sei die Beklagte gehindert, gleichwohl mit der streitigen Änderungskündigung nunmehr das Ziel einer Gehaltsherabsetzung zu verfolgen.

Mit seiner am 22. März 1958 bei Gericht eingegangenen Klage hat der Kläger zunächst beantragt, festzustellen, daß sein Arbeitsverhältnis durch die Kündigung zum 30. Juni 1958 nicht aufgelöst ist.

Die Beklagte hat Klageabweisung, hilfsweise Auflösung des Arbeitsverhältnisses beantragt. Sie hat vorgetragen, die Klage sei als Kündigungsschutzklage verspätet, weil die Kündigung dem Kläger bereits am 28. Februar 1958 zugegangen sei. Direktor V. habe dem Kläger auch nicht die behauptete Zusage gemacht. Wenn tatsächlich eine solche Zusage erfolgt sei, so könne doch aus ihr nicht ein Verzicht auf eine Änderungskündigung entnommen werden, weil jeder unbefristeten arbeitsvertraglichen Vereinbarung das Recht zu einer Änderungskündigung innewohne. Das Gehalt des Klägers sei entsprechend seiner früheren Tätigkeit weitergewährt worden, obgleich die neue Tätigkeit des Klägers nur den Merkmalen der Gruppe K 2 entsprochen habe. Als am 1. Januar 1958 aber eine Erhöhung der Tarifgehälter eingetreten sei, habe sich zwischen der Tätigkeit des Klägers und seiner Entlohnung ein so erheblicher Unterschied ergeben, daß eine weitere Erhöhung seines Gehalts aus betrieblichen Gründen nicht mehr zu vertreten gewesen sei. Aus diesem Grunde sei mit dem Kläger am 21. Februar 1958 die folgende Vereinbarung getroffen worden:

Mit Wirkung vom 1. Januar 1958 werde sein Gehalt nach Gruppe K 2 b errechnet. Gleichwohl bleibe das bisherige Gehalt von 626,— DM brutto bestehen, jedoch komme eine Erhöhung nach den Tätigkeitsjahren, wie sie in der Gruppe K 3 vorgesehen sei, nicht zum Zuge.

Über diese Vereinbarung sei ein Aktenvermerk angelegt worden. Drei Tage später habe jedoch der Kläger diese Vereinbarung grundlos widerrufen und auf der Fortzahlung des Gehalts nach der Gruppe K 3 bestanden. Unter diesen Umständen habe sie sich genötigt gesehen, zum 30. Juni 1958 zu kündigen und gleichzeitig ein Gehalt nach Gruppe K 2 b von 540,— DM monatlich (zuzüglich einer übertariflichen Zulage) nebst einer widerruflichen Sonderzahlung von monatlich 50,— DM anzubieten.

Der Kläger hat demgegenüber vorgetragen, eine Vereinbarung sei am 21. Februar 1958 nicht zustandegekommen. Vielmehr habe Herr J. an diesem Tage erklärt, das frühere Gehalt sei nicht mehr zu vertreten, er

— der Kläger — möge sich mit einer Herabstufung einverstanden erklären. Daraufhin habe er sich eine Bedenkzeit ausgebeten, und Herr J. habe ihm eine schriftliche Formulierung des Angebots überreichen lassen, damit er für seine Überlegungen eine schriftliche Unterlage habe. Daraufhin habe er Rat eingeholt und das Angebot schriftlich abgelehnt.

Der Kläger hat in einem weiteren Rechtsstreit die Feststellung begehrt, daß das Arbeitsverhältnis jedenfalls zu den neuen Bedingungen über den 30. Juni 1958 hinaus fortbesteht. Diese Klage ist vom Arbeitsgericht durch Urteil vom 27. Juli 1958 als unzulässig abgewiesen worden mit der Begründung, daß auch dieser Anspruch in dem vorliegenden Verfahren rechtshängig sei. Dagegen hat der Kläger Berufung eingelegt. Das Verfahren ruht jedoch auf Antrag beider Parteien bis zur Entscheidung des vorliegenden Rechtsstreites.

Das Arbeitsgericht hat die Klage des vorliegenden Rechtstreites mit der Begründung abgewiesen, die Klagefrist des § 3 KSchG sei versäumt worden. In der Berufungsinstanz hat der Kläger noch den Hilfsantrag gestellt, festzustellen, daß sein Arbeitsverhältnis zu den geänderten Bedingungen über den 30. Juni 1958 hinaus fortbesteht.

Das Landesarbeitsgericht hat unter Aufhebung des erstinstanzlichen Urteils die vom Kläger in erster Linie begehrte Feststellung getroffen. Es hat nach erneuter Beweisaufnahme auch seinerseits festgestellt, daß die Klage nach Ablauf der Klagefrist des § 3 KSchG erhoben ist, jedoch die Änderungskündigung als aus anderem Grunde unwirksam angesehen (§ 11 Abs. 4 KSchG), nämlich wegen Verstoßes gegen einen vertraglichen Kündigungsausschluß. Die Revision der Beklagten führte zur Aufhebung und Zurückverweisung.

## Aus den Gründen:

I. Die dem Kläger gegenüber ausgesprochene Kündigung ist nicht, wie die Revision meint, schon deshalb rechtsunwirksam, weil die Kündigung gemäß § 6 KSchG als von Anfang an rechtswirksam gilt.

1. Das angefochtene Urteil meint, die Wahrung der Klagefrist des § 3 KSchG sei eine Prozeßvoraussetzung. Dem ist nicht zuzustimmen. Die Drei-Wochen-Frist des § 3 KSchG ist vielmehr eine materiell-rechtliche Ausschlußfrist (vgl. BAG AP Nr. 7 zu § 3 KSchG). Das ändert aber nichts an der Richtigkeit des weiteren Ausgangspunktes des angefochtenen Urteils, daß bei Streit über die Wahrung dieser Frist den Kläger die Beweislast trifft; die Wahrung der Drei-Wochen-Frist ist erste Vor-

aussetzung für die Begründetheit der Kündigungsschutzklage. Das angefochtene Urteil hat nach einer Beweisaufnahme festgestellt, es sei nicht bewiesen, daß der Kläger die Drei-Wochen-Frist des § 3 KSchG gewahrt habe. Da der Kläger insoweit dem Landesarbeitsgericht einen Verfahrensfehler nicht vorgeworfen hat, ist das Revisionsgericht an die in dieser Beweiswürdigung enthaltene Tatsachenfeststellung gebunden, die Klärung der hier in Rede stehenden Voraussetzung sei offen geblieben. Es muß daher seinerseits ebenfalls davon ausgehen, daß der Kläger den ihm obliegenden Beweis, die Drei-Wochen-Frist des § 3 KSchG gewahrt zu haben, nicht erbracht hat.

2. Die Revision meint nun, selbst wenn, wie es das Landesarbeitsgericht angenommen hat, zwischen den Parteien vereinbart worden wäre, daß eine Änderungskündigung zum Zwecke der Gehaltsherabsetzung nicht habe erfolgen dürfen, so ändere dies doch nichts daran, daß eine betriebsbedingte Kündigung zum Zwecke der Beendigung des Arbeitsverhältnisses von einer solchen Vereinbarung nicht erfaßt werde und demnach rechtswirksam habe ausgesprochen werden können. Die Fiktion des § 6 KSchG bewirke, daß diese Totalkündigung als von Anfang an rechtswirksam gelte. Im übrigen habe jede vertragliche Abrede über den Ausschluß der Änderungskündigung unter dem selbstverständlichen Vorbehalt gestanden, daß bei dringenden betrieblichen Erfordernissen, die einer Beschäftigung zu den alten Bedingungen entgegenstehen, eine Kündigung möglich bleibe. Das Vorliegen solcher dringenden betrieblichen Erfordernisse sei aber nach Versäumung der Klagefrist zu unterstellen.

Dem kann nicht zugestimmt werden. Eine vertragliche Kündigungsbeschränkung neben oder vielmehr vor dem Kündigungsschutzgesetz bewirkt, daß die Kündigung im Sinne des § 6 KSchG „aus anderem Grunde rechtsunwirksam ist“. § 6 KSchG schließt diesen Grund von seiner Wirkung aus. Dabei umfaßt der vertragliche Ausschluß einer arbeitgeberseitigen Änderungskündigung jedenfalls regelmäßig den vertraglichen Ausschluß jedweder Kündigung des Arbeitsverhältnisses überhaupt. Die Änderungskündigung soll, wenn die Änderungsofferte nicht angenommen wird, ebenso wie eine nicht mit einer solchen Offerte verbundene Kündigung das Arbeitsverhältnis beenden; die Annahme der Offerte ist aber für den Arbeitgeber bis zur diesbezüglichen Entscheidung des Arbeitnehmers völlig ungewiß. Unter dem Gesichtspunkt des vertraglichen Kündigungsausschlusses zu Lasten des Arbeitgebers stehen somit beide Kündigungen gleich.

Die Fiktion des § 6 KSchG selbst überbrückt nach dem Zusammenhang des Gesetzes lediglich das Fehlen der in § 1 Abs. 2 KSchG genannten Gründe. Sie ersetzt aber nicht die Darlegung solcher Tatsachen, aus denen sich bei einem Dauerschuldverhältnis unter dem Gesichtspunkt der grundstürzenden Veränderung der Verhältnisse möglicherweise ein Rücktritts- oder Anpassungsrecht aus § 242 BGB ergeben kann. An der Darlegung solcher Tatsachen, aus denen sich eine grundstürzende Veränderung der Verhältnisse ergeben könte, welche die Beklagte dazu berechtigen könnte, sich von dem vom Kläger behaupteten und vom Landesarbeitsgericht angenommenen vertraglichen Kündigungsausschluß einseitig zu lösen, hat es die Beklagte aber fehlen lassen.

Ihr Sachvortrag hat sich darauf beschränkt, darzulegen, daß die Lohngerechtigkeit im Betriebe die Anpassung erforderlich gemacht habe. Ein solcher Sachvortrag wäre noch nicht einmal als eine hinreichend substantierte Darlegung von dringenden betrieblichen Erfordernissen im Sinne des § 1 Abs. 2 KSchG anzusehen gewesen. Dazu hätte es vielmehr der Darlegung bedurft, daß die Weitergewährung der alten Vergütung an den Kläger in derartigem Maße gegen den Grundsatz der Lohngerechtigkeit verstoßen hätte, daß mindestens die Gefahr einer Störung des Betriebsfriedens nicht von der Hand zu weisen gewesen wäre. In Wirklichkeit kann es aber überhaupt nicht als ungerecht bezeichnet werden, wenn ein Betrieb, dessen Ertragslage es gestattet, weithin übertarifliche Gehälter und Löhne zu zahlen, einem Angestellten, der ohne sein Verschulden nicht mehr an seinem alten Arbeitsplatz verwendet werden konnte, ein Gehalt weitergewährt, das auf einer nicht mehr voll zutreffenden Tarifgruppe aufgebaut ist. Bei dieser Lage konnte eine akute Gefahr für den Betriebsfrieden jedenfalls dann nicht angenommen werden, wenn, wie hier, der Angestellte seinen anderen Arbeitsplatz erst verhältnismäßig kurze Zeit inne hat.

II. Das Landesarbeitsgericht hat angenommen, es sei Anfang September 1957 zwischen dem Kläger und der Beklagten, letztere vertreten durch Direktor V., ein Vertrag über die Umsetzung des Klägers, der bis dahin in der Finanzbuchhaltung gewesen war, in das Betriebsbüro der Instandhaltung zustandegekommen. Diese Umsetzungsvereinbarung könne nach Treu und Glauben unter Berücksichtigung aller Umstände nur dahin ausgelegt werden, daß der Kläger zu den damals bestehenden Bedingungen, also mit einem auf der Gehaltsgruppe K 3 aufgebauten Gehalt, in das Betriebsbüro übersiedeln und daß sich an seiner Gehaltseinstufung nichts ändern sollte. Damit müsse aber auch der Ausspruch einer Änderungskündigung zum Zwecke der Herabgruppierung als vertraglich ausgeschlossen angesehen werden. Zwar könne grundsätzlich eine vertraglich vereinbarte Vergütung durch Änderungskündigung herabgesetzt werden. Das könne aber dann nicht gelten, wenn die Arbeitsvergütung in solcher Weise wie hier zur Vertragsgrundlage gemacht werde. Der Kläger habe sich mit seiner Versetzung nur unter der Voraussetzung einverstanden erklärt, daß sich sein Gehalt nicht ändere. Dann aber müsse eine Änderungskündigung zwecks Gehaltskürzung mit der Begründung, der neue Arbeitsplatz sei geringer zu bewerten, nach Treu und Glauben als vertraglich ausgeschlossen angesehen werden.

Diese Ausführungen des Landesarbeitsgerichts sind nicht frei von Rechtsirrtum. Zwar handelt es sich hier um die nur beschränkt nachprüfbare Auslegung eines Individualvertrages. Das Urteil des Landesarbeitsgerichts verstößt aber gegen §§ 133, 157 BGB. Es hat das Wesen eines Vertrages schlechthin, insbesondere aber einer vertraglichen Kündigungsausschluß-Abrede verkannt. Nach den Feststellungen des Landesarbeitsgerichts hat der Zeuge V. bei seiner Erklärung nichts davon gesagt, daß der Kläger in eine niedrigere Gehaltsgruppe komme. Er habe überhaupt nicht daran gedacht, daß es sich um einen geringer zu bewertenden Arbeitsplatz handelt. Es habe auch nicht die Absicht bestanden, den Kläger durch die Umsetzung gehaltlich zu verschlechtern.

Diese Äußerungen des Zeugen V. lassen nach den allgemeinen Auslegungsregeln mehrere Deutungen zu.

1. Wenn der Zeuge V. von der — objektiv unrichtigen — Annahme ausging, daß der neue Arbeitsplatz des Klägers nicht schlechter zu bewerten sei als sein alter Arbeitsplatz, so hatte er — der Zeuge V. — keine Veranlassung, hinsichtlich der Fortzahlung des Gehaltes irgendeine rechtsgeschäftlich verbindliche Erklärung überhaupt abzugeben. Erst recht hatte er keine Veranlassung, die bis dahin jederzeit kündbare Anstellung des Klägers nunmehr derart zu verfestigen, daß der Kläger auf Lebenszeit angestellt werde und daß ihm gegenüber nur noch aus wichtigem Grunde das Arbeitsverhältnis hätte gekündigt werden können. Es liegt nahe, daß dem Zeugen V. bei Abgabe seiner Erklärung überhaupt das Bewußtsein fehlte, eine rechtsgeschäftliche Erklärung abzugeben. Da nach den Feststellungen des Landesarbeitsgerichts auch der Kläger bei der Umsetzungsvereinbarung davon ausging, daß sein neuer Arbeitsplatz nicht schlechter zu bewerten sei, wäre es möglich, daß der Kläger erkannt hat, daß der Zeuge V. eine rechtsgeschäftliche Erklärung überhaupt nicht hatte abgeben wollen, bzw. daß der Kläger das Fehlen des Erklärungsbewußtseins

bei dem Zeugen V. hätte erkennen müssen. In diesem Falle handelte es sich um eine in jeder Hinsicht rechtsgeschäftlich unerhebliche Erklärung.

Es ist auch möglich, daß bei dem Zeugen V. zwar nicht das Bewußtsein, eine rechtsgeschäftliche Erklärung abzugeben, wohl aber der Wille zu einem Verzicht auf eine Anpassungskündigung gefehlt hat, daß aber der Kläger dieses Fehlen nicht erkannt hat und auch nicht erkennen mußte. In diesem Fall stellte sich die Frage, ob die Erklärung des Zeugen V. einen derartigen Vertrauenstatbestand setzte, daß der Kläger sich auf ihn verlassen durfte. Dann aber mußte das Landesarbeitsgericht prüfen, ob nicht die Beklagte spätestens im Verlaufe des Rechtsstreits eine als Anfechtung auszulegende Erklärung abgegeben hat mit der Begründung, der Zeuge V. habe eine Erklärung dieses Inhalts in Wirklichkeit nicht abgeben wollen. Auch in diesem Falle kann der Kläger sich nicht auf die Wirksamkeit eines vertraglichen Kündigungsausschlusses berufen.

3. Es ist ferner möglich, daß die Erklärung des Zeugen V. unter den gegebenen Umständen einen mehrdeutigen Inhalt hatte. Da auch die Einverständniserklärung des Klägers bzw. dessen stillschweigende Fortsetzung der Arbeit in jedem Fall mehrdeutig war, wäre zu prüfen gewesen, ob nicht jede der beiden Parteien mit der Umsetzungsvereinbarung einen anderen Inhalt gemeint hatte, so daß in Wirklichkeit ein Dissens vorliegt.

4. Die Zusage des Zeugen V. kann weiterhin unter den gegebenen Umständen als eine vorläufige Regelung der Beziehungen zwischen den Parteien gedacht gewesen sein, so daß eine Vergütungsgarantie nur unter dem erkennbaren Vorbehalt abgegeben wurde, nach Ablauf einer gewissen Zeit eine endgültige Regelung herbeizuführen.

5. Eine unter 4. näher gekennzeichnete Zusage kann ferner damit verbunden gewesen sein, nur vorläufig auf das sonst jedem Arbeitsvertrag innewohnende Recht auf eine Kündigung zu verzichten. Schon hierbei wäre zu beachten gewesen, daß auch ein vorläufiger Verzicht auf eine Rechtsmöglichkeit grundsätzlich nicht zu vermuten ist. Das hat zur Folge, daß der Erklärungsgegner nach den Grundsätzen von Treu und Glauben unter Berücksichtigung der Verkehrssitte nicht davon ausgehen darf, ein Verzicht auf eine Kündigung sei gewollt, wenn es an einer hinreichend bestimmten Erklärung in dieser Richtung fehlt.

6. Selbst wenn ein temporärer Kündigungsverzicht anzunehmen gewesen wäre, wären Überlegungen darüber anzustellen gewesen, auf welchen Zeitraum sich dieser Kündigungsverzicht unter den gegebenen Umständen erstrecken sollte. Dabei wäre zu prüfen gewesen, ob die Erklä-

rung des Zeugen V. dahin aufzufassen war, der temporäre Kündigungsverzicht sollte auch den Zeitpunkt einer tariflichen Gehaltserhöhung überdauern oder nicht.

7. Es ist auch möglich, daß die Erklärung des Zeugen V. lediglich als eine Besitzstandsklausel anzusehen war, die dem Kläger die Fortgewährung des bisherigen Gehalts zusichern sollte, ihn jedoch nicht teilnehmen lassen sollte an tariflichen Gehaltserhöhungen.

8. Weiterhin ist es möglich, daß die Erklärung des Zeugen V. dahin zu verstehen war, daß der Kläger sein bisheriges Gehalt weitererhalten und auch an tariflichen Steigerungen teilnehmen sollte, daß aber im Falle einer tariflichen Gehaltserhöhung eine neue Überprüfung der Lage sollte erfolgen dürfen.

9. Es ist schließlich möglich, daß der Zeuge V. mit seiner Erklärung dem Kläger die Fortgewährung der alten Vergütung einschließlich ihrer Steigerung im Falle einer Tariflohnerhöhung garantieren und auf unabsehbare Zeit auf das Mittel der Änderungskündigung verzichten wollte.

Von allen diesen Möglichkeiten hat das Landesarbeitsgericht die letztgenannte angenommen. Es ist aber offengeblieben, ob das Landesarbeitsgericht die eben unter 1 bis 8 genannten anderen Möglichkeiten überhaupt gesehen hat. Die Frage, ob und zu welcher Zeit ein Dauerschuldverhältnis kündbar ist, läßt sich, falls es insoweit an ausdrücklichen Vereinbarungen fehlt, nur unter Berücksichtigung aller wesentlichen Begleitumstände unter Abwägung der Interessenlage der Vertragsparteien nach Treu und Glauben und der Verkehrssitte ermitteln (vgl. BGH in LM Nr. 8 zu BGB § 242 [B c]). Das gilt auch, wenn es um die Ermittlung dessen geht, welche Bedeutung ein Umsetzungsvertrag und dazu abgegebene allgemein gehaltene Erklärungen haben. Gerade der Grundsatz von Treu und Glauben gebietet eine Beachtung der Interessenlage. Das angefochtene Urteil läßt aber jedes Eingehen auf die Interessenlage der Beklagten vermissen. Bei der Vielfalt der in Rede stehenden Möglichkeiten läßt sich auch nicht sagen, dies sei wegen der Eindeutigkeit der Verhältnisse nicht erforderlich. Es fehlen alle Angaben darüber, welche Gründe die Beklagte dafür gehabt haben könnte, das Arbeitsverhältnis des Klägers, das jederzeit gekündigt werden konnte, nach Rückkehr von seiner Kur in eine Dauerstellung, etwa auf Lebenszeit, umzuwandeln. Es wäre erforderlich gewesen, daß die Beklagte einen dem Kläger erkennbaren vernünftigen Grund dafür hatte, sich an ihn fester zu binden als vorher. Nur wenn der Kläger von dem Vorliegen solcher Gründe ausgehen durfte, konnte er die Erklärung des Zeugen V. so auffassen, wie das Landesarbeitsgericht es angenommen hat.

Da das Urteil somit auf der Verletzung allgemeiner Auslegungsregeln beruht, mußte es aufgehoben werden. Die Sache mußte zur erneuten Verhandlung und Entscheidung zurückverwiesen werden, damit das Landesarbeitsgericht Gelegenheit hat, die Erklärung des Zeugen V. vom September 1957 auch unter Berücksichtigung der Interessenlage der Parteien auszulegen.

III. Zu Unrecht rügt dagegen die Beklagte die Verletzung des § 286 ZPO. Die Beklagte meint, das Landesarbeitsgericht habe es versäumt, Beweis darüber zu erheben, ob am 21. Februar 1958 eine einverständliche Herabgruppierung des Klägers zustande kam. Hierbei übersieht sie jedoch, daß, falls an diesem Tage eine einverständliche Herabgruppierung zustande kam, dieser Vertrag die Rechtswirksamkeit der dem Kläger gegenüber ausgesprochenen Änderungskündigung nur zu Ungunsten der Beklagten beeinflussen kann. Denn es liegt nahe, daß eine solche Herabgruppierung als ein vorläufiger Verzicht auf eine weitergehende Änderungskündigung auszulegen wäre mit der Wirkung, daß die sieben Tage später ausgesprochene Änderungskündigung doch unwirksam ist. Da der Kläger jedoch diesem Tatsachenvortrag der Beklagten, der allein als Begründung für sein Begehren in Betracht kommen könnte, energisch widersprochen hat, brauchte eine Zurückverweisung aus diesem Grunde nicht ausgesprochen zu werden.

## 49

**1. Die aus § 146 Abs. 5 KO sich ergebende besondere Zuständigkeit der Gerichte für Arbeitssachen hinsichtlich streitig gebliebener Forderungen im Sinne des § 61 Ziff. 1 KO rechtfertigt auch deren Zuständigkeit für einen über diese Forderungen entstehenden Vorrechtsstreit.**

**2. Die im Konkurs als Lohn-, Urlaubs- und Feiertagsgeldansprüche anerkannten und in die Konkurstabelle aufgenommenen Forderungen eines gemäß § 1 Abs. 2 d Heimarbeitsgesetz gleichgestellten Zwischenmeisters fallen unter § 61 Ziff. 1 KO und sind demgemäß bevorrechtigt.**

Konkursordnung § 61 Ziff. 1, § 146; Heimarbeitsgesetz §§ 1, 2; ArbGG §§ 2, 5.

V. Senat. Urteil vom 19. 1. 1961 i. S. P. (Bekl.) w. Pf. (Kl.)
5 AZR 304/59.

I. Arbeitsgericht Berlin. — II. Landesarbeitsgericht Berlin.

Die Klägerinnen sind gemäß § 1 Abs. 2 des Heimarbeitsgesetzes vom 14. März 1951 gleichgestellte Zwischenmeister der Konfektionsbranche, die in ihrer Betriebsstätte im Durchschnitt 10—12 fremde Hilfskräfte beschäftigen. Von Beginn des Jahres 1955 bis zum Januar 1958 stellten sie im Lohnauftrag für die Firma G. B. & Co., Inhaber G. B., Zweigniederlassung Berlin, Damenkleider her. Über das Vermögen des Kaufmannes G. B. als Alleininhaber der Firma B. in Bremen und G. B. & Co. in Bremen mit Niederlassung in Berlin wurde im Januar 1958 das Konkursverfahren beim Amtsgericht Bremen eröffnet. Zum Konkursverwalter wurde der Beklagte bestellt.

Im Zeitpunkt der Zahlungseinstellung ihrer Auftraggeberin hatten die Klägerinnen gegen diese eine Forderung in Höhe von 508,76 DM aus Lohn-, Urlaubs- und Feiertagsgeld sowie Krankengeldzuschuß. Nachdem der Beklagte die Forderung im Konkursverfahren zunächst bestritten hatte, ist ihr Bestehen später von ihm dem Grunde und der Höhe nach anerkannt und unter der Nr. 226 in die Konkurstabelle aufgenommen worden. Dagegen hat der Beklagte einer Bevorrechtigung dieser Forderung nach § 61 Ziff. 1 KO widersprochen.

Mit der am 6. Februar 1959 beim Arbeitsgericht Berlin eingegangenen Klage erstreben die Klägerinnen die Anerkennung des Vorrechts nach § 61 Ziff. 1 KO für ihre Forderung. Sie sind der Ansicht, daß für die Feststellung der Bevorrechtigung das Arbeitsgericht Berlin örtlich und sachlich zuständig sei. Die örtliche Zuständigkeit ergebe sich aus der Tatsache, daß sie für die Berliner Firma des Gemeinschuldners gearbeitet, in Berlin ihre Tätigkeit ausgeübt und hier ihre Lohnabrechnung sowie Lohnzahlung erhalten hätten. Die sachliche Zuständigkeit des angerufenen Gerichts beruhe darauf, daß für die Feststellung des Bestehens oder Nichtbestehens ihrer Forderung gemäß § 2 Abs. 1 Ziff. 2 in Verbindung mit § 5 ArbGG die Gerichte für Arbeitssachen ausschließlich zuständig seien. Bestehe aber die Zuständigkeit eines besonderen Gerichts für die Feststellung im Konkursverfahren streitig gebliebener Forderungen, so erstrecke sich diese Zuständigkeit auch auf den Vorrechtsstreit.

Der Beklagte hat die örtliche und sachliche Zuständigkeit des Arbeitsgerichts Berlin gerügt und die Verweisung des Rechtsstreits an das Landgericht Bremen, hilfsweise Klageabweisung beantragt. Er hält zur Entscheidung über die Feststellung des Konkursvorrechts gemäß § 146 Abs. 2 KO das Landgericht für zuständig. In sachlicher Hinsicht vertritt er die Ansicht, daß Ansprüche der Zwischenmeister gegen ihre Auftraggeber von der Bevorzugung nach § 61 Abs. 1 KO ausgeschlossen seien, da die in Heimarbeit beschäftigten und die ihnen gleichgestellten Personen in keinem Dienstverhältnis zu ihrem Auftraggeber ständen.

Das Arbeitsgericht hat unter Bejahung seiner Zuständigkeit der Klage stattgegeben, das Landesarbeitsgericht hat die Berufung zurückgewiesen. Die Revision des Beklagten blieb erfolglos.

Aus den Gründen:

1. Der Einwand der örtlichen und sachlichen Unzuständigkeit des angerufenen Gerichts ist nicht begründet.

a) Da der Zuständigkeitsstreit die Frage betrifft, ob gemäß § 146 Abs. 2 KO das Amtsgericht, bei welchem das Konkursverfahren anhängig ist, bzw. das Landgericht, zu dessen Bezirk der Bezirk des Konkursgerichts gehört, oder das angerufene Arbeitsgericht Berlin zuständig ist, handelt es sich insoweit um den Streit über die sachliche Zuständigkeit der Gerichte.

Soweit in einem Konkursverfahren die zur Anmeldung gebrachten Forderungen nach Grund und Betrag streitig geblieben sind, sind für den Feststellungsstreit in Abweichung von der Zuständigkeitsvorschrift des § 146 Abs. 2 KO, der grundsätzlich für Feststellungsstreitigkeiten den ordentlichen Rechtsweg eröffnet, gemäß § 146 Abs. 5 KO diejenigen Gerichte sachlich zuständig, für die bei Geltendmachung der Forderung außerhalb des Konkurses die Zuständigkeit besonderer Gerichte, so z. B. der Gerichte für Arbeitssachen (§ 2 ArbGG), begründet ist. Das ist heute einhellige Meinung (vgl. Jaeger, KO, 6. u. 7. Aufl., § 146 Anm. 15; Mentzel-Kuhn, KO, 6. Aufl., § 146 Anm. 8; Böhle-Stamschräder, KO, 5. Aufl., § 146 Anm. 2 c, jeweils mit weiteren Nachweisen).

Bestritten ist, ob auch der Streit um ein von einem Konkursgläubiger beanspruchtes Vorrecht einer nach Grund und Höhe nicht bestrittenen Forderung unter die Zuständigkeit der für den Anspruch selbst zuständigen Gerichte fällt oder ob hierfür nach § 146 Ziff. 2 KO die ordentlichen Gerichte zuständig sind. Soweit das Reichsgericht (RGZ 114, 372; 135, 25 ff. [32]; 116, 368; ebenso RFH 20, 240) und ihm folgend der Bundesgerichtshof (BGHZ 19, 163; NJW 1954; 31 und 1038; 1959, 987) für den Streit um das Vorrecht öffentlicher Abgabeforderungen im Sinne von § 61 Ziff. 2 KO im Gegensatz zu der Ansicht des Bundesfinanzhofs (NJW 1958, 1063) die ordentlichen Gerichte und nicht die Finanzgerichte für zuständig erklärt haben, können diese Entscheidungen für die Frage der Zuständigkeit der Gerichte hinsichtlich des Vorrechts der in § 61 Ziff. 1 KO genannten Forderungen keine Bedeutung gewinnen. Die vorgenannte Rechtsprechung folgert die Zuständigkeit der ordentlichen Gerichte aus der Zuständigkeitsbegrenzung der Finanzgerichte auf die sich aus der öffentlich-rechtlichen Natur der Steuerforderungen ergebenden Steuerrechtsstreitigkeiten; demgegenüber erfordere die private Rechtsnatur des den Steuerforderungen gewährten Konkursvorrechts die Austragung des Vorrechtsstreits vor den gemäß § 13 GVG zuständigen ordentlichen Gerichten. Diese von der öffentlich-rechtlichen Natur der Steuerforderungen ausgehenden Erwägungen vermögen jedoch nicht zu einer Bejahung der Zuständigkeit der ordentlichen Gerichte für den Streit um das Vorrecht der in § 61 Ziff. 1 KO genannten Forderungen zu führen. Denn die von § 61 Ziff. 1 KO erfaßten Entgeltforderungen der in einem Dienstvertrag oder dienstvertragähnlichen Verhältnis stehenden Personen tragen im Gegensatz zu den Steuerforderungen des Fiskus keinen öffentlich-rechtlichen, sondern einen privatrechtlichen Charakter. Der Streit über ihr Bestehen oder Nichtbestehen gehört zu den bürgerlichen Rechtsstreitigkeiten, für deren Entscheidung, soweit es sich um Rechtsstreitigkeiten zwischen Arbeitgebern und Arbeitnehmern oder letzteren gleichgestellten arbeitnehmerähnlichen Personen (§ 5 ArbGG) handelt, nach § 2 Abs. 1 Ziff. 2 ArbGG die Gerichte für Arbeitssachen ausschließlich zuständig sind. Für einen Streit über das Vorrecht einer solchen Forderung im Konkurs könnten nur dann Zweifel an der arbeitsgerichtlichen Zuständigkeit auftauchen, wenn man dieses Vorrecht als ein außerhalb der Lohnforderung stehendes besonderes Recht, wie etwa das Pfandrecht, charakterisieren könnte. Einer solchen Annahme widerspricht die Natur des Konkursvorrechts, das lediglich eine im Wesen der bevorrechtigten Forderung beruhende vorzugsweise Befriedigung gewähren soll. Dieses Recht stellt deshalb, wie im übrigen auch der Bundesgerichtshof (NJW 1954, 31) annimmt, eine Eigenschaft des Anspruchs dar, die als ein der Forderung innewohnendes Element weder materiell-rechtlich noch prozessual von dem Anspruch getrennt und zum Gegenstand eines Verfahrens vor einem anderen als dem für den Anspruch selbst zuständigen Gericht gemacht werden kann. Für die Zuständigkeit folgt daraus, daß sie allein durch die Forderung selbst, nicht durch eine von ihr untrennbare Eigenschaft bestimmt wird. Da § 146 Abs. 5 KO die Zuständigkeit der Gerichte für Arbeitssachen für die Feststellung der im Konkursverfahren streitig gebliebenen Forderungen der vorliegenden Art begründet, folgt ihre Zuständigkeit auch für den Streit um das Vorrecht der unter diese besondere Zuständigkeit fallenden Forderungen (so Jaeger-Lent-Weber, KO, 8. Aufl., § 61 Anm. 17 a; Mentzel-Kuhn, KO, 6. Aufl., § 61 Anmerk. 21 b; Nikisch, Arbeitsrecht, 2. Aufl., I. Band, § 33, VI 3; Dersch-Volkmar, ArbGG, 6. Aufl., § 2 Anm. 117; Mannes, JW 1930, 1531; a. A: Berges in KTS 1957, 57 und 1958, 128; Franke, KTS 1960, 85).

Für die Richtigkeit dieses Ergebnisses sprechen auch Gründe der Zweckmäßigkeit. Es würde jeder Prozeßökonomie widersprechen und die Abwicklung des Verfahrens in nicht zu vertretender Weise erschweren, wollte man in den Fällen, in denen die Forderung selbst und daneben das Vorrecht streitbefangen sind, für die Feststellung der Forderung die Gerichte für Arbeitssachen, für den Vorrechtsstreit die ordentlichen Gerichte für zuständig halten. Selbst wenn nur das Vorrecht streitig ist, kann nicht übersehen werden, daß das Bestreiten des Vorrechts in sachlicher Beziehung das Bestreiten des Rechtsverhältnisses selbst bedeutet, d. h. des Vorliegens eines Dienstverhältnisses im Sinne von § 61 Ziff. 1 KO und der rechtzeitig fällig gewordenen Dienstbezüge, damit aber letztlich das Bestreiten der Forderung dem Grunde und der Höhe nach. Für die Feststellung dieser streitigen Grundlage der Konkursforderung sind aber nach ausdrücklicher Bestimmung des § 146 Abs. 5 KO wegen ihrer Sachnähe die hierfür vorgesehenen besonderen Gerichte, im konkreten Fall die Gerichte für Arbeitssachen, zuständig.

b) Soweit von dem Beklagten die unrichtige Annahme der örtlichen Zuständigkeit gerügt wird, kann nach § 73 Abs. 2 ArbGG die Revision hierauf nicht gestützt werden.

2. Den Klägerinnen steht, entgegen der Auffassung der Revision, für ihre Forderung ein Konkursvorrecht gemäß § 61 Ziff. 1 KO zu.

a) Nach dem Wortlaut dieser Vorschrift ist ihr Schutz denjenigen Personen zu gewähren, die sich dem Gemeinschuldner zur Leistung von Diensten für dessen Wirtschaftsbetrieb oder Erwerbsgeschäft verdungen haben. Der Begriff des „Verdingens zu Dienstleistungen" setzt nicht den Abschluß eines Dienstvertrages im Sinne von § 611 BGB voraus; er erfordert indessen das Vorliegen eines Abhängigkeitsverhältnisses in personenrechtlicher und wirtschaftlicher Hinsicht. Zweck des § 61 Ziff. 1 KO ist der Schutz der in dienender und damit abhängiger Stellung befindlichen Personen in bezug auf ihre Entgeltansprüche, auf die sie zu ihrem Lebensunterhalt angewiesen und die zu sichern sie im Gegensatz zu denjenigen Konkursgläubigern, deren Ansprüche auf anderer Rechtsgrundlage, wie z. B. Warenlieferung, beruhen, regelmäßig nicht in der Lage sind (BGH LM Nr. 6 zu § 61 KO). Mit seiner aus der Entstehung der KO zu erklärenden untraditionellen Gesetzessprache hat der Gesetzgeber deshalb, wie gewisse Anhaltspunkte aus der Entstehungsgeschichte ergeben, nicht nur Dienst- und Arbeitsvertragsverhältnisse im heutigen Sinne gemeint, sondern auch die diesen heutigen Begriffen weitgehend soziologisch angenäherten Heimarbeitsverhältnisse gesehen. Es kann hierbei dahingestellt bleiben, ob das Rechtsverhältnis der Heimarbeiter und der ihnen gleichgestellten Personen als ein echtes Arbeitsverhältnis oder ein aus verschiedenen Elementen des Arbeits- und Dienstvertrages, des Werk- und Werklieferungsvertrages gemischtes Rechtsverhältnis eigener Art angesehen wird. Die persönliche Abhängigkeit der in Heimarbeit Beschäftigten folgt, auch wenn sie in eigener Betriebsstätte tätig werden, schon aus der Tatsache, daß sie an bestimmte Weisungen ihres Auftraggebers hinsichtlich der Verarbeitung der ihnen übergebenen Rohstoffe gebunden sind, die Arbeitserzeugnisse innerhalb bestimmter Fristen abzuliefern und die Abrechnungen an vorbestimmten Terminen vorzunehmen haben. Als wirtschaftlich abhängig wird die Tätigkeit der in Heimarbeit Beschäftigten dadurch gekennzeichnet, daß sie nicht auf Vorrat und nicht unmittelbar für den Absatz an die Verbraucher, sondern im Auftrage und für Rechnung bestimmter Auftraggeber arbeiten, die ihrerseits das Gewinn- und Verlustrisiko tragen.

Diese die persönliche und wirtschaftliche Abhängigkeit der Heimarbeiter kennzeichnenden Tatsachen treffen in gleicher Weise für die den Heimarbeitern gleichgestellten Personen, insbesondere für den hier allein in Frage stehenden Personenkreis der gemäß § 1 Abs. 2 HAG gleichgestellten Zwischenmeister zu. Die hier klagenden Zwischenmeister sind auf Grund des § 1 Abs. 2 Buchstabe d sowie Abs. 4 HAG durch den zuständigen Heimarbeitsausschuß mit Zustimmung des Bundesministers für Arbeit gemäß Ziff. I 3 der Bekanntmachung über die Gleichstellung betreffend die Heimarbeit in der Herstellung von Damenoberbekleidung im Lande Berlin vom 11. Januar 1955 (BArbBl. 1955, Nr. 9, S. 300) den in § 1 Abs. 1 HAG genannten Personen „wegen ihrer Schutzbedürftigkeit" gleichgestellt worden. Die Stellung dieser gleichgestellten Zwischenmeister ist damit sowohl in tatsächlicher wie in rechtlicher Hinsicht weitgehend derjenigen abhängiger Arbeitnehmer angenähert. Die allgemeinen Schutzvorschriften des HAG finden auf sie Anwendung. Hinsichtlich der Entgeltregelung, des Entgeltschutzes, des Urlaubs, der Feiertagsbezahlung, des Krankengeldes, insbesondere auch hinsichtlich des Pfändungsschutzes (§ 27 HAG) werden sie wie Arbeitnehmer behandelt; auch § 5 ArbGG stellt sie wegen ihrer wirtschaftlichen Unselbständigkeit den Arbeitnehmern gleich. Diese Umstände rechtfertigen nach der Zwecksetzung des Gesetzes für den Personenkreis der gleichgestellten Zwischenmeister die Feststellung, daß ihre Forderung gegen den Gemeinschuldner von der Bevorzugung des § 61 Ziff. 1 KO erfaßt wird (ebenso Jaeger-Lent-Weber, aaO, § 61, Anmerk. 14 a; Mentzel-Kuhn, aaO, § 61, Anm. 14; vgl. auch RAG 6, 225).

b) Zwar hat das Landesarbeitsgericht nicht ausdrücklich die bei Bejahung des Konkursvorrechts erforderlichen tatsächlichen Feststellungen über die Fälligkeit und den Zeitpunkt des Entstehens der eingeklagten Forderung getroffen. Aus der in dem Tatbestand des angefochtenen Urteils erfolgten Inbezugnahme der gewechselten Schriftsätze ergibt sich jedoch, daß die für die Bejahung des Vorrechts erforderlichen weiteren Voraussetzungen der Fälligkeit und Entstehung der Forderung im letzten Jahr vor der Eröffnung des Konkursverfahrens vom Beklagten nicht bestritten worden sind. Daraus folgt, daß es sich bei den geltend gemachten Lohn-, Urlaubs- und Feiertagsgeldansprüchen einschließlich des Krankengeldzuschusses bei Berücksichtigung der in der Klageschrift im einzelnen dargelegten Zeiträume ihrer Entstehung um Konkursforderungen handelt, die für das letzte Jahr vor Eröffnung des Verfahrens rückständig sind. Dies rechtfertigt ihre Bevorrechtigung im Konkurse und damit die Zurückweisung der Revision.

## 50

**Ein Wettbewerbsverbot, das einem gewerblichen Arbeiter ohne Karenzentschädigung fast ausweglos die Verwertung seiner bisherigen beruflichen Erfahrungen verbietet, ist nach § 138 Abs. 1 BGB nichtig.**

BGB § 138 Abs. 1, § 139, § 140; GewO §§ 133 f, 133 a, 133 g.

V. Senat. Urteil vom 19. 1. 1961 i. S. G. (Bekl.) w. K. (Kl.)
5 AZR 215/60.

I. Arbeitsgericht Rosenheim, Zweigstelle Traunstein. — II. Landesarbeitsgericht Bayern.

1. Die Klägerin stellt in B. (Bayern) behaarte Köpfe für Büsten und Puppen, insbesondere für Übungszwecke im Friseurgewerbe, nach einem patentierten und ihr von ihrem Ehemann als dem Patentinhaber überlassenen Verfahren her. Im Ausland ist das Patent nicht geschützt.

Der Beklagte war früher kaufmännischer Angestellter. Von 1954 bis zum 16. April 1958 war er bei der Klägerin teils als Heimarbeiter, teils als Anlernling und zuletzt als Spezialarbeiter für die Anfertigung der patentierten Übungsköpfe gegen einen Stundenlohn von 2,— DM beschäftigt. Die Beendigung des Arbeitsverhältnisses erfolgte durch gerichtlichen Vergleich der Parteien über eine seitens der Klägerin ausgesprochene fristlose Kündigung.

Die Parteien haben am 30. Dezember 1955 folgenden schriftlichen Vertrag geschlossen:

„I.

Dem Dienstnehmer ist es bekannt, daß im Betrieb der Firma A. J. K. in B. Friseurlehrmittel nach einem patentierten, geheimzuhaltenden Verfahren hergestellt werden. Die Firma A. J. K. ist im Besitze des D.B.P. Nr.... über die Herstellung des ‚A'-Frisierübungskopfes für Friseurbüsten und Puppen, sie ist weiter im Besitze des D.B.P. Nr.... über die Herstellung von Perückenköpfen.

II.

Der Dienstnehmer ist verpflichtet, sowohl während der Dauer des Dienstverhältnisses als auch nach der Auflösung desselben über alle geschäftlichen Vorgänge, die ihm zur Kenntnis gelangt sind, insbesondere über das Herstellungsverfahren, sowie über Lieferanten und Kunden und sämtliche Einrichtungen, Maschinen und Geräte unbedingtes Stillschweigen zu bewahren.

III.

Für jeden Fall der Zuwiderhandlung gegen diese Schweigepflicht ist der Dienstnehmer verpflichtet, eine Vertragsstrafe in der Höhe von 10 000,— DM an die Dienstgeberin zu bezahlen.

IV.

Der Dienstnehmer verpflichtet sich weiter, nach Auflösung des Dienstverhältnisses bei der Firma A. J. K. weder selbständig die Erzeugung von Artikeln nach dem von der Firma A. J. K. patentierten oder einem ähnlichen Verfahren herzustellen, noch auf die Dauer von fünf Jahren in die Dienste eines Konkurrenzunternehmens im In- und Ausland einzutreten und für dasselbe mittelbar oder unmittelbar tätig zu sein. Ausgeschlossen ist die Aufnahme einer Büroanstellung, wobei aber die Schweigepflicht laut unserem Vertrag Gültigkeit hat.

V.

Auch für jeden Fall der Zuwiderhandlung gegen die Bestimmungen des Konkurrenzverbotes nach Art. IV dieses Vertrages unterwirft sich der Dienstnehmer einer Konventionalstrafe in der Höhe von 10 000,— DM, welche an den Dienstgeber zu bezahlen sind."

Mehrere Monate nach seinem Ausscheiden bei der Klägerin nahm der Beklagte eine Tätigkeit als Arbeiter bei der Firma L. H. in Österreich gegen einen Stundenlohn von 1,50 DM auf. Dort ist der Beklagte mit der Herstellung von Friseurübungsköpfen nach dem von der Klägerin gehandhabten Verfahren beschäftigt.

2. Die Klägerin hat behauptet, die Tätigkeit des Beklagten bei der Firma H. sei geeignet, ihre Existenzgrundlage zu gefährden. Sie hat die Ansicht vertreten, dem Beklagten sei seine Tätigkeit bei der Firma H. nach den im Vertrag vom 30. Dezember 1955 getroffenen Absprachen verboten.

Die Klägerin hat beantragt:

1. Dem Beklagten wird bei Meidung einer Geldstrafe, deren Höchstmaß unbeschränkt ist, oder Haftstrafe bis 6 Monaten verboten, Frisierübungsköpfe sowohl im Inland als auch im Ausland nach dem von Herrn K. K. patentierten Verfahren oder einem ähnlichen Verfahren selbst herzustellen oder herstellen zu lassen, oder bis zum 16. April 1963 in die Dienste eines Konkurrenzunternehmens im In- und Ausland einzutreten und für dasselbe mittelbar oder unmittelbar tätig zu sein, ausgenommen eine Büroanstellung.

2. Dem Beklagten wird bei Meidung einer der in Ziff. 1 aufgeführten Strafen geboten, über alle geschäftlichen Vorgänge, die ihm im Laufe seiner Tätigkeit in der Firma der Klägerin zur Kenntnis gelangt sind, insbesondere über das Herstellungsverfahren der Frisierübungsköpfe, über die hierbei verwendeten Geräte, Maschineneinrichtungen etc. sowie über Lieferanten und Kunden Stillschweigen zu bewahren.

3. Der Beklagte wird verurteilt, an die Klägerin eine Vertragsstrafe in Höhe von insgesamt DM 20 000,— zu bezahlen nebst 4 % Zinsen seit Klagezustellung.

Der Beklagte hat zu seinem Klageabweisungsantrag behauptet, er habe seinerzeit die Absprache vom 30. Dezember 1955 nur deshalb unterzeichnet, weil die Klägerin ihn sonst entlassen und er als Vater von 4 Kindern dann Not gelitten hätte. Er hat weiter behauptet, die Firma H. habe bei der Ausarbeitung der patentgeschützten Köpfe mitgearbeitet und sei mit allen Einzelheiten vertraut, so daß er keinerlei Geheimnisverrat an diese begangen habe. Er hat die Ansicht vertreten, die eingegangene Absprache vom 30. Dezember 1955 sei wegen übermäßiger Beschränkung seines beruflichen Fortkommens nichtig.

3. Das Arbeitsgericht hat die Klage in vollem Umfang abgewiesen. Auf die Berufung der Klägerin hat das Landesarbeitsgericht unter teilweiser Abänderung des erstinstanzlichen Urteils den Beklagten nach näherer Maßgabe der oben mitgeteilten Klageanträge zu 1 und 2 verurteilt.

Im übrigen hat es die Berufung der Klägerin zurückgewiesen. Die Revision des Beklagten führte zur vollen Klageabweisung.

Aus den Gründen:

1. Sowohl bei dem in Ziffer II. der Absprache vom 30. Dezember 1955 vereinbarten Schweigegebot wie bei dem in Ziffer IV. der Absprache vereinbarten Betätigungsverbot für den Beklagten handelt es sich insgesamt um Verbote, die den Beklagten für die Zeit nach seinem Ausscheiden aus den Diensten der Klägerin in seiner gewerblichen Tätigkeit beschränken. Das ergibt sich aus folgendem:

Das in Ziffer II. der Absprache vom 30. November 1955 enthaltene Schweigegebot verbietet dem Beklagten, über alle ihm während seines Arbeitsverhältnisses bei der Klägerin bekanntgewordenen technischen, betrieblichen und geschäftlichen Verhältnisse der Klägerin zu sprechen. Darin liegt, für sich genommen, bereits eine Fortkommensbeschwer für den Beklagten. Denn ein Arbeitnehmer, der über das, was er in früheren Arbeitsverhältnissen an solchem Wissen in sich aufgenommen hat, nicht sprechen darf, ist erheblich daran gehindert, sich als ein auf Grund seiner bisherigen Tätigkeit sachkundiger Arbeitnehmer auszuweisen und auch zu bestätigen.

Das gleiche gilt — quasi ununterscheidbar damit verbunden — von dem in Ziffer IV der Absprache vom 30. November 1955 enthaltenen Betätigungsverbot. Es hindert den Beklagten daran, nach seinem Ausscheiden bei der Klägerin seine bis dahin erworbenen beruflichen Kenntnisse und Fähigkeiten für sich günstig auszunutzen.

Somit liegt in der Gesamtregelung vom 30. Dezember 1955 die Vereinbarung einer Fortkommensbeschwer zu Lasten des Beklagten; damit ist ein Wettbewerbsverbot gegeben.

2. Das Landesarbeitsgericht ist im Ergebnis zutreffend davon ausgegangen, daß Wettbewerbsverbote zwischen einem Arbeitgeber und einem Arbeitnehmer nicht gegen Art. 12 Abs. 1 und Art. 2 Abs. 1 GG verstoßen. Das hat der Senat in seiner Entscheidung vom 11. Februar 1960 — 5 AZR 79/58 — AP Nr. 20 zu Art. 12 GG mit Anm. von Hefermehl — im einzelnen ausgeführt, worauf hiermit verwiesen werden kann.

Soweit das Landesarbeitsgericht dann angenommen hat, die Verbindlichkeit des hier in Rede stehenden Wettbewerbsverbotes sei an den Maßstäben des § 133 f GewO zu messen, ist das nicht zutreffend. § 133 f GewO gilt nur für gewerbliche Angestellte im Sinne des § 133 a GewO, nicht, wie hier aber bei dem Beklagten in Betracht zu ziehen ist, für gewerbliche Arbeiter im Sinne des § 133 g GewO. Wie der Senat in seinem bereits erwähnten Urteil vom 11. Februar 1960 im einzelnen ausgeführt hat, sind die Verhältnisse bei den einzelnen Arbeitnehmergruppen zu vielschichtig und zu untypisch, um die für eine bestimmte Arbeitnehmergruppe getroffene gesetzliche Regelung ohne weiteres auf eine andere, vom Gesetz darin nicht angesprochene zu übertragen. Deshalb ist die Gültigkeit der hier im Streit befindlichen Wettbewerbsabrede nach Maßgabe des § 138 Abs. 1 BGB, der der Sache nach der Regelung des § 133 f GewO allerdings weitgehend gleichkommt (vgl. BAG aaO), zu überprüfen.

3. Nach § 138 Abs. 1 BGB ist eine Wettbewerbsbeschränkung dann nichtig, wenn sie im Hinblick auf Art, Dauer, Gegenstand und räumlichen Geltungsbereich gegen die guten Sitten verstößt (vgl. Ziffer 4 b der Gründe des Urteils des erkennenden Senates vom 11. Februar 1960 mit weiteren Nachweisen). Dabei muß in Übereinstimmung mit dem Ersten Senat des Bundesarbeitsgerichts hervorgehoben werden (vgl. BAG AP Nr. 4 zu § 133 f GewO), daß an die Zulässigkeit der Vereinbarung von Wettbewerbsverboten mit gewerblichen Arbeitern dann, wenn in dem Wettbewerbsverbot keine Karenzentschädigung vorgesehen ist, im Hinblick auf die in Art. 2 Abs. 1 und Art. 12 Abs. 1 GG enthaltenen Normen heute strengere Anforderungen gestellt werden müssen als vor Erlaß des GG (vgl. auch Gros, ArbRBlattei Stichwort Wettbewerbsverbot, Anm. zu Entscheidungen 11).

Das Landesarbeitsgericht hat in der Absprache vom 30. Dezember 1955 keine unbillige Fortkommensbeschwer im Sinne von § 133 f GewO gesehen. Prüft man diese Frage, wie nach dem soeben Ausgeführten notwendig, unter dem Gesichtspunkt des § 138 Abs. 1 BGB dahingehend, ob bei der gebotenen Anlegung strenger Maßstäbe im Hinblick auf Art, Dauer, Gegenstand und räumlichen Geltungsbereich das Wettbewerbsverbot untragbar und unbillig und damit sittenwidrig ist, so läßt sich die Annahme des Landesarbeitsgerichts aus folgenden Gründen nicht halten:

a) Bereits die dem Beklagten auferlegte zeitlich unbeschränkte und umfassende Schweigepflicht führt im Ergebnis dazu, daß der Beklagte den bei der Klägerin erlernten Beruf überhaupt nur noch unter sehr erschwerten Verhältnissen ausüben kann, weil jede — selbständige oder unselbständige — berufliche Tätigkeit auf diesem Bereich ihn zum mindesten der laufenden Gefahr aussetzen müßte, die übernommene Schweigepflicht über die technischen, betrieblichen und geschäftlichen Verhältnisse bei der Klägerin zu brechen und sich dabei erheblichen Vertragsstrafen auszusetzen.

b) Das dem Beklagten in Ziff. IV. der Absprache vom 30. Dezember 1955 auferlegte Betätigungsverbot verstärkt diese bereits durch Schweigepflicht gegebene Fortkommensbeschwer des Beklagten erheblich. Das Betätigungsverbot verbietet dem Beklagten dreierlei: Zeitlich und räumlich unbegrenzt darf er selbständig keine Artikel nach dem patentierten Verfahren der Klägerin und auch keine Artikel nach einem ähnlichen Verfahren selbst herstellen. Darüber hinaus ist ihm noch für fünf Jahre räumlich unbegrenzt verboten, in die Dienste eines Konkurrenzunternehmens zu treten, sofern es sich nicht nur um kaufmännische Dienste handelt, bei denen er ebenfalls der erörterten Schweigepflicht unterliegt.

Soweit dabei in Rede steht, daß der Beklagte nicht als Selbständiger Artikel nach dem für die Klägerin geschützten Verfahren herstellen darf, ist eine solche Pflicht des Beklagten für Deutschland bereits nach näherer Maßgabe des § 6 PatG gegeben. Gegen etwaige Patentverletzungen des Beklagten im Bereich der Bundesrepublik kann die Klägerin mit den Mitteln vorgehen, wie sie nach näherer Maßgabe der §§ 47 ff. PatG vorgesehen sind, d. h. auf Unterlassung klagen, gegebenenfalls Schadenersatz bzw. Buße verlangen und eine strafrechtliche Ahndung solcher Patentverstöße veranlassen. Es muß daher als Fortkommensbeschwer des Beklagten angesehen werden, wenn die Klägerin über die ihr nach dem PatG zur Verfügung stehenden Abwehrmittel hinaus gegen einen Arbeiter, der bei ihr zwei DM in der Stunde verdiente, noch das zusätzliche Abwehrmittel der außerordentlich hohen Vertragsstrafe von 10 000,— DM für jeden Fall der Zuwiderhandlung erstrebt. Die Frage, wann eine Patentverletzung vorliegt, kann schwierig zu beurteilen sein. Es sind Herstellungsverfahren denkbar, die einem patentierten Verfahren nahekommen, es aber nicht verletzen. Dem Beklagten für jeden Fall einer echten Patentverletzung eine solch hohe Vertragsstrafe anzudrohen, heißt somit praktisch, ihn unter einen Druck dahingehend zu setzen, daß er sich zur Vermeidung etwaiger Patentverstöße auch im patentnahen Raum, der aber für die Klägerin nicht patentgeschützt ist, als Selbständiger nur unter größtem finanziellen Risiko betätigen darf. Das ist eindeutig eine Fortkommensbeschwer für den Beklagten.

Eine Fortkommensbeschwer bedeutet es für den Beklagten auch, wenn ihm im Ausland, wohin das Patent der Klägerin nicht wirkt, räumlich und zeitlich unbeschränkt die Tätigkeit als Selbständiger für Artikel der Klägerin sowie für „ähnliche Artikel“ verwehrt werden soll.

Eine ganz entscheidende Fortkommensbeschwer bedeutet für den Beklagten aber schließlich das entschädigungslose und auf fünf Jahre erstreckte Verbot, in die Dienste eines Konkurrenzunternehmens im Inland und Ausland zu treten, sofern es sich dabei nicht um bloße kaufmännische Tätigkeit handelt, bei der der Beklagte aber ebenfalls der erörterten umfassenden Schweigepflicht unterliegen soll.

c) Damit wird in der Gesamtwirkung dem Beklagten, der für sich und seine Familie zu sorgen hat, seinem bisherigen kaufmännischen Beruf entfremdet und in ihm nach allgemeinen Erfahrungen nur erschwert wiederverwendungsfähig ist, mit den ihm auferlegten Verboten praktisch angesonnen, die im Zuge der mehrjährigen Umschulung bei der Klägerin erworbenen beruflichen Fähigkeiten auf Lebenszeit als Selbständiger überhaupt und auf fünf Jahre auch nicht als abhängiger Arbeitnehmer anderweit zu verwerten. Wenn aber der Beklagte sich eine so lange Zeit nicht als Arbeitnehmer in dem von ihm neu erlernten Beruf betätigen kann, ist er seinem neu angelernten Beruf ebenso entfremdet, wie seinem früheren kaufmännischen Beruf. Praktisch wird ihm somit ein Verzicht auf alle Früchte seines bei der Klägerin erlernten Berufs zugemutet. Diesen Vorteil würde sich die Klägerin im Falle der Gültigkeit der Absprache ohne eigene Gegenleistung verschaffen, ohne eigene Gegenleistung würde sie damit erreichen, daß ihr nicht ohne weiteres ins Ausland wirkender Patent-, Betriebs- und Geheimnisschutz dort vom Beklagten ohne Entgelt ihrerseits verstärkt wird, während sie erhebliche eigene Anstrengungen machen müßte, um eine derartige Schonung ihrer Interessen von Dritten, die nicht ihre Arbeitnehmer waren, zu erreichen. Es bedeutet auch keine Abmilderung der erörterten Fortkommensbeschwer für den Beklagten, daß die Klägerin ihn darauf verweist, entgegen dem Wortlaut der Absprache vom 30. Dezember 1955 sei sie nur daran interessiert, daß der Beklagte nicht im benachbarten Österreich tätig werde. Denn es ist nicht ersichtlich, daß sie in anderen Ländern eigene Interessen zu verteidigen hätte, und es ist ebensowenig ersichtlich, wieso der Beklagte die Möglichkeit haben könnte, in andere Länder als das benachbarte Österreich überhaupt auszuweichen und dort sein Fortkommen in seinem bei der Beklagten erlernten Beruf zu finden.

Damit ergibt sich aber insgesamt für den Beklagten eine unbillige und untragbare Fortkommensbeschwer. Die pflichtgebundene soziale Gerechtigkeit verträgt derartige einseitige Opfer eines Menschen, dem nahezu ausweglos und ohne angemessene Entschädigung die Verwertung seiner beruflich erworbenen Kenntnisse für den Erwerb des eigenen und seiner Familie notwendigen Unterhaltes verwehrt wird, nicht.

d) Liegt somit objektiv ein außerhalb jedes tragbaren Verhältnisses stehendes Opfer des Beklagten einerseits und unentgeltlich erlangter Vorteil der Klägerin andererseits vor, so führt das nach § 138 Abs. 1 BGB dann zur Nichtigkeit eines Vertrages, wenn diese Unverhältnismäßigkeit von Opfer auf der einen Seite und Vorteil auf der anderen Seite auf ein Verhalten der begünstigten Partei — hier also der Klägerin — zurückgeht und auf einer zu mißbilligenden Einstellung der Klägerin beruht (vgl. BAG AP Nr. 1 zu § 138 BGB). Subjektiv wird die zu mißbilligende Einstellung der Klägerin durch den Gesamtinhalt der Absprache, die sie dem Beklagten abverlangt hat, insbesondere aber auch durch die darin enthaltenen maßlosen Vertragsstrafenversprechen von 10 000 DM für jeden Fall der Zuwiderhandlung, gegenüber einem Arbeiter, der zwei DM pro Stunde verdiente, indiziert (vgl. BAG AP Nr. 1 zu § 138 BGB). Demnach ist die Vertragsabsprache vom 30. Dezember 1955 nach § 138 Abs. 1 BGB wegen Sittenwidrigkeit in vollem Umfang nichtig. Eine Teilnichtigkeit im Sinne des § 139 BGB und damit eine Aufrechterhaltung eines Teiles der Absprache vom 30. Dezember 1955 scheidet aus. Denn eine Anwendung des § 139 BGB auf die Absprache vom 30. Dezember 1955 würde voraussetzen, daß ein abgrenzbarer Teil der Absprache gültig ist (vgl. Enneccerus-Nipperdey, Allg. Teil, Bd. 1, Halbband 2, 15. Aufl., 1960, § 202 IV 1 S. 1216 ff.). Bei der Absprache vom 30. Dezember 1955 handelt es sich aber um ein derartig umfassendes, einheitliches und lückenlos gewolltes Wettbewerbsverbot, daß abgrenzbare Teile nicht zu erkennen sind. Auch eine Umdeutung der somit in vollem Umfang nichtigen Absprache vom 30. Dezember 1955 gemäß § 140 BGB in eine Wettbewerbsabrede zu Lasten des Beklagten mit einem für ihn tragbaren und ihn nicht unbillig beschwerenden Inhalt ist nicht möglich. Das würde nach § 140 BGB voraussetzen, daß die Parteien bei Kenntnis der Nichtigkeit der Absprache vom 30. Dezember 1955 ein für den Beklagten tragbares Wettbewerbsverbot gewollt haben würden. Das läßt sich aber nicht feststellen. Die Gerichte können in Ermangelung einer gesetzlichen Ermächtigung auch nicht im Wege der Vertragsausgestaltung durch Richterspruch eine neue Regelung für die Parteien schaffen.

## 51

**1. Den Gerichten für Arbeitssachen ist es verwehrt, bei der Nachprüfung der arbeitgeberseitigen Kündigung im Kündigungsschutzprozeß auf solche Tatsachen einzugehen, die vom Arbeitgeber eindeutig und be-**

**wußt gerade nicht als Rechtfertigungsgrund für die Kündigung vorgetragen und bezeichnet werden.**

**2. In die Auswahl nach sozialen Gesichtspunkten im Sinne des § 1 Abs. 3 Satz 1 KSchG sind auch solche Arbeitnehmer einzubeziehen, die im Zeitpunkt der Kündigung noch nicht länger als sechs Monate bei demselben Arbeitgeber beschäftigt sind.**

**3. Die Auswahl nach sozialen Gesichtspunkten entfällt nicht schon dann, wenn die Weiterbeschäftigung eines oder mehrerer bestimmter Arbeitnehmer dem Betriebe einen größeren Nutzen verspricht. Die Weiterbeschäftigung muß vielmehr für den geordneten und rentablen Betriebsablauf von erheblicher Bedeutung sein, von ihr muß der geordnete Betriebsablauf oder auch die Rentabilität des Betriebes in irgendeiner Form abhängen.**

KSchG § 1 Abs. 2, Abs. 3 Satz 1 und 2.

II. Senat. Urteil vom 20. 1. 1961 i. S. Th. (Bekl.) w. B. (Kl.)
2 AZR 495/59.

I. Arbeitsgericht Wuppertal. — II. Landesarbeitsgericht Düsseldorf.

Die Beklagte betreibt den Handel mit Kohle, Heizöl und anderen Brennstoffen. Im März 1959 sank ihr Umsatz an Kohle gegenüber Januar des gleichen Jahres auf etwas mehr als die Hälfte. Auch der Umsatz an Heizöl ging zurück. Zwischen den Parteien besteht kein Streit darüber, daß diese Entwicklung im Betriebe der Beklagten eine Personalverminderung notwendig machte.

Am 10. oder 11. März 1959 kündigte die Beklagte dem Kläger gegenüber. Diese Kündigung hält der Kläger deshalb für sozial ungerechtfertigt, weil die Beklagte bei der Auswahl soziale Gesichtspunkte nicht oder nicht ausreichend berücksichtigt habe. Der Kläger vertritt die Auffassung, nicht ihm, sondern dem Lagerarbeiter R. gegenüber hätte eine Kündigung ausgesprochen werden müssen, und zwar schon deshalb, weil R. im Zeitpunkt der Kündigung dem Betrieb noch nicht sechs Monate lang angehörte und somit keinen Kündigungsschutz genoß.

Der Lagerarbeiter R. ist 24 Jahre alt, verheiratet und hat für drei minderjährige Kinder zu sorgen. Der Kläger ist 50 Jahre alt, verheiratet und kinderlos.

Die Beklagte hält bei dieser Lage den Lagerarbeiter R. für viel schutzbedürftiger als den Kläger. Die Beklagte gibt außerdem zu bedenken, gegen den Kläger spreche auch, daß er — was unstreitig ist — wegen eines Senkfußleidens wiederholt arbeitsunfähig krank war, nämlich während der

17 Monate seiner Betriebszugehörigkeit an insgesamt 106 Arbeitstagen. Infolge seines Leidens sei der Kläger auch nicht in der Lage gewesen, bei der Kundschaft Kohlensäcke in den Keller zu tragen. Diese Arbeit habe R. dagegen leisten können.

Das Arbeitsgericht hat antragsgemäß festgestellt, daß die dem Kläger gegenüber ausgesprochene Kündigung das Arbeitsverhältnis nicht aufgelöst hat. Es hat die Auffassung vertreten, es komme bei der Auswahl gemäß § 1 Abs. 3 KSchG entscheidend auf die Dauer der Betriebszugehörigkeit an. Die Frage, ob der Kläger nicht in der Lage gewesen sei, Säcke bei Kunden in den Keller zu tragen, könne offenbleiben, weil der Kläger nach seinem Arbeitsvertrag nur im Lager habe zu arbeiten brauchen.

Die Berufung der Beklagten gegen dieses Urteil ist vom Landesarbeitsgericht im Wege eines unechten Versäumnisurteils — der Kläger war in der zweiten Instanz nicht vertreten — zurückgewiesen worden.

Die Revision der Beklagten hatte Erfolg.

## Aus den Gründen:

1. Zutreffend geht das angefochtene Urteil davon aus, daß hier nur über die Wirksamkeit einer aus dringenden betrieblichen Erfordernissen ausgesprochenen Kündigung zu entscheiden ist. Zwar hat die Beklagte darüber hinaus vorgetragen, der Kläger sei in den 17 Monaten seiner Betriebszugehörigkeit an insgesamt 106 Tagen arbeitsunfähig krank gewesen. Er sei keine vollwertige Arbeitskraft gewesen, weil er nicht Säcke in die Kundenkeller habe tragen können. Andererseits hat aber die Beklagte in der Berufungsbegründung ausdrücklich auch vorgetragen, sie mache dem Kläger die vielen Krankheitstage hiermit nicht zum Vorwurf. Sie halte sich aber für berechtigt, solche Umstände für die Frage, wen sie nun entlassen solle, mitberücksichtigen zu dürfen.

Der letztgenannte Sachvortrag macht deutlich, daß die Beklagte auf die Krankheit als denkbaren Grund zu einer personenbedingten Kündigung verzichtet hat. Genauso wie ein klagender Arbeitnehmer, der die Wirksamkeit einer ihm gegenüber ausgesprochenen Kündigung angreift, in der Tatsacheninstanz erklären kann, er stütze seinen Klageantrag nicht oder nicht mehr auf das Kündigungsschutzgesetz, was zur Folge hat, daß es den Tatsacheninstanzen verwehrt ist, den Klageantrag unter dem Gesichtspunkte des Kündigungsschutzgesetzes zu prüfen (BAG 5, 200 ff.), ist es den Gerichten für Arbeitssachen verwehrt, im Kündigungsschutzprozeß auf solche Tatsachen einzugehen, die vom verklagten Arbeitgeber eindeutig und bewußt gerade nicht als Rechtfertigungsgrund für die Kündigung vorgetragen und bezeichnet werden. Der Arbeitgeber gibt damit zu erkennen, daß für ihn zu der von ihm ausgesprochenen Kündigung diese Tatsachen keine weitere Bedeutung als Kündigungsgründe haben sollen, daß er sich nicht auf sie berufen will. Zu beachten ist auch, daß der klagende Arbeitnehmer keinen Anlaß hat, sich seinerseits gegenbeweislich zu solchen Tatsachen zu äußern, aus welchen der verklagte Arbeitgeber zur Rechtfertigung der ausgesprochenen Kündigung Rechte für sich nicht herleiten will.

2. Das angefochtene Urteil beruht auf der Auffassung, daß es bei einer betriebsbedingten Kündigung keiner Abwägung im Sinne des § 1 Abs. 3 Satz 1 KSchG bedürfe, wenn für die Auswahl nur zwei Arbeitnehmer in Betracht kommen, von denen der eine keinen Kündigungsschutz genießt. Das Landesarbeitsgericht leitet aus der Verwendung des Begriffes „sozial ungerechtfertigt" in § 1 Abs. 1 KSchG ab, es entspreche regelmäßig „sozialen Gesichtspunkten", einen Arbeitnehmer mit einer so kurzen Betriebszugehörigkeit, daß ihm der Kündigungsschutz noch nicht zusteht, freizusetzen.

Hierbei übersieht das Landesarbeitsgericht, daß der Begriff „sozial ungerechtfertigt" nichts anderes als ein technischer Begriff des Kündigungsschutzgesetzes ist, während der Begriff „soziale Gesichtspunkte" das nicht ist. Es handelt sich um zwei völlig verschiedene Größen. Nach § 1 Abs. 2 KSchG ist eine Kündigung sozial ungerechtfertigt, wenn sie nicht durch Gründe, die in der Person oder in dem Verhalten des Arbeitnehmers liegen, oder durch dringende betriebliche Erfordernisse, die einer Weiterbeschäftigung des Arbeitnehmers in diesem Betrieb entgegenstehen, bedingt ist. Wird eine in diesem Sinne grundlose Kündigung gegenüber einem Arbeitnehmer ausgesprochen, der noch nicht länger als sechs Monate ohne Unterbrechung in demselben Betrieb oder Unternehmen beschäftigt ist, so kann gemäß § 1 Abs. 1 KSchG die Unwirksamkeit einer solchen Kündigung aus dem Kündigungsschutzgesetz nicht hergeleitet werden. Damit ist aber über ihren sozialen Wert und insbesondere dazu, ob bei ihr soziale Gesichtspunkte berücksichtigt sind, noch nichts gesagt.

Der vom Landesarbeitsgericht angestellte Umkehrschluß aus § 1 Absatz 1 KSchG ist nämlich schon deshalb nicht zutreffend, weil das Kündigungsschutzgesetz selbst in § 1 Abs. 3 Satz 1 selbständig nebeneinander die Begriffe „sozial ungerechtfertigt" und „soziale Gesichtspunkte" verwendet und damit zum Ausdruck bringt, daß es sich um verschiedene Begriffe, zumindest um Begriffe verschiedenen Gewichts handelt. Andernfalls müßte angenommen werden, daß das Gesetz in § 1 Abs. 3 Satz 1 einen Begriff durch einen inhaltlich gleichen Begriff kennzeichne. Die Verwendung zweier Begriffsbezeichnungen wäre aber in dieser Weise völlig unverständlich. Die Revision weist zutreffend darauf hin, daß es mit der personalen Struktur des Arbeitsverhältnisses nicht vereinbar ist, wenn die vom Gesetz vorgeschriebene Auswahl nach sozialen Gesichtspunkten ohne Ansehen der Personen in ihrer konkreten Situation zu erfolgen hätte und lediglich nach formalen und schematischen Gesichtspunkten vorgenommen werden müßte. Vielmehr kann das Gesetz mit dem Ausdruck „soziale Gesichtspunkte" nach dem Sachzusammenhang nur meinen, daß derjenige Arbeitnehmer, der durch die Kündigung in seiner Lebensexistenz schwerer getroffen wird als ein anderer für den Vergleich in Betracht kommender Arbeitnehmer desselben Arbeitgebers, den Vorzug verdient, daß also umgekehrt unter mehreren vergleichbaren Arbeitnehmern derjenige als erster weichen muß, der auf den Arbeitsplatz am wenigsten angewiesen ist. Nur bei dieser Auslegung erreicht § 1 Abs. 3 Satz 1 KSchG, daß bei einer betriebsbedingten Kündigung die mit ihr verbundene Belastung so tragbar wie möglich gehalten wird.

Unter diesen Umständen kann auch der vom Arbeitsgericht vertretenen Ansicht, nach welcher die Dauer der Betriebszugehörigkeit bei der Auswahl nach sozialen Gesichtspunkten in erster Linie zu berücksichtigen sei (so etwa auch Herschel-Steinmann, Komm. zum KSchG, 4. Aufl., § 1 Anm. 46 a), als nicht zutreffend angesehen werden. Ein 30jähriger Angestellter, der seit zehn Jahren dem Betrieb angehört, wird durch die Kündigung im allgemeinen nicht so schwer getroffen wie ein 60jähriger Angestellter, der erst zwei Jahre dem Betrieb angehört. Für den letzteren bedeutet die Entlassung nach aller Erfahrung regelmäßig, daß er mit längerer Arbeitslosigkeit rechnen muß, vielleicht sogar, daß er überhaupt nicht mehr am Erwerbsleben teilnehmen kann. Andererseits ist es zutreffend, wenn die Beklagte bei der Auswahl nach sozialen Gesichtspunkten nicht nur die Person der beiden in Betracht kommenden Arbeitnehmer allein als solche, sondern auch die Zahl der unterhaltspflichtigen Angehörigen im Auge hat. Der Verlust des Arbeitsplatzes führt unter Umständen zu einem Einschnitt in die Lebensexistenz nicht nur des Arbeitnehmers selbst, sondern einer größeren Zahl von Menschen, für die er wirtschaftlich verantwortlich oder doch mitverantwortlich ist. Diese Umstände unbeachtet zu lassen wäre gerade nicht sozial.

3. Zuzustimmen ist dem angefochtenen Urteil allerdings insoweit, als es ausgesprochen hat, daß die Auswahl nach sozialen Gesichtpunkten im vorliegenden Fall nicht schon aus den Gründen des § 1 Abs. 3 Satz 2 KSchG entbehrlich war. Die tatsächlichen Voraussetzungen dieser Vorschrift sind nämlich von der Beklagten nicht hinreichend substantiiert vorgetragen worden. Die Auswahl nach sozialen Gesichtspunkten entfällt nur dann, wenn die Weiterbeschäftigung des anderen (sozial stärkeren) Arbeitnehmers für den Betrieb aus betriebstechnischen, wirtschaftlichen oder sonstigen berechtigten betrieblichen Bedürfnissen notwendig ist. Das Gesetz bringt nämlich in § 1 Abs. 3 Satz 2 KSchG durch den Gebrauch des Wortes „bedingen" zum Ausdruck, daß für den Betrieb eine gewisse Zwangslage eintreten müßte, falls er auf den anderen, sozial stärkeren Arbeitnehmer verzichten müßte. Der Sachvortrag, die Weiterbeschäftigung des anderen Arbeitnehmers sei für den Betrieb nützlicher, reicht dann aber für § 1 Abs. 3 Satz 2 KSchG nicht aus. Andernfalls könnte der Arbeitgeber etwa in erster Linie die älteren, langjährig beschäftigten, voll brauchbaren, wenn auch weniger wendigen Arbeitnehmer freisetzen und jüngere, wendigere Nachwuchskräfte behalten (vgl. Herschel-Steinmann aaO § 1 Anm. 46). Eine solche, lediglich auf Nützlichkeitserwägungen zugunsten des Arbeitgebers abstellende Auslegung der sozialen Schutznorm des § 1 Abs. 3 Satz 1 KSchG wäre mit sozialstaatlichen Grundsätzen nicht zu vereinbaren. Sie hätte eine empfindliche Beschränkung der freien Persönlichkeitsentfaltung des sozial schutzbedürftigeren Arbeitnehmers zur Folge.

Die Beklagte hat aber lediglich Nützlichkeitsargumente zu Gunsten des Lagerarbeiters R. vorgetragen. Daß der geordnete Betriebsablauf oder auch die Rentabilität des Betriebes von der Weiterbeschäftigung des Lagerarbeiters R. in irgendeiner Form abhing, ist nicht vorgetragen worden.

4. Danach war die Überprüfung der sozialen Verhältnisse des Klägers im Vergleich zu denen des Lagerarbeiters R. nicht entbehrlich. Das angefochtene Urteil mußte daher aufgehoben werden, weil die Voraussetzungen eines unechten Versäumnisurteils gegen die Berufungsklägerin nicht vorlagen. Das Berufungsgericht wird zu klären haben, ob die von der Beklagten getroffene Auswahl sozial Bestand haben kann.

## 52

**1. Vor Durchführung der in § 72 Abs. 1 BetrVG genannten wirtschaftlichen Maßnahmen muß sich der Unternehmer mit dem Betriebsrat in Verbindung setzen, um seine Zustimmung zu erlangen. Dabei hat er den Betriebsrat sowohl über den Umfang und die zu erwartenden Auswirkungen der Maßnahmen als auch über deren Gründe zu unterrichten. Er muß darüber hinaus dem Betriebsrat Gelegenheit zur Stellungnahme geben.**

**2. Erfüllt der Unternehmer diese Pflichten nicht, dann kann er weder vor noch nach Durchführung der wirtschaftlichen Maßnahmen darauf verweisen, daß der Betriebsrat von sich aus ein Vermittlungsverfahren nach § 72 Abs. 2, § 73 BetrVG habe einleiten können. Dem steht vor Durchführung der Maßnahmen die Vorschrift des § 49 Abs. 4 BetrVG, danach der Umstand entgegen, daß der Betriebsrat keinen Anspruch auf Rückgängigmachung einer getroffenen Maßnahme hat.**

**3. Der Unternehmer, der wirtschaftliche Maßnahmen im Sinne des § 72 Abs. 1 BetrVG durchführt, ohne daß die Zustimmung des Betriebsrats oder ein Einigungsvorschlag der Vermittlungsstelle im Sinne des § 73 Abs. 2 BetrVG vorliegt, muß sich so behandeln lassen, als ob eine Einigung oder ein Einigungsvorschlag vorläge, nach denen die Maßnahmen nicht vorgenommen werden sollen. Führt diese Maßnahme zur Entlassung von Arbeitnehmern, so haben diese nach § 74 BetrVG Anspruch auf eine Abfindung. Dem kann der Unternehmer nur mit dem Nachweis begegnen, daß er die Maßnahme aus zwingenden Gründen in jedem Falle hätte treffen müssen.**

BetrVG §§ 72 bis 74, § 49 Abs. 4.

I. Senat. Urteil vom 20. 1. 1961 i. S. M. (Bekl.) w. Sch. (Kl.)
1 AZR 53/60.

I. Arbeitsgericht Siegburg. — II. Landesarbeitsgericht Düsseldorf (Köln).

Die Beklagte betrieb seit 1948 in der Rechtsform der Gesellschaft mit beschränkter Haftung in W. eine Kleiderfabrik. Alleiniger Geschäftsführer war der Fabrikant M. In dem Werk W. befanden sich die Einrichterei, die Näherei, die Büglerei und die Zuschneiderei für die Herstellung von Herren- und Knabenbekleidung, ferner das Lager und der Versand der dort hergestellten Bekleidung. Im Jahre 1956 wurde das Lager zu einem Zentrallager auch für die Erzeugnisse der dem Geschäftsführer der Beklagten gehörenden übrigen Kleiderfabriken erweitert. Nach der Behauptung der Beklagten wurden ebenfalls im Jahre 1956 das im

Werk W. untergebrachte Lager, der Versand und die Zuschneiderei in die damals gegründete Einzelfirma A.-M. übergeführt. Das gesamte Werk in W. diente weiterhin den gleichen Geschäftszwecken und wurde in sachlicher und personeller Hinsicht zentral von der Hauptverwaltung geleitet, die sich seit 1956 in D. befindet. Für das gesamte Werk in W. bestand ein einheitlicher Betriebsrat, der zuletzt am 28. Februar 1958 sowohl von den Arbeitnehmern der Beklagten als auch von denen der Einzelfirma A.-M. gewählt worden war.

Mit Schreiben vom 17. Oktober 1958 teilte die Beklagte dem Betriebsrat mit, sie beabsichtige, ihren Produktionsbetrieb in W. spätestens bis zum 30. November 1958 endgültig stillzulegen. Hierdurch werde die Entlassung von 270 Arbeitnehmern ihres Betriebes erforderlich. Sie bat unter Berufung auf §§ 15 ff. KSchG um die Stellungnahme des Betriebsrats zu der beabsichtigten Maßnahme, da sie diese Stellungnahme der Massenentlassungsanzeige an das Arbeitsamt beifügen müsse. Auf die Bitte des Betriebsrats vom 21. Oktober 1958 um eine genaue Darlegung der Gründe für die beabsichtigte Stillegung erklärte die Beklagte mit Schreiben vom 22. Oktober 1958, diese Forderung des Betriebsrats entbehre jeder rechtlichen Grundlage. Daraufhin bat der Betriebsrat am 7. November 1958 unter Hinweis auf § 72 Abs. 2 BetrVG um Mitteilung eines Zeitpunktes, zu dem über einen Interessenausgleich verhandelt werden könne. Dies beantwortete die Beklagte am 17. November 1958 mit der Erklärung, daß sie es nicht ablehne, an Verhandlungen vor einer Vermittlungsstelle gemäß § 72 Abs. 2 BetrVG teilzunehmen. Bisher habe der Betriebsrat die Anrufung einer solchen Stelle unterlassen.

Inzwischen hatte der Massenentlassungsausschuß beim Landesarbeitsamt am 13. November 1958 seine in § 16 KSchG vorgeschriebene Zustimmung erteilt. Am 14. November 1958 hatte die Beklagte sämtlichen Arbeitnehmern, die nach ihrer Darstellung bei ihr im Werk in W. beschäftigt waren, wegen der Stillegung zum 30. November 1958 gekündigt.

Über die Frage der Stillegung kam es zwischen der Beklagten und dem Betriebsrat weder zu einer Einigung noch überhaupt zu über den erwähnten Schriftwechsel hinausgehenden Verhandlungen. Eine Vermittlungsstelle wurde von keiner Seite angerufen. Am 30. November 1958 legte die Beklagte die Einrichterei, die Näherei und die Büglerei still. Die nach der Darstellung der Beklagten zu der Einzelfirma A.-M. gehörenden Betriebsteile Zuschneiderei, Lager, Versand sowie Leinen- und Wattierungsband blieben im Betrieb und wurden nach dem 30. November 1958 zum Teil erweitert.

Der Kläger, der seit 1952 als Arbeiter bei der Beklagten beschäftigt war, sowie 267 weitere Arbeitnehmer, darunter sämtliche Mitglieder des Betriebsrats, wurden bei der Stillegung entlassen. Die Kündigung ist dem Kläger gegenüber wirksam geworden. Ungefähr 280 Arbeiter, die nach der Darstellung der Beklagten zur Einzelfirma A.-M. gehörten, behielten im Werk W. ihren Arbeitsplatz.

Mit der Klage begehrt der Kläger, die Beklagte zur Zahlung einer Abfindung gemäß § 74 BetrVG zu verurteilen, deren Höhe er in das Ermessen des Gerichts gestellt hat. Das Arbeitsgericht hat die Beklagte zur Zahlung einer Abfindung in Höhe von 800,— DM verurteilt. Das Landesarbeitsgericht hat die Berufung der Beklagten zurückgewiesen. Die Revision der Beklagten blieb erfolglos.

## Aus den Gründen:

1. Als Anspruchsgrundlage kommt nur § 74 BetrVG in Betracht. Die Voraussetzungen dieser Vorschrift sind jedenfalls insoweit erfüllt, als die dem Kläger gegenüber ausgesprochene Kündigung rechtswirksam geworden ist; die ursprünglich erhobene Kündigungsschutzklage hat der Kläger zurückgenommen.

Die Beklagte meint, § 74 BetrVG sei deshalb nicht anwendbar, weil weder eine Einigung im Sinne des § 73 Abs. 1 BetrVG noch ein Einigungsvorschlag im Sinne des § 73 Abs. 2 BetrVG vorliege. Infolgedessen beruhe die Kündigung auch nicht auf einem Abweichen von einer Einigung oder einem Einigungsvorschlag. Dieser Rechtsansicht kann der Senat in Übereinstimmung mit den Vorinstanzen nicht folgen.

2. In tatsächlicher Hinsicht geht das Landesarbeitsgericht in Übereinstimmig mit dem Vortrag beider Parteien davon aus, daß es sich bei den von der Beklagten geplanten und in ihrem Schreiben vom 17. Oktober 1958 dem Betriebsrat angekündigten Maßnahmen um Betriebsänderungen im Sinne des § 72 Abs. 1 BetrVG gehandelt hat, die, wie die weitere Entwicklung gezeigt hat, wesentliche Nachteile, nämlich die Entlassung, zumindest für einen großen Teil der Belegschaft zur Folge gehabt haben. Ob die Maßnahme der Beklagten nun als Einschränkung oder Stillegung ihres ganzen Betriebes oder von wesentlichen Betriebsteilen (§ 72 Abs. 1 Buchst. a BetrVG) oder als Verlegung des ganzen Betriebes oder von wesentlichen Betriebsteilen (§ 72 Abs. 1 Buchst. b BetrVG) anzusehen ist, kann letztlich dahingestellt bleiben. Auch die Beklagte bezweifelt nicht, daß einer dieser Fälle gegeben ist. Die Rechtsfolgen sind immer die gleichen.

3. Liegen die Voraussetzungen des § 72 Abs. 1 BetrVG vor, dann hat der Betriebsrat kraft dieser ausdrücklichen Gesetzesvorschrift ein Mitbestimmungsrecht, und zwar, wie die Überschrift des Vierten Abschnitts (§§ 67 bis 75 BetrVG) ergibt, ein Mitbestimmungsrecht in wirtschaftlichen Angelegenheiten. Die Beklagte ist offenbar der Meinung, daß es sich dabei um eine inhaltsleere Regelung handele, da der Betriebsrat ihre wirtschaftliche Entschließungsfreiheit nicht beeinträchtigen könne. Sie verkennt damit das Wesen des wirtschaftlichen Mitbestimmungsrechts des Betriebsrats, wie es in §§ 72 ff. BetrVG festgelegt ist.

Zwar ist der Unternehmer hierdurch in seinem rechtlichen Können im Verhältnis zu Dritten, wozu auch die Belegschaft gehört, nicht eingeschränkt. Auf der Ebene des Betriebsverfassungsrechts im Verhältnis zum Betriebsrat aber ist der Unternehmer verpflichtet, vor Durchführung geplanter wirtschaftlicher Maßnahmen im Sinne des § 72 Abs. 1 BetrVG sich mit diesem in Verbindung zu setzen, um seine Zustimmung zu erlangen. Dabei muß der Unternehmer den Betriebsrat so frühzeitig wie möglich von den geplanten Maßnahmen unterrichten. Die Unterrichtung muß nicht nur den Umfang und die zu erwartenden Auswirkungen der Maßnahmen, sondern auch deren Gründe erkennen lassen, weil es sonst dem Betriebsrat nicht möglich ist, gemäß § 72 Abs. 2 BetrVG einen Interessenausgleich herbeizuführen oder gemäß § 73 Abs. 1 BetrVG der Vermittlungsstelle einen Einigungsvorschlag zu unterbreiten. Die Angabe der Gründe ist im übrigen schon deshalb erforderlich, weil es nicht ausgeschlossen ist, daß der Betriebsrat, wenn er die Gründe erfährt, seine Zustimmung zu der Maßnahme erteilt, womit sich das in § 72 Abs. 2 BetrVG vorgesehene weitere Verfahren erübrigt. Schließlich setzt die Vorschrift des § 72 Abs. 1 BetrVG voraus, daß der Unternehmer dem Betriebsrat Gelegenheit zur Stellungnahme zu seinen Plänen gibt (Fitting-Kraegeloh, BetrVG, 5. Aufl., § 72 Anm. 29).

4. Keine dieser Pflichten hat die Beklagte erfüllt. Zu ihrer Rechtfertigung kann sie sich nicht darauf berufen, daß es dem Betriebsrat freigestanden habe, von sich aus das Vermittlungsverfahren nach § 72 Abs. 2 BetrVG einzuleiten, und daß sie sich der Verhandlung vor einer Vermittlungsstelle nicht entzogen haben würde.

Nach der gesetzlichen Gestaltung des hier in Rede stehenden Mitbestimmungsrechts ist es Sache des Unternehmers, die Zustimmung des Betriebsrats zu den geplanten Maßnahmen oder, wenn das nicht zu erreichen ist, die Entscheidung einer Vermittlungsstelle herbeizuführen. Der Unternehmer, der seinen gesetzlichen Pflichten genügen will, darf es nicht wie die Beklagte darauf ankommen lassen, daß der Betriebsrat die Initiative ergreift.

Im vorliegenden Fall hatte der Betriebsrat gar nicht die Möglichkeit, mehr zu tun, als tatsächlich geschehen ist. Die Einleitung eines Vermittlungsverfahrens kommt gemäß § 72 Abs. 1 BetrVG erst dann in Betracht, wenn ein Interessenausgleich zwischen Unternehmer und Betriebsrat versucht worden ist, der seinerseits die Mitwirkung des Unternehmers in dem oben zu Ziff. 3 gekennzeichneten Sinne voraussetzt. Außerdem war gemäß § 49 Abs. 4 BetrVG, der auch im Rahmen des § 72 Abs. 2 BetrVG gilt (Dietz, BetrVG, 3. Aufl., § 49 Anm. 24), es dem Betriebsrat versagt, eine Vermittlungsstelle anzurufen, da dem stets der Versuch der innerbetrieblichen Einigung vorausgehen muß. Fehlt es an einem solchen Versuch, dann darf die Vermittlungsstelle nicht tätig werden. Ein Einigungsversuch im Sinne des § 49 Abs. 4 BetrVG liegt aber nicht darin, daß der Unternehmer die ausreichende Unterrichtung des Betriebsrats und jede Verhandlung mit ihm überhaupt ablehnt. Er muß vielmehr bereit sein, zur Herbeiführung einer Einigung den Betriebsrat anzuhören und mit ihm seine Pläne zu erörtern. Das hat die Beklagte unterlassen.

Das Fehlen der Einigung hat im vorliegenden Falle auch nicht mehr durch den Spruch einer Vermittlungsstelle ersetzt werden können, nachdem alle ausgesprochenen Kündigungen am 30. November 1958 wirksam geworden waren. Die Einleitung eines Vermittlungsverfahrens scheidet jedenfalls dann aus, wenn der Unternehmer eine der in § 72 Abs. 1 BetrVG genannten Maßnahmen durchgeführt hat. Würde dennoch ein Einigungsvorschlag im Sinne des § 73 Abs. 2 BetrVG ergehen, so könnte er nur dadurch verwirklicht werden, daß die bereits getroffenen Maßnahmen des Unternehmers, soweit ihnen der Einigungsvorschlag entgegensteht, rückgängig gemacht werden. Das ist aber schon deshalb nicht möglich, weil der Betriebsrat keinen Anspruch auf Rückgängigmachung einer getroffenen Maßnahme hat. Er könnte einen solchen Anspruch nicht einmal verfolgen, wenn die Maßnahme entgegen einer Einigung vorgenommen ist, da selbst die in der Einigung liegende Zustimmung des Betriebsrats keine Voraussetzung für die Wirksamkeit der Maßnahme ist (vgl. Dietz, aaO, § 74 Anm. 10 mit weiteren Hinweisen).

5. Damit steht fest, daß die Beklagte entgegen ihren gesetzlichen Pflichten Maßnahmen getroffen hat, zu denen die vorgeschriebene Zustimmung des Betriebsrats und auch ein Einigungsvorschlag der Vermittlungsstelle nicht vorliegen. In diesem Falle ist die Rechtslage bei Anwendung des § 74 BetrVG im Ergebnis keine andere, als wenn der Unter-

nehmer von einer Einigung oder einem Einigungsvorschlag abweicht. Er muß sich in diesem Falle so behandeln lassen, als ob eine Einigung oder ein Einigungsvorschlag vorläge, nach denen die Maßnahmen nicht vorgenommen werden sollen (Dietz, aaO, § 72 Anm. 37 c, § 73 Anm. 7 b, § 74 Anm. 9 bis 11; Nipperdey bei Hueck-Nipperdey, Lehrb. d. ArbR, 6. Aufl., Bd. II S. 875 Fußnoten 68—70; a. A.: Fitting-Kraegeloh, aaO, § 72 Anm. 29, § 73 Anm. 13, § 74 Anm. 1 bis 3; Galperin-Siebert, BetrVG, 3. Aufl., § 72 Anm. 34 bis 36, 40, § 74 Anm. 13). Dann ist aber der Anspruch des Klägers, gegen dessen Höhe keine Einwendungen erhoben sind, aus § 74 BetrVG begründet.

6. Demgegenüber hätte die Beklagte lediglich einwenden können, daß sie die Maßnahmen aus zwingenden Gründen in jedem Falle hätte durchführen müssen. In dieser Richtung hat die Beklagte nach den Feststellungen des Landesarbeitsgerichts nichts vorgetragen, obwohl bereits im Urteil des Arbeitsgerichts auf die Möglichkeit dieser Einwendung hingewiesen ist. Soweit die Beklagte anführt, daß sie aus zwingenden Gründen, ohne diese zu benennen, mit dem Betriebsrat selbst nicht habe verhandeln können, hat das mit der soeben erörterten Frage nichts zu tun.

Die Beklagte kann hierbei nicht damit gehört werden, daß bei der bereits von den Vorinstanzen durchgeführten und vom Senat gebilligten Anwendung des § 74 BetrVG auf den vorliegenden Fall die Gerichte für Arbeitssachen über die Notwendigkeit einer unternehmerischen Maßnahme hinsichtlich der künftigen Gestaltung eines Unternehmens und damit über wirtschaftliche Fragen zu entscheiden hätten, obwohl dies nach der gesetzlichen Regelung nicht Sache der Gerichte, sondern der fachkundig zusammengesetzten Vermittlungsstelle sein solle. Die Beklagte übersieht dabei, daß selbst bei Einhaltung der Vorschriften der §§ 72 und 73 BetrVG im Falle des § 74 BetrVG, wenn nämlich darum gestritten wird, ob der Unternehmer mit oder ohne zwingenden Grund von der Einigung oder dem Einigungsvorschlag abgewichen ist, die letzte maßgebliche Entscheidung zur Frage des wirtschaftlichen Mitbestimmungsrechts von den Gerichten für Arbeitssachen zu treffen ist (so auch Dietz, aaO, § 74 Anm. 10). Im vorliegenden Fall kommt hinzu, daß die Beklagte allein durch ihr gesetzwidriges Handeln es dazu hat kommen lassen, daß die Notwendigkeit ihrer Maßnahmen nicht vor der Anrufung des Gerichts entweder durch den Betriebsrat oder durch eine Vermittlungsstelle geprüft worden ist. Die ihr danach noch verbliebene Möglichkeit der gerichtlichen Nachprüfung, die durchaus auch zu ihren Gunsten hätte ausgehen können, hat die Beklagte nicht genutzt. Sie muß deshalb die überhaupt einzige Folge des § 74 BetrVG tragen, die die Verletzung des in § 72 Abs. 1

BetrVG vorgeschriebenen Mitbestimmungsrechts des Betriebsrats in wirtschaftlichen Angelegenheiten mit sich bringt.

## 53

**1. Den bei den Stationierungsstreitkräften im Lande Nordrhein-Westfalen beschäftigten hausarbeitstagsberechtigten Arbeitnehmerinnen kann der Hausarbeitstag auch an Feiertagen der Alliierten gewährt werden.**

**2. Die Bestimmung des Termins für den Hausarbeitstag steht den Stationierungsstreitkräften auf Grund ihres Direktionsrechts zu. Dabei ist auf berechtigte Interessen und Wünsche der Arbeitnehmerin Rücksicht zu nehmen; insbesondere ist die Arbeitnehmerin im voraus rechtzeitig über den für den Hausarbeitstag in Aussicht genommenen Termin zu unterrichten.**

Hausarbeitstagsgesetz Nordrhein-Westfalen § 1; TVAL § 4 Ziff. 1 Buchst. d.

IV. Senat. Urteil vom 25. 1. 1961 i. S. B. D. (Bekl.) w. B. (Kl.) 4 AZR 445/59.

I. Arbeitsgericht Hamm (Westf.). — II. Landesarbeitsgericht Hamm (Westf.).

Die Klägerin war vom 1. Dezember 1953 bis 31. März 1958 bei einer im Lande Nordrhein-Westfalen (NRW) befindlichen Dienststelle der Stationierungsstreitkräfte als Angestellte tätig. Sie hat einen eigenen Hausstand, in dem sie die anfallenden häuslichen Arbeiten überwiegend selbst verrichtet.

Die Klägerin hat vorgetragen, sie habe in den Monaten Juni, Juli und August 1956 sowie Mai, August und September 1957, in denen sie wöchentlich im Durchschnitt mindestens 40 Stunden gearbeitet habe, keinen Hausarbeitstag erhalten. Zwar sei in diese Monate jeweils ein kanadischer Feiertag gefallen, an dem sie nicht zur Arbeit herangezogen worden sei und für den sie auch den darauf entfallenden Gehaltsanteil ausgezahlt bekommen habe. Gleichwohl habe sie für die genannten Monate Anspruch auf Gewährung eines Hausarbeitstags, weil die Feiertage der Alliierten üblicherweise auch als Feiertage für die deutschen Arbeitnehmer behandelt würden. Mit der Klage hat die Klägerin Abgeltung von 6 Hausarbeitstagen in Höhe von 100,44 DM brutto verlangt.

Die Beklagte ist der Ansicht, die Klägerin habe an den kanadischen Feiertagen keinen Anspruch auf Freistellung von der Arbeit unter Fortzahlung des Gehalts gehabt. Da ihr beides trotzdem gewährt worden sei und sie die ausgefallene Arbeitszeit auch nicht habe nachzuholen brauchen, müsse sie sich die Feiertage in den in Betracht kommenden Monaten jeweils als Hausarbeitstag anrechnen lassen.

Das Arbeitsgericht hat der Klage stattgegeben. Auf die Berufung der Beklagten hat das Landesarbeitsgericht die Beklagte zur Zahlung von 83,— DM verurteilt und im übrigen die Klage abgewiesen, weil die Klägerin nicht mehr behauptet hat, daß ihr für Juni 1957 ein Hausarbeitstag nicht gewährt worden sei. Die Revision der Beklagten führte zur Abweisung der Klage in vollem Umfang.

### Aus den Gründen:

Zutreffend geht das Berufungsgericht davon aus, daß das Gesetz über Freizeitgewährung für Frauen mit eigenem Hausstand des Landes Nordrhein-Westfalen (HATG-NRW) vom 27. Juli 1948 (GVBl. NRW 1949 S. 6) auf Arbeitnehmerinnen bei den Stationierungsstreitkräften anwendbar ist. Das HATG-NRW besteht nämlich, wie das Bundesarbeitsgericht bereits ausgesprochen hat, als partielles Bundesrecht im Lande Nordrhein-Westfalen fort und gilt deshalb für die weiblichen Bediensteten des Bundes und der bundesunmittelbaren Körperschaften ebenfalls, soweit die Behörden und Dienststellen im territorialen Bereich des Landes Nordrhein-Westfalen liegen (vgl. BAG 1, 60, 63). Da nach Art. 44 Abs. 3 Satz 1 des Vertrages über die Rechte und Pflichten ausländischer Streitkräfte und ihrer Mitglieder in der Bundesrepublik Deutschland (Truppenvertrag) vom 23. Oktober 1954 (BGBl. 1955 II S. 321) die für die Bundesbehörden maßgeblichen arbeitsrechtlichen Vorschriften mit Ausnahme der tariflichen Bestimmungen auf die Beschäftigung bei den Streitkräften Anwendung finden, gilt das HATG-NRW auch für die weiblichen Bediensteten der Streitkräfte in dem genannten Lande.

Dem Landesarbeitsgericht ist auch darin beizutreten, daß die Klägerin in den Monaten Juli und August 1956 sowie Mai, August und September 1957 Anspruch auf Gewährung eines Hausarbeitstags hatte. Denn nach den Feststellungen des angefochtenen Urteils besitzt die Klägerin einen eigenen Hausstand und hat in den angeführten Monaten im Durchschnitt wöchentlich mindestens 40 Stunden gearbeitet, wie es § 1 HATG-NRW voraussetzt.

Nicht frei von Rechtsirrtum ist jedoch die Ansicht des Berufungsgerichts, die Beklagte könne mit dem Einwand nicht durchdringen, daß dieser Anspruch der Klägerin durch die ihr an den kanadischen Feiertagen in den genannten Monaten unter Fortzahlung des Gehalts gewährte Arbeitsbefreiung erfüllt sei.

Daß ein Feiertag der Alliierten zur Gewährung eines Hausarbeitstags geeignet ist, begegnet keinen Bedenken. Zweck des Hausarbeitstags ist es nämlich, der Arbeitnehmerin mit eigenem Hausstand wegen ihrer Doppelbelastung durch Beruf und Haushalt monatlich einmal an einem Wochentag die Möglichkeit zu verschaffen, ohne zusätzlichen Zeitaufwand ihrer Hausarbeit nachzugehen. Die hausarbeitstagberechtigte Arbeitnehmerin hat deshalb einen Anspruch darauf, an einem Tag im Monat, an dem sie an sich zur Arbeitsleistung verpflichtet ist, von der Arbeit freigestellt zu werden (vgl. BAG 3, 146 [148], 225 [229]; BAG 7, 17 ff.; 9, 124 ff.).

Für die Klägerin bestand an kanadischen Feiertagen eine Arbeitsverpflichtung. Das ergibt sich aus § 4 Ziff. 1 Buchst. d des für ihr Arbeitsverhältnis maßgebenden Tarifvertrags für die bei den Stationierungsstreitkräften im Gebiet der Bundesrepublik Deutschland beschäftigten Arbeitnehmer vom 28. Januar 1955 (TVAL), wie auch das Berufungsurteil nicht verkennt. Denn wenn nach dieser Vorschrift den deutschen Arbeitnehmern an Feiertagen der Alliierten, die nicht zugleich deutsche Feiertage sind, nach Möglichkeit Gelegenheit zur Arbeit gegeben werden soll, wenn weiter die alliierten Dienststellen ausfallende Arbeitsstunden im Rahmen der Doppelwoche, in die der Feiertag fällt, auf andere Werktage verteilen können und die deutschen Arbeitnehmer erst, falls das nicht geschieht, Anspruch auf den Arbeitsverdienst für die ausfallende Arbeitszeit haben, dann setzt diese Regelung ersichtlich das Bestehen einer Arbeitspflicht der deutschen Arbeitnehmer an den Feiertagen der Alliierten voraus.

Ein Anspruch der Arbeitnehmer, an diesen Tagen von der Arbeit freigestellt zu werden, besteht nicht (vgl. Pretzsch-Schalkhäuser-Rechenberg, Das Recht der Arbeitnehmer bei den Streitkräften, 1955, S. 107). Er läßt sich im vorliegenden Falle auch nicht, wie die Klägerin meint, daraus herleiten, daß die Dienststelle üblicherweise den deutschen Arbeitnehmern an kanadischen Feiertagen Arbeitsbefreiung erteilt hat. Denn wenn auch auf der Grundlage einer betrieblichen Übung stillschweigend eine Vereinbarung zwischen Arbeitgeber und Arbeitnehmer zustandekommen kann (vgl. BAG 5, 44 ff.; BAG AP Nr. 21 zu § 242 BGB Ruhegehalt; Hueck in „Festschrift für Lehmann", S. 636), so ist doch für die Annahme einer solchen Vereinbarung zumindest zu fordern, daß das Verhalten des Arbeitgebers nach Treu und Glauben den Schluß auf dessen Willen rechtfertigt, sich in bestimmter Weise für die Zukunft zu binden (vgl. Hueck aaO, S. 638). Daß hier die Dienststelle der Klägerin eine Verpflichtung übernehmen wollte, die deutschen Arbeitnehmer schlechthin an den kanadischen Feiertagen unter Fortzahlung des Lohnes von der Arbeit freizustellen, kann aber im Hinblick auf die Regelung des § 4 Ziff. 1 Buchst. d TVAL nicht schon deshalb bejaht werden, weil die Arbeitnehmer — im Rahmen dieser Tarifbestimmung — regelmäßig Arbeitsbefreiung erhalten haben, ohne die ausgefallene Arbeit nachholen zu müssen.

War danach eine Verpflichtung der Klägerin zur Arbeitsleistung an kanadischen Feiertagen gegeben, so konnte der Arbeitgeber ihrem sich auf § 1 HATG-NRW gründenden Anspruch auf Freistellung von beruflicher Arbeit zur Erledigung von Hausarbeiten auch dadurch nachkommen, daß er ihr für diesen Zweck an den Feiertagen Arbeitsbefreiung gewährte. § 4 Ziff. 1 Buchst. d TVAL steht dem nicht entgegen, wie das Berufungsgericht anscheinend meint, wenn es darauf hinweist, die Feiertage der Alliierten hätten nach dieser Vorschrift bezahlt werden müssen, während der Klageanspruch auf § 1 HATG-NRW beruhe. Das angefochtene Urteil übersieht, daß es grundsätzlich der Entscheidung des Arbeitgebers überlassen ist, ob und aus welchen Gründen er die Arbeitnehmer von ihrer Arbeitsverpflichtung entbindet oder die angebotene Arbeit nicht annimmt. Etwas anderes ergibt sich im vorliegenden Fall auch nicht aus der Regelung des § 4 Ziff. 1 Buchst. d TVAL. Insoweit stand daher nichts im Wege, wenn der Arbeitgeber der Klägerin sie an den kanadischen Feiertagen zum Zwecke der Gewährung eines Hausarbeitstages von der Arbeit freistellte. Ihre Rechte bestimmten sich in diesem Fall allein nach den Vorschriften des HATG-NRW und nicht nach § 4 Ziff. 1 Buchst. d TVAL.

Der Klägerin kann nicht zugegeben werden, daß die Zuweisung eines kanadischen Feiertages als Hausarbeitstag sich nicht mit dessen Zweck, nämlich der durch Beruf und Haushalt doppelt belasteten Arbeitnehmerin Zeit zur Erledigung angefallener Hausarbeiten zu geben, vereinbaren lasse. Denn die Freistellung der deutschen Arbeitnehmer an den Feiertagen der Alliierten beruht darauf, daß der Arbeitgeber ihre Arbeit nicht annehmen konnte oder wollte, weil die kanadischen Bediensteten wegen ihres Feiertages selbst nicht arbeiteten. Das ergibt sich daraus, daß der Arbeitgeber nach dem dem angefochtenen Urteil zugrundeliegenden Sachverhalt die Arbeit derjenigen deutschen Arbeitnehmer, für die er Verwendung hatte (Kraftfahrer, Heizer, Messegehilfen usw.) auch an den Feiertagen in Anspruch genommen hat. Ähnlich, wie es bei Arbeitsbefreiungen aus betrieblichen Gründen, etwa zur Überbrückung von Betriebsstörungen oder bei Werksbeurlaubungen zu sein pflegt, wurde den deutschen Arbeitnehmern Freizeit an den kanadischen Feiertagen also nicht zum Zwecke der Erholung gewährt, wenn auch die Verwendung der Tage in ihrem Belieben gestanden hat. Da gerade der Erholungszweck den (im übrigen an sich schon) „arbeitsfreien" Samstag kennzeichnet (vgl. BAG 9, 124 ff.), können die Erwägungen, die dazu geführt haben, diesen Tag als für einen Hausarbeitstag ungeeignet anzusehen, hier auf keinen Fall Platz greifen. Beachtet man aber den Anlaß zur Arbeitsbefreiung an den kanadischen Feiertagen, dann ist es für die hausarbeitstagberechtigte Arbeitnehmerin nach den Grundsätzen von Treu und Glauben zumutbar, auch solche Tage für hauswirtschaftliche Arbeiten zu ihrer Entlastung zu nutzen.

Die Festlegung des Hausarbeitstags auf einen Feiertag der Alliierten bedeutet auch keinen Verstoß gegen den Gleichbehandlungsgrundsatz, weil etwa die übrigen Arbeitnehmer im Gegensatz zur Klägerin arbeitsfrei gehabt hätten, wie diese geltend macht. Der Gleichbehandlungsgrundsatz verbiet nämlich nur die willkürliche Schlechterstellung einzelner Arbeitnehmer aus sachfremden Gründen gegenüber anderen in gleicher Lage befindlichen Arbeitnehmern, d. h. ihre willkürliche Herausnahme aus einer bestimmten Ordnung (vgl. z. B. BAG AP Nr. 4 zu § 242 Gleichbehandlung). Im vorliegenden Fall jedoch unterscheidet sich schon die Lage der hausarbeitstagsberechtigten Arbeitnehmerinnen wesentlich von derjenigen der übrigen Arbeitnehmer. Während jene nämlich einen gesetzlichen Anspruch auf Arbeitsbefreiung unter Fortzahlung des Lohnes und ohne die Verpflichtung zur Nacharbeit haben, sollen die anderen Arbeitnehmer an Feiertagen der Alliierten grundsätzlich Arbeit leisten; sie sind zur Nachholung etwa ausgefallener Arbeit verpflichtet und erhalten erst, wenn der Arbeitgeber davon Abstand nimmt, die für diesen Fall tariflich vorgesehene Bezahlung des Arbeitsausfalles. Im übrigen könnte auch von einer willkürlichen Schlechterstellung der hausarbeitstagberechtigten Arbeitnehmerin keine Rede sein, weil der Arbeitgeber ihr den Hausarbeitstag an einem Feiertag der Alliierten in Erfüllung einer ihm gesetzlich obliegenden Verpflichtung gewährt und diese Maßnahme, wie erörtert, mit dem Zweck des Hausarbeitstags durchaus im Einklang steht.

Es ist schließlich Sache des Arbeitgebers, den Termin für den Hausarbeitstag jeweils zu bestimmen. Da nämlich weder aus dem HATG-NRW oder auch aus dem TVAL etwas über das Verfahren zur Festsetzung des Hausarbeitstags zu entnehmen ist noch die Klägerin behauptet hat, daß ihr Arbeitsvertrag eine Vereinbarung darüber enthalte, unterliegt die Regelung dieser die Arbeitsleistung der Klägerin betreffenden Frage dem Direktionsrecht des Arbeitgebers (vgl. dazu Hueck-Nipperdey, Lehrbuch des Arbeitsrechts, 6. Aufl., Bd. I, § 25 VI), dessen Grenzen sich aus dem Zweck des Hausarbeitstags ergeben. Dementsprechend hat der Arbeitgeber, ähnlich wie beim Urlaub, berechtigte Interessen und Wünsche zu berücksichtigen und darf nicht willkürlich verfahren. Diese vom Arbeitgeber zu beobachtende Rücksichtnahme umfaßt auch seine Verpflichtung, die Arbeitnehmerin rechtzeitig im voraus über den für den Hausarbeitstag in Aussicht genommenen Termin zu unterrichten, damit sie etwaige Wünsche oder Einwendungen geltend machen kann. Eine nachträgliche Festlegung des Hausarbeitstags würde wesentliche Belange der berechtigten Arbeitnehmerin außer acht lassen, also eine willkürliche und daher unverbindliche Bestimmung des Hausarbeitstags mit der Folge bedeuten, daß eine Erfüllung des Anspruchs nach § 1 HATG-NRW nicht angenommen werden könnte.

Hier ist jedoch in den der Klage zugrundeliegenden Monaten der Klägerin der Hausarbeitstag nicht nachträglich zugewiesen worden, wie sich aus ihrem eigenen Vortrag ergibt. Denn sie hat nach ihrem Vorbringen bereits vor dem diese Monate umfassenden Zeitraum allmonatlich ohne Rücksicht darauf, ob ein kanadischer Feiertag war, beim Arbeitgeber den Hausarbeitstag geltend gemacht. Dieser ist ihr aber stets abgelehnt worden, und zwar, wie die (seit 1953 bei der kanadischen Einheit tätig gewesene) Klägerin nicht bestreitet, deshalb, weil der Arbeitgeber bereits durch Rundschreiben vom 6. Juni 1955 bekannt gegeben hatte, daß in einem Monat, in den ein kanadischer Feiertag falle, kein freier Tag für Hausarbeiten gewährt werden könne, da dieser Feiertag als Hausarbeitstag angerechnet werde.

War das aber der Klägerin schon vor dem Klagezeitraum bekannt, dann steht ihr nach allem der in der Klage erhobene Abgeltungsanspruch nicht zu.

## 54

**1. Eine Partei, die im ersten Rechtszuge mit ihrem Hauptantrage abgewiesen und mit ihrem Hilfsantrage durchgedrungen ist, kann Berufung einlegen, um ihren Hauptantrag weiter zu verfolgen und ihren Hilfsantrag fallenzulassen. Die Berufung ist nicht etwa hinsichtlich des Hilfsantrages mangels Beschwer unzulässig.**

**2. Die rechtsgestaltende Wirkung der Auflösung des Arbeitsverhältnisses durch Richterspruch nach § 7 KSchG und die Zuerkennung eines Abfindungsanspruches nach dieser Vorschrift tritt erst mit der Rechtskraft des Urteils ein. Der Arbeitgeber kann daher seinen auf Ablösung des**

**Arbeitsverhältnisses unter Zuerkennung einer Abfindung an den Arbeitnehmer gehenden Hilfsantrag noch bis zum Schlusse der letzten mündlichen Verhandlung in der Berufungsinstanz zurücknehmen.**

**In der Zurücknahme eines Auflösungsantrags nach § 7 KSchG durch die Partei liegt insoweit jedenfalls grundsätzlich ein Klageverzicht im Sinne des § 306 ZPO.**

**3. Ein Arbeitnehmer, der im ersten Rechtszug die Abweisung eines vom Arbeitgeber nach § 7 Abs. 1 Satz 2 KSchG gestellten Auflösungsantrags begehrt und im zweiten Rechtszug eine höhere Abfindung als die vom Arbeitsgericht im Hinblick auf den Antrag des Arbeitgebers festgesetzte verlangt, stellt nicht selbst einen Auflösungsantrag nach § 7 Abs. 1 Satz 1 KSchG.**

ZPO §§ 511, 308; KSchG § 7; ZPO § 306.

II. Senat. Urteil vom 28. 1. 1961 i. S. Sch. (Bekl.) w. B. (Kl.)
2 AZR 482/59.

I. Arbeitsgericht Sigmaringen. — II. Landesarbeitsgericht Baden-Württbg. (Tübingen).

Die 1910 geborene Klägerin war sechs Jahre lang bei der Beklagten — einer Wäschefabrik, die etwa 75 Arbeitnehmer beschäftigt — als Büglerin mit einem Bruttolohn von zuletzt 250 DM monatlich beschäftigt. Seit dem 24. Januar 1959 war sie krank geschrieben. Am 27. Januar 1959 rief sie bei der Beklagten an und ließ zwei Arbeitskolleginnen an den Apparat im Bügelsaal rufen. Sie teilte in diesem Gespräch u. a. mit, sie werde ihre Arbeit voraussichtlich in der kommenden Woche wieder aufnehmen. Der Inhaber der Beklagten, der gerade ein Ferngespräch führen wollte, schaltete sich in die Leitung ein und hörte einen Teil des von der Klägerin mit ihren Arbeitskolleginnen geführten Gespräches mit an. Nach der Darstellung der Beklagten hat die Klägerin ihre Arbeitskolleginnen aufgefordert, Schlafanzüge, die diese bügeln sollten, für die Dauer des Gesprächs aus dem Band herauszunehmen. Mit Schreiben vom 2. März 1959 kündigte die Beklagte daraufhin der Klägerin zum 13. März 1959.

Diese Kündigung griff die Klägerin durch ihre am 23. März 1959 beim Arbeitsgericht eingereichte Klage mit dem Antrag an, festzustellen, daß das Arbeitsverhältnis der Klägerin bei der Beklagten durch die Kündigung vom 2. März 1959 nicht aufgelöst worden ist.

Am 14. Mai 1959 ging der Klägerin ein Schreiben der Beklagten vom 13. Mai 1959 zu, in dem sie unter Hinweis auf die lang dauernde Krankheit der Klägerin das Arbeitsverhältnis vorsorglich erneut kündigte. Am 13. Mai 1959 selbst war die Klägerin wieder gesundgeschrieben worden. Die Beklagte lehnte es ab, die Klägerin wieder zu beschäftigen.

Im Prozeß hat die Beklagte beantragt:

Die gegen die erste Kündigung vom 2. März 1959 erhobene Klage der Klägerin abzuweisen, hilfsweise, das Arbeitsverhältnis der Klägerin gemäß § 7 Abs. 1 KSchG unter Zuerkennung einer vom Gericht festzusetzenden Abfindung aufzulösen.

Die Klägerin hat um Zurückweisung dieses Hilfsantrages gebeten. Die zweite, am 14. Mai 1959 ausgesprochene Kündigung hat die Klägerin nicht angegriffen.

Das Arbeitssgericht hat auf Grund der mündlichen Verhandlung vom 3. Juni 1959 durch Urteil von demselben Tage die Unwirksamkeit der Kündigung vom 2. März 1959 festgestellt und auf den Hilfsantrag der Beklagten hin das Arbeitsverhältnis der Parteien zum 16. März 1959 gegen eine von der Beklagten an die Klägerin zu zahlende Abfindung von 600 DM aufgelöst.

Gegen dieses Urteil haben beide Parteien Berufung eingelegt, die Beklagte mit den Anträgen,

unter Abänderung des angefochtenen Urteils die Klage abzuweisen, hilfsweise für den Fall, daß weder die erste noch die zweite Kündigung durchgreifen sollten,

die Hauptsache für erledigt erklären,

weiter höchst hilfsweise für den Fall, daß die zweite Kündigung vom 13. Mai 1959 unwirksam sein sollte,

das Arbeitsverhältnis gemäß § 7 Abs. 1 KSchG aufzulösen.

Die Klägerin hat beantragt,

die Berufung der Beklagten zurückzuweisen, und fernerhin, die Beklagte zur Zahlung einer höheren Abfindung zu verurteilen.

Das Landesarbeitsgericht hat beide Berufungen zurückgewiesen. Gegen dieses Urteil wendet sich die Revision der Beklagten mit dem Antrage, nach ihren im Berufungsrechtszuge gestellten Anträgen zu erkennen. Sie hatte nur teilweise Erfolg.

### Aus den Gründen:

I. Das Landesarbeitsgericht hat in Übereinstimmung mit dem Arbeitsgericht die Unwirksamkeit der am 2. März 1959 ausgesprochenen Kündigung festgestellt und dem Begehren der Klägerin insofern stattgegeben. Soweit sich die Beklagte in der Revisionsinstanz gegen diesen Teil des angefochtenen Urteils wendet, fehlt es an der nach § 554 ZPO erforderlichen Angabe der Revisionsgründe. Die Revisionsbegründung geht nämlich mit keinem Wort darauf ein, wieso das Landesarbeitsgericht zu Unrecht die umstrittene Kündigung für unwirksam gehalten habe. Die Revision ist deshalb in diesem Punkte mangels Begründung unzulässig.

II. 1. In der Berufungsinstanz hat die Beklagte ihren erstinstanzlichen Eventualantrag nicht mehr gestellt. Die Aufhebung ihrer Verurteilung durch das Arbeitsgericht zur Zahlung der Abfindung, mindestens aber die Herabsetzung der Abfindungssumme hat sie mit der Begründung begehrt, durch die zweite, von der Klägerin nicht angegriffene Kündigung vom 14. Mai 1959 sei das Arbeitsverhältnis bereits im Zeitpunkt der letzten mündlichen Verhandlung in erster Instanz aufgelöst gewesen, so daß für eine gerichtliche Auflösung des Arbeitsverhältnisses gegen Zahlung einer Abfindung kein Raum mehr bestanden habe, jedenfalls aber die Abfindung erheblich niedriger hätte ausfallen müssen. Das Landesarbeitsgericht hat die Berufung der Beklagten jedoch insoweit deshalb für unzulässig angesehen, weil das Arbeitsgericht ihrem Hilfsantrag entsprochen habe und die Beklagte dadurch nicht beschwert sein könne. Auch sei die Beklagte nicht etwa deshalb beschwert, weil die Abfindungssumme von 600 DM ihre Erwartungen übersteige; sie habe die Höhe der Abfindung dem Gericht überlassen.

2. Diese Ansicht des Landesarbeitsgerichts wird von der Revision mit Recht bekämpft.

Die Rüge der Verletzung des § 139 ZPO geht allerdings am Kern der Sache vorbei; denn die Beklagte rügt nicht, das Landesarbeitsgericht habe es rechtsirrtümlich unterlassen, sie darauf hinzuweisen, daß ihr Hilfsantrag auf Auflösung des Arbeitsverhältnisses gegen Zahlung einer Abfindung nach dem Wirksamwerden der zweiten Kündigung nicht mehr sachdienlich sei, sie macht diesen Vorwurf vielmehr dem Arbeitsgericht. Für die Begründetheit der Revision kommt es aber auf eine Rechtsverletzung des Berufungsgerichts und nicht auf eine solche des erstinstanzlichen Gerichts an.

Wenn die Beklagte an Verfahrensrügen auch ausdrücklich nur diejenige der Verletzung des § 139 ZPO erhebt, so ist aber ihrer Revisionsbegründung doch zu entnehmen, daß sich ihr Revisionsangriff auch gegen eine rechtsfehlerhafte Anwendung der Grundsätze über die Beschwer in dem angefochtenen Urteil richtet. Denn sie führt aus, die Argumentation des Landesarbeitsgerichts, die Beklagte sei nicht „beschwert", erschöpfe den Sachverhalt nicht. Dadurch, daß sie das Wort „beschwert" in Anführungsstriche gesetzt hat, gibt sie zu erkennen, daß sie entgegen der

Ansicht des Landesarbeitsgerichts doch eine Beschwer für gegeben hält. Insbesondere geht das auch aus dem in der Revisionsbegründung enthaltenen Satz hervor, die Beklagte sei durch die Handhabung des erstinstanzlichen Gerichts schlechter gestellt worden, als sie ohne Berücksichtigung ihres Hilfsantrages gestanden hätte. Das genügt, um eine Verfahrensrüge der Verletzung der Rechtsgrundsätze über die Beschwer anzunehmen, da auch die eine solche Verfahrensverletzung begründenden Tatsachen in der Revisionsbegründung und durch die in ihr enthaltene Bezugnahme auf das Berufungsurteil angegeben worden sind.

Diese Rüge ist auch begründet; denn die Berufung der Beklagten war entgegen der Auffassung des Landesarbeitsgerichts in vollem Umfange zulässig.

Das Arbeitsgericht hat der Kündigungsschutzklage stattgegeben. Dadurch ist die Beklagte mit ihrem in erster Linie gestellten Klageabweisungsantrag unterlegen. Den Antrag auf Auflösung des Arbeitsverhältnisses gegen Zahlung einer Abfindung hat sie nur hilfsweise gestellt, d. h. für den Fall des Unterliegens mit ihrem Hauptantrage. Deshalb ist die Beklagte allein schon dadurch, daß das Arbeitsgericht überhaupt über ihren Hilfsantrag entschieden hat, beschwert; diese Entscheidung beinhaltet notwendig zugleich die Abweisung ihres Hauptantrages. Haupt- und Hilfsantrag sind für die Frage der Zulässigkeit der Berufung gar nicht zu trennen. Legt eine Partei wegen der Abweisung ihres Hauptantrages durch die erste Instanz Berufung ein, so gelangt der Rechtsstreit mit zwingender Notwendigkeit auch insoweit in die Berufungsinstanz, als das erstinstanzliche Gericht eine Entscheidung über den Hilfsantrag getroffen hat. Denn diese Entscheidung hängt ja von dem Ausgang des Berufungsverfahrens über den Hauptantrag ab. Erkennt das Berufungsgericht nach dem Hauptantrage des Berufungsklägers, und ändert es deshalb das erstinstanzliche Urteil entsprechend ab, so fehlt für die Entscheidung über den Hilfsantrag die Grundlage. In diesem Falle muß das Berufungsgericht die Entscheidung des erstinstanzlichen Urteils über den Hilfsantrag aufheben. Wegen der an sich gegebenen Möglichkeit einer solchen Entscheidung ist daher eine jeweils nach dem Haupt- und Hilfsantrag gesonderte Prüfung der Zulässigkeit der Berufung, wie das Landesarbeitsgericht sie vorgenommen hat, nicht angängig. Die Berufung der Beklagten war somit uneingeschränkt zulässig, und das Landesarbeitsgericht hätte über den gesamten Rechtsstreit im Rahmen der in der Berufungsinstanz gestellten Anträge der Beklagten eine neue Sachentscheidung treffen müssen.

3. Die Beklagte hat nun im Berufungsverfahren ihren in erster Instanz gestellten Hilfsantrag fallengelassen und nur noch die Abweisung

der Kündigungsschutzklage begehrt. Die Zurücknahme des Auflösungsantrages war auch noch in der Berufungsinstanz zulässig, weil durch das Arbeitsgerichtsurteil eine Veränderung der materiellen Rechtslage noch nicht eingetreten war (Auffarth-Müller, KSchG, Anm. 4 zu § 7; Herschel-Steinmann, Komm. z. KSchG, 4. Aufl., Anm. 13 zu § 7; Nikisch, Arbeitsrecht, Bd. I, 2. Aufl., § 51 VII 6 S. 639). Die Auflösung des Arbeitsverhältnisses nach § 7 KSchG geschieht durch rechtsgestaltenden Richterspruch. Desgleichen wird auch der Abfindungsanspruch erst durch das Urteil geschaffen. Die rechtsgestaltende Wirkung des Urteils tritt aber — wie bei allen Gestaltungsurteilen — erst mit dessen Rechtskraft ein. Vor der formellen Rechtskraft des Urteils ist weder das Arbeitsverhältnis aufgelöst noch der Abfindungsanspruch entstanden. Der Arbeitgeber kann daher seinen Hilfsantrag nach § 7 KSchG jedenfalls noch bis zum Schluß der letzten mündlichen Verhandlung in der Berufungsinstanz wieder zurücknehmen. Weil mit dieser Zurücknahme ihres Auflösungsantrags die Partei den ganzen Umständen nach jedenfalls regelmäßig zu erkennen gibt, daß sie ihn überhaupt fallen lassen will, liegt darin grundsätzlich ein teilweiser Klageverzicht im Sinne des § 306 ZPO (Auffarth-Müller, KSchG, Anm. 4 zu § 7; Hueck, KSchG, 4. Aufl., Anm. 6 a zu § 7), der im Gegensatz zur Klagerücknahme (§ 271 ZPO) nicht der Einwilligung des Prozeßgegners bedarf.

Das Gericht durfte also, nachdem die Beklagte ihren im ersten Rechtszug gemäß § 7 Abs. 1 Satz 2 KSchG gestellten Auflösungsantrag wirksam zurückgenommen hatte, nicht mehr gemäß diesem Antrage das Arbeitsverhältnis auflösen.

Nun hätte allerdings das Landesarbeitsgericht das Arbeitsverhältnis nach § 7 Abs. 1 Satz 1 KSchG auflösen können, wenn die Klägerin einen solchen Antrag gestellt hätte und ihr die Fortsetzung des Arbeitsverhältnisses nicht zuzumuten war. Einen entsprechenden Antrag hat die Klägerin aber nicht gestellt. Sie hat vielmehr im ersten Rechtszuge die Abweisung des von der Beklagten gestellten Auflösungsantrages begehrt. Dadurch, daß sie im zweiten Rechtszuge eine höhere Abfindung, als vom Arbeitsgericht festgesetzt worden war, verlangte, hat sie nicht selbst den Antrag aus § 7 Abs. 1 Satz 1 KSchG gestellt, sie hat es vielmehr auf den gemäß § 7 Abs. 1 Satz 2 KSchG gestellten Auflösungsantrag der Beklagten abgestellt und eine Erhöhung der nach dieser Bestimmung vom Arbeitsgericht festgesetzten Abfindung gefordert; auf den Auflösungsantrag der Beklagten hin hatte das Arbeitsgericht den Abfindungsbetrag von 600,— DM festgesetzt. Das Begehren der Klägerin fiel in sich zusammen, als die Beklagte ihren Antrag aus § 7 Abs. 1 Satz 2 KSchG zurücknahm.

Im übrigen würde, selbst wenn man den Antrag der Klägerin auf Erhöhung der Abfindung in einen Antrag aus § 7 Abs. 1 Satz 1 KSchG umdeuten wollte, ihm nicht entsprochen werden können, weil die Voraussetzungen für eine arbeitnehmerseitig beantragte Auflösung des Arbeitsverhältnisses nicht dargetan worden sind.

Die Hilfsanträge, die die Beklagte im zweiten Rechtszuge gestellt hatte, kamen nicht zum Zuge, da sie die Unwirksamkeit der zweiten Kündigung zur Voraussetzung haben, diese aber mangels einer gegen sie erhobenen Kündigungsschutzklage gemäß § 6 KSchG als von Anfang an wirksam gilt. Daß die zweite Kündigung aus einem anderen Grunde als dem der sozialen Ungerechtfertigtkeit rechtsunwirksam sein könnte, ist nicht ersichtlich.

Auf die Revision der Beklagten mußten daher die vorinstanzlichen Urteile aufgehoben werden, und zwar insoweit, als das Arbeitsverhältnis durch Richterspruch aufgelöst und die Beklagte zur Zahlung einer Abfindung verurteilt worden ist.

## 55

**Die Statthaftigkeit der Divergenzrevision ist nicht davon abhängig gemacht, ob und in welchem Zeitpunkt die Parteien die Abweichung des Berufungsurteils von einer vor seinem Erlaß ergangenen Entscheidung feststellen konnten.**

ArbGG § 72 Abs. 1 Satz 2 und 3.

IV. Senat. Urteil vom 8. 2. 1961 i. S. DB (Bekl.) w. B. (Kl.)
4 AZR 473/59.

I. Arbeitsgericht Frankfurt/Main. — II. Landesarbeitsgericht Frankfurt/Main.

### Aus den Gründen:

1. Die Beklagte stützt die Statthaftigkeit ihres Rechtsmittels darauf, daß das angefochtene Urteil von dem Urteil des Landesarbeitsgerichts Bremen vom 24. Juli 1959 — I Sa 105/58 — abweiche. Eine den Revisionsweg eröffnende Divergenz liegt auch vor.

Der Ansicht des Klägers, das Urteil des Landesarbeitsgerichts Bremen komme für eine Divergenz nicht in Betracht, weil es den Parteien jenes Rechtsstreits erst am 3. August 1959, d. h. nach der am 29. Juli 1959 erfolgten Verkündung des angefochtenen Urteils, mit den Entscheidungsgründen zugestellt worden sei, kann nicht gefolgt werden.

Nach § 72 Abs. 1 Satz 2 ArbGG findet die Revision ohne Zulassung statt, wenn das Urteil des Landesarbeitsgerichts von einer in der Revisionsbegründung bezeichneten Entscheidung des Bundesarbeitsgerichts abweicht und auf dieser Abweichung beruht; das gleiche gilt nach Satz 3 aaO, solange eine Entscheidung des Bundesarbeitsgerichts in der Rechtsfrage nicht ergangen ist, wenn die Entscheidung des Landesarbeitsgerichts von der eines anderen Landesarbeitsgerichts abweicht und auf dieser Abweichung beruht. Beide Bestimmungen, die der Einheitlichkeit der Rechtsprechung dienen sollen, setzen voraus, daß die Entscheidung des anderen Gerichts, von der das angefochtene Urteil abweicht, vor dessen Verkündung ergangen ist (BAG 4, 305 = AP Nr. 43 zu § 72 ArbGG mit Anm. von Pohle; BAG 4, 186; BAG AP Nr. 60 zu § 72 ArbGG mit Anm. von Pohle). Die genannten Bestimmungen des § 72 Abs. 1 ArbGG stehen, worauf der erkennende Senat bereits in der letztzitierten Entscheidung hingewiesen hat, in engem Zusammenhang mit der Vorschrift des § 69 Abs. 3 Satz 2 ArbGG, nach der das Landesarbeitsgericht unter den gleichen Voraussetzungen die Revision zulassen muß, wenn ihm die Entscheidung des anderen Gerichts, von der es abweichen will, bekannt ist; sie ergänzt die Vorschrift des § 69 Abs. 3 Satz 2 ArbGG für diejenigen Fälle, in denen die Zulassung der Revision unterblieben ist, weil das Landesarbeitsgericht die Entscheidung des anderen Gerichts, von der es abweicht, nicht gekannt oder die Abweichung nicht erkannt hat. Wenn es in jener Entscheidung des Senats weiter heißt, bereits bei der Verkündung eines Urteils müsse feststehen, ob es einem Rechtsmittel unterliege, so besagt das nur, daß ein Urteil, das mangels Vorliegen einer divergierenden Entscheidung im Zeitpunkt seines Erlasses unanfechtbar war, nicht dadurch anfechtbar werden kann, daß später eine abweichende Entscheidung des Bundesarbeitsgerichts oder eines anderen Landesarbeitsgerichts ergeht (vgl. auch Pohle, Anm. zu AP Nr. 43 zu § 72 ArbGG = BAG 4, 305). Ergangen ist ein Urteil dann, wenn es rechtlich zur Entstehung gelangt ist, d. h. wenn die Urteilsformel verkündet bzw. im Falle des Verfahrens nach § 128 Abs. 2 ZPO zugestellt ist. Die Statthaftigkeit der Divergenzrevision ist nicht davon abhängig gemacht, ob und in welchem Zeitpunkt die Parteien die Abweichung des Urteils von einer vor seinem Erlaß ergangenen Entscheidung feststellen konnten. Es liegt im Prozeßrisiko der Parteien, ob sie eine früher ergangene Entscheidung ermitteln und zur ausreichenden Begründung einer Divergenzrevision heranziehen können. Das kann daran scheitern, daß eine solche Entscheidung nicht veröffentlicht worden ist, aber auch daran, daß sie zwar ergangen, also verkündet, aber nicht mehr zu einem Zeitpunkt mit den Entscheidungsgründen zugestellt worden ist, der ihre Verwertung zur Begründung der Revision gegen das später ergangene Urteil gestattete. Umgekehrt wäre es aber durch nichts gerechtfertigt, die Statthaftigkeit einer Divergenzrevision in Zweifel zu ziehen, weil sie mit der Abweichung von einer Entscheidung begründet ist, die vor dem Erlaß des angefochtenen Urteils ergangen, mit den Entscheidungsgründen aber erst später zugestellt worden ist.

Das angefochtene Urteil weicht, wie die Revision dargelegt hat, von dem Urteil des Landesarbeitsgerichts Bremen in einem tragenden Rechtssatz ab. (Wird ausgeführt.)

## 56

**1. Für die Höhergruppierung von Angestellten der Bundespost, die auf Beamtendienstposten verwendet werden, sind die Tätigkeitsmerkmale nur dann maßgebend, wenn die tariflichen Vorschriften ausdrückliche Bestimmungen über die Einreihung enthalten.**

**2. Enthalten die tariflichen Vorschriften über die Einreihung sog. unbestimmte Rechtsbegriffe oder ist eine Einreihung nur im Wege der Lückenausfüllung möglich, dann fehlt es an ausdrücklichen Bestimmungen über die Einreihung.**

**3. Ist das der Fall, dann werden die Angestellten auf Beamtendienstposten bis zur VergGr. IV TO.A nur nach dem in Abschnitt II des TV Nr. 57 vorgesehenen Schema höhergruppiert (befördert), ohne Rücksicht auf Tätigkeitsmerkmale.**

**4. Durch Abschnitt II des TV Nr. 57 ist für Höhergruppierungen der vorgenannten Angestellten die Vergütungsordnung der TO.A ersetzt worden und außer Kraft getreten.**

**5. Auch wenn man annimmt, Abschnitt II des TV Nr. 57 sei lediglich eine tarifvertragliche Sonderregelung gegenüber der Vergütungsordnung der TO.A und anderen generellen tariflichen Vorschriften, so galten die Normen dieses Abschnittes des TV Nr. 57, falls dieser durch Kündigung im Jahre 1954 außer Kraft getreten ist, so lange weiter, bis sie durch eine andere Abmachung ersetzt wurden.**

**6. Der TV Nr. 94 hat die in Abschnitt II des TV Nr. 57 getroffene Regelung für die Höhergruppierung der auf Beamtendienstposten verwendeten Angestellten nicht ersetzt.**

**7. Die Bestimmungen des TV Nr. 57 Abschnitt II können auch durch eine abändernde Auslegung nicht dem TV Nr. 94 angepaßt werden.**

TVG §§ 4 Abs. 5, 9; TO.A § 3 Anl. 1; SDO (Post) mit Anl. 1 a zur TO.A; Tarifvereinbarung (Post) Nr. 15 v. 21. 11. 1950; Bundespost-tarifverträge Nr. 57 v. 20. 5. 1953, Nr. 94 v. 15. 1. 1957 und Nr. 157 a v. 26. 10. 1960.

IV. Senat. Urteil vom 8. 2. 1961 i. S. DB (Bekl.) w. S. (Kl.) 4 AZR 572/59.

I. Arbeitsgericht Frankfurt/Main. — II. Landesarbeitsgericht Frankfurt/Main.

Der Kläger, der an der Staatlichen Akademie für Technik in Chemnitz im Jahre 1933 die Prüfung als Elektroingenieur abgelegt hat, wurde im Jahre 1947 von der Beklagten in das Angestelltenverhältnis übernommen. Er wird auf einem Beamtendienstposten der BesGr. A 9 (früher A 4 c 2) verwendet und erhält seit dem 1. Mai 1953 die Vergütung nach der VergGr. V a TO.A.

Der Kläger ist der Ansicht, nach dem zwischen der Beklagten und der Deutschen Postgewerkschaft abgeschlossenen, am 1. Mai 1956 in Kraft getretenen Tarifvertrag Nr. 94 vom 15. Januar 1957 (TV Nr. 94) sei er in die VergGr. IV b TO.A einzureihen. Mit der Klage fordert er Zahlung des Gehaltsunterschiedes zwischen den Vergütungsgruppen V a und IV b TO.A mit monatlich 33,— DM für die 12 Monate von Mai 1956 bis April 1957 im Betrage von 396,— DM.

Die Beklagte ist der Ansicht, daß für die Höhergruppierung des Klägers nicht der TV Nr. 94, sondern ausschließlich die Sonderregelung im Abschnitt II des TV Nr. 57 vom 20. Mai 1953 anzuwenden sei.

Beide Vorinstanzen haben der Klage stattgegeben. Die Revision der Beklagten führt zur Klageabweisung.

## Aus den Gründen:

Der Kläger ist der Ansicht, ihm stehe als Mitglied der vertragsschließenden Gewerkschaft nach dem TV Nr. 94 die VergGr. IV b TO.A zu, weil er deren Tätigkeitsmerkmale in der durch den TV Nr.94 veränderten Fassung der Anlage 1 a zur TO.A erfülle. Dem Landesarbeitsgericht ist jedoch im Ergebnis darin beizutreten, daß der Kläger seinen Anspruch jedenfalls nicht unmittelbar auf den TV Nr.94 stützen kann, weil für ihn im Anspruchszeitraum (Mai 1956 bis April 1957) allein die besonderen Bestimmungen über die Höhergruppierung der auf Beamtendienstposten verwendeten Angestellten in Abschnitt II des zwischen denselben Tarifpartnern geschlossenen Tarifvertrages Nr. 57 vom 20. Mai 1953 (TV Nr. 57) maßgebend sind.

Der TV Nr. 57 ist nach seiner Einleitung eine Ergänzung des § 2 der Tarifvereinbarung Nr. 15 vom 21. November 1950, in dem bestimmt ist, daß der Angestellte entsprechend der von ihm überwiegend auszuübenden Tätigkeit in die zuständige Vergütungsgruppe eingereiht wird und der Aufstieg in eine höhere Vergütungsgruppe durch Vertragsänderung erfolgt.

Abschnitt I des TV Nr. 57 regelt die Ersteinreihung und Höhergruppierung der auf Angestelltendienstposten beschäftigten Angestellten nach den in der Anlage 1 a zur TO.A aufgeführten Tätigkeitsmerkmalen. Bei dieser Anlage 1 a zur TO.A handelt es sich nicht um einen Bestandteil der TO.A, sondern um eine vom Reichspostminister in der „Besonderen Dienstordnung der Deutschen Reichspost (SDO)" — Beilage zur Amtsblattverfügung Nr. 300/1938 — erlassene Vergütungsordnung, die teils die in der Anlage 1 zur TO.A enthaltenen Tätigkeitsmerkmale, soweit sie für den Postdienst in Betracht kommen, wiederholt, teils durch Aufstellung neuer Tätigkeitsmerkmale die Besonderheiten des Dienstes bei der Postverwaltung berücksichtigt.

Bestimmungen für die auf Beamtendienstposten beschäftigten Angestellten enthält Abschnitt II des Tarifvertrages Nr. 57. Es heißt in Abschnitt II Ziff. 1:

„Für die Höhergruppierung der auf Beamtendienstposten verwendeten Angestellten gilt, wenn die Anlage 1 a zur TO.A keine aus drücklichen Bestimmungen über die Einreihung enthält, folgendes:

Es sind einzureihen ..."

Im folgenden ist sodann die Höhergruppierung in die Vergütungsgruppen VIII bis IV TO.A nicht nach Tätigkeitsmerkmalen, sondern nach der Dauer der ununterbrochenen Beschäftigung auf einem Dienstposten der Besoldungsgruppen A 8 bis A 4 b 1 (alt) geregelt, wobei sich die Bewertung der Beamtendienstposten nach den von der Beklagten erlassenen Bewertungsrichtlinien richtet (Abschnitt II, Ziffer 6 TV) und für das Aufrücken in die Vergütungsgruppen VII und höher noch die vorausgehende Ableistung einer dreijährigen Postdienstzeit gefordert wird.

Damit ist nunmehr tarifvertraglich bestimmt worden, daß für die Höhergruppierung der auf Beamtendienstposten verwendeten Angestellten dann, wenn die Anlage 1 a zur TO.A ausdrückliche Bestimmungen über die Einreihung enthält, die Tätigkeitsmerkmale der Anlage 1 a maßgebend sein sollen, die insoweit auch Inhalt des Tarifvertrages geworden sind. Enthält dagegen die Anlage 1 a zur TO.A keine ausdrücklichen Bestimmungen über die Einreihung, so richtet sich das Aufrücken der auf

Beamtendienstposten verwendeten Angestellten bis zur VergGr. IV TO.A nach der Regelung in Abschnitt II des TV Nr. 57, und zwar, wie sich aus dessen oben wiedergegebenem Wortlaut eindeutig ergibt, ausschließlich. Insofern treffen die Ausführungen des Landesarbeitsgerichts zu, daß die Bewertung der Tätigkeit sich nicht nach den Tätigkeitsmerkmalen der Anlage 1 oder 1 a zur TO.A richtet und der Anspruch auf die Vergütung nach einer Vergütungsgruppe der TO.A sich allein aus dem in Abschnitt II Abs. 1 des TV Nr. 57 aufgestellten Umrechnungsschema ergibt. Denn durch Abschnitt II des TV Nr. 57 ist für Höhergruppierungen von Angestellten auf Beamtendienstposten die auf Tätigkeitsmerkmalen aufbauende Vergütungsordnung der TO.A ersetzt und damit gemäß § 9 Abs. 1 TVG außer Kraft gesetzt worden. Ist man dieser Ansicht nicht, so ist durch Abschnitt II des TV Nr. 57 jedenfalls für die Höhergruppierung der dort genannten Angestellten eine tarifvertragliche Sonderregelung geschaffen worden, die generellen tariflichen Regelungen vorgeht.

Dabei kann unerörtert bleiben, ob der TV Nr. 57 die SDO außer Kraft setzen konnte, wie es in Abschnitt II Ziffer 6 für die SDO Nr. 1 und Nr. 2 Abs. 3 und 4 zu § 3 TO.A bestimmt ist (vgl. hierzu BAG AP Nr. 1 zu § 9 TVG; BAG 6, 127). Denn aus der SDO könnte der Kläger einen Anspruch auf die Vergütung nach der VergGr. IV b (früher IV) TO.A ebensowenig herleiten wie aus dem TV 57 Abschnitt II. Nach der SDO waren nämlich die auf einem Beamtendienstposten beschäftigten Angestellten ebenfalls nicht nach Tätigkeitsmerkmalen einzureihen. Die Einreihung bestimmte sich vielmehr nach einer schematischen Gegenüberstellung der Besoldungsgruppen mit den Vergütungsgruppen der TO.A, und zwar war die Einreihung in die diesem Schema entsprechende Vergütungsgruppe grundsätzlich erst dann vorzunehmen, wenn die auf einem Beamtendienstposten verwendeten Angestellten die gleiche dienstliche Erfahrung wie die entsprechenden Beamten sowie die volle dienstliche Eignung besaßen. Der TV Nr. 57 Abschnitt II, der sich nur auf die Höhergruppierung bezieht, gewährt den Anspruch dagegen nach fest bestimmten Anlaufzeiten. Auch nach der SDO aber hätte der Kläger ebenso wie nach TV Nr. 57 Abschnitt II in die VergGr. IV bzw. IV b nur dann aufrücken können, wenn er nicht auf einem Beamtendienstposten der BesGr. A 9 (früher A 4 c 2), sondern der BesGr. A 10 (früher A 4 b 1) beschäftigt gewesen wäre.

An dieser Rechtslage hat sich für den Anspruchszeitraum, d. h. für die Zeit bis Ende April 1957, nichts geändert.

Es kann dahingestellt bleiben, ob der TV Nr. 57 durch Kündigung im Jahre 1954 außer Kraft getreten ist und ob er etwa durch den Tarifvertrag Nr. 157a vom 26. Oktober 1960 rückwirkend bis zu seiner Ersetzung durch diesen Tarifvertrag wieder in Kraft gesetzt worden ist. Denn jedenfalls galten die Normen des Abschnitts II des TV Nr. 57, falls dieser Tarifvertrag im Jahre 1954 durch Kündigung außer Kraft getreten ist, kraft Nachwirkung gemäß § 4 Abs. 5 TVG weiter, bis sie durch eine andere Abmachung ersetzt wurden. Das ist bis April 1957 nicht geschehen. Andere einzelvertragliche Abreden sind zwischen den Parteien nicht getroffen worden. Die umfassende Neuregelung des TV Nr. 157a ist erst am 1. Oktober 1960 in Kraft getreten. Der TV Nr. 94 aber, auf den sich der Kläger stützt, berührt die in Abschnitt II des TV Nr. 57 getroffene Sonderregelung nicht. Er ändert nämlich lediglich für Meister und technische Angestellte die Tätigkeitsmerkmale der Anlagen 1 und 1a zur TO.A. Er regelt aber nicht, ob sich die Vergütung eines Angestellten nach diesen Tätigkeitsmerkmalen richtet. Er ersetzt insbesondere nicht die besondere Regelung des Abschnitts II des TV Nr. 57 für die Höhergruppierung der auf Beamtendienstposten verwendeten Angestellten, die es nicht auf die Tätigkeitsmerkmale der Anlagen 1 oder 1a zur TO.A, sondern auf die Bewertung des Beamtendienstpostens abstellt. Die durch den TV Nr. 94 eingeführten Änderungen von Tätigkeitsmerkmalen können daher auch nur solche Arbeitsverhältnisse erfassen, bei denen sich die Vergütung überhaupt nach den in der Anlage 1 oder 1a zur TO.A aufgeführten Tätigkeitsmerkmalen richtet. Ist das nicht der Fall, so greift der TV. Nr. 94 überhaupt nicht Platz; er kann dann auch nicht als speziellere Regelung für technische Angestellte dem TV Nr. 57 Abschnitt II vorgehen.

Die Bewertung der Tätigkeit des Klägers nach Tätigkeitsmerkmalen ist für seine Höhergruppierung gemäß Abschnitt II TV Nr. 57 allerdings nur dann ausgeschlossen, wenn die Anlage 1a zur TO.A „keine ausdrücklichen Bestimmungen über die Einreihung enthält". Das Landesarbeitsgericht hält solche „ausdrücklichen Bestimmungen" nicht für gegeben, weil die Tätigkeitsmerkmale der VergGr. IVb TO.A, auf deren Erfüllung der Kläger sich berufen hat, sogenannte unbestimmte Rechtsbegriffe enthielten; die Höhergruppierung nach Tätigkeitsmerkmalen sei nur zugelassen, wenn eine Tätigkeit eindeutig einer bestimmten Vergütungsordnung zugeordnet sei; nicht dagegen, wenn sie von einer im Einzelfalle zu Zweifeln Anlaß gebenden Wertung innerhalb des Rahmens unbestimmter Rechtsbegriffe abhängen würde. Dem ist beizutreten. Nach dem Sinn der Bestimmung soll es bei der Bewertung durch Tätigkeitsmerkmale auch für die auf Beamtendienstposten verwendeten Angestellten dann verbleiben, wenn die Tätigkeit für alle vorkommenden Fälle eindeutig umschrieben ist. Das ist z. B. dann der Fall, wenn der Arbeitsplatz genau bezeichnet ist. Dagegen kann bei der Verwendung allgemeiner (unbestimmter) Rechtsbegriffe die Subsumtion eines Sachverhalts unter die Tätigkeitsmerkmale nur von Fall zu Fall erfolgen, weil sie eine auf den Besonderheiten des Einzelfalles aufbauende Wertung erfordert. In solchen Fällen greift die Regelung des TV Nr. 57 Abschnitt II Platz.

An einer „ausdrücklichen" Bestimmung für die Einreihung fehlt es also nicht etwa nur dann, wenn die Einreihung nach der Anlage 1 a zur TO.A nur im Wege der Lückenausfüllung möglich sei. Es kann nicht angenommen werden, daß die Regelung in Abschnitt II des TV Nr. 57 nur diese verhältnismäßig sehr seltenen Fälle umfassen sollte. Die Möglichkeit des Aufrückens in eine höhere Vergütungsgruppe ohne den Nachweis der Erfüllung der entsprechenden Tätigkeitsmerkmale wäre dann dem weitaus größten Teil der auf Beamtendienstposten beschäftigten Agestellten verschlossen gewesen, und die gesamte Regelung des TV Nr. 57 Abschnitt II hätte nur sehr geringe praktische Bedeutung gehabt. Im übrigen hätte man dann sicherlich einen anderen Wortlaut gewählt; es hätte dann statt „keine ausdrücklichen Bestimmungen" einfacher und klarer heißen können: „wenn die Anlage 1 a zur TO.A keine Bestimmungen über die Einreihung enthält".

Die Tätigkeitsmerkmale der vom Kläger begehrten Vergütungsgruppe IV b TO.A erfordern, daß sich der Angestellte durch besondere Leistungen aus der Gruppe V a heraushebt. Diese Merkmale enthalten, wie das angefochtene Urteil zutreffend ausführt, einen unbestimmten Rechtsbegriff und deshalb keine „ausdrückliche" Bestimmung über die Einreihung. Ob auch die Tätigkeitsmerkmale der VergGr. V a, auf denen die Merkmale der VergGr. IV b aufbauen und die deshalb zunächst erfüllt sein müßten, unbestimmte Rechtsbegriffe enthalten, kann unerörtert bleiben, da es darauf nicht mehr ankommt.

Somit richtet sich der Anspruch des Klägers auf Höhergruppierung allein nach den Bestimmungen des Abschnitts II TV Nr. 57, bei deren wörtlicher Anwendung die Voraussetzungen für ein Aufrücken des Klägers unstreitig nicht erfüllt sind. Das Landesarbeitsgericht hält es jedoch für geboten, durch abändernde Tarifauslegung die durch den TV Nr. 94 für die technischen Angestellten geschaffenen Verbesserungen auch den auf Beamtendienstposten beschäftigten Angestellten zugute kommen zu lassen.

Dabei erachtet es das angefochtene Urteil zu Recht für unzulässig, die Vergütungsregelung für die auf Beamtendienstposten verwendeten

Angestellten an den TV Nr. 94 in der Weise anzupassen, daß der Vergütungsanspruch von der Erfüllung der im TV Nr. 94 aufgestellten Tätigkeitsmerkmale abhängig gemacht wird. Das Berufungsgericht weist zutreffend darauf hin, daß sich dies mit den im Abschnitt II des TV Nr. 57 aufgestellten Vergütungsgrundsätzen, die die Bewertung nach den Tätigkeitsmerkmalen der Anlage 1 a zur TO.A gerade ausschließen, nicht vereinbaren läßt.

Das Landesarbeitsgericht will vielmehr die Bestimmungen des TV Nr. 57 Abschnitt II selbst durch abändernde Auslegung dem TV Nr. 94 anpassen und will das Umrechnungsschema für die Höhergruppierung der Angestellten auf Beamtendienstposten dahin abwandeln, daß die den einzelnen Beamtenbesoldungsgruppen zugeordneten Vergütungsgruppen der TO.A ab Inkrafttreten des TV Nr. 94 bei den technischen Angestellten durch eine entsprechend höhere Gruppe ersetzt werden, sofern der TV Nr. 94 eine solche Ersetzung enthält. Dem kann nicht gefolgt werden.

Es kann dahingestellt bleiben, ob bei fortwirkenden Normen eines durch Kündigung außer Kraft getretenen Tarifvertrages eine abändernde Auslegung im Hinblick auf spätere tarifvertragliche Entwicklungen überhaupt in Betracht gezogen werden kann. Dem Landesarbeitsgericht wäre auch dann nicht beizupflichten, wenn der TV Nr. 57 nicht gekündigt worden wäre oder durch die Protokollerklärung der Tarifpartner vom 22. März 1958 bzw. § 7 Ziff. 3 der Tarifverträge Nr. 157 a und 157 b rückwirkend wieder in Kraft gesetzt worden sein sollte. Es ist nicht richtig, daß durch den von der Bundesrepublik, den Ländern und den Gemeinden abgeschlossenen Tarifvertrag über die Eingruppierung von Meistern und technischen Angestellten vom 14. Juni 1956 und die entsprechende Regelung für die Bundespost im TV Nr. 94 ein bisher nicht vorhandenes Prinzip geschaffen worden sei, nämlich die allgemeine tarifliche Bevorzugung der technischen Angestellten vor den übrigen. Aus den genannten tariflichen Neuregelungen kann nur so viel entnommen werden, daß man die Vergütung der technischen Angestellten, soweit sie sich nach den bisherigen Tätigkeitsmerkmalen der Anlage 1 oder 1 a zur TO.A bestimmte, nicht mehr für angemessen gehalten und deshalb eine Änderung dieser Tätigkeitsmerkmale als geboten angesehen hat. Daraus ergibt sich aber nicht, daß auch die Vergütungen von technischen Angestellten, die sich gar nicht nach diesen Tätigkeitsmerkmalen richten, in gleicher Weise angehoben werden müßten. Insbesondere ist das nicht, worauf es allein ankäme, dem erkennbaren Sinn und Zweck der in Abschnitt II des TV Nr. 57 getroffenen Regelung zu entnehmen. Diese Regelung ist von der Erfüllung von Tätigkeitsmerkmalen unabhängig. Die Auffassung des Landesarbeitsgerichts läuft aber schließlich doch wieder auf die Berücksichtigung von Tätigkeitsmerkmalen hinaus; denn danach müßte zum mindesten festgestellt werden, ob der Angestellte nach seiner Tätigkeit unter die technischen Angestellten fallen würde, deren Tätigkeitsmerkmale durch den TV Nr. 94 geändert worden sind. Wenn die Tarifpartner für unterschiedliche Tatbestände, nämlich die Beschäftigung auf Angestellten- oder Beamtendienstposten, verschiedene Vergütungssysteme aufgestellt haben, so kann es nicht Sache der Rechtsprechung sein, durch abändernde Auslegung der einen oder der anderen Normengruppe eine vermeintliche „Tarifgerechtigkeit" zwischen beiden Systemen herzustellen oder aufrechtzuerhalten; das würde einen Eingriff in die Tarifautonomie bedeuten.

Im übrigen hat die vom Landesarbeitsgericht für geboten erachtete abändernde Auslegung des TV Nr. 94 Abschnitt II in der späteren Tarifgestaltung keine Bestätigung gefunden. In dem Tarifvertrag Nr. 157 a vom 26. Oktober 1960, der eine umfassende Vergütungsregelung für die Angestellten der Beklagten enthält und auch den TV Nr. 57 ersetzt, sind die Bestimmungen des TV Nr. 57 Abschnitt II über die Höhergruppierung der auf Beamtendienstposten verwendeten Angestellten mit gewissen Verbesserungen in den Grundzügen beibehalten worden; auch jetzt kann wie bisher auf Grund der Beschäftigung auf einem Beamtendienstposten der BesGr. A 9 nur die Höhergruppierung nach den VergGr. V a oder V b TO.A erreicht werden, und zwar auch von technischen Angestellten. Andererseits sind nunmehr nach § 4 Ziffer 4 TV Nr. 157 a Angestellte auf Beamtendienstposten auch unabhängig von der Bewertung dieses Dienstpostens nach den Bewertungsrichtlinien dann höherzugruppieren, wenn sie die entsprechenden Tätigkeitsmerkmale in der Anlage 1 a zur TO.A erfüllen; das gilt wiederum allgemein und nicht etwa nur für technische Angestellte. Diese Neuregelung ist aber bei der Entscheidung nicht zu berücksichtigen, da der TV Nr. 157 a erst am 1. Oktober 1960 in Kraft getreten ist und sich keine Rückwirkung beilegt.

Hiernach steht dem Kläger ein Anspruch auf die Vergütung nach der VergGr. IV b in dem von der Klage erfaßten Zeitraum nicht zu.

## 57

**1. Die Bindung des Berufungsgerichts an die Beurteilung des Revisionsgerichts beschränkt sich nicht auf die Entscheidungsgründe des Revisionsurteils, die unmittelbar zur Aufhebung des Berufungsurteils geführt haben, sondern erstreckt sich auf die vorhergehenden Gründe jeden-**

**falls insoweit, als diese die notwendige Voraussetzung für die unmittelbaren Aufhebungsgründe waren.**

**In demselben Umfang ist jedenfalls grundsätzlich auch das Revisonsgericht an sein früheres Urteil gebunden.**

**2. Der Arbeitgeber kann seine Verpflichtung zur sozialen Auswahl nach § 1 Abs. 3 KSchG nicht einfach auf den Betriebsrat abwälzen, sondern muß sich das letzte Wort selbst vorbehalten.**

ZPO § 565 Abs. 2, § 550, §§ 144, 402, 371, 286, 139; KSchG § 1 Abs. 3.

II. Senat. Urteil vom 16. 2. 1961 i. S. M. (Bekl.) w. B. u. a. (Kl.) 2 AZR 231/59.

I. Arbeitsgericht Siegburg. — II. Landesarbeitsgericht Düsseldorf (Köln).

Der Kläger zu 1 war als Stuhlsteller, die anderen Kläger waren als Weber bei der Beklagten beschäftigt. Sie arbeiteten in einer Abteilung mit halbautomatischen Webstühlen. Im Herbst 1954 wollte die Beklagte diese Abteilung auf vollautomatische Webstühle umstellen und hauptsächlich Frauen daran beschäftigen. Deshalb kündigte sie den Klägern mit Schreiben vom 17. September zum 30. Oktober 1954. Mit Schreiben vom 22. September 1954 bat sie die Kläger um Mitteilung, ob sie an einer Umsetzung in eine andere Abteilung des Betriebs zu den dort gültigen Lohnsätzen interessiert seien. Die Kläger zu 2 bis 8 und 10 bis 12 erwiderten gleichlautend, daß sie, um nicht in Annahmeverzug zu geraten und auch dem Arbeitsamt gegenüber ihre Arbeitswilligkeit unter Beweis zu stellen, bereit seien, nach dem 30. Oktober 1954 ein neues Arbeitsverhältnis in einer anderen Abteilung anzutreten, gleichwohl aber bis zur gerichtlichen Entscheidung auf ihrem bisherigen Arbeitsplatz bestehen müßten. Der Kläger zu 9 erwiderte, er sei gern bereit, auf den Jaquardstühlen zu arbeiten, jedoch nur unter den bisherigen Lohnbedingungen.

Der Massenentlassungsausschuß beim Landesarbeitsamt D., dem die Beklagte die bevorstehenden Entlassungen angezeigt hatte, sah von einer Verlängerung der einmonatigen Sperrfrist des § 16 Abs. 1 KSchG ab und setzte als Zeitpunkt der Entlassung den 8. November 1954 fest. In der Folgezeit beschäftigte die Beklagte die Kläger zu 4, 6, 10, 11 und 12 nach einigen Wochen, zum Teil bereits seit dem 29. November 1954, weiter, und zwar zunächst befristet bis zum 30. April 1955, danach auf längere Zeit, zum Teil bis heute, in unbefristeten Arbeitsverhältnissen. Der Kläger zu 3 war nach Ablauf seiner vom 29. November 1954 bis zum 30. April 1955 befristeten Beschäftigung nicht weiter für die Beklagte tätig. Die Kläger zu 1, 2, 5, 8 und 9 sind nach ihrer Entlassung am 8. November 1954 nicht mehr bei der Beklagten tätig gewesen.

Bereits am 28. September 1954 haben die Kläger auf Feststellung geklagt, daß ihre Arbeitsverhältnisse durch die Kündigungen nicht aufgelöst seien. Die Beklagte hat um Klageabweisung gebeten, hilfsweise beantragt, die Arbeitsverhältnisse gemäß § 7 KSchG gegen Abfindung aufzulösen. Das Arbeitsgericht hat den Klagen stattgegeben. Auf die Berufung der Beklagten hat das Landesarbeitsgericht nach Beweisaufnahme dieses Urteil geändert und die Klagen abgewiesen. Auf die Revision der Kläger hat das Bundesarbeitsgericht das landesarbeitsgerichtliche Urteil aufgehoben und die Sache zur anderweiten Verhandlung und Entscheidung an das Landesarbeitsgericht zurückverwiesen (Urteil vom 27. Februar 1958, 2 AZR 445/55, BAG 6, 1 = AP Nr. 1 zu § 1 KSchG Betriebsbedingte Kündigung, mit Anmerkung von Herschel).

Das Landesarbeitsgericht hat nunmehr wie folgt entschieden: Die Klage des Klägers zu 9 (H.) hat es als unbegründet abgewiesen. Bezüglich der übrigen Kläger hat es die Berufung der Beklagten gegen das arbeitsgerichtliche Urteil zurückgewiesen, also die Unwirksamkeit der Kündigungen bestätigt. Auf den Hilfsantrag der Beklagten hat es jedoch die Arbeitsverhältnisse der Kläger zu 1, 2, 3, 5 und 8 aufgelöst und die Beklagte verurteilt, Abfindungen zu zahlen. Im übrigen hat es den Auflösungsantrag der Beklagten zurückgewiesen.

Gegen dieses Urteil hat nunmehr die Beklagte, soweit sie durch es beschwert wird, Revison eingelegt und beantragt, das Urteil und das des Arbeitsgerichts aufzuheben und die Klagen abzuweisen. Die Kläger zu 1 bis 8 und 10 bis 12 bitten, die Revision zurückzuweisen. Sofern die Klage des Klägers zu 9 vom Landesarbeitsgericht abgewiesen wurde, ist das Urteil rechtskräftig geworden. Die Revision führte zur nochmaligen Zurückverweisung der Sache an das Berufungsgericht.

### Aus den Gründen:

I. 1. Das Landesarbeitsgericht war bei seiner neuen Entscheidung an die rechtliche Beurteilung gebunden, die das Bundesarbeitsgericht der Aufhebung des ersten Urteils des Landesarbeitsgerichts zu Grunde gelegt hat (§ 565 Abs. 2 ZPO).

Das Bundesarbeitsgericht hat in seinem früheren Urteil vom 27. Februar 1958 dem früheren Urteil des Berufungsgerichts vom 14. Juli 1955 darin zugestimmt, daß die den Klägern gegenüber ausgesprochenen

Kündigungen im Sinne von § 1 Abs. 2 Satz 1 KSchG durch dringende betriebliche Erfordernisse bedingt waren, nämlich dadurch, daß die Beklagte ihren Betrieb in der Abteilung, in der die Kläger beschäftigt waren, auf vollautomatische Webstühle umstellen wollte. Es hat aber das Urteil gleichwohl aufgehoben, weil das Landesarbeitsgericht die Vorschrift des § 1 Abs. 3 KSchG über die Auswahl der zu Entlassenden verletzt habe. Es habe nämlich nicht geprüft, ob die Vorzüge der Frauenarbeit an den Vollautomaten so groß sind, daß bei Berücksichtigung der Dauer der Betriebszugehörigkeit der Kläger und ihrer persönlichen Verhältnisse im Vergleich mit denen der weiter zu beschäftigenden Frauen die Kündigungen gerade gegenüber den Klägern sozial gerechtfertigt waren.

Hiernach war das Landesarbeitsgericht sicherlich an die Rechtsansicht des Bundesarbeitsgerichts gebunden, daß die Frage der Auswahl der aus dringenden betrieblichen Erfordernissen zu Entlassenden in der vorgeschriebenen Weise erörtert werden muß. Denn auf dieser Ansicht beruht die Aufhebung des früheren Berufungsurteils unmittelbar. Die Bindung erstreckte sich aber darüber hinaus auf die Annahme der Betriebsbedingtheit der Kündigungen. Denn diese Annahme war die Voraussetzung dafür, daß das Bundesarbeitsgericht überhaupt auf die Frage der Auswahl eingehen konnte. Wollte man dem Landesarbeitsgericht die Freiheit lassen, diese im übrigen von ihm selbst schon bejahte Betriebsbedingtheit nachträglich doch noch anzuzweifeln, dann wären die Gründe für die Zurückverweisung entkräftet, obwohl sie nach § 565 Abs. 2 ZPO ja gerade das weitere Verfahren des Landesarbeitsgerichts bestimmen sollten. Das Revisionsurteil könnte dann nicht seine Aufgabe erfüllen, den Prozeß in die vom Revisionsgericht als richtig erkannte Bahn zu lenken und ihn auf dieser Bahn seinem Ende entgegenzuführen. Der Ausgang des Prozesses wäre dann nicht abzusehen, und es entstünde eine unerträgliche Rechtsunsicherheit, die der Gesetzgeber nicht gewollt haben kann. Notwendigerweise kann die Frage der Auswahl der zu Kündigenden erst dann entschieden werden, wenn die Frage der Betriebsbedingtheit der Kündigungen bejaht ist.

In Rechtsprechung und Rechtslehre herrscht allerdings die Meinung, das Berufungsgericht sei grundsätzlich nur insoweit an die rechtliche Beurteilung des Revisionsgerichts gebunden, als diese Ansicht der Aufhebung des früheren Urteils unmittelbar zu Grunde liegt (BGHZ 3, 321 [326]; Stein-Jonas-Schönke, 18. Aufl., Anm. II, 2 zu § 565 ZPO). Rechtsausführungen des Revisionsgerichts, auf denen die Aufhebung nur mittelbar beruht, wären danach grundsätzlich nicht bindend. Diese Ansicht wird neuerdings von Wieczorek (ZPO Anm. C III b 5 zu § 565) angegriffen.

Wieczorek meint, daß die Rechtsauffassung des Revisionsgerichts im ganzen für das Berufungsgericht verbindlich sei. Der Senat neigt dazu, der Meinung von Wieczorek den Vorzug zu geben, weil sie der weiten Fassung von § 565 Abs. 2 ZPO besser entspricht, jedenfalls mit ihr vereinbar ist, und weil sie vor allem im Interesse der Rechtssicherheit eine wiederholte verschiedene Beurteilung desselben Prozeßstoffes verhindert. Indessen braucht die Streitfrage hier im Grundsätzlichen nicht abschließend entschieden zu werden. Denn die neuere Rechtsprechung des Bundesgerichtshofes und ihr folgend die herrschende Meinung der Rechtslehre läßt Ausnahmen zu, besonders in Fällen wie hier, in denen die der Aufhebung unmittelbar zu Grunde liegende Rechtsansicht des Revisionsgerichts sich nicht trennen läßt von der vorhergehenden Rechtsansicht, die den Weg zu jener Ansicht erst eröffnet hat (vgl. BGHZ 6, 76 [79]; 22, 370 [374]). Die Frage der Betriebsbedingtheit der Kündigungen und die Frage nach der richtigen Auswahl der zu Entlassenden sind nach § 1 KSchG nur Unterfragen zu der Hauptfrage, ob die Kündigungen sozial gerechtfertigt waren. Es geht nicht an, das Berufungsgericht in der zweiten Unterfrage an die Rechtsansicht des Revisionsgerichts zu binden, in der ersten Unterfrage jedoch nicht, obwohl die zweite Unterfrage nur entschieden werden kann, wenn, wie gesagt, die erste Unterfrage im Sinne des Revisionsgerichts beantwortet ist.

Nicht gebunden wäre das Landesarbeitsgericht freilich dann, wenn es zur Frage der Betriebsbedingtheit der Kündigungen neue tatsächliche Feststellungen getroffen hätte. Der neue Sachverhalt erfordert im Interesse der richtigen Anwendung des Rechts eine auf ihn ausgerichtete Beurteilung; das Revisionsgericht hat zu ihm keine Stellung genommen. Das angefochtene Urteil sagt aber ausdrücklich, daß zur Betriebsbedingtheit der Kündigungen nichts Neues vorgetragen worden ist. Die Frage, wie es mit der Bindungswirkung des Revisionsurteils dann steht, wenn der Sachverhalt an sich zwar neu ist, aber doch durch dieselben Tatbestandsmerkmale gekennzeichnet wird wie derjenige, der dem Revisionsgericht vorlag, ist hier nicht zu erörtern. Im übrigen dürfte aus dem Sinn der Bindungswirkung des § 565 Abs. 2 ZPO heraus in diesem Falle die Bindung gegeben sein.

2. In demselben Umfange, in dem das Berufungsgericht an die Rechtsansicht des Revisionsgerichts gebunden ist, ist es auch das Revisionsgericht im neuen Revisionsverfahren. Das ist zwar in § 565 Abs. 2 ZPO nicht ausdrücklich gesagt, aber nach dem Regulierungszweck dieser Vorschrift und im Interesse der Autorität der Rechtsprechung selbstverständlich und allgemein anerkannt (BAG 7, 237 [238]; vgl. Rosenberg, Lehr-

buch, 8. Aufl., § 143 III 1 b [S. 717] mit weiteren Nachweisen). Die vielleicht besonders zu sehenden Fälle, daß das Revisionsgericht zwischen dem ersten und dem zweiten Rechtsstreit in einem anderen Rechtsstreit sich einen anderen Rechtsstandpunkt erarbeitet hat oder daß zwischenzeitlich der Große Senat des Revisionsgerichts eine andere Meinung eingenommen hat, liegen hier nicht vor (vgl. BAG, aaO).

II., III. . . .

IV. Was im übrigen allgemein gesehen die Auswahl der aus Anlaß der Vollautomatisierung zu Entlassenden weiter anlangt, so hatte sich das Landesarbeitsgericht in seinem ersten klageabweisenden Urteil vom 14. Juli 1955 auf den Standpunkt gestellt, die Beklagte habe diese Auswahl dem Betriebsrat überlassen dürfen. Im angefochtenen Urteil sagt das Landesarbeitsgericht davon abweichend, die Stellungnahme des Betriebsrats könne, von dem aus dem Rechtsstreit ausgeschiedenen Kläger zu 9 (H.) abgesehen, deshalb nicht maßgebend sein, weil sie sich auf die Auswahl unter den männlichen Webern beschränkte und eine Entlassung von Frauen nicht in Betracht zog, da die Beklagte von vornherein in jedem Falle die Frauen an den automatischen Webstühlen habe weiterbeschäftigen wollen. Gegen diese Begründung ist rechtlich nichts einzuwenden. Sie wird durch die Revisionsrüge nicht erschüttert, insbesondere nicht dadurch, daß das Landesarbeitsgericht die Aussage des Zeugen B., die im Tatbestand des ersten Berufungsurteils wiedergegeben ist, nicht verwertet hat. Denn aus dieser Aussage geht nicht hervor, daß der Betriebsrat auch die Entlassung von Frauen in Betracht gezogen hat. Davon abgesehen bestehen durchgreifende Bedenken dagegen, daß ein Arbeitgeber sich seinen sozialen Verpflichtungen aus dem Kündigungsschutzgesetz, insbesondere auch hinsichtlich des § 1 Abs. 3 dieses Gesetzes, einfach dadurch entzieht, daß er diese Verpflichtungen auf den Betriebsrat überträgt, ohne sich das letzte Wort selbst vorzubehalten. Die ihm obliegende Fürsorgepflicht kann der Arbeitgeber nicht auf eine dritte Stelle abwälzen. Etwas anderes ist es, daß eine tatsächliche Vermutung dafür besteht, die sozialen Gesichtspunkte seien ausreichend berücksichtigt und zutreffend gegen die betrieblichen Bedürfnisse abgewogen, wenn zwischen Arbeitgeber und Betriebsrat nach Erörterung aller wesentlichen Momente Einigung über die zu kündigenden Arbeitnehmer erzielt ist (siehe Auffarth-Müller, KSchG, Anm. 241 zu § 1).

## 58

**1. Es besteht kein Erfahrungssatz, daß ein Angestellter des öffentlichen Dienstes, der auf eine lange Dienstzeit zurückblickt, entgegen dem Wortlaut seines Arbeitsvertrages in einer sogenannten Bewährungsstelle beschäftigt wird und dadurch den Anpruch erhält, nach einer gewissen Zeit der Einarbeitung höherwertige Tätigkeiten zugewiesen zu bekommen und demnach in eine höherwertige Vergütungsgruppe eingewiesen zu werden.**

**2. Ein Geschäftsverteilungsplan einer Behörde stellt lediglich eine interne Verwaltungsmaßnahme dar. Weder kann sich der Arbeitgeber auf ihn berufen zum Nachweis dafür, daß ein Arbeitnehmer nicht nach einer tariflichen Vergütungsgruppe bezahlt werden könne, die seinen Tätigkeiten entspreche, weil der Geschäftsverteilungsplan eine solche Gruppe für diesen Angestellten nicht vorsehe; noch kann der Arbeitnehmer Ansprüche daraus herleiten, daß die von ihm tatsächlich verrichtete Tätigkeit nicht den Arbeiten entspricht, die ihm nach dem Geschäftsverteilungsplan zugedacht sind.**

**Es begründet keinen Schadenersatzanspruch für den Arbeitnehmer, wenn die von ihm tatsächlich verrichtete Arbeit geringerwertig ist als die ihm nach dem Geschäftsverteilungsplan zugedachte und wenn er auf Grund der tatsächlich verrichteten geringerwertigen Arbeit zutreffend nach einer niedrigeren Tarifgruppe entlohnt wird, als sie den im Geschäftsverteilungsplan vorgesehenen Arbeiten entsprechen würde. In einem solchen Falle könnte der Arbeitnehmer lediglich, wenn die vertraglichen Voraussetzungen dafür vorlägen, den Arbeitgeber in Annahmeverzug setzen und dann seine Rechte aus § 615 BGB geltend machen.**

**3. Das Vorhandensein einer Beaufsichtigung, Kontrolle oder Überwachung macht selbständig erbrachte Leistungen im Sinne der Vergütungsgruppe VI b der Anlage 1 zur TO.A nicht zu unselbständigen Leistungen. Eine besondere Verantwortung wird in dieser Vergütungsgruppe nicht gefordert.**

BGB §§ 276, 278, 615; TO.A § 3.

I. Senat. Urteil vom 17. 2. 1961 i. S. L. N-W. (Bekl.) w. B. (Kl.)
1 AZR 229/59.

I. Arbeitsgericht Duisburg. — II. Landesarbeitsgericht Düsseldorf.

Der 1910 geborene Kläger war seit 1931 als Justizangestellter im Justizdienst des beklagten Landes tätig. Vom 1. Juli 1954 bis zum 31. März 1957 war er als Angestellter bei der Gerichtskasse in D. beschäftigt. Seine Vergütung wurde ihm nach der VergGr. VII der Anlage 1 zur TO.A bezahlt. Er war beauftragt mit der Führung von Verwahrungsbüchern, Titelbüchern und Vorschußbüchern. Die Eintragungen in diese Bücher nahm er zum überwiegenden Teil selbständig vor.

Der Kläger ist der Auffassung, seine Tätigkeit habe die Merkmale der VergGr. VI b TO.A erfüllt. Er hat deshalb beantragt festzustellen, daß das beklagte Land verpflichtet sei, ihm für die Zeit vom 15. März 1955 bis zum 31. März 1957 die Differenz zwischen den Dienstbezügen nach der VergGr. VI b TO.A und den tatsächlich an ihn gezahlten Bezügen zu zahlen.

Das Arbeitsgericht hat die Klage abgewiesen. Das Landesarbeitsgericht hat der Klage insoweit stattgegeben, als sie die Zeit vom 1. April 1956 bis zum 31. März 1957 betrifft. Für diese Zeit hat es dem Kläger die Vergütung nach der Gruppe VI b TO.A zugesprochen. Die Revision des beklagten Landes führte zur Aufhebung und Zurückverweisung.

## Aus den Gründen:

Das Landesarbeitsgericht ist der Auffassung, daß die vom Kläger ausgeübte Tätigkeit den Merkmalen der VergGr. VI b TO.A nicht entsprochen habe. Auch könne sich der Kläger nicht auf den Gesichtspunkt der Gleichbehandlung stützen. Die Klage sei jedoch unter dem Gesichtspunkt des Schadenersatzes begründet. Der Kläger habe nicht die Tätigkeiten verrichtet, die ihm nach dem Geschäftsverteilungsplan innerhalb der Gerichtskasse zugedacht gewesen seien. Die nach dem Geschäftsverteilungsplan dem Kläger zugedachten Tätigkeiten seien diesem zu Unrecht vorenthalten worden. Das sei geschehen durch den Buchhalter, der Erfüllungsgehilfe des beklagten Landes sei und für den dieses daher hafte. Der Kläger, der seit 20 Jahren im Justizdienst tätig gewesen sei, sei in der Gerichtskasse offenbar in eine Bewährungsstelle eingesetzt worden, damit er seine Fähigkeiten hätte vervollständigen und sodann die Voraussetzungen für die Tätigkeit in einer höherwertigen Vergütungsgruppe hätte erfüllen können. Diesen Plan habe der Buchhalter zunichte gemacht und es dadurch verhindert, daß der Kläger hätte Arbeiten verrichten können, die den Tätigkeitsmerkmalen der VergGr. VI b TO.A entsprochen hätten. Wäre der Kläger nach dem Geschäftsverteilungsplan beschäftigt worden, so würde er von April 1956 an in der Lage gewesen sein, solche höherwertigen und nach der VergGr. VI b zu bezahlenden Tätigkeiten auszuführen. Da dem Kläger diese Möglichkeit infolge des Verhaltens des Buchhalters verschlossen worden sei, hafte hierfür das beklagte Land und müsse dem Kläger den Differenzbetrag zwischen den Bezügen, die er erhalten habe, und den Bezügen der höherwertigen Gruppe vergüten, auf die der Kläger Anspruch hätte erheben können, wenn er gemäß dem Geschäftsverteilungsplan beschäftigt worden wäre.

Der Auffassung des Landesarbeitsgerichts kann nicht gefolgt werden. Es verkennt zunächst einmal die rechtliche Bedeutung des Geschäftsverteilungsplans. Dieser steht in seiner rechtlichen Bedeutung dem Stellenplan gleich, der lediglich eine interne Verwaltungsangelegenheit und ohne Einfluß auf die unabdingbaren gesetzlichen Bestimmungen zum Arbeitsverhältnis ist (BAG 1, 91). Der öffentliche Dienstherr kann sich nicht darauf berufen, daß nach den Geschäftsverteilungs- und Stellenplänen der Angestellte eine Tätigkeit ausübe, für die planmäßig eine Vergütungsgruppe ausgewiesen sei, die unter der vom Angestellten verlangten und diesem nach seiner Tätigkeit zukommenden Vergütungsgruppe liegt. Ebensowenig aber kann sich der Angestellte im öffentlichen Dienst darauf berufen, daß seine Tätigkeit nicht der im Stellen- oder Geschäftsverteilungsplan gekennzeichneten entspreche und er deshalb einen Schadenersatzanspruch gegen den öffentlichen Dienstherrn habe. Dafür, welche Tätigkeit vom Angestellten des öffentlichen Dienstes zu leisten ist, ist lediglich der Arbeitsvertrag maßgeblich. Aus diesem und aus dem nach ihm etwa noch zulässigerweise ausgeübten Direktionsrecht des öffentlichen Dienstherrn bestimmt sich die vom Angestellten zu leistende Arbeit. Damit bestimmt sich aber dann auch die dem Angestellten zukommende Vergütung; denn die Vergütungsgruppen der TO.A stellen ausschließlich auf die verrichtete Tätigkeit ab. Ist ein Angestellter im öffentlichen Dienst der Auffassung, daß die ihm zugewiesene Arbeit nicht der vertraglich vereinbarten entspricht, so steht es ihm frei, das dem öffentlichen Dienstherrn gegenüber geltend zu machen und diesen notfalls nach § 615 BGB in Annahmeverzug zu setzen. Dann steht ihm der Anspruch aus der höheren Vergütungsgruppe infolge des Annahmeverzuges des Arbeitgebers zu. Das gilt aber nur dann, wenn tatsächlich dem Arbeitnehmer eine geringerwertige Arbeit zugewiesen ist, als diese im Arbeitsvertrag vereinbart ist.

Das Landesarbeitsgericht nimmt auf die Personalakten des Klägers Bezug. In diesen befindet sich auch sein Arbeitsvertrag. Danach ist nicht nur eine Vergütung nach der Gruppe VII TO.A vereinbart worden. Vielmehr ist darin, wenn auch recht allgemein, die vom Kläger zu erbringende Tätigkeit angesprochen. Es heißt dort, daß der Kläger eine Tätigkeit im mittleren Justizdienst zu verrichten habe. Darüber, daß die Tätigkeit auf der Gerichtskasse, und zwar auch gerade die vom Kläger tatsächlich ausgeübte, eine solche des mittleren Justizdienstes ist, besteht kein Streit. In der Tat wird sie allgemein von Sekretären und Obersekretären ausgeübt, wenn sie an Beamte und nicht an Angestellte übertragen ist. Es folgt hieraus, daß der Kläger tatsächlich die Arbeiten verrichtet hat, die im Arbeitsvertrag zwischen ihm und dem beklagten Land vereinbart waren. Schon das steht der Annahme des Landesarbeitsgerichts entgegen, daß sich das beklagte Land durch Zuweisung der vom Kläger tatsächlich ausgeübten und durch Vorenthaltung der dem Kläger nach dem Geschäftsverteilungsplan zugedachten Arbeiten schadenersatzpflichtig gemacht habe.

Auch der Ansicht des Landesarbeitsgerichts hinsichtlich der dem Kläger offenbar zugedachten Bewährungsstelle kann nicht gefolgt werden. Das Landesarbeitsgericht ist anscheinend der Auffassung, daß es einen Erfahrungssatz des Inhalts gebe, daß langgediente Angestellte im öffentlichen Dienst in Bewährungsstellen eingesetzt werden, damit ihnen Gelegenheit gegeben wird, sich Fähigkeiten anzueignen, die sie dann im Rahmen der Tätigkeiten einer höherwertigen Vergütungsgruppe verwenden können. Das ist aber regelmäßig nicht der Fall. Wenn nicht besondere Umstände entgegenstehen, insbesondere eine Vereinbarung abgeschlossen und nachgewiesen ist, daß ein bestimmter Angestellter in eine Bewährungsstelle kommen soll, ist vielmehr davon auszugehen, daß für die vom Angestellten zu erbringenden Tätigkeiten lediglich dessen Arbeitsvertrag maßgeblich ist. Das erklärt sich in den Fällen, in denen es sich wie hier nicht um ein Lehrverhältnis handelt, schon daraus, daß die Behörden infolge des im allgemeinen gleichbleibenden Arbeitsanfalles auf Arbeitskräfte angewiesen sind, die eine im allgemeinen gleichbleibende Arbeit verrichten.

Dafür, daß es im Falle des Klägers anders gewesen sei, ist nichts dargetan. Der Kläger hat weder nach seinen Schriftsätzen noch nach den Terminsprotokollen auch nur die geringste Behauptung in der Richtung aufgestellt, daß er vertragsgemäß andere Arbeiten hätte verrichten sollen, als er sie in Wirklichkeit verrichtet hat. Ein solcher Vortrag verbot sich für den Kläger schon mit Rücksicht darauf von selbst, daß er gleichbleibend seit Klageerhebung bis zur letzten mündlichen Verhandlung in zweiter Instanz die Auffassung vertreten hat, die von ihm tatsächlich ausgeübte Tätigkeit erfülle bereits die Merkmale der Verg-Gr. VI b TO.A. Darin steckt notwendigerweise die Behauptung, daß das beklagte Land den Kläger zwar vertragsgemäß beschäftige, ihn aber untertariflich bezahle. Nichts anderes hat der Kläger jemals vorgetragen. Da er von der Auffassung ausging, daß er vertragsgemäß beschäftigt werde, konnte er auch das beklagte Land nicht in Annahmeverzug versetzen.

Aus all diesen Gründen fehlt jede Grundlage für eine Schadenersatzpflicht des beklagten Landes, auf die sich der Kläger im Verfahren erster und zweiter Instanz auch nicht berufen hat. Soweit er von einer Fürsorgepflicht des beklagten Landes gesprochen hat, bezieht sich das lediglich auf die angeblich untertarifliche Bezahlung, keinesfalls aber auf eine angeblich vertragswidrige Beschäftigung. Soweit der Kläger früher vorgetragen hat, er habe auch das Kassenwesen kennen lernen wollen, um später allseitig einsatzfähig zu sein, so besagt das nichts dafür, daß dem Kläger vertraglich eine Beschäftigung anderer, d. h. höherwertiger Art zugewiesen oder versprochen worden sei, als er sie tatsächlich ausgeübt hat. Die Behauptung des Klägers, der Buchhalter habe Arbeiten an sich gezogen, die nach dem Geschäftsverteilungsplan eigentlich der Kläger zu verrichten gehabt habe, ist ebenfalls nicht geeignet, einen Schadenersatzanspruch zu begründen; denn es kommt nur auf die vertraglich vereinbarten und vom Kläger tatsächlich verrichteten Arbeiten an. Die Voraussetzungen eines Schadenersatzanspruchs des Klägers gegen das beklagte Land sind also nicht einmal schlüssig dargetan.

Hiernach muß das angefochtene Urteil aufgehoben werden. Der Senat ist jedoch nicht in der Lage, in der Sache schon abschließend zu entscheiden.

Zwar ist der Auffassung des Landesarbeitsgerichts beizutreten, daß die Klageforderung nicht aus dem Gesichtspunkt der Gleichbehandlung gerechtfertigt ist. Hierzu führt das angefochtene Urteil aus, daß das beklagte Land zwei verschiedene Gruppen von Titelbuchführern beschäftigt und diese unterschiedlich besoldet habe, und zwar je nach dem, ob die Titelbuchführer selbständig gearbeitet hätten oder nicht. Diejenigen Titelbuchführer, die wie der Kläger nur laufende Eintragungen in Titelbücher gemacht hätten, jedoch nicht die schwierigere und verantwortungsvollere Tätigkeit verrichtet hätten, die in der Sollstellung oder Zahlbarmachung oder Abwicklung liege, seien wie der Kläger nach der VergGr. VII TO.A vergütet worden. Ist das aber der Fall, und von diesen Feststellungen muß das Gericht der Revisionsinstanz ausgehen, so ist für einen Gleichbehandlungsanspruch des Klägers kein Raum, da gerade der Gesichtspunkt der Gleichbehandlung dazu führen muß, daß dem Kläger dieselbe Vergütung, nämlich die nach der VergGr. VII TO.A, zukam, wie sie denjenigen seiner Kollegen gezahlt wurde, die die gleiche Tätigkeit wie er verrichteten.

Dagegen sind die Ausführungen des Landesarbeitsgerichts über die Bewertung der vom Kläger erbrachten Tätigkeit nicht frei von Rechtsirrtum. Das Landesarbeitsgericht unterläßt es, im einzelnen festzustellen, wie sich die Tätigkeit des Klägers vollzogen hat. Ohne eine solche bis ins einzelne gehende Feststellung ist es jedoch dem Revisionsgericht nicht möglich nachzuprüfen, ob bei der Subsumtion und Bewertung dem Landesarbeitsgericht rechtliche Fehler unterlaufen sind. Deshalb muß die Sache zur erneuten Verhandlung und Entscheidung an die Vorinstanz zurückverwiesen werden, damit dort die notwendigen Feststellungen nachgeholt werden können.

Das Landesarbeitsgericht hat auch dadurch gegen Rechtssätze verstoßen, daß es das Ergebnis der Augenscheinseinnahme, die es vorgenommen hat, weder protokollarisch noch im Urteil selbst festgehalten hat. Dieser Verstoß, der von Amts wegen zu beachten ist, hat ebenfalls zur Folge, daß dem Gericht der Revisionsinstanz die rechtliche Nachprüfung der vom Landesarbeitsgericht vorgenommenen Bewertung nicht möglich ist. Diese rechtliche Nachprüfung setzt vielmehr voraus, daß die Tätigkeit im einzelnen festgestellt ist, woran es hier eben fehlt.

Schließlich zeigt aber auch die vom Landesarbeitsgericht vorgenommene Einstufung der Tätigkeit des Klägers, daß dieses von rechtlich falschen Voraussetzungen ausgegangen ist. Die Tätigkeitsgruppe, die der Kläger erstrebt, setzt selbständige Leistungen und gründliche vielseitige Fachkenntnisse voraus. Das Landesarbeitsgericht verneint das Vorliegen dieser Voraussetzungen u. a. deshalb, weil der Kläger der Aufsicht, Überwachung oder Kontrolle unterstanden habe und weil dadurch seine Verantwortung beeinflußt worden sei. Eine solche Wertung steht aber im Gegensatz zu den normativen Vorschriften der Tarifordnung. Diese stellt nicht auf die Aufsicht, Überwachung oder Kontrolle ab, sondern auf die Leistungen und Kenntnisse. Selbständige Leistungen werden nicht dadurch zu unselbständigen Leistungen, daß, nachdem sie vollbracht sind, eine Aufsicht, Überwachung oder Kontrolle einsetzt. Eine besondere Verantwortung wird in der VergGr. VI b TO.A nicht verlangt. All das wird das Landesarbeitsgericht, wenn es eine Neubewertung der vom Kläger verrichteten Tätigkeit vornimmt, berücksichtigen müssen.

Kommt das Landesarbeitsgericht bei dieser erneuten Prüfung zu der Auffassung, daß die vom Kläger tatsächlich ausgeübte Tätigkeit nicht den Voraussetzungen der VergGr. VI b TO.A entspricht, so muß es bei der vom Arbeitsgericht ausgesprochenen Klageabweisung verbleiben; denn der Kläger kann sich weder auf den Gleichbehandlungsgrundsatz noch auf den Gesichtspunkt einer Schadenersatzverpflichtung des beklagten Landes berufen, wie oben des näheren dargetan ist.

## 59

**Fahrer von Fahrzeugen mit Schlafkabinen, für die der BMTV-Fernverkehr vom 25. November 1957 gilt, haben nach diesem Tarifvertrag auch für sogenannte Kabinenzeit ab der 67. Wochenstunde Anspruch auf Mehrarbeitszuschlag.**

BGB §§ 133, 157; Bundesmanteltarifvertrag für den Güter- und Möbelfernverkehr (BMTV-Fernverkehr) vom 25. November 1957 § 2 Ziff. 1 b, Ziff. 1 a, § 5 (Mehrarbeitszuschlag bei Kabinenzeit).

IV. Senat. Urteil vom 22. 2. 1961 i. S. R. (Kl.) w. N.L. C. M. (Bekl.) 4 AZR 37/59.

I. Arbeitsgericht Nürnberg. — II. Landesarbeitsgericht Bayern (Nürnberg).

Der Kläger ist bei der Beklagten als Kraftfahrer im Möbelfernverkehr beschäftigt. Der von ihm geführte Lastzug, der bei Fernfahrten mit 2 Kraftfahrern besetzt wird, ist mit einer Schlafkabine versehen, in der sich bei Fahrerwechsel der abgelöste Fahrer aufhalten kann. In der Zeit vom 30. Dezember 1957 bis 29. März 1958 hat der Kläger über die regelmäßige Arbeitszeit von 132 Stunden in der Doppelwoche hinaus weitere 132 Stunden in der Schlafkabine seines Lastzuges zugebracht. Der Kläger hat für diese Kabinenzeit den vollen Stundenlohn erhalten. Mehrarbeitszuschlag hat die Beklagte nur insoweit gewährt, als in der Doppelwoche die Zahl von 36 Stunden Kabinenzeit überschritten worden war. Das traf nur für 16 Stunden zu.

Der Kläger ist der Auffassung, ihm stehe auch für die restlichen 116 Stunden Kabinenzeit der tarifliche Mehrarbeitszuschlag von 25 % zu. Er hat beantragt, die Beklagte zu verurteilen, an ihn 52,50 DM zu zahlen.

Die Beklagte meint, die Kabinenzeit sei, weil sie keine Arbeitsbereitschaft darstelle, nicht als Arbeitszeit zu werten. Sie sei infolgedessen auch nicht als Mehrarbeit mit einem besonderen Zuschlag zu vergüten.

Das Arbeitsgericht hat der Klage stattgegeben, das Landesarbeitsgericht hat sie abgewiesen.

Die Revision des Klägers hatte Erfolg.

### Aus den Gründen:

Das Berufungsgericht geht von der Annahme aus, die Frage, ob die im vorliegenden Fall zur Beurteilung stehende Kabinenzeit der Zuschlagspflicht für Mehrarbeit unterliege, sei in dem unstreitig für das Arbeitsverhältnis des Klägers geltenden Bundesmanteltarifvertrag für den Güter- und Möbelfernverkehr (BMTV-Fernverkehr) vom 25. November 1957 nicht geregelt. Dem kann nicht zugestimmt werden.

Gemäß § 5 Abs. 5 Satz 2 BMTV-Fernverkehr erhalten die Arbeitnehmer von der 67. Wochenstunde ab neben dem Grundlohn einen Mehrarbeitszuschlag. Wenn der Kläger diesen Zuschlag auch für die von ihm abgeleistete Kabinenzeit fordert, dann ist hierfür Voraussetzung, daß es sich um Mehrarbeit im Sinne des genannten Tarifvertrags handelt. Wann Mehrarbeit vorliegt, ist im BMTV-Fernverkehr zwar nicht in einer besonderen Bestimmung festgehalten, ergibt sich aber aus der Arbeitszeitregelung des § 2 in Verbindung mit den Vorschriften des § 5 aaO. § 2 Ziff. 1 Buchst. b) Abs. 1 bestimmt, daß die regelmäßige Arbeitszeit in der Doppelwoche im Hinblick auf die vorliegende Arbeitsbereitschaft zwar bis zu 132 Stunden betragen kann, daß jedoch in einer der beiden Wochen nicht mehr als 72 Stunden gearbeitet werden darf. Diese Regelung fußt offensichtlich auf § 7 Abs. 2 AZO, wonach die Arbeitszeit durch Tarifvertrag auch über 10 Stunden täglich verlängert werden kann, wenn in die Arbeitszeit regelmäßig und in erheblichem Umfang Arbeitsbereitschaft fällt. Soweit dabei die gesetzlich regelmäßige Arbeitszeit des § 3 AZO von 48 Wochenstunden überschritten wird, ist Mehrarbeit im Sinne der AZO gegeben (vgl. § 15 Abs. 1 aaO). Daß die Tarifvertragsparteien die auf Grund des § 2 Ziff. 1 Buchst. b) Abs. 1 BMTV-Fernverkehr über 48 Wochenstunden hinaus erbrachten Leistungen des Arbeitnehmers aber auch als tarifliche Mehrarbeit („Überstundenarbeit" i. S. der Urteile vom 10. Juni 1959 — BAG 8, 25 — und vom 2. Dezember 1959, BAG 8, 245) angesehen haben, erhellt aus § 5 Abs. 3 und 4 aaO. Dort heißt es nämlich, daß für eine Arbeitszeit bis zu 66 Wochenstunden ein Mehrarbeitszuschlag nicht vergütet wird, sondern die Arbeitnehmer die bezirklich vereinbarten, zeitlich gestaffelten Löhne erhalten. Diese Regelung, die ausdrücklich die Zahlung eines Mehrarbeitszuschlags für die Zeit bis zur 66. Wochenstunde einschließlich untersagt und dessen Abgeltung in einem Staffellohn vorsieht, wäre unverständlich, wenn die Tarifvertragsparteien nicht bereits die in der Zeit ab der 49. bis zur 66. Wochenstunde erbrachten Leistungen als tarifliche Mehrarbeit betrachtet hätten. Etwas anderes ergibt sich auch nicht aus § 5 Abs. 2 und 6 aaO. Denn dort ist nur bestimmt, daß Mehrarbeit auch über die Grenzen des § 2 Ziff. 1 Buchst. b hinaus in den im Kraftverkehr häufiger vorkommenden Notfällen (§ 14 Abs. 1 AZO) zulässig ist und eine Verpflichtung der Arbeitnehmer besteht, Mehrarbeit aus solchem Anlaß zu leisten, wobei Abgeltung durch Freizeit vorgesehen ist, sofern in der Doppelwoche mehr als 8 derartige Mehrarbeitsstunden anfallen.

Nun kann gemäß § 2 Ziff. 2 Buchst. a S. 2 BMTV-Fernverkehr bei Dienst in einem mit einer Schlafkabine oder einer ähnlichen Einrichtung im Führerhaus ausgestatteten Fahrzeug zu der in Ziff. 1 Buchst. b aaO festgelegten Arbeitszeit eine Kabinenzeit von 36 Stunden in der Doppelwoche hinzutreten. Damit wird nach Sinn und Zweck dieser in den die tarifliche Arbeitszeit regelnden § 2 aufgenommenen Vorschrift für die Fahrer von Fahrzeugen, die in der angegebenen Weise ausgerüstet sind, die regelmäßige tarifliche Arbeitszeit bis zu 168 Stunden in der Doppelwoche oder 84 Stunden in der Woche verlängert. Als was die Kabinenzeit dabei — arbeitszeitrechtlich gesehen — anzusprechen ist, ob als Arbeitsbereitschaft oder als Ruhezeit, wie die Beklagte meint, ist für die Entscheidung des vorliegenden Rechtsstreits ohne Belang. Denn ob für die Kabinenzeit ein Mehrarbeitszuschlag gezahlt werden muß, ist eine rein lohnrechtliche Frage, für deren Beantwortung es in diesem Zusammenhang nur darauf ankommt, ob die Kabinenzeit lohnrechtlich der Arbeitszeit zuzurechnen ist. Das haben die Tarifvertragsparteien hier selbst bejaht, indem sie in § 2 Ziff. 2 Buchst. a S. 2 bestimmt haben, daß die Kabinenzeit mit dem vollen tariflichen Stundenlohn zu vergüten ist. Zählt aber die Kabinenzeit lohnrechtlich zur Arbeitszeit und beachtet man weiter, daß, wie ausgeführt, Mehrarbeit im Sinne des BMTV-Fernverkehr bereits gegeben ist, wenn die 48. Wochenstunde überschritten wird, dann kann es nicht zweifelhaft sein, daß auch die innerhalb der nach § 2 Ziff. 2 Buchst. a. S. 2 aaO verlängerten Arbeitszeit abgeleistete Kabinenzeit, um die es sich im vorliegenden Fall handelt, tarifliche Mehrarbeit ist, für die gemäß § 5 Abs. 5 S. 2 ab der 67. Wochenstunde neben dem Grundlohn ein Mehrarbeitszuschlag von 25 % gezahlt werden muß.

Dafür, daß die Tarifvertragsparteien in bezug auf die Zuschlagspflicht bei Mehrarbeit einen Unterschied nach der Art der vom Arbeitnehmer erbrachten Leistung machen und einen Zuschlag bei Kabinenzeit versagen wollten, bietet die Regelung des BMTV-Fernverkehr keinen Anhalt. Hätte die Kabinenzeit ab der 67. Wochenstunde lediglich mit dem Stundenlohn des § 2 Ziff. 2 Buchst. a S. 2 vergütet werden sollen, wie die Beklagte will, dann hätte das in dieser Vorschrift, etwa durch Hinzufügen der Worte „ohne Zuschlag" oder „nur", deutlich zum Ausdruck gebracht werden können und müssen, wenn man schon eine entsprechende Regelung in den § 5 aaO nicht aufnahm.

Ob im übrigen Mehrarbeit über 132 Stunden hinaus bis zu 168 Stunden in der Doppelwoche (84 Stunden in der Woche), wie sie hier in Betracht kommt, im Widerspruch zu zwingenden Vorschriften der AZO bzw. der Ausführungsverordnung zur AZO vom 12. Dezember 1938 (vgl. dort Nr. 50—53) steht, kann unerörtert bleiben. Denn selbst wenn verbotene Mehrarbeit vorläge, wäre sie hier lohnrechtlich nach denselben Regeln zu behandeln, wie sie für zulässige Mehrarbeit gelten (vgl. BAG 8, 25 [29], 245).

Dem Kläger steht danach der geltend gemachte Anspruch zu.

# Sachregister

C



D



E

## L



## M

## N



## O



## P

## T



## U

## V

# Gesetzesregister

# Zusammenstellung der Entscheidungen nach der Zeitfolge

FSC
www.fsc.org
MIX
Papier | Fördert gute Waldnutzung
FSC® C083411

Kolibri 360 GmbH
Ferdinand-Jühlke-Straße 7
99095 Erfurt, Deutschland
produktsicherheit@kolibri360.de